传播与中国译丛
媒介与历史系列
—— 主编 ● 黄旦 ——

NETWORK NATION
Inventing American Telecommunications

网络国家
作为制度遗业的电信

[美] 理查德·R. 约翰（Richard R. John）/ 著
金庚星 孙藜 张田 陈鑫盛 / 译

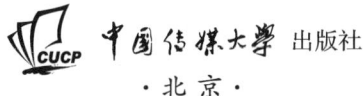
中国传媒大学出版社
· 北京 ·

献给南希

她让这一切充满意义

目　录

总　序 /1
中译本序 /11
译者序 /21

引言：美国电信的发明 /1
第一章　大国如邻 /5
第二章　莫尔斯教授的"闪电" /23
第三章　反垄断 /59
第四章　新邮政特许权 /101
第五章　富人之邮 /137
第六章　声讯电报 /173
第七章　电话狂躁症 /205
第八章　第二生命 /233
第九章　灰狼 /269
第十章　普遍服务 /295
第十一章　伟大的媒介？ /323
结语：技术新纪元 /355

美国电信编年史	/ 361
缩　写	/ 367
致　谢	/ 369
索　引	/ 373
译后记	/ 411

图表目录

插图

"Napoleon's Visual Telegraph: The First Long Distance System" /12

"Amos Kendall" /63

"American Progress" /91

"Jupiter Ammonopoly Orton and His Victim the Press" /123

"Getting Ready to Cut the Melon" /145

"Consolidated" /157

"The Best Kind of Monopoly" /158

"In the Clutch of a Grasping Monopoly" /206

"Telephone Traffic in Chicago" /246

"The Telephone Brings Companionship" /259

The relative size of the Bell and independent telephone exchanges in Chicago in 1915 /279

"I Hope Our Bell Boy Hurries with That Ordinance" /286

"The Triumph of Science" /337

表格

表1　1866—1920年间邮政部门、西联电报以及贝尔系统的运营收入　/7

表2　世界上五个最大的电话交换所，1882、1895、1910和1920年　/185

表3　芝加哥的电话大众化，1899—1906年　/251

> 总序

理解媒介的威力
——媒介与历史

一

在李伯元的《文明小史》中有这样一则故事:晚清科考政策发生变化,除了诗文,还新增时务、掌故、天算、舆地等内容。为适应此种变革,吴江乡间有贾家三子,受人指点,开始接触上海报纸以补新知。"兄弟三个是见所未见,既可晓得外面的事故,又可借此消遣,一天到夜,足足有两三个时辰用在报上。"眼界开了,行动也就开始,他们拿出私房钱托人在洋货店买回来一盏火油洋灯,一亮如同白昼,油灯那点摇曳之火,就显得可怜无比。自此三人更加留心看报,凡见有外洋新到器具,即托人购买,不管是否合用。仅此仍不解渴,他们反而更加向往去上海见见世面,因为从报纸上看到那里还有自来水、电气灯等种种稀罕之物,自又非火油洋灯所能比。谋划再三,兄弟三人遂瞒着母亲,私下租了一条船,半夜时分偷偷上船奔向上海。

倘若这是一段史实,依照现有的研究思路,我们会关注什么呢?或许是当时的吴江乡下,已经可以看到多少报纸,都是些什么报,它们是通过什么渠道进入的;又或许是当地读者都是哪些人,主要读什么,产生了什么作用;也有可能据此考证当时有哪些洋货进入吴江这样的地方,它们是如何流入的,购买洋货的都是什么样的家庭;当然,也可以从这样的例证中,分析报纸对于上海向周边的辐射起到了什么样的作用;等等。这样的一些研究都从各自不同层面触及了报纸及其影响,其价值不言而喻。然而,所有这些研究相加,仍未让人觉得已经击中这个故事本身。比如为什么是读报让人"晓得外面的事故"?为什么报纸可以是购买洋货的指导(如果是电视购物,肯定是另一番模样)?报纸上的"上海"怎么就理所当然等同于实际的上海?报纸这种诱导的力量来自哪里?总而言之,没有报纸,这一切就不会发生,那么,报纸是什么呢?

很遗憾,我们的研究中的确没有人追究报纸是什么,而是把报纸当作一个不证自明的物品。这不仅把报纸常识化了,而且也难以切实把握研究者所习以重视的报纸内容和作用(比如与书籍有何不同)。此种所谓的报纸历史研究,也就名不副实,实际上是没有"报纸"的报纸研究。历史学家达恩顿就表达过类似的意思,他说,研究者们总是希望通过考查印刷的世界,能打开一扇透视总体法国大革命的新窗口,但他们从来没有打算了解,这种主要传播工具是如何贡献于现代第一次伟大革命的。"历史学家一般把印刷文字当成什么东西发生的记录,而不是发生的因素",是报刊帮助塑造了其记录的事件。没有印刷报刊,就不可能攻克巴士底狱,而且也不可能推翻旧的君主专制。①

报刊与历史研究中所存在的这种现象,绝不是历史研究独家的问题,也不仅仅是报纸的问题。无论是社科还是人文领域,都普遍存在"媒介盲"的状况。他们在关于媒介的构成、历史及影响的研究方面,路径固然不一,但在关注其内容、角色和传播的知识及其构成,轻视乃至忽视媒介本身方面,则是大同小异。② 梅罗维茨对此就十分不解,"虽然对媒介内容的研究有重要的社会意义,但是令人惊讶的是,人们很少对媒介提出其他类型的问题。实际上,许多对媒介影响的研究都忽略了对媒介自身的研究"。这就产生了一个有趣的现象,"关于电视内容和控制的研究方式与研究报纸、戏剧、电影和小说的内容与控制方式完全相同,它们本身被当作了中性的传送系统",在其间没有任何意义,尽管在实际的操作和表现中,电视、报纸和戏剧、电影之间的差别是如此之大。将其与关于工业革命影响的研究一作比较,二者就显示出巨大差距。没有哪一个人会宣称他的研究中"唯一重要的东西是新机器生产出的物品",相反,进入工业革命研究者视野的是,工业革命作为一种新的生产方式对诸多可变因素的影响,比如城乡生活的平衡、劳动的分工、家庭结构、社会的凝聚程度、时空观念、阶级的构成,以及社会变化的速度等。③ 这很有启发性,要是我们也转变视野,将媒介(报纸)看成一种改变时空和社会关系的新的传播方式本身,而不是像以往那样,将其当作一个装水空瓶,我们的研究,比如关于前面提到的吴江贾家兄弟的故事,还会只是围着其内容打转吗?

报刊是一种媒介,没有人会提出异议;但为什么一定是媒介,媒介到底是什么,想必没有多少人能够回答。如何理解媒介,总是与以什么样的方式看待它密切相关。当把媒介看成负载内容的一块白板、一个透明的"玻璃缸"时,除了紧盯"媒介内容"这一

---

① DARNTON R. Introduction[M]//DARNTON R, ROCHE D. Revolution in print: the press in France, 1775-1800. Berkeley and Los Angeles: CA, University of California Press, 1989: xiii-xv.
② 米歇尔, 汉森. 媒介研究批评术语集[M]. 肖腊梅, 胡晓华, 译. 南京: 南京大学出版社, 2019: 2.
③ 梅罗维茨. 消失的地域: 电子媒介对社会行为的影响[M]. 肖志军, 译. 北京: 清华大学出版社, 2002: 12.

片"滋味鲜美的肉",①将"新机器生产出来的物品"——媒介传送的内容——当作唯一重要的东西,就不可能还会想到其他东西。且不说这种"工具论"的媒介观已经受到越来越多的质疑,就算与我们今天自身的媒介体验(比如使用手机),也是完全不相吻合的。由此及彼,当能刺激反思现有媒介与历史研究中的媒介观。借此,重新理解媒介,是媒介与历史研究必须面对的问题。重新理解则必以改变想象为前提,想得到未必做得到,想不到就根本没有做的可能。用麦克卢汉的话说,就是要"以恰当的方式理解媒介的威力"②。从媒介是什么入手,重新建立一个考察媒介的视角,对于讨论媒介与历史,显得尤为重要。

二

由于媒介是一个外来词,对于其本来的含义,认真探索过的人好像不多。英文的media,源自拉丁文 medium,意指"中间"。尽管雷蒙·威廉斯在其《关键词》中,依照时间的变迁梳理出其三种意涵,但同时也指出,"中介机构"或"中间物",是一个比较古旧且运用普遍的意涵。③ 德布雷说,"媒介"不是指媒体或介质,而是指媒介行为,是介于符号生产与事件生产之间的中间体。④ 齐林斯基理解的"媒介",则是想把被分割开来的东西加以结合的那种尝试提供行动的空间。⑤ 这些理解看来都是与这样的词源有关。

"媒介"一词在英文中有单复数之分,也就是"medium"和"media",事情的复杂性由此而起。一般认为,复数是单数的自然集合,偏偏在"媒介"中,二者不能完全重叠。作为复数的"media",自19世纪中叶以来得到大量采用,但其被广泛运用,则与广播和报纸的兴起有关。⑥ 出于这样的背景,"media"常常意指"大众媒介"(mass media)。这与"medium"有较大差别,"medium"主要强调媒介的物质特性,兼有"元素""环境"或"位于中间位置的载体"之义,⑦简单地说,它指的是一个媒介物,是具有独特性、决定性的物质,重点是其技术意涵,这一点甚至比言说的内容和书写的事物更为重要。正因如此,作为"media"的印刷与广播,是否与"medium"的意思相同,就产生了疑问。因

---

① 麦克卢汉.理解媒介——论人的延伸[M].何道宽,译.北京:商务印书馆,2000:46.
② 麦克卢汉.五种感官系统的内窥[M]//麦克卢汉.指向未来的麦克卢汉媒介论集.何道宽,译.北京:机械工业出版社,2016:34.
③ 威廉斯.关键词:社会与文化的词汇[M].刘建基,译.北京:生活·读书·新知三联书店,2005:299-300.
④ 德布雷.媒介学宣言[M].黄春柳,译.南京:南京大学出版社,2016:17.
⑤ 齐林斯基.媒体考古学——探索视听技术的深层时间[M].荣震华,译.北京:商务印书馆,2006:8.
⑥ 威廉斯.关键词:社会与文化的词汇[M].刘建基,译.北京:生活·读书·新知三联书店,2005:299.
⑦ 彼得斯.奇云[M].邓建国,译.上海:复旦大学出版社,2020:54.

为它们突出的不是其"物质性",而是社会的面向,受制于其他目的。① 直白地说,在一些人眼里,"media"已不是原来那个侧重于自然媒介物的"medium"的聚集,而是一个社会机构,虽然二者都有处于中间位置之义。

我国在20世纪80年代引进的传播学,源自美国的大众传播研究,"大众媒介"的说法也一并被引进,并由此影响了人文和社科领域的研究,史学也不例外。研究者们口中和眼中的"媒介",实是指大众媒介,亦即"media"。所谓的报刊史、电视史、广播史,显然就是出于这样的认定,并由此延展到其他诸如电影、书籍、电报、电话等方面的。如此一来,媒介似乎无须厘定,因为它已经是明摆在那里的一个个实物——人人都看得到的东西,只要将这些物品作为研究对象,就是在从事媒介研究了。

就每个具体研究而言,以这样的对象来命名似乎没有什么大的问题,而且在媒介与历史研究领域,也一直如此。然而若稍作追究,就会发现没那么简单。报纸、广播、电视差别很大,其制作、传递、呈现和接收都不一样,为什么一概被称为媒介?其依据是什么?不仅如此,它们中的每一个都包含着许多研究的层面和路数。文章一开头提到的贾家兄弟的故事,就完全可以被纳入社会史、经济史、中西交流史、上海城市史研究的脉络,而不必非是报刊史,尽管是因报刊而起的。从印刷史的角度,报刊可以是一种印刷技术,是印刷被采纳、运用和改革演化的历史,与通常意义上的报刊史毫不相干,比如苏精的《铸以代刻》。电视研究就更为复杂了,文学、艺术学、图像学、文化批判、音像技术学在其中都有大展拳脚的空间:它们或者关注文本和制度,或者注重其表演,或者将拍摄技巧作为重点。近几年兴起的视觉文化研究,在艺术史和图像研究的脉络下,以视觉性为核心视角,更是不仅把艺术、图像、广告、肥皂剧等统统纳入研究的范围,而且还把观看行为、观看过程、观看方式等一网打尽。② 那么,它们是否都是媒介研究,或者其中哪些研究是媒介研究,哪些不是?什么东西可以被称为"媒介"?什么样的研究可以被认定为媒介或者报刊研究?这里面是有一个统一标准,还是约定俗成,或者就是随研究者的个人兴趣来命名?其特殊性究竟是什么?当我们一提到媒介,本能的反应就是手中摊开的报纸、与家人一起坐观看的电视机、飘扬着悦耳音声的收音机和黑暗中人影晃动的银幕时,其实就已经失落了"medium"或者"media"所含有的"中间"含义,亦即在学术上理解媒介本该具有的"恰当的方式"。所以,记住下面这句话就显得十分关键:理解媒介,不仅指(或主要指)"理解单个的媒介形式——电、汽车、打字机、布帛——而是要从媒介这个角度来考虑问题"③。

---

① 威廉斯.关键词:社会与文化的词汇[M].刘建基,译.北京:生活·读书·新知三联书店,2005:300.
② 唐宏峰.视觉性、现代性与媒介考古——两种视觉文化研究界别与"视觉现代性"研究[M]//杰,等.现代性的视觉政体.郑州:河南大学出版社,2020:9.
③ 米歇尔,汉森.媒介研究批评术语集[M].肖腊梅,胡晓华,译.南京:南京大学出版社,2019:3-4.

三

"媒介角度"这四个字,就意味着媒介不仅仅是一个物品、一个对象,更是一个考察社会、人乃至世界的站点。这个"角度"或者视角,就是媒介的"居中"或"中间位置",用米歇尔和汉森的话说,乃为"调节","调节"是所有媒介共有的"媒介性"(mediality)。① 报纸、广播、电视之所以是"媒介",就在于它们共同的"媒介性"——处在中间位置的"调节机构",用更为切近的表达,即其"交转性"。

这样就比较清楚了,我们熟知的"媒介"(media)中包含"medium",但又不仅仅是"medium"的堆集。它包含不同的"medium"——媒介物,即单个媒介独有的物质或符号元素的特性,此时,或许可以说它是"medium"的复数形式;然而,它又抽绎并蕴含着所有单个媒介(medium)都不可或缺的"媒介性"——"调节",这一处在"中间位置"所必然发生的机制和作用。这样的两层含义,就构成了这样一个集体单数名词"media"。② 由此我想到《说文解字》关于"媒"的释义:"媒"即"谋也,谋合二姓者也",指的也正是这样一种居中转圜。这就难怪,德布雷把媒介看成促发两者发生关系的第三者。媒介的重要性就是"搭桥",也就是说,要让不同因素之间相互交叉,相互受孕。媒介不只是"处于中间位置的",它还要对通过中间项的两者起作用。它要在不可逆转的过程中创造出一个模型,超越所有的企图③,产生出一个特殊整体。媒介是有"媒"有"介"的,是媒—介的互应和互动,是一种"交转"。在它的触发和协调下,各种关系因连接而相互转化,因转化而形成新的形态或面向。媒介由此成为"让我们通向那个由于与我们相关而伸向我们的东西","让我们进入与我们相关或传唤我们的东西"。④ 媒介不是工具,工具只着眼于效率和效益,媒介则具有开拓现实的作用,开启了我们与世界的关系以及各种不同可能性⑤。没有媒介,就如没有桥梁。桥梁不只是连接,更是交接引领我们通达彼岸,在通达过程中周边的景色和诸种关系得以汇聚和展开。因此,凡有媒介,就有发生,就有事件,就有变动,就有新的进展。吴江贾家三子夜奔上海,恰为此做了一个见证。

犹如物质性依托于具体的物质及其形态,由于单个媒介的技术特性不同,也就带来了媒介性——交转性的方式及其模式呈现的千差万别:"在口语文化的社会里,许多

---

① 米歇尔,汉森.媒介研究批评术语集[M].肖腊梅,胡晓华,译.南京:南京大学出版社,2019:2.
② 米歇尔,汉森.媒介研究批评术语集[M].肖腊梅,胡晓华,译.南京:南京大学出版社,2019:4.
③ 德布雷.媒介学宣言[M].黄春柳,译.南京:南京大学出版社,2016:124-125.
④ 海德格尔.在通向语言的途中:修订译本[M].孙周兴,译.北京:商务印书馆,2005:190,255.
⑤ 克莱默尔.传媒、计算机和实在性之间有何关系?[M]//克莱默尔.传媒、计算机、实在性——真实性表象和新传媒.孙和平,译.北京:中国社会科学出版社,2008:6.

人在同时说话;相反,在书面文化的世界里,一次一个人说话至少是在人们的期待之中。"①媒介事件——电视的直播,则使得全球成为一个竞赛场或大剧院,造就了新的场景,甚至奠定了尼尔·波兹曼所忧心忡忡的"娱乐至死"和"童年的消逝"。复制技术使艺术失去了灵韵,却也使得大众在其展示的观看中,有了接触本来只能顶礼膜拜的艺术品之机会。②舆论,是报刊史研究中最为常用的术语,但恐怕没有太多的研究者知道,在印刷报纸产生后,才有了现代政治学和社会学意义上的"舆论"。报纸就像一个"公共交谈"的平台,一支笔启动了上百万条舌头,分散的地方的意见被集中、被融合,从而造就了一个庞大、抽象和独立的报纸意见共同体,并被命名为"舆论"。没有报纸,人们的交谈就不会对任何人的头脑产生影响。因此,"舆论"以及所谓的民族主义(想象的共同体)、国际主义,都与报纸的此种"公共交谈"③——交接周转的协调有关。依此而进,报刊和舆论的研究,就不应是以内容为内容、以文本证效果,而应切入报纸的"交转性"之作为,关注"公共交谈"的运作和方式,并从这样的逻辑中揭示内容和文本的形成及其带来的后果。以此来反观报刊与历史,比如众所周知的《时务报》与"戊戌变法"、《苏报》与"排满革命"、《新青年》与"新文化运动"、《民报》与《新民丛报》的辩论等,恐怕就会有新的领悟,发现新的风景。

由于媒介物特性不一,我们的研究就是要从其共同的"媒介性"中,揭示出不同媒介特性所导致的不同的"调节"或"交转"状况和结果。同时,媒介与媒介之间并非绝缘的,它们之间同样互为交接、交集,会发生遭遇、碰撞、转接、竞争、分离,可谓剪不断理还乱:报纸、讲演、标语传单的相互促进,办报、办会、书信和人际交往的互为条件,学堂、出版社和报馆的互通互惠等,形成了一个个自有特点的"媒介圈"。④ 流转的逻辑就是媒介的逻辑,你抓住我,我也抓住你,与媒介关联的行为都是一个组合事物,⑤是一种特定的塑形。媒介就好似一"活生生的力量旋涡"⑥,搅和着与之相关的一切东西,然后又不断地吐出来,翻然就是一新的阵势。戴乃迪(Alexander Des Forge)在从晚清到民国早期的"上海叙事"中,就发现了类似的现象,连载小说与其他的媒介生产及其产品,诸如旅游指南、报纸、杂志、图画集、广播、电影、照相、幻灯等交错纠缠,交集成了一个跨文本、跨体裁、跨媒介而且不断扩张的视觉和文本场域,共同指向上海的特征和意义,以不同的方式,扩展了人们的多种感知和体验,从而为"什么是上海",提供

---

① 麦克卢汉.余韵无穷的麦克卢汉[M].何道宽,译.北京:机械工业出版社,2016:19,15.
② 本雅明.机械复制时代的艺术品[M].王才勇,译.南京:江苏人民出版社,2006:57.
③ 塔尔德.传播与社会影响[M].何道宽,译.北京:中国人民大学出版社,2005:229-248.
④ 德布雷.媒介学宣言[M].黄春柳,译.南京:南京大学出版社,2016:45.
⑤ 布克哈特.在电磁流中:作者和电磁书写[M]//克莱默尔.传媒、计算机、实在性——真实性表象和新传媒.孙和平,译.北京:中国社会科学出版社,2008:30.
⑥ 麦克卢汉.麦克卢汉序言[M]//英尼斯.帝国与传播.何道宽,译.北京:中国人民大学出版社,2003.

了不同的入口、框架和样板。所以,他特地借用德布雷的概念,将之称为"媒介域"(mediasphere),并由此构成整个分析的基础,①以揭示媒介之间文化生产的互生互补之复杂关系和样貌。就是这样的媒介生态,生成了当时的"上海"和关于上海的认识,是一个"媒介域上海"(mediasphere Shanghai)。与此相比,吴江贾家三子的感知来源,还是显得有些单一和平面。戴乃迪的尝试和探索,为媒介与历史的研究打开了新的想象——关心文本但又不拘泥于内容的爬梳、整理和确认。只有到了这样的时候,即当媒介能够被视为单数——它不是单个媒介形式的叠加,而在事实上大于单个媒介形式的叠加之时,媒介研究之"媒介",才具有了一定的自主性,媒介研究才可以开掘出自己的空间。② 因而,从内容转向媒介,从不同媒介转向媒介性,就能够赋予媒介与历史研究一副新的眼镜,也就是麦克卢汉说的,有了"一个恰当的方式"。

四

依循这样的思路,媒介就是一个概念,一个考察媒介与历史的理论视窗;媒介与历史研究就不能也不会仅仅定格于某个媒介的演变史,不同媒介前后承继的进化史(这正是媒介考古学所要解构的),媒介的社会使用史、功能史,更不是以媒介内容来补充和证明某些历史上的人和事,而是将媒介作为社会构成的一个基础性条件和要素,作为一种"人的延伸",研究它的产生、运转和变化,是如何影响人和社会的历史及其文化的。

展开来看,其实整个人类的存在及其历史,都立足于并且依托于"媒介域"。且想,我们是有了光才能看,有了声音才能听,语言符号让我们交往,货币则大大促进了交易。这些不同的媒介,都为我们打开了一个区分的区间,为我们在感觉、认知和行为中指定了一个确定的"格式塔",都给予了我们不同的政治、科学、经济、艺术的操作空间和一定范围的文化真实性。③ 没有这些媒介,也就没有人,没有社会现实;同理,不同的媒介具有不同的偏向,自然也就产生了不同的社会、文化乃至认识论。④ 这也正是英尼斯说的,"一种新媒介的长处,就是一种新文明的诞生"⑤。《巴黎圣母院》中的一段描写,为此做了生动的写照:沉默的克洛德副主教伴随一声长叹,左手指向圣母院,

---

① FORGE A D. Mediasphere Shanghai: the aesthetics of cultural production[M]. Honolulu: University of Hawaii Press, 2007.
② 米歇尔,汉森.媒介研究批评术语集[M].肖腊梅,胡晓华,译.南京:南京大学出版社,2019:3.
③ 塞尔.实在的传媒与传媒的实在[M]//克莱默尔.传媒、计算机、实在性——真实性表象和新传媒.孙和平,译.北京:中国社会科学出版社,2008:215,218.
④ 波兹曼.娱乐至死[M].章艳,译.桂林:广西师范大学出版社,2004.
⑤ 英尼斯.传播的偏向[M].何道宽,译.北京:中国人民大学出版社,2003:28.

右手指着那本放在桌上的打开了的书,目光忧郁地在书上停留片刻之后便转向教堂,说:"唉!这一个将要把那一个消灭掉。大的可以被小的打败,建筑物也能被书摧毁!"紧接着,雨果做了如下评论:"这是僧侣们面对新的代理者印刷术所产生的恐惧,这是站在古登堡伟大的印刷品跟前的圣殿上的人们所产生的眩晕和恐慌。"这不正反映出媒介变更造成社会和文化动荡所引发的焦虑和不安吗?印刷机成为"攻城槌,把教堂和城堡夷为平地"。① 雨果所感受到的,应该是媒介与历史研究的着重点,也是最能展示其研究价值的地方,倘若我们能将"媒介"作为一个角度的话。

于此,关于什么是媒介,什么不是媒介;关于媒介究竟是工具,还是"中介",就不是自然天成的,更不是本体意义上的划定,恰恰决定于研究者自身的视野,决定于是以什么样的角度切入媒介与历史的研究中。关于此,克莱默尔颇有见地。她说:"器具视角和传媒视角之间的区别、作为工具的技术和作为传媒的技术之间的区别,不能被误解为本体论的区别,好像我们用它可以对技术人造物世界进行分类,要么分为工具组一类,要么分为传媒组一类。"实际上,这是两种都在发挥作用的视角,尽管其重要性不一样。如果把媒介看成一种技术工具,那就是出于一种精神工艺学的眼光,媒介的作用就是增强和替代人类身体、感觉、活动和思维器官,它是提升劳动效率的器具;反之,如果把技术理解为媒介,它就是一种我们用来生产人工世界的装置,开启了我们新的经验和实践的方式,没有这个装置,这个世界对我们来说是不可通达的。② 那么,这一点不是很清楚了吗?过往的媒介与历史研究基本上就是固着于"精神工艺学"来观照媒介(比如报纸、广播等),由此所照射出的媒介,自然就是一种"器具",是办报者为达到某一目的的工具。相反,倒是一些研究技术而不自称为媒介研究的研究,却恰恰可能是基于媒介的角度,为我们展示了技术对于世界的改变和创生。

在我看来,沃尔夫冈·希弗尔布施的《铁道之旅:19世纪时间与空间的工业化》,就是这样一部代表之作。铁路的建造和延伸,使时间和空间再造;作者从火车速度、旅途景观、车厢设置和分隔、旅途感受、车站选址与城市建筑,乃至铁路引发的精神病理等各个方面,全方位展示出铁路既是一条道路,又是一种再造环境的作用力;它是一种交通和运输工具,人和地方又是随着它的开动而发生变化,呈现出前所未有的新面貌。如果媒介总是通过其物质特性的运用过程,"与人类感官及人的理解率相结合,总是在对给定时间、空间中的人类经验进行调节",实现人、环境和技术的互构的话③,希弗尔布施的"铁道",正好充分反映出这一点。另外一个不能不提的例子,是连玲玲的《打造

---

① 伊尼斯.传播的偏向[M].何道宽,译.北京:中国人民大学出版社,2003:44.
② 克莱默尔.传媒、计算机和实在性之间有何关系?[M]//克莱默尔.传媒、计算机、实在性——真实性表象和新传媒.孙和平,译.北京:中国社会科学出版社,2008:1,7-8,76.
③ 米歇尔,汉森.媒介研究批评术语集[M].肖腊梅,胡晓华,译.南京:南京大学出版社,2019:5.

消费天堂:百货公司与近代上海城市文化》。在以往固定的认知中,没有人认为"百货公司"是媒介,也不可能将之归入媒介与历史的研究脉络之中,可就在这本书中,作者公开表明她是以麦克卢汉的媒介理论作为研究架构的。以这样的眼光看过去,百货公司就是一个交往中轴,围绕着它的芸芸众生和物品,共同组成并编织出现代的消费主义场景和关系。于是,百货公司成为近代上海不同人种、人群和阶层的交会之所,构成琳琅满目的商品和不同消费行为的展示之窗,潜藏着明里暗里的物质权力和符号权力之竞争,混合了购物和娱乐的融合氛围。在作者的描述中,百货公司犹如一个巨大的轮盘,卷入人流物流,输出新式商品和消费模式;串接着周边的道路,又对周边的空间施加着自己的影响。作者正是从媒介及其调节的视角(尽管在我看来,其运用还不够圆润),揭示出百货公司在物、人、环境的互动互构中,构成了上海现代性的独特面向。

由此可见,从媒介的实体(实物)移开,确立起媒介的角度,不仅使媒介有了自己的理论根据,同时也可以大大扩展学术研究的想象力。当什么是媒介、什么不是媒介,不再是一种对对象的判定,而是与研究者的视野——如何看待媒介——息息相关时,媒介与历史的研究自也能从对象史的束缚中挣脱而出,将目光投向更为广阔的天地。

通过这样的新视野,媒介与历史的研究,就有了自己的特殊性,有了自己的特定面貌和精气神,更重要的是,其所具有的意义和价值也将被重新厘定。因为如同盖伦所言,由于人天生就不自足,必得依赖于外在的条件,技术就因此成为人类自身本质的最重要的构成部分,甚至像人本身一样形成了一种人造的性质。① 甚至按照唐•伊德的说法,从来就没有一个脱离技术的"原本"的人,人必定是与技术相伴相生、共同进化的,没有技术的生存只是一种抽象的可能性,除非是封闭起来,被置于一个孤立的、被保护的牢固的乐园之中,就好像被圈养的保护动物一样。② 以此而言,媒介,体现人与技术关系的"交织交转",就是人类生存的根本关系,是人类进化和演变过程中时刻存在的普遍状况。这样一种技术和人的"接合",不是谁进入谁,谁决定了谁,而是互相不能脱嵌;技术和人可以在具体而特定的实践中被制造、被维持、被转变、被毁灭,但就是不能脱离或分离③。媒介就是人的境况。所以,"媒介"实质上指向并指明了人类的一种本体论境况——依赖媒介的建构性外化行为和发明创造。在这样的意义上,作为角度的"媒介",成为一个对人类生命形式进行最深层次考古发掘的透镜。我们是透过媒介,窥探到人类的生存;媒介与历史研究的定位,就是对人的根本关系的研究,是对"调

---

① 盖伦.技术时代的人类心灵:工业社会的社会心理问题[M].何兆武,何冰,译.上海:上海世纪出版集团,2008:4.
② 伊德.技术与生活世界[M].韩连庆,译.北京:北京大学出版社,2012:14.
③ 斯蒂瓦尔.德勒兹:关键概念[M].田延,译.重庆:重庆大学出版社,2018:138-143.

节"在人类历史上所起到的不可简化的作用的研究。① 德布雷说,"从源头看,媒介学的起源应该是人类学"②,我们也完全可以仿照说,媒介史也就是人类史。当"媒介"成为一个角度时,媒介的威力就得以尽情绽放。这样的媒介和历史研究,也将起到特殊的作用,占据自己独有的位置:可以跨越各种学科,贯穿打通各种专门史,从而"在人类历史中占有更为中心的地位"③。从此,媒介的研究,就不再是哪个学科的专利,也没有任何一个学科可以排除媒介。媒介及其威力,成为所有学科在研究中不能不考量的重要维度和要素。

译丛以"媒介与历史"为名,就是来自以上这些想法,也是以这样的思路,考虑入选的书目。由此,本译丛的面目就可能异于一般的理解,它所收纳其中的书目,不再以是否研究通常所认为的媒介——报纸、刊物、广播、电视之类为唯一标准,而是着重于是否体现出"媒介"的角度或者思维。只要能够以某种"恰当的方式",揭示出"媒介的威力",且其质量和水平得到公认,就有可能成为译丛的首选。即便是那些以传统媒介为对象的研究,当然也希望具备这样的特色。的确,其中的某些书,或许作者在研究中并没有这样明晰的媒介意识,甚至本来也没有这样的打算,但全书的展开恰恰为我们提供了这样的景象,使我们完全可以从"媒介"的角度去阅读和理解,并从中获得启发和收益。这也意味着,这些书被归入媒介与历史的范畴是否合适,除了书的研究视角和内容、选编者的眼光,同样也还有读者的一面。书有不同的写法,也有不同的读法;怎样阅读一本书,与这本书的内容相关,但未必是决定性的。称"作者已死",似乎过于激进;理解溢出文本,却早就是公认的状况。既然如此,编选者在谨慎处之的同时,也恳切希望读者能了解并认可译丛编选的思路,以便我们共同努力,使译丛能够取得预期的效果。

当前,数字媒介的变革,让我们充分领略到媒介的威力,媒介及其现象也因此受到各方高度关注。在这个千载难逢的紧要关头,重新理解媒介,突破学科界线,打开媒介与历史研究的新想象,无论对于我国的学术研究、学科创新,还是对于中国历史、现状的认识及其未来的展望,都具有重要的意义。"媒介与历史"译丛的推出,就是希望借他山之石,在这方面起到一些微薄的作用。愿望虽如此,结果却难料,只有忐忑不安地等待读者和各位同道的评判。

黄 旦

---

① 米歇尔,汉森.媒介研究批评术语集[M].肖腊梅,胡晓华,译.南京:南京大学出版社,2019:2,4-5.
② 德布雷.媒介学宣言[M].黄春柳,译.南京:南京大学出版社,2016:15.
③ 罗兰.序言[M]//董璐,译.克劳利,海尔.传播的历史:技术、文化和社会.董璐,何道宽,王树国,译.北京:北京大学出版社,2011:2.

中译本序

互联网的兴起是对全球政治、技术和文化皆意义深远的事件,改变了包括中国在内的世界主要国家。这一里程碑式的事实促使人们开始探索它的起源。在探索过程中,历史学家们很自然地将注意力转向了第一批电子通信网络——电报和电话。[①]

20世纪90年代中期,互联网的商业化带来了互联网公司(dot.com)的繁荣,并在新千年伊始达至顶峰。这一波繁荣的产物是几家主导全球经济的互联网巨头的诞生,包括亚马逊(1995年)、谷歌(1998年)、腾讯(1999年)、阿里巴巴(1999年)和脸书(2004年)。正是在这一互联网时代拉开帷幕之时,我启动了本书的研究,并于2010年出版了这本《网络国家》。当时很多人从技术与经济的角度来解释互联网公司的繁荣,我对此持怀疑态度。与许多历史学家同行,以及几乎所有为数字创业公司投资或工作过的人不同,我对此种夸大技术和经济的解释表示怀疑,并决定去澄清传播史中的一个早先常被神话化的篇章。

《网络国家》描述了第一批电子通信网络是如何诞生的,并解释了为什么这些网络如此重要。与目前许多关于通信网络的著作不同,《网络国家》试图传达的并不是所谓的技术律令和经济力量的势不可挡。相反,这本书展示了技术和经济是如何由政府机构和公民理想所塑造的。

《网络国家》中译本的出版,不仅让我有机会对英文原版问世以来的反响做出一些回应,同时也使我有机会思考,对于中国读者,尤其是对于历史学、社会学、新闻与通信政策,或媒介史的学生来说,这本书的价值到底是什么。

第一批电子通信网络诞生于1840年,终止于1920年。这个时间段不仅在美国,而且在中国都是一个充满巨变的时期。

我们先来想想中国发生的变化。1840年标志着鸦片战争的开始,一场耻辱的军

---

① 感谢苏俊斌、邓建国、常江和金庚星为这篇序言贡献的建议和意见。这篇序言借用了2019年秋天我接受的一次采访中的几句话。这次采访可以通过以下引用找到:Historiography in mass communication, 2019,5:63-74.

事失败加速了这个国家几个最大的口岸城市在政治上屈从于欧洲帝国主义列强。1911年,清朝覆灭,接下来的一年"中华民国"宣告成立了。1920年,中国的领导人们面临着第一次世界大战结束后的国内动乱,接下来的1921年,中国共产党诞生了。

于美国而言,1840年和1920年这两个时间点同样至关重要。无独有偶,每一个时间点都分别标志着美国媒介史上的一起重大事件。1840年,由画家转行为发明家的塞缪尔·F. B. 莫尔斯(Samuel F. B. Morse)获得了他的第一项电报专利;1920年,第一家商业无线电广播台诞生。

电报和电话是美国的电子通信网络诞生时期最重要的两种通信媒介。电报(Electric Telegraph)以一种较古老的介质为模型,但又有所不同。今天我们称这种古老的介质为光通信(optical telegraph),旨在避免与它的电子表亲——电报混淆。光通信最初被简单地称为远程通信,它在18世纪90年代的法国和瑞典几乎同时被发明了出来,这个时间点比用电作为远程通信的驱动力还早了几十年。光通信是一种视线媒介(line-of-sight medium),它通常在相距不超过20英里的中继塔间传送编码信息。信息以火焰信标、闪光灯或一系列事先安排好的信号形式被发出。至于我们更熟悉的电报——一种今天虽已被取代,但一直存续于整个20世纪的媒介——直到19世纪30年代才出现。

电话表面看来更为人所熟知,苹果和安卓手机在日常生活中已无处不在。即便如此,值得一提的是,今天的手持移动设备与电话诞生之初的形态有很大差异。电话在其诞生之时只是一种纯粹的声音媒介,通过有线网络连接两个人,有时超过两个人。今天无处不在的媒介——无线电话,在那个时候还是未知的。当时的每一通电话呼叫都需要一个物理意义上的电子回路来完成。

我写作《网络国家》的主要目标是描述电报和电话如何逐步发展,并解释其原因。每种网络都历经了三个阶段——商业化(commercialization)、大众化(popularization)和自然化(naturalization)①,尽管三个阶段的顺序各自有所不同。网络演化的先后顺序一定程度上受到技术律令和经济力量的影响。但更重要的是政府机构和公民理想的相互作用。电报在拥护共和政体的政治经济环境中完成了商业化,其中电报发明者塞缪尔·F. B. 莫尔斯希望将他的专利权卖给国会,这样新媒介就可以由联邦政府拥有与经营了。在1848年颁布的《纽约电报法》和1866年颁布的《国家电报法案》的激励下,西联电报公司通过设计一种与反垄断政治经济的特殊要求相吻合的商业策略,成为占主导地位的电报网络供应商。在这种反垄断政治经济环境中,立法者捍卫市场新进入者拥有与现有市场主体进行竞争的平等权利。

---

① 理查德·R. 约翰教授用naturalization来描述电信网络的"去政治化"和"理所当然化"。译者在探索一个足够匹配的中文表述过程中曾产生过"归化""自在化""自主化"的想法,最终直译为"自然化"得益于和孙黎、黄从严的讨论,并且感谢台湾政治大学传播学院冯建三教授的意见。

"垄断"这个词对中国读者来说似乎不太寻常，它是指在任何一项事业中，某个在位者占据着支配地位。19世纪40年代的美国人认为垄断是危险的，主要是因为当时人们觉得垄断源自政府授予的特权。到了19世纪80年代，人们才习惯于将西联这类公司看成"自然垄断"，因为人们开始认识到，西联这类公司所获得的市场主导地位不仅源自政治授权，而且来自技术和经济。

相比之下，电话是在进步主义的政治经济环境中完成其商业化的，这种情况与塞缪尔·F. B. 莫尔斯的经营活动所处的共和制政治经济环境，以及促进西联崛起的反垄断政治经济环境都大为不同。在进步主义的政治经济环境中，立法者授予某些市场参与主体高度限制性的、实际上往往是排他性的市政特许经营权，这种市政特许经营权既限定了网络供应商可收取的费率上限，也规定了网络供应商必须要提供的服务水准。但市政特许经营权排除了新进入的市场主体的平等权利。立法者不再致力于根除特权，而是将特权视为理所当然，同时努力最大限度地提升公共事业，并将浪费减至最低程度。

1900年以后，在进步主义的政治经济环境中美国电话电报公司（即今天的AT&T）成为占主导地位的网络供应商。这家网络供应商旗下包括一家设备制造商、一个长途电话网络，最重要的是它还拥有一系列区域运营公司，其中芝加哥和纽约的运营公司规模最大也最赚钱。这家网络供应商也就是大众所熟知的贝尔，贝尔的公关人员则自誉为"贝尔系统"。1910年，贝尔收购了西联电报公司。1913年，法院成功重组了贝尔并迫使其剥离了西联公司。1984年以前，贝尔一直是美国最大的电话网络供应商，直到法院再一次重组了贝尔公司，迫使自我夸耀的那个"贝尔系统"解体了。

如果用一句话来概括我的论点，那就是：政治渗透于人工物中。为什么电子通信网络在其诞生之时会进化成后来的那个样子？解释这一问题最有力的因素就是政治—经济游戏规则。网络运营商们在制定商业战略时，不仅关注政治经济，而且关注网络用户。面向特定客户的商业化与面向全体人民的大众化并非一回事。或许值得强调的是，这些网络运营商们不是政府行政人员，而是企业经理人，这种情况只在一战期间出现过短暂例外。当然，美国在这方面的历史经验与欧洲、中国和日本也大相径庭。

《网络国家》描绘了一起划时代的媒介创新：电子通信网络的大众化（popularization）等同于面向全民的大众服务，这在历史上尚属首例。这个电子通信网络，就像一个由一系列电话运营公司把这个国家最大的几个城市，以及成千上万个乡镇和大片农村腹地连接起来，构成的群岛。最初，这个网络仅面向特定客户提供高成本的专业服务。到了1900年左右，这个网络在城市、乡镇和农村腹地被重新构想为一种用于短程（主要是市内和本地）通信的低成本的大众服务。这些运营公司中最具创新性的几家位于这个国家最大的城市（如芝加哥和纽约市），并隶属于贝尔公司。

当贝尔控制了全国最大城市的电话通信时,非贝尔的或独立的电话运营公司也在这个国家的大部分地区蓬勃发展。1907年以前,这些独立电话运营公司通常以较低的成本提供更基础的电话服务,并与贝尔在许多市场上展开了激烈竞争。1907年的经济恐慌加剧了市场泡沫,独立电话公司在这一年遭受了重创。1909年贝尔收购了西联的大量金融股份后,贝尔总裁西奥多·N. 维尔(Theodore N. Vail)迅速采取行动,将电报和电话整合成了一张电子通信网络,这张整合后的网络将低成本的短程电话服务与低成本的长途电报服务融合在了一起。为了指称这个电话—电报混合体,维尔特地构想出一个比喻——"普遍服务"(universal service)。1913年,这个电话—电报混合体被法院宣判为非法组合。

在美国,"普遍服务"后来的历史遮蔽了它的早期起源:"普遍服务"这个比喻最初尽管包含了在城市、乡镇及其紧邻的内陆腹地提供低成本短途电话服务的想法,但并不指代低成本的长途电话服务。这一时期的绝大多数电话都是面向本地的:1900年,从芝加哥打出的电话平均距离仅有3.4英里。

"网络国家"这个词组也是一个隐喻。也就是说,这个词组旨在突显政府机构和公民理想对电报和电话网络演变的影响程度。此外,它还提请人们注意将这些网络与民族国家认同联系起来的文化力量。这种认同长期以来一直令人着迷,但这种认同实际上是一种误解。比如,想想1915年第一条横贯(北美)大陆的电话线路完工时,媒介史学家对其所赋予的言过其实的意义。同时,"网络国家"并不意味着联邦政府是唯一甚至是最重要的监管场域。电报网络首先受到联邦一级的监管,然后受到州一级的监管。电话网络首先在联邦和市一级进行监管,然后在市政、州和联邦三个层级进行监管。

顺便再补充一句,美国人直到20世纪30年代才开始使用"电信"一词:我将其置于我的书名中,是出于方便的考虑。实际上,有人可能会说,1913年的法院裁决导致贝尔剥离了其新收购的电报网络,这项裁决不仅标志着"普遍服务"的终结,也标志着"电信"作为电话—电报混合体的愿景在美国的终结。"电信"一词所寄托的上述愿景是由一名法国邮政官员阐述出来的,正是这名法国邮政官员于1904年发明了"电信"这个新词。

《网络国家》可被解读为一部资本主义开始迈入所谓管理资本主义(managerial capitalism)这一特殊阶段的历史著作。管理资本主义是一个与众不同的经济发展阶段。我的导师,历史学家小阿尔弗雷德·D. 钱德勒(Alfred D. Chandler, Jr.)对这个阶段的特征的分析最广为人知。① 管理型企业组织（managerial enterprises）是由经理人经营的大型非政府组织，其中经理人对企业规划和资源分配，包括投资决策享有相当大的控制权。这些管理型组织表面上由其投资人拥有，但由于股权广泛分散，实际上所有权和控制权已经分离。这样一来，经理人就扮演了事实上的控制角色。在我与法国同行莱昂纳尔·拉博里（Léonard Laborie）合著的一篇论文中，我们展示了贝尔公司发起的公关活动是如何成为推动管理资本主义壮大的主要力量的。这些公关活动旨在颂扬贝尔在一战期间所提供的战时服务，更重要的是这些公关活动还阻挡了联邦政府控制电子通信网络的计划。②

贝尔公司堪称管理型企业的典范。技术创新、金融保守、注重长期效益而非短期利润，它集中体现了胸襟开阔、对社会负责的公司价值观。这种价值观在二战后的几十年里成为许多最受人尊敬的美国公司的典型特征——这一时期也是美国在全球经济中占据主导地位的时期，记者亨利·卢斯（Henry Luce）称之为"美国世纪"。贝尔于1925年创建了研究和发展实验室——贝尔实验室，这家实验室推动了20世纪包括卫星、光纤和晶体管在内的许多最重要的通信技术创新的商业化。③

《网络国家》不仅重构了通信网络的运作方式，也重构了人们对通信网络的想象。电报在其19世纪的鼎盛时期被企业经理人们构想为一项仅面向高端客户提供的特殊服务。西联电报公司总裁曾在19世纪80年代公开宣称，如果某个普通人想传递一条长途讯息，他或她可以选择寄信。相比之下，电话在1900年左右被重新构想为一项面向全体人民的大众服务。电子通信进入了大多数人的现实世界，而不再只为少数人服务，这在世界历史上尚属首例。此项后果并非技术和经济使然，而是政治和文化的产物。

如果我们想了解通信网络，就必须意识到，仅理解它们的运作方式是不够的，还要理解它们是如何被构想出来的，只有这样我们才有可能认识到这些通信网络的历史在多大程度上被人为地遮蔽了。

和人类社会的其他重大创新相比，通信网络长期以来更是一直被神话所笼罩，直至今天依然如此。仅举一例，对通信发明家的崇拜和对通信公司的妖魔化是一种早在19世纪30年代就已浮现的、深思熟虑的媒体策略的两个面向。当时英雄般特立独行

---

① ALFRED D C., Jr. The visible hand: the managerial revolution in American business[M].Cambridge, Mass.: Harvard University Press, 1977.关于批评和评论，参见 RICHARD R J. Elaborations, revisions, dissents: Alfred D. Chandler, Jr.'s., the visible hand after twenty years[J]. Business history review, 1997,71: 151-200. 同时参见 RICHARD R J. Turner, Beard, Chandler: progressive historians[J].Business history review, 2008,82:227-240.
② RICHARD R J, LEONARD L. "Circuits of victory": how the first world war shaped the political economy of the telephone in the United States and France[J].History and technology, 2019,35: 115-137.
③ 贝尔实验室最好的历史参见 GERTNER J. The idea factory: Bell labs and the great age of American innovation[M].New York: Penguin, 2012.

的叙事为电报发明家塞缪尔·F. B. 莫尔斯、电报电话双料发明家托马斯·A. 爱迪生（Thomas A. Edison），以及电话发明家亚历山大·格拉汉姆·贝尔（Alexander Graham Bell）的声誉增光添彩，使他们三人不仅在美国，而且在世界各地变得家喻户晓。

关于起源的神话倾向于维护创业者们的利益，并且借由美国专利法的规定产生了某种强制力。因为，与包括英国在内的大多数其他国家的专利法的规定不同，美国专利法奖励第一个展示新设备或新方法的人，而不是第一个向专利局长提出专利权主张的人。① 类似的逻辑促使后来的创业者们编造出关于史蒂夫·乔布斯（Steve Jobs）、马克·扎克伯格（Mark Zuckerberg）和一大批美国互联网企业家早期职业生涯的奇特故事。

在20世纪的大部分时间里，贝尔不仅是最大的公司，而且也是企业公共关系的先驱。② 因此，贝尔强大的公关部门故意歪曲自家企业的历史，也许并不令人感到意外。③ 尽管美国电话网络在其诞生之时受到了高度监管，但贝尔的公关人员却不遗余力地鼓吹贝尔的商业战略取决于技术与经济而非政治和文化的神话来掩盖其被高度监管的事实。尤其是贝尔的公关人员长期以来一直夸大贝尔在长途电话业务方面进行大规模投资的战略意义——从而在一定程度上掩盖了短途（尤其是市内）电话仍是其核心业务的事实。贝尔的公关人员称赞长途电话不仅是技术上的奇迹（事实的确如此），也是其商业战略的基石（事实并非如此）。即便贝尔对长途电话的研究以及真空管的商业化二者共同导致了现代电子学的诞生，但长途电话网络对于贝尔的主要价值还是服务于其持续几十年的公关宣传：在贝尔与其商业对手的竞争中，长途电话几乎没有任何用处，实际上长期以来都是一项赔钱的业务。④

贝尔的公关人员也同样淡化了该公司在1913年所遭遇的那场深具羞辱性的政治滑铁卢。当时，法院强令贝尔剥离了西联电报公司，终结了其试图构建电话—电报网络混合体的短暂试验。西联的剥离使贝尔总裁西奥多·N. 维尔的"普遍服务"——永久性地割据电子通信市场的梦想破灭了。这是一次毁灭性的打击：尽管"电报"一词仍

---

① CHRISTOPHER B. Invented by law: Alexander Graham Bell and the patent that changed America[M]. Cambridge, Mass.: Harvard University Press, 2015.
② ROLAND M. Creating the corporate soul: the rise of public relations and corporate imagery in American big business[M]. Berkeley: University of California Press, 1998: chap. 2.
③ 20世纪50年代，贝尔的公关专家阿瑟·W. 佩奇（Arthur W. Page）甚至资助了哈佛大学的一个研究机构将美国历史的研究路径从政治经济学转向社会史。他担心政治经济学研究可能会威胁到企业特权，而社会史是一种更为保守的历史研究体裁。RICHARD R J. From political economy to civil society: Arthur W. Page, corporate philanthropy, and the reframing of the past in Post-New Deal America[M]//Boundaries of the state in U. S. history. Chicago: University of Chicago Press, 2015: 295-324.
④ 对以"AT&T为中心"的电话史所造成的问题的相关批评参见，MCDOUGALL R. The people's network: the political economy of the telephone in the gilded age[M]. Philadelphia: University of Pennsylvania Press, 2014.

被保留在贝尔的官方名称——美国电话电报公司中,但法院阻止了贝尔从电话和电报网络的合并可能产生的任何协同增效中获益。

一位评论家敏锐地指出,《网络国家》的主要目标之一就是揭开在电报和电话诞生时期所发生的一些"重大变化"的神秘面纱。① 这项理清历史和神话之间区别的研究很可能会为其他时空下的媒介史学家提供深刻的洞见,因为在人类付诸努力的知识领域中,几乎没有其他领域的历史记录被夸张手法扭曲得像媒介史领域这么严重。

将历史与神话混淆也正是吴修铭(Tim Wu)的《总开关:信息帝国的兴衰变迁》(*The Master Switch:The Rise and Fall of Information Empires*)一书的主要短板所在,这本书是关于美国电信业诞生的为数不多已被译成中文的历史著作之一。②

吴修铭是一位以在互联网政策领域推广"网络中立"为政策目标而广为人知的著名法学教授。他在《总开关》中讲述了一直以来作为美国主要电话网络供应商的贝尔系统崛起的历史。他关于贝尔崛起的历史叙事再次呼应了多项源自贝尔公关人员丰富想象力的论调。③ 对吴修铭来说,美国电信业的形成时代肇始于一场史诗般的竞争,这场竞争是在公认的开放网络与所谓的封闭网络之间展开的。前者如吴修铭所支持的独立电话运营公司(谷歌的先驱),后者如其所反对的贝尔公司(苹果的先驱)。在对 21 世纪初谷歌和苹果之间的那场竞争进行回顾时,他同样支持作为开放网络的谷歌,反对作为封闭网络的苹果。

为了证明自己的观点,吴修铭过度高估了贝尔总裁西奥多·N.维尔单枪匹马重建信息基础设施的能力,这与贝尔公关专家先前对维尔的大肆吹捧相呼应,尽管这种呼应并非吴修铭有意为之。如此一来,吴修铭就淡化了联邦、州和市级公共政策对贝尔公司商业战略的影响,同时夸大了维尔在击退独立电话公司发起的挑战时所发挥的作用。事实上独立电话公司阵营由于金融体系不稳定而在 1907 年垮台了,它们向贝尔发起的挑战也随之瓦解,而维尔却是在这一年之后才回归贝尔的;在解释贝尔如何击败独立电话公司方面,吴修铭极度夸大了长途电话的重要性;在维持贝尔公司金融运转方面,他严重夸大了银行家尤其是摩根大通的作用。其实与贝尔相比,独立电话公司更需要银行家,到了 1907 年,独立电话公司已经失去了曾经在高级金融界能够获取的任何支持,这很大程度上属于自作自受。

对于中国读者来说,认识到基于档案研究的历史著作与面向大众读者快速写成的行业出版物之间的区别是非常重要的。《网络国家》涉及的主题没有《总开关》那么宽泛,但它以一种截然不同的精神进行写作,并将 1840—1920 年媒介史上的创新与它们

---

① MEGAN M. Demystifying some momentous changes[J]. Technology and culture, 2012,53:185-188.亦见 JOY R. Review of network nation[J]. IEEE technology and society magazine, 2013,32:15-17.
② WU T. The master switch: the rise and fall of information empires[M].New York: Alfred A. Knopf, 2010.
③ DUGUID P. Spin cycle[N]. Nation, 10 January 2010; STARR P. The manichean world of Tim Wu[N]. American prospect, 9 June 2011.

所继承的创新而非那些尚未出现的创新进行了比较研究。《网络国家》的档案材料来源也更为广泛,除了行业出版物、政府文件、小册子文献、数十位内部人士的个人文件,还包括西联、贝尔、独立电话公司和贝尔旗下的运营公司的企业档案。

最后,我还将对《网络国家》与大量媒介史著述的关系做一番评论。比如较早的有迈克尔·舒德森(Michael Schudson)的那本值得称赞的美国新闻史著作《发掘新闻》(*Discovering the News: A Social History of American Newspapers*,1978),这本书主要聚焦在文化规范上。[1] 较新的概述中最具概念性挑战的是约翰·内罗内(John Nerone)的《媒介与公共生活》(*Media and Public Life: A History*,2015),这本书采取了更广阔的视野,不仅强调了文化规范,还强调了制度形式。[2]《网络国家》则属于后一种传统。

有人可能会问,21世纪的中国媒介史学家为何要关注19世纪和20世纪早期的电报和电话的历史?答案之一就是,这段历史是长期存在的媒介史——涉及媒介形式和媒介内容之间的相互关系——的一项个案研究。今天的记者、博主、新闻播音员、企业公关主管、政府宣传部长,都在一个制度和观念相互交织的政治经济脉络中行动。电报和电话在美国诞生时的情况亦是如此。

几十年前,我所在的哥伦比亚大学新闻学院的杰出前辈詹姆斯·W.凯瑞(James W. Carey)曾强调过电报之于媒介史的重要意义。[3] 凯瑞认为,19世纪中叶电报的商业化为一个独特信息环境的出现提供了技术上的先决条件,这一信息环境不仅孕育了第一代新闻经纪人(纽约联合通讯社、路透社、哈瓦斯),而且孕育了商品交易所、期货市场和独特的现代新闻写作风格。凯瑞的论点过于笼统,受到了各种批评。[4] 然而,凯瑞所持论点的基本前提,即媒介形式塑造了媒介内容,确实有助于解释美国电报网络的演变。但值得注意的是,媒介形式在很大程度上不仅与文化有关,还与政治有关。

凯瑞对电报的分析淡化了其所嵌入的政治经济脉络。尤其是他将电报的媒介逻辑归结为具有一种空间约束力,而事实上,这种媒介逻辑不仅依赖于一种传递优于仪式的文化偏好,同样有赖于一种迫使网络供应商建立自己的网络以超越竞争对手的监管制度。此外,凯瑞还夸大了新闻经纪机构使用电报改变新闻报道内容的程度,并淡

---

[1] SCHUDSON M. Discovering the news: a social history of American newspapers[M].New York: Free Press,1978.
[2] NERONE J. Media and public life: a history[M].Cambridge: Polity Press,2015.
[3] CAREY J W. Technology and ideology: the case of the telegraph[J]. Prospects,1983,8:303-325. 这篇文章的修订版参见 CAREY J W. Communication as culture:essays on media and society[M].Boston: Unwin Hyman,1989:201-230.
[4] 关于这方面的批判,参见 RICHARD R J. Communications networks in the United States from Chappe to Marconi[M]//International encyclopedia of media studies. London: Blackwell,2013:311-316,326-327.

化了这项新媒介在虚假信息,或者我们今天所谓的假新闻的流通中常常扮演的关键角色。①

电话的情况又有什么不一样呢?为何媒介史学家要去关心电话是如何诞生的?我的论点更加直截了当。电话而非电报是媒介史上第一种被配置为面向全体人民的大众服务,而非面向特定排他性客户的专属服务的电子通信媒介。正是由于这个原因,我们可以说电话而非电报才是今天如此普及的数字通信网络最直接的先驱。

电话是第一种被配置为面向大众服务的"电子"通信媒介,但并非第一种被配置为面向大众服务的通信媒介。区别发生在邮件领域,遗憾的是邮件一直为媒介史学家所忽视。然而值得人们记住的是,邮件不仅在19世纪而且在20世纪的大部分时间里都是截至目前使用最广泛的远程通信媒介。一位记者曾草率地说电报是"维多利亚时代的互联网",实际上邮件才是。②

相对而言,媒介史仍是一个尚未被充分开发的领域。例如,弄清楚我提出的三阶段模型——商业化、大众化、自然化——是否可被用来分析通信网络在其他时空下的演变将是有意义的。应当强调的是,这三个阶段的先后顺序在不同媒介之间可以存在差异。仅就美国的在地经验来说,电报在19世纪40年代由塞缪尔·F. B. 莫尔斯实现了商业化;在19世纪80年代由立法者和经济学家完成了自然化,当时他们对竞争作为监管手段失去了信心;最后在西联电报公司被贝尔接管后于1910年实现了大众化。相比之下,电话的商业化是在19世纪70年代通过依靠亚历山大·格拉汉姆·贝尔的专利的运营公司来实现的;此后在1900年由贝尔以及作为其竞争对手的独立电话公司完成了大众化;最后于1913年,随着法院将电话市场卡特尔化,完成了自然化。

互联网的情况又是怎样的?正如我于2016年在北京哥伦比亚大学全球中心的一次演讲中为回答一名中国学生提出的一个富有见地的问题时所推测的那样,互联网的独特之处至少可以从其独一无二的演变顺序中被发掘:20世纪60年代,在美国国防部的军事资助下,互联网率先完成了自然化;到了20世纪90年代,在美国国家自然科学基金会的推动下,互联网实现了商业化;并于2000年前后开始走向大众化,同时爆发了第一波互联网热潮。

媒介史学家或许还希望探究政府机构和公民理想如何影响了当今互联网科技巨头的结构、行为与表现。如此一来,他们将会立基于《网络国家》的核心观点之一:电报和电话网络供应商得以兴起的政治经济环境形塑了它们的商业战略。

---

① RICHARD R J. Letters, telegrams, news[M]//The Edinburgh companion to nineteenth-century American letters and letter-writing. Edinburgh:Edinburgh University Press,2015:119-135.
② RICHARD R J.The public image of the universal postal union in the anglophone world,1874-1949[M]//Exorbitant expectations:international organizations and the media in the nineteenth and the twentieth centuries. London:Routledge,2018:38-69.

我希望《网络国家》能够激发怀有各种兴趣的读者。尤其希望这本书不仅可以为新读者讲述一个发生在并不遥远的过去的两个最大最强的通信网络如何被创建起来的非凡故事,而且能够为这些读者提供一个新的视角,来理解我们这个时代的全球通信网络。

理查德·R. 约翰

译者序

"技术崇敬"的神话与现实

"在所有的事物中,沟通交流是最为奇妙的。"约翰·杜威(John Dewey)的这个观点经由詹姆斯·凯瑞(James Carey)的引介一下变得著名起来,并吸引了众多致力于在沟通交流中寻找意义的人。沟通交流为何如此奇妙?因为它能凝聚共识并产生社会联结,使人类相互共处的生活成为可能。在此基础上,社会就成了可能。[①]正是通过沟通交流、通过符号与社会结构的整合关系,社会才得以创造、维系与改变。既然沟通交流在协调"社会"的生成时处于如此基础性的位置,那么对于"可沟通性"的追求很自然地就会被赋予某种"善"的价值色彩。由于特定时空情境中的"可沟通性"总是不可避免要受限或受益于相应历史阶段的物质技术条件,想想 Telecommunication 是以 Tele 和 Communication 的合成词形式出现本身就意味着"使用技术进行远程通信",以至于人们在认知技术与沟通交流的关系时,极易将充分条件和必要条件的关系进行倒置——对"可沟通性"的追求往往悄无声息地被对于更"进步"的沟通交流技术的追求所取代。那么问题就来了,技术的"进步"是否就必定预示着能让沟通交流变得更好?

一

对于凯瑞来说,能够践行沟通交流的奇妙之处的理想技术原型大概要数 19 世纪的电报了。1844 年,自塞缪尔·F. B. 莫尔斯(Samuel F. B. Morse)发出了那条据本书作者认为是由莫尔斯的未婚妻安妮选定的众所周知的第一封电报"上帝做了什么"时起,通信技术的每一次进步都会产生一种宗教性的夸张言辞,颂扬道德、政治和社会的进步。新兴通信技术的宗教色彩似乎从这第一条电报文发出时就被彻底奠定了。电报带来了一场沟通交流革命——不但使通信和运输的分离成为可能,而且分离出的

---

① 《传播的文化研究取向》,参见凯瑞.作为文化的传播[M].丁未,译.北京:华夏出版社,2005:11.

电力通信后来居上,一跃成为运输工具物理运动的控制模式与机制,并在19世纪中后期一系列经济与社会变革中扮演了至关重要的角色:从跨大西洋时间契约和期货交易市场的出现,到日常生活中"孤岛式社区"时间的瓦解以及抽象的标准时间的重新界定;从非个人化的企业组织形式与管理中介的兴起乃至垄断的合法化,到"消除时空"并"将国家连为一体"的公众意识萌发,①和电报有关的变革不胜枚举。有作家赞叹:"电报在国家与国家之间、种族与种族之间建立一个更为亲密的联结……电报的潜能使之注定成为世界文明的力量!地球上所有国家结成至关重要的纽带……重要的是,过去的嫉妒和敌意将不复存在,因为我们创造了使地球上所有国家之间交流思想的工具。"②

相较于电报的无远弗届,电话在很长时间里都属于一种都市媒介。电话在功能上改变了个体对时间和空间的理解,使得对话者"在同一时刻出现在两个地方",并"消灭"了将人们分开的物理距离。同时其也"扩展了生活空间",为先前很少存在的社交提供了机会。③ 在1878年3月的《大西洋月刊》(The Atlantic)发表的据说可能是第一篇涉及电话的短篇小说中,马克·吐温(Mark Twain)通过这项新发明开启了现代社会的人们关于浪漫约会的所有想象和预言。④ "电话的普及产生了私人交流的增加,而这又促进了特定的交流中心的增长和大都市系统的扩张。"所以,电话"必须被视为促进了城市带的形成,而非反城邦的分散"⑤。

1852年,迈克尔·加维(Michael Garvey)甚至设想了一个由所有通信手段构成的系统——一个由电丝组成的完美网络,通过配备类似生命结构中神经系统这样敏感的装置,来巩固并协调人类的社会联结。⑥ 几十年后,加维对新技术的异想天开阴差阳错地在贝尔公司总裁西奥多·N. 维尔(Theodore N. Vail)提出的"普遍服务"的商业战略中得以开花结果,遗憾的是当美国政府在1913年迫使贝尔剥离西联时,这项策略迅速夭折了,贝尔再也无法为用户提供把电话和电报连接为一个"伟大的媒介"的"普遍服务"。贝尔的这个昙花一现的"普遍的电线系统"计划最终也没能"巩固并协调人类的社会联结"。

美国人对于电报、电话等电子发明在问世之时所展示出的神奇力量的溢美与歌颂,在20世纪70年代由凯瑞和伦道夫·奎克(Randolph Quirk)合著的包括《电子革

---

① 《技术与意识形态:以电报为个案》,参见凯瑞.作为文化的传播[M].丁未,译.北京:华夏出版社,2005:160-183.
② 《技术与意识形态:以电报为个案》,参见凯瑞.作为文化的传播[M].丁未,译.北京:华夏出版社,2005:166.
③ STEPHEN K. The culture of time and space: 1880-1918[M]. Cambridge: Harvard University Press, 1983: 69.
④ 这篇短篇小说是《阿隆索·菲茨·克拉伦斯和罗莎娜·埃塞尔顿的爱情》,参见 The Loves of Alonzo Fitz Clarence and Rosannah Ethelton[N].The Atlantic,March 1978.
⑤ 戈特曼.城市群与反城邦:电话与城市结构[M]//普尔.电话的社会影响.邓天颖,译.北京:中国人民大学出版社,2008:318-329.
⑥ 《未来的历史》,参见凯瑞.作为文化的传播[M].丁未,译.北京:华夏出版社,2005:143.

命的神话》《未来的历史》在内的一系列文章中被称为"电子崇敬"(Electronic Sublime)①。"电子崇敬"描绘了19世纪的美国人在受到电力发明的强大威力所制造出的压迫感的激发时,心灵中涌现出的那种对超越自身力量的技术人工物的崇拜和敬意。不过这种"崇敬"与其说是源于技术人工物自身的壮美,不如说是人们对自身理性的一种崇敬,这种理性体现为人对自然的征服。

如依此意义再向前回溯,那么"电子崇敬"实则与启蒙主义哲学家于工业革命伊始在机械技术上投射的进步主义寄托如出一辙。这同样还可从美国人对早期工业化阶段机械技术发展的典型反映中窥见端倪。早期美洲大陆被欧洲人想象成一片未经开垦和污染的自然田园,并且这片田园寄托了欧洲人的工业乌托邦理想。美国人继承了这种乌托邦传统,力图超越历史,摆脱欧洲经历,摒弃过往的包袱与偏见,先是借助宗教,然后借由技术——尤其是运输和通信技术,在精神与现实世界之间最终建立一个"新世界"②。于是当工业时代的印刷术、蒸汽机等机械技术被运用到这片美洲大陆时,这些机械技术也因与理想的美洲自然田园的融合而变得人性化。比如印刷机带来了信息生产的机械化,这被认为是与民主政治休戚相关的,甚至"国家意识的起源"也要归功于印刷机的贡献。蒸汽机更是被赋予形而上学的特征:"它能给任何事物带来协调的合作……它能战胜时间与空间……征服偏见,用快捷而友好的交流将整个国家团结在一起。"如此一来,欧洲城市中一度遗留下来的工业革命的糟粕在美洲大陆将不复重演。人们在这里通过自然田园和机械技术的和谐结合,就可以回归到伊甸园般的胜地乃至获得救赎。

然而,早期机械工业化引发的种种弊端并未能在美洲的自然田园中幸免,"机械崇敬"的神话也很快在南北战争中受到了严峻的考验。于是印刷机和蒸汽机承载的机械乌托邦理想被迅速转移到电的身上。电被认为是"连接自然和社会的新纽带""当它得到充分发展后,电可以将整个国家的经济联结成一个统一的机器,一个完整的有机体……它能克服蒸汽文明的阻碍与问题。去除蒸汽时代的阴霾与衰退,提供重新设置美国社会模式的新的原动力";它能"将文明从工业主义的的祸害与重负中拯救出来,恢复人人共享的社会环境"。③

城市规划领域的创新思想家帕特里克·吉德斯(Patrick Geddes)甚至在机械技术和电力技术之间划出一条质的分界线——蒸汽代表旧技术时代、电力标识新技术时

---

① 其中《电子革命的神话》原文分上、下两部分发表:CAREY J W, QUIRK J J. The mythos of the electronic revolution [J]. The American scholar, 1970,39(2):219-241 和 CAREY J W, QUIRK J J. The mythos of the electronic revolution[J]. The American scholar, 1970,39(3):395-424. 在1989年出版的 Communication as Culture 论文集中,这两篇文章合二为一,也就是丁未译2005年版中的《电子革命的神话》一文。
② 《未来的历史》,参见凯瑞.作为文化的传播[M].丁未,译.北京:华夏出版社,2005:139.
③ 引述自《电子革命的神话》和《未来的历史》,参见凯瑞.作为文化的传播[M].丁未,译.北京:华夏出版社,2005:94,96,101,140.

代,这是两个截然不同的工业机器时代。他将自己的技术乌托邦理想转而投射到电力身上:新一代电子机器可以用技术的方法解决一直存在的政治问题。吉德斯对电力技术的信条被他的弟子刘易斯·芒福德(Lewis Mumford)移植到了美国场景中。在《技术与文明》(Technics and Civilization)一书中,芒福德将一系列"革命性变化"归功于电力本身"质的"影响。他分析了新机器和新技术的社会影响,声称电能和通信将导致权力的去中心化,进而使人类恢复到与大自然接触的生活。①

尽管试图通过新技术解决社会问题的努力在机械或电子技术身上都曾以失败告终,但新技术发明孕育新的革命潜力的信条依然根深蒂固。于是每当旧技术受挫,便呼唤新技术到来且将新技术视为"现有问题的永久解决途径和彻底摆脱先前历史模式的手段"②已成为美国人乐此不疲的一种方式。每一项新的发明创造,都被当作迈向新世界的必由之路而大受欢迎,技术进步将以某种方式解决当前的问题并创造一个更加美好的未来。于是,从工业革命伊始的"机械崇敬"过渡到19世纪后期的"电子崇敬"的主导叙事,自阿尔文·托夫勒(Alvin Toffler)③和约翰·奈斯比特(John Naisbitt)④、凯文·凯利(Kevin Kelly)⑤等未来学家的传承,并在90年代互联网和信息革命兴起以及新的千禧年到来之时再次上演。时至今日,关于互联网或人工智能产品所拥有的神奇变革力量的预言文献已不胜枚举且无须赘言,此类预言与其说展现出了一种洞察未来的能力,毋宁说是通过一种技术革命的修辞和神话重新构建起一套合法化的现实。其核心思想是当前我们正在经历一场前所未有的"数字革命"。在这种贯穿机械文明以来的美国历史的强大技术神话之下,硅谷的大型数字科技公司通过定期安排一场又一场涉及"革命性产品"的以"XX改变世界"为名的发布会,来强化一种"数字崇敬"的修辞,以便把自己打造成这个神话的化身。

技术风云迭代,崇敬之态依然。先是印刷机、蒸汽机主导的机械文明,之后是电报和电话触发的电子通信革命,直至最近的"数字转型",技术在普通美国人的自我意识的形成中一直是一种不可或缺的存在,是一种"与国家建构有关的社会集体经验"⑥,

---

① 引述自《电子革命的神话》和《未来的历史》,参见凯瑞.作为文化的传播[M].丁未,译.北京:华夏出版社,2005:107,146.
② 《未来的历史》,参见凯瑞.作为文化的传播[M].丁未,译.北京:华夏出版社,2005:142.
③ 阿尔文·托夫勒(1928—2016)是一位美国作家、未来学家和商人,《财富》杂志副主编。他的作品讨论现代科技,包括数字革命和通信革命,并强调它们对世界文化的影响。在早期作品中,他把重点放在技术及其带来的"信息超载"的影响上。在1980年出版的另一本畅销书《第三次浪潮》中,他预见了诸如克隆、个人电脑、互联网、有线电视和移动通信等技术的进步以及人们对社会变化的反应。
④ 约翰·奈斯比特(1929—2021),美国未来学家。他的代表作是1982年出版的《大趋势》。
⑤ 凯文·凯利(1952)是《连线》杂志的创始执行主编,也是《全球评论》的前任编辑/出版人。他还是一位作家、摄影师、环保主义者,以及研究亚洲和数字文化的学者,因汉译三部曲《失控》《科技想要什么》《必然》而为中文世界所熟知。
⑥ SOUSA M L. Technology as a social collective experience of nation building: David Nye's American technological sublime[J]. Journal of history of science and technology, 2010: 4.

美国人从对新技术的大规模应用所产生的崇敬感中获得了联结。"技术崇敬"(technological sublime)是美国人谈论和理解技术的一贯修辞,一种肇始于机械工业时代的知觉政治,①在塑造国家联结与认同的历史过程中拥有着持久的魔力。

二

凯瑞并不是最先洞察到美国文化中存在这种"技术崇敬"的人。在凯瑞的作品中,佩里·米勒(Perry Miller)是一位被反复提及的人物,如凯瑞所言,更早的时候,米勒在《美国的精神生活》(*The Life of the Mind in America*)②中使用了这个概念来描述共和国早期的美国人以近乎宗教式的崇敬之姿参与新技术的体验。20世纪70年代,凯瑞在《电子革命的神话》等系列文章中,通过引用和分析历史上大量经典美国作家的文学作品,来揭示美国思想中持续存在着"电子崇敬"的主基调,即"将电力技术神话化"为渴望社会变革的驱动力、重塑人类共同体的关键,以及回归珍贵的自然乐园的手段。③ 凯瑞的这种以工业革命以来的技术与自然的关系为研究对象,并通过阐释经典作家的作品来得出结论的研究方法实际上隶属于早期"美国研究"(American Studies)④的一种经典研究传统——通过考察技术与自然在美国文化中的地位,来讨论美国的国家认同。佩里·米勒正是"美国研究"中这一传统的开创者之一⑤。

此后,米勒的学生利奥·马克思(Leo Marx)的《园中机器:美国的技术和田园理想》(*The Machine in the Garden: Technology and the Pastoral Ideal in America*)⑥成为这一研究传统下的经典之作。《园中机器》考察了美国权威作家如何处理以铁路和电报为标志的工业现实与田园理想的紧张关系:自19世纪早期伊始,技术侵入日常生活后,一方面激发了伟大事物的出现,如把国家凝聚在一起;另一方面似乎也摧毁了原本安全的田园牧歌空间。19世纪的作家相信正是美国文化中的"进步理念"和"田

---

① NYE D E. American technological sublime[M]. The MIT Press,1994.
② 佩里·米勒于1963年去世,尽管 *The Life of the Mind in America: From the Revolution to the Civil War* 这本文集首次出版于米勒去世后的1965年,甚至晚于里奥·马克思的《园中机器》(1964),但文集中的文章实则写成于更早的时间。
③ 本句是在参考丁未翻译的华夏出版社2005年版的基础上对英文版的重译。参见 CAREY J W. Communication as culture, revised edition: essays on media and society[M]. Routledge,2008:88.
④ 凯瑞的《作为文化的传播》中多次涉及"美国研究"这个术语。"美国研究"往往容易被误解成是指一般意义上的美国的研究,此处所用"美国研究"这个术语特指20世纪中期兴起于美国高等教育中的一个跨学科建制,参见金衡山.边界:美国(文学)研究的范式确立与转换及问题[J].四川大学学报(哲学社会科学版),2018(4);KUKLICK B. Myth and symbol in American studies[J]. American quarterly,1972,24(4):435-450.
⑤ MURPHEY M G. Perry Miller and American studies[J]. American studies,2001,42(2):5-18.
⑥ MARX L. The machine in the garden: technology and the pastoral ideal in America[M]. New York: Oxford University Press,1964.中译版见马克思.花园里的机器:美国的技术与田园理想[M].马海良,雷月梅,译.北京:北京大学出版社,2011.

园牧歌"之间的这种紧张关系塑造了美国生活。自19世纪以来,每一代人都生活在这种"自然"世界和"人造"世界之间的紧张关系中。时至今日,人们对美国生活的理解依然离不开机器梦与田园梦之间的根本冲突。在此意义上,利奥·马克思的作品帮助"美国研究"建立了一个解释框架,在这个框架中,技术发挥了不可或缺的作用。

许多后来的作品发展了利奥·马克思的这个框架,尤其是约翰·F.卡森(John F. Kasson)的《将机器文明化:1776—1900 年美国的技术与共和理念》(*Civilizing the Machine: Technology and Republican Values in America, 1776-1900*)①,只是与利奥·马克思不同,卡森认为技术崇敬更多地存在于大众对技术的接受中,而非知识分子面对技术的矛盾心态。② 卡森将"技术崇敬"诠释为一种由"强大的情感、道德目标,以及坚信共和国有条不紊的运转是由技术进步来反映与改善的信念"组成的混合体。他认为"新技术的出现不仅仅是物质进步和繁荣的代理人,而且是自由的捍卫者和共和国美德的工具"。一旦发展制造业技术与共和主义的经济理念相吻合,技术崇敬就能缓解人们对工业主义的恐惧,也会让那些批评机械技术和工业主义会损害美国环境和价值观的人士无话可说。19世纪的美国人开始意识到,技术与他们关于自然和一个有序社会的共和理念之间不存在解决不了的冲突。

当然,这一传统之下还包括与凯瑞几乎同一时期的丹尼尔·切特罗姆(Daniel Czitrom)的《媒介与美国心灵》(*Media and the American Mind*)③和卡罗琳·马文(Carolyn Marvin)的《旧术犹新》(*When Old Technologies Were New*)④。切特罗姆采用了思想史的路径,通过使用各种档案材料中电报、广播和电影三种新兴通信技术引发的希望与恐惧的社会反映,以及社会科学知识界关于媒介的知识生产领域的辩论,来凸显媒介技术在塑造现代美国社会的关键力量:电报作为第一种电力商业化的设备,将消除旧的偏见和敌意,带来世界和平与和谐;广播激发了通过即时通信使社会变得更高尚的乌托邦愿景。马文通过广泛引用各种行业出版物,如《电气评论》《西方电工》《电话》和《电气世界》上的材料来呈现19世纪后期的美国人对电力通信的想象,以

---

① KASSON J F. Civilizing the machine: technology and republican values in America, 1776-1900[M]. New York: Penguin Books, 1976.
② CRAIG D B. Radio, modern communication media and the technological sublime[J]. Radio journal: international studies in broadcast & audio media, 2008, 6(2-3): 129-143.
③ 关于 American mind 的翻译,在切特罗姆的 *Media and the American Mind: From Morse to McLuhan* 中被译成《传播媒介与美国人的思想:从莫尔斯到麦克卢汉》;在亨利·斯蒂尔·科马格的 *The American Mind: An Interpretation of American Thought and Character Since the 1880's* 中被译成《美国精神:十九世纪八十年代以来美国人的思想和性格阐释》;阿兰·布鲁姆(Allan Bloom)的 *The Closing of the American Mind* 在缪青/宋丽娜翻译的中国社会科学出版社 1994 年版中被译成《走向封闭的美国精神》,在战旭英译、冯克利校的译林出版社 2011 年版中被译成《美国精神的封闭》。此处倾向于将 mind 置于心理学和社会心理学的传统下理解,并借鉴黄光国教授的相关表述,将 American mind 译成"美国心灵",并保持前后术语的一致性。
④ MARVIN C. When old technologies were new: thinking about communication in the late nineteenth century [M]. Oxford University Press, 1988.

及如电灯和电话所引发的社会关系和社会空间的变革。

关于"技术崇敬"在美国文化中的地位,大卫·奈(David Nye)被认为是最精明有趣的评论家之一。① 奈是利奥·马克思的学生,他的诸多结论都建立在"美国研究"一脉下米勒、马克思、卡森和切特罗姆等众多技术思想家的作品之上。奈所理解的"技术崇敬"是指人们在某种巨大的结构或极其强大的机器面前所体验到的那种无法抗拒的、经常令人愉悦的敬畏和迷失感。在《美国的技术崇敬》(*American Technological Sublime*)②中,奈指出激发崇敬体验的不仅仅是大自然,现代科技也有能力引发类似的惊奇、敬畏和恐惧的反应:第一条铁路、第一家大型工业工厂、电气化的城市景观、胡佛水坝、原子弹……所有这些甚至更多的技术人工物,都激发了那些第一次目睹它们出现的人们的崇敬体验。这种体验不仅仅是深刻的个人体验,也塑造了社会团结和民族国家的集体性格。他指出"崇敬"一开始是一个美学和心理学范畴,于19世纪初在美国重新出现时发生了转变,且发生了从私人体验向公共情感构型的转变——变成了民主的或"大众的崇敬",这种集体崇敬属于一种独特的美国意识,是美国公民理想不可分割的一部分。尽管美国人生活的土地没有古老的历史,但他们共同拥有的是一种对技术进步的非凡信念,这种信念由一项又一项令人崇敬的新技术定期重新点燃。一种崇敬体验消失后,就必须要找到一个新的对象把它重新激发出来,这种贯穿美国历史的技术崇敬就像一根线将美国社会中原本多样化和分裂的元素缝合在了一起。

三

如果将凯瑞和切特罗姆关于电子媒介的作品放进"美国研究"而非"传播研究"的脉络下来重新理解,不难发现其关于电子技术的一系列观念和米勒、马克思、卡森以及奈对美国文化中一直存在的"技术崇敬"的修辞的阐述如出一辙。技术崇敬即"美国心灵"的一种体现,二位虽都书写电子媒介,但用意却不止步于媒介,而是以媒介"技术研究"切入"美国研究"③,借19世纪早期以来的电子媒介之光,直通"美国心灵"深处。

切特罗姆在《"通信研究"作为"美国研究"的一个面向》④一文中提出凯瑞在双重意义上具有"美国研究"的身份属性:其一,他通过关注通信技术在塑造共和国的过程中所起的关键作用,对"美国心灵"进行了独到而微妙的分析,向我们展示了如何通过

---

① 这是来自著名技术史学家罗伯特·弗里德尔(Robert Friedel)的评价,参见 FRIEDEL R. Book reviews: American technological sublime by David E. Nye[J]. The journal of American history, 1995,82(2): 675.
② NYE D E. American technological sublime[M]. MIT Press,1996.奈是一位在技术史领域享有国际盛名的技术史学家,他的另一部著作《百年流水线:一部工业技术进步史》的中译版已由机械工业出版社出版。
③ NYE D E. The rapprochement of technology studies and American studies[M]//ROWE J C. A concise companion to American studies. Oxford:Wiley-Blackwell, 2010(1): 320-333.
④ CZITROM D,CAREY J W. Communication studies as American studies[J]. American quarterly, 1990,42(4):678.

重新思考关于通信、媒介和技术的基本假设和隐喻来加深我们对"美国心灵"的理解。其二，他令人信服地勾勒并拓展了美国思想的传统，认为美国思想是理解媒介，并实现有关通信的学术话语的民主化的最大希望。实际上，切特罗姆本人同样出生于"美国研究"系。

"美国研究"的兴起与美国思想史一脉相承。20 世纪早期，在多年教授欧洲的思想代替美国的经典之后，以美国历史和文学为对象的研究在美国大学和学院发展起来。弗农·路易斯·帕林顿（Vernon Louis Parrington）、佩里·米勒和他们弟子的作品共同开辟了美国思想史的新领域，该领域假设不仅个人而且整个民族都具有一种超脱于社会之上的"心灵"（minds），这种心灵既承继自过去，又与时俱进。① 帕林顿的《美国思想史》（*Main Currents in American Thought*）就假设美国经典作家的思考和写作体现为一种独特的"美国心灵"（或"美国文明"）②，主张通过深入解读历史上产生重大影响的权威作家的经典作品即可把握"美国心灵"的精髓。1937 年，哈佛大学设立的"美国文明史"博士课程，就建立在这种假设之上。

这一时期，美国思想史领域的历史学家们的作品都流露出了对美国自身的高度关注，这些作品中积累了大量有关美国的起源、自我表征和自我理解的知识或神话，这些知识和神话都试图回答"美国是什么"以及"美国是如何形成的"。这与当时美国高等教育中兴起的"美国研究"运动在许多方面都是一致的，并且在很多方面成为"美国研究"运动的组成部分。③ "美国研究"的第一个标志性方法是五六十年代的神话与象征（Myth and Symbol）学派，他们试图在美国文化纷繁复杂的表象之下存在着某种独特的"美国心灵"，并相信这种独特的心灵可以通过经典美国文本中某些重复出现的"神话"来阐明。而"美国研究"运动就是致力于发掘并阐述这种"美国心灵"的精髓。一些经典的文本，如利奥·马克思的《园中机器》即诞生于这一时期。60 年代中后期开始，随着各种新的研究类型的兴起，"美国研究"的"神话与象征"路径遭到来自各方的批评与挑战。以至于"到了 80 年代已经很少能看见带有'美国心灵'字眼的标题了，因为思想史学家们比以往更加清楚地意识到，他们所研究的那一小拨智识领袖并不一定能够代表整个国家的民众"④。

到了 90 年代，关于"美国是什么"以及"美国是如何形成的"等问题的历史书写出现了一种"新"制度主义范式，"新"制度主义在充分吸收 60 年代以来的社会与文化范式的遗产的基础上，也与后者至少在两方面存有分歧：其一，新制度主义者对于否认早期美国国家作为一种制度性存在，以及淡化早期联邦政府在金融、通信等领域的影响

---

① KITTELSTROM A. The American mind is dead, long live the American mind[J]. Modern intellectual history, 2021, 18(3):865-876.
② 帕灵顿. 美国思想史[M]. 陈永国, 译. 长春:吉林人民出版社, 2002.
③ HOLLINGER D A. American intellectual history, 1907 2007[J]. OAH magazine of history, 2007, 21(2):14-17.
④ HOLLINGER D A. American intellectual history, 1907-2007[J]. OAH magazine of history, 2007, 21(2):14-17.

的做法持怀疑态度。其二,新制度主义者对于在为数不少的声称已接受语言学转向的历史学家中存在的用珍贵的文本解析来冒充严肃的历史分析的做法失去了耐心,他们更感兴趣的是事物是如何运作的,而不是人们相信什么,他们对于忽视社会现实的巨大产物来异想天开地追求真实和纯粹的历史书写方式持怀疑态度。① 于是在涉及诸如通信技术的历史书写时,就出现了一种在研究问题和书写方法上都有别于"神话与象征"学派的新面貌,保罗·斯塔尔(Paul Starr)的《媒体的创造:现代交流的政治起源》以及这本《网络国家》都是这种新面貌下的作品。

四②

本书作者理查德·R. 约翰(Richard R. John)是哈佛大学于1937年建立的"美国文明史"(后改称为"美国研究")项目的博士毕业生,而"美国研究"的"神话与象征"学派的开创性人物利奥·马克思正是哈佛这个研究生项目的第一批毕业生。尽管约翰在早期的学术生涯中也尝试以"神话与象征"的方法写过一篇讨论赫尔曼·梅尔维尔(Herman Melville)的经典短篇小说《录事巴托比》的论文,但约翰的这篇文章却向他的前辈利奥·马克思关于同一主题文章的结论发起了挑战。值得一提的是,约翰于80年代在哈佛就读的这个"美国研究"研究生项目当时和现在都不强调方法论,而是相信方法论服务于问题比反过来更好,约翰自称受益于哈佛的这种训练。哈佛大学著名政治学家西达·斯考切波(Theda Skocpol)在近期的一篇访谈中也提及了颇为类似的观点:无论是在某个领域还是在现实世界中,一个重要问题的足够好的答案远比一个琐碎问题的确定答案更有价值。如果你是一个关心实质性问题的人,请认识到多种数据来源、多种方法论才是应有之道。这种材料来源的多元性和方法的开放性同样体现在《网络国家》的写作上。

约翰对于通过经典作家的作品就能把握"美国心灵"的研究方式产生了怀疑,他认为要对"美国心灵"做出合理的概括几乎是不可能的。因为这个概念似乎过于模糊和复杂,太接近那些碰巧是白人、男性、英裔和精英的美国人的世界观。但他在哈佛"美国研究"项目上累积的对美国文化的兴趣使他有可能继续对缔造美利坚共和国早期的大型官僚组织感兴趣。不过在小阿尔弗雷德·D. 钱德勒(Alfred D. Chandler Jr.)的影响下,他不再像"神话与象征"学派那样去收集少数知识分子对官僚组织的看法,而是转向去问如邮政这样的特定的官僚组织是如何运作的,以及它带来了什么变化。此后当20世纪最具影响力的电信巨头贝尔系统(Bell System)于80年代解体时,社会学

---

① JOHN R R. Why institutions matter: rewriting the history of the early republic[J]. 2008(9).
② 第四部分关于理查德·R. 约翰的多处内容都来自约翰接受复旦大学信息与传播研究中心的学术刊物《中国传播学评论》(第十辑)访谈时的回答,该期刊物由孙藜主编并将由中国传媒大学出版社出版。

家丹尼尔·贝尔(Daniel Bell)关于电信的研究又激发了约翰新的兴趣,同一时间,贝尔也将哈罗德·A. 英尼斯(Harold A. Innis)带进了约翰的阅读视野。

不管是在《传播新闻》还是在《网络国家》中,和他的"美国研究"领域的前辈们相比,尽管约翰并不否认技术的重要性,但他所做的并不是延续自利奥·马克思以来的传统去发掘关于"技术崇敬"的新的神话与想象,而是将注意力从利奥·马克思的"技术崇敬"转向了"组织崇敬"。他的主要分析单位不再是技术发明或者兰登·温纳(Langdon Winner)所说的技术人工物,而是力图展示大型组织——邮政部、西联电报公司(Western Union)、贝尔系统,以及与贝尔有关联的纽约、芝加哥等大城市电话运营公司——如何受到植根于制度形式的文化规范的约束,以及这些大型组织所连成的网络如何对商业、政治和公共生活产生深远影响。他从经典作家或知识分子对官僚组织的态度,转移到美国的组织机构所处的制度结构上,他更关心的是电信网络如何被政府机构和公民理想所塑造。作为第一批将国家/制度带回通信史的学者,与其说约翰是从文化转向了制度,不如说他已经找到了一种方式来讲述文化规范如何嵌入了制度形式中。他的结论进一步体现为:

> 在美利坚共和国早期以共和为公民理想且由联邦主导的集权的政治经济制度中,电报发明者塞缪尔·F. B. 莫尔斯希望将他的专利权卖给国会,这样新媒体就可以由联邦政府拥有和经营;到了19世纪40年代,以反垄断为公民理想的由州主导的政治经济制度中,立法者捍卫新进入者与现有者竞争的平等权利,鼓励开放进入和竞争,这促进了西联电报的崛起;19世纪80年代以后,当进步主义取代反垄断成为一种公民理想后,由市政主导的政经制度推动电话公司加速合并,促使其从私营企业变成理想化的公共事业,以反对竞争导致的不必要浪费。

在约翰的提问方式的转变中,除却小阿尔弗雷德·D. 钱德勒的影响,当时哈佛校园里像西达·斯考切波这样的新制度主义政治学家也成为他的灵感来源。新制度主义将"制度"视为一堆不断演变的规则,这些规则与社会文化过程(如《网络国家》中关于公民理想的演变)以不可预测的方式相互作用,并充满着偶然性。正是在这一点上,它也与传统意义上将"制度"视为稳定不变的结构实体的做法区别开来。① 沿袭这种新制度主义路径,《网络国家》中的"国家"既不是"美国研究"的"神话与象征"学派致力于发掘的文化身份,也不应被理解成传统意义上韦伯式的官僚组织实体,而是一种不断演变的制度结构,这一制度结构由"国家"或联邦层级、州一级和地方层级(即市政一

---

① 马奇,奥尔森. 新制度主义:政治生活中的组织因素[J]. 殿敏,编译. 经济社会体制比较,1995(5):37-40.

级)的政府机构动态博弈而成。作为西联、贝尔等电信组织置身其中的"游戏规则"或表演的"舞台",这一制度结构规范着这些电信组织的行动,进而形塑共和国早期的电信网络。

五

2009年,亦即凯瑞逝世三年后,理查德·约翰接过了凯瑞在哥伦比亚大学新闻学院的教职,两人都凭借对电信研究的贡献而为人所知。同时约翰基于严肃的档案研究重新提出的"18世纪90年代光通信的发明,或1800年邮件分拣中心的建立,而非19世纪40年代电报的商业化导致了交通运输与信息传播的分离"的观点正是对凯瑞的那个著名观点的新的修正,而这个修正后观点也正在逐渐被丹尼尔·海德里克(Daniel Headrick)这样的学术同行所接受,以至于越来越国际化的传播史研究渐渐不再被凯瑞提出的"电子崇敬"的修辞所包围。

凯瑞曾就投射于20世纪90年代的互联网革命之上的"技术崇敬"提出过三点反思[1]:第一,大量关于互联网研究的文献作品缺乏充分的历史性;第二,缺乏媒介生态学的比较视角;第三,没有充分地嵌入包括政治、经济、宗教和文化在内的至关重要的世界中,而这个更广阔的权力和雄心的世界对互联网的真正后果起着决定性的作用。技术总是嵌入真实的人们、真实的欲望、真实的经济和真实的政治可能性的真实历史中。那种认为技术是抽象的、在历史之外、在其诞生的政治和经济时刻之外运作的观点,是对任何特定技术的可能性和局限性的误解。然而这一教训在20世纪90年代基本上被遗忘了,被新经济、新社会、新世界秩序以及与过去不同的新人格的隐喻所吞噬了。凯瑞坚持认为,知识分子肩负着挑战刘易斯·芒福德所称的"机器神话"的特殊责任。如果不这样做,他们就有可能成为神话制造者的同谋。所以我们有必要以"一种去神话化的民主语言,其中政治词汇再次与政治目标和过程结合在一起"的方式进行学术工作。[2]

至于凯瑞提出的三点反思,约翰的研究或多或少已经形成了呼应:其一,约翰自"邮政系统"到"网络国家"的美国通信史研究有助于增加以当前"新"为主导的媒介研究的时空厚度,尽管约翰反对"站在千禧年之后的居高临下的位置上来"以今论古",而是要置身于共和国早期的时空坐标上展望未来"。其二,约翰的电信研究也正是放在和邮政系统、光通信的媒介生态演变的过程中来进行定位的,而非作为孤立的对象来考察,乃至得出"技术上,电话继承了电报;但在组织上,电话更接近于邮政"的结论。

---

[1] CAREY J W. Historical pragmatism and the internet[J]. New media & society, 2005,7(4):443-455.
[2] 本句是在参考丁未翻译的华夏出版社2005年版基础上对英文版的重译。参见 CAREY J W. Communication as culture, revised edition: essays on media and society[M]. Routledge,2008:108.

其三,尽管约翰认为凯瑞所持论点的基本前提——媒介形式塑造了媒介内容,确实有助于解释美国电报网络的演变,但媒介形式在很大程度上不仅与文化有关,还与政治有关。所以他批评凯瑞过于受到刘易斯·芒福德的影响,围绕作为变迁的行动者的各种能量(风、蒸汽、电)的历史意义展开,而淡化了其所嵌入的政治经济脉络。作为比较,约翰反对将能动性赋予技术,认为"技术发明以某种预先确定的方式导致了某个特定的组织结构或商业战略的建立"的主张,等同于"通过赋予电气设备、电池和电线以能动性来掩盖历史过程",认为美国早期电子通信网络的可接近性不仅取决于技术律令和经济诱因,同时还受到文化规范,以及联邦、州和市政一级的政治决策的影响。只是在这一点上,约翰似乎没有注意到凯瑞后期关于"技术崇敬"的反思。

凯瑞曾将约翰所钦佩的学术前辈英尼斯的学术研究模式概括成历史的、经验的、阐释的和批判的。[①] 其中,历史的是指他试图检验理论研究的局限,展现时间与空间真正的变迁,以揭示普遍理论不可靠的一面,以历史的想象摒弃了理论想象的偏颇;经验的是指他试图发掘真实的历史记录,而不是那些在黑格尔之前就让我们头疼的刻板的发展规律;阐释的是指他探讨人们加诸于和技术、法律、宗教及政治有关的经验之上的形形色色的定义;批判的是指他的研究的立足点是人文主义与文明的价值观。或许可以借用凯瑞的概括,约翰同样是以历史的、经验的、阐释的,甚至批判的方法来讲述了美国电信发明的故事。首先,他坚持《网络国家》是基于行业出版物、政府文件、各种小册子文献和企业档案写成的严肃历史,在这一点上,他将自己与吴修铭的《总开关》那样通过二手材料塑造的神话区别开来;其次,他的政治经济聚焦是经验主义(empiricism)而非批判导向的,他主张就通信网络的现实运转写书,而非就书写书,在这一点上他将自己与传播政治经济学领域的关键思想家的做法区别开来;最后,他以电信为主线来书写早期美国的历史,在此过程中,他让发明家、工程师、企业管理人员、公关专家、金融家、市政议员、联邦官员、学者、记者和作家们的观念和意图在美国电信发明的故事中悉数登场,尽管他宣称自己早已远离了"美国研究"的"神话与象征"学派。至于批判性,他则表达过自己对丹尼尔·贝尔在"经济上的社会主义、政治上的自由主义和文化上的保守主义"立场的认同。

一旦我们因循历史、经验、阐释与批判的方法,将"美国电信的发明"视为一种地方性经验,并将"网络国家"作为一种从美国经验中生长出来的地方性知识,我们就可以在比较视野中重新审视中美两国早期的电信史,以及电信技术分别在北美大陆和东亚的现代化中可能扮演的不同角色。比如,尽管城市在中美两国电信技术兴起的历史上都至关重要,但需要注意的是像芝加哥这样的工业化城市与上海、天津等口岸城市之于各自脉络中电信网络演进的意义却大相径庭。那么我们如何在东亚的区域视野下,

---

① 《空间、时间与传播手段》,参见凯瑞.作为文化的传播[M].丁未,译.北京:华夏出版社,2005:118.

以 19 世纪晚期以来中国的口岸城市乃至民族国家为分析单位,针对信息与通信技术在口岸城市的兴起乃至国家化提出富有启发性的研究问题,并通过这样的提问和回答来向"中国心灵"投之以"温情与敬意"①? 也许正是某种中国心灵对现代世界的反应,如格致之学、中西体用之辩、涉及电线的风水信仰;及其所嵌入的制度形式,如地方绅士与绅权在电线铺设中的角色,在深层次上塑造了自 19 世纪中晚期以来从电报铁路"可以立国千年而不敝"甚至到数字技术赋能"数字中国"的主导叙事。

最后让我们再回到开头那个问题,通信技术的"进步"是否必然预示着能让沟通交流变得更好? 这个困惑笼罩了从印刷机到计算机的人类文明,如今,它的最新问题域已围绕"数字沟通"②展开。几个世纪以来,针对这一问题的持续探索已经在"技术崇敬"的神话和现实之间不断来回穿梭,而约翰书写的这个 1840—1920 年间"美国电信的发明"的故事,已然为我们打开了又一个通向这一问题的经验世界,并从中呈现出神话与现实、观念与行动、技术与组织、文化与制度之间的多重复杂纠葛。这种打开将有助于我们在技术进步、社会沟通、国家联结与人类共同体的相关主题上累积一种更审慎且经得住历史考验的见识。即便不能,退一步讲,至少它也为我们中那些有兴趣追求"一个重要问题的足够好的答案",而非旨在获得"一个琐碎问题的标准答案"的同道,贡献了一段基于档案且足够有说服力的事实,而非神话。

金庚星

---

① 以 19 世纪以来的通用技术为书写对象的优秀作品有很多,如:李思逸.铁路现代性:晚清至民国的时空体验与文化想象[M].时报文化,2020;孙藜.晚清电报及其传播观念[M].上海:上海书店出版社,2007;夏维奇.晚清电报建设与社会变迁:以有线电报为考察中心[M].北京:人民出版社,2012;周永明.中国网络政治的历史考察:电报与清末时政[M].尹松波,石琳,译.北京:商务印书馆,2013;吴昱.从"置邮传命"到"裕国便民":晚清邮驿与邮政制度转型研究[D].广州:中山大学,2009。另外,香港大学孟嘉升(Ghassan Moazzin)教授正在进行的关于电气与电子技术自 19 世纪后期以来如何在中国被引进与改造的研究同样值得关注。
② 详见黄旦教授在 2020 年"浙江大学数字沟通研究中心"成立大会上围绕"数字沟通:新闻传播学科的新方向"这一主题的发言。

引言:美国电信的发明

本书是一部电子传播媒介在早期美国的诞生①史。作者通过重点考察电子传播媒介的运作方式及其重要意义,旨在揭示国家的结构性在场,或19世纪惯称的政治经济对于电子传播媒介的影响。作为最早的电子传播媒介,电报与电话不仅是技术律令(technological imperatives)和经济诱因(economic incentives)的产物,同时也是政府机构(governmental institutions)和公民理想(civic ideals)的结果。

电报和电话通常与其发明者的名字如影随形:一旦说到电报,自然就会提及塞缪尔·F. B. 莫尔斯(Samuel F. B. Morse)。同样,电话和亚历山大·格雷汉姆·贝尔(Alexander Graham Bell)也密不可分。这种紧密的关联性并不难理解,莫尔斯电码一直是最广泛使用的电报信号语言,而贝尔系统几十年来一直是美国最大的电话网络。尽管本书接下来的部分会常常提及莫尔斯和贝尔,但这两位发明家并非本书的主角。本书所谓的美国电信的发明,远远超越了新颖技术装置的发明这一层面的意义,更重要的是这些新颖技术装置如何扩展成一张空间广阔且时间密集的传播网络。这样的传播网络已成为现代性的标志。发明不等于创新,对于传播史学家来说,发明的成果如何制度化才是更引人注目的主题。

电报和电话兼具作为传播渠道与特权机构的双重身份。电报使用电流来传递书面信息;电话借由电流来放大人声。在美国电信系统形成之初,占主导地位的电报网络由西联电报公司(Western Union)②运营,而占主导地位的电话网络则由电话运营公司联合体(Federation of Operating Companies)运营,这些运营公司持有美国贝尔电话公司(American Bell)的执照,并且大都为贝尔公司所拥有。1900年后,贝尔被美国电话电报公司(AT&T)所接管。

电信(telecommunication)的源头可以追溯到18世纪90年代光通信(optical telegraph)在法国的发明;最新的阶段则肇始于20世纪90年代互联网在美国的商业化。1840—1920年的八十年则为其最具革命性的时期,其间,美国崛起并成长为一个经济

---

① inventing 根据中文语境会选用诞生、发明、形成来表述其意。——译者注
② 后文有时直接简称"西联"。——译者注

巨头和世界强国。这一时期也见证了美国电信业的形成。在这两个时间点上，都发生了颇具里程碑意义的事件：1840年，塞缪尔·F. B. 莫尔斯获得了第一项电报专利；1920年，第一家无线电广播开播。

电报和电话开启了美国的第二次通信革命。第一次通信革命始于1792年，当时邮政系统进行了重组，以促进公共事务相关信息的低成本流通；第二次通信革命始于1845年，邮政系统于此时完成了进一步重组，而几乎同时电报也走向了商业化（commercialization），二者共同促进了低成本的私人信息交流。到了1900年左右，伴随电话的大众化（popularization），这场革命迈入了一个新阶段，并于1910年电报普及后臻至巅峰，最后在1920年无线电广播问世之后宣告结束。

2006年，最后一份印着曾经令人敬畏的电报巨头西联电报公司标志的电报被发出，这意味着电报已成为少数被淘汰的电子通信媒介之一。尽管电报已经消失，但有关电报的记忆仍留存于记者、媒介学者和社会学家对它的溢美之词中，他们曾以各种方式夸赞其为"维多利亚时代的互联网"，是后来所有电子通信媒介的原型，以及当下"信息时代"的先驱。

实际上，以上三种描述都颇具误导性。电报遵循着与电话截然不同的发展轨迹，同时，与邮政系统的组织形式对电话网络创建者的影响相比，电报在组织形式上对后者的影响要更弱。而且不管在何种意义上，电报都称不上"维多利亚时代的互联网"。对网络持批评态度的人士不满的是，在最初的六十五年里，电报一直是一种仅为专属用户提供的特殊服务（specialty service），直到1910年，它才被重塑为面向全体人民的大众服务。

今天人们对电报的兴趣很大程度上要归功于它的驱动力。电报是第一个依赖电力的通信媒介，而电力这一能源形式长期以来一直吸引着技术史学家的兴趣。例如，1934年，刘易斯·芒福德（Lewis Mumford）曾称赞电报促进了信息的实时或"即时"传播；半个世纪后，史密森学会的美国历史博物馆（Smithsonian Institution's Museum of American History）举办了一场关于"信息时代"的长期展览，展览的主办方在他们的信息技术创新谱系中给予了电报最重要的地位。[1]人们对即时性的迷恋使电报在其历史环境中的定位变得复杂。利用电力远距离高速传送信息本是一项令人印象深刻的壮举。然而，电报仅仅在狭义的技术层面上才可算得上是太阳底下的新事物。[2]需要警惕的是，发明不等同于创新：那种认为电报一旦被发明就注定会导致某一特定组织形式建立的观点，等于是将能动性赋予电气设备、电池与电线，从而遮蔽了原本的历史进程。

电话很少被神化，部分原因在于它更广为人知。然而，有关电话的误导性成见依然存在。例如，自1878年第一座电话交换所开通以来，电话就常常被人们想象成一种大众服务。然而，就像电报一样，电话最初只是为专属用户（exclusive clientele）设计的一种特殊服务;直到1900年左右,它才被重新构型为面向全体人民的大众服务,但这一服务也还仅限于本地呼叫,根本没有创造出"大国如邻"的效应。直到1915年跨全美大陆电话服务的商业化之后,美国电话电报公司的公共关系通告才公开做出这样的宣称。另外,长途电话的高昂成本,使得电话直到二战后才真正变成大众服务。

关于美国电信形成时期的历史记载,大多数都是以现在为出发点往前回溯来讲述故事,在关键主题的选择上,也都是以当代人优先关注的议题作为首选标准。作为对比,本书是以塞缪尔·F. B. 莫尔斯于1840年获得第一项电报专利权之前的半个世纪所发生的事件作为故事的起点,所涉关键主题也是前几代人极为关注的问题,如掺水股(Watered stock)的危害被纳入适当的考虑中,尽管其重要性在今天常常被忽视。

本书的写作,与大多数历史著作一样,也是建立在书中关于主要行动角色的书面记录之上。这些书面资料来源包括期刊、报纸、杂志、小册子、请愿书、政府出版物、个人信件以及联邦、州和市各级政府机构的记录。另外,西联公司、芝加哥电话公司和美国电话电报公司的商业档案对本书的写作同样价值非凡。

电信行业近年的动荡很大程度上影响了这些商业档案的获取。自20世纪90年代中期以来,西联公司的商业档案一直对研究人员开放,这要多亏史密森学会的博物馆工作人员,他们在电报业务退出历史舞台后勇敢地将西联公司的商业档案从一度面临损毁的边缘抢救了回来。在1996年《电信法》(the Telecommunications Act of 1996)颁布后的并购热潮中,一名富有远见的公司档案管理员将众多电话运营公司的业务记录收集在一起,从而确保了这些业务记录得以保存下来;自2002年起,这些业务记录就被放在得克萨斯州圣安东尼奥的AT&T档案与历史中心(AT&T Archives and History Center)以供查阅。这本《网络国家》(Network Nation)就是一部通过系统地挖掘这些非同寻常的商业档案而写成的关于早期美国电信如何诞生的历史著作。

注释:

[1]Lewis Mumford, *Technics and Civilization* (1934; New York: Harcourt, Brace, Jovanovich, 1963), pp.221, 239; Edward Tenner, "'Information Age' at the National Museum of American History," *Technology and Culture* 33 (October 1992): 780-787.

[2]Brooke Hindle, *Emulation and Invertion* (New York: New York University Press, 1981), p.85.

第一章　大国如邻

> 几乎没有哪项属于未来的重大（技术）突破，其雏形截至目前仍然尚未萌发或尚未被预先暗示。……仅就"相互通信"方面而言，中世纪的信号灯（signal lights）为 18 世纪的旗语（semaphore）开了先道，19 世纪晚期的电话则是对早期电报的一种补充。
>
> ——西奥多·N. 维尔，1916

1906 年，78 岁的历史学家亨利·亚当斯（Henry Adams）回忆道，有三起事件已经把他出生时的那个"旧宇宙"推进了"灰烬堆"。这三起事件分别是：1840 年，第一艘按照时刻表准点到达的跨大西洋轮船停靠波士顿港；1841 年，连接波士顿和奥尔巴尼之间的第一条区间铁路开通；1844 年，新闻报道第一次用电报传送。[1]

亚当斯的回忆凸显出一位深思熟虑的美国民众赋予其在青年阶段所经历的传播革命以巨大意义。不过亚当斯的记忆是有所取舍的。因为奇怪的是，在他的著名的"第一"列表中，却偏偏没有提及 1845 年开创了美国"廉价邮资"时代的联邦立法，而在亚当斯写回忆录时，这项立法已是众人皆知的事件。[2] 同样令人费解的是，亚当斯所致敬的每一项创新都取决于政府的支持：轮船由英国海军部门补贴、铁路有马萨诸塞州议会支持，电报则有国会的支持，但他并未对这些事实做出任何确认。亚当斯的目光短浅特别奇怪，因为正如他自己所熟知的那样，其祖父约翰·昆西·亚当斯（John Quincy Adams）在其漫长而杰出的公职生涯中，曾大力提倡政府资助公共事业。

从 1906 年到现在，几代历史学家、社会理论家和文化批评家通过淡化政府机构（governmental institutions）和公民理想（civic ideals）对于重大技术创新的影响来呼应亨利·亚当斯的观点。他们认为，只有在 20 世纪中叶，政治经济才能跟上技术洪流。这种信念是错误的。从 18 世纪到现在，技术与政治之间一直存在着千丝万缕的联系。

美国长期以来一直拥有一系列令人印象深刻的基础设施，使其能够在远距离和高速度的情况下有规律地、可靠地进行信息流通。到了1840年,邮件将成千上万个地方连接到一个全国性的网络中,而视觉/光通信(line-of-sight/optical telegraph)提高了全美最大的几个海港的船岸通信效率。到了1920年,美国已经融入了一个全球电报网络中,并号称已拥有世界上规模最大、使用频率最高的电话交换机联盟。

电报和电话对美国人的生活产生了深远的影响。电报建立了新的共时性传统;电话打破了传统意义上言谈与物理邻近之间的必然联系。到了1920年,这两种媒介已经变成了城市的中枢神经系统。[3]电报和电话对于美国社会的影响众所周知,然而,人们却经常忽略美国社会对于电报和电话的影响。

1840—1920年,全体人民都有权享有某种基本水平的电报或电话服务的提议引发了长时间的,有时甚至异常激烈的公开辩论。1840年,几乎没人能预测到将来某一天全体人民都能通过电线交流。到了1920年,很少有人还会怀疑这个国家的电报和电话网络运营商负有为全体人民提供用于跨越全美大陆发送电报或拨打本地电话的基础设施的社会责任。电报和电话如何以及为什么从面向特定用户的专门服务,转变为面向全国人民的大众服务?要回答这个问题,不仅涉及技术和经济的维度,还包括政治和文化层面的探索。

电报在最初设计时,并非用来为全体人民提供便利,且多年以来,它也的确如此。实际上,1845年第一条付费服务电报线开通后,直到六十五年后的1910年,占主导地位的电报网络提供商才重新配置这一通信媒介以面向大众市场。1910年以前,除了在极少数例外情况下,电报始终只为贸易商人、立法者和记者这些特定客户提供专门服务。电报行业的领导者认为这一状况不可避免。1890年,西联电报公司的总裁诺文·格林(Norvin Green)预计,和"信件交流"这一形式相比,即便在成本差不多的情况下,也只有不到10%的美国人更喜欢用电报。[4]格林可能低估了大众对低成本电报的需求。即便如此,对于大多数人来说,邮件仍然是主要的远距离通信媒介。如果以营业收入作为公众需求的粗略指标,格林说得确有道理。西联公司运营着美国最大的电报网络。1890年,它创造了2000万美元的收入,而邮政部门的营收是其三倍(见表1)。

尽管电报和电话在很多方面存在差异,但二者都经历了三个阶段的演化:第一个阶段是商业化(commercialization)——网络的建造;第二个阶段是大众化(popularization)——网络从为特定客户服务扩增至为大众服务;第三个阶段是自然化(naturalization)——通过不断重申现存的制度安排植根于技术与经济,而非政治和文化这一信条,网络得以去政治化。电话的商业化是在19世纪70年代,大众化是在1900年左右,在一战期间完成了自然化。在电报的情况中,第二阶段的大众化和第三阶段的自然化是倒置的。电报的商业化是在19世纪40年代,自然化是在19世纪80年代,而大众化是在1910年。

表1　1866—1920年间邮政部门、西联电报以及贝尔系统的运营收入

年份	运营收入（百万美元）		
	邮政部门	西联电报	贝尔系统
1866	14.4	4.6	0.0
1870	18.9	6.7	0.0
1880	33.3	10.6	3.1
1890	60.9	20.1	16.2
1900	102.4	22.8	46.1
1910	224.1	30.7	164.2
1914	287.9	45.9	224.5
1920	437.2	n.a.	448.2

来源：*Historical Statistics of the United States*（Cambridge：Cambridge University Press，2006），tables Dg 19，Dg 69，and Dg 182.

在美利坚合众国的早期，传播的政治经济制度是高度集权的，这一传统促使人们做出电报也应由联邦政府机构来经营的假定。这种联邦主导的政治经济制度在19世纪40年代部分程度上被以州主导（state-oriented）的政治经济制度所取代，后者鼓励已被特许为私营公司的电报网络供应商之间相互竞争。除了专利权仍归联邦政府管辖外，其他大多数领域都由各州占据主导权。从19世纪80年代开始，这一由州主导的政治经济制度与市政主导（municipally oriented）的政治经济制度产生了冲突，后者推动了电话公司的加速合并，使它们从私营企业变成了公共事业。政治结构形塑商业战略。崇尚竞争的政经制度美化网络供应商的平等权利，贬损政府授予的特许经营权；合并主义（consolidationist）的政经制度则强烈谴责竞争导致的不必要浪费，并将网络为用户提供的服务视为一项理想化的公共事业。

"网络"（network）这个词如今已经变成一种隐喻，指涉任何包含一些链接与节点的组合现象。人们使用网络找寻工作、提升社会地位并保持消息灵通。大众媒体上充斥着社交网络、商业网络以及悲惨的恐怖主义网络这样的词汇。互联网（Internet）从字面上理解是网络的网络，或者互联网络。为了理解这一现实，社会理论家发明了网络科学。[5]如今，基本的经济单元不再是政府机构或私营企业这样的组织，而是变成了组织互动的网络。[6]

网络科学最显著的特征之一是假设网络对用户的价值随着网络规模的扩大而增加。这种关系被称为"网络外部性"（externality）或"网络效应"。但并非所有具有网络特征的企业都存在网络效应，例如，天然气厂与自来水厂就不存在这一效应。即使天然气厂或自来水厂的规模扩大，其消费者获取的天然气或自来水的单位价值仍然保持不变。相比之下，如果一个传播网络的规模扩增，则它为每个用户所提供的设施的价值会随之增加，因为用户现在可以在更广泛的空间范围内与更多的用户进行更紧密

网络随规模扩张而变得更有价值这一假说,已经影响了很多与电报和电话有关的历史作品。不幸的是,假说只是假说,并未获得证实。电报和电话网络的建造者们是在实践中逐渐开始意识到网络规模与网络价值是存在关联的。事实上,在某些情况下,他们有理由怀疑二者之间是否存在相关性。在撰写美国早期电信史时,重要的是不能抽离时代背景,混淆21世纪网络理论家的理论与19世纪网络建造者的行为。

网络科学是新的,但"网络"这个词不是。最早的网络是指由金属或花边制成的复杂的、纹理密集的手工艺品。随着时间的推移,这个词开始用来表示更广泛空间范围内相互连接的人造物,如电报、邮件和电话。1845年,一名记者报道电报是"铁线的神经网络"[8];1851年,一位立法者观察到,邮件正在"编织起一张社会、知识与商业交往网络"[9];1913年,一名公关人士发表意见说,电话是一个"看不见的电线网络"[10]。

网络隐喻凸显出早期美国电信传播的空间性。[11]虽然电报跨越国家,但其网络仍然存在漏洞,许多地方仍被排除在网络之外。电报仍然是一个松散耦合的联合企业,或者是欧洲人所谓的卡特尔,而不是紧密耦合的系统。电话的情况也同样杂乱无章。成千上万的运营公司激烈竞争,但很少有用户希望或渴望用电话与超出城市或小镇边界之外的人进行交流或通信。

电话网络的异质性值得强调。通常认为,从1908年左右开始,每一家由美国电话电报公司投入大量资本的电话运营公司,都是AT&T总裁西奥多·N.维尔(Theodore N. Vail)口中所说的"贝尔系统"(Bell System)这个无缝网络的一部分。而实际上,电话网络仍然只是一个由组织上各不相同的运营公司所组成的联盟。不过从某种程度上也可以说,一个真正的贝尔系统的确是存在的,并在全国最大的那些城市中被本地化了。这些运营公司维护自身的企业形象,出版自己的公司杂志,设计自己的广告,发行自己的证券,甚至建造自己的总部大楼。20世纪20年代,几乎最具建筑学意义的摩天大楼就是位于纽约和旧金山的贝尔联合运营公司的总部大楼。

正如"系统"的比喻会产生误导一样,电报与电话将一个国家转变成一个"邻里社区"的宣称,同样会产生误导。在电信传播中使用比喻不可避免,并且网络、邻里社区与国家的关系也相当复杂。传播能创造共同体的思想,早在20世纪媒介评论家马歇尔·麦克卢汉(Marshall McLuhan)宣称电视正在将世界转变成"地球村"之前就已经产生了。麦克卢汉本人承认,他是偶然从纳撒尼尔·霍桑(Nathaniel Hawthorne)于1851年出版的一部小说的对话中获取了这一比喻的灵感。这部小说中的一个人物角色欢呼道,电报已将"圆形的地球"转变成"巨大的脑袋,一个充满智慧本能的大脑"。[12]"邻里社区"的比喻甚至出现于电力的商业化之前。1829年,早在美国第一条电报线开通之前的十几年,道德主义者威廉·埃勒里·钱宁(William Ellery Channing)就表述过,邮政已经使得美国成为"一个伟大的邻里共同体"[13]。

电报与电话网络的发起人们经常夸耀这两种媒介在形塑国家方面的潜力。在电报的情况中,这种夸耀至少可以追溯到1838年,也就是第一条电报线开通之前的几年。电报的发明者莫尔斯预测道,"用不了多久","这个国家的全部地表"将"布满"那些"神经"。这些神经将以思想的速度,播撒所有活跃在这片土地上的知识,在实际上将整个国家变成一个邻里社区。[14]但只要奴隶制问题一直存在,电报的政治含义就仍然存在争议。而随着南北战争中奴隶制的废除,网络与国家的联系已成为一种陈词滥调。

在电话的情况中,网络对于国家的不可或缺性是很难确认的。绝大多数电话呼叫仅限于城市或小镇的内部,很少有人需要或渴望通过电话进行远距离沟通。即便如此,电话的热心支持者们也尽了他们最大的努力。1910年,一名电话行业的公关人士表述道,铁路和轮船已经为美国人民的联合与团结作出很大的贡献,而电话是"拱顶石",它是使一个"相互依存的国家"能够"处理好自身关系并团结在一起"的"最后改进方案"。[15]1915年,一家全国领先的电话网络提供商的公关通告夸耀道,横贯全美大陆的电话服务正在使"大国如邻"[16]。

电报和电话与国家的实际关系并非是显而易见的。电报最初的目的不是为了将整个国家联结起来,而是要把位于英格兰曼彻斯特的棉纺厂与美国南部的棉花港口连接起来,形成一条巨大的、弧形的跨国通信线路。1866年跨大西洋电缆竣工之前,这条线路的一部分仍然是不通电的,商人们依靠定期往返北大西洋的轮船来跨越大洋传递信息。甚至,与横贯北美大陆的铁路一同被看成是促成国家一体化的珍贵象征的太平洋电报,原本也不是被构想成一个跨国家的项目,而是作为途经阿拉斯加、白令海峡和西伯利亚连接美国和欧洲的跨国线路中的一个环节。

电话与国家的关系甚至更为紧张。电话网络在其形成时期像是一个群岛,主要用来实现岛内交流,而在岛与岛之间大都没有相互连接。1920年,97%的电话呼叫仍然局限于城市或小镇内部。[17]今天,人们给远方的亲戚或朋友打电话闲聊已是司空见惯的事。然而,直到20世纪70年代,对除了富人之外的大部分人来说,这都是一种奢侈。尽管电话公司铺天盖地的公关广告大肆宣传区域内的、跨区域的、甚至横贯大陆的电话服务的可能性,然而长期以来与电话服务最相关的空间范围既非国家,甚至也不是区域,而仅仅是本地。电话行业的公关人士是如此执着于长途电话服务的宣传,以致于他们忽略了电话在离家更近的空间范围内所获得的胜利。

围绕电报"湮灭"了空间和时间这个反复被提及的论断,一个类似的误解已经产生了。就像"邻里社区"的比喻一样,"湮灭"的比喻往往与电报相联系。事实上,"湮灭"的论断早在电报商业化之前就出现了。这个论断似乎是广为引用的18世纪末期英国诗人亚历山大·波普(Alexander Pope)的发明。[18]波普所指的"湮灭"是通过神力介入,消除两个异地恋人之间的物理距离:"上帝!湮灭空间与时间,让两个相爱的人开心。"直到19世纪的头十几年,人们才习惯于认为凡人也能拥有这样的力量。那个时代的人们援引"湮灭"的比喻不仅用来描述电报(Electric Telegraph),还包括邮件和光通信(optical telegraph)。1831年,当一位散文家描述其打开一位童年朋友通过邮件寄来的书信的体验时,他欢呼道:"时间和距离被湮灭,我们就身在其中。"[19]几年之后,一位光通信狂热爱好者滔滔不绝道,在思考媒介所能实现的可能性时,想象力被"打败"了:"距离已然消逝。"[20]无怪乎有位记者在1838年预测,如果电报(Electric Telegraph)获得成功,时间和空间将"几乎湮灭",到那时,距离的湮灭就不再仅仅是一个陈旧的隐喻了。[21]

今天人们通常将电报(telegraph)与电话归并在一起合称电信(telecommunication)。尽管这种结合易于理解,但严格来说却并不那么准确。让人意外的是,"电信"(telecommunication)一词是新近才发明的术语。1904年,爱德华·埃斯托涅(Édouard Estaunié)在一本邮政管理员手册——《电力电信的实践条约》(*Traité Pratique de Telecommunication Électrique*)中创造了这一新词。埃斯托涅是一名法国邮政官员,同时作为散文文体家广受称誉。[22]他为telegraph一词留下了开放的表意空间,以避免其与非电力远程通信(nonelectric telegraph)混淆:因为telegraph除了可以指代电报(Electric Telegraph),还可能指光通信(optical telegraph)。这也是他之所以在《电力电信的实践条约》中于"telecommunication"一词之后再加上"电力"(électrique)一词进行修饰限定的原因。尽管这种用法在今天的工程师群体中已不多见,但历史学家们仍然沿袭了这一传统。一位杰出的传播史学家解释说,"telecommunication的本质"与驱动力无关,仅涉及以一种比物理的交通运输(physically transported)明显更快的速度在两点之间进行的信息传递。按照此一标准,电报(Electric Telegraph)与光通信(optical telegraph)相比,还称不上是一个激动人心的改进,因为它仅仅加速了交通(transportation)与传播(communication)的分离,而这二者的分离则是由光通信(optical telegraph)所开创的。[23]

词语的身上永远携带着词源的印记,telecommunication这个词亦不例外。Telecommunication这个词自发明伊始就混合了一些形态各异的现象。1904年,它混合了电报和电话;到了20世纪30年代,又变成了电报和无线电广播。Telecommunication这个词对无线电广播的身份吸纳于1932年获得了官方的正式授权许可。这一年,位于瑞士的国际电报联盟(International Telegraph Union)扩展了其授权范围,纳入了无线电广播这一新媒介。为了突显这一变化,该组织同时更名为国际电信联盟(International Telecommunication Union, ITU)。一位美国政府官员解释道,世界各国史无前例地正式开始采纳一个新词语来同时指代电报、电话、无线电广播,以及任何其他"电的或视觉信号"驱动的系统。[24]有意思的是,国际电信联盟最先的授权许可中并不包括电话这一媒介,因为国际电信联盟是一个跨国组织,而当时的电话网络几乎没有跨越国界。今天,"telecommunication"通常用来指代电话和计算机的融合,并已将电报和无线电广播都排除在外，而讽刺的是，电报和无线电广播却恰恰是"telecommunication"这个词最先指代的两种媒介。

"telecommunication"这个词是慢慢地才传到大西洋彼岸的。1920 年以前，它并不为人所知。到了 1934 年，这个单词才出现在《纽约时报》(*New York Times*)和《华尔街日报》(*Wall Street Journal*)上，二者都提到了其在欧洲的发展情况。[25] 直到 1936 年，这个词才登上学术专著的标题扉页。[26] 二战之后，美国社会才常规地使用这个词来表示一种传播媒介，而不再仅仅用它来指称像国际电信联盟这样的政府机构。而在那之前，人们如果想同时指称电报和电话，他们除了借用如"电力通信手段""电力通信"或"电线系统"这样笨拙的迂回之词外别无它选。当国会于 1934 年拟组建一个行政机构来监管电报、电话与无线电广播时，"telecommunication"这个词仍不为大众所熟知，这个机构使用了联邦通信委员会(Federal Communications Commission)的称谓，而非联邦电信委员会(Federal Telecommunications Commission)。

二战之前，"telecommunication"一词在美国可能并未被普遍使用，但是它所预设的媒介融合愿景，长期以来已然引发了网络建造者、立法者和网络评论家的兴致。美国第一家长途电话网络提供商——美国电报电话公司的名字本身就预示着电话与电报的融合。该公司时任总裁西奥多·N. 维尔同时也是"普遍服务"普及化的推动者，这项服务的目的就是要将电话与电报整合成一体化的交互式电信媒介。

在电报(Electric Telegraph)的各种先驱中，几乎没有哪项能比 18 世纪 90 年代法国政府为促进首都与各省间高速通信而建造的光通信(optical telegraph)更具影响力。这一项目直接激发了"telegraph"这个词的发明，这一新词由法国政府的行政人员所创造。在希腊语中，"telegraph"这个词意味着"远距离书写(writing-at-a-distance)"，在 19 世纪，很少有美国人认为应该对这个词义加以改进。法国的光通信(optical telegraph)依靠经过专门培训的报务员，沿着一连串信号塔传达编码过的讯息，各塔之间相互间隔 10~20 英里，这是报务员在白天使用望远镜来解码信号所能达到的最大距离。如果天气状况无碍，那么唯一能影响讯息传递距离的因素就是传播网络中信号塔的数量。1803 年，一位百科全书编纂者适时地指出，新媒介就是一台从一个极点到另一个极点传递讯息的"机器"，无论它们之间相距"多么遥远"。[27]

即便在英美两国已开始投入使用电报(Electric Telegraph)后，法国仍然保持着光通信(optical telegraph)的运转。1852 年，以巴黎为中心，光通信以轮辐式结构向四周辐射，触达城市至 29 座，连接了 556 座信号塔，延伸距离超过 2900 英里。天气晴好时，报务员每分钟可以在两塔之间传送 20 个字符，今天的电气工程师认为这样的传送速度即便与最早的电报比起来也丝毫不逊色。[28]

法国的光通信(optical telegraph)在美国亦众所周知。截至 1820 年，"telegraph"这个词已经以各种形式出现在 40 多家美国报纸的报头上。到了 1828 年，这个词还出现在总统候选人安德鲁·杰克逊(Andrew Jackson)的官方竞选报纸的标题中。[29] 当然,"telegraph"这个词的所有变体形式指的都是光通信(optical telegraph),因为彼时电力电报尚未被发明。甚至电报的狂热爱好者也发现了光通信(optical telegraph)的令人印象深刻之处。1844 年,一位崇拜者观察到,在"各种现代系统"中,法国的光通信(optical telegraph)"可能是被人们最频繁提及的"。[30] 随着电力电报的商业化,光通信(optical telegraph)渐渐从人们的记忆中消失。即便如此,它在大众想象中存活的时间已足够长久,被誉为电话的先驱。1912 年,一则电话公关通稿宣称,"拿破仑的视觉电报"是"第一个长途系统"。[31]

15　虽然光通信随着电报(Electric Telegraph)的商业化而被遗弃,但它仍然存活在大众的想象中。在贝尔公司的这份 1912 年的公关声明中,公关人员称赞法国光通信是"第一个长途系统"——是贝尔旗下长途电话网络的先驱。"Napolen's Visual Telegraph: The First Long Distance System,"January 1912,AT&T Archives and History Center,Warren,N. J.

　　语言学家约翰·皮克林(John Pickering)是光通信最雄辩的拥护者之一。1833 年,在面向波士顿海洋学会的一次公开演讲上,皮克林宣告,光通信无疑是"现代以来最大的进步"之一,"目前在传递情报的速度上能够超越光通信或能与之相媲美的技术手段还未被设计出来……因为除了途经每个基站时几乎觉察不到的延迟之外,其速度足可与光自身的速度相匹敌"。皮克林抱怨道,光通信的很多功能仍然鲜为人知,这令人感到遗憾："我们每个人日复一日通过光通信听说与阅读新闻,却从未考虑过、更别说理解有关这一情报传递模式的工作原理的任何信息。"[32]虽然人们都将光通信视为一项重大的技术进步,但并非每个人都赞许其法国版化身的价值是良善的。1846年,就有位记者警醒道,法国的光通信是拿破仑·波拿巴(Napoleon Bonaparte)将军"最有力的代理人"之一,他借由光通信的威力成功地变成了一个军事独裁者。[33]

美国联邦政府基于法国模式建造一个光通信系统的可能性吸引了国会议员们的注意,他们正被本国港口在面对海上入侵时所表现出的脆弱性所困扰。而光通信技术可在军队遭受外来袭击时为其提供预警系统。1807年,国会就建造光通信系统的可行性进行了辩论,这一年,美国与法国或英国发生战争的可能性也大大增加。关于资助纽约市与新奥尔良之间长达1200英里的光通信塔链的议案,支持的一方在众议院获得了多数票同意。不过最后,该项目却被搁置了。纽约市—新奥尔良的光通信系统并未付诸实施。[34]随着拿破仑于1815年在滑铁卢的失败,远程预警通信系统的建设似乎也不那么紧迫了。但是这一构想并未被人们遗忘。例如,1833年,安德鲁·杰克逊总统的国务卿爱德华·利文斯通(Edward Livingston)提议联邦政府在政府机构所在地与海岸线上"最易被入侵"的那些点之间建造"远程通信"。[35]四年后,一个类似的建议得到了光通信报务员塞缪尔·C.里德(Samuel C. Reid)的支持。

光通信的拥护者颂扬这一新媒介在战争与和平中的潜力。1800年左右,博学家威廉·桑顿(William Thornton)推测:光通信将使南北美洲的相连成为可能,使"最高政府"能够在不到一天的时间里实现与"这个庞大帝国最遥远的边界"的任意沟通,从而促进两大洲的政治统一。[36]1837年,里德宣称,光通信特别服务于"商业阶层社区",还没有为哪个国家的"广大公众"带来"更大的利益和优势"。[37]一旦联邦政府在纽约市和新奥尔良之间建立起光通信系统,那么这两个相距遥远的城市之间传递至关重要的讯息将只需两小时。[38]

美国从未建造起如法国这样的光通信系统。然而,距离适中的船—岸光通信系统倒是在几座城市中建立起来了。美国最早的光通信在1801年投入运行,连接了北大西洋的航道与波士顿,长72英里。随着托马斯·杰斐逊(Thomas Jefferson)总统的海外贸易禁令引发了商业混乱,这个项目作为这场混乱的牺牲品于1807年被舍弃。[39]另一个早期的光通信项目连接了北大西洋航道与纽约市。由于长期资金短缺,它仅在1812年战争期间获得了短暂的知名度,当时它警示紧张的纽约人附近有一艘充满敌意的英国护卫舰出没。[40]

紧随1812年战争后的那些年里,美国最成功的光通信在纽约市和波士顿建成。纽约市的光通信工程由里德建立,波士顿的则是由约翰·R.帕克(John R. Parker)所建。它们各自向城市传递讯息,最后到达的目的地都是位于城市中心商业区的一个特别指定的房间,这个房间被称为"交换中心"。这项光通信业务的主要部分是关于船舶到达的时间信息。在1833年10月至1834年12月的15个月里,帕克的光通信报告了波士顿港口2104艘船只到达的讯息。[41]每一次从航道到帕克的波士顿办公室之间关于船只到达的远程通信记录都被妥善保存在一个装订本上。远程通信是通过一套精密的数字代码进行的,这套代码可以使用帕克的《美国远程通信词汇》(United States Telegraph Vocabulary)来解码,这本词汇书汇编了12,000个航海时惯用的短语表达。[42]这两个城市的远程通信系统的运转主要依靠用户所缴纳的年费。包括海运保险公司、商人、船主和记者在内的主要用户,通过缴纳年费将可获取到光通信所传递的信息。[43]

光通信(optical telegraph)对电报(Electric Telegraph)的倡导者们提出了明显的挑战。电报的倡导者们是如何将自己的发明与已经存在的光通信媒介区分开来的呢?一位电报的倡导者提出将其命名为莫尔斯通信(Morse-graph)以纪念电报发明家塞缪尔·F. B. 莫尔斯。[44]大多数人还是沿用了旧名称telegraph,部分是因为这个称谓已为人所熟知了。为了避免混乱,电报的倡导者们强调这一新媒介的新式驱动力及其出色的可靠性。他们认为这个新媒介是"电报"(Electric Telegraph),"电磁电报"(electro-magnetic telegraph)或"记录电报"(recording telegraph)。修饰限定词"记录"强调电报拥有自动产生脚本的能力。尽管这一功能很快就被舍弃了,但莫尔斯一直认为这一点恰是其所发明的电报的本质特征。

光通信服务员面临着类似的挑战,他们需要将光通信与作为其竞争对手的电力媒介区分开来。为了突显这一差异,他们从英国人那里借来了在拿破仑战争期间创造的单词"旗语"(semaphore),用以描述海上船舶主要使用的视觉通信方法。[45]

美国的光通信几乎没在大众的脑海中留下什么印象。事实上,1928年,一位政府行政人员甚至误认为,美国从未建造过光通信系统。[46]即便如此,关于这些光通信的记忆依然留存于今天的地名中,比如旧金山的"通信山"(Telegraph Hill)。

虽然光通信很快就让位于电报了,但邮件却是一个更持久的竞争对手。邮件的现代形式普遍被认为是从1792年《邮政法案》(the Post Office Act of 1792)颁布之后的几年开始的。这部《邮政法案》是美国传播史上的一个里程碑,也是共和国早期颁布的影响最为深远的一部法律。这部法案确立了多项规定,确保邮政部享有广泛的、动态的与开放的职权范围。这部法案尤其推进了邮件向内陆地区的迅速扩张,以及报纸和杂志通过邮件的大规模扩散,继而使邮件成为有关公共事务的时效性信息的主要来源。这些创新的成本都很昂贵,每一项创新都是由用户通过一系列精心设计的、基于空间和格式的交叉补贴来支付的,只要邮件能够保持自给自足。这些交叉补贴的存在有助于解释为什么许多同时代人将邮件看成一个"系统":就像亨利·克莱(Henry Clay)的"美国系统"一样,邮政系统通过平衡不同的利益方来维持联盟的运转。

自二战以来,"信息"一词已经有了丰富的意义,这些意义是生活在1840年甚或

1920年的人无法预料到的。的确,一个被称为信息论的新兴科学研究分支已经诞生,用来定义信息的属性,并预测信息的行为。对于很多科学家来说,信息就像能源和物质一样,已经变成了自然世界的一个基本组成部分。一位杰出的物理学家在其回忆录中写道,"我认为我从事物理学的一生"可分为三个时期:第一阶段,一切都是粒子;第二阶段,一切都是场域;现在,他处在"新视野的支配下,一切都是信息"。[47]

在共和国早期,"信息"这个词的意义不大。它既不涉及关于自然现象的数据,也不涉及从书中搜集的见解。相反,它表示有关公共事务与市场趋势的时效性"情报",并通常被称为新闻。对于空间上分散的、永远不会面对面交流的人群而言,信息就是新闻。信息的流通是为了保障全体人民消息灵通,但要以建立制度化的安排为前提。[48]

在人类历史的大部分时间里,政治、宗教和军事领袖竭尽全力阻止普通民众获得更广阔世界的信息,而且往往取得了相当大的成功。事实上,很少有人像16世纪的西班牙君主菲利普二世那样,真的可以说遭受了"信息过载"[49]。直到16世纪,大量的非神职人员才成功地挑战了天主教会限制他们接近圣经的权威。到了18世纪末,对大众获取公共事务信息的压制仍是法国政府政策的基石。[50]

美国的缔造者们选择了一条不同的道路。如果按照联邦宪法所宣称的那样,人民是至高无上的,那么政府就有义务在权力所在地为人民提供有关公共事务的定期广播,这一点似乎是无可争议的。如今,获取关于公共事务的信息不再是一项特权(privilege),而是变成了一种权利(right),或者更精确地说,是成了政府实践的需要。因为政府的合法性建立在人民至高无上的权力之上。1792年,一位立法者宣告,邮件的建立,除了向"联邦的每个角落""传递信息","没有什么其他的目的"。[51]

在一个如美国这般空间分布广阔的国家,信息的流通亟待一个大型企业的建立,或者社会学家所称的官僚机构(bureaucracy)。在美国,这个机构就是邮政部,一个很早就为人所知的政府机构,早期通常被称为"邮政局""邮政"或"邮件"。

联邦政府关于信息流通的命令很少受到质疑;只有在极少数情况下,才会存在争议。至少部分原因是同时代人认为信息流通的益处不仅是政治性的,同时也是经济性的。美国政治经济学家弗朗西斯·韦兰德(Francis Wayland)在1937年出版的一本颇具影响力的教科书中解释道,为了激发人们交流的欲望,立法者所能使用的办法不多。其中最有效的方式是通过立法来提升"知识和情报传播"的物理手段,通过建立一个遍布这个国家每个角落的"高效廉价的邮件系统",将在"整个文明世界"流通的所有"信息"送到"每个人的家门前"。[52]

邮政部的职权是非常宽泛的。例如,1857年,伊利诺伊州的参议员斯蒂芬·道格拉斯(Stephen A. Douglas)援引了该部的授权来支持联邦政府资助一个跨大西洋电报线路的建设。道格拉斯解释道,他拟议的法案是"邮政局的安排","这是为了传递情报,这就是我所理解的邮政部的职能"。[53]几年后,俄亥俄州议员詹姆斯·加菲尔德

(James A. Garfield)援引了这项授权为国会收购整个电报网络辩护。如果国会认为有必要将电报网络移交给邮政部,加菲尔德不会反对,因为电报是传递情报的线路,而加菲尔德认为这正是邮政部的管理对象。[54]

对邮件的公民授权以一套错综复杂的交叉补贴为前提,以促进整个美国的报纸和杂志的低成本发行与流通。1873 年,法学家 C. C. 诺特(C. C. Nott)反思道,"情报"能够被"完整地传递"到"最遥远的地方"是"文明的条件"之一。如果立法者废除这些交叉补贴,诺特对未来表示担忧:"如果大部分人被切断了信件和报纸的信息来源,那么他们对华盛顿的事务了解的程度,就不会超出那些从华盛顿归来的人选择告诉他们的范围,如此一来,人们很难想象国家事务的状况将会变成什么样。"邮政部永远不能被摒弃。与弗朗西斯·韦兰德相呼应,诺特称其为一个"无偏私地"触达"每一个人的门前"的"政府机构"。[55]

邮政的交叉补贴几乎没有引发公众辩论,主要是因为这些补贴是无可争议的。1900 年,一名官方统计学家解释道,大部分美国人每次寄信都要缴纳税款,这已经获得了人们的"一致同意"。因为人们普遍认为有必要确保在回报率不高的地方,既便宜且高效地获取"信息"。"没有丝毫证据"表明,纽约人反对将在纽约产生的邮费转移到得克萨斯和阿拉斯加去弥补它们的邮递成本,尽管纽约人支付的邮费远远多于他们通过邮政设施获得的东西。[56] 1918 年,政治经济学家亨利·亚当斯解释道,"邮政原则"概括了当时的传统智慧,补贴了不同的部门和阶层,使每个公民都能"平等"地获得邮件服务。[57]

按照公民授权,邮政部门可以流通的信息种类不断扩大。18 世纪 90 年代,经公民授权的邮政部门的业务范围主要局限于公共事务的信息;到了 1825 年,它又涵盖了关于市场趋势的信息。邮政部长约翰·麦克莱恩(John McLean)在为这一新的授权辩护时说,邮政部门以传递信件的速度传送新闻纸,这对于邮件的声誉而言"至关重要"。[58] 新闻纸刊载着关于海外市场农产品价格的时效性信息。麦克莱恩认为,联邦政府有义务确保农业主获取关于他们的农产品价值的最新信息。"基于公平交易的原则","财产持有人应当在卖掉财产之前,被告知其财产的价值"。如果邮政部(的速度)无法超过私人运输商,投机者就可以以远低于欧洲的价格从生产者那里购买农产品。这是不公平的。在买方知情但卖方被蒙蔽信息的状况下,投机者以"价值的一半或 2/3"购买某件物品,是对"法律原则和健全的道德"的"违背"。[59]

麦克莱恩的速度至上准则给那些意图在速度上超过邮件的传播媒介的倡导者们带来了棘手的法律问题,因为法官会根据普通法起诉商人的不正当商业行为。既然麦克莱恩已经承诺让邮政部在速度上超越私营邮递公司,那么突然之间,如果某位诉讼当事人指控像快信(horse express)或电报这样的高速邮递公司的所有者阴谋反对贸易,似乎就显得有合理性了。一名早期的电报史学家在反思 1827 年发明家哈里森·戴尔(Harrison G. Dyar)建造电报计划的夭折时指出,"毫无疑问",当戴尔因以"超过邮件的速度"传递信息而遭到起诉的威胁时,他就放弃了这个项目。[60]最近对纽约一位著名银行家的阴谋进行的审判引燃了公众对内幕交易的愤慨,很难预测法院下一步会追究谁的责任。戴尔回忆道,公众对"秘密情报"的传播抱有强烈的"偏见",而这位银行家的许多朋友已经提醒过他,他的电报是一项"不合法的事业"。[61]

麦克莱恩对传递速度的信仰,给运营带来了巨大的挑战。新闻纸很重,而且运输成本高昂。即便如此,富有同情心的立法者们仍然没有被吓倒。1835年,田纳西州的参议员费利克斯·格伦迪(Felix Grundy)在为邮政部的快信辩护时表示:在"整个社区"通过"政府的邮递媒介"获得"益处"之前,"不应该允许"个人通过建立一种"通信模式"接收"情报"并借其优先"采取行动"。[62]这一对邮递服务的新的、更宽泛的授权在1843年获得了法律许可,当时司法部长发出了一封公开信,在信中,他明确地界定了新闻不仅包括和公共事务相关的信息,同样也包括各种各样的"短暂事件",包括市场趋势。[63]

但并非每个人都持支持态度。信息的高速流通需要较高的成本投入,但其益处却只为少数人享有。1792年,新罕布什尔州朴次茅斯的邮政局长杰里米·利比(Jeremiah Libbey)认为,"邮政系统的设计是为了方便整个州的居民",而且它容纳的用户数越多,就越能更好地实现其"面向终端设计的"功能。在编写邮件合同的规范时,仅将邮件接收者限制在密集聚居的沿海城市是不合理的。利比认为,"向远处扩张并不意味着就能带来便利性",立法者应该指令承包商遵循为"最大数量的居民"服务的路线,即便这条路线迂回且耗时。[64]

1843年,公理会牧师伦纳德·培根(Leonard Bacon)发表了一篇关于"邮政系统"的深思熟虑的文章,该文对于高速限制访问的利弊权衡展开了详尽的关注。培根认为,邮政部的适当授权是使社会"全体成员"得到"平等待遇"。"没有必要"让邮件"超过所有可能的运输工具"。在给定路线上,公众所需要的是"最快的日常旅行"的速度:"如果尝试更快的传播速度,将会牺牲掉便宜的价格来为速度买单。而邮件也将不再是为所有社会成员提供平等的服务,而是仅仅为那些能够担负高额邮资的群体提供便利。"[65]

电报作为私营企业的商业化注定了麦克莱恩对速度至上的信仰。但这并未削弱培根所坚持的信念,即联邦政府拥有公民授权来为全体人民提供"平等服务"。在未来的岁月里,这项授权将被证明是持久存在的。1869年,一名研究邮政事务的学生解释说,在整个"文明世界",邮件运输完全是由政府独家垄断的,"原因很简单",没有任何法律能够"规范和控制私人手中的机构",从而给予公众"适当的便利、信任及安全"。[66]在美国,"适当的便利"仍然是一种理想追求。1874年,一名政治评论家观察到,"再怎么夸大邮政这一伟大的政府机构在人民群众中广泛传播信息的影响力都不为过"[67]。1891年,散文家爱德华·埃弗雷特·黑尔(Edward Everett Hale)欢欣鼓舞到,邮政部是"有史以来最宏伟的公共教育系统,足迹遍布各方"[68]。

在美国电信的形成时代,网络的建设没有单一的逻辑可以遵循,也没有固定的发展方向。网络建设者强调某些组织形式的同时也忽略了其他形式。他们只是偶尔用像电报和电话这样依靠电力作为驱动力的网络做类比。电报网络的建设者们没有电气原型可以参考,他们从光通信、包裹运输及邮递系统中获得灵感。电话网络的建设者则将从电报、邮件、煤气灯厂和发电站衍生出来的组织形式混合在了一起。

狂热是一种很少和网络建造者们联系在一起的情感特质。然而,它不仅恰如其分地描述了电报和电话的发明者的思维定式,而且也体现了网络建造者的观念模式,这些网络建造者们将自己的发明升级为自给自足的创新。一个全球电报网络的建设使得希拉姆·西布里(Hiram Sibley)和赛勒斯·菲尔德(Cyrus Field)在一场史诗般的竞赛中陷入相互对立的境地。全国范围的电报网络向一个持久的机构的转型则极大地消耗了西联总裁威廉·奥顿(William Orton)。电话的大众化普及引燃了安格斯·希巴德(Angus Hibbard)几如福音派般的热情。将所有已知的电子通信媒介整合成一个单一的交互式网络,这对西奥多·N.维尔来说是一个未实现的梦想。像西布里、菲尔德、奥顿、希巴德和维尔这样的狂热人士不仅推动了营利性的商业投资,也打开了通向未来的视野。对于这些天才般的领袖,以及他们的许多追随者来说,网络建设已超越了单纯的物质层面的考量,变成一种重塑世界的史诗般的追求。

注释:

[1] Henry Adams, *The Education of Henry Adams*, ed. Ernest Samuels (1906; Boston: Houghton Mifflin, 1974), p.5.

[2] John Bach McMaster, *History of the People of the United States, from the Revolution to the Civil War*, vol.7: 1841-1850 (New York: D. Appleton & Co., 1910), pp.106-120, 124-134.

[3] Thomas J. Schlereth, *Victorian America: Transformations in Everyday Life, 1876-1915* (New York: HarperCollins, 1991), p. xii.

[4] Norvin Green to Henry H. Bingham, December 11, 1890, president's letterbook, Western Union Collection, Archives Center, Smithsonian Institution, Washington, D.C.

[5] Albert-László Barabási, *Linked: The New Science of Networks* (Cambridge, Mass.: Perseus Publishing, 2002).

[6] Manuel Castells, *The Rise of the Network Society* (Oxford: Blackwell, 1996), pp.171, 198.

[7] Carl Shapiro and Hal R. Varian, *Information Rules: A Strategic Guide to the Network Economy* (Boston: Harvard Business School Press, 1999), chap.7.

[8] "The Magnetic Telegraph— Some of Its Results," *New York Daily Tribune*, July 8, 1845.

[9] Orin Fowler, *Remarks of Mr. Orin Fowler, of Mass. . . . on a Motion to Reduce Postage on All Letters to Two Cents* (Washington, D.C.: Buell & Blanchard, 1851), p.5.

[10] Cromwell Childe, "Social Uses of the Telephone," *Telephone Review* 4 (September 1913): 236-237.

[11] Stephen Graham and Simon Marvin, *Splintered Urbanism: Networked Infrastructures,*

Technological Mobilities, and the Urban Condition (London: Routledge, 2001), pp.186-194; Bruno Latour, *We Have Never Been Modern* (Cambridge, Mass.: Harvard University Press, 1993), pp. 117-122.

[12] Marshall McLuhan and Bruce R. Powers, *The Global Village: Transformations in World Life and Media in the Twenty-First Century* (New York: Oxford University Press, 1989), 卷首插图.

[13] William Ellery Channing, "The Union," *Christian Examiner* 6 (May 1829): 160.

[14] Morse to Francis O. J. Smith, February 15, 1838, in *Electro-Magnetic Telegraphs*, 25th Cong., 2nd sess., 1838, H. Rpt. 753 (serial 335), p.9.

[15] Herbert N. Casson, "The Telephone and National Efficiency," *Telephone Review* 1 (June 1910): 2.

[16] "Making a Neighborhood of a Nation," *Telephone Review* 6 (January 1915, supplement): 封面内页.

[17] David F. Weiman, "Building 'Universal Service' in the Early Bell System: The Co-Evolution of Regional Urban Systems and Long-Distance Telephone Networks," in Timothy W. Guinnane et al., eds., *History Matters: Essays on Economic Growth, Technology, and Demographic Change* (Stanford, Calif.: Stanford University Press, 2004), p.351.

[18] Leo Marx, *The Machine in the Garden: Technology and the Pastoral Ideal in America* (New York: Oxford University Press, 1964), p.194.

[19] "Letter Writing; in Its Effects on National Character," *Ladies' Magazine and Literary Gazette* 4 (1831): 242.

[20] *National Intelligencer* (Washington, D.C.), April 13, 1837.

[21] "Amos Kendall," *United States Magazine* 1 (March 1838): 411.

[22] Edouard Estaunié, *Traité Pratique de Telecommunication Électrique (Télégraphie-Téléphonie)* (Paris: Charles Dunod, 1904).

[23] Daniel R. Headrick, *When Information Came of Age: Technologies of Knowledge in the Age of Reason and Revolution, 1700-1850* (Oxford: Oxford University Press, 2000), pp.193-197.

[24] Gerald C. Gross, "The World's First Telecommunication Convention," *Radio News* 16 (September 1934): 136.

[25] "Secretary Roper's Report on Communications Study," *Wall Street Journal*, January 30, 1934; "World Radio Code Links 75 Nations," *New York Times*, May 6, 1934. 对《华尔街日报》和《纽约时报》的机读版进行关键词搜索发现,1940 年以前,"telecommunications"只是零星地出现过。

[26] James M. Herring and Gerald C. Gross, *Telecommunications: Economics and Regulation* (New York: McGraw-Hill, 1936).

[27] Thaddeus M. Harris, *The Minor Encyclopedia, or Cabinet of General Knowledge*, vol. 4 (Boston: West & Greenleaf, 1803), p.219.

[28] Gerard J. Holzmann and Björn Pehrson, "The First Data Networks," *Scientific American* 270 (January 1994): 128-129.

[29] Richard R. John, *Spreading the News: The American Postal System from Franklin to*

Morse (Cambridge, Mass.: Harvard University Press, 1995), pp.86-87.

[30]"A New Era in Civilization— the Electric Telegraph," *New York Herald*, August 5, 1844.

[31] "Napoleon's Visual Telegraph: The First Long Distance System," box 2061, AT&T Archives and History Center, Warren, N.J.

[32]John Pickering, *A Lecture on Telegraphic Language, Delivered before the Boston Marine Society* (Boston: Boston, Hilliard, Gray and Co., 1833), pp.9-11, 28.

[33]"Magnetic Telegraph," *Niles's Register* 71 (December 19, 1846): 243.

[34]*National Intelligencer*, December 28, 1807.

[35]Cited in Mary Orne Pickering, *Life of John Pickering* (Boston: John Wilson and Son, 1887), p.405.

[36]William Thornton, "Outlines of a Constitution for United North and South Columbia," in N. Andrew et al., eds., "Thornton's Outline of a Constitution for United North and South Columbia," *Hispanic American Historical Review* 12 (May 1932): 214.

[37]Samuel C. Reid to Levi Woodbury, April 1837, in *Telegraphs for the United States*, 25th Cong., 2nd sess., 1837, H. Doc. 15 (serial 322), p.9.

[38]Samuel C. Reid, *Petition . . . Praying for the Establishment of a Line of Telegraphs from New York to New Orleans*, 24th Cong., 2nd sess., 1837, S. Doc. 107 (serial 298), p.2.

[39]Geoffrey Wilson, *The Old Telegraphs* (London: Phillimore & Co., 1976), pp. 210-217; William Upham Swan, "Early Visual Telegraphs in Massachusetts," *Proceedings of the Bostonian Society* 10 (1929-1933): 30-47.

[40]I. N. Phelps Stokes, *The Iconography of Manhattan Island, 1498-1909*, vol. 5 (New York: Robert T. Dodd, 1926), p.1564.

[41] John R. Parker, *A Treatise upon the Telegraphic Science* (Boston: Dutton and Wentworth, 1835), p.16.

[42] John R. Parker, *The United States Telegraph Vocabulary: Being an Appendix to Elford's Marine Telegraph Signal Book* (Boston: W. L. Lewis, 1832).

[43]Andrew T. Goodrich, *The Picture of New York, and Stranger's Guide to the Commercial Metropolis* (New York: A. T. Goodrich, 1828), p.208.

[44]Henry O'Rielly to Samuel F. B. Morse, February 6, 1846, letterbook, Henry O'Rielly Papers, New-York Historical Society, New York.

[45]*American Telegraph System Semaphoric as Well as Magnetic* (n.p., [1845]).

[46] William F. Friedman, *International Radiotelegraph Conference of Washington: 1927* (Washington, D.C.: U.S. Government Printing Office, 1928), p.7.

[47]John Archibald Wheeler, *Geons, Black Holes, and Quantum Foam: A Life in Physics* (New York: W. W. Norton & Co., 2000), pp.63-64.

[48]Theodore M. Porter, "Information, Power, and the View from Nowhere," in Lisa Bud-Frierman, ed., *Information Acumen: The Understanding and Use of Knowledge in Modern Business* (London: Routledge, 1994), pp.217-230.

[49]Geoffrey Parker, *The Grand Strategy of Phillip II* (New Haven, Conn.: Yale University

Press，1998），p.74.

［50］法国历史学家罗伯特·达恩顿（Robert Darnton）认为："化约地说，我坚持一个基本观点，在法国旧政权之下，关于权力系统内部运作的信息是无法流通的。" Robert Darnton,"An Early Information Society: News and the Media in Eighteenth-Century Paris," *American Historical Review* 105 (February 2000): 4.

［51］转引自 Julian P. Bretz, "Some Aspects of Postal Extension into the West," *American Historical Association Annual Report* 5 (1909): 145.

［52］Francis Wayland, *The Elements of Political Economy* (New York: Leavitt, Lord & Co., 1837), p.200.

［53］一个多世纪以来，由斯蒂芬·道格拉斯原创的邮政—电报类比一直被误认为是特拉华州参议员詹姆斯·A. 贝亚德（James A. Bayard）提出的。事实上，贝亚德是反对联邦政府为大西洋电缆提供资金的。*Congressional Globe*, 34th Cong., 3rd sess., January 22, 1857, p.421; Henry Martyn Field, *The Story of the Atlantic Telegraph* (New York: Charles Scribner's Sons, 1898), p.100.

［54］*Congressional Record*, 43rd Cong., 2nd sess., June 19, 1875, pp.5210-5211.

［55］C. C. Nott, "The Defects of the Postal Service," *Nation* 17 (September 4, 1873): 157-158.

［56］H. T. Newcomb, *The Postal Deficit* (Washington, D.C.: William Ballanytine & Sons, 1900), p.9.

［57］Henry C. Adams, *Description of Industry: An Introduction to Economics* (New York: Henry Holt and Co., 1918), p.258.

［58］John McLean, "Circular," May 27, 1825, in *National Intelligencer*, May 26, 1826.

［59］John McLean, "The Express Mail" [1827], McLean Papers, Library of Congress, Washington, D.C.

［60］George B. Prescott, *History, Theory, and Practice of the Electric Telegraph* (Boston: Ticknor and Fields, 1860), pp.7, 431.

［61］Harrison G. Dyar, deposition, in *French v. Rogers*, E. D. Pa. 104 (1851), 15.

［62］Senate Committee on Post Offices and Post Roads, *Condition and Proceedings of the Post Office Department*, 23rd Cong., 2nd sess., 1835, S. Doc. 86 (serial 268), p.113.

［63］*Laws and Regulation for the Government of the Post Office Department* (Washington, D. C.: Alexander and Barnard, 1843), p.21.

［64］Jeremiah Libbey to Josiah Bartlett, July 25, 1792, in *The Papers of Josiah Bartlett*, ed. Frank C. Meyers (Hanover: University Press of New Hampshire, 1979), p.381.

［65］Leonard Bacon, "The Post Office System as an Element of Modern Civilization," *New Englander* 1 (January 1843): 15-16.

［66］George Sauer, *The Telegraph in Europe: A Complete Statement of the Rise and Progress of Telegraphy in Europe* (Paris: Printed for Private Circulation, 1869), p.144.

［67］"Our Postal System," *Republic* 2 (July 1874): 28.

［68］Edward Everett Hale, "A Public Telegraph," *Cosmopolitan Magazine* 12 (December 1891): 249, 251.

第二章　莫尔斯教授的"闪电"

> 在联邦任意指定的两个地点之间，无论多么遥远，这种赋予思想以独特、清晰语言体现的力量，皆可瞬息而至，它确实崇高，值得像我们这样一个充满活力的政府采用。
>
> ——弗朗西斯·史密斯，1845

1837年2月，财政部长列维·伍德伯里（Levi Woodbury）要求"最富有智慧的人"提供信息，以帮助他向国会提供一份有关在美国建立电报系统的报告。在他收到的18份回应中，有17份认为应建立光通信，且它的原动力在于人类。这既是伍德伯里的臆测，也是已向国会提交请愿书的光通信研究者塞缪尔·C.里德的意向，而里德的请愿正是导致伍德伯里行动的一系列事件之一。唯一预见到不同原动力的是塞缪尔·F. B. 莫尔斯。这位由画家转型来的教授，长期困扰于技术进步的道德含义，他倡议自己发明的新型远程通信应该以导线传输的电磁脉冲来传递信息，而不是借助可见光。[1]

伍德伯里的咨询激励着莫尔斯建立一个演示性项目，即在华盛顿和巴尔迪摩之间建立一条40英里的电驱动的远程通信线路，最终于1844年5月完工。国会赞助了这一项目，在前一年向莫尔斯发放了3万美元。莫尔斯的电报并非首创，1844年5月之前，英国电报倡导者查尔斯·惠斯通（Charles Wheatstone）和威廉姆·F.库克（William F. Cooke）已经在大不列颠数条铁路上安设了特定用途的电报系统。但华盛顿到巴尔迪摩之间的线路是美国的第一条电报线，1845年被转手给邮政部之后，它就成了世界上第一个以按服务收费的方式向公众开放的电子通信网络。尽管莫尔斯这一发明的前景尚不确定，但它已被热切地视为一场划时代的技术进步，注定要为美国的商业、政治与公共生活带来巨大的变革。

莫尔斯演示项目的历史，是一个探究技术发明不确定结果的很好的个案。莫尔斯既无志向也无兴趣将他的项目扩张为覆盖广阔空间的网络，相反，他视自己为拥有珍贵发明专利的发明家，期待找到合适的买家。1840年，莫尔斯从美国专利局为他的发明获得了专利权,他中意的买家是国会。假若如莫尔斯所期,那么后来在1845年由美国国会转给邮政部的这一演示线路,本来可成为在其专利之上建立的电报网络的第一条线路。让人感到不解的是,这位专利拥有者,握有被当时人们普遍欢呼为强大变革力量的发明,却期望将之售予美国国会以便在联邦政府主导下进行商业开发。然而,事情确实就这样发生了。对莫尔斯发明进行鼓吹中的那些夸饰之词,也强化了来自联邦的控制。主张国会买断莫尔斯专利权的人中除了莫尔斯本人,还包括他最初的财政支持者、专利委员会成员、几家全国最有影响力的报纸,以及一知半解的国会议员,其中还有1844年辉格党总统候选人亨利·克莱。只有在莫尔斯无法将他的专利卖给国会之后,电报才成为一个典型的私人企业。莫尔斯努力了近十年来阻止这种结果,但它仍然发生了,也将持续困扰着从19世纪40年代到一战期间电报行业那些富有见地的批评家。

莫尔斯依靠政府力量将其演示线路扩建为一个空间延展的网络的信念,建立在一个想当然假设的推论之上。像所有的发明家一样,莫尔斯借助他所了解的事情类推处理他所不了解的事情。在预想其电报如何应用时,他比较了自己熟悉的两种远距离通信网络:法国光通信和美国邮政。两种网络都中意于一种受法律保护的传送机制,即垄断关于市场变动信息的流通。因而莫尔斯断定,他的电报系统毫无疑义也当如此。

法国光通信和美国邮政,并非莫尔斯可以借鉴的唯一组织模式。其时,美国纽约和波士顿之间的光通信在快速运转、传递信息,1837年危机之后,包裹运输业也在新英格兰和大西洋中部各州高度繁忙的线路上蓬勃发展。英国的电力电报(electric telegraphs)势头亦然。但莫尔斯从未认真考虑过这些模式中的任何一种,想必是因为他坚信他的电报应该在联邦政府控制之下,而美国光通信和包裹业、英国电力电报都是私人企业。莫尔斯同样不情愿向联邦政府之外的买家提供其专利的领土执照,他同意签署的每一份早期许可协议都包含着一个条款,即一旦国会同意将其全部买断,被许可者应向国会出售其设备。

自从莫尔斯在19世纪30年代早期访法期间对之做过一手观察,法国光通信就一直纠缠着他。为了显示电力电报超越于光学先驱的优越性,莫尔斯设想它在最低限度上必须向超过10英里外的接收者传递信号,而"视觉远程通信"就像他的助手阿尔弗雷德·维尔(Alfred Vail)所解释的,"通常是在短距离之间分段传播的"。[2]一旦莫尔斯达到了表现标准,他就着手发明一种在接收者之间进行中继传输信号的机器,类似法国光通信,后者雇佣被称为"手语者们"(mutes)或"远方写手群"(telegraphs)的操作员,在塔楼与塔楼之间手动地进行信号中继。

为了解决这个难题,莫尔斯发明了电磁继电器,这在当时和以后都被技术历史学家看作他最大的功绩。[3]莫尔斯的发明以在接收者之间自动中继信号的方式模仿"手语者们"的工作。假如莫尔斯对法国光通信一无所知,他将不得不为超远距离中继信号寻求方法,但正是法国光通信,为他应对技术挑战提供了一幅可借鉴的画面。

莫尔斯对法国光通信的熟悉,也可以解释在演示线路建设中他唯一一次最具灾难性的判断失误,也即他没有足够的绝缘知识却决定将电线埋入地下。在实验失败后,莫尔斯改为在头顶上空架线,随即在美国全境内成为被仿行的先例。

空中架线易遭破坏的弱点,是恩尼蒙德·冈农(Ennemond Gonon)热衷的话题,这位法国光通信专家也是伍德伯里在 1837 年咨询的对象。[4]冈农的警告呼应着莫尔斯自己的关切。莫尔斯承认架设空线可能更便宜,但他否认成本的节省会平衡恶意毁坏电路者带来的风险。[5]当莫尔斯在 19 世纪 30 年代后期建议为俄国沙皇建造一条连接莫斯科与华沙的电力电报线路时,一位俄国官员的反对也加深了他的疑虑。尽管莫尔斯的电报比光通信速度更快,但也更难防范线路的破坏。考虑到电线穿过的领土上居民对联邦不确定的忠诚态度,这更是一个致命的弱点。[6]

莫尔斯对损坏的担忧,由他从父亲那里继承下的一个思维习惯加剧。像他父亲杰迪代亚·莫尔斯(Jedidiah Morse)一样,塞缪尔心头总是纠缠着对潜伏的阴谋家会破坏公共设施的恐惧,也如他父亲,塞缪尔认为自己有义务向同胞们指明这一危险。反颠覆是莫尔斯一家的传统;父亲曾通过公开布道发布过警告,针对一个名为"巴伐利亚光明会"(the Bavarian illuminati)的恶名昭著的欧洲自由思想者阴谋集团;塞缪尔则提高了对反动的天主教神父和狂热的废奴主义者的警惕。电报破坏,也不过是塞缪尔感到必须要去应对的另一个危险而已。[7]

对莫尔斯来说,要把电磁脉冲转变为可理解的讯息,需要对信号进行编码。像法国光通信操作者一样,他有两个基本选择,或者采用以符号代替字母的字母代码,或者采用以符号代替单词和短语的数字代码。

法国光通信视字母代码为过时而拒用,莫尔斯也做了同样的选择。波士顿光通信开发者约翰·帕克在 1832 年曾描述过一种一般看法,字母代码速度慢且笨拙,数字代码却能消除"乏味的拼写过程"[8]。在决定模仿光通信最好的操作方法之后,莫尔斯于 1837 年冬天用数月时间钻研数字代码,做了 30,000 种不同的组合。在当年所获得的专利中,莫尔斯就暗示了这一编码方式,并用在了 1838 年国会大厦的第一次电报公开演示中。[9]"敌人正在逼近",莫尔斯在这次演示中发出的这条讯息,是由马丁·范·布伦总统(Martin Van Buren)发出的军事警告,也被收入莫尔斯的数字编码书中。[10]莫尔斯本来可以模仿帕克,从数字编码专利拥有者杰姆斯·M. 埃尔福德(James M. Elford)那里获得授权,[11]但他没有,想来是希望借自己开发的数字编码方式创造收益。

字母编码系统也自有其长处,到了 1844 年莫尔斯得出了结论,字母编码的某些特征使得它特别适合自己的电报传输。莫尔斯设计了圆点和长划一短一长两种符号,用来对不同的字母、数字和标点进行编码。为了减少传输中的延迟,他的助手阿尔弗雷德·维尔研究了打字印刷中的字母分布情形,决定用最简单的符号来编码最常用的字母。莫尔斯不是对字母进行二进制编码的第一人,18 世纪的德国学者约翰·伯格斯特拉瑟(Johann Bergsträsser)就曾做过阐述,[12]但莫尔斯的系统第一个被广泛采纳。灵活性是其最明显的长处,它并不局限于数字代码书中的条目,而是可以传输任何一条包括以字母形式提交的讯息。在新竣工的华盛顿到巴尔迪摩的电报线路上,第一条讯息借助他的字母编码被传递——"上帝做了什么"(What Hath God Wrought)。那条像压花(embossed)一样刻写着这句《圣经》箴言的纸带,今天依然被保存在国会图书馆莫尔斯的档案之中。

莫尔斯的二进制编码很快征服了美国国内和海外的电报开发者,成为一种自豪的象征。[13]经过小的修订后,它也在从有线到无线电报的转化中存活了下来,被 20 世纪早期世界范围内的无线电报开发者广泛采用。众所周知的海上求救信号"S.O.S.",即莫尔斯用三个圆点、三个长划、三个圆点来编码的方式,1999 年之前一直作为无线信号传输的世界性标准。莫尔斯编码拥有如此显赫的声名,以至于莫尔斯的身后声誉几乎总是被等同于电报语言的化身而提及——"莫尔斯码"。莫尔斯码易学,也推动了各种特定的密码编码系统的扩展,这是用户在保密问题上的主要关切。对莫尔斯来说不幸的是,他并没有取得编码书出版发行的所有权,如果可以,莫尔斯原本能从它的销售中获得稳定收入。

尽管莫尔斯视光通信为其电力电报的原型,但他从未怀疑后者作为传播工具的优越性。光通信受限于在白天好的天气状况下传输,而电力电报可以不分昼夜地应用于任何一种气象条件。[14]莫尔斯也断定他的电报速度更快,虽然这一假定在早期情形下未必属实。[15]

对莫尔斯来说,电力电报超越光通信最具决定性的优点,不是它优越的速度甚至也不是传输的可靠性,相反,却是它的透明度。莫尔斯的接收器包括一个能在移动纸带上打印圆点和长划的撞针。虽然撞针刻写下的是经编码后的点划,但它们留下了永久的记录,这在莫尔斯看来至关重要。莫尔斯从不厌倦于重复如下这一点,"telegraph"的字面意思就是"从远处写",若依此定义,那么光通信根本就不是"从远处写"(the optical telegraph was not a telegraph at all)。其官方传记作者解释说,莫尔斯电报超越其对手的决定性优点,在于它将"书写思想"的"高贵",与一支长达上千英里之笔融合在了一起,这是"没有时间因素的邮政思想"。[16]

理论上,莫尔斯的接收器能够自动为每条电报讯息产生一条完美手稿,但实际上它很慢,经常发生故障,有时静悄悄地就停止了工作。事实上到 19 世纪 50 年代,所有经由莫尔斯设备发送的讯息中,绝大多数并没有留下永久记录,其解码方式是独特地借助声音进行的。[17]

莫尔斯眼中电力电报的优越性既是技术的,更是政治的。媒介即讯息:光通信是君主制,电力电报则是共和政体。光通信与法国那类君主制下的"天才""和谐相处",

其中政府是全能的统治者和法律制定者,正因光通信传输能力如此有限,它的运作者将这一设施限定在官方的分派使用上。"假设我们的邮政仅能被用作官方目的、私人被排斥在外的话,它们就能成为对一般欧洲(光学)电报的绝好示例。"与之相对,电力电报非常适合像美国这样的共和政体,人民是统治者、立法者的权力有限,其传输能力大到足以能被举国民众分享。优越的传输能力,是莫尔斯将电力电报称作"美国电报"的两大理由之一,另一个则是它的发明者也即莫尔斯本人是土生土长的美国人。不像光通信,电力电报与这个国家的公民理想更为和谐;就像邮政,它能够"将其同样的利益撒播"给多数人和少数人。[18]

莫尔斯在电报与邮政之间辨别出的亲缘性超出了它们的运载能力。他相信,电力电报是完成邮政部已确立的"主要目标"的"另一种模式",这一目标就在于"迅速和定期地传递信息"。邮政系统建立在普遍承认的原则之上:讯息如能在点对点上以更快速度传递,"整个共同体"获得的好处就会更大。因此而来的唯一问题便是,这两种通信模式中的哪一个能够"最好地加以筹划"以"达到理想目的"?[19]

邮政—电报的类比,让莫尔斯形成了一旦国会将它买断,联邦政府将如何运作电报网络的想法。如果国会希望,它确实也可以模仿法国建成一个只限于政府分派任务这一特定用途的电报网络,[20]但如果邮政部不能同时营造一个平行的、向所有民众开放的公共电报网络的话,那么电报网就不具备公共性。莫尔斯对开放接入(open access)的评论值得认真再思,因为历史学家们往往把他谋求政府控制电报和电报应限于政府通信的想法混作一谈。

在莫尔斯游说国会同意将电报置于联邦控制之下的过程中,他拒绝电报应该由政府机构独自运作的推论。相反,他设想了一种复杂的混合了政府拥有其专利权、公司拥有私人线路的网络形态。虽然网络的所有权取决于邮政部,但它的具体运作则应被下放到持有邮政部签发执照的私人兴建者,邮政部只是对它们的速率结构、发展战略以及表现标准进行调控管理。政府所有权授予国会管理电报企业的权威,已经获得和将要获得执照的私人企业则展开整体竞争,由此加速了网络的扩展。如果说美国人民的性格是"积极进取"(enterprising character)的话,那么,在整个国家被网络贯通起来之前,在那些"神经"(nerves)以"思维的速度"(speed of thought)将"整个大陆上"发生的所有事情即时"扩散"开来之前,这种民族性格也是不可见的。[21]

莫尔斯的见解建立在一个长期流行的观念之上,即在一个国家权威分为联邦政府与州政府的国家里,如何才能最好地调控企业在空间上的扩张。技术发明者借助不同领土上的许可执照来使其专利进入商业化开发,邮政管理者则依靠签订许可协议来运输邮件,这些都是上述观念的先行实践。尽管莫尔斯的计划未能实施,它却预先勾画出了20世纪联邦通讯委员会(Federal Communication Commission)为管制广播电视所设计的那些规则。

莫尔斯敬佩美国人"积极进取"的性格，但他却心怀恐惧：一旦国会无法将电报置于联邦控制之下，罪恶将接踵而至。只有联邦政府才能确保网络的协调运作，防范投机者的滥用。一旦电报变成"一个公司的垄断"(monopoly of a company)[22]，联邦政府的控制能够对可能的"罪恶结果"提供预防性措施。如果国会拒绝购买其专利，这一"威力无穷的工具"很可能将成为投机者欺诈公众的手段，他们会靠着电报垄断带来的有关市场变动的独家讯息，以低于市场利率的价格购买主要农产品从而操控市场。这时，电报将成为推动"一家繁盛、万家破产"局面的罪魁祸首。[23]

莫尔斯对电报"无穷威力"的担忧甚至也扩展到了联邦控制本身。如果电报垄断能使一家企业威胁到千万家企业的破产，那么政府独家运作的方式也会冒着给公众带来"巨大损害"的风险。只有融合了联邦控制的远见和私人企业的活力的公众—私人网络(public-private network)，才能保证必要的"对滥用的核查与预防"，以防范这一"危险力量"的错误利用。[24]

对莫尔斯来说，联邦控制的考虑也有个人经历的因素。多年来莫尔斯靠绘画养活自己，这意味着他大部分收入来自为富有的赞助人画肖像画。像很多19世纪的艺术家一样，莫尔斯也渴望着能够获得来自政府丰厚的赞助，以从事更富雄心的创作。在他为自己的演示项目游说国会前不久，他刚刚经历了为国会大厦绘制一幅描绘朝圣者登陆的恢宏画作的申请失败。不成功的申请打击了莫尔斯，他希望作为发明家会有更好的运气。他的电报就是——实际上也正是——他与感激他的世界所共同分享的最新杰作，能够为他赢得合适的酬金。

莫尔斯有关联邦控制的定见，看上去似乎有些乖僻甚至滑稽可笑。毕竟，今天人们普遍接受的看法是，共和国早期的联邦政府是软弱的，其现实力量微乎其微。不过这一主张，更多来自历史学家对19世纪政治经济先入为主的看法，与当时的时代情形多有出入。事实上，莫尔斯的优先权说法，是满怀感激地回应了塞缪尔·里德在1837年向国会提交的一份建议。正是这位光通信开发者的试行方案，首次为莫尔斯的发明赢得了公众注意。

里德向国会提交了一份公开信，督促国会建立一条连接纽约市和新奥尔良的光通信线路。他是在马丁·范·布伦总统就职前夕的1837年1月提交的这份公开信。里德和范布伦都是纽约人，里德似乎认为即将赴任的总统肯定会欣赏其观点。里德建议的线路，是他自己在1821年已建成的连接北大西洋航道与纽约市线路的更大版本。里德预测，这条线路建成后，一条20字的讯息从纽约市传到华盛顿将花费25分钟，再从华盛顿传到新奥尔良用时会在两小时之内。[25]

里德是电报管理规则的第一位预言者。是他，而不是莫尔斯，使电报应在联邦控制之下的信念得以推广，也是他，建议电报应像邮政一样在邮政部的管辖下，作为收费服务向公众开放。在里德发出其公开信之际，邮政部正运作着一大笔无须从国库拨款的年度盈余，这大大提升了里德建议的纽约市—新奥尔良线路的可能性。"信息的迅速扩散"在"我们这样一个商业国家"中"极端重要"，邮政部长阿莫斯·肯德尔（Amos Kendall）在赞赏性地评论里德建议时说，政府把大量资金中的一部分应用于促成这一目标的实现，是最有价值的。[26]

里德在今天已被人遗忘了，但在共和国早期他享有军事英雄的巨大声望。在1812年战争期间，作为一艘武装双帆船船长，里德对位于法亚尔（Fayal）葡萄牙人港口的三艘英国军舰组成的舰队发动了一场勇敢的攻击。里德的行动被视为对安德鲁·杰克逊总统新奥尔良战役的胜利是决定性的，这场具有重大象征意义的胜利，也帮助杰克逊在1828年坐上了总统宝座。当时的人们相信，如果不是里德重创了那么多英国士兵，英国舰队将会早几天就穿越大西洋，在安德鲁·杰克逊的部队"不顾一切"地赶到新奥尔良之前就已经占领了那里。正是里德以被许可的私人帆船向英国机械战船发动攻击这一事实，使得他赢得了远比武装海军舰队的战斗更为显赫的功绩声誉。[27]

里德的战时功勋，让国会授予他重新设计美国国旗的特权，这就是今天人们所熟悉的"星条旗"。像英国舰队其时新采用的海军军旗，也像里德随后将在纽约市为"船—岸"光通信线路所设计的标识，里德的美国国旗旨在从很远就容易辨认，这是一个为海上船只的重要考虑。为了提高可识别性，里德将"星"安排进一个单一的五点星簇中，将"条"的数量减少到13。国会否定了前者但接受了后者，自那时起直到今日，美国国旗的样式就这样被固定了下来。[28]

里德的声望有助于解释为何莫尔斯在提议电力电报应像邮政那样由联邦政府来操控时，几乎没有遇到任何阻力。然而即便里德从未向国会请过愿，莫尔斯的建议也并非出乎人们的意料。邮政部对信息流通网的授权范围广泛、保持开放且充满活力，这自1825年以来，已使网络中的信息流动达到了可能的最快速度。在此情形下，将电力电报作为一种私人企业而非一个政府机构来运作，将是一项更大的创新。速度的福音毫无争议，事实上从1845年华盛顿—巴尔迪摩线路开放到次年国会就买断专利权的效果进行第一次辩论，其间只有一位著名记者和少数国会议员质疑了将电力电报置于联邦控制下的合理性。

莫尔斯预想的公共—私人电报体制取决于国会对其专利权的买断。这不太容易实现，因为莫尔斯的发明新奇且未经检验，很容易遭人嘲笑。邮政部长查尔斯·威克利夫（Charles Wickliffe）确信莫尔斯的演示项目必然会失败，以至于他两份年度报告中的每一份都故意不去提及它，即便华盛顿—巴尔迪摩线路正处于他的管辖之下。[29]

在获得国会拨款之前，莫尔斯依赖于一小批投资者的资助。他的首批财政支持者包括新泽西州的钢铁厂业主史蒂芬·维尔（Stephen Vail）和缅因州的国会议员弗朗西斯·史密斯（Francis O.J.Smith）。维尔借钱给莫尔斯，还允许他在自己位于新泽西州莫里斯敦的工厂里进行电报实验。维尔从儿子阿尔弗雷德·维尔那里得知了这一发明。他儿子进入纽约大学后遇到了被任命为设计教授的莫尔斯,并很快成为他的助手。史密斯在1838年首次邂逅莫尔斯,那时莫尔斯正在申请最初的政府资助。莫尔斯申请提交的众议院委员会由史密斯掌管,在莫尔斯的演示项目未能成功中标之后,史密斯准备了一份报告,热切评论了这一发明的潜力。为了与支持者形成某种正式关系,莫尔斯将他经营的项目分成了16份,自己占9份,史密斯占4份,2份归维尔。剩下的份额给了伦纳德·盖尔(Leonard Gale),纽约大学的一位为莫尔斯提供了技术设备的化学家。由此开始,莫尔斯和他的支持者们被作为莫尔斯业主为人所知,他们的主要财产就是莫尔斯在1840年获得的专利权。[30]

就像所有的合作关系一样,莫尔斯与史密斯、维尔家和盖尔一起建立的合作关系也同样约定,没有其他每位合作者的同意,任何一位所有者都不能单独做出重大决策。莫尔斯很少从维尔家或盖尔那里遇到不同意见,但史密斯却有着更为独立的想法。如果他俩不是生意伙伴,这些差异可能就不成问题了。然而他们确实是生意伙伴,从法律角度上是连在一起的,这种情形在后来的数年里给彼此都造成了巨大伤害。

假如莫尔斯生活在大英帝国,他就可以从私人投资者们那里获得所需要的所有资助。例如,1845年,一个风险投资财团就以115,000美元的价格购买了惠斯通—库克电报(Wheatston-Cooke telegraph)的主要股份,以期通过向英国铁路的授权赢取可观利润。[31]但风险投资在美国很稀罕。在此情形下,国会就成为莫尔斯寻求买断其专利的看似合理的唯一机构。

在史密斯发布他有关莫尔斯发明的报告前不久,莫尔斯就已招他入伙,报告也使史密斯成了莫尔斯的公关推广员。史密斯的入股没有公开,这增大了他的公关效力。尽管有几位国会议员早在1845年就已知晓此事,但直到1848年由于一位心怀不满的电报推广者的曝光,两人的合作关系才变得众所周知。

莫尔斯—史密斯协议将两个有着不同优先性目标的人捆绑在了一起。莫尔斯也期望从他的发明中获得丰厚的报酬,但压倒一切的目标是声望而非财富。他渴望作为一位以技术进步推动道德进步的公共利益创造者的形象名垂千古。与之不同,史密斯热衷于追逐财富,期望从这一发明中攫取尽可能多的金钱。在1843—1844年那个艰难的冬天里,华盛顿—巴尔迪摩的演示线路还处在疑问当中,两人发现他们陷入了一场激烈的争议,这场争议也一直萦绕在他们的余生。

史密斯对电磁学一无所知,但他有长期的新闻记者工作经历,懂得公关的力量,也知道新一代天花乱坠的宣传技巧。特别是,他掌握了如何用充满情感诱惑和政治精明的华丽辞藻填充报纸版面的艺术。在1838年国会报告中他就如此宣告,如果莫尔斯的发明被证明是成功的,那将为"道德进步"带来一场"无与伦比的""革命",这场革命将超过从"最权威的历史所能追溯"的"最远古的时代"以迄今天人们在艺术和科学领域中做出的任何发现。[32] 仅靠技术进步就能加速道德提升的说法，在 19 世纪 30 年代以一种令人难以置信甚至有些亵渎神明的力量一下子击中了众多美国人，如果不是最多数人的话。[33] 史密斯借助宗教隐喻来传递其观点的可信性，这对当时很多以福音透镜来看待世界的国会议员们具有直觉上的吸引力。如果莫尔斯的发明确如他所争辩的那样，它将有史以来第一次为人类提供"普遍的赋能"（HIGH ATTRIBUTE OF UBIQUITY）——这种神秘力量在此之前只是握在上帝手中的特权，人类思想从不敢从"宗教敬畏"的"本能情感"中脱身出来，想象拥有这一"如此宏伟可怕"的力量。[34]

莫尔斯依靠史密斯既做公关又做推广。他们关系的本质在莫尔斯写给史密斯的一堆信件中显露了出来，这些哀怨的信件写于 1839 年莫尔斯募集资金的欧洲之旅。"我一点儿也不擅长行动，"莫尔斯在某个方面承认道，"我担心自己在商业事务中就像个孩子。我能够创造和完善我的发明，演示它的用途和实际情形，但要更进一步就不知所措了。"[35]

当莫尔斯在 1843 年获得了演示项目的国会资助后，他对史密斯的依赖程度加深了。缺乏商业头脑的莫尔斯无法预见华盛顿—巴尔迪摩线路的建设，于是任命史密斯为总承包商。史密斯的第一个任务是将电报线埋入地下。对损毁的担忧，使莫尔斯不愿意冒空中架线的风险。

史密斯尽力遵循了莫尔斯的指示。史密斯为埋线招募了埃兹拉·康奈尔（Ezra Cornell），一位他在缅因州遇到的跑江湖销售犁的商人。尽管康奈尔对电磁学知道的并不比史密斯更多，但他对挖沟的基本原理有着很好的掌握，迅速设计了可维修的铺线犁。康奈尔的犁表现不错，可护套电线的绝缘性不行，这就导致了电线没法使用。莫尔斯陷入困顿，如果缺乏足够的绝缘措施，如何将电线埋入地下呢？在无法解决这一问题的情形下，莫尔斯将担忧抛在脑后，指示康奈尔在空中架线。[36]

演示项目很少能按计划好的推进，莫尔斯在线路铺设上的遭遇看来不过是轻微的挫败，不过这对史密斯来说却是一个灾难。史密斯花了一大笔钱购买了一队好马，表面上是为了帮助康奈尔铺线，实际上他憧憬着一旦线路完工，他就能以让邻居们感到震撼的方式，带着马队回到缅因州的家中。现在既然莫尔斯放弃了地下埋线的做法，史密斯就必须自己为马队买单。他正确地预见，财政部从未打算偿付他声称的 6000 美元欠款。当他恳求莫尔斯为他向财政部说情时，莫尔斯拒绝了，部分原因是他谴责史密斯的挥霍，部分缘于担心拨款会使他失去完成线路铺设的必要资金。[37] 先于莫尔斯的拒绝，史密斯已不再对他的专业知识保持绝对信任，尽管莫尔斯自己在无数场合告诉他，不再会有"科学上的"麻烦。[38] 史密斯从未再犯过这样的错误。

史密斯与莫尔斯争吵的要点在于，史密斯坚信作为一个所有者，他有权在国会给演示项目的拨款中占有一定份额。而他感到怒不可遏的是，一方面莫尔斯拒绝为马队买单，另一方面却将自己和维尔一起列入了政府财政的工资单中。莫尔斯回应道，国会付给他自己和维尔的薪水并非基于他们的专利所有权,而是他们的专业知识。史密斯不相信,"在实际运作中,"他发火道,"我觉得除了教授自己那头不可驾驭的驴之外,根本没有形成一个团队。"莫尔斯和维尔提取了总数近 30,000 美元拨款中的 1/3 来"装饰他们的巢穴",而史密斯却一无所获。"我看不到自己如何从这项投资中获益",史密斯向康奈尔暴怒道,除非国会在是否购买莫尔斯专利上做出决断。如果国会决定购买,史密斯能够获得 1/4 的所有权收益,如果国会拒绝,他就不用再让国会买断的幽灵阻碍他自己修建电报网络的念头了。[39]

为了帮促国会下定决心,史密斯策划了一起天才的媒介事件。史密斯刚为约翰·泰勒总统(John Tyler)完成一场隐蔽的新闻战,其间他单枪匹马化解了一场英美之间有关缅因州北部边界潜在的爆炸性外交争端。既然危机已经转移,史密斯将其注意力放在了电报销售上。[40] 1844 年春,美国主要政党都举行了自己的总统提名大会,地点凑巧是莫尔斯电报线路扩展到的那座城市——巴尔迪摩。莫尔斯似乎没有看到联结这些事件的可能的宣传价值,但对史密斯来说,这是让国会聚焦莫尔斯发明再好不过的机会。史密斯向康奈尔解释说,利用电报向华盛顿传递巴尔迪摩政党大会上的新闻,不但能"激奋"国会议员们,而且将加大这种可能性,即国会的买断将成为全国政治议程中的一个议题。[41]

正如史密斯所料,来自巴尔迪摩的电报新闻报道产生了极好的公关效果。莫尔斯在华盛顿的办公室挤满了渴望获得最新消息的拜访者。当莫尔斯办公室宣布巴尔迪摩民主党大会决定将此前鲜为人知的詹姆斯·K. 波尔克(James K. Polk)作为总统候选人提名时,人们被这条消息震惊了。[42]

无论史密斯是否真诚地希望他的媒体事件将会刺激国会为莫尔斯投票,为扩展华盛顿—巴尔迪摩项目的赞助依然悬而未决。史密斯比莫尔斯在政治上更为精明,他似乎已预感到国会不愿意买断这一专利。很可能史密斯已经认定,除去来自铺设协议上的高利润,他还可以从莫尔斯的发明上获利更多。但为莫尔斯的发明向世界宣传和吊起私人投资者的胃口,本身就是一回事,史密斯太过精明,他不允许其他入场者加入以降低自己在其中的份额。

演示项目成功的巨大喜悦,鼓舞着莫尔斯将他与史密斯的分歧放置一边,共同谋求国会提供必要的资助,以将演示线路向北扩展至纽约市。没有人期待华盛顿—巴尔迪摩项目能够收回它的成本,这两座城市相距仅 40 英里,邮政设施已对其服务吹嘘良多。没有市民愿意为电报带来的增加服务付额外费用。不过,如果电报向北扩展到纽约市,它的表现就会更好。为了获得必需的国会对此的批准,莫尔斯和史密斯做过两次游说,一次是 1844 年 6 月,另一次是 1845 年 2 月。两次均遭失败是一场重大倒退,引发了对莫尔斯发明资助可行性的一系列麻烦。

第一份向纽约市扩展的提案于 1844 年 6 月被送交国会,它得到了莫尔斯和史密斯的赞同并由康奈尔抄录。它吁求国会为此拨款,并且根据一份不属于此提案的相关计划,莫尔斯有权监督该线路的建造。[43]为得到国会最大的支持,这份提案特地选择了不少于五个州的经行线路,包括马里兰州、特拉华州、宾夕法尼亚州、新泽西州和纽约州,并在威尔明顿、费城和特雷顿分别设立了协调机构。这份提案通过的可能性看上去很确定。华盛顿到纽约市之间的走廊地带,在国家邮政线路上是利润最为丰厚的,正如史密斯在此前稍早时候预测的那样,它似乎注定也要成为电报网络中的"骨干线路"[44]。"所有人似乎都认定它将毫无反对地被通过,如果不是欢呼雀跃的话",康奈尔如此向他妻子坦陈,并兴高采烈地描绘道,办公室里挤满了前来的"目瞪口呆的观众",他们的表情"总是充满了好奇与惊讶"。[45]

康奈尔乐观得早了点儿。提案未获通过,但国会以修正案的方式授予了莫尔斯每英里50美元的专利费,史密斯认为总数过低了。尽管史密斯已不是国会议员,但他决定抵制这份修正案。为了达到目标,他制造了一场在国会大厦的戏剧性的深夜露面,用震惊的康奈尔向他夫人描述的话来说,就是威胁要"把我们的拨款提高到天价"[46]。

当史密斯发现修正案的作者是专利委员会委员亨利·L. 埃尔斯沃思(Henry L. Ellsworth)时,他的愤怒之情尤为五味杂陈。为了维持表面关系,史密斯排除了莫尔斯和埃尔斯沃思之间有任何同谋,但他又很清楚,莫尔斯在纽约市电报扩展线路上有着更大的赌注,假如没有莫尔斯的许可,埃尔斯沃思当然不会跳出来行动。[47]

埃尔斯沃思的干预,正说明了他作为专利委员会成员的既得利益。假设莫尔斯如他所威胁过的那样放弃其电报,他的失败将显示埃尔斯沃思极差的判断力,并且还将打击其他发明家申请专利的意愿。基于不同地方的专利授权,长期以来已是发明家谋划收入的传统方式,这是他们借此获得稳定收入的最好机会。埃尔斯沃思对此很清楚并依此行事。国会以相对较低价格设立专利费用的先例,可能会为莫尔斯带来长期可观的收入,尽管它会让史密斯在短期内无法收割其期待的富矿。[48]

提案的失败让康奈尔极度失望,因为他自视是所有者之间的争议的调解者。在经历了一场"没日没夜地围城"般的马拉松努力后,康奈尔承认了失败。"我可以向你保证,"他告诉自己的妻子,"在所有者双方之间已无任何可立足之处,他们都依赖国会对电报的推进,但没有他们对计划的共识,这一行动根本不可能,而他们自己不仅无法达成任何协议,也不能找到任何化敌为友之道。"[49]

在1845年邮政部将华盛顿和巴尔迪摩之间电报线路在其管辖下收费开放其服务之际,这一线路在盈利上的短处就日益明显起来。在它运行的头6个月内,这条线路花掉了邮政部3244美元却只收入了413美元。特别是就史密斯引发的对这一发明的夸张期待来说,这根本算不上是一个理想的开端。[50]

这一线路糟糕的运营表现严重困扰着史密斯,他有理由担心这会减少莫尔斯专利的价值。[51]更糟的是,国会为这条线路的运营向邮政部拨款8000美元,史密斯为此警告邮政部长说,数额在之前已经计算过,公众对之已有了先入之见。[52]史密斯向康奈尔咆哮道:"预言运营一条40英里的电报线每月仅花费666美元,这是一个令人羞辱的错误。"[53]这还不是最糟的,国会拨款的1/4被用于向莫尔斯和维尔支付薪水。对史密斯来说,这太过分了。为何不能甩开他们俩而以每年800美元的价格另雇人手呢?毕竟,电报操作中并没有什么超出一般公众知识和能力的东西,"既没有神话也没有科学"[54]。

史密斯和莫尔斯争吵的很多问题,关乎这一发明的市场价值。无论史密斯、莫尔斯还是其他任何人,都丝毫不怀疑莫尔斯专利的价值。"如果专利费用整体上设定为250,000美元,政府也付给我们这笔钱,"莫尔斯有几分悲情地询问史密斯,"你还有什么不满意的吗?"[55]史密斯从未直接回应过这个问题。如果电报——确如莫尔斯所相信的、也如史密斯想让世界相信的那样——是那个时代的最伟大发明,那么,为何史密斯还需要用金钱的回报来让自己心满意足呢,无论它的数额多么巨大?

在为延伸电报线路进行鼓吹之后的几个月里,史密斯继续在公开场合将莫尔斯捧为英雄发明家,即便在他认为莫尔斯是个道貌岸然的骗子之后也依然如此。史密斯选择不将争执公开化的理由很简单。莫尔斯的专利权现在已成了几乎与发明者无关的一笔市场财富,史密斯在其中所占的1/4份额,让他在莫尔斯的名声中投下了巨大赌注。在11月份出版的一本电报密码书中,史密斯宣称莫尔斯是位激励了一项伟大发明的"天才",并将这本书题词为"献给塞缪尔F. B. 莫尔斯教授,美国电磁电报的发明者"。史密斯以一种明显自我宣泄、也让莫尔斯感到尴尬的反讽方式阐述道,正是莫尔斯最应该得到"物质回报",因为他那"创造性的优长",极少以"纯粹金钱的形式"作为回报。[56]

为让国会能够继续考虑买断的可能,史密斯为政府电报系统炮制了一种新的财政理由。他将这一看法分作一篇文章的两部分,分别刊登在1844年12月和1845年2月的《亨氏商人杂志》(Hunt's Merchant's Magazine)上,这是一份最具全国性影响力的商业杂志。文章依然以他早在1838年就总结出、至今依然有效的对莫尔斯发明的赞歌开始:电报在商业、社会、政治、工业各个领域所促成的"革命",对"沉思的大脑"来说将是"巨大而崇高的"。他阐述道,这场革命引发的后果,将注定远超由蒸汽机和航海指南针产生的效应。要想以一种理想道德的范式引导这场革命,它就应该保持在联邦政府的控制之下,因为这将把电报被作为投机阴谋工具的可能性降到最低,并且保证它将"向所有人开放","无人能垄断之"。[57]

这番说辞的新颖之处,是史密斯第一次为联邦控制提出了新理由。为了让议员们接受不被投机者潜在罪恶困扰这一说法,他把国会的买断说成是一场已然发生危机的解决之道。这一危机就是邮政部的财政缺口,因为邮政部已经在利润最为丰厚的几条线路上遭遇了"私人快递"这些非政府信件运营商的激烈竞争,因此出现了他所谴责的财政赤字。如果不采取措施，那么邮政部将会向财政部要求每年成千上万美元的拨款，这一数字甚至可能会达到百万。这一警告可能会迫使议员们提高关税，而这是民主党所坚决反对的。

当有议员敦促国会制定严格的法律迫使私人退出信件业时，史密斯提出了不同的路径设想。在他看来，惩罚性立法不仅违宪也没有什么用处，而技术应对是更好的选择。只有"莫尔斯教授的闪电"这一"近乎超人般的力量"，才能拯救邮政部于毁灭之境。如果国会能买断莫尔斯的专利、邮政部在有私人邮政业者掺和的线路上建立起电报线路，那么，即便没有来自国会严刑峻法的驱赶，那些私人业者也将最终发现这些线路无利可言。用不了多久，他们将要么经济上失败，要么"退回"到"包裹系统"，而由他们的对抗给邮政部造成的利润损失将得以弥补。[58]

史密斯在公关活动上的大胆，也是莫尔斯所面对诸般挑战的一个副产品。在大不列颠，惠斯通和库克的"科学家—推广者"团队在为电力电报筹集资金上没有遇到任何麻烦，他们也没什么宣传的需要。在美国，情形非常不同。史密斯如此之久又如此夸饰的吹捧，也是因莫尔斯发现寻求资金支持是如此之难。史密斯的公关活动确保了莫尔斯以电报发明者被铭记，尽管到1844年史密斯自己就已开始质疑这一说法的准确性。具有讽刺意味的是，美国后来的编年史家们将莫尔斯迎入那个时代最伟大的发明家之列，而因为纸面记载的缺乏，惠斯通在英国就没有受到这样的礼遇。[59]

莫尔斯和史密斯在很多方面发生过争执，但他们都认为联邦政府有义务保护专利权。莫尔斯拥有两份专利，一份是1840年获得的远距离以电力方式传输信号的专利，另一份是1846年获得的电磁继电器专利权。

并非所有人都对专利权的交易泰然处之。例如，科学家约瑟夫·亨利（Joseph Henry）就拒绝为他的发明申请任何专利，而是宣告它们已被"免费赠予"给世界了。在亨利看来，替代金钱回报的乐趣，包括了发现新真理的快乐、推进科学的满足感和伴随着发明带来的"科学上声望"的幸福感。[60] 类似地，制造商彼得·库珀（Peter Cooper）也拒绝为他设计的精妙铁路引擎申请专利。如果他这样做了，铁路领袖们将会更多从知识产权的角度，对他们所依赖的最关键设备的经济价值予以考虑。但库柏没有这样做，铁路领袖们追随了他的引导。[61] 形成对比的是，电报业围绕着专利权凝结在一起，其中最重要的就是莫尔斯的两项专利权。

莫尔斯和史密斯在电报专利上的信心，来自一场专利局内部静悄悄的法律革命。这场为他们增加信心的革命由1836年《专利局法案》（the Patent Office Act of 1836）所推动。这一法案要求政府管理者必须认定其发布的每一项专利。这是一项棘手的工作，因为它要求专利局为每一项发明的优点提供知情的判断。1790年《专利法案》（the Patent Act of 1790）通过后，国务卿托马斯·杰斐逊（Thomas Jefferson）曾试图亲自简要认证每位专利申请者的发明。这一系统因后来被证明行不通，在1793年便被废弃了。1793—1836年，任何人在支付一定费用后都可获得专利，如果两项专利有重合之处，联邦行政人员就把它交由法庭裁决。

从1836年开始，专利局又开始审查认证每项专利申请，不仅要判定申请是否有价值，还要考察一项有前景的专利是否存在对专利局已发布过的专利的侵权情况。此间专利局的工作，等于在发明者和法律系统之间竖立了一道过滤网，这道过滤往往借助定义专利拥有者权利的方式使其获得通过，也由此提升了专利的价值。在所需认证缺失的情形下，一项发明专利的范围是不确定的，这就使它在面对对手发起的法庭诉讼中处于弱势地位。伴随认定体系的建立，专利权变成了可以交易的财产，像土地所有权那样能够被买进卖出。为了将其价值变现，推广者们将相关发明的专利捆绑成一种被称作"专利池"（pools）的合作组织。领先的电报专利交易合作组织建立于1859年，电话是1879年，广播则是1919年。

此时世界上还没有哪个政府设立了类似的认证体系。这就给予了莫尔斯的专利以某种道德权威，不仅与1836年前美国政府发布的专利权区分了开来，同时也迥异于英法那些国家的发明专利。[62]

美国专利局的转变强化了那种具有诱惑力但又富争议的概念，即私人利益能够刺激技术的进步，从而带来道德提升。在1859年一场以"发现与发明"为题的广受欢迎的演讲中，上述三段论获得了它的经典表述形式：伊利诺伊州一位由律师转型的政治人物亚伯拉罕·林肯（Abraham Lincoln），将专利法案褒扬为将点燃"天才的火花"的"利益的薪柴"。关于电报是否是进步的动力，林肯在留存下的讲稿中态度暧昧，但他的确明确地将专利制度与书写、绘画的发明以及美洲的发现相并列，称之为人类历史上最伟大的四个发明。[63]为了在1877年对抗英国电报工程师威廉·普里斯（William Preece），美国专利局通过为发明家创造经济刺激，已经将发明变成一种"专业"。在普里斯看来，此种令人开心的结果是美国专利法的产物："每样新的东西都可以被自由发表，美国专利法是健全的，且所有人都能从中受惠。"[64]

美国人和外国人对认证体系的重视是有代价的。它所孕育的发明是从独特天才个人头脑中迸发出来的这种假设，事实上严重扭曲了发明的历史。[65]莫尔斯1840年的专利权利保证了发明家在运用电子和任何电磁设备远距离传输信息方面的技术应用权。[66]尽管美国最高法院最终将后一项权利判为无效，但莫尔斯的自我担保也包括来自专利局的煽惑，事实上已完全渗入了专利之中。莫尔斯地位的抬升在1862年达到了神话的地步，其时画家克里斯蒂安·舒塞尔勒（Christian Schussele）发布了画作《进步之人》（"Men of Progress"），以此描绘一群19世纪杰出的、热爱国家的美国发明家，莫尔斯在时代最伟大的发明家那里赢得了令人尊崇的一席之地。即便今天，人们也在传统上将莫尔斯视为自印刷发明以来最重要的传播技术发明家之一。

莫尔斯作为英雄发明家的尊崇，应该感谢有关"电"的信念的盛行。在流行的想象中，莫尔斯所驾驭的道德力量，远远不止是他所操纵的电池中的化学反应。毋宁说，那是一种源自天堂、与千禧年的神圣相连的一种神话般的力量。像史密斯所做的那样，断定莫尔斯已经将一种自然的基本力量——"闪电"，转化成了一种私人财产——"莫尔斯教授的闪电"，实在是一种不同寻常的傲慢。不过要说除了电报推销员的对手之外，就没有美国人会对此提出质疑，那就过于自负了。考虑到美国政治制度的先进性和公民道德的纯洁性，一位美国人利用闪电的所为，似乎不过恰好是对此现实的适应。富兰克林的风筝实验已经为自己赢得了声名，即使他事实上并非证明闪电是电的一种形式的第一人。[67]莫尔斯的演示项目使他成为富兰克林合适的继承者。富兰克林抓住了闪电，而莫尔斯驯服它来做工。史密斯以其特有的夸饰献上了他的敬辞："宣告如下这一点，无须借助什么预言天赋抑或阿谀奉承，那就是富兰克林和莫尔斯作为发明家的声名，注定将在历史中永驻，直到历史不再延续，任何与人类有关的事物都将在物质的普遍溶解中烟消云散。"[68]

莫尔斯陶醉于自己作为一个揭开了上帝所创造的宇宙的神秘的科学家声望。事实上，他在世界上甚至在美国也不是第一个认识到电作为原动力的科学家。[69]莫尔斯所依赖的那种原动力也就是电磁，1820年就已被一位丹麦科学家发现了，而他所操控的稳定可靠的电流，也在1836年就由一位英国化学家J. 弗雷德里克·丹尼尔（J. Frederick Daniell）借助一种新型电池实现了。[70]就在他于1844年建成其演示项目的几年前，英国惠斯通和库柏的团队已经在好几条铁路线上安装了电力信号传输系统，美国的化学家哈里森·格雷·迪亚尔（Harrison Gray Dyar）也早在1827年就在长岛建造了一条虽然粗陋但仍可运行的电力电报演示线路。假如像莫尔斯在1837年所做的那样，迪亚尔在1827年能够得到来自专利局的同等支持，假如他利用了丹尼尔电池的长处，而且最重要的，假如他能从国会于1836年颁布的专利法案中获益，那么今天被铭记为美国电报发明者的，就将可能是迪亚尔而不是莫尔斯了。[71]

对那些熟悉华盛顿—巴尔迪摩演示线路历史的内部人士来说，将莫尔斯标榜为科学家更是一种矫饰。尽管这一项目成功了，但参与其中的每位懂行的人都清楚，这是近距离传输。阿尔弗雷德·维尔的助手威廉·巴克斯特（William Baxter）回忆道，令人奇怪的是，一系列"机械和科学上的失败"，却"为一个人赋予了鼎鼎大名和骄傲的历史地位"。在他看来，莫尔斯并非科学家，而更像是一位"天才的、大胆的、充满毅力的外交官"，一位"大企业"的"项目管理者"。巴克斯特俏皮地说，美国的"专利法富有个性"，专利局既授予某类申请者专利，同时通常又都会指出其技术"没什么特别优长"，而这类申请者不过是将两项或更多项新技术整合在一起作为新专利"发布"而已。巴克斯特的妙语是，与其说授予莫尔斯以电报专利，倒不如说免除了一个盗贼的责任更为合理，这个盗贼偷窃了马和马具，然后"将它们在使用中混杂了起来"[72]。

美国科学家约瑟夫·亨利尤其不待见莫尔斯作为科学家的自命不凡。1846年他对惠斯通说,莫尔斯是一个拥有"巨大天赋"的人,但他缺乏那种可以将其引向"新原理"发现的"科学知识"和"思维习惯"。[73] 让亨利尤为难堪的,是莫尔斯拒绝承认他为继电器提供了基础性的科学洞见。在 1856 年一份由史密森学会发布的有关电报的政府报告中,亨利笔带愤恨地写道,无论在"电力、磁学或者电磁领域",莫尔斯从未做出过任何一项可应用于电报的"单独的原创发现"。莫尔斯嘲弄亨利的评价属义愤之词,不过今天的历史学家们则从亨利的批评中发现了更多与历史相合之处。[74]

莫尔斯不仅受益于新专利法,也得益于专利委员亨利·埃尔斯沃思的相关行动。作为专利委员会委员,埃尔斯沃思决定要加强国会 1836 年专利法在认证制度上的合法性。他意识到,对专利局来说要想成功,就必须找到方法维持原来那种广受欢迎的操作上的自治。尽管国会并不想废除专利局,但专利认证相对而言是新的,也是高度脆弱的,尤其是在面临围绕着对垄断的攻击之时,此类攻击已经让杰克逊总统在 1832 年否决了对美国银行(the Bank of United States)的重新授权。

为了赢得对认证制度的支持,埃尔斯沃思发动了一场巧妙的宣传战。其核心是发布一份长篇、精细的年度报告,埃尔斯沃思与其同事在其中详细枚举了专利局在之前一年所关注到的那些发明。这份报告广受赞扬,甚至因其对发明家的独特管理而被奉迎。埃尔斯沃思在 1843 年的年度报告中如狂想曲般地写道,那些宣告进步时代到来、通过"对我们的轻信征税"的所谓发明"进步",必须在管理上得到遏制。[75]

埃尔斯沃思在大型活动中发布了那些年度报告,全国各地的艺术家们、工程师们和任何一位专利申请者都非常关注。尽管这些读者们觉得报告引人注目,但他们只是全国人口中很小的一部分。对占这个国家最大多数的农民群体来说,除非对发明有特别兴趣,他们不可能在对这些特定发明的描述中找到与日常生活有什么特别相关之处。为了表明农民的明确利益,埃尔斯沃思为每份报告附加了农产品方面的海量数据。尽管这些数据与新的发明专利之间没有明显联系,但它为一个庞大而有影响力的投票集团烹制了一种特定的政治口味,这个集团正是埃尔斯沃思为了保护专利局免受某些敌意立法者攻击所要争取的。作为对农场主的进一步慰藉,他创制了一项规模庞大的种子发放项目。在接下来数十年间,专利局免费向农民们邮寄了数百万的种子。这一倡议性行动通常被视为美国农业部创设的标记。[76]

在埃尔斯沃思的报告颂扬的所有发明中,莫尔斯的电报几乎受到了最多的关注。埃尔斯沃思在 1844 年报告中宣称,在"这个时代最耀眼的那些发明"中,莫尔斯的"电磁电报"堪称更加"夺目":"距离已灰飞烟灭,思维找到了它的敌手。"[77] 借助标举莫尔斯的发明,埃尔斯沃思颂扬的不仅是发明家本人,也包括给予了发明家以专利认证的政府机构。的确,埃尔斯沃思在年度报告中对莫尔斯发明的褒扬,本身就是一种认证,因为它连同给予认证的政府权威一道,投向了莫尔斯的发明。

莫尔斯的发明不仅是实用的,而且也具有象征性。莫尔斯在美国出生并接受了教育,这个国家并没有因科学成就尤其是在像电力这样高科技领域的成就闻名于世。莫尔斯本人对外国发明家可能会窃取他的荣耀高度敏感,1837年,他加倍努力地建造工作电报。当有公开消息称法国发明家恩尼蒙德·冈农也正在进行一项相似发明时,消息立刻成了催化剂。实际上莫尔斯搞错了,冈农选择的是光通信而非电力电报。但是假如莫尔斯没有担心过外国对手,他的研究还可能被拖延。埃尔斯沃思对国家科学上的短处,怀有与莫尔斯同样的敏感,他将莫尔斯的电报视为对欧洲科学家屈尊的雄辩反驳,因为美国历史上第一份电力电报专利被授予了英国电报家惠斯通和库克,而不是莫尔斯。埃尔斯沃思决定采取行动以确保莫尔斯胜出。[78]"作为拥有一项奇迹般发明的本土公民,"他有些洋洋得意地推广着莫尔斯的发明,"他的祖国应给予他相应的回报。"[79]

埃尔斯沃思民族主义式的呼吁,至少在一位议员那里引发了共鸣,他以英国人惠斯通已取得了优先权为由同意资助莫尔斯的演示电报项目。[80]它也得到了莫尔斯的响应。莫尔斯高度忧虑地关注着纽约市近来大量增加的爱尔兰天主教移民,而且在1836年,他还在投票中经历了一次向纽约市长进行有关反移民法案的不成功游说。尽管在投票站为本土美国人的努力失败了,但他相信他能够在年度发明中为他们赢回来。

埃尔斯沃思将莫尔斯挑出来单独表彰,还有一个更深也更个人化的缘由。当他在1840年授予莫尔斯专利权时,两个人已经相识超过了三十年。他们有着很多共同之处:1810级的耶鲁大学毕业生、来自新英格兰政治显赫家族、虔诚的公理会成员;政治上都拥护安德鲁·杰克逊——这使他们与很多新英格兰人区分开来;都被视为共和国缔造者的后人,莫尔斯的父亲杰迪代亚·莫尔斯是美国最早的地理简编书作者中的一位,埃尔斯沃思的父亲奥利弗·埃尔斯沃思(Oliver Ellsworth)则是最高法院第三任首席大法官。[81]

回想起来,埃尔斯沃思给莫尔斯提供的帮助有点令人震惊。为了保证莫尔斯能够在欧洲获得兜售其发明的最大自由,埃尔斯沃思于1837年以"事先声明"(caveat)的名义授予了他一个初级的专利权。在莫尔斯回到美国后,埃尔斯沃思帮他在1840年获得了第一份电报专利。此外,当莫尔斯在1843年为演示项目资助赴华盛顿展开游说之旅时,埃尔斯沃思帮他从专利局获得了技术方面的信息,允许他将设备存放于专利局,还为他提供了住所,以及在广泛流传的政府报告中称之为"人类的捐施者"[82]。在莫尔斯落病之际,埃尔斯沃思的妻子南希(Nancy)和女儿安妮(Anne)前去照料他。莫尔斯演示项目完工后,埃尔斯沃思接着为他前途堪忧的纽约市延伸项目的经费展开幕后游说。

埃尔斯沃思的友谊可能解释了为何他和他夫人都没有反对两个男人之间可能更进一步的亲密关系,换句话说,埃尔斯沃思本有可能成为莫尔斯的岳父。到了1844

年,莫尔斯陷入了对埃尔斯沃思女儿安妮(或者用莫尔斯称呼她的方式小安妮)的深深爱恋之中。这种爱的方式大概只有爱恋中的人才能理解,莫尔斯决定向她求婚。在很多方面这种求婚不太可能,他是一个孤僻、经济困顿的53岁鳏夫,一位女儿比安妮还要大几岁的父亲,而安妮却是一个活泼、可爱、美丽的18岁女孩。事实上可以想象的是,数十年前当莫尔斯还是耶鲁大学一位本科生的时候,他遇到了安妮的妈妈,那时的她正是如今安妮这般年纪。[83]

尽管人们对安妮父母在此期间的态度几乎一无所知,不过看起来他们应该清楚女儿追求者的意图。莫尔斯那时神魂颠倒,甚少掩饰他的追求。"我渴望真诚地去爱安妮,"1844年2月莫尔斯写信给埃尔斯沃思,还送了一件礼物作为对安妮照料他康复的回报,"把一幅一直随身携带的、我最喜爱的贝里尼(Bellini)的画作送给她作为礼物,还有一本有关礼仪的书,如果它能够通过一位母亲的最严苛的检验的话,因为我实在没有时间自己把它读一遍。"[84]莫尔斯的助手维尔担心他的迷恋可能会妨碍到对专利的推广,维尔对他兄弟说,"莫尔斯在爱河中不能自拔,以至于有一半时间不知道自己是谁了"[85]。莫尔斯自己的女儿认为她父亲要结婚是无法避免的,在华盛顿—巴尔迪摩线路建成后不久,她写信给父亲说,"你看上去已经完全被她俘获了"[86]。

即便安妮有丁点儿想嫁给莫尔斯的意愿,她的情感也没有留下任何记录。这一时期安妮的往来信件中没有记载,安妮的监护人——她的姨妈茱莉亚·G. 韦斯特(Julia G.Webster),没有将莫尔斯列入与安妮有过浪漫联系的几位理想对象的名单中。[87]安妮的确保存着莫尔斯在1845年3月写给她的一首诗,在莫尔斯去世多年后将其发表在《斯克里布纳月刊》(Scribner's Monthly)上。安妮的丈夫是该杂志这一期的编辑,它的发表应该是得到了安妮的许可。[88]很难解释安妮保存这首诗和她丈夫决定发表它的原因。可以想象的是,安妮和她丈夫很小心地在这位中年发明家身上寻开心。直到半个世纪后,一位声称自己了解安妮在那段时间情感状态的当代人,才在出版物中公开了安妮对求婚者的态度。这位当代人就是哈丽特·怀特(Harriet White)夫人,一位印第安纳州议员的妻子。据称她在1843年曾与埃尔斯沃思、莫尔斯生活在同一所寄宿公寓。怀特夫人直截了当地说,安妮从未想过要嫁给一位年龄大到足以做她父亲的男人。[89]

莫尔斯和专利委员会之间包括个人和政治关系的奇特交织,为莫尔斯发明早期历史上那个最著名的插曲涂抹了一层新的色彩。依据早在1844年8月就已公开流布并被经常提及的说法,莫尔斯殷勤地献给了安妮一个荣誉,让她选择在华盛顿—巴尔迪摩线路上传播第一条官方电报信息的内容,以此表示对她关心的感谢。按此流行版本所说,3月4日莫尔斯正吃早餐之际,安妮第一个向他报告了国会将拨款建造华盛顿—巴尔迪摩电报线路的好消息。[90]1844年5月24日,建成典礼在最高法院国会分庭(Supreme Court Chamber of the Capitol)举办,电报操作人员打出了安妮选择的那条信息——"What Hath God Wrought",这个从《圣经》中摘录出的具有"召唤"(evocative)意味的短语,就此永远与莫尔斯的发明联系在了一起。

安妮至此一直是故事的主角,但这个插曲很快在故事中就变成了点缀,从而突显出莫尔斯对提案可能失败的持续焦虑。据说关键的投票发生在莫尔斯于3月3日深夜失望地离开国会之后,这也是国会召集会议的最后一天。[91]莫尔斯付出了相当大的努力以确保第一条电报讯息与安妮联系在一起。例如典礼之后,他在这条已被编码好的讯息打印纸带上,细心地"注明"了"我挚爱的朋友,安妮·G.埃尔斯沃思"。莫尔斯想必将这张纸带送给了安妮作为纪念,它一直被保存在安妮家中直到她去世。[92]

安妮·埃尔斯沃思的故事珍藏在美国人的民间传说中,不过某些细节上说不太通。现在找不到有关典礼的第一手报纸报道。就那段时间与电报相关的事件都受到了极为广泛的媒体关注来说,这是一个令人惊讶的疏忽。更令人费解的是,莫尔斯坚持是安妮自己选择了这句话。而莫尔斯的权威传记作者将此荣誉归于安妮的母亲南希,其准确性似乎没有理由令人怀疑。因为安妮的母亲有着广为人知的浓厚宗教信仰,那条讯息本身也表明了对这一神圣发明毫无怀疑的信念,而一个18岁的年轻人似乎不太可能把这种情感联系在一个新的交流工具上。[93]

理清这些说法的最大麻烦是时间问题。在大多数关于典礼的描述中,安妮有幸发送了第一条讯息,基于把她视为告诉莫尔斯他的提案在国会通过的第一人。实际上,国会最后的投票并没有发生在3月3日午夜——在莫尔斯据说是失望地离开之后,而是当天更早时候。而且,在3月3日当天写给史密斯和维尔的信件中,莫尔斯自己已明确知晓他的提案在这天被通过了。他的一位朋友也注意到了,这就是其时同样在华盛顿寻求自己的提案被通过的雕塑家霍拉肖·格里诺(Horatio Greenough)。[94]

如果并不是安妮带了最初的好消息,那么,为何莫尔斯还要如此费劲地给她典礼上一个如此荣耀的地位?一个解释是莫尔斯希望将自己的发明与他深深爱恋并渴望与之结婚的女性联系在一起。如果这是事实,那么它也有助于解释为何这场典礼没有被媒体注意。记者们忽略了它并非因为他们不懂得电报的意义(一直到1844年5月电报的确受到了大量的媒体关注),而是它没有被运作为一个媒介事件。相反,莫尔斯似乎更倾向于将在最高法院举行的典礼办成一场他自己、安妮和她父母以及他的亲密朋友们之间的私人庆典。作为一个画家,莫尔斯从一些巧妙安排的事件中收获了他的名声,现在最高法院成了他为生活所设置的舞台。[95]它对安妮具有特别的意义:这个地方就是她祖父曾经主持会议的地方。

在那条后来送给安妮的纸带上,莫尔斯在注释中为那句出自圣经的话末尾加上了一个问号,所以"What Hath God Wrought?"应该被读作一种疑问的语气。奇怪的是,无论是在《圣经》中还是纸带上,都没有这个问号。莫尔斯的意图不为人知,大概是想把它视为一种爱慕的表达,甚至是求婚的信号。有关典礼还存在着很多疑问,但有一点是确定的,那就是安妮的父母清楚莫尔斯正在向女儿求婚,但他们并没有做任何阻碍。如果莫尔斯奇迹般地赢得了安妮的心,那么专利权将是一笔漂亮的嫁妆。当然,嫁妆一般是新娘父亲在订婚时送给女儿的,在此情形下,这份厚礼实际上已是提前送予了。

莫尔斯想当然地认为电报的最初用户应该是那些从事长途贸易的商人。这是一个看上去很合理的假设。其时美国最大的商品贸易是棉花、小麦和其他主要农产品的出口,而出口贸易依赖于有关市场变动的时间敏感信息,也被称作"保鲜新闻"(fresh news)。

商人呼吁联邦控制的某些理由,也深深吸引着莫尔斯。到了19世纪40年代,公众对金融诈骗的愤怒已经达到了顶点,这种愤怒在19世纪20年代被一系列银行丑闻所引发,被1832年安德鲁·杰克逊总统对第二美国银行重新授权案(the Second Bank of the United States)的否决所刺激,并在1837年大恐慌中被地价暴涨推向了高潮。

如果电报作为一种私人企业进入商业化应用,不难想象,商人们能够以明显低于当前市场行情的价格,从农民和种植者们那里买进农产品。这种做法在今天可能毫不奇怪,但在共和国早期却被广泛认为不道德和不公平。1845年,波士顿一个著名的商人组织宣称,"毫无疑问,电报在每个地方都应被掌控在政府手里,以独立于任何私人利益"。作为国内最大的铁路公司的总裁和财务主管,内森·黑尔(Nathan Hale)和约西亚·昆西(Josiah Quincy)都支持这一看法。[96]

政府所有权的看法也得到了亚历山大·布朗(Alexander Brown)的支持,他是一位活跃于海外贸易的著名的巴尔迪摩银行家。在一份由许多巴尔迪摩的商人领袖共同签署的请愿书中,布朗宣称政府不应当允许私人快递业一天天地击败邮政部。为了阻止这种灾祸发生,布朗督促国会购买莫尔斯的专利,将电报置于邮政部的管辖之下。他解释道,"对国家全部商业和新闻通讯的控制",是一种"惊人的力量",应该完全交由"最富责任的公共机构"来操作。而唯一能够受托这一责任的公共机构,就是邮政部:"它与邮局的紧密联系、它在几个州之间协调商业的行动力、它在最及时地促进军队和舰队调动方面的明显效用,都正确地向美国政府指明了它具有这种值得被托付的权威性。"[97]

莫尔斯的电报将被用作投机的可能性看来是无可辩驳的。为了超过邮政的速度,商人们在纽约市和新奥尔良之间建起了专有的快马速递日常业务。1840年,一位商人已在纽约市和费城之间建起了一条光通信塔线路,这使他在短短30分钟内就能在两城市间来回地传递信息。[98]这条光通信线"无疑能够很好地服务于它的拥有者",1846年随着这两座城市之间电力电报的开通,光通信线遭到了遗弃,其时一位记者写道,"在它最初建起来之际,那是一件大事,费城股票和产品市场上的一些神秘变化,马上就会为那些使用(光学)电报的投机者们送上门来,而据此进行的投机无疑也能很好地回报他们"。[99]

像黑尔、昆西、布朗等这些著名商人对政府控制的拥护,更多地强调了电报的高尚责任,但很少谈及对国会买断更深的商业支持。如果商人们真正担忧一个私人拥有的电报网络,那么正如一位记者在1846年12月推荐的那样,[100]他们可能就会用吁求联邦控制的潮水般的请愿书将国会淹没,但他们并没有这样做。只有一份由布朗领衔、吁请国会买断的请愿书,进入了参众两院邮政委员会委员们堆积如山的卷宗之中。十有八九,布朗是出自他个人对莫尔斯的关心才准备了这份请愿书。

19世纪40年代吁求政府控制运动的震中不在商人们的账房,而是位于纽约市、费城、巴尔迪摩那些主要日报的社论版上。而全国其他地方对电报进行追踪的记者们,则从这些城市报纸上寻找他们的线索。除了基于巴尔迪摩《尼尔斯文摘》(*Niles's Register*)的耶利米·休斯(Jeremiah Hughes)这个值得关注的例外,没有其他有影响力的美国记者反对国会买断,直到1846年12月,人们已普遍认为这一议题应当被提交国会。[101]休斯在之前的9月份说,"所有其他那些表达了各自意见的公共报刊,看上去都是在督促政府在电报上形成政府垄断"[102]。

即便在莫尔斯的专利许可已经开始由华盛顿—巴尔迪摩一线向北、南、西三个方向扩展之际,报刊对国会买断的支持依然如旧。《纽约先驱报》(*New York Herald*)的詹姆斯·戈登·贝内特(James Gordon Bennett)在1845年4月承认,私人企业迅速在许多地方竖起了电报线杆,但如果是由联邦政府"承担这一安排"的话,"公共利益"会得到"更为妥善的推进"。[103]1846年,在一个连接纽约市、波士顿、布法罗和华盛顿的电报网络雏形即将建成之际,这一议题就到了非解决不可的地步。那年2月,《纽约太阳报》(*New York Sun*)的社论说,"电报线已随处可见,问题接踵而至。谁应该拥有这些电报线路? 政府还是私人企业?"对《纽约太阳报》来说,答案平淡无奇:"我们说,是政府。电报是邮政基础设施的一部分,就像老的公共马车、蒸汽船,或者现代的有轨电车,或者如那些将被用作旅游目的的热气球一样。"[104]

新闻业对联邦控制的理据,重述了史密斯和莫尔斯之前就有过的争论。《尤蒂卡日报》(*Utica Daily Gazette*)捡起史密斯最喜欢的论调警告说,邮政部迫在眉睫的金融崩溃,已让采用电报或放弃邮政成为联邦政府义不容辞的责任,而且"从有关各方的安全角度",这一行动"越早越好"。[105]詹姆斯·布鲁克斯(James Brooks)在《纽约快报》(*New York Express*)上的警告则回应了莫尔斯喜欢的主题,电报所创造的"信息垄断能力",是一种如此巨大的"根本性力量",以至于它无法被授予任何个人。布鲁克斯解释说,所有的人类力量都应受到核查,这长久以来就是一个公理,但伴随电报出现了一种"既没控制也无限制的力量",在它面前所有其他力量都"退化为无足轻重,可以弃之不顾"。来自投机者滥用的潜在罪恶,让布鲁克斯心烦意乱:"在运用这一力量的那些机巧之人手里,最可怕的各种股票、金钱和政治赌博都可以借助它秘密地、成功地进行,他们仅靠这一手段即可致富。"[106] 为了证明联邦控制的合理性,布鲁克斯用富有诗意的语言进行了阐述。他宣告,这是一个"既定原则",即大洋、大海和河流"不应属于任何个人,同样也不能归属于任何国家",因为水是属于上帝而非人类的一个"元素",基于同样的理由,这个"闪电"抑或任何其他拥有同样强力的"元素",都应该被作为"全人类的共同财产",而非"任何一个单一个人的专有之物"。[107]

对布鲁克斯来说,联邦控制解决了美国国家结构之中固有的难题。电报企业将不可避免地跨越州与州的边界。当此情形发生时,他们远不清楚应该处在谁的管辖范围之内。毕竟,最高法院在 1839 年刚刚列举了在何种条件下,由某个州特许的企业方可在超出该州管辖范围的其他地方进行运营。与之相反,邮政部则秉承其来自联邦政府的权威,在每个州都确立了自己的法律地位。布鲁克斯宣称,对电报这一"思想与新闻的伟大工具"的协调权力,不应该信托给竞争对手众多的州特许公司,而应授予某个唯一的联邦政府机构。[108]

为了彻底说明他的观点,布鲁克斯提醒他的读者关注新近的一场公开辩论。铁路企业与邮政部展开交锋,以签订可以运输邮件的协议。由于这些铁路企业是由州立法机构而非国会授权的,他们在向邮政部索要高额费用之际没有任何不安,而邮政部对此也无能为力。如何才能防止某个州授权电报企业效仿铁路业对用户进行欺诈?它也应该从州立法机构那里获得"强大的企业法人权力"吗?在围绕电报商业化的众声喧哗中,这一法律上的两难已经被遗忘了,"在我们对这一发明的钦佩和渴望它成功的热情中,我们不应该为自己束缚上铁链,驶向一条麻烦重重之路,就像火车首次出现后我们所做的那样"[109]。

布鲁克斯对联邦控制的支持很难说是公正无私的。在前电报时代,邮政部允许每份报纸都可以免费与任何其他报纸不限份数地进行交换,从而方便记者获取新闻。[110] 如果电报取代了信函,那么记者将如何获得其他报纸的消息呢?没人说得上。如果邮政部能够保持对电报的控制权,那么记者们彼此交换消息的特权似乎就可以维系了。但如果电报作为私人企业进行商业化,这一特权就可能会被废止。为了避免这种情形出现,巴尔迪摩的一位记者敦促国会颁布法律,要求国有的电报企业授权给新闻记者,"免费交换"对"全体人民"来说"重要而有趣的"所有信息。这些报道交换的花费,要由那些使用电报"谋取私利或投机买卖"的个人来支付。[111] 果能如此,立法者们会帮助确保电报就像公共道路一样,作为一条"思想高速公路"向所有人开放。[112]

在记者们期盼着联邦政府能够延续他们长期享有的特权之际,铁路业的领袖们则在预期着能从中获得丰厚的盈利。一位投资者在 1845 年写信给铁路领导者埃拉斯图斯·科宁(Erastus Corning),这封措辞尖锐的信中说道,国会"应当而且必须购买电报专利",如果这样做,必然会提升铁路通行权的价值,但是如果科宁准许电报公司拥有同样的通行权却没有获得利益上的对等之物,那么当这种买断发生时,科宁就在不经意间毁掉了铁路业的优势地位。[113]

非常明显,美国早期铁路业领袖们对电报的算计没有考虑到其在铁路时刻表上的应用。如其他一些方面一样,美国铁路业在这一点上偏离了英国电报业的轨迹。在英国,以电报为铁路调度是电报的第一个重要应用,但在美国这方面直到内战期间依然不常见。即便美国铁路大多是单线(single-tracked)并且他们也深知铁路电报调度有助于最大限度减少迎面相撞的事故概率,情形依然如此。美国铁路业领袖们在19世纪40年代围绕电报相关议题进行的辩论,与其说是关注以电报进行铁路调度的可能性,毋宁说是如何降低电报线带给乘客、铁路工人和路过者的危害。[114]

商人、记者和铁路业领袖们,各自都有明显的理由去监督围绕联邦控制的公共辩论。其他美国人对这一问题的所思所想——即便他们仔细考虑过它——则是一个悬而未决的问题。众所周知,对19世纪40年代的众多美国人来说,紧迫的问题是如何通过立法确保向所有人提供低成本远距离传送手写信函的服务。"低廉邮费运动"(the campaign for "cheap postage")的展开,加速了1845和1851年《邮政法案》(the Post Office Acts of 1845 and 1851)的通过。这些美国传播史上的里程碑式事件,有效地清除了远距离人际交流的费用阻碍。

今天,当年吁求低廉邮费的运动已被忘记了,但在19世纪四五十年代,它吸引了纽约市、波士顿和其他城市中的新闻记者和改革者们的关注。围绕向所有人提供低成本远距离传送信息问题,诸如约书亚·莱维特(Joshua Leavitt)这样的邮政改革家,针对联邦政府责任撰写了大量广泛、雄辩而又细致的文章。数千份吁求降低信件基本邮递费率的请愿书如今被完好地保存在国家档案馆中,其中许多还留有诸多请愿者的签名。假如莱维特能够想到莫尔斯电报所许诺过的高速传递,那么他很容易就会将廉价电报添加到立法意愿之中。然而莱维特似乎直到1872年才注意到这一点。[115] 莱维特没有——19世纪四五十年代任何一位著名的邮政改革者也都没有——暗示联邦政府有义务向全体国民提供远距离高速传播服务,而这种服务对电报的特许客户来说,已是唾手可得。事实上,在内战之前由廉价邮费运动所产生的大量印刷宣传材料中,几乎找不到一个小册子哪怕一篇报纸文章能够附带参考一下电报业。直到1875年,督促国会降低电报费率的大量请愿书才开始被送及华盛顿。而且要到臭名昭著的金融家杰伊·古尔德(Jay Gould)在1881年接管了全国最大的电报公司之后,请愿的涓流才汇成了洪流。

邮政改革者们在呼吁廉价电报技术方面的迟缓,在于他们所理解的电力电报所承诺的高速远距离信息传输,只对农产品和铁路安全这一小部分行业具有优先性。如果更快的速度成为行业标准,邮政改革者们有理由担忧,它的采用将让邮政管理者有了特别的理由维持其函件传输的价格。正如纽约州北部的一位邮政局长在1841年提醒邮政部长查尔斯·威克利夫所说的,商人是邮政赞助人中唯一要求高速传播的阶层,而对其他人来说,价格低廉才是关键。[116]

邮政改革者对比邮件速度更快的传播技术的漠不关心,有助于解释为何国会拒绝买断莫尔斯的专利。然而即使19世纪40年代美国人能够用廉价电报请愿书淹没国会,国会也可能会很明确地拒绝购买这一专利。这一时期的美国正处于对公共工程投入的厌恶之中,这一情绪由紧跟着1837年大恐慌的好几个州运河工程项目的财务崩溃所引发。尽管辉格党总统候选人亨利·克莱在为1844年总统选举的前期助选中,的确打算采取国会买断方式,他在一封私人信件中这样表示过,但这一封信对电报鼓吹者的小圈子之外几乎没有什么影响。[117]而在当时的情形下,很少有议员会愿意冒着触发选民愤怒的风险主张采取高价格的新设施,这可能会再次将联邦政府拖入债务危机中。

以后见之明看,国会拒绝买断莫尔斯专利比起愿意赞助他来说,更不让人惊讶。莫尔斯是共和国早期由国会直接资助其演示项目的两位发明家之一。另一位是专利局的审查官查尔斯·G.佩奇(Charles G. Page),国会为他提供了数额相近的赞助以建立一座电力火车头。莫尔斯和佩奇几乎没有什么共同之处,除了他们都与专利委员会之间有着紧密的私人关系——这一点也引发了合理的怀疑,即在为演示项目获得联邦政府资助方面,政治关系对能否成功起着关键作用。[118]

尽管战时紧急状态经常是政府在军事后勤方面扩大支出的催化剂,但即便是在1846年5月对墨西哥宣战之后,美国国会依然对莫尔斯的发明态度冷淡。在那年12月,华盛顿的一位记者预言,电报"即时信息"可让军事领袖们保护海港免遭海军轰炸而造成数百万元的损失。国会是否应该建立一个联结国家主要海港的电报网络?[119]但即便这样恐吓性的场景也没有促成国会行动。一位电报业的局内人在1846年6月回应道,"在高额的战争支出下,大多数国会议员不会批准类似于购买和兴建电磁电报这样的开支"[120]。这位局内人补充说,没有关于资助电报网络的法案进入立法程序,因为即使它得到了国会的批准,也肯定会被总统詹姆斯·K.波尔克否决。就像他的导师安德鲁·杰克逊一样,波尔克长期以来就一直反对对公共工程的联邦资助。[121]

波尔克内阁中唯一支持买断莫尔斯发明专利的成员,是邮政部长凯维·约翰逊(Cave Johnson)。作为政坛局内人,他的态度大大出人意料。财政上的保守和对联邦资助的敌意,已经为他赢得了坏名声,作为国会议员,直到1843年波尔克还在嘲笑莫尔斯的发明。[122]然而当他已经见证了莫尔斯演示项目的成功,而且更重要的,他自己已被任命为邮政部长,约翰逊发生了一个根本性的变化。在第一份年度报告中约翰逊声称,"信息传输业"是一项"重要责任",联邦宪法已经"必要而且合适地"将这一特权"独家"赋予了邮政部。约翰逊并没有表达关于一个大规模电报网络是否能够盈亏平衡的观点,然而,作为财政保守主义者,约翰逊也坚持一条电报线路在他的控制之下不会入不敷出。1845年12月他在报告中提及,"华盛顿和巴尔迪摩之间的这条电报线路的运作并不令我满意,因为在可供选择的任何邮政费率水平上,它的盈利都可以达到与支出相符的程度"[123]。

约翰逊强烈拒绝仅仅因为无法预见电报如何收回成本,邮政部就应该放弃电报的说法。电报是一种"极大优越于"迄今为止由"人类天才"所设计的任何其他"信息传布"手段的工具,不应仅仅依据"可能的收入"来对它进行评估。在这里,约翰逊大方地引用了史密斯和莫尔斯倡导过的观点,电报这样一种"对善良或邪恶都如此强大的工具",如果"留在不受法律控制的私人手中",对"民众来说就是不安全的"。约翰逊没有特地准确地描述他所预见的是一种什么样的控制,但他不详地警告说,如果国会允许莫尔斯的发明仅由"私人或联合组织"来进行商业化开发,那么它将可能成为人类历史上"最有力地实现突然而大规模投机活动潜力的工具",而这种投机将剥夺多数人的"公平利益",并将之奉于少数人之手。[124]

19世纪40年代有关电报联邦政府控制的竞争,在南北战争之后,成为有关联邦通过立法限制西联电报公司辩论的参照点。西联电报公司是在内战期间成立的一家电报联合企业,是美国最大也是最有权力的企业。对西联电报公司的批评者来说,莫尔斯对联邦控制的热情使他成为规则的预言者。塞缪尔·C. 里德之前采用邮政电报的建议悄悄地被遗忘了。里德那种军事英雄的形象在公众头脑中不再光鲜,光通信也不再具有作为它的近亲电力电报先驱者的形象。

莫尔斯活到了1872年,作为那个时代最受仰慕的发明家之一,他有关自己发明的未来安排一直备受尊重。在那个时代,他极少错过任何一个占据主导性话题的机会,在尤利西斯·S. 格兰特(Ulysses S. Grant)于1868年赢得总统选举后不久,他就又一次公开提醒他的同胞考虑有关长期存在的国会买断的主张。尽管在推动电报立法方面屡遭挫折,他还是不可自已地指出,如果国会早在半个世纪之前就遵循他的建议,它本来可以仅花费10万美元就能获得他的发明专利权。那位发表他言论的编辑甚至更为直率:国会对西联电报公司的买断,将部分实现莫尔斯的"最初意图"[125]。甚至在莫尔斯去世后,他有关国会买断的主张也持续受到关注。他的老对手弗朗西·J. 史密斯在莫尔斯的葬礼后不久回忆道,一个建立在联邦控制之下的电报"国家系统",是莫尔斯最为珍视的目标。[126]莫尔斯的儿子在1914年表明,莫尔斯关于对电报进行"适度政府控制"的计划,预见到了今天将它转化为"一项巨大公共设施"的运动。[127]

19世纪40年代国会在买断莫尔斯发明上的失败让南北战争后好几位议员将其视为错失良机。1884年,科罗拉多州参议员纳撒尼尔·希尔(Nathaniel Hill)估算道,国会1847年将华盛顿—巴尔迪摩租赁给私人投资者,由于过于高昂的收费,已经花费了美国人民1亿美元,这使它成为有史以来最不明智的立法之一。[128]几年后,北卡罗来纳州法学家华特·克拉克(Walter Clark)宣称,国会允许这个"伟大的巨人"被私人拥有的那一刻是"罪恶时刻",因为它促成了美国这个"最古老的托拉斯"西联电报公司的兴起。克拉克认为,在那些异议者中,凯维·约翰逊和亨利·克莱堪称明智的政治家,因为他们已经深谋远虑地提出警告,如果国会放弃"政府的根本职能",使电报落入"私人垄断"之手,接下来必将有"恶行"发生。[129]

为了探寻有关联邦电报规则的历史,记者们在讲述莫尔斯失败冒险的那些模糊文件中仔细翻检。例如,邮政职员在1892年的邮政局档案中对围绕哥伦布纪念博览会的那些历史性展览进行搜寻时发现,联邦政府事实上从未放弃过它对华盛顿—巴尔迪摩线路的特许权力,一位商业记者因对此着迷而写了一篇这方面的报道。[130]类似地,《北美评论》(North American Review)的编辑们再次完整地发表了亨利·克莱关于电报"国有化"的言论,视之对其下时代具有足够的现实意义。[131]西联电报公司的批评者们之前从未援引过克莱的名字来支持联邦电报立法,想必是因为他1844年的信件早已被遗忘了。

与之相反,西联电报公司的辩护者将国会拒绝买断莫尔斯的发明视为政府进行愚蠢干预的一个现实例子。因为西联电报公司已经成为国内最富有的公司之一,它似乎特别短视,没有重视邮政部长的让步表述,邮政部长说他没有看到如果电报处在联邦控制下就能够维持收支平衡。被约翰逊战后对手们忽视的,是他关于企业所有权的疑虑。而约翰逊对莫尔斯电报的经济活力提出的质疑,对政治经济学家戴维·A.威尔斯(David A. Wells)来说已经足够了。在一本由西联电报公司补贴出版的小册子中,威尔斯就此忽视了约翰逊对公司的抨击,错误地暗示说约翰逊公开地督促国会不要买断莫尔斯的发明。[132]而事实上,在约翰逊作为邮政部长的整个任期内,为了防止出现类似西联电报公司这样的巨头公司,他一直捍卫着来自联邦的控制,无论其经济后果如何。

国会拒绝购买莫尔斯的专利有着公开记录,对西联电报公司总裁诺文·格林来说,这是问题的症结。在邮政部长约翰逊的"建议"之下,格林在1883年再次以重复不实之词的方式(这已经成为西联电报公司传统的辩护智慧了)提醒议员们,国会已经因为赞成"私人企业"而"放弃"它控制电报的权利。约翰逊的放弃在电报业历史上是关键转折点。因为直到国会释放出拒绝由它来对莫尔斯电报进行商业化的信号之后,投资者们才开始摆脱兴建他们自己的电报线路的谨慎犹疑。如果没有这些投资者"鲁莽投入"的资本,且他们多年未能从中取得任何经济回报,那么电报可能永远不会被"实际开发"。[133]

莫尔斯在19世纪40年代对国会买断的支持,困扰着西联电报公司的局内人,他们害怕这位发明家接下来还会再说什么。为了讨好莫尔斯,西联电报公司为他树立了英雄发明家的名声。西联电报公司的电气技师乔治·B.普雷斯科特(George B. Prescott)在1869年警告说,对莫尔斯有一种不公正的做法,那就是假定莫尔斯认为西联电报公司任何有关电报的收费都是一种"持续的威胁",这一威胁不仅将加速所有电报安全问题的"不可避免的毁坏",而且很可能也会使这位"伟大的发明家自己"陷入"困厄"。[134]普雷斯科特是在冒险断言,因为莫尔斯依然富有活力,很容易提出反驳。这显然也是不够得体的,因为普雷斯科特在他1860年出版的一本著名的电报史著作中,已经断然挑战了莫尔斯发明家的自我标榜。莫尔斯早就对普雷斯科特的挑战感到愤恨,很可能会把普雷斯科特归入他的克星弗朗西斯·史密斯那一边,因为普雷斯科特曾长期为史密斯工作,也几乎可以肯定他与史密斯的妻子保持着联系。[135]然而莫尔斯在1869年保持了沉默,可能是因为他很受用这种赞美,也可能是这一次他与西联电报公司一起确认了他的遗产。为了向著名发明家示好,西联电报公司总裁威廉·奥顿于前一年的12月份,在纽约为莫尔斯举办了一场奢华的推广晚宴。[136]不久之后,奥顿还为莫尔斯的雕像提供了西联电报公司的资助。这座莫尔斯全身雕像矗立在新建成的中央公园中,它本身就是对莫尔斯高度奉迎的致敬。更加不同寻常的是,它在莫尔斯去世前就已经被矗立了起来,这就公然对抗了当时的非正式习俗,这一习俗禁止为在世者树立全身尺寸大小的纪念碑。

西联电报公司对莫尔斯的讨好,困扰着该公司的批评者们。一位批评者指控道,无论西联电报公司所邀请见证的那些声名显赫的人物会怎么想,莫尔斯雕像揭幕的意图肯定不仅仅是为了纪念一位著名发明家,毋宁说,这是西联电报公司进行自我公关的一部分赌注。莫尔斯的颂扬者们错误地认为是莫尔斯发明了电报,更糟糕的是,莫尔斯本不该"赤裸裸地"接受这种"近乎神圣的荣誉",这一荣誉他已沐浴其中,且他只能"公平地"占据其中"极为微薄的部分"。最不能被原谅的是,由此而聚合的民众稀里糊涂地就让自己成了一小撮"巧取豪夺者"手中的工具,利益集团利用这个"误导和欺骗性的工具"来"达到他们自己的目的"。这些目的对批评者们而言想必意味着西联电报公司股票价格的暴涨和将公司置于联邦控制之下的立法上的失败。[137]

国会拒绝将莫尔斯的演示项目推广成一个联邦控制的电报网络,这一决定加速了联邦主导的政治经济模式的黯淡,而莫尔斯电报正是在其中得以发明的。但是它的遗产以一些不确定的方式延续着。邮政部在运作华盛顿—巴尔迪摩电报线路时所设计的附则,被合并整合进了由各州所特许的电报公司的附则,因而联邦立法、联邦法庭裁决以及联邦专利法,也将在未来数十年间持续限定电报业的结构。

莫尔斯演示项目最为持久的遗产,是它在将专利权合法转化成可交易资产方面所扮演的角色,这一转化很快被称作"知识产权"。亨利·L. 埃尔斯沃思今天已被人遗忘了,但正是在他的领导下专利办公室成了创新引擎。通过鼓励大量有关创造性活动信息的流传,埃尔斯沃思将专利办公室转变成了一个进行技术知识交流的论坛。而且通过合法化认证要求,埃尔斯沃思庄重地将那些英雄般的发明家奉为了国民的偶像。

注释：

[1] *Telegraphs for the United States*, 25th Cong., 2nd sess., 1837, H. Doc. 15 (serial 322), pp.1-3.

[2] Alfred Vail, January 15, 1848, "Miscellaneous Telegraph Papers," box 5, Vail Telegraph Collection, Archives, Smithsonian Institution, Washington, D.C. (hereafter SI).

[3] Eben Norton Horsford, "Recording Telegraph," in Samuel Irenaeus Prime, *The Life of Samuel F. B. Morse. LL.D., Inventor of the Electro-Magnetic Recording Telegraph* (New York: D. Appleton and Co., 1875), p.295; David Paul Hochfelder, "Taming the Lightning: American Telegraphy as a Revolutionary Technology, 1832-1860" (Ph. D. diss., Case Western University, 1999), pp.112-113.

[4] *Memorial of E. Gonon*, 27th Cong., 1st sess., 1841, Sen. Doc. 77 (serial 390), pp.1-2; *Mr. Gonon*, 27th Cong., 2nd sess., 1842, H. Rpt. 325 (serial 408), pp.1-2.

[5] Morse to Woodbury, September 27, 1837, in *Telegraphs for the United States*, p.30.

[6] Kenneth Silverman, *Lightning Man: The Accursed Life of Samuel F. B. Morse* (New York: Random House, 2003), p.194.

[7] Samuel F. B. Morse, *Foreign Conspiracy against the Liberties of the United States* (New York: Leavitt, Lord & Co., 1835); Morse, *Foreign Conspiracy against the United States* (n.p., 1861); Morse, *An Argument on the Ethical Position of Slavery in the Social System* (New York: Society for the Diffusion of Political Knowledge, 1863).

[8] John R. Parker, *The United States Telegraph Vocabulary: Being an Appendix to Elford's Marine Telegraph Signal Book* (Boston: W. L. Lewis, 1832), p.3.

[9] J. Cummings Vail, *Early History of the Electro-Magnetic Telegraph* (New York: Hine Brothers, 1914), p.8.

[10] William Baxter, "The Real Birth of the Electric Telegraph [c. 1880]," Historic Speedwell, Morristown, N.J.; Vail to George Vail, February 20, 1838, cited in Silverman, *Lightning Man*, p.168.

[11] James M. Elford to John R. Parker, 1830, Parker Papers, University of Pennsylvania, Philadelphia.

[12] Volker Aschoff, "Die Synthematographik des Johann Andreas Benignus Bergsträsser (1785-1788)," *Technikgeschichte* 42 (1975): 203-212.

[13] Werner von Siemens, *Inventor and Entrepreneur: Recollections of Werner von Siemens* (1847; New York: Augustus M. Kelley, 1968), p.82.

[14] Morse to Woodbury, September 27, 1837, in *Telegraphs for the United States*, p.28.

[15] Gerard J. Holzmann and Björn Pehrson, "The First Data Networks," *Scientific American* 270 (January 1994): 128-129.

[16] Prime, *Life of Samuel F. B. Morse*, p.284.

［17］George B. Prescott, "The Progress of the Atlantic Telegraph," *Atlantic Monthly* 5 (March 1860): 297.

［18］Morse to Charles G. Ferris, December 6, 1842, in *Electro-Magnetic Telegraphs*, 27th Cong., 3rd sess., 1842, H. Rpt. 17 (serial 426), p.9.

［19］Morse to Woodbury, September 27, 1837, in *Telegraphs for the United States*, pp.30, 31.

［20］Morse to Smith, February 15, 1838, in *Electro-Magnetic Telegraphs*, 25th Cong., 2nd sess., 1838, H. Rpt. 753 (serial 335), p.8.

［21］同上, pp.8-9.

［22］Morse to William W. Boardman, August 10, 1842, in Prime, *Life of Samuel F. B. Morse*, p.434.

［23］Morse to Smith, February 15, 1838, in *Electro-Magnetic Telegraphs* (1838), p.8.

［24］同上, pp.8-9.

［25］Samuel C. Reid, *Petition . . . Praying for the Establishment of a Line of Telegraphs from New York to New Orleans*, 24th Cong., 2nd sess., 1837, S. Doc. 107 (serial 298), p.1.

［26］*Globe* (Washington, D.C.), February 15, 1837.

［27］*Report of the Committee on Naval Affairs, on the Petition of Captain Samuel C. Reid*, 15th Cong., 1st sess., 1818, H. Doc. 135 (serial 10), p.2; *A Collection of Sundry Publications and Other Documents, in Relation to the Attack Made during the Late War upon the Private Armed Brig General Armstrong, of New-York, Commanded by S. C. Reid . . .* (New York: John Gray, 1833), pp. iii-iv.

［28］William Rea Furlong, *So Proudly We Hail: The History of the United States Flag* (Washington, D.C.: Smithsonian Institution Press, 1981), p.183.

［29］John W. Kirk, "Historic Moments: The First News Message by Telegraph," *Scribner's Magazine* 11 (May 1892): 652-653.

［30］Edward Lind Morse, ed., *Samuel F. B. Morse: His Letters and Journals*, vol. 2 (Boston: Houghton Mifflin Co., 1914), p.83.

［31］Iwan Rhys Morus, *Frankenstein's Children: Electricity, Exhibition, and Experiment in Nineteenth-Century London* (Princeton, N.J.: Princeton University Press, 1998), p.221.

［32］Smith, "Report," in *Electro-Magnetic Telegraphs* (1838), p.2.

［33］Steven Lubar, "The Transformation of Antebellum Patent Law," *Technology and Culture* 32 (October 1991): 932-959.

［34］Smith, "Report," in *Electro-Magnetic Telegraphs* (1838), p.2.

［35］Morse to Smith, February 2, 1839, Francis O. J. Smith Papers, Maine Historical Society, Portland (hereafter S-MeHS).

［36］Alonzo Cornell, *"True and Firm": Biography of Ezra Cornell* (New York: A. S. Barnes & Co., 1884), pp.85-86.

［37］同上, p.82.

[38]Morse to Smith, December 3, 1841, in Prime, *Life of Samuel F. B. Morse*, p.418.

[39]Smith to Cornell, April 15, 25, 1844, March 10, 1845, Ezra Cornell Papers, Cornell University, Ithaca, N.Y. (hereafter C-CU).

[40]Frederick Merk, *Fruits of Propaganda in the Tyler Administration* (Cambridge, Mass.: Harvard University Press, 1971), pp.63-69.

[41]Smith to Cornell, April 15, 1844, C-CU.

[42]Willie P. Mangum reminiscence, May 29, 1844, in Charles Warren, *The Supreme Court in the United States*, vol. 2: *1836-1918* (Boston: Little, Brown, and Co., 1937), p.135; Vail to Morse, June 3, 1844, Samuel F. B. Morse Papers, Library of Congress, Washington, D.C. (hereafter M-LC).

[43]"A Bill for the Purchase and Construction of Morse's Electro Magnetic Telegraph from Washington City, to New York City," S. 190, 28th Cong., 1st sess., 1844, Sen. 28A-B2, RG 46, National Archives, Washington, D.C.

[44]Smith to Morse, June 1, 1844, S-MeHS.

[45]Cornell to Mary Ann Cornell, June 10, 1844, C-CU.

[46]同上。

[47]Smith to Morse, June 10, 1844; Smith to Rufus Choate, June 11, 1844; both in S-MeHS.

[48]Carolyn C. Cooper, *Shaping Invention: Thomas Blanchard's Machinery and Patent Management in Nineteenth-Century America* (New York: Columbia University Press, 1991), chap. 3; Naomi R. Lamoreaux and Kenneth L. Sokoloff, "Intermediaries in the U.S. Market for Technology, 1870-1920," in Stanley L. Engerman et al., eds., *Finance, Intermediaries, and Economic Development* (Cambridge: Cambridge University Press, 2003), p.223.

[49]Cornell to Mary Ann Cornell, June 10, 1844, C-CU.

[50]Post Office Department, *Annual Report* (1845), p.860.

[51]Orrin Wood to Cornell, March 1, 1845, C-CU.

[52]Smith to Johnson, March 12, 24, 1845, Office of the Electro-Magnetic Telegraph, Post Office Department Records, RG 28, National Archives, Washington, D.C. (hereafter POD-NA).

[53]Smith to Cornell, March 1, 1845, C-CU.

[54]Smith to Johnson, March 12, 24, 1845, Office of the Electro-Magnetic Telegraph, POD-NA.

[55]Morse to Smith, December 20, 1844, S-MeHS.

[56]Francis O. J. Smith, *The Secret Corresponding Vocabulary: Adapted for Use to Morse's Electro-Magnetic Telegraph; And Also in Conducting Written Correspondence, Transmitted by the Mails, or Otherwise* (Portland, Maine: Thurston, Ilsley & Co., 1845),前言.

[57]Smith, "The Post Office Department: Considered with Reference to Its Condition, Policy, Prospects, and Remedies," Hunt's Merchants' Magazine 11-12 (December 1844-February 1845): 151.

[58]Smith,"Post Office Department," pp.538,147,148.

[59]Christine MacLeod, *Heroes of Invention: Technology, Liberalism, and British Identity, 1750-1914* (Cambridge: Cambridge University Press, 2007), pp.220, 245.

[60]Joseph Henry, "Extracts from the Proceedings of the Board of Regents of the Smithsonian Institution, in Relation to the Electro-Magnetic Telegraph," in *Smithsonian Miscellaneous Collections*, vol. 2, pt. 2 (Washington, D.C.: Smithsonian Institution, 1856), p.39.

[61]Steven W. Usselman, *Regulating Railroad Innovation: Business, Technology, and Politics in America, 1840-1920* (Cambridge: Cambridge University Press, 2002), chap.3.

[62]B. Zorina Khan, *The Democratization of Invention: Patents and Copyrights in American Economic Development, 1790-1920* (Cambridge: Cambridg University Press, 2005), chap.2.

[63]Abraham Lincoln, "Second Lecture on Discoveries and Inventions," February 11, 1859, in *Collected Works of Abraham Lincoln*, vol. 3, ed. Roy P. Basler (New Brunswick, N.J.: Rutgers University Press, 1953), p.363.

[64]W. H. Preece, "American Telegraph System," *Journal of the Society of Telegraph Engineers* 7 (1878): 49-50.

[65]Geof Bowker, "What's in a Patent?" in Wiebe E. Bijker and John Law, eds., *Shaping Technology/Building Society: Studies in Sociotechnical Change* (Cambridge, Mass.: MIT Press, 1992), pp.53-74.

[66]Samuel F. B. Morse, "Telegraph Signs," patent 1,647, June 20, 1840.

[67]James Delbourgo, *A Most Amazing Scene of Wonders: Electricity and Enlightenment in Early America* (Cambridge, Mass.: Harvard University Press, 2006), chaps. 1-2.

[68]Smith, *Secret Corresponding Vocabulary*,前言.

[69]George B. Prescott, *History, Theory, and Practice of the Electric Telegraph* (Boston: Ticknor and Fields, 1860), p.425.

[70]W. James King, "The Development of Electrical Technology in the Nineteenth Century: The Electrochemical Cell and the Electromagnet," *Contributions from the Museum of History and Technology* 28 (1962): 233-271.

[71]Prescott, *History, Theory, and Practice of the Electric Telegraph*, pp.7,431.

[72]Baxter, "Electric Telegraph."

[73]Henry to Wheatstone, February 27, 1846, in *The Papers of Joseph Henry*, vol. 6, ed. Nathan Reingold et al. (Washington, D.C.: Smithsonian Institution Press, 1972-2007), p.385.

[74]Henry, "Extracts," p.35.

[75]Patent Office, *Annual Report* (1843), pp.5-6.

[76]Douglas E. Bowers, "Department of Agriculture," in *Historical Guide to the U.S. Government*, ed. George T. Kurian (New York: Oxford University Press, 1998), p.24.

[77]Patent Office, *Annual Report* (1844), p.5.

[78]1840年6月20日,莫尔斯收到了他的专利(编号1,647);1840年6月10日,惠斯通和库克

收到了他们的专利(编号 1,622)。后一项专利的日期被误认为是 1842 年。

[79]Patent Office, *Annual Report* (1844), p.5.

[80]*Electro-Magnetic Telegraphs* (1842), p.1.

[81]Robert C. Post, *Physics, Patents, and Politics: A Biography of Charles Grafton Page* (New York: Science History Publications, 1976), pp.40-51.

[82]J. Thomas Scharf, *History of Baltimore City and County* (Philadelphia: Louis H. Everts, 1881), p.502.

[83]Morse, *Letters and Journals*, vol. 1, p.112.

[84]Morse to Ellsworth, February 7, 1844, in Morse, *Letters and Journals*, vol. 2, pp.217-218.

[85]Alfred Vail to George Vail, August 13, 1845, Vail Telegraph Collection, Archives, SI.

[86]Susan Morse to Morse, June 7, 1845, cited in Silverman, *Lightning Man*, p.256.

[87]Julia G. Webster correspondence, box 4, folders 44-48, Goodrich Family Papers, Yale University, New Haven, Conn.

[88]莫尔斯把他的诗写给"A.G.E. 小姐"——也就是安妮·古德里奇·埃尔斯沃思(Anne Goodrich Ellsworth),这首诗包括以下几节:

"当回首你我之间相遇的每一刻

黯淡的,明亮的

我遗忘了黑暗,抓住了光亮

光亮,时间一无所在"

Morse, "The Sun Dial," *Scribner's Monthly* 11 (March 1876): 757.

[89]Harriet White, "Who Informed Morse of the Passage of the Telegraph Bill?" *Western Electrician* 9 (November 21, 1891): 303.

[90]*Rover*, August 31, 1844, p.393.

[91]Benson Lossing, "Professor Morse and the Telegraph," *Scribner's Monthly* 5 (March 1873): 579-589.

[92]电报带被保存在莫尔斯在国会图书馆的私人文件中,这可能会让人们猜测莫尔斯保留电报是为了保存。事实上,它是安妮自己保管的,直到她死后才被交到国会图书馆。Telegraphic dispatch, May 24, 1844, M-LC.

[93]Prime, *Life of Samuel F. B. Morse*, pp.492, 494.

[94]John Bach McMaster, *History of the People of the United States, from the Revolution to the Civil War*, vol. 7: 1841-1850 (New York: D. Appleton & Co., 1910), pp.129-130; Morse to Smith, March 3, 1844, in Morse, *Letters and Journals*, vol. 2, p.201; Morse to Vail, March 3, 1844, Vail Telegraph Collection, Archives, SI; Horatio Greenough to Henry Greenough, March 3, 1844, in *Letters of Horatio Greenough to His Brother, Henry Greenough* (Boston: Ticknor and Co., 1887), p.146.

[95]莫尔斯对安妮的迷恋是其博爱感情模式(a broader pattern)的一部分。几年前,他爱上了

苏珊·库珀(Susan Cooper)。莫尔斯把她画进了自己最雄心勃勃的作品之一"卢浮宫画廊"(Gallery of the Louvre)，以此表达爱意。苏珊对莫尔斯的看法不得而知。她的父亲，小说家詹姆斯·费尼莫尔·库珀(James Fenimore Cooper)，倒是怀疑莫尔斯能迷住一个只有他一半大的女人。根据最近的一位传记作者所述，这并没有阻止莫尔斯去尝试。Silverman, *Lightning Man*, pp.113-114.

[96]"The Magnetic Telegraph," *National Intelligencer* (Washington, D. C.), October 25, 1845.

[97]Petition of Baltimore merchants, January 11, 1847, House Committee on the Post Office and Post Roads, RG 233, National Archives, Washington, D.C.

[98]Alexander Jones, *Historical Sketch of the Electric Telegraph* (New York: G. P. Putnam, 1852), p.135.

[99]"The Private Signal Telegraph," *Burlington* [New Jersey] *Gazette*, reprinted in *Public Ledger* (Philadelphia), January 7, 1846.

[100]"The Telegraph," *American Republican and Baltimore Daily Clipper*, December 3, 1846.

[101]这一概括，基于对1843—1847年30多家美国各地报纸每日报道的仔细查看。

[102]"Magnetic Telegraphs," *Niles's Register* 71 (September 26, 1846): 60-61. 和大多数19世纪的报纸社论一样，休斯的社论也没有署名，因此判定署名只是猜测。依据其时操作的惯例，本书作者把未署名的社论归为在报上出现了名字的资深编辑。

[103]"Electric Telegraph," *New York Herald*, April 22, 1845.

[104]"The Magnetic Telegraph," *New York Sun*, February 13, 1846.

[105]"The Telegraph," *Utica Daily Gazette*, February 12, 1846.

[106]"The Magnetic Telegraph," *New York Evening Express*, June 25, 1846.

[107]同上。

[108]*Bank of Augusta v. Earle*, 38 U.S. 519 (1839).

[109]"The Magnetic Telegraph," *New York Evening Express*, June 25, 1846.

[110]Richard B. Kielbowicz, "Newsgathering by Printers' Exchanges before the Telegraph," *Journalism History* 9 (Summer 1982): 42-48.

[111]"The Magnetic Telegraph," *Baltimore Patriot and Commercial Gazette*, November 14, 1845.

[112]"The Telegraph Office in Washington," *Baltimore Patriot and Commercial Gazette*, May 21, 1846.

[113]Crawford Livingston to Erastus Corning, August 4, 1845, cited in Diane De Blois and Robert Dalton Harris, "1845: Cultural Nexus in Transportation and Communication," *Congress Book* 74 (2008): 31.

[114]Benjamin Sidney Michael Schwantes, "Fallible Guardian: The Ambiguous Utility of Telegraphy for Railroad Operations in Nineteenth-Century America" (Ph.D. diss., University of Delaware, 2008), chap.3.

[115]"The Postal Telegraph System," *Independent*, February 15, 1872.

[116] Lot Clark to Charles Wickliffe, April 28, 1842, U. S. Postal Service Library, Washington, D.C.

[117]Henry Clay to Alfred Vail, September 10, 1844, Vail Telegraph Collection, Archives, SI.

[118]Robert C. Post, "The Page Locomotive: Federal Sponsorship of Invention in Mid-Nineteenth-Century America," *Technology and Culture* 13 (April 1972): 144; Robert C. Bruce, *The Launching of American Science*, *1846-1876* (New York: Alfred A. Knopf, 1987), p.166.

[119]"For the Union," *Daily Union* (Washington, D.C.), December 24, 1846.

[120]F. W. Ritter to Henry O'Rielly, June 6, 1846, O'Rielly Papers, New-York Historical Society, New York.

[121]同上。

[122]*Congressional Globe*, February 21, 1843, 27th Cong., 3rd sess., 323.

[123]Post Office Department, *Annual Report* (1845), p.861.

[124]同上。

[125]*Boston Daily Advertiser*, January 1, 1869.

[126]Smith to O'Rielly, January 29, 1873, O'Rielly Papers, Rochester Historical Society, Rochester, N.Y.

[127]Morse, *Letters and Journals*, vol. 2, p.86.

[128]Nathaniel P. Hill, *Speech of N. P. Hill, of Colorado, Delivered in the Senate of the United States, January 14, 1884* (Washington, D.C.: n.p., 1884), p.9.

[129]Walter Clark, "The Telegraph and the Telephone Properly Parts of the Post Office System," *Arena* 5 (March 1892): 465; Clark, "The Telegraph in England," *Arena* 13 (August 1895): 374.

[130]*Electrical Review* 21 (November 19, 1892): 155.

[131]Frank G. Carpenter, "Henry Clay on Nationalizing the Telegraph," *North American Review* 154 (March 1892): 382.

[132]David A. Wells, *The Relation of the Government to the Telegraph: Or, a Review of the Two Propositions Now Pending before Congress for Changing the Telegraphic Service of the Country* (New York: n.p., 1873), p.12.

[133]Green to Walter Q. Gresham, October 29, 1883, president's letterbook, Western Union Collection, Archives Center, National Museum of American History, Smithsonian Institution, Washington, D.C. (hereafter WU-SI).

[134]George B. Prescott, *The Proposed Union of the Telegraph and Postal Systems: Statement of the Western Union Company* (Cambridge, Mass.: Welch, Bigelow, and Co., 1869), pp.1-2, 33. For the attribution to Prescott, see Western Union executive committee, minutes, January 9, 1869, WU-SI.

[135]普雷斯科特和史密斯的妻子,朱妮娅·洛蕾塔·巴特利特(Junia Loretta Bartlett),都是新

罕布什尔州金斯敦(Kingston)巴特利特家族(the Bartlett family)成员的后代。

［136］"The Morse Banquet," *New York Herald*, December 30, 1868.

［137］Horace Greeley et al., eds., *The Great Industries of the United States: Being an Historical Summary of the Origin, Growth, and Perfection of the Chief Industrial Arts of the Country* (Hartford, Conn.: J. B. Burr & Hyde, 1872), pp.1239-1240, 1247.

第三章 反垄断

> 确实,若电报设施不断增加,邮局有很大一部分业务可能会被其取代,但是这种竞争体制为公众带来的便利,是政府垄断所不能比拟的。
>
> ——《科学美国人》,1847

"世上仅有一种垄断是我所支持的",阿莫斯·肯德尔(Amos Kendall)在1847年9月的一篇社论中写道,那是"一个人对自己财产"的垄断。这里肯德尔意下的"财产权"实指专利局授予塞缪尔·F. B. 莫尔斯的电报专利权。莫尔斯聘请肯德尔来管理他的专利权,而肯德尔决心为他的客户争取到最大利益。"专利权与印刷机在同等程度上属于私有财产。"肯德尔解释说,他做了一个类比,希望借此在对专利权和垄断拨款持怀疑态度的读者中引发共鸣。[1]

肯德尔为莫尔斯的专利权进行了有力的辩护,与数十家同莫尔斯处于竞争关系的电报公司进行了长期激烈的竞争。这些竞争者中最成功的是希拉姆·西布里。西布里是西联电报公司的创始人。西联电报公司是美国内战期间出现的电报公司,是当时全国规模最大、势力最强的企业之一。肯德尔和西布里是前后两代电报网络建设者的代表人物。他们在不同的政治经济体系中运作,对电报有着不同的设计构想,并以不同的商业战略应对他们所面临的挑战。肯德尔从一开始即进入了电报领域,当时的电报网络建设仍处于一种联邦政府导向和集中化的政治经济环境中。当政治经济环境转为州政府导向和竞争化的时候,西布里开始崭露头角。一种西布里深谙其道而肯德尔从未理解过的政治经济体制,以一种没有人能够预料到的方式,不仅塑造了电报的演变历程,也最终构型了电报是如何被记忆的历史。

在国会第二次拒绝莫尔斯将华盛顿—巴尔的摩电报线向北延伸至纽约市的要求后不久,1845年3月,莫尔斯聘请了肯德尔。肯德尔在1845—1859年管理了莫尔斯的专利权,当时肯德尔精心策划了他们对竞争对手的策略。最初,肯德尔试图向国会出售莫尔斯的专利权。被国会拒绝后,肯德尔在领土基础上对外授权莫尔斯的专利权,但最终未能成功保留对网络的控制权。

肯德尔的管理风格反映了他的个人背景。他于1789年出生于马萨诸塞州一个既不富裕也没什么社会关系的家庭,年轻时他搬到了肯塔基州,在那里以讲课和政治记者为生。在许多社论中,肯德尔都抨击了银行法,这些法律赋予了受青睐的机构特权。肯德尔是安德鲁·杰克逊1828年总统竞选时的早期热情支持者,杰克逊胜利后,作为回报,肯德尔在其政府中获得了一席之地。为了帮助杰克逊在1832年赢得连任,肯德尔为其代笔写下了那条著名信息,否决了对美国银行的重新授权。在一个半世纪之后,这条信息仍然是现任总统对政府授予的特权最尖锐的指控之一。1835年,当杰克逊任命肯德尔为邮政部长后,他的公共事业达到了顶峰。邮政部管理着全国规模最大、覆盖地域最广的网络。在管理莫尔斯的专利权时,肯德尔自由地利用了他在任时收集到的有关信息流的见解。

肯德尔虽然没有接受过正规的律师培训,也从未管理过专利,但他以正直的道德而闻名,这使得他与莫尔斯以前的业务经理弗朗西斯·O. J. 史密斯相去甚远。肯德尔的个人背景给莫尔斯留下了深刻印象,这也许是莫尔斯聘请他管理他的专利权的决定性因素。1847年,莫尔斯向一位著名记者解释道,肯德尔担任邮政部长一职使他对"公共利益"有了"全面的见解"。[2] 莫尔斯有时会质疑肯德尔的判断,但从不怀疑他的忠诚。虽然莫尔斯很看重金钱,但更重声誉,而肯德尔是莫尔斯名声的忠实捍卫者。此外,肯德尔还有一项优势,很可能也是影响莫尔斯决定的原因之一。肯德尔是一个忠诚的民主党人,1845年,民主党不仅控制了总统职位,还控制着众议院和参议院。莫尔斯仍然打算向国会出售他的专利,并希望借助肯德尔的政治头脑达成这一协议。[3]

肯德尔给莫尔斯的专利权管理带来了一种政治敏感性,这种敏感性把对特权的憎恨与对政府所有权的信仰结合起来,以之作为滥用权力的最终补救办法。肯德尔长期以来一直不信任诸如铁路和银行等处于联邦直接控制之外的跨州机构。作为白人平等权利的拥护者,他原则上不喜欢那种使内部人员能够提前获得有关市场趋势的信息而进行交易的制度安排。虽然肯德尔在1845年以前与莫尔斯的发明没有直接关系,但是他参加了1838年莫尔斯为提请立法者注意其电报而在国会大厦安排召开的国会会议。肯德尔对电报的潜力印象极深,他建议国会将其置于联邦控制之下,这扩展了他前一年对塞缪尔·C. 里德提出光通信提案的支持,即在纽约市和纽约奥尔良之间建立联邦运营的光通信线路。[4]

虽然联邦政府控制与肯德尔的政治立场一致,但莫尔斯关于其专利权的扩张性概念,在他看来却很成问题。反垄断长期以来一直是肯德尔的信条,而莫尔斯的专利权,究其核心,正是主张一种垄断授权。专利授权在联邦宪法中已经明确作为保留给国会的权力之一,不会引起争议。然而,这种授权的边界在哪里,仍然悬而未决。如果莫尔斯没有雇用肯德尔,他很可能会加入旨在缩小专利权范围的"自由主义者"的行列。[5]肯德尔于1843年宣称,政府的"真正目标"是使个人有权追求自己的幸福。通过"诚实追求"所积累的财富是合法的;"纯粹"通过法律上的"特权"获取财富则是"合法的掠夺"。对于肯德尔来说,为了捍卫莫尔斯的专利权利同时又不违背自己的政治信条,他不得不将莫尔斯的垄断权转变为发明人通过"诚实追求"而获得的一项基本权利,并非"纯粹受惠于法律所得的利益"。而这并不容易。[6]

1845年2月,肯德尔在致莫尔斯的一封著名的信中阐述了他的"运营计划",其中列举了如果莫尔斯聘请他捍卫其专利权,他将如何行动。[7]肯德尔的信使人们得以一窥肯德尔的设想,即他将如何使莫尔斯的发明从一个独立的演示项目扩展到一个空间广延的网络。在信中,肯德尔对莫尔斯寄望国会收购的目标表示认可,解释了他将如何实现这一目标,并强调了为什么他特别适合这份工作。

肯德尔支持国会买断有三个原因。第一,它最小化了内部人员通过交易市场趋势变化的预先获知以欺骗不谨慎的种植园主的可能性,同时,使得长期存在的对联邦公共工程支出的反对意见站不住脚。第二,它把邮局从贪婪的铁路"垄断者"手中解放了出来,这些垄断者收取巨额费用,以便在交通最拥挤的路线上运送邮件。报纸是邮件中最重的部分,铁路的承载能力远胜于马车、牛车或邮车。如果邮局部门使用电报,就可以在邮寄报纸之前传送新闻,从而减少对非本地报纸的需求,并使其能够从铁路转向较便宜的运输方式。第三,它取消了有利于纽约市记者的特权。长期以来,纽约市的报纸销往全国各地,在铁路运输的报纸中占了相当可观的比重。肯德尔对这种做法感到反感,不仅因为它迫使邮政部门与铁路公司签订合同,更因为它威胁到了肯德尔眼中政治文化的分散化,而这,是使联邦永久存在的必要和先决条件。[8]

尽管肯德尔希望他的国会收购计划能够吸引所有政治派别的立法者,但该计划包含着若干精心设计的内容,首先来吸引那些反对增强联邦政府组织能力的立法者。这些立法者警告说,联邦控制可能会破坏奴隶制和非奴隶制州之间微妙的区域平衡,进而使奴隶制处于危险之中。为了应对这种反对意见,肯德尔采取了一个反发展的(antidevelopmental)政治议题,该议题关注的不是电报如何能改变共和国,而是它如何能使过去达成的协议永久化。[9]

肯德尔设想的政府电报,仿照了他1836—1839年担任邮政部长时提出的快马专递计划。两个计划有着相同的逻辑依据:减少投机,减少政府开支,防止媒体集中。

肯德尔在1838年准备的一份国会报告中,阐述了快马专递计划的理由。肯德尔称,最近邮政部在信息流通方面给非政府运营商的授权有所增加,这使得他的快马专递成为现实中的当务之急。"为了国家的利益",肯德尔宣称,立法者必须能以"尽可能快的速度"传递"信息"。肯德尔假定他的授权要求邮政部只以高速传递新闻本身,而非登载这些新闻报道的报纸。[10]

肯德尔对报纸和新闻做的区分,使邮政骑手不必在他们的邮包中携带报纸,从而确保邮局部门的信息传递速度比非政府运营商快。成批量包装的报纸非常重,而肯德尔担心这会让他的快马专递速度变慢。相比之下,新闻通常是简短的,甚至可以被印在纸巾上,以减轻其重量。通过快递向新闻记者传送新闻,邮政部可以检查农业产品的投机行为,让公民了解最新的政治发展情况,同时又不会使邮政运输系统不堪重负。

肯德尔称他的快马专递不仅能阻碍投机活动,而且还能削减邮政部预算。纽约市媒体的新闻收集能力超过了其他任何一个城市,全国各地的订阅者发现,詹姆斯·戈登·贝内特的《纽约先驱报》往往比本地出版的报纸上的新闻更及时。而为了在全国范围内运送贝内特的报纸,邮局部门必须与铁路公司签订合同。一些铁路公司在特定路线上享有事实上的垄断权,邮局部门不得不任其要价。如果铁路公司持联邦特许,那么邮局部门就可以追究其责任,但铁路公司持有的是州特许,不受联邦控制。肯德尔设立快马专递的主要原因正是为解决这个问题。如果邮局部门使报纸发行与新闻流通彼此脱钩,纽约市的报纸就会失去对外地订阅者的吸引力,当其他所有条件相同时,多数人会选择订阅距离较近的报纸。一则新闻被刊登在本地报纸上,与被刊登在纽约市发行的外地报纸上,具有同样的价值。[11]

新闻和报纸的脱钩,将改善数百名小城镇记者的相对位置,这些记者被统称为"乡村新闻界"(the country press)。此后,这些记者无须与数百甚至数千英里之外的报纸竞争。除此之外,它最小化了新闻界成为投机阴谋集团工具的可能性。"一个或几个人,一个或几个公司"可能会"买断主要媒体"并聘请"最有能力的作家",不是为了推进"人权"或"自由事业",而只是要传播一些会危及"人民权利"和"社会公共利益"的"野心和猜测"。[12]

此外,纽约报纸社论的长途传播,有加剧蓄奴州和非蓄奴州之间地区冲突的危险。1835年,这种危险让肯德尔印象颇深。当时,作为邮政部长,他发现自己身陷一场重大的政治危机之中,这场危机是由一群纽约废奴主义者向奴隶主们寄送大量小册子、激起了后者的愤怒所引发的。肯德尔在1838年回顾这一事件时说:"我们的国家与报纸上讨论的许多问题无关。在许多方面,我们是26个独立的国家。每个地方都有各自的利益、立法体系、法理学和警察制度,每个地方都需要一个有良性发展的地方新闻机构来讨论地方话题,代表各自的权利,并维持其在联邦中的地位和重要性。新闻媒体若集中在一个城市,不仅使得投机活动的可能性大大增加,更会削弱各州的'独立权利'。"[13]

阿莫斯·肯德尔在 19 世纪 30 年代担任邮政部长一职。他赢得了电报发明家塞缪尔·F. B. 莫尔斯的钦佩,于 1845 年受聘于莫尔斯,管理其专利权。在这幅笔触温润的 1838 年的"钢笔画像"中,肯德尔手持一份南方报纸暗示着自己的政治信号,同时欣赏着他为超越铁路而建立的快马专递计划,肯德尔后来将其称为莫尔斯电报的原型。"Amos Kendall,"*United States Magazine* 1(March 1838):402.

虽然肯德尔 1838 年的报告主要着重于他的快马专递计划,但他在其中简短地以隐喻提及了莫尔斯电报。在莫尔斯不久前于国会大厦为立法者组织的公开展览上,肯德尔目睹了莫尔斯电报的运作。"如果新闻报道能在一半的时间里由快马专递送到人们那里,或者沿着电线飞过去,为什么他们要为在泥泞的道路上用马车或牛车运送大捆报纸而交税呢?"[14] 早在莫尔斯完成他的演示项目之前,肯德尔就预言了像纽约联合新闻社(New York Associated Press,NYAP)这样的电报新闻代理机构的成立。

肯德尔 1838 年的国会报告与 1845 年的"运营计划"之间的连续性,使人们质疑科技历史学家的共同论点,即电报是"横空出世的",没有回应"明显的社会需要"。[15] 莫尔斯电报的驱动力属新兴事物;但肯德尔拟将电报从一个示范项目扩展成一张覆盖面积广阔的网络的计划却并非新创。肯德尔任邮政部长期间,对邮局系统有了全面的了解,同时也察觉到了"商业团体"对"快邮"这样高速设施的"需求",一位早期的电报推动者宣称,这些都使他在判断"电报系统"在美国如何能"方便人们的社会与商业交往"方面格外有说服力。[16]

邮政先例对电报网络建设的影响普遍而持久。第一批电报快件的外观与邮寄信件的外观非常相似,甚至一开始指代电报的"公文急件"(dispatch)这个词也是从邮政系统中借用而来的。直到 1853 年,"telegram"(电报)这个新词才被创造出来。[17]① 1845 年 4 月 8 日,在华盛顿—巴尔的摩铁路正式开通 7 天时,肯德尔从巴尔的摩往华盛顿发的电报,其格式可以明显看出是对邮件的承袭。肯德尔的电报在邮政部国家档案中被精心保存,它几乎可以被确定是现存最古老的收费电报。虽然肯德尔的讯息是从巴尔的摩电传到华盛顿的,华盛顿的电报接线员在转录时却完全仿照书信格式。电报内容以优雅的笔迹被记录下来,信头的固定孔上有手写的标题:"电报。巴尔的摩,1845 年 4 月____日"——完全是仿照实体邮件的信头而来的。[18]

要策划国会的收购,肯德尔不仅需要争取立法者的支持,还要获得跟莫尔斯不怎么合得来的合伙人史密斯的支持。史密斯在莫尔斯的专利权中占有 1/4 的份额,这使他有权阻止任何他不赞成的国会提案。在这里,肯德尔遇到了几个主要阻碍中的第一个。虽然史密斯公开面上仍同意收购计划,但到 1844 年年初,他已经私下与私营企业结盟,他坚信亲自上阵比起等待国会收购能让他赚更多的钱。为了说服史密斯,肯德尔给他写了许多信解释联邦控制的经济利益。肯德尔提醒史密斯,国会收购不仅简单而且具有确定性的优点。没有人知道莫尔斯的专利权值多少钱,也没有人知道法院会如何裁定莫尔斯专利权的范围。如果国会购买,史密斯就能"即时获得人类能想象到的财富",而不必与种种困难苦战多年,无论想象之中后者的回报是多么丰厚。[19]

国会买断的另一个优势,是最大限度地降低了竞争对手集团可能效仿莫尔斯并利用"政府权力"来展示更加优质电报的风险。如果莫尔斯经营者提出过分的财政要求,冒犯了立法者,那么他们可能会发现自己面临的风险变得更大。不管发生什么事,肯德尔对史密斯说,对外保留国会收购的可能性都是非常重要的,即使仅仅出于"让公众舆论支持我们"的考量。[20]

肯德尔与史密斯的通信反映了第一代电报网络建设者中两位政治上最精明的领导者的心态。对于这两个人来说,经济方面的考虑是最重要的。"你和我有同样的目

---

① 这里指的是英文 telegram 这个词被创造的时间是 1853 年。——译者注

标",在莫尔斯签下肯德尔作为他的业务经理后不久,肯德尔向史密斯吐露心声,"我们都想用最短的时间,在法律许可的范围内,从电报上赚最多的钱"。在肯德尔看来,没有任何东西能妨碍这个最高目标:"像你一样,我对人们没有特殊的感情,不会阻碍我从他们身上赚取利益。"[21]肯德尔本人将收购协定的"期望值"定在100万美元,这在当时那个许多工匠每天赚1美元的时代是一个相当惊人的数目,莫尔斯本人愿意以更低的价格向国会出售他的专利权。肯德尔私下里想,业主们与国会谈判某种合同协议,以保证他们自认为有权得到的报酬,这难道没有道理吗?毕竟,肯德尔认为,"我们挣的钱来自政府还是来自人民,这并不重要"[22]。

一旦国会明确表示无意收购莫尔斯的专利,肯德尔和史密斯的关系就会变得更加复杂。在莫尔斯和史密斯这两位敌对的所有者依然存在分歧的情形下,为了尽量减少莫尔斯专利权归属关系必然引发的冲突,肯德尔分割了市场。史密斯得以控制新英格兰和全国其他地区的市场,史密斯领地和莫尔斯领地之间的确切边界模糊不清,在西北部地区尤此。尽管如此,这项协议一直具有效力,直到史密斯和肯德尔在1859年离开电报业。[23]

安抚了史密斯之后,肯德尔开始筹集建设电报网络所需的资金。电报网络建设非常昂贵,肯德尔和莫尔斯都没有财力独自完成。肯德尔的第一站是纽约市,那儿聚集了一些全国最富有的金融家。在这里,肯德尔又一次遭遇了挫折。他受制于道德感且不知变通,也没有能打动纽约人的善辩巧言。[24]即便肯德尔是个出类拔萃的推销员,他大概也会发现,过去数年中已在新闻记者那里身经百战的纽约人是难以动摇的,而他实际上又是一个拙劣的推销员,因而纽约人要在他的观点中挑刺儿,几乎没有什么困难。纽约市一家以商业精英为目标群体的报纸的编辑收到了一封来信,一位对电报持怀疑态度的人在信中宣称:"当电报的代理商中出现了第一个投机者时,不管法律可能出台何种惩罚,莫尔斯的电线肯定会马上被'愤慨的公众'毁掉。"[25]据说,金融家雅各布·利特尔(Jacob Little)曾宣称,他将为莫尔斯的研究提供资金,但是不会在电报上投入一美元,因为他认为电报不能够得到充分的保护:"这些电线和电线杆没有安全保障。随便什么人都能接触到它们,任谁都能把它们弄坏。"[26]其他潜在的投资者认为肯德尔给出的条件没有吸引力,莫尔斯要求肯德尔在任何涉及专利权的许可协议中都要为自己保留50%的股份。当一些纽约投资者要求5/6的股份时,肯德尔别无选择,只能拒绝他们。一位记者报道说,比起接受如此微薄的利润,投资者更倾向于以较小的规模逐渐累积利润。[27]即使有投资者可以接受肯德尔的条件,还有一个问题。一位记者解释说,"资本家"对莫尔斯发明持谨慎态度的"主要理由",是担心"公司专利"会被证明是一种"不安全"的投资。[28]

由于在纽约市未能招募到投资者,在华盛顿也未能吸引立法者,肯德尔遗憾地得出结论,他唯一剩下的选择,就是自己建立一个电报网络。运作之初,肯德尔给了两家电报公司特许授权:电磁电报公司(Magnetic Telegraph Company)、华盛顿和新奥尔良电报公司(Washington and New Orleans Telegraph Company)。电磁电报公司连接了纽约市和巴尔的摩,而华盛顿和新奥尔良公司连接了它名称中的两座城市。这两家公司与联邦政府运营的华盛顿—巴尔的摩线路相结合,连接了纽约市和新奥尔良,这是美国利润最高的单一电报信息市场。肯德尔在 1846 年的一封公开信中夸耀道:"世界上没有其他机会能用如此小的成本创造如此巨大的财富。"[29]肯德尔最终决定的路线,紧挨着邮政系统用来运送邮件的南方路线。中间点包括弗吉尼亚州的彼得堡(Petersburg)、北卡罗来纳州的罗利(Raleigh)、南卡罗来纳州的哥伦比亚(Columbia)和乔治亚州的奥古斯塔(Augusta)。另一条西线是往西绕到辛辛那提(Cicinnati),然后向南转到路易斯维尔(Louisville)。

肯德尔对纽约市—新奥尔良一线的财政潜力充满信心,这种信心建立在他作为邮政部长所获得的远程信息流动的第一手知识之上。1836 年,肯德尔沿着连接纽约市和新奥尔良的南铁路线和西铁路线各建了一条快马专递线路;1837 年,里德选择其中的南线作为他提议的光通信线路。[30]华盛顿—新奥尔良电报线将是其继承者。快马专递每天传递消息,电报则全天传递。[31]肯德尔估计,一年内,比照邮政数据,该线路将回馈其建设成本的 25%。[32]快马专递跟电报之间的类比关系至少保持了三十年。1873 年,贝内特的长期合作者弗雷德里克·哈德森(Frederic Hudson)在其美国新闻史开拓性著作中指出,1836 年詹姆斯·戈登·贝内特为肯德尔的快马专递准备的轻量级新闻报道(lightweight news reports)可以被称为"当下电报新闻"的前身。[33]

电报比起快马专递,不仅有技术上的优势,也有政治上的优势。除了华盛顿—巴尔的摩线,纽约市—新奥尔良之间的线路将作为私营企业而不是公共机构运营。根据联邦法律,邮政部长肯德尔有义务免费为记者传递数量不限的报纸,国会为便利新闻传播将此规定载入了联邦法律,[34]而作为电报推行者的肯德尔不受这种限制。从此,肯德尔提醒潜在的投资人,在收费方面,只要在用户可以承受的范围内,他将不再受限,并预期他将从记者那里至少获得他总收入的 10%。[35]

肯德尔给予特许的两家公司,都不依赖铁路通行权。在弗吉尼亚州南部,一条南北铁路尚未建成,而在新泽西州,肯德尔发现他不可能从拥有纽约市—费城线路专有权的铁路公司获得通行权。肯德尔不为所动,沿着公共公路修建了纽约市—费城电报线路。[36]铁路领导们不愿接纳电报线路,部分原因是他们认为,免费使用电报线路所获得的好处,并不能补偿修建电报路线会给他们带来的种种麻烦。铁路部门很少有使用电报的需要,而掉落的电线则可能会危及乘客和铁路车辆。[37]此外,铁路领导们由于肯德尔的反铁路论战而对他个人感到厌恶。1836 年,肯德尔曾宣称,他的快马专递作为一种技术补偿,将使得邮政部能够脱离铁路而独立存在。[38]肯德尔辞去邮政部长一职后,反对铁路的行动愈发强烈。在 1843 年的一篇社论中,他甚至提议邮政部放弃铁路这种传输手段。[39]如果肯德尔不是这么一个直言不讳的铁路评论家,那么在试图获得专属的铁路通行权合同时他可能遇到的阻碍会更少些,而事实证明,这些合同对像希拉姆·西布里那样的第二代电报网络建设者至关重要。

肯德尔为磁力电报公司制定的规章制度中的一些原则,很快被美国各地的电报公司采纳。"电报服务建立在先到先得的基础上,向任何愿意支付标准费用的人开放,与用户的性别、财富或地位无关。"[40]乍看之下,电报似乎要按此来运作,但事实与理念是两码事。某些商人长期以来便一直在纽约市与新奥尔良之间的某些路段上经营私人快马专递线路,以便向自己——而不是其他人——提供关于海外市场棉花价格波动的最新信息。又比如,费城经纪人威廉·C.布里奇斯(William C.Bridges)从1840年起就在纽约市和费城之间经营着一家私人光通信,向他和他的支持者(而不是其他人)提供着市场趋势方面的领先信息。

肯德尔对这种投机行为十分反感,并认为大多数商人的态度跟他相同。即使不觉得反感,他也别无选择。自1845年4月以来,邮政部一直在以按服务收费的方式运营华盛顿—巴尔的摩线路。只要"电磁电报办公室"仍然处于联邦控制之下,电报的开放使用权就是任何非政府线路都不能忽视的原则。肯德尔断言,莫尔斯专利权的拥护者会效仿邮政部,让他们所有的线路成为"公众的仆人",而不是"私人的投机工具"。这样,电报就会超越信鸽、火光信号和正以令人震惊的程度发展的私人光通信系统。[41]

肯德尔承认,仅凭规章制度不可能完全排除对电报的投机性滥用。即便如此,他仍以制定了"人人平等"的规则而自豪,即使没有人能真正使他们在智慧或工业、企业等方面与他人平等,从而运用电报为自己谋利。指责电报公司鼓励了投机活动是不公平的。在电报出现之前,商人们已经为了"投机者的独家利益",在纽约市和费城之间经营一条光通信线路达数年之久,也没有人抱怨过。[42]

肯德尔在章程中没有提到磁力电报公司是否将给予新闻界在新闻传递上的特权。肯德尔长期以来一直以记者工作维持生活,他的同伴们认为他至少会把记者在邮政系统中的特权部分地转移到电报上,但肯德尔另有打算。他给了新闻记者低费率优惠,但却没有保留报纸编辑类似接收新闻邮件时享有的交换特权。

史密斯对新闻业采取的姿态更为强硬。令记者们愤慨的是,史密斯拒绝给予记者任何特权。直到史密斯离开了电报业,第二代电报网络建设者才与纽约联合新闻社达成协议,缓和了电报业与媒体在关键的跨大西洋电报线上的关系,该线将新斯科舍州哈利法克斯(Halifax)附近的北大西洋航线与纽约联合新闻社的记者连接了起来。[43]

史密斯的顽固态度激怒了整个新英格兰的记者,他们回应以对他贪婪和无原则的无情嘲笑。为了增强讽刺效果,他们取笑史密斯喜欢夸夸其谈的言辞,给他取了个绰号"迷雾"(Fog),取自他名字的首字母缩写"F.O.J"。反对史密斯的新闻宣传活动有助于解释为什么在人们的记忆里史密斯不仅是莫尔斯的仇敌,也是个拙劣的推销者。

如果说电报是得益于史密斯高超的管理而引起人们的注意,并进一步成为公共必需品的,那就太夸张了。尽管如此,一位消息灵通的内战后编年史家,还是这样来描述史密斯在电报早期发展中的作用。[44]不过,史密斯的确在新英格兰构建运营了一个电报网络,这个网络比莫尔斯自己建立和维护的任何网络的覆盖面积都广得多。

肯德尔在纽约市和新奥尔良之间开通的电报线路和史密斯在新英格兰开通的电报线路,是仅有的由莫尔斯专利权所有者直接控制的线路。网络的其余部分,皆由肯德尔和史密斯在领土的基础上授权的代理人负责建设。莫尔斯的授权持有人仅获得了莫尔斯专利权的独家特许权,其他物品则需在公共市场购买:莫尔斯的专利权持有人几乎没有获得什么技术指导,也没有在任何电报设备制造商那里占有股份。一个早期的电报推广者回忆说,电报线路建设"必不可少的前期工作"是从肯德尔或史密斯那里购买一份区域性许可证。对于一个典型的授权持有人来说,建造一条线路的成本是每英里 300 美元,其中 150 美元要付给承包商,另外 150 美元用于购买莫尔斯专利权。[45]

早期的电报推广囊括了各式人马。在纽约市—奥尔巴尼—布法罗线路承建上,肯德尔选择了约翰·巴特菲尔德(John Butterfield),一位渴望尝试多种新事物、经验丰富的驿站马车承包商。巴特菲尔德的合作伙伴包括亨利·威尔斯(Henry Wells)、克劳福德·利文斯顿(Crawford Livingston)和西奥多·S. 法克斯顿(Theodore S. Faxton)。他们每个人都有与巴特菲尔德类似的尝试新事物的决心。事实上,他们也没什么选择的余地:1845 年《邮政法案》把他们的生意搞得一团糟。该法案取消了对巴特菲尔德的驿站马车业务至关重要的邮政补贴,而威尔斯、利文斯顿和法克斯顿经营着一家私人邮政运输业务,该业务在此法案中被叫停。巴特菲尔德和他的合伙人建立的电报线路——纽约、奥尔巴尼和布法罗电报公司——很快成为美国利润最高的电报线路之一,也是莫尔斯的主要收入来源之一。莫尔斯在公司拥有股票,该公司是少数几个定期派息的公司之一。[46]

在连接北大西洋航线到纽约市金融区的线路上,肯德尔选择了塞缪尔·柯尔特(Samuel Colt)和威廉·罗宾逊(William Robinson)。[47]柯尔特提供技术专长,罗宾逊保证资本支持。虽然这个地区面积很小,但有巨大的经济潜力:没有比来自欧洲市场的报告更值得重视的消息了,而北大西洋航道是获得最新信息的最佳地点。柯尔特和罗宾逊于 1845 年 11 月开张,成为在纽约市运营的首例。直到次年 6 月,纽约市的金融区才通过区域网络与华盛顿、波士顿和布法罗相连。

为了让他们的企业有坚实的法律基础,柯尔特和罗宾逊从纽约州立法机关获得了一份特许状,设计了纽约—奥弗林电报协会(the New York and Offing Telegraph Association)。"奥弗林"(Offing)不是一个地方,而是用望远镜能看到的大西洋地平线上的最远点。尽管柯尔特和罗宾逊的驱动力是新颖的,他们的商业战略却并非如此。

像塞缪尔·C.里德建立的纽约市光通信的操作员一样,柯尔特和罗宾逊雇用了情报员来定位去往纽约市的船只,并且,像贝内特和纽约市主要报纸的所有者一样,他们雇用划艇去从留在海上的船只上获得新闻消息。

柯尔特和罗宾逊依靠年订阅来为他们的电报筹资。每个地方的最新新闻报道"对所有的订阅者都免费开放",商家订阅一年12美元,记者24美元。[48]在公开场合,柯尔特和罗宾逊向商家保证,他们的电报不会让那些投机者用来获取海外的市场走向的最新消息,从而牟利。[49]私下里,他们则承认甚至他们自己也打算用它来投机谋利。罗宾逊向柯尔特吐露说:"尽管我们不允许任何人认为我们将为此目的利用我们的信息,但我仍然相信,当机会来临时,我们必须这样做。"事实证明光通信中的利润并不丰厚,电报也是一样:"客户从来不会给我们足够的支持。"[50]

今天,柯尔特作为小型武器制造商被人们铭记,他制造的小型武器中包括军队用以征服密西西比西部印第安部落的著名"六响枪"。19世纪40年代,他也因为发明了"海底电池"为人们熟知。这是一种电子引爆的水下地雷,海军为其开发预先支付了15,000美元。柯尔特的海底电池旨在摧毁敌方战舰,实质上,它是一个电报鱼雷。若要引爆这种鱼雷,远处的操作员只需将一个鱼雷接入的电路闭合即可。[51]

肯德尔对军火技术不感兴趣,但他重视柯尔特在水下绝缘方面的专长。因为纽约市的金融区位于一个岛屿的南端,该岛与监测北大西洋航线的两个最有利的地点之间被水隔开,这两个地点分别是新泽西州的桑迪胡克(Sandy Hook)和布鲁克林的康尼岛(Coney Island)。

柯尔特和罗宾逊的商业冒险并不出彩,但它的预示意义重大。通过对电报收集传送新闻能力的公开展示,它挑战了两个强大的机构:邮政部门和纽约新闻界。

虽然柯尔特和罗宾逊把新闻记者当作潜在的订阅客户,但他们将电报视为媒体界的替代者而非助力。"很明显,"一份宣传小册子上写道,"电报新闻系统注定要在很大程度上取代在北方城市出版的商业报纸。"假以时日,他们认为,纽约新闻界必会崩溃:"以新奥尔良为例,当那儿的人们可以在8到10分钟内通过电报获得商业新闻的时候,谁还会订纽约出版的报纸,然后等上8到10天来看大西洋蒸汽船送来的同样新闻呢?"[52]

詹姆斯·戈登·贝内特是那些严肃对待柯尔特和罗宾逊的挑战的记者之一。贝内特的《先驱报》(Herald)是全美发行量最大的报纸之一,部分业务来自纽约市之外多年来稳定的读者订阅。贝内特曾利用肯德尔1836年的快马专递向远方订阅者投递轻量级的新闻报道,他无意将市场向这些莫尔斯专利权的持有人拱手相让。威胁是真实存在的:如果柯尔特和罗宾逊成功了,可以预见,至少贝内特的一些非本地订户将会从《先驱报》转向当地出版的报纸。[53]

电报对通信网络的影响在新闻界引发了大量的讨论。一位记者在电报朝商业开放后不久惊叹道,柯尔特和罗宾逊已被授权从事的那种的"令人惊讶"的发明,不仅可能会取代邮政部,而且很可能也会取代投机者在纽约市和纽约奥尔良之间运营的快马专递。[54]《纽约每日论坛报》(*New York Daily Tribune*)的一位投稿人预言道,既然现在新闻已经可以用电报传送,《先驱报》一类的报纸恐怕只能放弃对国内和国际新闻的传统关注,转而专注于本地"事项"或者探讨那些晦涩难懂、关系未来的"哲学"问题。有一件事是肯定的:未来当电报的"闪电之翼"(lightning wings)可以全天候即时传递信息时,报纸在新闻报道上"快速且不可缺少的"载体地位将变得"毫无意义"。[55]

为了重新控制新闻收集业务,贝内特与《太阳报》(*the Sun*)的摩西·Y. 比奇(Moses Y. Beach)一起成立了后来的纽约联合新闻社。[56]即使当时贝内特与他的合作者曾写下过正式协议,现在也没有被留存下来。然而毫无疑问,他们认为联合起来应对电报的挑战是有现实价值的。这一挑战来自两个方向:南方和东方。南方的挑战有些紧迫,美国和墨西哥处于战争状态,纽约媒体联合起来获取前线新闻是有好处的;东方的挑战更无定形。柯尔特和罗宾逊获得了电报这一新通信媒介的领土许可证,如果管理得当,它有可能让他们控制来自北大西洋航线的极其重要新闻的来源。纽约联合新闻社的成立,不仅是为了应对获取新闻报道的技术挑战,以及协调其流程的组织方面的挑战,而且还可以在未来受到竞争对手威胁的时刻重新控制报纸业务。那些新闻经纪人已经凭借州立法机构的授权和来自联邦专利权保障的领土特许经营权,获得了对新通信手段的控制权。[57]

柯尔特和罗宾逊很快就转向了从事其他项目。而记者亨利·奥瑞利(Henry O'Rielly)坚持得更久,肯德尔 1845 年授权他在西部建设电报线路。肯德尔担任罗切斯特邮政局长期间,对奥瑞利在追捕邮件抢劫犯方面的智敏印象深刻,肯德尔认定他在建设电报线路方面也会同样出色。[58]这是一个巨大的错误,因为奥瑞利脾气暴躁,在金钱问题上态度轻率,每次创业都失败了,电报也不例外。

当肯德尔和奥瑞利签订最初的合同时,肯德尔认为奥瑞利会在几个地区之间建立数量有限的线路,但奥瑞利有着更大的野心。性格使然,奥瑞利不想做任何人的代理人。他渴望建立一个从大西洋一直延伸到太平洋、巨大且基本自主的电报网络。到了 1852 年,奥瑞利据称已经建造了 6000 英里的线路,比世界上任何人建的都多。[59]

为了突出他的自主权,奥瑞利称自己的企业为"人民的路线"。"人民的"这个词意在暗示奥瑞利依赖当地的资金扶持。事实上,他几乎所有的资金都是从纽约州罗切斯特的朋友和邻居那里获得的。罗切斯特是纽约市北部一个新兴的商业中心,注定要在电报业的早期历史中扮演重要角色。1847 年年初,奥瑞利向一位同事抱怨说,在过去的 20 个月里,除了他在纽约州北部的"老朋友"之外,别人付给他的钱不超过 9000 美元。[60]

典型的奥瑞利线路建造匆忙,成本是实际所需的数倍,沿乡村公路而不是铁路线路铺建。奥瑞利不是早期电报推广者中唯一一个草率建造电报线路的人,但是因为他建造的数量最多,所以当事情出错时,他总是公众抨击的焦点,所谓"枪打出头鸟"。绝缘不良是一个持续的挑战。奥瑞利从费城到巴尔的摩的电线采用了一层薄薄的焦油绝缘,从费城到兰开斯特的电线则用了蜂蜡和棉布,两条线路都没能撑过第一场雨。[61]

从奥瑞利线路到非奥瑞利线路的消息传输存在着麻烦。互连协议尚未制定,1846年11月之后,肯德尔和史密斯更以奥瑞利的电报设备侵犯了莫尔斯的专利权为由,拒绝与他联网。奥瑞利的助手詹姆斯·D. 里德(James D. Reid)在其匹兹堡办公室担任主管时,曾在一本记事簿中提及过这个问题。里德于1849年12月从匹兹堡寄往新奥尔良74条信息,但只有29条到达了他们预定的目的地。"平衡被毁掉了,有134.02美元被那个小恶棍伸手偷走了!!"对里德来说,教训很简单:"当我们一头控制了纽约,另一头控制了新奥尔良和圣路易斯,联合我们现有的设施,再保证线路安全,我们就不用再害怕竞争,奥瑞利线路将足以与世界对抗。"[62]

奥瑞利的方法吓跑了潜在的投资者,而且让电报落了个高风险投资的坏名声。"我在圣路易斯找不到任何鼓励。"1851年1月,一位可能成为奥瑞利竞争对手的电报推销员抱怨说。奥瑞利彻头彻尾地"欺骗"了城里的商人,使他们对电报投资这件事表现出"全然厌恶",因而使得筹集修建线路所必需的资金"几乎不可能"。[63]

莫尔斯专利的授权许可也时常引发争端,甚至引发涉事诸方法庭相见。肯德尔在1846年为莫尔斯取得了自动电报继电器的专利后,便开始了他法律方面的行动。此后不久,肯德尔从专利局取得了对莫尔斯1840年专利的"再授权",从而扩大了专利范围。[64]继而,肯德尔把目光投向了专利侵权者,即通常所说的"盗版"。肯德尔的主要目标是原本持有莫尔斯专利授权的奥瑞利。1846年11月,肯德尔收回了对奥瑞利的授权,理由是他违反了合同条款,在未获得授权的领土上修建线路。奥瑞利则另有说辞。不幸的是,肯德尔和奥瑞利的合同语言非常模糊,很难确定哪种解释是正确的。

奥瑞利无视合同被取消,继续建造线路,就像什么都没有发生一样。美国地域辽阔,电报授权容易获得,电报设备廉价且易于制造。为了避免卷入专利侵权诉讼,奥瑞利稍微修改了他从莫尔斯公司获得许可的电报设备,并继续建造。专利诉讼很复杂,没有人确切地知道法院是如何界定莫尔斯的专利权的。

肯德尔—奥瑞利之间的龃龉,最终在长期存在的互连问题上有了结果。电报网络的商业潜力,随着线路变得更长和更紧密地互连而增加。由于这个原因,人们认为肯德尔可能会欢迎莫尔斯与奥瑞利的电报网络相连,但是肯德尔拒绝了:奥瑞利在没有被许可的情况下使用莫尔斯设备,违反了联邦专利法,属于专利侵权。[65]奥瑞利转而使用由英国发明家亚历山大·贝恩(Alexander Bain)发明的非电磁化学电报(a non-electromagnetic chemical telegraph)时,肯德尔以莫尔斯的专利包括了所有可能的电子通信形式为由起诉了他。令奥瑞利吃惊的是,肯德尔的要求在法庭上得到了支持。如果贝恩是美国人,奥瑞利可能会赢得官司。然而,不幸的是贝恩为英国人,而美国法官并不愿为非美国的发明家而守持规则。一位记者嘲讽道,贝恩最好不要带自己的孩子去美国,以免莫尔斯宣称那是他的孩子。[66]

肯德尔和奥瑞利都是记者,所以他们的争吵最终不可避免地要诉诸报刊。两人都坚信他们的对手是错误的,而且正如在这种情况下经常发生的那样,他们的争吵以一种堪比"十字军"东征的激烈程度展开了。肯德尔嘲笑奥瑞利经常大言不惭地宣称自己是更好的反垄断者,因为他依赖当地资本来为自己的业务提供资金,而事实上,肯德尔指控,奥瑞利只是纽约罗切斯特"投机军团"的傀儡。"西部人民,"肯德尔冷嘲热讽地说,"看起来似乎是被骗来筹集资金修建电报线路、以当地的名义来供人消遣的,因为筹集者持有所有公司一半或大部分的股份,他们决定着如何选择成员,挑选管事者,控制每一个行动。"[67]

1848年,奥瑞利揭露了莫尔斯和史密斯1838年达成的秘密协议,这给了莫尔斯一记重击。在一封广为流传的公开信中,奥瑞利展示了,不仅莫尔斯在法院尚未授予他电报专利权的时候就对史密斯保证了一份分红——这件事此前鲜为人知——而且这一交易就发生在史密斯发表关于莫尔斯发明的国会报告的几个星期之前。

莫尔斯—史密斯的秘密协议已经足够有冲击力了。更糟糕的是,奥瑞利还将莫尔斯当时的内部方案披露了出来。依据这份方案,为了能够建造一个庞大的电报网络,莫尔斯和他的合作者们需要获得必要的"政府支持"。奥瑞利以他惯用的夸张修辞形容说,这是一项在"任何艺术或科学项目"的历史中都可以被称得上"无与伦比"的阴谋。[68]莫尔斯的专利所有者声称对电气通信的"整个系统"拥有"普遍控制",奥瑞利向波士顿市长和反垄断战友小约西亚·昆西(Josiah Quincy Jr.)抱怨,好像他们可以"真正地专有和垄断一个普遍原则一样!"因此,那个时代"最高尚的企业"被"迷雾"所困——莫尔斯的合伙人弗朗西斯·O. J. 史密斯正是被媒体讽为"迷雾"(Fog)。[69]

以我们这个年代的眼光来看,奥瑞利似乎有些过于夸张了。然而他的推论是正确的。不管莫尔斯和他的追随者如何巧妙地试图解释,即使是同情莫尔斯的历史学家也承认,莫尔斯与史密斯的秘密协议确实存在,这是"有记录以来最明显的利益冲突案件"之一。[70]秘密协议的时间尤为关键,莫尔斯贿赂了一位国会议员,以换取一份有利的政府报告。

奥瑞利与昆西的来往,使人们得以一窥一场后来颇具规模的政治运动的早期萌芽。这两个人差异悬殊:奥瑞利10岁时从爱尔兰移民到纽约市,而昆西的家庭则是这个国家最古老、最杰出的家族中的一个,昆西小时候曾在马萨诸塞州昆西市受到过前总统约翰·亚当斯接见。然而,在反垄断问题上,这两人声气相投。这是一场虽然短暂、但富有影响力的改革运动,旨在取消控制着商业渠道的铁路和电报公司的特权。[71]

反垄断者将铁路和电报的领导人称为"强盗贵族"。最初的"强盗贵族"是臭名昭著的中世纪贵族，他们在莱茵河上铺设铁链，向过往船只强取通行费，以此表达对神圣罗马皇帝的蔑视。"铁路领头人—中世纪贵族"的类比至少可以追溯到19世纪50年代，而"强盗男爵"的比喻在1869年已广为流传。当时，小查尔斯·弗朗西斯·亚当斯（Charles Francis Adams Jr.）在写给经济学家戴维·A. 威尔斯的一封私人信件中就用了这个说法。[72] 大约从1865年开始，昆西在几个公共场合中抨击铁路的高费率和低绩效标准时也都用了这个说法，或者其变体"封建男爵"[73]。而一种相近主张也早就存在，即某些享有特权的人非法获得了支配商业渠道的权力，事实上，早在1848年，它就成了奥瑞利攻击莫尔斯专利权的主要武器之一。

奥瑞利的揭露对莫尔斯的名声几乎没什么影响，但给肯德尔带来了大麻烦。肯德尔无法以科学的名义掩饰其所为，遭受了新闻界的大量攻击。《科学美国人》（*Scientific American*）的编辑们批评道，肯德尔积极游说扩大莫尔斯的两项专利的范围，他还秘密招募了专利审查员伦纳德·盖尔和查尔斯·G. 佩奇代表莫尔斯作证。盖尔和佩奇都与莫尔斯有着长期的私人关系，这一事实只会加剧这种不公平。19世纪30年代，盖尔和莫尔斯在纽约大学做同事时，就向莫尔斯提供了有关电池和电磁学的技术信息，佩奇则帮助莫尔斯获得了1846年的自动电磁继电器专利，因为他在专利局担任审查员。盖尔在专利局任职时出售了他在莫尔斯专利权中的股份，但佩奇在帮助莫尔斯获得1846年专利的几个月中，依然保留着他在莫尔斯电磁电报公司的股份。[74]

1854年1月，当最高法院对莫尔斯诉奥瑞利专利侵权案作出裁决时，肯德尔对奥瑞利的法律诉讼达到了高潮。在多数意见中，最高法院首席法官罗杰·塔尼（Roger Taney）赞同莫尔斯的观点，即奥瑞利侵犯了其专利权，莫尔斯是电磁电报的唯一发明人。但是塔尼拒绝将莫尔斯的专利权扩展到包括所有可能的电磁通信形式。塔尼裁定允许为传播信息的方法申请专利，但也支持了奥瑞利的区分，不允许为该方法所依赖的基本科学原理申请专利。[75]

对肯德尔来说，最高法院的裁决是一场徒然的胜利。虽然它维护了莫尔斯的自尊，但对于某些竞争者来说，判决无疑给他们亮了绿灯。这些竞争者所拥有的技术，不像奥瑞利那样与莫尔斯的相差甚微，因而足以得到法庭认同。肯德尔不得不求助于最高法院，以解决一个源于一份措辞模糊合同的争端。肯德尔本人曾参与该合同的制定，因而这绝不是一个能让他拿得出手的案例。如果肯德尔曾向被授权人提供过技术支持，或者购买过莫尔斯竞争对手的专利权，他可能会表现得更好。然而肯德尔没有，结果，他未能创造性表现出将莫尔斯的专利权转化为持久盈利业务所必需的组织能力。

肯德尔的失败,在一定程度上缘于他太过强调电报系统与邮政系统之间的相似性。电报系统的连接将带来的利益是如此显著,以至于肯德尔很少花时间去思考应该如何实现它。他理所当然地认为,正如《联邦宪法》赋予了邮政系统广泛的特权一样,电报系统也应当根据莫尔斯的专利权而被赋予类似特权。肯德尔解释说:"电报对于我们的国家和专利权人的益处是如此明显,它理当由一个精力充沛、诚实的管理机构来统一管理,正如我们的邮政系统那样。若当真如此,它的实用性和利润都将大幅增加。"[76] 为了达到"统一管理"的理想状态,肯德尔试图寻求倚助于法院。塔尼的裁决,让他的计划落了空。

　　肯德尔的商业战略存在许多问题,其中之一是他对"授权"的狭隘理解。邮局部门的特权在很大程度上是没有争议的,因为人们认为这些特权是使公民获知信息的必要条件。肯德尔为电报公司争取同样特权的合理性则难以证明。肯德尔认为这些公司会迎合独家客户群体,并阻拦对使用率低的线路的投资补贴。肯德尔在1853年提醒一位执照持有者:"为了方便公众,把高收益线路的收入用于维持没什么收益的线路,这不是我们的责任,当然也不是我们的政策。"[77] 由于肯德尔自认享有的特权缺乏一种非金钱理由上的正当性,他在试图为一个互联互通的电报网络建立一套共同的规章制度时,除了仰仗莫尔斯的名声便别无选择,事实证明这一基础远不充分。

　　美国电报联合会(American Telegraph Confederation,ATC)的失败,凸显了肯德尔商业战略的局限性。美国电报联合会是莫尔斯电报执照持有者联合协会,由肯德尔于1853年为促进不同电报公司之间的合作而组建。因为美国电报联合会缺乏通用协议,所以通常不可能为信息从一条线路发送到下一条分配各自的责任,甚至不可能防止因为操作员修补他的点划字母表而使莫尔斯代码的完整性受到威胁。"许多人放弃使用电报,"一位发起人解释说,"不是因为他们的讯息被延迟或丢失,而是因为这些事情发生后他们不能得到令人满意的解释。"[78]

　　如果美国电报联合会能在一个单一的法律框架下把美国当时大部分的电报公司巨头联合在一起,肯德尔或许能够给电报业带来一些联合性。然而,对肯德尔来说不幸的是,美国电报联合会只把那些获得莫尔斯专利权的电报公司联系在了一起,它们在当时只是一小部分。这里存在进退两难的局面。美国电报联合会不像1856年由缝纫机推广者所建立的缝纫机专利组织,也不像此后一年由莫尔斯的竞争对手建立的电报专利组织,二者都使许多不同专利混合在一起供成员使用。莫尔斯对这种所谓的"电报专利池"(telegraph patent pool)方式深恶痛绝,因为他坚信自己是电报的唯一发明人;在他看来,那些可能会被邀请加入专利人协会的专利持有人,侵犯了他的权利。为了继续做莫尔斯的经理人,肯德尔别无选择,只好跟随莫尔斯的固执前行。莫尔斯的固执确保了他作为英雄发明家的不朽,同时也注定了他雇用肯德尔来经营的企业的没落。

美国电报联合会标志着肯德尔最后一次试图遏制电报的商业化在企业家间引发的浪潮。肯德尔、史密斯和其他各种第一代电报推广者已经发现,如果不诉诸法庭,就不可能稳定市场,这是一种耗时且昂贵、最终会自取灭亡的权宜之计。1853 年,资深发起人埃兹拉·康奈尔总结道,电报的早期历史是一场竞争对手发起人之间看似永无休止的"战争史",直到"主要推动者"——包括肯德尔和史密斯——离开战场才停息。[79]这是一个精准的评估,可以作为肯德尔管理莫尔斯专利那些年头的总结。莫尔斯摇摇欲坠的电报网络迅速消亡了。1859 年,肯德尔和史密斯把他们的电报专利卖给了美利坚电报公司(American Telegraph Company)。美利坚电报公司是电报业的后起之秀,与肯德尔的美国电报联合会没有任何关系,在 1854 年最高法院确认莫尔斯为电磁电报发明者时还根本不存在。

肯德尔自称为反垄断者,但他和莫尔斯一样相信联邦控制。西联电报公司的希拉姆·西布里选择了一条不同的道路,因此成为商业分析家所称的第一位推动者,也就是在组织化能力上做出必要投资,从而建立一项持久的制度。最终,是西布里而非肯德尔和史密斯的公司,将在接下来的一百年里控制电报业务。

在肯德尔和史密斯失败的地方,西布里成功了。在莫尔斯未能向国会出售他的专利权之后,西布里设计了一个特别适合国家导向的政治经济的商业战略。这个商业战略遵循了政治结构的逻辑,西布里掌握了在国家导向的政治经济中取得成功的游戏规则。

在州导向的政治经济中,各州立法机关对公司章程管制方面保留了广泛权力,而公司章程,正是筹集资金和获得通行权所必需的。在电报业务的早期发展阶段,州立法机关曾授予其跟收费公路、运河和铁路公司创办人差不多的特权许可。1846 年,柯尔特和罗宾逊从纽约州议会获得了这样一份特许状。[80]特许状的授予引发了对垄断的恐惧,并被迅速中止。纽约《晨报》(Morning Courier)的一个撰稿人解释了原因:一份特别的特许状就是一项特殊的权力,如果纽约州立法机关允许纽约州参议员埃拉斯图斯·科宁在他的铁路上运行电报线路,他的铁路—电报联合公司就可能会成为"创世以来规模最大且影响最坏的垄断"之一。电报线路所有者能够通过它来获得有关海外市场突然变化的消息,以供对其运营具有"控制性影响"的人"独家使用"。[81]

为了限制滥用的可能性,纽约州、俄亥俄州和其他几个州的立法机关拒绝采用特许状发布方式,但对一般注册公司(general incorporation)持赞同态度。通过推广一个在当时还算新颖的观念,即"联邦控制对于协调一个跨州的企业来说是不必要的",一般注册公司将一个长期引人注目的公民理想制度化了:电报公司的特许权不再是只限于少数人的特权,从那以后,人人都有资格获得。此时的电报推广者不再像肯德尔和莫尔斯那样,认定联邦政府最终会为电报建立某种永久性的监管机构,而是相信此后将由市场竞争来对其进行调节。邮政部有为全体公民提供平等使用机会的公共职责;但电报网络提供商可以仅服务于独家客户。为了强调这种观念上的转变,当时的人们开始称电报初创公司为"私营企业",这个短语直到那时还很少被用于描述州特许公司。在"一般注册公司"普及之前,一家企业可以是"个人私有"也可以是"法人公有",但不能兼有这两种属性。在一般注册公司出现后,把一家在空间上分布广泛的大型电报公司称为"私营企业"也渐渐成了习惯。[82]

一般注册公司采用的原则,就是19世纪美国人在引入18世纪法国"自由放任主义"(laissez-faire)时对它的阐释。这意味着,自由放任的政治经济并非不受管制的政治经济,也不是国家行政力量在其间很小或微不足道的政治经济。相反,它指的是这样一种政治经济,在这种政治经济中,发起人不再需要被特别许可才能进入一个行业。从今以后,进入电报业务,同时也暗示着,那些对成功运营电报公司所必需的发明成果,将向所有人开放。[83]

立法者希望一般注册公司能够加速释放大量的创业能量,他们没有失望。州立法机关向所有人开放电报业务之后,许多公司几乎在一夜之间涌现了出来,沿着最可能赚钱的路线建设电报线路。线路重复很常见,竞争鼓励的机会主义降价也很常见。1854年,英国工程师约瑟夫·惠特沃思(Joseph Whitworth)观察到,美国电报推广者所享有的建立新线路的自由,在英国并没有与之对应的自由。惠特沃思惊奇地发现,任何私人利益都不能阻止在任何私人财产上架设电报线路,这使得事先聘请律师、召集证人或召开预期听证会失去了必要。如果一条电报线路损坏了某人的财产,公司支付赔偿金即可结案。[84]

1848年,纽约州立法机构颁布了最具影响力的一般公司注册法(general incorporation law),为两个19世纪最重要的电报公司建立了法律框架:西布里的西联电报公司和彼得·库珀的美利坚电报公司。美国电话电报公司(American Telephone and Telegraph Company)也是根据该法被授予的特许经营权,但那是1885年的事了。1848年《纽约电报法》(The New York Telegraph Act of 1848)有两个主要条款。第一,它创建了一个简单易行的电报公司特许程序;第二,这部法律使新闻工作者在传递有关"一般利益和公共利益"的"信息"时,能够绕过"先到先得"规则。[85] 为了促进总部位于纽约的电报公司跨越州际线的扩展,这部法律经常被修订,以确保纽约长期保持作为最大电信公司总部的地位。[86]

如今人们只能猜测1848年《纽约电报法》究竟是在何种情况下被颁布的,因为颁布之前的辩论记录没有被保存下来。在对新入行者的关切方面,这部法律与1838年《纽约银行法》(the New York Banking Act of 1838)类似。这两部具有里程碑意义的相似法律,都旨在限制立法者向他们的朋友滥施特权。[87] 支持者包括与当时该州最重要的两个政党——民主党和辉格党——有显著联系的个人。民主党的支持者包括反垄断活动家亨利·奥瑞利,辉格党的支持者包括两位有影响力的记者:《奥尔巴尼晚报》(Albany Evening Journal)的瑟洛·威德(Thurlow Weed)和《纽约快报》的詹姆斯·布鲁克斯。[88]

在布鲁克斯看来，某种政府干预的必要性是不言而喻的。电报公司注定要成为唯一的"通信媒介"，提供有关棉花、小麦和粮食的价格信息，为电报拥有者提供一种"出于人的本性，必会被滥用"的"惊人力量"。[89] 为了将这种危险降到最低，布鲁克斯敦促国会买下莫尔斯的特权。国会拒绝之后，布鲁克斯转向法院，希望他们能将电报归为受普通法约束的公共载具(common carriers)。如果电报公司不受普通法下公共载具的"有益约束"(salutary restraints)，它们很快就会拥有一种权力，从而能够控制"我们所想、所说、所沟通的一切"。[90]

布鲁克斯在国会和法院都失败了，于是他转向了州立法机关。在这里，他最终获得了成功。为了推进这一进程，布鲁克斯设法在立法机关谋得了一个席位。然而，令他懊恼的是，他未能说服他的议员们将电报公司置于公共载具的普通法的管辖之下，他甚至无法说服他们就规范电报费率的便利性展开调查，[91] 不过布鲁克斯也没有空手而归。1848年《纽约电报法》通过简化电报许可程序，限制了莫尔斯公司授权人享有的特权。此外，它还授予了包括布鲁克斯本人在内的新闻工作者们在传送新闻报道时的优先权。[92]

希拉姆·西布里是那种19世纪美国人所说的"白手起家"的人。西布里出生于马萨诸塞州，父母收入微薄，年轻时搬到了纽约罗切斯特南部的一个小村庄，那里是伊利运河上一个蓬勃发展的小麦加工中心。凭借辛勤工作、好运以及他在罗切斯特的社交关系，西布里成了一名成功的纺织制造商。1847年与电报发明家罗亚尔·豪斯(Royal E. House)偶然相遇后，西布里将注意力从纺织转移到了电报上。豪斯使得西布里相信，他发明的印刷电报并没有侵犯莫尔斯的专利权。在罗切斯特律师亨利·R. 塞尔登(Henry R. Selden)和塞缪尔·L. 塞尔登(Samuel L. Selden)的帮助下，西布里说服最高法院法官列维·伍德伯里维护了豪斯的专利权。[93]

西布里在法律上的胜利，对邮政部长肯德尔以联邦为导向的商业战略又是一个打击。肯德尔和史密斯无法就豪斯的发明的优点提出质疑，于是他们散布谣言说豪斯事实上是出生在英国的佛蒙特州人。当时的美国反英仇外情绪高涨，这使得法庭对另一位英国电报发明家亚历山大·贝恩产生了偏见，做出了对其不利的判决。但这给豪斯的打击并不严重。豪斯发表了尖锐的回应，指责肯德尔和史密斯企图垄断电报业务，并强调他也是土生土长的美国人。伍德伯里对豪斯公司的支持创造了一个市场机会，西布里很快就利用了这个机会。[94]

从理论上讲，豪斯电报远远超越莫尔斯电报。莫尔斯电报传送的信号必须由熟练的操作员来编码和解码，豪斯电报则可以直接打印字母表上的字母。但在实际操作中，豪斯电报比莫尔斯电报更慢、更复杂，只要电报公司拿到莫尔斯专利权的许可，豪斯的技术就会被迅速抛弃。

西布里认为电报最有前景的市场在西部地区。如果能在布法罗和圣路易斯之间建立一条东西向线路,他就可以与东部更成熟线路拥有者谈判有利的合同。对西布里来说不幸的是,许多其他的网络建设者也有同样的想法。在历经了一次将他推到路易斯维尔以西地区的短暂建筑狂潮之后,西布里得出了结论,他必须要有一个全面且连贯的商业战略。像之前的肯德尔一样,他发现了电报网络建设的一个基本原则:"无方法的热情"是得不到回报的。[95]

从电报线建设中抽身之后,西布里转向了电报线的合并。西布里认为,一个电报网的覆盖面积愈广,内部线路联系愈紧密,其价值也就愈高。如果他将几家以前的竞争对手公司合并成一家联合公司,即使某个单独的公司原本处于亏损状态,联合公司也可能会盈利。联合的另一个好处,是降低了消息从一条独立线路传输到另一条时被延迟、篡改或丢失的可能性。

为了筹措必要的资金,西布里求助于帮助他从贫穷走向了富裕的人们。借助虚张声势、个人魅力和对电报商业潜力的无限信心,西布里说服了包括塞尔登一家在内的 20 个杰出的罗切斯特人。他们每人平均投资 5000 美元,总计有 10 万美元。这对于罗切斯特这样规模的城市来说,不啻一场重大赌博。西布里筹得的 10 万美元,为他提供了建立一家企业所需的全部资金。这个企业很快就成了全美国最大的公司之一。[96]

许多罗切斯特人以投资者和发起人的身份参与电报业务,这提高了西布里的吸引力。奥瑞利、安森·斯塔格(Anson Stager)和詹姆斯·D.里德都从城市里发来了致意。斯塔格和里德都是早先奥瑞利线路的电报员,斯塔格在宾夕法尼亚州的兰开斯特(Lancaster),里德在匹兹堡。在奥瑞利和肯德尔分道扬镳后不久,斯塔格就离开了电报公司,在负责绘制海岸线的联邦政府机构美国海岸调查局(U.S.Coast Survey)找了一份更稳妥的工作。1852 年,他回到电报公司为西布里工作,并一直在西联电报公司工作到 1881 年。里德曾在多家电报公司工作,先是做报务员,然后是记者。1879 年,他出版了一本厚达 846 页、内容详尽的美国电报业的历史书,其中对他的罗切斯特同胞给予了应有的关注,包括奥瑞利,里德曾在罗切斯特邮局为他工作过。

一个听来有些实际根据的故事说到,西布里在一次会议上筹集了 10 万美元。他召集了一众罗切斯特人,要求他们直截了当地签署一份合同,承诺购买一定数量的股票。一个反对者质问道,为什么把那些个体经营失败的线路连接起来就能成功呢?西布里没有直接回答这个问题,而是要求他的朋友和邻居通过购买电报股票来展示他们对他的信心。[97]

西布里了解他的听众,他的策略奏效了。1/4 个世纪以来,罗切斯特一直处于一种福音派热情的中心,这种热情今天被称为"第二次大觉醒"(Second Great Awakening)。在无数的场合,复兴主义者要求城市的商业领袖对他们的决定承担个人责任。西布里的魅力符合这个古老的传统。就像签署戒律誓言或精神重生誓词一样,购买电报股票也成了一种表达信仰的方式。

在现金充裕的情形下,西布里因快速收购电报线路而得了个"线路吞噬者"的绰号。[98]当西布里建造布法罗—路易斯维尔(Buffalo-Louisville)线路时,美国大约有20到30家电报公司。[99]没有几家公司盈利,有几家竞争激烈,许多公司都很便宜。在一个案例中,西布里甚至以2美分的价格就买下了一条最初价值24万美元的线路。[100]西布里最成功的收购之一,是他在1855年接管了莫尔斯专利持有人埃兹拉·康奈尔建造的密歇根电报网。通过这次收购,西布里在中西部上游地区又获得了数百英里的线路,以及在康奈尔控制的领土上莫尔斯专利使用权。里德认为这些专利权被证明比康奈尔所有的电报线更有价值。[101]西布里对康奈尔的收购加速了公司的更名。在康奈尔的建议下,西布里决定把他的公司叫作"西联电报公司",尽管是康奈尔提出了这个名字,但商业战略是西布里的。

为了巩固他的电报网络,西布里想出了一个法律方面巧妙的权宜之计:独家通行权合同。如果西联电报公司要在一个容易进入、固定成本低的产业中蓬勃发展,西布里就必须找到某种方式来细分市场。独家通行权合同为西联电报公司在最繁忙的运输路线上提供了竞争优势,并为其提供了必要的连接可靠、确保一致的性能标准。里德在回顾这些合同的历史时说,这些合同的"最高价值"在于它们为新入行者提供了保护。[102]安森·斯塔格在解释其理由时指出,即使发起人对"建设计划"尚"没有明确想法",但此举带来的"重要启发",就是"保障通行权"和"排斥其他方"。[103]

一份典型的通行权合同,保证了电报公司沿铁路通行权经营其线路的专有权,并允许铁路公司为其日常业务免费使用该线路。这体现了它的一个前提,即假定电报和铁路之间是互惠关系,远比阿莫斯·肯德尔所达到或想要的任何东西都要密切。西布里是如何想出这个主意的并不明晰,他可能模仿的模式中包括了包车公司与铁路公司之间的独家长期合同。

通行权合同是一种特别的解决方案,它解决了在一个以州为导向的政治经济中如何运营一个跨州企业的问题,这种经济体制崇尚平等而憎恶特权。他们给予网络提供商的保护与他们拥有的专利权互相独立,专利权保护网络中的节点,而通行权合同保护连接。专利权是联邦垄断授权,这使得它们在这个憎恶特权的政治经济中很容易受到竞争对手的法律挑战;通行权合同是参与方之间的私人协议,这使得他们在这个崇尚平等的政治经济体中变得神圣不可侵犯。尽管从普通法角度看,这些合同也可以被合理地描述为对贸易的限制,因而是一种不合法的商业行为。从1847年起,莫尔斯的专利权不断受到挑战,但直到1879年,西联电报公司的通行权合同才第一次真正被质疑。

铁路电报线路一定程度上缓解了在偏远的收费公路和乡村公路上架线对网络建设者的困扰。落叶是一个持续的挑战,因为它经常损坏电线。即使在不为落叶所困的那些乡村地区,沿铁路建设线路也降低了维护成本;工作人员可以借助铁路手推车去维修那些被风暴或者人为破坏的电报线,这远比乘马车方便。[104]

　　如果铁路公司建立了自己的电报线路,他们本来可以更轻易地与电报公司达成更有利的合同,甚至可以用自建的电报网取而代之。西布里本人在1860年就得出了这个结论,[105]但很少有铁路公司这样做,等到电报公司填补了这一空白,他们也就失去了机会。即使到了1879年,也仅有不到六条铁路线拥有自己的电报线路。[106]电报的推广人之一杰普塔·H. 韦德(Jeptha H. Wade)回忆道,电报所表现出的卓越性能,以及后来其在火车调度中发挥的不可或缺的作用,使铁路领导者当时对电报重要性理解上的迟缓以及他们对采用电报的不情愿显得尤为荒谬。说服密歇根中部铁路会长(Michigan Central president)布鲁克斯沿着铁路线架起一条电报线非常费力。布鲁克斯说,比起韦德所能建造的所有电报线路,他宁愿用一辆单手车来修理他的轨道,如果韦德建造的电报线跟机车车辆缠在一起,就可能会危及他的工作人员。韦德坚持,布鲁克斯不情愿地让步了,最终这条电报线建成了。[107]

　　铁路通行权合同为西联电报公司运营州主导的电报业务方面提供了很大帮助。然而,这些合同并没有阻止竞争对手在全国其他地区以低价与其竞争。对此的解决方案,是与竞争对手之间协商市场细分,达成类似卡特尔(cartel)般的价格控制集团。

　　西布里在1857年谈下了他的第一份市场共享协议。为了使网络供应商之间的关系正式化,西布里说服全国最大的六家电报公司签署了一份被比作《六国条约》(the Treaty of Six Nations)的协定,并加入了一个名为北美电报协会(the North American Telegraph Association,NATA)的贸易集团。[108]原本的《六国条约》是1794年联邦政府与纽约州北部六个强大的印第安部落签署的,划定了每个部落的领土。西布里的财团是全国六家最大和最成功的电报公司之间的禁止同业竞争协议。令肯德尔懊恼的是,它没有赋予莫尔斯电报专利任何特殊的地位。西布里的协议"时限长达三十年",肯德尔恼怒地说:"这文件本身会造成没有人会知道像塞缪尔·莫尔斯这样的人曾经存在过。"[109]

　　北美电报协会通过两种方式来细分市场,其一是授权互联协定;其二是为所有签署人提供由大卫·休斯(David Hughes)发明的改进版印刷电报的专利权。北美电报协会宣称,其主要目标在于结束电报公司之间的竞争。事实证明,这些竞争对公司利益的打击是毁灭性的,并使得在整个电报业内的巨额投资毫无回报。那些互相竞争的线路往往都没有很高的利润率,"经验表明,这些毁灭性的竞争不能为公众带来利益"。[110]

　　与肯德尔的美利坚电报公司不同,北美电报协会是一个真正的专利池,而不仅仅是莫尔斯专利许可持有人联盟。不久它就获得了休斯的专利权,很快还囊括了莫尔斯、豪斯和贝恩的专利权。一位后来的编年史家回忆道,这样一来,它就成了业界的"最高法院",裁决之后就不再有上诉了。[111]曾在1848年《纽约电报法》中竭力使健全竞争法则在电报业制度化的奥瑞利,于1860年哀叹道,统治美国电报业的六家公司,已经成功地将自己与这种竞争法隔离了开来。他用类比的方式诘问,如果"邮局系统"被划分为六个公司,并以类似方式运作,公共利益还能得到保障吗?对奥瑞利来说,答案很简单:"便宜的邮费和便宜的电报,对自由人来说同样重要。前者由法律保障;后者却被垄断控制,无视法律,仅受利益驱使。"[112]

西布里的商业战略适应了1848年《纽约电报法》所倡导的州导向的政治经济体制。然而,它对于联邦政府仍具影响力的领域亦有注意。其中包括大型合资企业的建设,如大不列颠和美国之间的大西洋电缆、纽约市和旧金山之间的太平洋电报等。联邦立法者认为这些项目非常重要,他们愿意通过联邦立法来加速它们的完成。

大西洋电缆是赛勒斯·菲尔德的一个特殊项目,他是一位富有的纸张制造商,致力于寻找利润丰厚的投资机会。为了资助这项投资,菲尔德筹集了150万美元,主要来自纽约市富有的朋友圈子,他还另外从英国投资者那里筹措了一些资金。1858年,菲尔德的大西洋电缆只工作了很短一段时间,几乎立刻就断了。直到1866年,英国财团才在英国和美国之间建立起永久的电报联系。

大西洋电缆得到了政府的各种支持,其中最重要的是后勤。筹集铺设横跨大西洋的电缆所需的资金是一回事,弄清楚电缆应该铺设在哪里是另一回事。后者由海军天文台的负责人马修·莫里(Matthew Maury)解决。在一次海军赞助的北大西洋测绘探险中,莫里在纽芬兰和爱尔兰之间找到了一个平坦的海床,并将其标记为"电报高原"。莫里说,这个海床好像就是为了保护海底电缆而出现在那里的。[113]

大约在莫里作出报告的同一时间,菲尔德开始为他的大西洋电缆筹集资金。这份报告不仅鼓舞了菲尔德,也鼓舞了在菲尔德失败后最终获得成功的英国财团。当然,莫里的研究资金不是来自私人投资者,而是来自联邦政府。若非如此,大西洋电缆可能还需要更多时间才能建成。

联邦政府不仅支持了大西洋电缆的铺设,也加速了第一条东西横跨北美大陆电报线的完成。太平洋电报线路是电报推广人亨利·奥瑞利长期以来的梦想,但最终它不是由奥瑞利,而是由西布里建造的。西布里于1860年获得了联邦政府支持建造太平洋电报线路的拨款,并于1861年10月完成了这项工作。这一线路的建成,使西联公司在实力和威望上有了巨大提升,詹姆斯·D. 里德表示,它使西联公司上升到了一个令人艳羡的地位,成为世界上所有私营企业中最庞大和最全面的一个。[114]

1849年,在墨西哥把加利福尼亚州割让给美国后不久,奥瑞利第一次宣传了太平洋电报的构想。此时已有一个基本的电报网络将密西西比河以东的大部分商业中心连接了起来,但将这个网络向西延伸到太平洋仍然是个梦想。相对而言,在大平原和加利福尼亚之间的广阔领土上定居下来的先驱者很少,而且大部分领土仍由敌对的印第安部落控制。奥瑞利毫不气馁,在 1849 年一次圣路易斯商业会议上说服与会者支持该电报线的建设。[115]

在今天的大众想象中,太平洋电报线和横贯大陆的铁路密不可分。奥瑞利那个年代的人则另有看法。例如,与奥瑞利于圣路易斯商业会议上融资同一年,阿萨·怀特尼(Asa Whitney)发表了一篇长达 112 页的纪要,介绍了一条完全忽视电报的横贯大陆的铁路的构想。[116]

为了赢得公众对太平洋电报的支持,奥瑞利与伊利诺伊州参议员斯蒂芬·A. 道格拉斯进行了合作。道格拉斯是合乎逻辑的盟友,因为此前他参与过一条横贯大陆的铁路的修建。按照他的反垄断信念,奥瑞利并没有寻求联邦补贴来建造他的电报线路。他只要求在横贯密西西比西部时军方能够保护他的承包商,因为那里仍然容易受到印度安部落的攻击。尽管肯德尔的诉讼在经济上给了奥瑞利致命一击,但奥瑞利仍有许多身处高位的朋友。他们同情他,认为他是一个勇敢的创新者,遭受了法律的不公对待。西布里从一位线人那里了解到,奥瑞利可能不是一个金融家,但他与数十位杰出的政治家、记者和政界人士保持着良好的个人关系,他们都非常乐意为他帮忙。[117]然而最终,国会拒绝了奥瑞利建造太平洋电报线路的提议,理由是奥瑞利既不能筹集必要的资金,也不能取得必要的专利权以避免法律上的纠纷。[118]

受到太平洋线路完工的鼓舞,西布里把注意力转向了规模更大的项目。他希望能建造一条连接美国和欧洲的电报线。选择建造方案时,西布里拒绝了菲尔德直接穿过北大西洋的线路提案。他认同电报专家的想法,觉得难以跨越如此辽阔的水域。[119]作为一种替代,西布里打算穿过阿拉斯加、白令海峡和西布里亚,从反方向到达欧洲。西布里在 1861 年对菲尔德讲解了这条跨西布里亚路线,声称它是永久连接美国和欧洲的"唯一可行且可靠"的方案,并注定将成为世界上最具"投资回报"(paying investment)的路线之一。西布里吹嘘道,当这条线路完成后,在"电报传播"这一"人类事业"领域中,将不会再有"其他更伟大的线路"来"实现这幅蓝图了"。[120]

对西布里来说不幸的是,电报专家的观点是错误的。1866 年,当一个英国财团成功铺设了一条穿越大西洋的电报线时,西布里的西布里亚电报线尚未完工。相较而言,这条穿越大西洋的电报线运营成本更低,也更有利可图。西布里在西布里亚的工作人员在此之后仍辛勤工作了数月,但失败已成定局。西布里最大胆的赌博失败了。

股东们在贯西布里亚电报线上投资了数百万美元,却没有得到一分钱回报。为了缓解这一压力,西布里安排股东们将所持股票换成西联公司的债券。西布里金融戏法的伦理问题,困扰着西联公司的股东们,并加速了西布里在 1866 年被撤掉西联公司总裁的进程。西布里的所为使他的继任者威廉·奥顿非常愤怒。奥顿愤然表示,西布里将500万美元的损失转嫁到西联公司上的做法无异于一场欺诈,一场可以与臭名昭著的"南海泡沫"(the South Sea bubble)相齐名的欺诈。如果没有内战期间的暴利,西联公司必然会被击垮。[121]

贯穿西布里亚电报线留下的最持久遗产,是联邦政府吞并了阿拉斯加。当时的阿拉斯加是一个偏僻而人烟稀少的荒野,几乎完全不为人所知。促使联邦政府作出兼并阿拉斯加的重要原因之一,是一份当地自然资源的详细目录,它是由史密森学会的一组科学家和西联公司的施工人员一起编制的。史密森学会的报告帮助国务卿威廉·西沃德(William H. Seward)说服了持怀疑态度的立法者,使他们相信如果联邦政府能获得这块被嘲为荒地的区域,将会获益良多。"西联公司跨白令海峡建设到欧洲的电报线的计划失败了,"一位参加这次探险的科学家总结道,"但其最大的结果是吞并了阿拉斯加。"[122] 这一次,就像大西洋电报一样,一个联邦政府机构提供了影响整个事件进程的信息。

战争往往是创新的催化剂,内战也不例外。战争部长埃德温·M. 斯坦顿(Edwin M. Stanton)曾在战前担任宾夕法尼亚州一家电报公司的董事,他了解电报在协调大陆范围下大规模复杂军事行动方面的价值。[123] 为了运作军事电报,斯坦顿利用了西联电报公司的安森·斯塔格。在战争之前,斯塔格曾诱导铁路领导人允许电报公司依照路权合同架设电报线,现在他的工作是把电报卖给军方。斯塔格在一份惯常的充满赞扬之声的官方报告中称:"在军事电报这个简单却强大的辅助下,命令一旦下达,军队就得以调动,战斗进行有序,胜利唾手可得。"[124]

斯塔格控制下的15,000英里的电报线和军方发送的600万份电报,对维持补给调动、部队定位和立法者的信息更新起到了很大作用。[125] 1882年,一位前军事电报员滔滔不绝地赞扬道,"莫尔斯的天才发明"为尤利西斯将军的快速军事行动奠定了基础。[126] 他这是夸大其词:军事铁路在协调部队和物资流动方面的作用比起电报来更为显著。然而,尽管鲜有人提及,军事电报在北方联盟的胜利中扮演了重要角色。北方联盟运营着15,000英里的军用电报线路;南方联盟只有1000英里。考虑到南方所控制领土的巨大规模,这是一个非常显著的差异。[127]

电报对北方联盟胜利的贡献绝不局限于后勤工作。通过为独立报纸和《纽约时报》提供大量新闻,它也有助于塑造所期待的北方舆论。虚假和误导性的新闻报道是一个持续的挑战。有一次,林肯短暂中止了一份纽约市报纸的出版,该报编辑发表了一篇煽动性新闻报道,结果是一场恶作剧。为了监控新闻报道,林肯政府成立了一个审查局,由美利坚电报公司总裁爱德华·S. 桑福德(Edward S. Sanford)领导。桑福德的新闻局不仅与电报公司密切合作,还与当时美国最重要的新闻分发商(news broker)《纽约时报》密切合作。[128]

桑福德的任命巩固了美利坚电报公司在南北大西洋海运市场中占据的主导地位,

该市场连接北大西洋航线与纽约市和华盛顿,十分关键。桑福德的美利坚电报公司与《纽约时报》的协议,巩固了《纽约时报》对新闻经纪业务的控制。这一行动使得桑福德能够相对容易地监控新闻报道,而不必实施严厉的审查制度。如果新闻经纪业务的控制不那么严格的话,严厉的审查制度恐怕不可避免。

西联电报公司战时所获的利润,使西布里能够兑现 1854 年对罗切斯特投资者的承诺。当全国其他地区都被前线的新闻报道吸引时,罗切斯特却被这个电报狂人所吸引。在战争中有三次——1862 年一次、1863 年两次——西布里通过发行西联股份的额外股份,向西联股东支付了巨额红利。由于每一股股票都支付了年度股息,这些回报为其所有者创造了一笔金融财富。1863 年 12 月,西联电报公司宣布发放第一笔红利,紧接着,西联电报公司的股价飙升至每股 225 美元,比 100 美元的票面价值高出了 125 美元。电报股份被牢牢地控制在罗切斯特人手里。同时,随着股价的飙升,西布里那些罗切斯特的朋友和邻居们纷纷出售了钢琴和家具,并以房地产抵押贷款购买了股票。[129]

西布里的继任者们对他战时的财政策略既厌恶又鄙视。西布里发放红利是一个"巨大的错误",他的竞争对手诺文·格林在 1865 年评论道,因为它将西联公司的资本总额从其本应与之保持挂钩的资产价值中剥离了出来,这就迫使西联公司支付的股息远远超过其更谨慎运营的竞争对手。[130] 不过到了 1881 年,其时作为西联电报公司总裁的格林本人,也默许了金融家杰伊·古尔德策划的一个更大胆的股东红利计划,他或许应当重新考虑一下以前的那番评价。1885 年,西布里 78 岁,他在接受纽约市一家报纸的采访时,尽力证明了公司战时的财务状况(financial record)。西布里坚持认为,战时红利并没有切断西联电报公司的资产和资本之间的联系,相反,它只是将西联公司的资本向上调整,以更好地反映其所依据资产的实际价值。[131]

西布里的策略是否有误并非重点。自 19 世纪 40 年代以来,提倡者一直将电报称为那个时代最伟大的发明。在西布里之前,很少有人知道如何从中得到回报。绝大多数电报线路都是由一个小集团的内部人士以"投机精神"建立的,一位电报推广人在 1859 年回忆道。[132] 甚至那些准备"放长线钓大鱼"的推广人,也常常因毁灭性的竞争而失败。内战结束后不久,一位来自罗切斯特的西联电报公司投资人回忆道:"我见过一些坚强的人,他们将全副身家都投进来,最终却在多年的艰苦挣扎后绝望放弃。一个接一个的公司破产了,直到最后,整个电报业看起来都是个笑话。"[133]

西布里说服了他的朋友和邻居,他们信任他,将钱投资给他,而西布里没有让他们失望。一位早期的编年史家解释说,如果一位投资者在 1854 年以 10 万美元的价格购入 100 股西联股份,并持有到 1881 年,那么他能从这笔投资中净赚 963,400 美元。[134] 一位早期的编年史家解释道,与许多电报推广人不同,西布里创立了"能够正常运转的公司"。[135] 在以州为导向竞争性的政治经济体制下,借助与全国几个最大最强的铁路公司合作,通过签订的独家路权合同规避体制的反垄断规则,西联电报公司在竞争激烈的状态下保持着蓬勃发展。借助现实主义、大胆和幸运的结合,西布里战胜了困难。

电报的商业化催生了大量的杂志文章、布道和社论。为了符合州导向政治经济的反垄断逻辑,这些赞扬称颂的是通信渠道,而不是那些建造了电报用户赖以生存设施的私营公司。电报是行动者(agent),而不是"创始人、发起人和知名人士",这些人的成就被詹姆斯·D.里德详细记述在了他的《美国电报》(Telegraph in America)一书中。

对电报的广泛赞颂,可以追溯到弗朗西斯·史密斯1838年的国会报告。在第一条华盛顿—巴尔的摩线路建成后的几天内,赞扬之声激增。詹姆斯·戈登·贝内特的《纽约先驱报》在得知莫尔斯的演示项目取得成功后不久,便以"我们正处于一场革命中"作为头条,大声疾呼道:"我们确实正处在一个人类在这片大陆进步史上伟大时代的黎明期,这甚至可能比人类本身所梦想的还要大。"[136]"莫尔斯的发明使大陆的两端可以在一小时之内互通消息,即便是最狂野的想象力,也难以描摹今后五十年内人类能取得的进步。"[137]

在接下来的四十年里,类似的颂词不断回响。1873年,《哈珀新月刊》(Harper's New Monthly Magazine)的一位记者认为,通过展示"大自然中隐藏着的巨大力量"——电力所具有的商业潜力,电报标志着新纪元的开始。[138]据里德多年后在《美国电报》中的记载,电报"使命"的"宏伟""壮丽"和它能为人类带来的"便捷",使记者们称之为"思想的高速公路"(highway of thought)。[139]1881年的一位记者宣称,电报的便利之处实在惊人,在所有的现代发明中独一无二,即使是17世纪的博学家弗朗西斯·培根也无法想象,世上竟能有如此发明。[140]

撇开电报其他的特点不谈,作为外国海军攻击的早期预警系统,它在大西洋沿岸的城市居民中备受关注。有时人们会认为,19世纪的美国对欧洲大国没有什么恐惧,但事实上,当时的纽约人和费城人仍然为他们在海军轰炸中的脆弱性而倍感忧虑。詹姆斯·布鲁克斯预测,如果一支外国军队威胁到纽约市,自由州"所有武装起来的人们"将以"闪电之速"赶来防卫:"现在有一百万武装人员在招呼可及的范围之内","一旦我们按下电键,转眼之间他们就会赶来救助"。[141]费城的一名记者写道,"现在,没有一支外国军队能在美国站稳脚跟,因为主要的沿海城市已经由一个可以调动300万军力、'一触即发'的通信网络连接在了一起"[142]。

在一个以福音派虔诚著称的时代,任何能使个人跨越远距离高速传播思想的媒介都会引发对神学的反思。上帝能够使空间和时间湮灭无踪,现在凡人也可以了。赛勒斯·菲尔德的邻居乔治·坦普尔顿·斯特朗(George Templeton Streng)得知菲尔德建设了横跨大西洋的电报线时,嘲笑说,"报纸在夸夸其谈上相互竞争"。有人将菲尔德的电报比作《启示录》中的天使,而"温和派"则仅称之为"人类历史上最伟大的成就"。总之,斯特朗已经受够了:"即使以人类惯有的自大而言,此时他们发出的如此之多、喧闹且傲慢的叫嚣,也是前所未有的。"[143]

"湮灭"(annihilation)这一隐喻本身也引发了批判性的反思。很少有人觉得"湮灭"这个词令人不安,尽管它有一个明显的不祥之兆。至少曾有一位记者想知道这个比喻是否准确地描述了电报对日常生活的影响。1873年,这位记者得出了结论:人们普遍认为电报已经消灭了时间和空间。但在更深的意义上,它实际上把两者都放大了:"因为电报扩展了我们过去对时间和空间两个概念的不充分认知,赋予了时间一种全新的、此前人类历史上从未出现过的意义。"[144]这位记者的说法有一定的道理。通过从时间和空间两个层面加快信息的流通,无论是促进全国性舆论的形成、推动全球市场重新配置,还是辅助对陆地、海洋、大气和天空的地图绘制,电报都被证明大有佐益。而所有这些任务都没有消亡时间和空间。相反,通过改变认知框架和调整感知范围,它们将时间和空间的概念放大了。

电报的高成本引发了有关可及性的问题。1856年,一位邮政改革者说,电报的价格如此之高,其用户必然局限于"较富裕的阶层"。相比之下,"便宜、统一、稳定"的邮件,仍然注重对社会中下层阶级和机构的服务。[145]电报的隐私性,是另一个令人担忧的困扰。尽管道德家暗示电报通信是透明的,但事实上,每一封电报都带有明显的中间人印记。1856年,特立独行的发明家约翰·W. 波斯特(John W. Post)观察道,电报不像邮件,无法将一个朋友的"私人感情和情感"传达给另一个朋友。这不仅是因为电报中没有发送者的笔迹,更是因为电报内容已经被透露给了协调传送的报务员。一个更好的选择是"大气电报机"——一个蒸汽驱动的气动泵,如果配置得当,就有能力推动"邮件球"以每小时1000英里的速度传递信件。波斯特的奇思妙想未能打动立法者。然而,它凸显了电报的两个最基本的限制:电报无法体现个性,且隐私性较差。[146]

电报批评家们对其推崇者们提出的最值得考究的问题,是技术进步和道德进步之间的内在平衡。自然主义者亨利·大卫·梭罗(Henry David Thoreau)在1854年曾就此评论道:与大多数先进技术一样,电报只不过是"漂亮的玩具",它分散了人们对"严肃事物"的注意力,在这个"已有很大提升的工具"面前,人们的价值提升却止步不前了。美国人正急不可待地建设缅因州到得克萨斯州的电报线,但如果缅因州和得克萨斯州之间根本没有什么重要的东西需要交流呢?[147]伊利诺伊州立法者亚伯拉罕·林肯对于建立远程电报网络也有类似的担忧。林肯在1859年发表的一次公开演讲中称,就像横贯大陆的铁路一样,太平洋电报是"年轻的美国"的一个可疑的权宜之计。"年轻的美国"是一群冲动而鲁莽的冒险家,他们的帝国幻想对像他这样头脑清醒的"老家伙"来说毫无吸引力。留存下来的林肯讲稿中并未提及他反对太平洋电报和横贯大陆铁路的另一个原因,但任何一个见多识广的听众都可以联想到,这两项都是林肯最痛恨的政治敌人斯蒂芬·A.道格拉斯支持的计划。[148]

在共和国早期,几乎没有什么比可能分裂的噩梦更困扰立法者。连小学生都知道,没有一个像美国这样面积如此广阔的共和国能长期存在。1808年,美国财政部长阿尔伯特·加拉廷(Albert Gallatin)警告说,解决美国广袤领土带来的"不便"乃至"危险"的唯一办法,就是联邦政府在全国范围内建立"快速、便捷的沟通渠道","在政府的能力范围内,没有其他的行动能比这个更有效地加强和延续我们的联邦",它确保了"外部独立、国内和平和内部自由"。[149]

"沟通渠道"指的是道路和运河。现在人们所熟悉的对于人、货物和信息的区分化的运输模式,在当时尚未形成。即便如此,将电报视为解决加拉廷问题的终极方案,也不需要很大的逻辑跳跃。媒体反复提及的一个观念即如此:一个覆盖面积广阔的电报网络,将能确保联邦的永久存续。詹姆斯·戈登·贝内特预言,当纽约市和新奥尔良之间的电报线完工时,所有的中间城市都将不可避免地变成一个不可分割的大都会。[150]而在不远的将来,当整个世界都被电报网连接起来的时候,世上将不会再有战争,炮弹也将被视为野蛮时代的遗迹,被安置在博物馆里。[151]1847年,托马斯·里奇(Thomas Ritchie)在总统詹姆斯·K.波尔克的官方刊物《每日联盟》(*The Daily Union*)中提醒读者,永久维持一个幅员辽阔的共和国,曾是一个极大地困扰着詹姆斯·麦迪逊(James Madison)的政治挑战;然而,即使是像麦迪逊这样富有远见的政治家,也没有预料到,有一天铁路、汽船和电报会解决距离所造成的看似难以解决的政治困境,"人际交往的速度与日俱增,对我们领土范围的一些异议也随之消失了"[152]。

贝内特和里奇设想的电报和领土扩张之间的关系,不仅仅是理论上的。莫尔斯1844年完成他的演示项目时,美国正准备吞并得克萨斯州;当肯德尔把华盛顿和纽约市联系起来时,波尔克已经向墨西哥宣战。美国边界在这场战争中向南扩展的可能前景,鼓舞了贝内特和里奇,他们称之为美国"天命"(manifest destiny)的证据。"天命"一词于1845年由约翰·L.欧沙利文(John L. O'Sullivan)创造,他是一位记者,与贝内特和里奇有许多共同之处:不仅同样热衷于电报,也一样希望征服墨西哥。[153]这些记者中似乎没有一个对于可能的前景感到担忧,他们认为电报必然会推动一片非常适合奴隶制种植园农业的广阔土地迅速融入美国。事实上,这正是关键所在。通过扩张奴隶主们的控制范围,电报成为联邦减缓潜在的发展主义的工具。因为如果不加控制,废奴州的政治势力可能会快速增加从而危及共和国。1844年,贝内特欣喜地表示,当得克萨斯州和缅因州之间能够实现即时通信时,将共和国的边界向南延伸至北美大陆的最末端,将比从纽约市向北进军哈林河更"自然、合理和安全"[154]。

电报与奴隶主共和国的永久性联系是如此普遍,而且考虑到主要电报线路的南北走向,这种联系是如此合理,以至于电报的商业化受到如此热切的欢迎就不令人惊奇了。其中不仅包括贝内特、里奇和奥沙利文等人,像詹姆斯·D. B. 德·鲍(James D. B. De Bow)和乔治·菲茨霍(George Fitzhugh)这样的人也是满心欢喜。德·鲍和菲茨霍都是奴隶制的辩护者,他们用对技术进步高度选择性的理解,来为南方辩护。尽管菲茨霍认为许多发明都有害,但他对菲尔德的大西洋电报却有正面评价。[155] 跨大西洋的电报,将英国的棉纺制造商和南方的棉花种植商联系起来,使得建立在奴隶劳动基础上的政治经济体制得以延续,这种体制依靠那些出口主要农产品、以奴隶劳动为基础的农业公司来维持。而电报是由莫尔斯发明的事实无疑也使菲茨霍感到放心,因为莫尔斯也是一个坚定的反废奴主义者。事实上,即便奴隶制有益论在与南方关系密切的北方保守民主党人之间也不再流行后,莫尔斯仍在媒体上捍卫奴隶制。[156]

电报的空间地理有一定的政治体现。贝内特、里奇和奥沙利文这样拥奴派的民主党人,毫不费力就能描绘出电报从北到南纵贯北美大陆的景象;而纽约州参议员威廉·西沃德等废奴派的辉格党人,更倾向于设想它从东到西横跨整个大陆。西沃德在1849年为奥瑞利的太平洋电报做宣传时称,电报在"完善"国家的"完整性"方面,已经上升到了"不可或缺"的地位。[157] 1853年,温和废奴派的辉格党成员米勒德·菲尔莫尔(Millard Fillmore)观察道,太平洋沿岸的新一代正在成长,如果在他们成熟之际,共和国首都和最边远地区之间有着"自由且不间断"的东西向沟通,那么他们与整个国家其他地区的联系就会是"平等"的。[158]

电报未能把联邦从内战的漩涡中拯救出来。正如阿莫斯·肯德尔所担心的那样,电报促进了新闻报道的流通,加剧了地区紧张局势。像杰斐逊·戴维斯(Jefferson Davis)这样支持奴隶制的激进分子再也不能在密西西比州发表一个演讲而在缅因州又发表另一个了。[159] 电报所导致的局部仇恨,令总统詹姆斯·布坎南(James Buchanan)如此不安,以至于他在战争前夕公开质疑电报在政治方面的邪恶用场是否会超过其商业优势。[160] 战争开始后,一位爱国的联邦主义者警告说,再也没有比那些不负责任的战地记者的所作所为"更阴险的背信弃义的方式"了,他们利用电报传回误导性的新闻报道,在民众间引发了一场"电子刺激下的恐慌"。[161]

并非所有人都如此悲观。太平洋电报的建成,促使加州最高法院大法官史蒂芬·J. 菲尔德(Stephen J. Field)给林肯总统发了一封电报。菲尔德在电报中表示,衷心希望电报能在"审判日"到来前加强加州人民对联邦的"依恋"。[162] 菲尔德的这封电报,为之后那个的《哈珀周刊》(*Harper's Weekly*)漫画提供了主题。一位天使踮脚走在连接加利福尼亚州和东部的电报线上,手上拿着一个卷轴,象征菲尔德的电报,上面写道:"愿联邦永存不朽"(May the Union Be Perpetual)。[163] 第二年,一位记者总结道,关于即时通信的一个"重大事实"是,它所能促成的对公众观点的统一,以及所孕育的对虚假信息的防范能力,比此前任何一个时代所能想象的程度都高:"所有人在同一时间都被相同的想法打动,或从对相同事实的反思中自然而然地得出相似的想法。流言,和它的数千条舌头一道,就此消失了。"[164]记者没有提及的是,电报不仅有效地实现了即时通信,也同样有效地帮助林肯政府的战时审查局让"流言"消失了。

林肯总统在1862年国会年度咨文中提及了一种观念,即电报等进步技术将有助于使美国这个面积广阔的国家团结统一。电磁电报、蒸汽动力和"情报",创造了战前在联邦领土内寻求单一"国家大家庭"所必需的制度前提,这样的国家并非如"邦联主义"所设想的是两个或两个以上的"家庭"的联合。[165]林肯不再像1859年那样拿太平洋电报开玩笑了,相反,如今他将电报视为联邦的担保。

1865年,北方的胜利大大推动了林肯在网络和国家之间构架联系。南方的失败,使美国由自治州组成的"联邦"转变为一个单一且稳固的国家。尽管这个概念如今已成陈词滥调,但在当时仍相对新奇。1872年,一本公民学教科书的作者宣称,如果没有铁路、汽船和电报等"自由而快速的通信手段",一个美国这样面积广袤的国家是不可能撑过内战的。这些技术的进步,使这个国家变得比以前只有其百分之一大小的国家都要更为紧凑。[166]1881年,一位著名的天文学家宣布:当一个国家的人民像美国这样分散在"广袤而多样的"土地上时,只有一种"合理的可期待的手段"能使其维持统一,即通过每天在全国范围内广泛传播相同的新闻,"把我们和我们的想法混合在一起",从而使国家摆脱"地方主义"和"局部分歧"。"边界线实际上收缩了,一个大陆得以成为一个国家。"人们可能会质疑如此统一、流通速度如此之快的新闻报道的好处,然而,没人会否认的是,它们的流通已经成为一个主要甚至是"决定性的"因素,足以将19世纪晚期美国人的思维模式与共和国铸造者们的思维模式区分开来。[167]

没有什么地方比密西西比河西部的形象更能生动地描绘电报在跨越空间方面的潜力了。内战之前,很少有艺术家把这个地区看作实现国家"天命"中一个无懈可击的章节。[168]这里的政治挑战过于棘手,物理阻碍难以克服。充满敌意、实力强大且仍然以自治为主的印第安部落,始终是一个紧迫难题。堪萨斯州的血腥冲突,加剧了拥奴派和废奴派的矛盾。即使这些政治挑战能够被克服,移民们仍要面对令人生畏的落基山脉。

内战改变了密西西比河西部的形象。堪萨斯州的暴力随着奴隶制的废除而结束,军队不再被束缚在与南部邦联的战斗中,印第安部落的威胁也随之消退。尽管落基山脉仍然令人生畏,但随着太平洋电报和横贯大陆的铁路的竣工,这种物理上的障碍也变得不那么可怕了。1861年,太平洋电报穿过落基山脉,贯穿大陆的铁路于1869年紧随其后。漫画家托马斯·纳斯特(Thomas Nast)在1867年为一本密西西比河地区的指南书做所的卷首插画中,预言了这些技术进步的社会影响:以险峻山脉为背景,纳斯特在纽约市和旧金山之间架设了一根电报线,铁路机车在山口轰鸣。[169]

横贯大陆铁路的建成,为跨越密西西比西部视觉形象的进一步完善提供了主题。这一划时代事件最著名的表现,是弗朗西斯·F. 帕尔默(Frances F. Palmer)的彩色石版画《横穿大陆：帝国成长的向西之路》(Across the Continent: Westward the Course of Empire Takes Its Way)。帕尔默的石版画把该地区归并入联邦描绘成太平洋电报和即将完工的横贯大陆铁路不可避免的副产品。画面前景中，辛勤的先驱者们正在草原边缘建立一个文明，画面的中心，则是横贯铁路开辟出了一条向西的轨道。尽管铁路是整个画面的重点，但它旁边也矗立着一条平行的电报线。对技术和道德进步之间如此强烈的信心，在所有此前对该地区的图像表现中从未出现过。敌对的印第安部落、地区冲突和落基山脉，所有这些都不能再阻止美国领土从东海岸到西海岸的扩张。

纳斯特和帕尔默所推崇的技术进步主义(technological triumphalism)，在约翰·加斯特(John Gast)的《美国的进步》("American Progress"，1872)中达到了顶峰。对纳斯特和帕尔默来说，征服密西西比河西部地区仍然处于进行时，而对加斯特来说，这已是既定事实。既然横贯大陆的铁路已经开通，大陆西半部问题的解决就已成定局。为了使这一事件在视觉上引人注目，加斯特描绘了一位身着薄衫的女神，她盘旋在一支强大的向西行进的先驱者队伍之上。为了保护他们，女神手持已为人熟知的道德进步的象征物。她一只手里拿着一本教科书，另一只手上则是一根现在随处可见的电报线。

《美国的进步》是乔治·A. 克罗夫特(George A. Crofutt)的创意。他是一位富有进取心的出版商，刚从芝加哥搬到纽约市，想要充分开发跨密西西比州旅游业的商业潜力。现在，富裕的美国人可以舒适地乘坐火车穿越大陆，克罗夫特意识到，为他们提供阅读材料可以赚钱。《美国的进步》针对的就是这个市场。表面上，它的主题是密西西比河西部地区的拓荒史，实际上，它是西部运动从英雄史诗到旅游幻想的转变。[170]

《美国的进步》如今作为油画而为人们所熟知。它由克罗夫特托人仿制，原型是以前他作为促销品送给一位订户的有19种色彩的精美石版画。为了宣传这一促销活动，克罗夫特在一本面向加利福尼亚州的铁路旅客指南中，以一张钢铁制的黑白雕刻画作为卷首插图。[171]

克罗夫特的指南写道：《美国的进步》的重要成果之一，是它唤起了"美国的大脑和双手"。在这一点上，它是"纯粹国家性的"。它的吸引力不言而喻："谁不想拥有这样一个宏伟和进取精神的美丽象征呢？正是源于这种精神，我们国家才使荒野像玫瑰一样绽放！"[172]

这个横跨大陆项目的"宏伟和进取精神"，无视梭罗和林肯等现实主义者极力在技术进步和道德进步之间所做的区分，将二者混为了一谈。虽然它无疑是一种"进步"，但与历史悠久的公民自由、正义和平等权利的理想之间，充其量只存在一种间接联系。

《美国的进步》中盘旋在画面上方的女神象征着技术进步主义。在加斯特的绘画

这幅标志性的版画《美国的进步》，是表现密西西比西部地区的最早的插图之一，描绘了太平洋电报、内战和横贯大陆的铁路所带来的政治和社会变革。为了使这些转变在视觉上引人注目，画家使一位女神高举着两个进步的象征物：一本教科书和一根电报线。这幅版画是根据约翰·加斯特1872年的一幅油画创作的，此后不久，它就出现在了几本加利福尼亚州铁路乘客指南上。"American Progress," in George A. Crofutt, *Crofutt's New Overland Tourist and Pacific Coast Guide* (Chicago: Overland Publishing Company, 1878): 卷首插图.

或克罗夫特的解释中，完全没有将画面中的女神与19世纪美国艺术家经常引用的女神哥伦比亚联系在一起。哥伦比亚女神象征着现代美国与古罗马共和国的公民理想之间的连续性。然而，对于熟悉政治肖像学、受过高等教育的观众来说，两位女神之间的相似性是显而易见的。为了公民理想，艺术家们常让哥伦比亚女神带上象征着政治自由的自由帽。然而，加斯特的女神身上却有一颗闪耀的"帝国之星"，它不仅象征着向西部的扩张，也象征着19世纪美国人日益将技术进步与道德进步混为一谈。

克罗夫特的技术进步主义受欢迎吗？事实上，很多美国人对电报都持与梭罗和林肯类似的观点，并不赞成里奇和奥沙利文。1867—1878年担任西联电报公司总裁的威廉·奥顿也是怀疑论者之一。奥顿对他的电报网非常自豪，然而，他刻意避免了像电报宣传家弗朗西斯O.J.史密斯那样对电报的社会后果进行狂野想象。奥顿甚至从未夸耀过西联电报公司在内战中为联邦胜利作出的贡献。

奥顿对技术进步主义的拒绝，是西联电报公司对所处政治经济体制中反垄断逻辑的谨慎回应。第一代电报网络建设者阿莫斯·肯德尔置身的政治经济体制,是以联邦为导向、政府垄断的。相比之下,奥顿面对的是州导向、竞争性的。如果奥顿将电报与道德进步联系起来,他将不得不面对一种持续的且难以反驳的论调,即西联电报公司已过于强大、其设施对于商业和公众生活已过于重要,因此不应再由私人公司运作。为了应对这种批评,奥顿淡化了西联电报公司网络的力量,强调其对技术要求和经济激励的依赖,隐去了电报嵌入在政府机构和公民理想中的特定位置。奥顿把电报描述成了一个工具而非一种制度,从而隐匿了西布里所建立起来的网络的力量。

注释:

[1] Amos Kendall, "Magnetic Telegraph," *Daily Union* (Washington, D. C.), September 22, 1847.

[2] Morse to James Gordon Bennett, December 28, 1847, in Kendall, *Morse's Telegraph and the O'Reilly Contract: The Violations of the Contract Exposed, and the Conduct of the Patentees Vindicated* (Louisville, Ky.: Prentice and Weissinger, 1848), p.34.

[3] Donald B. Cole, *A Jackson Man: Amos Kendall and the Rise of American Democracy* (Baton Rouge: Louisiana State University Press, 2004), chaps. 17-18.

[4] *Globe* (Washington, D.C.), February 15, 1837; "Amos Kendall," *United States Magazine* 1 (March 1838): 410.

[5] Robert C. Post, "'Liberalizers' versus 'Scientific Men' in the Antebellum Patent Office," *Technology and Culture* 17 (January 1976): 24-54.

[6] "Government," *Kendall's Expositor* (Washington, D.C.) 3 (July 25, 1843): 242-243.

[7] Kendall to Morse, February 25, 1845, Morse Papers, Library of Congress, Washington, D. C. (hereafter M-LC).

[8] 同上。

[9] Marvin Meyers, *The Jacksonian Persuasion: Politics and Belief* (1957; Stanford, Calif.: Stanford University Press, 1960), chap.2.

[10] Kendall to George W. Hopkins, February 24, 1838, in *Letter Postage*, 25th Cong., 2nd sess., 1838, H. Rpt. 909 (serial 336), pp.8-9.

[11] Kendall to Lewis Linn, February 16, 1837, Postmasters General letterbooks, Post Office Department Records, RG 28, National Archives, Washington, D.C. (hereafter POD-NA).

[12] Kendall to Hopkins, in *Letter Postage*, pp.8-9.

[13] 同上, p.9.

[14] 同上。

[15] Richard A. Schwartzlose, *The Nation's Newsbrokers: The Formative Years* (Evanston, Ill.: Northwestern University Press, 1989), p.41; Brooke Hindle, *Emulation and Invention* (New

York: W. W. Norton & Co., 1981), p.85.

[16]Henry O'Rielly, *American Telegraph System: Great Central Range between the Atlantic and Mississippi, Including the Ohio Valley and the Lake Country* (n.p., [1845]).

[17]Frederick W. Seward, *Reminiscences of a War-Time Statesman and Diplomat, 1830-1915* (New York: G. P. Putnam's Sons, 1916), p.91.

[18]Amos Kendall to John Marron, April 8, 1845, Records of the Office of the Electro-Magnetic Telegraph, POD-NA.

[19]Kendall to Smith, August 12, 1845, Smith Papers, Maine Historical Society, Portland (hereafter S-MeHS).

[20]Kendall to Smith, August 31, 1845, S-MeHS.

[21]Kendall to Smith, August 12, 1845, S-MeHS.

[22]Kendall to Smith, September 1, 1845, S-MeHS.

[23]Kendall to Smith, May 10, 1847, S-MeHS.

[24]Benjamin B. French to James D. Reid, January 19, 1869, Robert Dalton Harris Collection, Wynantskill, N.Y.; James D. Reid, *The Telegraph in America: Its Founders, Promoters, and Noted Men* (New York: Derby Brothers, 1879), p.112.

[25]"Mercator," *Morning Courier* (New York), April 25, 1845.

[26]Frederic Hudson, *Journalism in the United States from 1690 to 1872* (New York: Harper & Brothers, 1873), pp.604-605.

[27]*New York Evening Express*, April 26, 29, 1845; Kendall to Morse, April 16, 1845, M-LC.

[28]"Magnetic Telegraph," *Public Ledger* (Philadelphia), May 13, 1845.

[29]Reid, *Telegraph in America*, p.143.

[30]James W. Milgram, *The Express Mail of 1836-1839* (Chicago: Collector's Club of Chicago, 1977), chap.4.

[31]Kendall to _____, September 18, 1846, in Reid, *Telegraph in America*, p.143.

[32]"The Telegraphic Communication between Baltimore and New York," *Baltimore Sun*, May 27, 1845.

[33]Hudson, *Journalism*, p.447.

[34]Richard B. Kielbowicz, "Newsgathering by Printers' Exchanges before the Telegraph," *Journalism History* 9 (Summer 1982): 42-48.

[35]Kendall to _____, September 18, 1846, in Reid, *Telegraph in America*, p.143.

[36]Reid, *Telegraph in America*, p.353.

[37]Kendall to Robert Gorman, November 1, 1845, S-MeHS.

[38]Post Office Department, *Annual Report* (1836), p.512.

[39]Amos Kendall, "Post Office Circular," *Kendall's Expositor* 3 (October 17, 1843): 342-344.

[40]*Articles of Association, and Charter from the State of Maryland, of the Magnetic Telegraph Company . . .* (New York: Chatterton & Crist, 1847), pp.3-4.

[41]*Baltimore Patriot and Commercial Gazette*, June 20, 1845.

[42] Amos Kendall, "The Magnetic Telegraph," *New York Morning Express*, March 10, 1846.

[43]Menahem Blondheim, *News over the Wires: The Telegraph and the Flow of Public Information in America, 1844-1897* (Cambridge, Mass.: Harvard University Press, 1994), chap.6; Edward C. Mack, *Peter Cooper: Citizen of New York* (New York: Duell, Sloan & Pearce, 1949), pp.238-242.

[44]Horace Greeley et al., eds., *The Great Industries of the United States: Being an Historical Summary of the Origin, Growth, and Perfection of the Chief Industrial Arts of the Country* (Hartford, Conn.: J. B. Burr & Hyde, 1872), pp.1239-1240, 1247.

[45]Taliaferro P. Shaffner, *The Telegraph Manual: A Complete History and Description of the Semaphoric, Electric, and Magnetic Telegraphs* (New York: Pudney and Russell, 1859), pp. 745, 747.

[46]Reid, *Telegraph in America*, pp.301, 320-321.

[47]Morse and Smith to Colt, May 8, 1845, Colt Papers, Connecticut Historical Society, Hartford (hereafter Colt Papers).

[48]"Morse's New York and Offing Magnetic Telegraph," *New York Evening Express*, November 25, 1845; William B. Edwards, *The Colt's Revolver: The Biography of Colonel Samuel Colt* (Harrisburg, Pa.: Stackpole, 1953), pp.177-199.

[49]Samuel Colt and William Robinson, *New York and Offing Line of Magnetic Telegraph* (n.p., 1845), Colt Papers.

[50]Robinson to Colt, November 20, 1845, Colt Papers.

[51]Philip K. Lundeberg, *Samuel Colt's Submarine Battery: The Secret and the Enigma* (Washington, D.C.: Smithsonian Institution Press, 1974), p.31.

[52]Colt and Robinson, *Magnetic Telegraph*.

[53]Edwards, *Colt's Revolver*, p.199.

[54]"Morse's New York and Offing Electro Magnetic Telegraph," *Evening Post* (New York), November 25, 1845.

[55]"The Magnetic Telegraph—Some of Its Results," *New York Daily Tribune*, July 8, 1845.

[56]Menahem Blondheim, "The Click: Telegraphic Technology, Journalism, and the Transformations of the New York Associated Press," *American Journalism* 17 (Fall 2000): 27-52.

[57]Schwarzlose, *Nation's Newsbrokers*, chap.2 ("Technological Imperatives and the First Newsbrokerage"); Blondheim, *News over the Wires*, chap.3 (" 'A Better-Organized System': Establishing the New York Associated Press").

[58]Reid, *Telegraph in America*, p.153. 奥瑞利最初拼写他的姓"O'Reilly"; 在19世纪40年

代的某个时候,他把它改为"O'Reilly",这是他的批评家们并不总是尊重的一种偏好,但除了那些可能妨碍文献检索的情况之外,我尊重这种偏好。

[59]Alexander Jones, *Historical Sketch of the Electric Telegraph: Including Its Rise and Progress in the United States* (New York: G. P. Putnam, 1852), p.78.

[60]O'Rielly to M. B. Bateham, January 23, 1847, O'Reilly Papers, New-York Historical Society, New York (hereafter NYHS).

[61]Reid, *Telegraph in America*, pp.122-123, 156-159, 198; William Bender Wilson, "The Early Telegraph," *Historical Papers and Addresses of the Lancaster County Historical Society* 1, no. 6 (1896-1897): 236-239.

[62]James D. Reid, Pittsburgh, Cincinnati, and Louisville Telegraph Company, "Annual Report," 1849, vol. 1126, Ohio Historical Society, Columbus.

[63]John J. S. Lee to Jeptha Wade, January 20, 1851, Jeptha H. Wade Family Papers, Western Reserve Historical Society, Cleveland (hereafter W-WRHS).

[64]David Paul Hochfelder, "Taming the Lightning: American Telegraphy as a Revolutionary Technology, 1832-1860" (Ph.D. diss., Case Western University, 1999), chap.3.

[65]Kendall to editors, April 27, 1848, *Journal of Commerce* (New York), April 29, 1848.

[66]*Louisville Courier*, c. 1848, cited in Alvin Harlow, *Old Wires and New Waves* (New York: D. Appleton-Century Co., 1936), p.163.

[67]Kendall, *Morse's Telegraph*, pp.13-14.

[68]Henry O'Rielly, "Open Letter," *Journal of Commerce*, September 22, 1848; O'Rielly to James S. Wallace, September 6, 1848, O'Reilly Papers, NYHS.

[69]O'Rielly to Josiah Quincy Jr., January 16, 1848, O'Reilly Papers, NYHS.

[70]Hindle, *Emulation and Invention*, p.99.

[71]James R. Cameron, *The Public Service of Josiah Quincy, Jr., 1802-1882* (Quincy, Mass.: Quincy Cooperative Bank, 1964), pp.12-13; Arthur P. Dudden, "Antimonopolism, 1865-1890: The Historical Background and Intellectual Origins of the Antitrust Movement in the United States" (Ph.D. diss., University of Michigan, 1950), pp.201-208.

[72]*New York Times*, February 9, 1859; Charles Francis Adams Jr. to David A. Wells, January 14, 1869, Wells Papers, Library of Congress, Washington, D.C. (hereafter LC); Joseph Dorfman, *The Economic Mind in American Civilization*, vol. 3: *1865-1918* (New York: Viking Press, 1949), p.23.

[73]Gardiner G. Hubbard, *The Postal Telegraph: The Only Means by Which the Telegraph Can Be Made the Ordinary Method of Communication— An Address... Before the Board of Trade and Commercial Exchange, Philadelphia* (Boston: Rand, Avery, & Frye, 1869), p.7; "The Freight Convention," *New York Times*, May 8, 1873.

[74]*Scientific American* 4 (December 9, 1848): 3; Robert Charles Post, *Physics, Patents, and Politics: A Biography of Charles Grafton Page* (New York: Science History Publications,

1976), p.70.

[75]*O'Reilly v. Morse*, 56 U.S. 62 (1853); Carl B. Swisher, *History of the Supreme Court of the United States*, vol. 5: *The Taney Period*, *1836-64* (New York: Macmillan, 1974), chap.20.

[76]Kendall, *Morse's Telegraph*, p.8.

[77]Kendall to Jeptha H. Wade, November 14, 1853, in Russell H. Anderson, "Jeptha H. Wade and the Cleveland and Cincinnati Telegraph Company," *Ohio State Archaeological and Historical Quarterly* 58 (January 1949): 91.

[78]Benjamin B. French, "Address," *American Telegraph Magazine* 1 (July 1, 1853): 283-284.

[79]Ezra Cornell to Mary Anne Cornell, April 24, 1853, Ezra Cornell Papers, Cornell University, Ithaca, N.Y.

[80]"An Act to Incorporate the New York and Offing Magnetic Telegraph Association," in *Laws of the State of New York*, chap.335 (Albany, N.Y.: C. Van Bentheusen, 1846), pp.474-475.

[81]"Mercator," *Morning Courier* (New York), April 21, 1845.

[82]George H. Miller, *Railroads and the Granger Laws* (Madison: University of Wisconsin Press, 1971), pp.177-178; Rush Welter, *The Mind of America*, *1820-1860* (New York: Columbia University Press, 1975), chap.6.

[83]Ronald E. Seavoy, "Laissez-Faire: Business Policy, Corporations, and Capital Investment in the Early National Period," in Jack P. Greene, ed., *Encyclopedia of American Political History*, vol. 2 (New York: Scribner's, 1984), pp.728-737.

[84]Joseph Whitworth, "Electric Telegraphs," in *The American System of Manufactures*, ed. Nathan Rosenberg (1854; Edinburgh: Edinburgh University Press, 1969), p.369.

[85]"An Act to Provide for the Incorporation and Regulation of Telegraph Companies," in *Laws of the State of New York*, chap.265 (Albany, N.Y.: C. Van Bentheusen, 1848), p.395.

[86]Ronald E. Seavoy, *The Origins of the American Business Corporation*, *1784-1855*: *Broadening the Concept of Public Service during Industrialization* (Westport, Conn.: Greenwood Press, 1982), pp.196-199.

[87]Howard Bodenhorn, "Bank Chartering and Political Corruption in Antebellum New York," in Edward L. Glaeser and Claudia Goldin, eds., *Corruption and Reform: Lessons from America's Economic History* (Chicago: University of Chicago Press, 2006), pp.231-257.

[88]"Purchase of the Magnetic Telegraph by the Government," *Albany Evening Journal*, December 14, 1846; "Memorial of Henry O'Rielly" [1848], Blatchford, Seward, and Griswold Records, MIT, Cambridge, Mass.; "Memorial against Telegraph Monopolies," January 25, 1853, O'Rielly Papers, Rochester Historical Society, Rochester, N.Y. (hereafter O-RHS).

[89]"The Magnetic Telegraph Companies," *New York Evening Express*, February 13, 1847.

[90]同上。

[91]*Albany Evening Journal*, January 18, 19, 1848.

[92]New York state law, chap.265 (1848), p.395.

[93]*Smith v. Downing*, 22 F. Cas. 511.

[94]Royal E. House, "To the American People: The Telegraph System— And the Attempt to Monopolize It," *Nashville Union*, [J]. November 3, 1847.

[95]Reid, *Telegraph in America*, p.530.

[96]"Telegraph History," *Evening Post*, February 27, 1885.

[97]同上。

[98]同上。

[99]Whitworth, "Electric Telegraphs," p.369.

[100]"Telegraph History," *Evening Post*.

[101]Reid, *Telegraph in America*, pp.468-469.

[102]同上, p.479.

[103]Stager to Sibley, January 1, 1854, Sibley Papers, University of Rochester, Rochester, N.Y. (hereafter S-UR).

[104]*Electric Age* 8 (June 7, 1890): 9.

[105]Sibley to John Dean Caton, January 8, 1860, Caton Papers, LC.

[106] Julius Grodinsky, *Jay Gould: His Business Career, 1867-1892* (Philadelphia: University of Pennsylvania Press, 1957), p.148.

[107]Jeptha H. Wade, memoir, 1889, W-WRHS.

[108]Kendall to Smith, December 26, 1857, Smith Papers, New York Public Library.

[109]Kendall to Morse, October 3, 1857, in Frank Luther Thompson, *Wiring a Continent: The History of the Telegraph Industry in the United States* (Princeton, N.J.: Princeton University Press, 1947), p.317.

[110]North American Telegraph Association, *Proceedings* (1861), p.27.

[111]*Biographical Sketch of Dr. Norvin Green, from Encyclopedia of Contemporary Biography of New York* (New York: Atlantic Publishing and Engraving, 1887), p.9.

[112]Henry O'Rielly, *A Few Suggestions Respectfully Submitted Concerning the Senate Bill Now Pending in the House of Representatives* (n.p., 1860), O-RHS.

[113]Matthew Fontaine Maury, *The Physical Geography of the Sea*, ed. John Leighly (1855; Cambridge, Mass.: Harvard University Press, 1963), p.37; Frances Leigh Williams, *Matthew Fontaine Maury: Scientist of the Sea* (New Brunswick, N.J.: Rutgers University Press, 1963), p.230.

[114]Reid, *Telegraph in America*, p.496.

[115] J. Loughborough, *The Pacific Telegraph and Railway* (St. Louis: Charles & Hammond, 1849), p.64; "The 'People's Highway' between the Atlantic and the Pacific States," *American Telegraph Magazine* 1 (October 1852): 23; R. S. Cotterill, "The National Railroad Convention in St. Louis, 1849," *Missouri Historical Review* 12 (July 1918): 211.

[116]Asa Whitney, *A Project for a Railroad to the Pacific* (New York: George W. Wood, 1849).

[117]John J. Speed to Sibley, August 20, 1857, S-UR.

[118]*Congressional Globe*, April 12, 1860, 36th Cong., 1st sess., 1696-1697.

[119]George B. Prescott, "The Progress of the Electric Telegraph," *Atlantic Monthly* 5 (March 1860): 292.

[120]Sibley to Field, October 10, 1861, S-UR; Charles Vevier, "The Collins Overland Line and American Continentalism," *Pacific Historical Review* 28 (August 1959): 237-253.

[121]Orton to Manton Marble, Marble Papers, February 3, 1868, Marble Papers, LC.

[122]Henry Martyn Bannister journal, undated, in James Alton James, *The First Scientific Exploration of Russian America and the Purchase of Alaska* (Evanston, Ill: Northwestern University Press, 1942), p.45; Arthur Power Dudden, *The American Pacific from the Old China Trade to the Present* (New York: Oxford University Press, 1992), p.32.

[123]Rebecca Robbins Raines, *Getting the Message Through: A Branch History of the U.S. Army Signal Corps* (Washington, D.C.: Center of Military History, 1996), pp.16-17.

[124]Stager to Stanton, November 1, 1863, in *War of the Rebellion: A Compilation of the Official Records of the Union and Confederate Armies*, series 3, vol. 3 (Washington, D.C.: U.S. Government Printing Office, 1899), p.970.

[125]William Bender Wilson, *A Few Acts and Actors in the Tragedy of the Civil War in the United States* (Philadelphia: Published by the Author, 1892), p.99.

[126]William R. Plum, *The Military Telegraph during the Civil War in the United States*, vol. 2 (Chicago: Jansen, McClurg & Co., 1882), p.339.

[127]Thompson, *Wiring a Continent*, p.394.

[128]Menahem Blondheim, " 'Public Sentiment Is Everything': The Union's Public Communications Strategy and the Bogus Proclamation of 1864," *Journal of American History* 89 (December 2002): 869-899.

[129]"Telegraph History," *Evening Post*.

[130]Green to Pinckney Green, October 29, 1865, Green Family Papers, University of Kentucky, Lexington, Ky.

[131]"Telegraph History," *Evening Post*.

[132]Shaffner, *Telegraph Manual*, p.745.

[133]Oliver H. Palmer to Hubbard, December 26, 1868, Hubbard Papers, LC.

[134]*Union and Advertiser* (Rochester, N.Y.), January 22, 1881.

[135]Shaffner, Telegraph Manual, p.745.

[136]"In the Midst of a Revolution," *New York Herald*, June 6, 1844.

[137]"A New Era in Civilization—The Electric Telegraph," *New York Herald*, August 5, 1844.

[138]"The Telegraph," *Harper's New Monthly Magazine* 47 (August 1873): 334.

[139]Reid, *Telegraph in America*, p.181.

[140]"Electricity as a Factor in Happiness," *Appleton's Journal* 11 (November 1881): 467.

[141]"The Magnetic Telegraph as a Means of Defense in War," *New York Evening Express*, June 9, 1846.

[142]"The Importance of the Magnetic Telegraph," *Public Ledger*, June 11, 1846.

[143]George Templeton Strong, *The Diary of George Templeton Strong: The Turbulent Fifties, 1850-1859*, ed. Allan Nevins and Milton Hasley Thomas (New York: Macmillan, 1952), pp. 409-410.

[144]"The Telegraph," *Harper's New Monthly Magazine*, p.359.

[145]New York Postal Reform Committee, *Proceedings of a Public Meeting and Address of the New York Postal Reform Committee* (New York: Baker & Godwin, 1856), p.15.

[146]John W. Post to Congress, March 25, 1856, HR 34A-G14.6, House Committee on the Post Office and Post Roads, RG 233, National Archives, Washington, D.C.

[147]Henry David Thoreau, *Walden*, ed. J. Lyndon Shanley (1854; Princeton, N.J.: Princeton University Press, 1971), p.52.

[148]Abraham Lincoln, "Second Lecture on Discoveries and Inventions," February 11, 1859, in *Collected Works of Abraham Lincoln*, vol. 3, ed. Roy P. Basler (New Brunswick, N.J.: Rutgers University Press, 1953), p. 357; Stephen W. Usselman, *Regulating Railroad Innovation: Business, Technology, and Politics in America, 1840-1929* (Cambridge: Cambridge University Press, 2002), pp.47-51.

[149]Albert Gallatin, *Report of the Secretary of the Treasury, on the Subject of Public Roads and Canals* (Washington, D.C.: R. C. Weightman, 1808), pp.5, 8.

[150]"The Magnetic Telegraph," *New York Herald*, June 15, 1844.

[151]"Ocean Steam Navigation and the Magnetic Telegraphs," *New York Herald*, July 12, 1846.

[152]"The Magnetic Telegraph and the Press," *Daily Union*, August 12, 1847.

[153]Julius W. Pratt, "The Origin of 'Manifest Destiny,'" *American Historical Review* 32 (July 1927): 795-798; John L. O'Sullivan, "Annexation," *United States Magazine* 17 (July 1845): 9.

[154]"In the Midst of a Revolution," *New York Herald*, June 6, 1844.

[155]"Morse's Electro-Magnetic Telegraph," *De Bow's Review* 1 (February 1846): 132-141; George Fitzhugh, "The Atlantic Telegraph, Ancient Art, and Modern Progress," *De Bow's Review* 25 (November 1858): 507-511; Fitzhugh, "Uniform Postages, Railroads, Telegraphs, Fashions, Etc.," *De Bow's Review* 26(June 1859): 657-664.

[156]Samuel F. B. Morse, *An Argument on the Ethical Position of Slavery in the Social System* (New York: Society for the Diffusion of Political Knowledge, 1863).

[157]William H. Seward, "To the Pacific Railroad Convention at St. Louis," in *The Works of William H. Seward*, vol. 3, ed. George E. Baker (Boston: Houghton, Mifflin and Co., 1887), p.424.

[158]Millard Fillmore to O'Rielly, February 16, 1853, O-RHS; *American Telegraph Magazine* 1 (October 1852): 23.

[159]Thomas C. Leonard, *The Power of the Press: The Birth of American Political Reporting* (New York: Oxford University Press, 1986), pp.92-93.

[160]Buchanan to James Gordon Bennett, December 20, 1860, in *The Works of James Buchanan: Comprising His Speeches, State Papers, and Private Correspondence*, vol. 10, ed. John Bassett Moore (London: J. Lippincott Co., 1910), pp.69-70.

[161]"The President's Policy," *North American Review* 98 (January 1864): 236.

[162]Field to Lincoln, October 24, 1861, in Thompson, *Wiring a Continent*, p.368.

[163]"The First Telegraphic Message from California," *Harper's Weekly* 5 (November 23, 1861): 752.

[164]F. P. Stanton, "The Press in the United States," *Galaxy* 2 (November 1862): 606-607.

[165]Lincoln, "Annual Message to Congress," December 1, 1862, in Basler, *Collected Works*, vol. 5, p.527.

[166]Casper Thomas Hopkins, *Manual of American Ideas* (San Francisco: Printed for the Author, 1872), pp.106-107.

[167]Charles A. Young, "Practical Uses of Electricity," *Princeton Review* 1 (May 1881): 296.

[168]Patricia Hills, "Picturing Progress in the Era of Westward Expansion," in William H. Truettner, ed., *The West as America: Reinterpreting Images of the Frontier, 1820-1920* (Washington, D.C.: Smithsonian Institution Press, 1991), pp.97-147.

[169]Albert D. Richardson, *Beyond the Mississippi: From the Great River to the Great Ocean* (Hartford, Conn.: American Publishing Co., 1867), frontispiece.

[170]J. Valerie Fifer, *American Progress: The Growth of the Transport, Tourist, and Information Industries in the Nineteenth-Century West* (Chester, Conn.: Globe Pequot Press, 1989), pp.202-205.

[171]George A. Crofutt, *Crofutt's New Overland Tourist and Pacific Coast Guide* (Chicago: Overland Publishing Company, 1878), 卷首插图.

[172]同上, p.157.

第四章　新邮政特许权

> 经营一个规模巨大但单项利润低的生意，远比经营一个规模小但单项利润高的生意来得困难和费精力，这在邮政事业和普通企业的对比中，就体现得非常明显。
>
> ——加德纳·G. 哈伯德，1873

1871年1月，西联电报公司总裁威廉·奥顿给公司驻芝加哥办事处的负责人安森·斯塔格寄来一封沮丧的信。奥顿在信中提及，过不了多久，国会就将买下西联电报公司，将电报网络置于政府的垄断之中。奥顿对这种可能性深表遗憾。他对公共事业十分熟悉，并且在美国内战期间担任过财政部的高级官员，自然十分渴望执掌一家有权势的大公司，获得更加广阔的经营自主权和更高的薪水。即使国会想要插手，这一切想法也不会改变。"即使政府需要买下所有的电报线路，对信息的传递进行垄断"，奥顿认为，也没有必要介入到售给股票交易所和交易局的市场报告，或者工商业和居民的电报线路事务之中。事实上，通过形成这些利基市场（niche markets），或许可以建立一个能够"近乎无限扩张"的巨大生意。[1]

作为在国内占据主导地位的电报网络提供商，成立于1866年的西联电报公司，为深受垄断问题缠扰的立法者们提供了一个新的靶子。在那个年代，小型独资企业是一种标杆性的存在，反对垄断几乎已经成为道德共识。因此，西联电报公司在当时显得格格不入。除去少数几个主要的铁路公司，几乎没有什么企业能够拥有比它更大的资本规模。即使是宾夕法尼亚铁路公司（the Pennsylvania Railroad）——国内最大的私人企业——也没能在业务空间跨度上与之匹敌。尽管反垄断法规实际起到的效果更多是在破坏而非维持商业竞争，但是，消除垄断从来都是美国商业中最被珍视的公民理想。

西联电报公司受到的最为持久的批评来自加德纳·G. 哈伯德（Gardiner G. Hubbard），一位来自马萨诸塞州的律师。哈伯德是市政特许权（municipal franchise）的倡导者，自1869年起，他就不断尝试游说国会为企业颁发特许执照，以实现电报的普及化。哈伯德认为,通过联邦政府的特许执照,让企业降低利润率,从而向国内未被既有电报企业所覆盖的地区扩建基础设施,这是一个相对简单的方案。国会从未接受过哈伯德的议案。即便如此,他这一堂吉诃德式的努力,也让立法者们对于电报可以服务大众的理念耳濡目染。

让哈伯德恼怒的是,奥顿并没有意愿接受他的引导。不仅如此,奥顿勤勉能干,在十二年的西联电报公司总裁任期内(1867—1878),他不辞辛苦地工作,为的是保证他所领导的电报网络能够为特定客户群体提供快速可靠的定制服务。奥顿的领导任期所遗留下的,是一座被建筑史学者誉为"世界上最早的摩天大楼之一"的总部大楼,和一系列电信领域的前沿技术,其中在今天最为有名的就是电话。

奥顿对于电话的发明所起到的作用是具有偶然性的。为了改善一条电报线路的传输性能,奥顿为多路传输设备的研发进行了巨额悬赏,在响应者中,就有亚历山大·格雷汉姆·贝尔和艾利沙·格雷(Elisha Gray)。这两位研发者的设备,不仅能够实现多种不同频率信号的同时传输——也就是多路传输设备的核心理念——同时能够实现人类声音的传输。奥顿为西联电报公司拿下了格雷发明的专利权,却没有接受贝尔的。如果不是奥顿在1878年死于意外,西联电报公司也许能够将格雷的发明进行商业化。那么,全世界也就会将格雷而非贝尔当作电话的发明者。

奥顿最主要的遗产在于组织层面。为了维持他认为必要的绩效标准,奥顿在与投资人、新闻界、立法者和诸如杰伊·古尔德的傲慢对手之间斡旋,维护着西联电报公司的经营自主权。尽管奥顿规避了国会的收购,却无法抵挡古尔德。古尔德在1881年控制了西联电报公司,彼时距离奥顿去世才三年。古尔德的接手,让西联电报公司的权力重心从经理人倒向了投资人,而这一转变正是奥顿担任西联电报公司总裁期间颇为鄙夷并竭力避免的。

在政治经济制度的层面上,奥顿作为西联电报公司总裁,奠定了电报产业由各州主导(state-oriented)的经营导向,尽管它在不断地向联邦政府趋近。这样一种转变的催化剂,是1866年《国家电报法案》(the National Telegraph Act of 1866)的颁布。这部法案是从联邦层面规制电报产业的首次立法尝试,同时也是从联邦层面对于一个公司制取代独资企业成为主要组织形式的产业部门最早的规制性法律之一。[2]

《国家电报法案》有三个主要的条款:第一,它确保了电报公司拥有在国会指定邮路上架构电报线路的优先权;第二,它赋予了邮政部长为政府部门电报业务定价的权力;第三,想要享有这一优先权的电报企业,必须先同意国会在法案颁布五年内拥有随时收购该企业的权力。由于法案是在1866年7月颁布的,因此,国会收购条款将在1871年7月生效。当国会批准收购后,整个公司的资产价值将被"五个能力出众而又没有利益关系的人"所决定。这其中,两个人由公司遴选,两个人由邮政部长任命,剩下的一个人由双方协商决定。[3]

《国家电报法案》和 1862 年《太平洋铁路法案》(the Pacific Railroad Act of 1862)、1863 年《国家银行法案》(the National Banking Act of 1863)有着某些共同的特征：这三部法案都试图对跨州际的网络进行协调，并且都聚焦于一个特定的经济部门，即《太平洋铁路法案》中的交通、《国家银行法案》中的金融、《国家电报法案》中的传播。尽管与另外两部法案不同，《国家电报法案》没有为电报公司颁发联邦特许权的权力，但是这一法案为所有同意规定的州特许公司(state-chartered corporations)制定了绩效标准。自此以后，电报公司都处于准规制(quasi-regulatory)的政治经济制度下，联邦政府不仅可以促进电报网络提供者之间的竞争，而且能够为政府部门的电报业务制定收费标准。

与著名的 1890 年《谢尔曼反托拉斯法案》(Sherman Antitrust Act of 1890)①相同，《国家电报法案》的设计思路，并不是去适应正在形成的公司秩序，而是对被巨头公司所破坏的政治经济制度进行修复。它所针对的目标，不是约翰·D. 洛克菲勒(John D. Rockefeller)的标准石油公司，而是希拉姆·西布里的西联电报公司。从理念上来说，《国家电报法案》想要塑造国内电报公司之间的竞争，如同 1848 年《纽约电报法》用以促进纽约市内电报公司的竞争一样；然而事实上，1848 年的法案加快了电报产业的整合，并鲜明地体现为杰伊·古尔德在 1881 年对西联电报公司的兼并。

《国家电报法案》的颁布，为大量力图规制电报产业的提案敞开了大门。在奥顿担任西联电报公司总裁的任期内，被送到国会的电报相关提案不少于 28 项。[4] 和《国家电报法案》一样，大多数的提案都意图约束西联电报公司。没有一项提案能最终走到投票的环节。现在看来，这些提案的失败都是不可避免的。然而在当时，并没有人意识到这一点。英国电报网络在 1868 年的国有化，给予时人一种西联电报公司不日将被联邦政府收购的感觉。尽管国会毫无行动，然而带有敌意的法案持续冲击，让西联电报公司的股价颇受影响。"国家介入电报产业的可能性，"1869 年奥顿告诉西联电报公司的股东们，"直接并显著地影响着我们的资产价值。"[5]

奥顿数量巨大的商业通信证明了他本人对针对性立法的威胁十分警惕。在一封又一封的信中，奥顿警示立法者和记者们联邦政府介入可能会带来的风险。1869 年 1 月，西联电报公司经理诺文·格林提及，"国会的煽动对公司利益的影响是如此巨大"，以至于在 3 月国会休会前，这件事"几乎完全占据了"奥顿的时间。[6]

尽管《国家电报法案》的颁布比《谢尔曼法》整整早了 1/4 个世纪，但两部法案有诸多关联：两部法案都与俄亥俄州参议员约翰·谢尔曼(John Sherman)关系密切；都通过援引被广为接受的判例，在联邦层面践行深深植根英美法系的反垄断原则；都假定一个去中心化的、市场导向的经济模式能够为权利平等的公民理想提供最好的制度保

---

① 后文简称《谢尔曼法》。——译者注

护。在19世纪,平等的权利不仅仅牵涉公民的政治权利,同时也与企业的经济权利有关。这些经济权利中,就包括个体在缺乏专利权和金融资源的情况下进入市场的权利。通过巩固对电报产业的控制,西联电报公司限制了潜在对手进入市场的机会。

这位因为《谢尔曼法》而被铭记至今的俄亥俄州参议员,因病缺席了制定该法案的大部分国会辩论,并且对最终的结果颇有微词。[7] 相比而言,谢尔曼在《国家电报法案》起草过程所起到的作用,在其个人文件中记录翔实,尽管他出人意料地未在回忆录里提及。法案颁布后不到一周,在一封写给金融家杰伊·库克(Jay Cooke)的信中,谢尔曼坦言,和库克一起为受惠于优先权条款的电报企业发放特许执照,对他来说将会获得"永远的骄傲与成就感",因为他"对这个法律的诞生有所功劳"。尽管这部法案由谢尔曼发起,但他并不觉得自己受惠其中有什么不对:"如果你愿意,我很高兴与你一起担负盈亏——因为优先权是向所有人开放的。"[8] 在法案颁布前夕,一个芝加哥的记者甚至将之命名为"谢尔曼国家电报提案"[9]。约翰的哥哥,威廉·特库姆塞·谢尔曼(William Tecumseh Sherman),曾在美国内战期间作为联邦军队将领与蓄奴势力交战;而约翰则通过致力颁布《国家电报法案》,向控制美国高速信息传播的大企业发起进攻。

《国家电报法案》的收购条款渊源深远。在1844年《铁路法案》(the Railway Act of 1844)中,英国议会设立了一个类似的条款。从那之后,议会拥有人事任命权,在保证收益良好的情况下,被任命的每一家铁路公司的老板都必须允许国会对它们进行收购。[10] 英国政治经济学家约翰·斯图亚特·密尔(John Stuart Mill)在他的《政治经济学原理》(第一版)(*Principles of Political Economy*, 1848)中,为这条原理进行了辩护。密尔认为,如同政府对临时专利权的保护具有正当性一样,给予如铁路这样"实质垄断"的"公共事业"以限制性的特许权,对政府来讲同样合情合理。如果生效,政府既可以通过收购铁路来保证"应有财产",也有权制定和改变最大收益。[11] 在注意到英国的先例后,马萨诸塞州议会随即颁布法律,允许立法机关在二十年后对每条获得特许经营的铁路进行收购。1867年,反垄断主义者的先驱小约西亚·昆西尝试劝说州议会援引这一条款来收购该州最重要的东西铁路。[12] 昆西申明,如果州拥有铁路,议会可以将其租给承包商,议会则负责制定特定的绩效标准。为了回应州政府缺乏经营铁路经验的批评,昆西使用了一个航海的比喻,在这个海事传统悠久的州里,引起了立法者们的广泛共鸣:"船舰的主人无须亲自航海,他可以出租自己的船,借承租者的手来掌舵。"[13]

那些决心及时更新书籍内容的作者们理所当然地认为,国会将很快收购国家主要的电报公司——包括西联电报公司。在一本1867年出版的讨论美国铁路法的专著中,作者预言,在不久的将来,电报将会"占领"大量日常通信。到那时,联邦政府将会发现自己必须作为邮政部门确立起"排外性的控制"[14]。在《国家电报法案》颁布第二年出现的第一部相关法律专著中,作者就认为,联邦政府对电报的"全盘接手只是时间问题"[15]。

1866年春天,西联电报公司对两个主要的对手——美利坚电报公司(American Telegraph Company)和美国电报公司(United States Telegraph Company)的收购,加速了《国家电报法案》的颁布。美利坚电报公司运营着一个生意兴隆的、大西洋沿岸的南北向电报网络,美国电报公司则经营着规模小、金融风险高、跨密西西比西部的东西向电报网络。相比西联电报公司,这两家公司的资本化脚步更为谨慎。西联电报公司的资本化规模是总收入的9.2倍,美利坚电报公司只有1.4倍,美国电报公司也少于6倍。[16]

西联电报公司战胜这两家对手,几乎不能归功于技术水平、经济效率或组织效能。美利坚电报公司有23,000英里的电报线路,资本总额约为200万美元,平均每英里线路的价值达到87美元;美国电报公司拥有16,000英里的电报线路,资本总额约为600万美元,平均每英里线路的价值达到374美元。与之相比,西联电报公司拥有44,000英里的电报线路,资本总额为2200万美元,每英里线路的平均价值为500美元。西联电报公司并没有为他们的用户提供能匹配这一资本规模的服务设备;事实上,作为三家公司中最老的一家,它的设备最为落后。[17]

奥顿深谙美国电报公司的潜力尚未被激发。因为在该公司被西联电报公司收购之前,他一直担任该公司总裁一职。与之形成对照的是,美利坚电报公司被公认为全国服务最好的电报公司。

假如当初的情形稍有不同,美利坚电报公司有可能就反过来收购了西联电报公司。美利坚电报公司在大西洋沿岸这块巨大的市场上占据主导地位,这让它在海外资讯传播的业务上极具优势;另外,它和全国最重要的新闻中介——纽约联合新闻社关系密切。不幸的是,由于美国内战在南北网络之间造成的分裂,美利坚电报公司失去了大部分的国内市场,大西洋海底电缆的投资也难以收获回报,在合并之际,这条电缆甚至还未能投入使用。

西联电报公司的并购让许多立法者感到恼怒。在谢尔曼看来,西联电报公司成为电报产业龙头,所依靠的不是管理上的优势,而是数以百计的、在法庭默许下与铁路公司签订的排外性铁路优先权合同。尽管这些合同建立在双方自愿的基础上,但是谢尔曼还是将它们看作对贸易的恶性抑制,因为它们不公平地排斥了电报产业新的入局者。因此,他决定制订联邦法规,对它们采取限制。

《国家电报法案》的优先权条款意图在联邦层面构建机制,为电报产业的入局者消除法律障碍。谢尔曼认为,通过设定优先权条款,为西联电报公司"潜在的"新对手的出现提供可能,"这明显符合政府的利益"[18]。

谢尔曼的盟友中,最突出的一位当属金融家杰伊·库克。在美国内战期间,库克广泛使用电报网罗政界关系。事实上,他是内战期间全国使用电报频次最多的用户之一。受到这一体验的影响,库克对当时电报公司的高定价和低运载能力深感厌恶。"很有必要马上对电报行业来一次改革",《国家电报法案》辩论期间,库克在给谢尔曼的信中写道。"公众们被蒙蔽了。如果价格便宜、传递迅速,电报公司自然希望业务多多益善。持续扩张电报线路的规模、达到至少覆盖 27,000 家邮局中的 5000 家的做法,可以说是百利而无一害。"[19]

谢尔曼对竞争的解释,难以说服密苏里州参议员 B. 格拉茨·布朗(B. Gratz Brown)。布朗主张,竞争在理论上固然是最好的规制方式;然而,在实践中,电报产业的竞争并不现实。作为一个备选方案,布朗建议国会收购整个电报网络,将其置于邮政部的控制之下。

基于现状,国有电报将有两个好处:一方面,它可以通过消除电报公司与纽约联合新闻社的腐败关系,提升新闻报道的质量。纽约联合新闻社将它的新闻报道限制在少数几家会员报纸范围内。这一途径给予了这些报纸主要的竞争优势,因为在开放的新闻市场上,它们可以以比其他报纸更低的价格,获得纽约联合新闻社的新闻报道。西联电报公司并没有明确地对此表态支持,但是却通过为纽约联合新闻社提供特惠价格的方式对之表示了宽容。这一做法大搞特权、限制信息流通,导致了大量"歪曲事实"的新闻报道流传于世。[20]

另一方面,它能够让电报网络快速地扩张到许多人烟稀少的地区。既有的电报公司往往考虑到经营成本的问题,不愿为此投资。布朗预言,如果联邦政府拥有电报网络,国会不仅可以制定电报价格,还可以按照"邮政事业的原理"对盈利地区的收入进行转移,用以支持无法盈利地区的电报事业。由此,整个国家就可以被带入"电报的回路"之中。[21]

为了受惠优先权条款,电报公司需要向《国家电报法案》签署同意书。在国内,大多数公司都签署了,这些文件大多至今还被保存在华盛顿国家档案馆里的邮政部文件中。主要的反对者,则是西联电报公司。西联电报公司的默拒并不奇怪,因为这部法案的设计,就是为了限制它的特权。在法律颁布之前,奥顿表示抗议,认为新法律极其不公平,因为它允许国会干预州法律,将西联电报公司多年耗财耗力从铁路公司或其他公共载具中获得的排外性优先权合同,变成了一堆废纸。[22]

奥顿的抗议并不能够阻止法律的颁布。而且,到了 1867 年 6 月,西联电报公司也同意了它的条款。向《国家电报法案》签署同意书的唯一一名西联电报公司官员,是前任总裁希拉姆·西布里。为什么西布里愿意签署同意书,至今都是个谜。不过,可以猜测的是,他是在西联电报公司纽约系股东们的命令下完成签署的,因为对于这些股东来说,被国会收购意味着他们能获得一笔如同战争财一般的意外收入。[23]

在解释西联电报公司为何改变心意时,奥顿淡化了《国家电报法案》对西联电报公司股东的可能影响。在他看来,利用它帮助公司应对变动剧烈、高度不稳定的政治经济环境更加重要。从 1866 年 7 月《国家电报法案》颁布，到 1867 年 6 月西联电报公司签署同意书，在这 11 个月里，国会已经从安德鲁·约翰逊（Andrew Johnson）总统手中夺取了批准前同盟州重新进入联邦的主导权。出于对约翰逊温和路线的不满，国会制定了严厉的法规，将十个前同盟州重新组织为五个军区，统摄在军队管理之下。国会的做法，让西联电报公司的排外性铁路优先权合约在这些州的有效性成为棘手的法律问题。在这样一个流动的、不确定的且毫无先例的法律环境下，西联电报公司的领导人对公司牵涉的法律问题尤其谨慎。1870 年，奥顿解释道，军队是联邦的机构，西联电报公司若不接受它的"保护"，以防止外部对公司财产的"侵害"，就显得过于冒失了。[24] 奥顿谨慎地隐瞒了一个长远的考虑：如果西联电报公司没有向《国家电报法案》签署同意书，那么一旦国会批准对全国电报网络的收购，西联电报公司就将面临设备无法运作、且无法找到买家的狼狈局面。

收购条款对奥顿的经营自主权构成了长期的威胁，然而，定价条款所造成的忧虑更加迫切。这一条款要求每一个签署同意书的电报公司——包括 1867 年 6 月之后的西联电报公司——按照邮政部长所定的价格为政府部门提供电报服务。由于西联电报公司的定价总是被认为过高，连着好几任的邮政部长都要求西联电报公司为政府通信业务提供特惠价格。由此而生的定价表，是联邦政府部门对大型商业组织最早的规制行为之一。在这之前，国会曾经要求联邦特许经营的太平洋铁路公司（Pacific railroads）以优惠价格为政府运输货物，并且为西布里横贯大陆的电报业务设定价格限度。然而，它还从来没有涉足过全国电报网络的定价权。[25]

最早受益于联邦价格限额措施的公务人员，是阿尔伯特·J. 梅耶（Albert J. Myer），一个准备在美国内战之后开拓新事业的陆军信号兵准将。南部联盟被征服之后，梅耶声称，国家目前最强大的"敌人"是飓风的威胁。为了与之作战，1870 年，国会批准设立了气象部门，并最终成为国家气象局（National Weather Service）。这个部门被移交到了梅耶手上；它最初的官方命名——商业利益报告及电报部门——强调了与国家电报网络的紧密关系。在梅耶的领导下，陆军信号兵通过政府规定的价格限额，从许多不同的地方获取了具有时效性的气象数据，追踪气象趋势。有了这些数据支撑，梅耶的团队能够以前所未有的精度预测天气，这让信号兵在全国的播报获得了免费的待遇。梅耶的播报让水手和农民获得了天气条件变化的有效预警，挽救了数不清的生命与财产。仅仅在五大湖地区，梅耶的风暴预警就挽救了每年因为船只丢失而造成的约 100~450 万美元的财产损失。对无政府背景的机构来说，这样的组织能力和电报网络使用特权，都是无从谈起的。[26]

为了更好地传播天气预报，梅耶获得了国会授权，建立一个政府所有的电报网络。第一条电报网络是在 1873 年竣工的；它在新泽西州的桑迪胡克和北卡罗来纳州的哈特雷斯两地的国有灯塔之间建立起了电报联系。没过多久，梅耶将他的网络扩展到了得克萨斯州和西南部地区。这一发展势头在 1881 年到达了巅峰,信号兵军团所掌握的电报网络已经超过 5000 英里。[27]

梅耶并不是第一个用电报收集长途数据的政府官员。早在 1849 年,史密森学会的约瑟夫·亨利就通过电报进行了天气预测,美国海岸测量局(the U.S. Coast Survey)的亚历山大·达拉斯·巴赫(Alexander Dallas Bache)在 1846 年就已经通过电报获取时间测量值,结合天文数据,让经度测量的精准度大为提升。[28]在美国内战之后,电报作为测量时间的工具对政府测绘员十分重要。当然,海岸测量局用以计算经度的数据量十分有限;因此,即使国会没有颁布《国家电报法案》,对测量的影响也不大。然而,梅耶预报天气所需要的数据,是十分庞大的。如果国会没有在《国家电报法案》中添加定价条款,梅耶也许很难获得足够的拨款,去运作那个所谓的美国大陆永远的"电力神经系统"[29]。

英国议会在 1868 年对国内电报网络的收购,为美国本土的国有化倡议提供了支持。美国的立法者们密切地关注着英国的政治。既然英国议会起了头,许多人都认为,美国国会效仿其道,只是时间问题。在倡议国有化的人里,威斯康星州的参议员卡德瓦拉德·沃什伯恩(Cadwallader Washburn)十分突出。沃什伯恩相信,国会对西联电报公司的收购会加速邮政部主导的"邮政电报(postal telegraph)"系统的建立,一个政府所有的电报网络能够持续减少电报用户信息传播的费用。[30]

沃什伯恩对私人企业制度没有意见。作为参议院里最富有的人,他在明尼阿波利斯经营着规模巨大的磨谷生意,并发展为今天的通用磨谷(General Mills)。然而,在电报的问题上,沃什伯恩一反常态。电报已经发展成商业渠道,依靠着联邦政府协调运作。为了稳定化密西西比河巨瀑对沿途磨坊所带来的影响,沃什伯恩依靠陆军工程兵团(Army Corps of Engineers)的帮助;为了协调高速的信息流通,沃什伯恩寻求邮政部的帮助。[31]

沃什伯恩的提案在 1871 年 12 月获得了尤利西斯·S. 格兰特总统的认可。格兰特在他的国会年度报告中强调,"教育"是"共和体制的根基",而广播则是一种教育形式。因此,让联邦政府负责电报网络运营是众望所归,因为电报对于"全国范围内""快速资讯"的传播必不可少。[32]格兰特是第一个支持政府运营电报的总统,然而他的理由依据颇为传统。对于一个积极政府而言,教育是个不会有争议的领域。事实上,格兰特的做法小心翼翼地绕开了弗朗西斯·韦兰德于 1837 年在那本著名的《政治经济学要义》(第一版)(Elements of Political Economy)中对政府干预的指责。一个相似的政府运营电报的原理,也在 1862 年被著名的保守派邮政部长蒙哥马利·布莱尔(Montgomery Blair)所阐述。[33]

格兰特提议的新意,并不在于对政府有义务支持教育的推论上,而在于他将这一推论延伸到了联邦政府的层面。联邦政府已经在 1862 年通过《莫勒尔法案》(the Morrill Act)间接介入了教育产业,这一法案将大量商业性国有土地给予了高等院校。

受益者的范围从艾奥瓦州立大学到麻省理工学院。然而,除了少数例外,美国几乎所有的教育机构都依旧是州立或者本地资助的。例外的情况包括海岸测量局、梅耶的信号兵团、史密森学会、安那阿波利斯的西点军校和各种联邦政府科研机构。电报是一种特殊的教育机构,与邮政部相同,它并不生产知识,但是它帮助被生产的知识进行传播。如果国会接受格兰特的提议,那么电报将被收归邮政部,为国家教育事业服务。邮政部通过补贴出版社,让报纸与杂志可以低价在市场上流通,并且允许报社之间自由交换报纸样本。国有化电报,将会使这些公民权益被扩展到新的传播途径上。

格兰特的邮政部长,约翰·A. J. 克雷斯维尔(John A. J. Creswell),在电报国有化的理论根据上走得更远。如同美国公民享有以"最优惠价格"获取纯净水源和空气的权利一样,克雷斯维尔在1873年申明,他们也同样享有获得"最优质和便宜的传播方式"的权利。没有人有权通过垄断自然资源来榨取公众利益:"我相信,电流是上帝给予全人类的恩赐。"[34]

在国有化和反垄断两种观点之间的,是一小部分实力强劲的西联电报公司批评者。这些批评者坚持要将梅耶用在天气预报上的运作机制扩展到整个电报网络。在这个渴望监管的群体中,最为顽固的一位,当属加德纳·G. 哈伯德。哈伯德作为国家地理学会(the National Geographic Society)创办人和电话发明者亚历山大·格雷汉姆·贝尔的岳父而为人熟知。在19世纪六七十年代,他被认为是国内对"邮政电报"最为积极而坚定的拥护者。哈伯德对电报事业的参与可以追溯到1850年,他曾经短暂地支持过亚历山大·贝恩不成功的化学电报(chemical telegraph)的尝试。[35]之后的大段时间里,他都在他的家乡麻省剑桥,投入到对给水工程、轨道马车、燃气发电等领域的建设之中,直到1869年才重新涉足电报产业。促使他回归的最大动力,就是格兰特赢得了1868年总统选举。哈伯德认为,对于他自己这样希望联邦将西联电报公司收归麾下的公民斗士而言,这是一个重大利好消息。

哈伯德所讲的邮政电报,不是由国家经营的英国模式,而是通过联邦特许权,允许电报公司的资本化运作。在哈伯德看来,电报在社会和商业传播方面的巨大潜力还没有被开发。为了激发这股潜力,哈伯德既不赞同恢复竞争,也不认可像英国那样将电报国有化。相反,他主张将规制措施制度化,确保电报可以像给水工程、轨道马车和燃气发电一样成为美国城市中产阶级不可缺少的东西。[36]

哈伯德相信,未来的电报将为所有人提供低价格、高质量的高速信息传播服务。简而言之,邮政长期以来形成的价格结构、发展策略、运作标准将会被扩展到电报上。为了实现这个雄心壮志,哈伯德计划建设一个比西联电报公司空间范围更广阔、信息传播成本更低的电报网络。电报所能实现的"最大价值",是覆盖"国家的每一寸土地",为所有的人口提供通信设备,而非像西联电报公司那样,仅仅服务于一小部分客户。[37]

由于哈伯德在国会和新闻界论述庞杂,让人很难精确概括他的观点。事实上,他甚至曾经鼓吹过国家收购的观点。[38]哈伯德的建议,大多是希望国会为一家特定的公司授权——"邮政电报公司"——从而将电报重新打造为一种实惠便利的全民通信媒介。国会已经为银行和部分铁路公司颁发过特许执照,有了这些跨州际公司的前例,哈伯德的邮政电报公司也可以依葫芦画瓢。

哈伯德对于电报企业管理的态度是矛盾的。哈伯德承认,"企业体系"有许多优于国有制的地方:企业是国家的"命脉",无论何时,立法者都应该对"高效的管理者和技术人员"保持信任。[39]公司制的问题,不在于管理,而在于投资者对红利和短期效果的渴求。如果投资者将个人利益置于公众利益之前,那么问题就会长期存在:"讨论国有制是否比公司制成本高,并不能解决问题,我们需要考虑的是,谁的利益才是经济发展的最终目标。到底是人民分享利益、还是让其听命于公司股东?"指明这一问题,就是已经预设了它的答案:"所有的经验都表明,强迫公司尽可能便宜地提供服务,会激发它的自利导向,让它远离人民。数据表明,私有制电报公司既不能实现经济效益,也不能维护公众利益。"不受调节的私人管理十分可悲,因为对于通信事业必不可少的电报公司,将会变成投资家为了自利而无暇顾及"公共利益"的所谓"公众企业"。[40]

哈伯德以自己的公民意识为荣,但是也很难说他完全没有私心。如果他能够为他的邮政电报公司获取一份特许经营执照,哈伯德就能获得一笔可观的利润。一份能为公司带来百万美元效益的特许执照自然非同寻常,哈伯德当然想分一杯羹。

在奥顿看来,正是这一点让哈伯德削减西联电报公司经费的举措多了一份投机者的意图。1870年,奥顿和他哥哥预言,如果哈伯德最终获胜,他将在交易中获益百万美元。奥顿怒言,只要哈伯德这样的"投机性质的爱国主义者与慈善家"不要掺和其中,他就可以让电报网络的规模与价格满足联邦法律的任何需要。[41]让奥顿最为愤怒的是,哈伯德还通过道德说教来掩盖自己的诉求。"新邮政特许权的福音",奥顿以宗教的隐喻讥讽哈伯德,将被用以阻止他们错误地"以恐吓的方式让西联电报公司忏悔"。让他颇感被侮辱的是,哈伯德还被认为是在把奥顿和他的同事们"拉出歧途",因为他们拒绝为公众提供低价服务,而这些在哈伯德看来正是人民的权利。[42]

在1871年芝加哥一场损失惨重的大火之后,奥顿在芝加哥一家报纸的采访中说,电报并不能"实质地以大众为目标","并且长久如此"。不管电报公司的定价多低,"它都无法取代邮政系统"。对于奥顿来说,让大多数美国人放弃邮政转用电报,简直不可思议。高速是电报之于邮政唯一的优势,但是对于大多数美国人来讲,这一优势很难抵消电报作为传播媒介难以人性化、粗糙、不够灵活的缺点。因此,主张电报国有化,相当于牺牲公众权益而服务少数人。当"贪婪的华尔街掮客们"面对芝加哥大火后流离失所的8万市民袖手旁观时,为什么联邦政府还要为这些电报的主要客户们降低资费呢?[43]

电报用户们对未来联邦电报立法的前景态度含糊。除去政府机构和新闻中介,最主要的电报用户还包括商人、经纪人和制造商。某种程度上,这些群体是有共性的,他们都是特大城市里的商业组织。联邦电报立法获得了芝加哥交易所(Chicago Board of Trade)、圣路易斯交易所(the St. Louis Board of Trade)、罗得岛州普罗维登斯交易所(the Providence, Rhode Island, Board of Trade)和旧金山商会(the San Francisco Chamber of Commerce)的支持。[44]这些群体支持联邦立法,主要是为了降低电报资费。反对联邦立法的,则包括纽约商会(the New York Chamber of Commerce)、波士顿交易所(the Boston Board of Trade),以及由一些为商人发声的贸易组织联合组成的国家贸易署。[45]1868年,辛辛那提交易所(The Cincinnati Board of Trade)因为薄利拒绝了联邦立法,一家西联电报公司潜在对手公司的总裁也以个人声明为反垄断的传统观念背书。[46]

对比英国对国有电报的广泛支持,美国商业组织不愿意为联邦立法背书,某种程度上让人颇感困惑。在英国,各种贸易团体纷纷支持议会收购国内电报网络,其中就包括久负盛名的、在1868年国有化过程中起到关键作用的爱丁堡商会(Edinburgh Chamber of Commerce)。[47]在美国,商业团体在联邦干预程度和立法效益的看法上有很多分歧。尽管关于两个国家迥异格局的解释相当复杂,但或许可以说,这与美国的国家结构有某种关系。美国的国家结构是去中心化的,而英国是中心化的。因此,美国的商业团体大量涉足政坛,对抗单一的政治议程,并且相同意见的群体往往会形成联合,提出最佳的共识诉求。

在联邦电报立法的拥护者中,有几位富有影响力的记者,包括《芝加哥论坛报》(the Chicago Tribune)的约瑟夫·梅迪尔(Joseph Medill)和《哈珀周刊》的乔治·W.科蒂斯(George W. Curtis)。电报够得上"国家教育和邮政系统"的一部分,梅迪尔在1872年写给奥顿的一封公开信中说,因为它的"使命"是"在人们之中即刻传播思想、观念和信息"。西联电报公司的管理让梅迪尔毫不迟疑地相信,如果联邦政府将邮政部转变为私人企业,那将会是一场"国家灾难"[48]。第二年,科蒂斯极其坚定地声称,公共舆论在支持电报与邮政合并为单一政府部门的观点上"出奇一致"。科蒂斯承认,德高望重的经济学家戴维·A.威尔斯已经警告过,国有化电报会带来某些政治风险。但尽管如此,科蒂斯并未被动摇。正是批评者们屡屡提及联邦立法的危险性,让他对国家"克服风险"进行实验充满了自信,毕竟美国的制度"并不像大多数人看来那样华而不实"。[49]

尽管梅迪尔和科蒂斯竭尽全力为联邦的介入争取公众支持,结果还是令人失望的。1872年以前,纽约系的《独立报》(Independent)并不愿意支持联邦电报立法。在哈伯德给他妻子的信中可以看出,他一直认为获得《独立报》的支持应该是顺风顺水的。[50]

《独立报》为什么长期默不作声发人深思。《独立报》是一份有宗教背景的报纸,所定位的读者往往被看作改革的领导者。报纸的执行编辑约书亚·莱维特在过去近三十年里长期倡导廉价邮资在道德和政治上的效益。因此,莱维特理应自然而然地从廉价邮资关联到廉价电报费上。然而,多年以来,他并未这么做。[51] 除了《纽约先驱报》在编辑詹姆斯·戈登·贝内特的带动下从 1845 年到 1870 年持续关注政府电报之外,大多数记者在杰伊·古尔德于 1881 年接管西联电报公司之前,对联邦电报立法问题都没有持续关注过。《芝加哥论坛报》甚至几乎忽略了这一议题,尽管它的编辑约瑟夫·梅迪尔在国有电报的问题上获得了公众的热情支持。[52]

劳工领袖们同样不愿意为联邦立法公开表态。在古尔德于 1881 年接手西联电报公司之前,大多数人希望立法者们坚持反垄断事业,或者是后来被戏称的"自由放任主义"。全国印刷联盟(National Typographical Union)是个例外,它早在 1869 年就支持电报国有化,并且认为这有利于报纸获取资讯报告,从而为印刷工人创造更多的就业机会。[53]

极少有像 C. 奥斯本·瓦德(C. Osbourne Ward)这样支持政府在信息流通上加大作为的劳工领袖。瓦德是著名的美国社会主义者,在社会改革的问题上笔耕不辍、影响广泛。瓦德在 1878 年预言,如果邮政部运作电报,普通人将很快可以以低至一便士的资费订购货物。廉价电报将"淘汰书信",类似支持邮政部的理由还可以找到很多。目前邮政部所存在的困难,是电报从私人企业向政府部门业务转型的方式。国有电报将致力于为 4000 万美国人提供服务,而不是为 40 个拥有电报公司股份的商人谋取高额利润:"从道德权利上讲,从政治经济的层面阻碍技术发明的应用,这种偏执与当年对伽利略的囚禁无异。"[54]

更有意思的是《工人之声》(the Workingman's Advocate)的编辑 A. C. 卡梅伦(A. C. Cameron)的反应。卡梅伦在 1871 年发出警告,如果政府经营电报,那么政府机构就可以用它来监控工人运动。[55] 卡梅伦的担忧在 1877 年铁路罢工期间成为现实,阿尔伯特·梅耶向拉瑟福德·B. 海斯(Rutherford B. Hayes)总统提供了许多地区劳工处境的持续报道。[56] 如果联邦政府拥有电报,那么监视的机会将会大大增加。对电报工人而言,反垄断还有个特殊的缘由,如果他们的老板之间相对分裂,他们就能拿到更高的薪水。[57]

那些被西联电报公司的高定价与设备限制所困扰的大客户,更加步调一致地拒绝自由放任主义,尽管他们也不会支持通过立法对此进行改善。对于其他人来说,联邦电报立法最多是个次等选择。如果说国会请愿可以被看作一种公共舆论的表达方式,那么,可以看到的是,在古尔德于 1881 年接管西联电报公司之前,制定邮政法规——包括对已经很低的邮费进行再削减——所获的公共支持远远多于联邦电报立法。[58] 鲜少见到廉价电报请愿,这让哈伯德的妻子十分困扰,她只好将此理解为,是她丈夫跑在了公共舆论之前。[59] 由此可见，极少有美国人希望用低定价、超高速、长距离的国有电报来替换低定价、速度适中的邮政服务。

直到1875年，才第一次有大规模的邮政电报请愿出现在国会。请愿的串联有赖于马萨诸塞州的国会议员本杰明·F. 巴特勒（Benjamin F. Butler）从中协调，并且极为可能是金融家杰伊·古尔德暗中支持的反西联电报公司阵线的一部分。[60] 尽管古尔德直到1881年才接手西联电报公司，他却早在几年前就参与了西联电报公司股份的投机生意。古尔德发现，如果可以提前预知西联电报公司股价跌落，他就可以通过做空赚得盆满钵满。

在支持邮政电报的请愿者中，有一帮俄亥俄人，他们认为电报与邮政的类比十分恰切。按照这帮请愿者的看法，西联电报公司已经同意《国家电报法案》，将会被"并入"邮政部，并且"服务"于"政府与人民"。只有联邦政府可以确保"出版自由"的公民权利和私人通信不受侵犯，也只有联邦政府能够为人民提供"廉价电报"，就像提供"廉价邮资"一样。国会需要制定法律，来保障在美国、英国和加拿大的电报服务有"低至25便士的统一价格"，以期像通过"商业贸易的增长"促成廉价邮资与明信片的发明一样，"进一步促成价格的降低"。[61]

请愿者提及"廉价邮资"，是因为许多美国人对19世纪70年代的前内战时期对降低书信邮资的改革记忆犹新。亨利·奥瑞利早在1860年就援引了廉价邮资为例，支持廉价电报。[62] 然而，倡导"廉价电报"的请愿，事实上在1875年前还鲜为人知，尽管立法者与西联电报公司的批评者从1869年就开始为这个议题持续辩论。总而言之，这场针对西联电报公司的民怨声浪几乎难以辨识，直到政治视野因为1881年古尔德的接管而突然翻转。正是这一事件，而非哈伯德和一小部分西联电报公司批评者从1869年来的持续讨伐，让邮政电报第一次在国家政治议程中获得了显著的地位。

威廉·奥顿在1867年7月成为西联电报公司总裁，一个月后，该公司就向邮政部提交了对《国家电报法案》的同意书。在之后的十二年里，奥顿巩固了他的前任们所建造的脆弱的电报网络。这一任务并不容易。联邦政府为投资人、立法者和竞争对手们撑腰，以挑战奥顿在其竭力奋斗的路线上的经营自主权。

作为西联电报公司的总裁，奥顿兼具清教徒传统的勤奋和现代职业经理人的谋略。在内战之前，奥顿在纽约市一家国内顶尖的出版机构做售书员，获得了良好的声誉。内战开始后不久，奥顿加入了一个规模很小但具有影响力的纽约市共和党员组织，这个组织对政治腐败深恶痛绝，敬仰财政部长萨缪尔·P. 蔡司（Samuel P. Chase）所树立的道德正义。[63] 奥顿的组织忠诚，让他在财政部获得了一个职位，帮助整理美国历史上的联邦税收。奥顿对骗税行径的顽强追讨，让他在政治圈子里获得了广泛的声誉，并让他在1865年被任命为美国国家税收专员。仅仅过了4个月，他就被任命为不景气的美国电报公司的总裁，而这个战时草创的企业随即在1866年被并入了西联电报公司。

　　作为西联电报公司总裁,奥顿保留了战时在财政部磨炼出来的某些思维习惯。联邦政府向来是培养企业领袖的温床,而财政部的经历让奥顿掌握了驾驭一个庞大复杂的组织所需要的管理技能。如同阿莫斯·肯德尔依托他在邮政部的经验处理莫尔斯的专利权,奥顿对西联电报公司的管理,也同样深深受益于他在财政部的经历。

　　奥顿所保持的经验,就包括对金融家持续的警惕。奥顿负责的税收范围包括华尔街。这是一项十分具有挑战性的任务,因为纽约市的金融家们不仅因为财富,而且因为狡猾而闻名。奥顿的警惕感,引燃了他在作为共和党积极分子时形成的反腐激情。华尔街顶级商人的逃税现象十分猖獗,因此,奥顿打算斩草除根。奥顿对投资人的反感与他的前任希拉姆·西布里和继任诺文·格林形成了鲜明的对比。西布里和格林的大多数收入都依靠外部投资,而奥顿在他的商业通信中鲜有提及自己有什么外部投资。尽管西联电报公司的股价在奥顿领导期间波动很大,但即使是奥顿最严厉的批评者,也没有指控他为个人利益操纵股价或交易内幕消息。如同奥顿去世后一首颂词所说的那样,奥顿和所有"充满野心"的人一样对牟取私利毫无兴趣,他只依靠"才能"谋生。[64]

　　奥顿在担任西联电报公司总裁期间最主要的收入来自年薪,其数额在 20,000 到 25,000 美元之间波动。自 1873 年起,奥顿还因为担任连接美国和古巴的一家电报公司的总裁而获得额外 5000 美元的收入。[65] 在那个时代,这样的年薪可以说是非常高了。纽约州的工人平均年收入不到 1000 美元。[66] 纽约市的海关征税员为 12,000 美元,这已经算得上优厚了,却还达不到奥顿的一半。[67] 尽管如此,奥顿的收入和纽约市金融圈的投资利润比起来,依旧显得十分苍白。奥顿深知这一点。毕竟,他在内战期间作为征税员频繁与这些圈子打交道,并且在西联电报公司总裁的任上与他们联系频繁;事实上,这些人里面,就有好几个从之前罗切斯特市投资者手里拿到了大量西联电报公司股份。

　　奥顿的薪资水平自然可以解释他那惊人的职业道德感。作为一个共和党人,奥顿继承了在废奴条约践行中影响显著的"自由劳动(free labor)"思想。"自由劳动"思想认为,个体的工作表现与他所应获得的回报的关系应该是非常直接的。为了证明自己巨额年薪的正当性,奥顿辛勤工作,从不请假,全神贯注于电报事业的方方面面。奥顿近乎狂热的勤奋显著影响了他的身体状况。然而,尽管身体常有不适,他却照样抱着工作到最后一刻的态度。1878 年 4 月,他死于中风,时年 52 岁,当时他正处于电报优先权和电话商业化的紧张谈判之中。

　　西联电报公司股权从罗切斯特系到纽约系的快速转手,也是内战期间由希拉姆·西布里一手促成的西联电报公司资本化扩张的直接后果。随着西联电报公司加速资本化,公司证券价格直线下跌,作为西联电报公司在内战前主要投资方的罗切斯特商人们，纷纷把股份抛售给了一帮被记者称为"范德比尔特派"的金融家。外界普遍认为这一财团由铁路巨头科尼利厄斯·范德比尔特（Cornelius Vanderbilt）领导；当然，范德比尔特野心勃勃的女婿贺拉斯·C. 克拉克（Horace C. Clark）肯定也涉及其中，甚至可能起到了领导作用。[68]

科尼利厄斯·范德比尔特在西联电报公司管理层的准确角色，归根到底与投机买卖相关。1870年，当仅剩的几个罗切斯特投资者们最终退出西联电报公司董事会时，76岁高龄的范德比尔特却还同时稳定地持有大量铁路股份。这一切已广为人知。范德比尔特从1863年开始大量买入西联电报公司的股份，1873年开始在西联电报公司执行委员会占有一席之地，并在1875年被奥顿认定为主要股东。[69]

西布里主导的西联电报公司资本化扩张成为摆在奥顿面前的一个主要问题，因为这迫使他为股权红利买单，而这笔钱本来可以用以改善资本、降低电报定价。在19世纪的公司金融观念中，公司证券价值不能超过机械设备的更迭成本，这几乎是不言自明的道理。因此，没人相信——尤其是奥顿本人——西联电报公司的有形资产价值能与它的资本规模相匹配。1870年，奥顿对一位投资者坦白，西联电报公司饱受这一"硬伤"困扰，而这主要来自西布里在内战期间促成的西联电报公司资本规模的巨幅扩张。[70]

奥顿上任西联电报公司总裁的首要任务，就是削减开支。为了减少西联电报公司每年巨额的股息支出，奥顿安排购买了数千份西联电报公司的股份。交易一经完成，奥顿迅速把这些股份放进西联电报公司的金库里。克拉克和范德比尔特对此表示支持，因为他们相信，回购必将有利于股价看涨。1878年，奥顿向一位同事坦言，过去十几年来，他为"排水"和"填充西联电报公司膨胀的资本规模"费尽了心血。[71]通过节省下来的收入，奥顿推动了一个资产改善项目，将西联电报公司的规模扩张了一倍、运载力扩张了四倍。奥顿同时为西联电报公司买下了几项很有潜力的发明的专利权，并且买下了电报设备制造商西部电气公司（Western Electric）的大笔股份。

奥顿和投资人的关系，在格兰特1871年公开支持国会收购电报网络之后，变得更加问题重重。格兰特的支持，在新闻界形成了一种恐慌，认为西联电报公司的投资者们正在努力套现、随时准备游说国会收购它们。[72]根据某个传言，在科尼利厄斯·范德比尔特的嘱咐下，格兰特早前已经和纽约记者贺拉斯·格里利（Horace Greeley）会面，以稳定股价。在1872年总统选举之后，这笔交易似乎迫在眉睫。[73]根据《纽约先驱报》报道，格里利为此四处奔波，尽管他本人反对这场毫无根据的"中心化"的收购。[74]根据媒体报道，范德比尔特预估的收购价格在3000万美元上下波动：500万美元用于西联电报公司债券，2000～2500万美元用于西联电报公司股份，这一总价远远超过西联电报公司当时的市值。[75]

克拉克、范德比尔特和其他的西联电报公司主要投资人是否真心希望国会收购他们的股份,是无从知晓的。但是可以确定的是,格里利和格兰特的会面纯属子虚乌有,整个故事不过是一个编造的谎言。即使确有其事,也仅仅是为了抬高西联电报公司的股价。格兰特在1871年签署收购案的时候,西联电报公司的股价一日之内暴涨了2%,震惊了国会与新闻界。[76]《纽约太阳报》在社论中说,格兰特签署国家收购案,考虑的是那些想"高价"把西联电报公司卖给国家的人的利益,因此,质疑声难以平息。[77]

为了预先阻止联邦政府的介入,奥顿普及了一个当时颇为新奇的说法:最适合经营空间延伸广阔的传播工具的组织形式,是私有制企业,而非国有制企业。当《国家电报法案》让国会收购的可能性陡增时,奥顿的回应可谓迅速。为了澄清关于西联电报公司管理层意欲接受国会收购的谣言,奥顿于1868年2月在《纽约时报》上发表了一个声明,否认西联电报公司实际待售。[78]两年后,奥顿在与立法者的辩护中谈到,只要国会能够给他五年时间降低定价、提升绩效标准,他就能够为公众的长途交流提供令人满意的服务,以至于让持续的立法呼声停止。[79]

为了为私有制提供充分的理由,奥顿屡次到政府听证会作证,与芝加哥编辑约瑟夫·梅迪尔公开辩论,并且聘请经济学家戴维·A. 威尔斯阐释公司管理权的基本原理。在所涉及领域的广度上,奥顿倡导的反对国有化运动,或许不及由美国电话电报公司在伍德罗·威尔逊(Woodrow Wilson)第一个总统任期(1913—1917)内所主导的反国有化运动。然而,它比以往任何同类运动都更加复杂周密,煞费苦心地为美国民众普及私有制企业同样可以像国有制企业一样高效运作。电报专家乔治·B. 普雷斯科特就是这场运动中最具影响力的西联电报公司支持者之一。1866年,普雷斯科特在一本行业刊物上撰文反对国有化。1869年,在他为奥顿准备的一本反国有化的小册子中,他延续了自身的看法。[80]普雷斯科特在1869年前长期公开支持国有化的经历,只会增强他的信誉。俄亥俄州的众议员詹姆斯·A. 加菲尔德就被他说服,确信电报的国有化收购不可取。[81]

通过将美国电报网络与欧洲的全国电报网络相对比,奥顿所主导的这场宣传运动的影响力就会凸显出来。1868年,即奥顿担任西联电报公司总裁的第二年,英国政府将境内电报网络国有化。法国和德国的电报网络则向来在政府部门的运作之下。在美国,除去1918—1919年的短暂间隔外,全国电报网络一直保持企业所有和经营,一直到20世纪80年代瓦解。

只有少数几家主要的私营电报公司经营美国范围之外的跨国电报网络。这些网络大多铺设在海底——这要求设备高度绝缘——因此时人多称之为"海底电报"(cable)。尽管这些海底电报公司属于私人所有,它们在金融和管理上却与政府关系密切,其中最为重要的合作者,非英国政府莫属。一战期间,英国政府与美国电报公司的密切关系,被美国的国会议员们认为可能会对美国的主权构成挑战。相比之下,奥顿则视美国政府在跨国传播中的从属地位为理所当然。和同时期的其他美国人一样,他已习惯应对英国独大、美国紧跟的国际政治经济格局。尽管在 1873 年,西联电报公司接受了一笔对美国—古巴海底电报的资助,但一直到奥顿去世几年后,西联电报公司才进入北大西洋海底电报这块市场。[82]

西联电报公司的批评者们持续地抱怨过高的电报定价。为了回应这些批评,奥顿尝试了各种应对之策。首先,1867—1875 年,他将电报价格减半;其次,为了充分利用闲置设施,奥顿为那些无须尽速发出的信息提供了夜间定价。[83]对于一些行业而言,降价通常意味着利润的增长,然而不幸的是,电报行业并不在其中。夜间定价的效果令人失望,几乎没有人愿意为比邮政快不了多少、却比邮政更贵的服务掏腰包。[84]

奥顿的降价措施,巩固了电报专家高价高收益、低价低收益的传统观念。1869 年,奥顿向西联电报公司杂志编辑表示,像哈伯德这样的"空想家"总是错误地认为电报的价格可以被大幅削减。奥顿认为,这种错误的根源在于,他们将"运用机械动能"成批发送"实物"看作远距传送的"无形过程"。[85]奥顿在接受报纸采访的时候解释道,所谓电报在未来将走向邮政部长克雷斯维尔所推崇的低价"明信片计划"的观念,在他看来根本是不值一提的"谬论"。电报行业涉及由电报业务员为公众提供的大量"简短信件"的"书写"服务。邮政部门之所以能够通过低的定价获益,原因在于它与西联电报公司不同,无须为信件书写耗费成本。因此,如果西联电报公司降价,利润将不可避免地减少:降价所预期带来的流量增加,并不能抵消提供服务的成本:"在有限的时间里,人能够写的信件数量有限。书写的成本不因书写数量的增长而降低,因为如果数量超过现有职员队伍的承载力,就必须额外雇佣写手。"[86]

高价高收益的信条得到了一位备受尊敬的船长詹姆斯·安德森(James Anderson)的支持,他成功地指挥了美英之间第一条永久海底电报的铺设工作。为了解决电报降价能否带来高收益的问题,安德森对欧洲各国国家电报进行了一次精确的数据分析。他的结论是:"电报通过大规模运作所获得的收益远远小于其他行业"。安德森对于近来英国电报网络的国会收购案不做表态。然而,他几乎确信,国有电报将会比私营电报成本更低,因为运作一个"自营系统"(self-supporting system)显然要比"红利系统"(dividend-paying system)来得更加省钱。[87]私营电报公司尤其会提防在不大可能产生回本利润的特定区域大规模斥资扩张。对这一建议不加重视的公司,其发展可能会被偏远路线的建设成本所阻碍,并且在生产方面受到"资本规模较小"的新入局者的阻击。[88]

安德森高价高收益的信条,在美国广为人知。援引过这一信条的权威人士不仅包括哈伯德这样的西联电报公司批评者,也包括质疑联邦立法的记者们。[89]因此,认为奥顿降价是为了激发西联电报公司电报网络的组织潜力的猜测恐怕是个错误,因为更为迫切的是应对来自敌意立法与暴发户对手的夹击。1876 年,奥顿向乔治·B. 普雷斯科特解释道，降价措施既能降低敌意立法的声浪，又能挫败新竞争对手阻击西联电报公司垄断事业的企图，可谓一举两得。如果能够提供令人满意且定价低到无可匹敌的基础服务，公众就不至于为垄断而感到恐慌了。[90]

奥顿所面临的政治挑战不仅来自针对性立法，同样麻烦的风险还包括法庭可能会要求电报公司遵循严格的"运输业"责任标准，而这套标准在铁路与货运行业已经普及。几乎没有人否认电报公司需要承担起公共载具所被要求实现的使命。例如，电报公司不能拒绝为任何付费的个人提供服务，也不能在同一服务上对不同用户区别定价。主要的例外是纽约联合新闻社，西联电报公司为其提供的价格远低于其竞争对手。这一自相矛盾的举措，让无法获得纽约联合新闻社时效资讯的记者们大为光火。

电报公司接受为所有用户提供同等服务的义务，但它们拒绝接受普通法所主张的公共载具应遵守的无过错责任标准。如果铁路或运输公司在货物运输中处理不当，它们会被要求全额赔偿。按照批评者的要求，西联电报公司也应该遵照同样的标准。如果一个破败的市场错发一张订单，就有可能给发送者带来数以千计美元的损失，那么，为什么西联电报公司不用为此担负责任？

奥顿竭尽全力地抵制电报公司与铁路、货运一样遵循严格运输责任标准的观点。要衡量一批棉花或小麦的价值相对容易，要衡量一份电报的价值，则要考虑诸多与传输费用无关的因素。让事情变得更复杂的是，发送者们并无义务提前表露他们电报的价值，因此，这让西联电报公司的经营者们不可能对一个特定的信息进行非常规的预防。根据奥顿的同事诺文·格林的粗略观察，一份电报的价值通常会被发送者们"尽力隐瞒"[91]。

责任标准的不确定性惹来了大量诉讼。起诉西联电报公司丢失商业信息的商人，在有些情况下能够获得大笔补偿。甚至非商业性失误也时常因为被法院裁定为导致"精神痛苦"[92]，而引发大量经济补偿。举例而言，有一位寄宿学校女生的父亲，因为西联电报公司的电报业务员把一份来自学校领导的电报转录错误而获得了一笔赔偿。这封电报原意是"你的女儿昨晚着凉了"（had a chill），然而业务员错误地将"chill"的第二个"l"译成了"d"。法庭裁定，西联电报公司对女孩父亲由此引起的精神痛苦负有责任。[93]

为了保护西联电报公司免受错误信息的责任所扰，奥顿援引了所谓的无形性原则（intangibility doctrine）的司法惯例。奥顿主张，西联电报公司不应被视为普通的运输组织，因为它所传送的信息与铁路、货运所运载的项目从根本上不同。将西联电报公司视为普通运输组织是一个"司法谬误"。电报产业的内在特征就对此进行了排斥："普通运输组织是对实体物品运输进行委托"，西联电报公司只是传送"无形的思想"，即使是"最轻微的大气电流"，都可以影响它的传送、扭曲它的意义。[94]

为了反驳国家电报立法符合宪法的争论，西联电报公司顾问格罗夫纳·P. 劳莱

(Grosvenor P. Lowrey)对其前提条件,即电报是一种商业形式提出了质疑。劳莱强调,电报不是商业形式,因为它仅仅是对"人类声音的听觉"进行了增强。商业涉及有形物品的运输。电报不仅没有实体性,而且如同言说一样,只是一种"直接的智力交流"形式,因此绝不应该被一个声称共和的政府所管制。只有独裁者才会对公民"交换"思想的途径采取"排他性控制"的措施。[95]

尽管奥顿知道,出于司法目的而将电报视为无形之物的做法只是权宜之计,他却为西联电报公司信息传送的准确性以及对减少内部人士利用设备获取市场前沿信息可能性的努力而深感自豪。"西联电报公司的理念"是让它的用户能够"获得贸易决策的确定性"。[96]为了杜绝收买电报业务员延迟信息流转的投机行为,奥顿从平克顿侦探社(Pinkerton Detective Agency)雇用了私家侦探对其职员进行追踪。[97]在奥顿看来,暗示西联电报公司为某些客户提前提供市场信息的指责,是十分粗暴的。如果西联电报公司出现这种偏袒行为,全国的商人必然群起而攻之:"一家几乎遍布整个地图版图的公司,倘若在某处做着施惠一小部分商人的勾当,怎么可能整个大陆从东到西没有一句反对的声音?还是你认为这些城市的交易所都不用电报?"[98]

奥顿对公平性的承诺,在像1876年大选造势这样的大型政治事件期间,因为他公司领导的身份而被抛之脑后。[99]奥顿与共和党的主要领导者们保持着很好的关系,在很多共和党内部人士看来,奥顿在西联电报公司总部大楼的办公室成了"与奥顿共商妙计的政客常来之地"[100]。奥顿无暇思考,甚至未曾意识到,他的政治主张与公司领导角色之间的利益矛盾,将在公共事务信息流通的问题上影响甚巨。民主党籍的记者亨利·沃特森(Henry Watterson)确信,西联电报公司为共和党人提供了数量巨大的建议。在回忆录中,沃特森断然宣称,在1876年的总统选战中,共和党人拦截并阅读了沃特森发给民主党总统候选人萨缪尔·J. 蒂尔登(Samuel J. Tilden)的机密电报。[101]

共和党议员们乐见西联电报公司应阿尔伯特·梅耶的要求为他提供用以编制天气预报的特权,让奥顿颇感厌恶。1872年7月,奥顿向共和党的领导人之一、西联电报公司董事埃德温·D. 摩根(Edwin D. Morgan)怒言:"对于管理者们默许的侮辱,我感到十分愤怒,不是那么愿意帮助梅耶了。"共和党的领导人们在支持梅耶和支持国会电报立法两个问题上的共谋,让事情变得更加糟糕。"我和其他的共和党人别无二样,"奥顿抗议道,"但我最重要的任务,是保护我们的股东。回望过去,让人心寒,是共和党人推出了沃什伯恩计划,是共和党人独力推行哈伯德计划,也是共和党籍的总统为邮政部长的恶劣错误背书、在年度咨文中提议国有化电报。与之对照的是,没有一个民主党人站出来支持这种看法——新闻界最大的反对声来自民主党候选人的机构——《(纽约)论坛报》。"[102]

奥顿的政党关系或许可以解释1876年大选过后,来自民主党籍业务员的500份电报是如何被发到《纽约论坛报》(New York Tribune)的编辑部、并最终落入共和党手中的。国会传审这些电报，用以调查1876年大选期间的选举非常规行为，而大选之后，它们本应被销毁。电报显示，有极为重要的民主党人士、包括萨缪尔·J.蒂尔登的侄子，计划在三个高度劣势的州选举中买选票。若说蒂尔登对这些暗地勾当全然不知，让人难以信服：案发之时，蒂尔登的侄子和他住在同一层楼。尽管电报的本意是保密，但是却被泄漏给了《纽约论坛报》，后者将这些内容编辑后在1878年以专栏形式刊登了出来。这些机密电报的出版并扩散，引发了公众的骚动，让蒂尔登声望大挫。共和党的业务员们当然也发过这样的电报，然而却未被见诸报端。[103]

在为电报产业不受干预的持续斗争中，奥顿遭遇过最严峻的挑战，并非来自狡诈的西联电报公司业务员，而是来自国会。出于为用户考量，西联电报公司为每一份电报保留了一份有效期至少6个月的拷贝。为了解决法庭争议，法官偶尔会传审特定的电报，西联电报公司的领导者们则认为应该为他们提供所需的信息。但是国会就不这么受到照顾了。在奥顿的任期中，有两次——第一次是安德鲁·约翰逊的弹劾案，第二次是1876年大选争议的几个月后——国会以"搜集传讯"的名义要求西联电报公司转交大量电报。1876年那次，传讯范围尤其庞大。尽管奥顿公开谴责此举是对客户隐私的侵犯，但最终还是同意向国会移交超过27,000份电报。国会对奥顿进行了警告，若他执意不从，国会将以不服从的罪名将他的整个执行委员会送进监狱。[104]

对于奥顿而言，国会乐于通过传讯权征用电报，就是反对国有化电报的有力论据。1868年，奥顿询问一位记者，如果国内所有的电报公司都"被渴望利用职权满足私利的人管理，后果将会如何？"[105]只要管理得当，私人企业在保护个人信息的方面，远比国有企业做得好。为了证明他的论点，奥顿提醒议员，1835年，为了阻止蓄奴议题的信息流通，时任邮政部长阿莫斯·肯德尔在蓄奴州的命令下构建了臭名昭著的信息封锁系统。奥顿对一名肯塔基州的议员怒斥道，"阿莫斯·肯德尔任上为了搜寻所谓煽动性报纸而搜查邮件的做法，完全是暴行"[106]。

在反对国家干预的漫长政治斗争中，奥顿最信任的同盟是新闻界。记者们在1840年左右就为廉价邮资发过声；然而，除了《纽约先驱报》之外，没有一家纽约主流报纸在杰伊·古尔德于1881年接管西联电报公司之前支持国家电报立法。记者们反对电报立法的原因多种多样。如果邮政部控制电报，那么公共服务事业的规模将会显著增加，形成一支公务人员"新军"，让执政党可以用来支持党派提名候选人的再度当选。如果国会授权一家电报公司与邮政部签约，制定传送信息的特定价格，那么不仅会浪费新入局者的特许经营权，也会让西联电报公司的负担加重。这些观点都有反驳声音，但是少有记者愿意对此加以关注，这其中也有特别的考虑。如果新闻界支持通过立法增强西联电报公司的对手，势必会引来西联电报公司的反对。然而，即使是国内规模最大、影响力最广的报纸，也依赖西联电报公司为它们提供读者所需的新闻报道。

西联电报公司慷慨给予了记者们各种特权。根据一个长久的传统,它允许纽约联合新闻社以极低的价格使用它的线路为会员搜集、打包和传送新闻报道。这一特权算是相当有分量了。就 1870 年而言,非新闻界用户共计花费 570 万美元,传送 800 万条信息,平均每条信息价格高达 71 便士;与之相比,新闻中介仅仅花费 100 万美元,传送 1500 万条消息,平均每条信息价格仅为 6.6 便士。[107] 若要算上为记者提供的各种特殊服务,这样的价格差别已经算是保守估计了。更加复杂的是,报纸的电报发送比普通电报更耗费人力。不仅因为它通常更长,而且它通常需要在夜间被加急传送到多个地点。

奥顿对于西联电报公司向新闻界提供的特权十分自豪。他向一位同事扬言,世界上不会有其他任何一个政府,能够这样使用电报来支持教育与人民福祉,这是这个共和政府所特有的条件。[108] 因此,当他将这些特权扩展到新闻中介时,几乎没有人会怀疑奥顿此举的效益:邮政部早在 18 世纪 90 年代就开始补助新闻业,同样无人为此抱怨。即使是西联电报公司最严厉的批评者,也不曾建议西联电报公司向新闻中介抬价以降低普通电报价格。特权,长期以来都是美国新闻业的基石。就如同邮政部补助新闻报道流通一样,西联电报公司也不例外。问题反而在于,西联电报公司不愿意为所有新闻中介提供相同的特权。

内战时代之后,规模最大、最有权势的新闻中介是纽约联合新闻社。奥顿在任期间,纽约联合新闻社由纽约七家报纸共同运作:《纽约先驱报》、《纽约太阳报》、《纽约论坛报》、《商业日报》(the Journal of Commerce)、《时代》杂志(the Times)、《纽约世界报》(the World)和《纽约快报》。尽管纽约联合新闻社在全国范围内提供新闻报道流通,但是它高度侧重纽约市,这也导致了它在 19 世纪 90 年代的解体。今天人们所熟知的美联社,是由纽约联合新闻社的芝加哥对手们所成立的西部联合新闻社(the Western Associated Press)演化而来的。纽约联合新闻社与之不同,它保持着严格的成员制度,决定着一家报纸可否获得它的新闻报道。在 1880 年美国本土发行的 971 家日报中,纽约联合新闻社只为其中的 355 家提供服务。[109] 按照纽约联合新闻社一位总代理人的说法,纽约联合新闻社是一个"巨大的互惠合作组织",与所有同类组织相同,它将选择成员的权利看得和婚姻自由的权利一样神圣。[110] 纽约联合新闻社的批评者们认为国会应该要求其为每家报纸提供同等服务,在这位总代理人看来,这无异于给予每个想办报纸的人一种"天赐使命"。这正是纽约联合新闻社的批评者们渴望的,也正是纽约联合新闻社的代理人们反对的。[111]

可以预见的是,纽约联合新闻社的排外性让受雇于其他报纸的记者们十分恼火。年轻的亨利·乔治(Henry George)就针对西联电报公司拒绝他所在的三藩报纸以特惠价格从纽约联合新闻社获得新闻报道而提出了严正反对。一个来自三藩市的新闻协会与纽约联合新闻社合作,对乔治所在的报纸进行了封杀,而奥顿拒绝介入。为了报复,乔治出版了一个小册子,详细叙述了他如何尝试突破西联电报公司—纽约联合新闻社的联合却屡屡受挫;《纽约先驱报》对此进行了全文发布。[112] 不久之后,乔治转而关注私人土地所有权,这个政府支持垄断的议题同样被收入他关于反垄断的经典论著《进步与贫穷》(*Progress and Poverty*, 1879)之中。然而,让乔治开始关注政府支持特权对权利平等造成威胁的,是信息流通的垄断问题,而非土地所有权问题。

147   19世纪70年代,领导反抗西联电报公司—纽约联合新闻社阵线的重担落到了詹姆斯·H. 古德塞尔(James H. Goodsell)肩上。古德塞尔是纽约《每日画报》(*Daily Graphic*)的编辑,也是美国新闻协会(American Press Association)的主席,后者是那些被纽约联合新闻社拒之门外的报纸出版商所成立的新闻中介。在抗击西联电报公司—纽约联合新闻社阵线的问题上,古德塞尔与乔治不相上下,所付出的努力历历可数:古德塞尔在无数的社论与漫画中讽刺"双生垄断"(twin monopolies),以此建议在新闻事业上构建起"自由的贸易"。[113]

尽管奥顿不赞同排外性,但是他并不认为作为西联电报公司的总裁可以插手此事。1875年,奥顿向国会表示,纽约联合新闻社对新闻报道的排外性管控,是西联电报公司与纽约联合新闻社之间"持续争议"的话题。如果纽约联合新闻社可以向所有有需求的报纸提供新闻报道,那么西联电报公司将可以扩充电报业务的规模与利润。然而不幸的是,纽约联合新闻社拒绝接纳"除了它的成员之外"的报纸,而奥顿对此"束手无策"。[114]

奥顿的免责声明无人理睬,很大一部分原因在于它本身不够真诚。西联电报公司拒绝插手纽约联合新闻社内部事务的原因,与其说是奥顿对纽约联合新闻社章程的尊重,不如说是他需要纽约联合新闻社帮他抵挡对西联电报公司的政治批评,如果没有纽约联合新闻社,这些批评可能会直接导致针对性立法。理论上,奥顿可以为个别报纸提供优惠价格的新闻报道;但这么一来,他就有可能触犯纽约联合新闻社,这是奥顿不愿看到的。

奥顿对纽约联合新闻社的担心,源于他相信纽约联合新闻社能够发起舆论闪电战,促成对西联电报公司不利的法案的颁布。不介入纽约联合新闻社内部事务,是西联电报公司经营自主权受到保护的微小代价之一。1869年,奥顿向一位同事表示,西联电报公司在近期抵抗电报立法的国会辩论中所获得的来自纽约联合新闻社最"强大"的舆论支持,很大程度是因为纽约联合新闻社与西联电报公司的合同临近期限,因此"新闻界需要和我们站在一起"。[115] 这股新闻界"几乎一致"的呼声"在国会形成了强大的影响力"。[116]

为了缩小反对西联电报公司报纸的范围,威廉·奥顿为国内最有影响力的新闻中介纽约联合新闻社提供了优惠服务。奥顿的做法触怒了如《每日画报》这样的非纽约联合新闻社会员的报纸,后者无法及时获取纽约联合新闻社的新闻报道。为了表达愤怒,这份 1875 年的《每日画报》漫画将奥顿描绘成了一个古代神明,他手握闪电,践踏新闻业。"Jupiter Ammonopoly Orton and His Victim the Press," *Daily Graphic* 7 (March 24, 1875):封面.

与西联电报公司—纽约联合新闻社阵线对立的新闻中介,有两个最基本的战术:支持国家立法对其进行阻止,或尝试说服西联电报公司提供与纽约联合新闻社同等的特权条件。古德塞尔支持立法;《芝加哥论坛报》的贺拉斯·怀特(Horace White)则建议调解。1869 年怀特承认,《芝加哥论坛报》拒绝对西联电报公司口诛笔伐,是不成功的做法。然而,如果《芝加哥论坛报》希望从西联电报公司手里获得优惠定价,那么就别无选择。"事实上",怀特坦诚,《芝加哥论坛报》所在的西联电报公司对手组织——西部联合新闻社——和西联电报公司签署过"书面条约","不能提倡任何形式与电报公司利益不符的行政措施"。[117]几年后,梅迪尔对他的记者同时谈及,如果新闻界未受到来自西联电报公司的"巨大影响力",那么国会中各种被"强烈倡议"的将电报划归邮政部的立法提案,总归有一条会成功。[118]

1873年,奥顿在对投资人的演讲中谈到,电报行业比起其他类似的行业更为不堪一击。[119]记者们的立场变幻无常,排外性优先权条款随时可能被废除。更为紧迫的威胁则来自降价议题上的对手们。如果新晋竞争对手们可以获得优先权,它们将可以和西联电报公司的线路一样把每公里造价控制在100~150美元之间,和铁路每公里几千美金的造价比起来,实属廉价买卖。[120]价格战一般发生在高度繁忙的路线上,例如华盛顿—纽约市、纽约市—芝加哥。在不同场合下,奥顿发现,收购对手是一个减少竞争的良方。

奥顿最顽固的对手是杰伊·古尔德。1875年,古尔德豪取了一家对手电报公司——大西洋与太平洋公司(the Atlantic & Pacific)——引发了与西联电报公司的价格战。直到1877年被奥顿收购之前,他都是一个对手。奥顿的收购仅仅起到了激励这位金融家的效果,后者随即构建了第二家电报公司——美国联盟(American Union)——在奥顿去世后第二次展开对西联电报公司的挑战。这次挑战一直持续到1881年,以古尔德接手西联电报公司到达顶峰。

为了在竞争中占据上风,奥顿不仅依靠策略性降价和针对性收购,也依靠技术进步。尽管奥顿自己从未担任过电报业务员,但他深知西联电报公司技术陈旧的弱点。如果对手获得了大型的发明专利权,能够降低成本或提升绩效标准,那么对手将可以抵消西联电报公司从排外性优先权条款所获得的竞争优势,在繁忙的线路上以低成本运作。

奥顿对技术进步的承诺,促使他拿下来自格雷 & 巴顿公司(Gray and Barton)的主要股份,后者是一家由艾利沙·格雷和伊诺斯·巴顿(Enos Barton)在克利夫兰建立的电器设备制造商。格雷 & 巴顿是当时技术最先进的电器设备制造商之一。通过买下主要股份,奥顿希望通过较合理的价格,获得最先进电报设备的稳定供应。为了协调格雷 & 巴顿和西联电报公司,奥顿将其重新命名为西部电气公司,并将其迁至西联电报公司的地区总部芝加哥。西部电气很快就变成了西联电报公司最主要的电报设备提供商和电报行业最主要的技术创新孵化器。[121]

奥顿投资的一个前沿技术是自动收报机(ticker),第一个用户友好型(user-friendly)的电信媒介。[122]自动收报机能够在纸上打印公司证券和贵重金属的时效性价格信息,以服务于办公室里的银行家和经理人。电报用户不需要再依赖像电报业务员或报纸编辑这样的人工中介来获得电报传输的信息。"商人、制造商、编辑、政治家,"1872年一位自动发报机的爱好者畅言,"可以像蜘蛛一样坐在他的复杂传播网络的中央……体验光速传送、捕捉细微的变动或影响,并及时相互回应,这在几十年前根本不可想象。"[123]为了推进自动发报机生意,奥顿买下了托马斯·A. 爱迪生(Thomas A. Edison)一个快速稳定的自动发报机的专利,并且获得了国内最大的自动发报机供应商古德 & 斯托克(Gold & Stock)公司的主要股份。[124]

自动发报机向来是特殊客户的专属服务。截至1876年,纽约市只装了799台,其中大部分都在银行家与经理人的办公室里。[125]一小撮敏感的记者曾经警告说,安装自动发报机可能会减少报纸的需求量,因为用户们可以比新闻界更快地获得金融信息。奥顿对此提出了异议。他解释道,古德 & 斯托克公司传送的"少量信息"只会刺激用户们对报纸的需求。事实上,奥顿甚至对是否有报纸因为古德 & 斯托克公司而减少订阅量感到怀疑。[126]

奥顿也投资了四路多工系统(quadruplex),一种能够让电报业务员在一条线路上同时发送四条信息的设备。四路多工系统可以显著降低设备成本,因为它减少了为提升运载量而加设电报线路的需求。奥顿对于提升电报线路运载量的想法可以追溯到1868年,当时加德纳·G. 哈伯德告诉了他关于双工系统的存在,这种设备可以同时传输两条信息。最初,奥顿对哈伯德指点他对电报公司的经营颇为不以为然。然而,不久之后,奥顿就收回了他的高傲,买下了这个发明的专利权。为了将艾利沙·格雷、伊诺斯·巴顿和他们在西部电气的同事们的技术知识加以资本化,奥顿为那些对西联电报公司有利、不宜落入对手手中的发明专利权提供了经济激励。为了与大西洋海底电报的发展并驾齐驱,奥顿为发明家托马斯·A. 爱迪生提供了巨额年度经费,以发明专利设备。奥顿和爱迪生的合约并未准确地声明西联电报公司将获得爱迪生的专利权,这一疏漏让奥顿陷入了各种麻烦之中。从奥顿的角度,他的目的其实很简单。爱迪生是被聘请来"超越其他发明家",为西联电报公司发明"保障性"设备的。[127]

在被奥顿商业孵化的技术创新中,最有名的当属电话。最早的电话可以传输像音乐这样的声音,但无法传递人声;19世纪50年代,欧洲与美国的发明家们都热衷于对此加以改进。"电话"(telephone)这个词就在这个时期流行开来了,它与声音的电力传送紧密相关。[128]

艾利沙·格雷、亚历山大·格雷汉姆·贝尔和托马斯·A. 爱迪生,几乎同时申请了美国第一台可以传送人声的电话的专利权。对于他们三位发明家而言,电话不过是他们研究多路传输设备的副产品,后者则是他们潜心研究用以卖给奥顿、武装西联电报公司从而对抗古尔德的目标。[129]

奥顿拒绝购买贝尔电话的专利权,被美国商业与技术史家嘲笑为美国历史上最糟糕的商业决策。当然,这件事更适合被定义为处于变化不定的环境中的谨慎反应。奥顿与格雷和爱迪生两人都保持着商业合作关系,奥顿相信,这两人发明的电话必然优于贝尔。然而,如果随之而来在西联电报公司与贝尔电话专利权拥有者之间的司法调解角色互换,那么奥顿很有可能被证明是对的。将贝尔单独尊为电话的发明者,更多依据的是专利诉讼的急切定性,而不是发明的过程。根据一位杰出的技术史家的观察,"对于发明家、发明史学者、甚至是法庭来说,尝试证明是谁发明了一个机器、设备或者机制过程,例如蒸汽机、电话、变压器……都是无用的。贝尔并未发明电话:他只是应用电阻器与感应器的原理整合了一个电话系统"[130]。

贝尔最主要的金主加德纳·G. 哈伯德,正是奥顿的主要对手,这坚定了奥顿不购买贝尔发明专利权的决心。奥顿获得了格雷的电话专利权,他不愿意向多年来游说国会制定法律掣肘西联电报公司的人付钱,倒也情有可原。如果贝尔的专利权被对手所获,奥顿合理地假设,自己能够有足够的司法、技术与金融资源将其摧毁。对于奥顿来说,在1876年的冬天像丢弃电子玩具一样放弃电话,确如他所做的,能够体现出他真正的信仰。[131]艾利沙·格雷几乎同时得出了一样的结论。然而,这也可能是一个蓄意的策略,好让奥顿没有获得的发明在未来保持较低的专利价格。

奥顿在1876年冬天关于电话的商业潜能所抱持的所有疑虑,都在1878年2月烟消云散了。当时,奥顿向一位同事吐露心声,如果各种电话专利权能够合并起来,它们的拥有者将会获得这个国家里"最有价值的专利权"之一。[132]如果奥顿可以再活几年,西联电报公司或许可以打败哈伯德和贝尔,在电话行业保持着重要地位。在奥顿去世前,他已经迅速地在美国大小城市里为西联电报公司构建起电话交换所的岛群。

奥顿对电话产业野心勃勃,正是他商业策略的体现:如果西联电报公司占尽优势,立法者们很快会拿垄断说事;如果它走向劣势,那么它将在暴发户面前不堪一击。这个对奥顿困局简洁有力的概括,来自一部由詹姆斯·D. 里德撰写、聚焦于奥顿、并在奥顿去世后旋即出版的电报产业史。根据里德的阐述,西联电报公司既是"纯粹的私有制企业",又是"倍受认可的全国性传播工具"。[133]想要平衡西联电报公司对国家和对股东的责任,不要说充满困难,有时甚至是不可能的事情。管理一个既是权力机构又是主要传播工具的组织,被证明是一个巨大的挑战,即使像奥顿能力这么强的经理人,也往往难以招架。

长远来看,里德可谓字字真言。19世纪70年代,西联电报公司确实是一家"全国性"机构:尽管它的线路网络遍布美国所有的主要城市,但是在海外市场份额很小。唯一的例外,是奥顿在1873年要求建设的美国—古巴电报线路。在极为重要的大西洋市场,西联电报公司主要依靠海底电报巨头盎格鲁—美利坚公司(Anglo-American)。尽管这个名字听起来像美英联合投资的企业,但该公司实际上的资金、工作团队、设备厂商均来自英国。

为了强调西联电报公司辖区网络的权力,奥顿亲自对位于纽约市中心的、雄伟壮观的总部大楼建设进行了监工。这栋建筑位于城市主要的南北干道——百老汇大街的一个优质地段,往南就是金融区,比邻市政厅、市邮政局新大楼,以及包括《纽约先驱报》《纽约论坛报》和《时代》杂志在内的几家主流报纸总部大楼。大楼于1875年竣工,在它北面几个街区开外,市邮政局新大楼以同样庞大的规模拔地而起。兴建西联电报公司总部大楼,意味深长地显现出了奥顿的决心:西联电报公司将比邮政部更加长久,后者则是西联电报公司批评者们经常与之相提并论的对象。建筑的正立面包括供放富兰克林和莫尔斯雕像的几个壁龛,尽管这些壁龛是否被放满过还不得而知。这栋建筑作为西联电报公司的总部大楼,一直持续到1913年大楼被拆除,并被重建为西联电报公司、美国电话电报公司的联合总部;在那之前的1909年,美国电话电报公司收购了西联电报公司。

将富兰克林和莫尔斯相提并论,成了一种传统,尽管不能说没有政治原因。他们俩都是电力科学的主要技术创新的著名发明家:富兰克林发明了避雷针,莫尔斯发明了电报。两人也都支持西联电报公司作为一家主导商业渠道的私有制企业的合法性。奥顿对莫尔斯的推崇,是因为莫尔斯晚年在所参与的公共活动中成功地从国有电报的支持者转变为市场化经营的支持者;对富兰克林的遵奉则增加了与邮政部的联系,邮政部与西联电报公司都将富兰克林视为祖师爷。

西联电报公司大楼是一个极好的视觉标识。十层半的高度,加上双倍的层高,让它比典型的五层楼商业建筑高上四倍。[134]没有什么能够比这更能体现出西联电报公司发展迅猛,在1866年成为全国规模最大、最有权势的公司之一了。只有三一教堂的尖顶和还未竣工的布鲁克林大桥的桥塔能够超过这个高度。当英国科学家、不可知论者托马斯·赫胥黎(Thomas Huxley)在19世纪70年代晚期抵达纽约,看到纽约最高的两座建筑是西联电报公司和《纽约论坛报》的大楼时,他并未忘记加以一番评判:"这真的很有趣,这就是美国。在文明发祥地,你观看和接触伟大城市的方式是找到那些尖塔;然而在这里,你首先看到的,是汇聚智慧的中心。"[135]

以高调、铺张、奢侈的方式,西联电报公司大楼散发出被房地产行内人称为"无限自信"的气质,电报行业的未来潜力让当前成本不足为惧。[136]西联电报公司在大楼建设上花费了几百万美元,总量之大令奥顿不得不在伦敦为之募款。西联电报公司自掏腰包84万美元,成为纽约市历史上最大的单笔房地产交易。[137]

在大楼顶部,高耸着一座距离人行道266英尺的钟楼——一位记者注意到,它比邦克山纪念碑还要高出6英尺——几乎与斯特拉斯堡大教堂一样高。[138]1875年,还没有人把西联电报公司总部大楼称为"摩天大楼"(skyscraper),因为这个词还仅仅被应用在对船的形容上。然而很快,这栋楼就被建筑评论家称为世界上最早的摩天大楼之一。[139]

西联电报公司大楼最为不寻常的特征,是竖立于钟楼顶端的计时装置报时球。为了利于水手们校正他们赖以计算维度的航海经线仪,也为了给人们报时,这个报时球在每天正午自动发出来自华盛顿美国海军观测所(the United States Naval Observatory)的信号,后者则保有高度精确的时钟。"数以千计的人们依靠这个陈旧的报时球来校正时间,"1892年一位纽约人回忆道,"对于水手来说,它尤其具有价值,因为时间精确性对他们是一件至关重要的事情。"[140]这样的习惯一直保留到附近更高的新建筑遮蔽了视线。[141]但这项风俗以特有的方式保留至今:在每年的跨年活动上,纽约时代广场在零点时都要象征性地降下一颗闪亮的球体。

西联电报公司的报时球,体现着奥顿希望把西联电报公司打造成坚实可靠的永久性组织的决心。在此之前,报时球大多与政府部门有关。举例而言,英国的格林尼治皇家气象台,在1833年就安装了最早的报时球之一。西联电报公司则是最早跟随其脚步的公司之一。

讽刺的是,西联电报公司大楼的竣工刚好碰上了金融家杰伊·古尔德向西联电报公司发动的两个挑战之一。古尔德在1881年接管了西联电报公司,缩减了奥顿长期竭力争取的经营自主权。尽管古尔德是一个富有创新精神的商业谋略家,然而,他对增强西联电报公司声誉的工作所为甚少,对奥顿野心勃勃的科研项目也缺乏足够的兴趣。奥顿拒绝了哈伯德所提出的、不切实际的"邮政特许权",然而他支持哈伯德对电报作为公共托拉斯最好由经理人主导的看法。不幸的是,对于奥顿而言,经理人主导经营的道路被证明是难以实现的。在古尔德于1881年接手之后,这甚至已成空想。

注释:

[1]William Orton to Anson Stager, January 24, 1871, president's letterbook, Western Union Collection, Archives Center, National Museum of American History, Smithsonian Institution, Washington, D.C. (hereafter PL, WU-SI).

[2]《国家电报法案》有时被称为1866年《邮路法案》(the Post Roads Act of 1866),这是一项始自1900年的惯例。关于早期的所谓"邮路法案"的情况,参见 A. H. McMillan, *Telephone Law* (New York: McGraw Publishing Co., 1908), p.47.

[3]"An Act to Aid in the Construction of Telegraph Lines, and to Secure to the Government the Use of the Same for Postal, Military, and Other Purposes," in *Statutes at Large of the United States of America, 1789-1873*, vol. 14, chap.230 (Boston: Little, Brown, 1866), p.221.

[4]John Wanamaker, *An Argument in Support of the Limited Post and Telegraph* (Washington, D.C.: U.S. Government Printing Office, 1890), app. H.

[5]Western Union, *Annual Report* (1869), p.40.

[6]Norvin Green to Martha Green, January 30, 1869, Norvin Green Family Papers, University of Kentucky, Lexington, Ky.

[7]William Letwin, *Law and Economic Policy in America: The Evolution of the Sherman*

Antitrust Act (Chicago: University of Chicago Press, 1954), pp.87-95; George F. Edmunds, "The Interstate Trust and Commerce Act of 1890," *North American Review* 194 (December 1911): 801-817.

[8] Sherman to Cooke, July 30, 1866, Cooke Papers, Historical Society of Pennsylvania.

[9] *Chicago Tribune*, June 15, 1866.

[10] "An Act to Attach Certain Conditions to the Construction of Future Railways," *Statutes of the Realm*, 7-8 Vict., c. lxxxv, August 9, 1844.

[11] John Stuart Mill, *Principles of Political Economy*, vol. 2 (Boston: Charles C. Little & James Brown, 1848), p.540.

[12] Josiah Quincy Jr., *Figures of the Past: From the Leaves of Old Journals* (Boston: Roberts Brothers, 1883), pp.338-340.

[13] Josiah Quincy Jr., *The Railway System of Massachusetts: An Address Delivered before the Boston Board of Trade* (Boston: Mudge & Son, 1866), p.21.

[14] Isaac F. Redfield, *The Law of Railways* (Boston: Little, Brown, and Co., 1867), p.239.

[15] William L. Scott and Milton P. Jarnigan, *A Treatise on the Law of Telegraphs* (Boston: Little, Brown, and Co., 1868), p. iii.

[16] Frank Luther Thompson, *Wiring a Continent: The History of the Telegraph Industry in the United States, 1832-1866* (Princeton, N.J.: Princeton University Press, 1947), pp.407-408.

[17] 同上。

[18] *Congressional Globe*, June 27, 1866, 39th Cong., 1st sess., 3428.

[19] Cooke to Sherman, April 20, June 22, 1866, vol. 99, 103, Sherman Papers, Library of Congress (hereafter LC).

[20] *Congressional Globe*, February 23, 1866, 39th Cong., 1st sess., 979-980.

[21] 同上。

[22] Orton to Edwin D. Morgan, June 8, 12, 1866; Orton to Gardiner G. Hubbard, October 20, 1873; both in PL, WU-SI.

[23] Sibley to _____, June 5, 1867, Post Office Department Records, RG 28, National Archives, Washington, D.C.

[24] William Orton, *Government Telegraphs* (New York: Russells' American Steam Printing House, 1870), p.28.

[25] "An Act to Facilitate Communication between the Atlantic and Pacific States by Electric Telegraph," *Statutes at Large of the United States of America, 1789-1873*, vol. 12, chap. 137 (Boston: Little, Brown, 1860), pp.41-42.

[26] Eric D. Craft, "The Value of Weather Information Services for Nineteenth-Century Great Lakes Shipping," *American Economic Review* 88 (December 1998): 1074-1075.

[27]Rebecca Robbins Raines, *Getting the Message Through: A Branch History of the U.S. Army Signal Corps* (Washington, D.C.: Center of Military History, 1996), chap.2; James Rodger Fleming, *Meteorology in America, 1800-1870* (Baltimore, Md.: Johns Hopkins University Press, 1990), chap.7.

[28]*Electro-Magnetic Telegraph—Astronomical Observations*, 30th Cong., 2nd sess., 1849, H. Ex. Doc. 21 (serial 540); Hugh Richard Slotten, *Patronage, Practice, and the Culture of American Science: Alexander Dallas Bache and the U.S. Coast Survey* (Cambridge: Cambridge University Press, 1994), pp.141-143; Raines, *Getting the Message Through*, p.45.

[29]Cited in James Rodgers Fleming, "Storms, Strikes, and Surveillance: The U.S. Army Signal Office, 1861-1891," *Historical Studies in the Physical and Biological Sciences* 30 (2000): 316.

[30]*Postal Telegraph in the United States*, 41st Cong., 2nd sess., 1870, H. Rpt. 114 (serial 1438).

[31]Lucile M. Kane, *The Falls of St. Anthony: The Waterfall that Built Minneapolis* (St. Paul: Minnesota Historical Society Press, 1987), pp.75-77, 92-94.

[32]Ulysses S. Grant, "Annual Message," December 4, 1871, in *Papers of Ulysses S. Grant*, vol. 22, ed. John Y. Simon (Carbondale: Southern Illinois University Press, 1998), p.259.

[33]*Congressional Globe*, January 21, 1862, 37th Cong., 2nd sess., 424.

[34]"Republican Mass Meeting—Speech of Mr. Creswell," *Baltimore American*, October 18, 1873.

[35]Ezra Cornell, diary, September 3, 1850, Cornell Papers, Cornell University, Ithaca, N.Y.; "An Act to Incorporate the New England Telegraph Company," in *Acts and Resolves Passed by the General Court of Massachusetts*, chap.97, April 30, 1851, p.607; Robert V. Bruce, *Bell: Alexander Graham Bell and the Conquest of Solitude* (1973; Ithaca, N.Y.: Cornell University Press, 1990), pp.83-84.

[36]W. Bernard Carlson, "The Telephone as Political Instrument: Gardiner Hubbard and the Political Construction of the Telephone, 1875-1880," in Michael Thad Allen and Gabrielle Hecht, eds., *Technologies of Power: Essays in Honor of Thomas Parke Hughes and Agatha Chipley Hughes* (Cambridge, Mass.: MIT Press, 2001), pp.25-55.

[37]*Minutes of a Hearing Before the Committee on Railroads ... January 28, 1879*, p.82.

[38]Hubbard, "The Proposed Changes in the Telegraphic System," *North American Review* 117 (July 1873): 106.

[39]Gardiner G. Hubbard, *Commerce by Railroad: Memorial*, 43rd Cong., 1st sess., 1874, H. Misc. Doc. 140 (serial 1619), pp.3-4; Hubbard, *Memorial*, 41st Cong., 3rd sess., 1871, H. Misc. Doc. 39 (serial 1462), p.13.

[40]Hubbard, "Proposed Changes," pp.82, 104.

[41] Orton to Thomas Orton, February 23, 1870; Orton to George Walker, February 28, 1870; both in PL, WU-SI.

[42] Orton to Hubbard, October 20, 1873, PL, WU-SI.

[43] *Chicago Times* [c. 1871], in scrapbook, folder 5, box 35, PL, WU-SI.

[44] "The Telegraph," *Harper's New Monthly Magazine* 46 (February 1873): 472; Joseph Medill to Elihu B. Washburne, November 25, 1868; E. D. L. Sweet to Washburne, December 9, 1868; both in Washburne Papers, LC; Resolution of Providence Board of Trade, 1868, Sen. 40A-H18.1; Resolution of San Francisco Chamber of Commerce, 1869, Sen. 41A-H117.4; both in committee papers, Senate Committee on Post Offices and Post Roads, RG 46, National Archives, Washington, D.C. (hereafter SP-NA).

[45] Resolution of New York Chamber of Commerce, 1870, Sen. 41A-H17.4, committee papers, SP-NA; Boston Board of Trade, *Annual Report* (1868), p.106; National Board of Trade, *Proceedings* (1868), pp.62-63.

[46] National Board of Trade, *Proceedings* (1868), pp.62-63.

[47] J. L. Kieve, *The Electric Telegraph in the U.K.: A Social and Economic History* (Newton Abbott, U.K.: David & Charles, 1973), pp.125-126.

[48] Medill to Orton, December 17, 1872, in David A. Wells, *The Relation of the Government to the Telegraph* (New York: n.p., 1873), pp.155-158.

[49] George W. Curtis, "A Government Telegraph," *Harper's Weekly* 17 (August 23, 1873): 738.

[50] Hubbard to Gertrude Hubbard, February 27, 1872, Hubbard Papers, LC.

[51] "The Postal Telegraph System," *Independent*, February 15, 1872.

[52] "The Postal Telegraph System," *Chicago Tribune*, June 9, 1867.

[53] Resolution of National Typographical Union, 1870, Sen. 41A-H17.4, committee papers, SP-NA.

[54] Osbourne Ward, *A Labor Catechism of Political Economy: A Study for the People* (New York: n.p., 1878), pp.8, 34, 100-102.

[55] A. C. Cameron, "A Popular Fallacy," *Workingman's Advocate*, February 11, 1871.

[56] Robert V. Bruce, *1877: Year of Violence* (Indianapolis, Ind.: Bobbs-Merrill Co., 1959), pp.212-222.

[57] "The Government and the Telegraphs," *Telegrapher* 4 (May 9, 1868): 302; "Telegraphic Competition: A General System of Competing Lines Needed," *Telegrapher* 5 (May 15, 1869): 304; "A Government Telegraph," *Operator*, January 15, 1884, p.19; "Postal Telegraphy Objectionable to Operators," *Operator*, February 1, 1884, p.37.

[58] 这一概括基于对 1840—1920 年众议院和参议院邮政委员会请愿档案的逐箱翻阅。

[59]Gertrude Hubbard to Hubbard, January 23, 1877, Hubbard Papers, LC.

[60]*Minutes of a Hearing before the Committee on Railroads . . . January 29, 1879*, p.29; *Telegrapher* 11 (January 30, 1875): 26.

[61]Citizens of Adams County, Ohio, *Petition for Cheap Telegraphy*, January 23, 1877, HR 44A-H12.1, House Committee on the Post Office and Post Roads, RG 233, National Archives, Washington, D.C.

[62]Henry O'Rielly, *A Few Suggestions Respectfully Submitted Concerning the Senate Bill Now Pending in the House of Representatives* (n.p., 1860), Henry O'Rielly Papers, Rochester Historical Society.

[63]John Niven, *Salmon P. Chase: A Biography* (New York: Oxford University Press, 1995), pp.345, 358-359.

[64]"Mr. Orton's Salary and Life-Insurance," *Chicago Tribune*, April 29, 1878.

[65]同上。

[66]Richard A. Easterlin, "Interregional Differences in Per Capita Income, Population, and Total Income, 1840-1950," in National Bureau of Economic Research, *Trends in the American Economy in the Nineteenth Century* (Princeton, N.J.: Princeton University Press, 1960), p.102.

[67]Frank D. Y. Carpenter, "The Remuneration of Public Servants," *North American Review* 135 (August 1882): 185.

[68]Maury Klein, *The Life and Legend of Jay Gould* (1986; Baltimore, Md.: Johns Hopkins University Press, 1997), p.196; *Report of the Committee of the Senate upon the Relations between Labor and Capital*, 1885, vol. 1, p.949; T. J. Stiles, *The First Tycoon: The Epic Life of Cornelius Vanderbilt* (New York: Alfred A. Knopf, 2009), pp.510-511, 541-542.

[69]Julius Grodinsky, *Jay Gould: His Business Career, 1867-1892* (Philadelphia: University of Pennsylvania Press, 1957), pp.150-153; Western Union, *Annual Report* (1873), p.3; Orton to Vanderbilt, November 19, 1875, PL, WU-SI.

[70]Orton to Samuel Kepler, February 23, 1870, PL, WU-SI.

[71]Orton to George Ladd, January 10, 1878, PL, WU-SI.

[72]"Congress and the Telegraph," *Telegrapher* 8 (December 9, 1871): 122.

[73]"The Future of the Telegraph in the United States," *Telegrapher* 8 (September 23, 1871): 36.

[74]"The Hatchet Buried—Horace Greeley at the White House—The President Lectured," *New York Herald*, January 4, 1871.

[75]"Combination the Only Safety," *Telegrapher* 7 (January 14, 1871): 164.

[76]*Congressional Globe*, December 5, 1871, 42nd Cong., 2nd sess., 17; *Commercial Advertiser* (New York), December 5, 1871.

[77] *New York Sun*, December 9, 1871.

[78] "The Western Union Telegraph Company—A Card," *New York Times*, February 7, 1868.

[79] Orton, *Government Telegraphs*, p.28.

[80] *Telegrapher* 2 (August 1, 1866): 169; George B. Prescott, *The Proposed Union of the Telegraph and Postal Systems: Statement of the Western Union Company* (Cambridge, Mass.: Welsh, Bigelow, and Co., 1869); Orton to Prescott, December 12, 1868, PL, WU-SI.

[81] James A. Garfield, *Diary: vol. 2, 1872-1874* (East Lansing: Michigan State University Press, 1967), p.45.

[82] Jorma Ahvenainen, *The History of the Caribbean Telegraphs before the First World War* (Helsinki: Suomalainen Tiedeakatemia, 1996), p.50.

[83] "Telegraphic Progress in America in 1874-5," *Telegraphic Journal* 3 (November 15, 1875): 268.

[84] Orton to Stager, February 15, 1870, PL, WU-SI.

[85] Orton to James D. Reid, November 21, 1869, PL, WU-SI.

[86] "The Situation," *Operator* 3 (August 15, 1875): 6.

[87] James Anderson, "Statistics of Telegraphy," *Journal of the Statistical Society of London* 35 (September 1872): 309, 312.

[88] 同上，pp.275, 284.

[89] "Would a Postal Telegraph Be Cheap?" *Nation* 15 (December 19, 1872): 403; Hubbard, "Proposed Changes," p.95.

[90] Orton to Prescott, September 21, 1876, PL, WU-SI.

[91] Green to Charles H. Haskins, October 28, 1881, PL, WU-SI.

[92] W. C. Rogers, "Liability of Telegraph Company for Mental Suffering," *American Law Review* 29 (March-April 1895): 209-226.

[93] "Telegraph-Buying," *New York Tribune*, December 12, 1871.

[94] Orton to D. W. Patterson, January 20, 1868, PL, WU-SI.

[95] *Postal-Telegraph Bill*, May 27, 1874, pp.17, 21.

[96] *Argument of William Orton on the Postal Telegraph Bill . . . January 20, 21, 22, and 23* (New York: n.p., 1874), p.61.

[97] House Judiciary Committee, "In the Matter of the Western Union Telegraph Company," 43rd Cong., 1875, pp.22-23, HJ-TI, RG 233, National Archives.

[98] House Judiciary Committee, "Western Union," p.24.

[99] Menahem Blondheim, "Rehearsal for Media Regulation: Congress versus the Telegraph-News Monopoly, 1866-1900," *Federal Communications Law Journal* 56 (March 2004): 299-327.

[100] William Henry Smith to Rutherford B. Hayes, September 6, 1876, Hayes Presidential

Center, Fremont, Ohio.

[101] Henry Watterson, *"Marse Henry": An Autobiography*, vol. 1 (New York: G. H. Doran, 1919), p.296; Isaac F. Marcosson, *"Marse Henry": A Biography of Henry Watterson* (1951; Westport, Conn.: Greenwood Press, 1971), p.118.

[102] Orton to Edwin D. Morgan, July 18, 1872, Morgan Papers, New York State Library, Albany, N.Y.

[103] Charles Richard Williams, *The Life of Rutherford Birchard Hayes: Nineteenth President of the United States*, vol. 2 (Boston: Houghton Mifflin Co., 1914), pp.142-169.

[104] Green to Shelby Cullom, February 24, 1888, PL, WU-SI; David J. Seipp, *The Right to Privacy in American History* (Cambridge, Mass.: Program on Information Resources Policy, 1978), pp.31-38.

[105] Orton to Manton Marble, May 29, 1868, vol. 18, Marble Papers, LC.

[106] Orton to James B. Beck, February 3, 1872, PL, WU-SI.

[107] *Postal Telegraph System*, 41st Cong., 2nd sess., 1870, H. Rpt. 115 (serial 1438), p.2.

[108] Orton to Prescott, December 12, 1868, PL, WU-SI.

[109] S. N. D. North, *History and Present Condition of the Newspaper and Periodical Press of the United States* (Washington, D.C.: U.S. Government Printing Office, 1881), p.107.

[110] *Report to Accompany Amendment to H. R. 6471*, 45th Cong., 3rd sess, 1879, S. Rpt. 805 (serial 1838), pp.38-40.

[111] *Minutes of a Hearing before the Committee on Railroads ... January 28, 1879*, p.100.

[112] Henry George, "The Western Union Telegraph Company and the California Press," *New York Herald*, April 25, 1869; Charles Albro Barker, *Henry George* (New York: Oxford University Press, 1955), pp.112-119.

[113] "The Telegraph Monopoly," *Daily Graphic* (New York), September 15, 1874; "Free Trade in News," *Daily Graphic*, November 7, 1874.

[114] House Judiciary Committee, "Western Union," pp.28-29.

[115] Orton to Stager, February 26, 1869, PL, WU-SI.

[116] Orton to Stager, May 31, 1873, PL, WU-SI.

[117] White to Washburne, June 4, 1868, Washburne Papers, LC.

[118] Western Associated Press, *Proceedings* (1873), p.10.

[119] Western Union, *Annual Report* (1873), p.21.

[120] W. H. Preece, "American Telegraph System," *Journal of the Society of Telegraph Engineers* 7 (1878): 35.

[121] Stephen B. Adams and Orville R. Butler, *Manufacturing the Future: A History of Western Electric* (Cambridge: Cambridge University Press, 1999), chap.1.

[122]David Hochfelder, " 'Where the Common People Could Speculate': The Ticker, Bucket Shops, and the Origins of Popular Participation in Financial Markets, 1880-1920," *Journal of American History* 93 (September 2006): 335-358.

[123]"Nebulae," *Galaxy* 14 (December 1872): 871.

[124] Paul Israel, *From Machine Shop to Industrial Laboratory: Telegraphy and the Changing Context of American Invention, 1830-1920* (Baltimore, Md.: Johns Hopkins University Press, 1992), pp.125-127, 210-211n16.

[125]Orton to Henry Weaver, February 11, 1876, PL, WU-SI.

[126]Orton to R. M. Pulsiver, December 12, 1876, PL, WU-SI.

[127]转引自 Israel, *Machine Shop to Industrial Laboratory*, p.138.

[128]"The Telephone," *Journal of the Telegraph* 2 (June 1, 1869): 1.

[129]David A. Hounshell, "Elisha Gray and the Telephone: On the Disadvantages of Being an Expert," *Technology and Culture* 16 (April 1975): 138-152.

[130]Thomas P. Hughes, *Networks of Power: Electrification in Western Society, 1880-1930* (Baltimore, Md.: Johns Hopkins University Press, 1983), pp.94-95.

[131]Hounshell, "Elisha Gray," p.157.

[132]Orton to James Gamble, February 23, 1878, PL, WU-SI.

[133]James D. Reid, *The Telegraph in America: Its Founders, Promoters, and Noted Men* (New York: Derby Brothers, 1879), p.531.

[134]Sarah Bradford Landau and Carl W. Condit, *The Rise of the New York Skyscraper, 1865-1913* (New Haven, Conn.: Yale University Press, 1996), pp.78-82.

[135]Leonard Huxley, ed., *Life and Letters of Thomas Henry Huxley*, vol. 1 (New York: D. Appleton and Co., 1900), p.494.

[136]转引自 Thomas P. Van Leeuwen, *The Skyward Trend of Thought: The Metaphysics of the American Skyscraper* (Cambridge, Mass.: MIT Press, 1988), p.36.

[137]David M. Scobey, *Empire City: The Making and Meaning of the New York City Landscape* (Philadelphia: Temple University Press, 2002), p.170.

[138]"Color in Architecture," *Appleton's Journal* 13 (1875): 55-56.

[139]Montgomery Schuyler, "The 'Sky-Scraper' Up to Date," *Architectural Record* 8 (January-March 1899): 232.

[140]"Time-Ball Service Resumed," *Electrical Age* 10 (June 18, 1892): 335.

[141]Alexis McCrossen, "Time Balls: Marking Modern Times in Urban America, 1877-1922," *Material History Review* 52 (Fall 2000): 11.

第五章　富人之邮

> 杰伊·古尔德是这家电报公司主要拥有者这一事实,是人们普遍支持罢工的重要原因……他不把公众放在眼里,公众眼里又怎么可能会有他?这么多年来,他一直在违反法律,他的商业生涯可谓国家之耻。
>
> ——《银行家杂志》,1883

西联电报公司大楼如同一座高耸入云的纪念碑,彰显了西联电报公司总裁威廉·奥顿要让公司历久不衰的雄心。然而不幸的是,这反而吊足了西联电报公司潜在对手们的胃口。其中最持久、最成功的对手,莫过于金融家杰伊·古尔德。

古尔德在1875年和1879年两次挑战西联电报公司。他的第一次突袭瞄准的是西联电报公司的专利组合(patent portfolio),第二次则看中了排外性铁路优先权条约。古尔德的第一次突袭在1877年8月以奥顿出钱买断而平息;第二次突袭则以他在1881年1月就职西联电报公司实际首席执行官而结束。古尔德在西联电报公司总部大楼里获得了一间办公室,从1881年一直用到了1892年他去世。如一位早期的传记作者所言,尽管他身经百战,但西联电报公司依旧是他手里"最大的公司"[1]。

古尔德两次突袭西联电报公司的故事,只不过是他在全美商业史上前无古人的职业生涯的一个章节。早在盯上西联电报公司之前,古尔德就在铁路证券和黄金的投机生意上声名显赫。在突袭西联电报公司的同时,他还涉足了一桩与之相关却更为复杂的生意,那就是重组国内规模最大的几条铁路。1881年,有一阵子,古尔德同时坐拥西联电报公司和世界上最大的铁路网络的主要股份。不久之后,他放弃了铁路帝国的部分股权,但仍然把西联电报公司留在手上。在古尔德的生命中,没有什么比这件事更让他声名狼藉了——对伊利铁路的突袭、试图垄断黄金市场、甚至接手联合太平洋公司(Union Pacific),都难以与之相比。根据一位史家的回忆,古尔德对西联电报公司的接管,是"强盗式资本家"时期"最为梦幻的金融劫掠"[2]。

20世纪20年代,历史学家们开始将内战之后的几十年蔑视为"镀金时代",他们将古尔德作为最恶名昭彰的金融家。就成为时代标志而言,几乎没有一个美国人比他更具恶名,也更成功。几乎没有人比他更适合成为无耻与狡猾的代言人,而这种品质促使历史学家们将整整一代商业领袖看作"强盗式资本家"。文化批评家马修·约瑟夫森(Matthew Josephson)在大萧条时期出版的书中,通过对19世纪末期商业精英的揭丑,推广了"强盗式资本家"这个隐喻。约瑟夫森将这个隐喻追溯到了1880年,并认为其出自"堪萨斯的受困农民"出版的反垄断小册子。他显然不知道,这个隐喻已经被广为使用,并且很可能是几十年前由贵族世家出身的小查尔斯·弗朗西斯·亚当斯和小约西亚·昆西杜撰出来的。[3]由此,约瑟夫森曾经错误地推测,反垄断运动起源于内陆山区,主要是农民在响应,直到后来才由城市中产阶级接棒。[4]

古尔德接管西联电报公司,是美国法律反垄断倾向所导致的许多意外结果之一。讽刺的是,一个自称反垄断主义者的人,现在统治着一个控制美国电报市场90%份额的公司。为了解释这一让人困惑、始料未及且饱受谴责的发展,新一代的社会科学家推广了新经济学理论,这一理论拒绝认为反垄断是公民理想,因为像西联电报公司这样规模权势巨大的公司是"自然垄断"(natural monopolies)。

"自然垄断"这个词可以追溯到1848年,约翰·斯图亚特·密尔在他的《政治经济学原理》(第一版)一书中偶然创造了这个词。密尔主要通过这个词指代提供了竞争优势的个人贡献,例如天赋和诚信。密尔衍生了关联词"实际垄断",指代某些资本密集型组织,例如煤气厂和自来水厂,理论上这些组织一般难以抵挡竞争,然而实际上,他们"比政府还不可靠"。[5]密尔更为广泛的定义吸引了美国政治经济学家理查德·T.伊利(Richard T. Ely),后者用"自然垄断"来形容1888年的西联电报公司。伊利的定义,字里行间透露着新颖的推论,认为像西联电报公司这样的市场力量,比起依赖政府颁布的特权,更依赖技术主导权和经济激励。讽刺的是,伊利的新定义并未让西联电报公司挣脱政治经济制度的框架,却让它陷入了更有效的国家政府控制之下。

古尔德对西联电报公司的两次突袭具有某些共同点。每一次,他都是先发动一个政治活动,缩小西联电报公司的司法特权,通过扩散有意设计的谣言误导投资人使得西联电报公司的股价剧烈波动,通过提前得到的市场趋势信息买卖西联电报公司股票,从而赚得盆满钵满。同时,他还缔造了竞争对手——1874年建立了大西洋与太平洋公司、1879年建立了美国联盟——让西联电报公司发现收购只能是权宜之策。意外的是,每次突袭都给美国电信业留下了一些影响。

古尔德在1875年1月发动的第一次突袭,瞄准的是西联电报公司两个新进发明专利权:已故专利局检察员查尔斯·G.佩奇的电感器(induction coil)和托马斯·A.爱迪生的四路多工系统。为了挑战佩奇的专利,古尔德指使华盛顿的说客威廉·E.钱德勒(William E. Chandler)研究一下国会是否可以将这一专利权判为无效。[6]大多数专利权都由专利局颁发,然而,佩奇的专利权却是由国会所颁发的,因此衍生出了让国会改判的可能。即使国会坚持立场,古尔德也一样能赚钱。[7]通过散布有关佩奇专利权合法性的谣言,西联电报公司的股价疯狂下挫,把古尔德所预计的卖空风险降到了最低。卖空作为一种高风险的策略,盈利的方式是通过先行卖出股票,待其下跌之后再低价买入,赚取其中差价。如果股票反而上涨,那么卖空者的损失将是毁灭性的。古尔德拥有大量做空西联电报公司股票的金融实力。如果他准确预测出股价的走向,那么无论股价涨跌,他都能赚到钱。

佩奇专利权引发的混乱,只不过是古尔德突袭西联电报公司的序幕。为了削弱这个电报巨头,古尔德扩张了大西洋与太平洋公司,一家他新近获得的、中等规模的电报公司。为了吸引西联电报公司的用户,古尔德在高度繁忙的纽约—芝加哥线路上大幅降价。古尔德的价格战从两个方面削弱了西联电报公司:第一,利润被迫减少;第二,金融市场产生了焦虑感。通过引发西联电报公司投资者的不安,产值与股价都面临下跌。西联电报公司总裁奥顿恼怒地说,古尔德建立纽约—芝加哥线路的企图,就是通过把利润榨干到不仅无利可图、甚至是毁灭性的程度,来影响西联电报公司的股价;或者,通过古尔德手之能及的报纸散布谣言,说大西洋与太平洋公司将要被西联电报公司收购,以此"哄抬"股价。[8]

古尔德在第一次突袭中的杰作,当属对托马斯·A.爱迪生四路多工系统专利权的获取。古尔德是不是真的希望为大西洋与太平洋公司安装四路多工系统还不得而知。然而,古尔德告知钱德勒,获得这一专利的意图是"塑造"自身作为西联电报公司竞争对手的"声望"。[9]

四路多工系统是一个很精巧的发明,能够通过运载能力的翻倍,显著减少维持电报网络的成本。双工系统(duplex)能够让电报业务员在一条线路上同时传送两条信息;四路多工系统则能够在一条线路上同时传送四条信息,每个方向上可以有两条。爱迪生是在一个西联电报公司的保持器(retainer)上发明了他的四路多工系统的,奥顿想当然地认为西联电报公司拥有他的专利权,尽管爱迪生并不是西联电报公司的员工,也未曾在西联电报公司旗下的设备上开展他的研究。爱迪生则与他看法不同,他认为,他自己而非西联电报公司拥有这一发明的专利权,他认为古尔德所开出的条件足够吸引他向他们售卖自己的发明。[10]

奥顿认为爱迪生的行为令人震惊。爱迪生"良心何在",奥顿对他的一位英国同事愤怒地说。这位举世闻名的发明家,作为"口是心非的极品"应该为千夫所指。[11]

怀着战斗的决心,奥顿发起了进攻。为了报复古尔德,奥顿在科技界流传了一个说法:西联电报公司将为任何不侵犯爱迪生四路多工系统专利权的多工系统发明慷慨解囊。由于爱迪生四路多工系统的拥有权可能在司法裁定中被夺走,奥顿希望重新确立竞争优势,而不必依靠法庭的裁定结果。奥顿的悬赏让大批发明家趋之若鹜——包括艾利沙·格雷和亚历山大·格雷汉姆·贝尔——他们都试图发明能让奥顿掏钱的多工系统。

古尔德和奥顿的对决,在 1877 年 8 月以奥顿对古尔德的大西洋与太平洋公司的收购告终,这一收购给了古尔德大笔利益。西联电报公司的收购,不过是传播史上一件很快就会被忘却的小事。由于大西洋与太平洋公司始终以自己的名字运作,因此,许多对华尔街金融故事不熟悉的电报用户都以为它仍然保持独立。爱迪生、格雷和贝尔的竞争影响深远。爱迪生把他从四路多工系统中获得的资金投入了新泽西州门洛帕克的一个研究实验室。在那里,他设计出了两个最得意的作品:留声机和发电站。[12]格雷和贝尔——在设计可以卖给奥顿或古尔德的高级多路传输设备的过程中——意外发明出了可以通过电流变化传递人类声音的设备,也就是后来为人们所熟知的电话。

贝尔、格雷和爱迪生都有机会接触当时最先进的电力设备和最前沿的科技知识。然而,若不是政府机构与公民理念的缺位,19 世纪 70 年代横扫电报业的、创造性毁灭的商业狂风本来可以温和地进行。让四路多工系统、留声机、电话、发电站几乎同时涌现的环境,不仅理念混乱、实践粗野,而且混杂着州政府主导的、鼓励电报公司特许经营的竞争性政治经济,和联邦政府主导的、保护专利权所有者的中心化政治经济。公司法反对垄断,专利法却鼓励垄断。[13]如果公司法不对新入局者这么温和,古尔德想突袭西联电报公司无疑是困难的;如果专利法没有把发明列入可交易资产,他甚至都没有机会做这件事。

格雷和贝尔各有目标,因此,他们的电话发明命途迥异。格雷的电话,是奥顿多年前在西联电报公司成立的一家致力于提高电报线路运载力的机构的研究项目副产品。格雷 1874 年从西部电气公司辞职,摆脱了一切束缚,专注该项目的研究。爱迪生专利权落入谁家尚有争议,与之不同,格雷的发明完全属于自己。格雷的职业发明家心理可以解释他内心所注重的东西。格雷对他所发明的电话的商业应用心存疑虑;为了阐明这一想法,格雷将它贬斥为一项"科技玩具"。然而,他的多路传输设备解决了西联电报公司面临的最棘手的技术难题。这让多路传输设备不仅仅是一个高级发明,同时也是一个最可能帮助格雷发财的途径。[14]

贝尔的电话最初让他的投资人加德纳·G.哈伯德失望不已。哈伯德是想聘请贝尔发明一个可以卖给奥顿或者古尔德的多路传输电报。和格雷一样,哈伯德最初对电话的商业价值心存疑虑。爱迪生通过四路多工系统小赚了一笔;如果贝尔发明了高级的多路传输设备,那他必然也能发财。

1876 年 3 月,哈伯德获得了贝尔的第一个电话专利权。这个专利权包括了通过改变电流的电阻传送声音的理论。尽管后来法庭将贝尔的专利权解读为包含了人类声音的电力传送,然而专利本身对于口语传播所言甚少。它甚至都未将贝尔的发明作为电话看待,可想而知格雷因为它仅仅是一个"科学玩具"而拒绝了它。贝尔专利权的含糊不清并不奇怪。在贝尔证明他可以传送人类声音的几周之前,哈伯德早就将之投入使用了。

哈伯德鼓励贝尔为电话申请专利,考虑的是自己可以把专利卖给西联电报公司。哈伯德在1876—1877年的冬天想要将贝尔的专利权卖给奥顿,却被奥顿回绝了。[15]

没能卖出贝尔的专利权,让哈伯德开始思考,是否可以以此为核心创建一个地方特许经营的公司?哈伯德预测,如果配置到位,电话会成为一种可以和供水、供气相提并论的在地居民服务。

哈伯德做这个类比的根据,是他对地方特许经营公司制了如指掌。哈伯德长期投资供水、供气、轨道货车服务,因此,他几乎想当然地将地方特许经营公司制当作电话产业长期稳定的组织形式。那时候,哈伯德看起来还没设想过,电话会形成大量用户相互联系的复杂网络。交互式电话是在第二年才被发明出来的,又过了好几年,人们才逐渐把相互沟通看作电话的主要功能。[16]当时,哈伯德把电话当作对区域性电报的一种改进,能够安装在城市中产居民的家里,让他们可以向中央办公室传送单向消息。城市居民可以用区域性电报叫出租车、雇用信差或者报警,而在哈伯德看来,电话想当然就是它的加强版。[17]

为了使电话尽快商业化,哈伯德又从贝尔那里拿下了第二个专利权,内容是一个简要电话装置的规格说明书。贝尔的装置,并不对电话传送者与接受者作区分;对于一个主要为单向传播所设计的装置,这一特点无足轻重。

不管奥顿最初对贝尔发明的商业潜能抱有怎样的疑虑,不久便烟消云散了。1878年年初,一个不具名的西联电报公司高级职员,要给哈伯德价值50万美元的一家西联电报公司背景的电话初创企业的股份,购买贝尔的专利权。哈伯德拒绝了对方的开价,提出西联电报公司要为每一台租售的电话提供每年1美元的专利费,并且加上100万美元的西联电报公司股份。这位高级职员拒绝了哈伯德的方案,哈伯德意图把贝尔的专利权卖给西联电报公司的交易宣告终止。[18]

哈伯德是否试图将贝尔的专利权卖给古尔德不得而知。不过,哈伯德和古尔德是商业伙伴,却有档案记载。古尔德曾经在1875年前后预付给了哈伯德一笔钱,以运作和首次突袭西联电报公司有关的司法事宜。[19]哈伯德曾经劝说贝尔与古尔德的大西洋与太平洋公司谈谈;贝尔是否照做了,则不为人所知。[20]然而,根据史料,古尔德的代理人本杰明·F.巴特勒曾经在1877年6月向哈伯德的"公司"开价7.5万美元购买某项东西,却被哈伯德婉拒了。[21]

到底巴特勒要的是什么,已经无从查证。或许是贝尔电话的专利权,或者是贝尔其他发明的专利权。如果说哈伯德曾经想把贝尔的电话卖给古尔德,一点儿也不奇怪。据说,哈伯德不仅曾经试图把专利权卖给奥顿,而且还考虑过制造商彼得·库珀和地理学家克拉伦斯·金(Clarence King)。[22]

对于早期的电话倡导者来说,最严峻的挑战并不是来自技术或者经济上的,而是政治上的。19世纪50年代,莫尔斯和他的对手就电报专利权的激战还历历在目,没有人想要重蹈覆辙。库珀本希望投资20万美元在电话上,以获得贝尔、格雷和爱迪生的电话专利权,但是最终放弃了这个念头,因为金劝告他,极有可能引发的专利诉讼会让电话商业化的成本大大增加。[23]

由于缺少专利联营来应对诉讼,奥顿和金一样,担心一场专利"持久战"会减缓电话的商业化,从而"摧毁"它的投资价值。[24] 1879年,西联电报公司副总裁诺文·格林警告道,如果未来针对电话的诉讼重蹈电报的覆辙,结果将会是灾难性的。格林清楚地记得19世纪50年代的电报专利权争斗。一旦法庭开始将这些竞争性的发明进行对比,公众就会惊讶地发现"这些伟大事物"的发明何等容易,无论是电话还是电报。[25]

事实最终证明,哈伯德未能把贝尔的专利权卖出去,这对哈伯德和贝尔来说都是一大幸事。贝尔的专利权成为一家极有利益前景的公司的司法基础,让贝尔的余生赚得盆满钵满。对于哈伯德而言,他也从贝尔的电话中获得了大笔收益。事实上,哈伯德从电话的股份中获得的收益,弥补了他未能从国会获得的、他那联邦特许经营的邮政电报公司的经济补助。

哈伯德和贝尔的关系,突出了国有机构塑造技术过程的微妙。贝尔在1871年应波士顿教育董事会的邀请从加拿大迁居美国,被聘请在一家公立学校教授聋人课程。如果波士顿政府没有重视聋人事务,贝尔也不会有动力迁居,就会在加拿大作为一个特教教师了此一生了。贝尔对电话的研究,是他探索声音的物理特性的副产品,后者则是他作为聋人教师长期致力的事情。

哈伯德自己长期关注政府对残障人士的资助。哈伯德的女儿梅布尔在一次猩红热后失去了听力,哈伯德希望能够找到对付这一残障的方法。当哈伯德知道贝尔的声学实验之后,他聘请了贝尔发明多路传输设备。贝尔和梅布尔的恋爱,让他和哈伯德的关系变得更加密切。事实上,出于讨好未来岳父的意图,贝尔接受了哈伯德对多路传输设备的资助,这笔资助直接导致了电话的发明。哈伯德得到贝尔的第一个电话专利权之后不久,贝尔和梅布尔就在哈伯德的客厅宣誓结婚了。专利委员亨利·L. 埃尔斯沃思或许未将莫尔斯的电报专利权当作他女儿的嫁妆,但是哈伯德毫无疑问地认定贝尔的电话专利权是给他女儿梅布尔的新婚礼物。

古尔德的第一次突袭加速了电话的发明,第二次突袭则确定了电信市场将被分割为电话与电报两大块。古尔德第二次突袭的转折点发生在1879年6月,国会颁布了所谓的《巴特勒修正案》(the Butler Amendment),这个修正案以他的资助者、麻省国会议员、美国内战时期将领本杰明·F. 巴特勒的名字命名。《巴特勒修正案》以简短而温和的形式对军队拨款法案进行了修正,授予签署了《国家电报法案》的铁路公司以权利,允许他们优先获得电报线路的所有权与经营权,哪怕铁路本身未在其公司执照内享有这一特权。[26]

通过这一修正案,一项在政治经济学上具有奠基性意义的司法传统被颠覆了:自此以后,签署了《国家电报法案》的铁路公司不用再提心吊胆,担心如果经营自己的电报线路,会被拥有者们以经营业务未获得州立法机关授权为理由进行控告了。

与《国家电报法案》相同,《巴特勒修正案》的目的是在电报产业培养竞争。通过推翻铁路州执照的司法限制,它对西联电报公司高管们在铁路排外性优先权条款协商中视为理所当然的司法传统提出了挑战。[27] 这部法律是"智慧的廉价传送"的伟大胜利,修正案颁布后巴特勒在接受一家媒体采访时说道。[28] 通过自主运营电报线路,铁路公司可以直接叫板西联电报公司。

尽管《巴特勒修正案》看起来晦涩,熟悉优先权法律的立法者们依然将它奉为"癞蛤蟆头上的珠宝"。一位立法者声称,虽然草草几笔,美国的电报行业却发生了"革命"[29]。哈伯德充当了批评者的角色。哈伯德长期反对电报行业的竞争,因此,他认为《巴特勒修正案》走向了错误的方向。既然电话已经为电报产业打开了"新的领地",为什么国会总要在"整个电报系统拥有无限前景"的时候颁布法律,通过形成电报网络供应商之间的竞争,来"抬高价格,妨害商务,一错再错"?[30]

《巴特勒修正案》是巴特勒在 1875 年为西联电报公司设下的陷阱之一。在那年所进行的一项对西联电报公司与纽约联合新闻社关系的调查中,巴特勒力挺一项关于电报网络立法的扩展性国家原则:"不可否认的是,"巴特勒声称,"无论是古代还是现代,每一个公民政府,都会将官民传播事业牢牢掌握在手中。"[31]

巴特勒的说法很可能会被轻易遗忘,然而他不辞辛苦地在幕后运作,以保证这些话为人所知。巴特勒的游说工作在 1877 年 10 月付诸成效,在彭萨科拉(Pensacola)与西联电报公司的案子中,首席法官莫里森·韦特(Morrison Waite)确定了《国家电报法案》中被巴特勒 1875 年的报告提及的部分是符合宪法的,巴特勒非常以此自傲,恨不得昭告天下。[32] 电报是一种"商业必需品",韦特界定道,邮政部负责"传送智慧"的授命应扩展到新的传播途径——比如电报——这在制定宪法的时候并未可知。[33] 彭萨科拉案表面上是西联电报公司取得了胜利,因为它打破了一项州法律规定,让西联电报公司在佛罗里达州获得了优先权。然而,通过确认《国家电报法案》符合宪法,一项可以让古尔德大肆劫掠的司法判例得以确立。

《巴特勒修正案》的支持者包括许多不能够从纽约联合新闻社获得廉价新闻报道的记者。纽约《每日画报》的记者詹姆斯·H. 古德塞尔解释道,通过支持竞争性电报网络的建立,《巴特勒修正案》为"资讯的自由贸易"开创了道路。古德塞尔深知其中利害。他的报纸被纽约联合新闻社拒之门外,他本人作为一家新闻中介的总裁,渴望与《巴特勒修正案》所支持的竞争性电报网络提供者达成合作。[34]

《巴特勒修正案》帮助古尔德把一条名不见经传的纽约北部电报线路扩张成了被称为美国联盟的全国电报网络。古尔德手下有几条与西联电报公司洽谈排外性优先权协议的铁路;正是《巴特勒修正案》让他们可能且可以同美国联盟商谈。一位服务古尔德的公关人士解释道,通过这种方式,美国联盟可以"让公众从垄断的勒索中解脱出来"[35]。

古尔德针对《巴特勒修正案》的巧妙部署,让他是否与修正案颁布有关联成为一个问题。尽管古尔德在过去许多事务上与巴特勒频繁合作,并且在法案颁布前几个月与他联系相当紧密,但是没有文本迹象表明古尔德与法案的关联。尽管像巴特勒这样原则性的反垄断主义者与古尔德这样毫无道德感的金融家相互结盟听起来很古怪,但是他们两人共享着一个政治议题:打破限制贸易渠道的垄断。

古尔德的阴谋诡计,激怒了诺文·格林,后者在奥顿 1878 年去世后担任了西联电报公司总裁。格林否认古尔德有权在与西联电报公司协商排外性优先权条款的铁路上修建电报线路。然而,古尔德回绝了格林对这些条款的阐释,并且在法庭上打败了他。这个案件牵涉到古尔德手上的沃巴什铁路上的一条美国联盟电报线路。沃巴什铁路签署了《国家电报法案》。因此,最高法院法官约翰·马歇尔·哈兰(John Marshall Harlan)裁定,西联电报公司不能够阻止美国联盟依照优先权修建电报线路,哪怕西联电报公司在这之前已经和沃巴什铁路有了排外性优先权条款。[36]哈兰的裁定结果让古尔德可以在全国范围内与西联电报公司比拼电报线路。格林愤怒地说,通过对哈兰的裁定结果的宣传,古尔德摧枯拉朽,打破了大量铁路与西联电报公司的排外性优先权条款。如果古尔德确实想要以牢固的基础对垒西联电报公司,那么这将会是一个重大的忧患所在。[37]然而这只是一个愤怒的诱因,因为古尔德涉足其中,仅仅是要策划一场"华尔街浪潮",操纵西联电报公司的股价。如果古尔德在对西联电报公司的第二次突袭中得手,正如他第一次突袭时那样目的明确,那么可以预见的是,西联电报公司在不远的将来还会遭遇第三次突袭,这将让西联电报公司再一次通过买断的方式破财消灾。[38]

《巴特勒修正案》所造成的破坏,被修正案颁布前几周的金融交易所加速。出于对年度分红的不满,西联电报公司董事会的高管们抛售了被奥顿冻结的、价值 1500 万美元的西联电报公司股票。这场交易被金融圈人士戏称为"切瓜"。切瓜行为颠覆了西联电报公司投资人科尼利厄斯·范德比尔特之前做出的让西联电报公司股份远离市场的决定。范德比尔特去世后,他的西联电报公司股份被转移到了他的儿子威廉手里。威廉背弃了他的父亲,同意让股票回归到公司投资人手里。[39]

大量西联电报公司股份的放开,为古尔德的第二次突袭提供了动力。再一次地,古尔德依靠他与新闻社、新闻中介、电报公司的关系,操控西联电报公司的股价,也再一次地使得西联电报公司的股价大跌,通过做空大发横财。[40]

古尔德第二次突袭所造成的意外后果,包括电信市场被分割为电话与电报两块。1879年,电话产业主要由散落的电话交换所组成,这些电话交换所都获得了西联电报公司或者国家贝尔(National Bell)的执照协议。西联电报公司在1878年进入了电话产业;它的系统装配的是艾利沙·格雷和托马斯·A.爱迪生专利的电话机。国家贝尔则是金融家威廉·H.福布斯(William H. Forbes)通过商业化贝尔的专利权经营起来的公司。

为了增加西联电报公司的经营自主权,奥顿收购了数以千计的西联电报公司股份。在一个1878年的漫画中,奥顿收购的股份被描绘成一个"西瓜",金融家威廉·H.范德比尔特(William H. Vanderbilt)没来得及切开它。在范德比尔特右边,坐在桌子上的是金融家杰伊·古尔德。古尔德因为近期西联电报公司股价的飙涨而为人所知;在那之后不久,古尔德将策划一场极其猛烈的、针对电报巨头的突袭。
"Getting Ready to Cut the Melon," *Daily Graphic* 17 (October 30, 1878):封面.

古尔德的第二次突袭让格林相信,西联电报公司能通过支持国家贝尔获得利益。如果诚如1879年夏天所设想的古尔德控制了国家贝尔至关重要的电话交换所,那么他就可以通过把他们设定为长途电报网络的地方支线来形成对西联电报公司的竞争优势。如果古尔德没有发动对西联电报公司的第二次突袭,那么西联电报公司就很有可能会保留电话业务,并且顺理成章地打败贝尔。尽管福布斯代表了马萨诸塞州投资者的富人圈子,但是他难以与西联电报公司相抗衡。到1879年年中,国家贝尔在纽约市和芝加哥的扩张速度都要比西联电报公司慢。

为了阻止古尔德,格林把电信市场分成了电话和电视两块。格林和福布斯的和解在1879年11月达成。西联电报公司的电话专利库和85个电话交换所被转移给了国家贝尔。国家贝尔则同意在贝尔的专利有效期内,支付西联电报公司它所租售的每台电话20%的专利税。[41]尽管这笔专利税的数目无从知晓,但可以证明的是必然数额巨大:1881—1895年期间,它让西联电报公司净赚超过600万美元,这一数字让为此买单的消费者们愤愤不平。[42]

西联电报公司与国家贝尔的和解,让国家贝尔独占电话产业的同时,承诺远离电报产业。然而,国家贝尔还保留着长途电话业务。对于西联电报公司的领导者来说,这已经是一个最小的让步了。电话交换所只是在个别城市经营地方性业务,难以在长途通信市场上与电报抗衡。[43]

古尔德是否想通过国家贝尔巩固美国联盟,只能留给人们猜测。为了保证他的主动权,古尔德买下了几个经营亏损的贝尔电话交换所,包括在康涅狄格州纽黑文的第一台贝尔公共电话机。如果一切如古尔德所愿,那么他将可以轻松买下更多的电话交换所,因为国家贝尔面临着西联电报公司的强烈竞争。[44]格林却没有抓住机会。格林在1879年7月写给一位贝尔的律师的信中说,"我希望你能注意",西联电报公司与国家贝尔所计划的和解条款,要求贝尔保持与西联电报公司的"排外性关联"。这一方案是一切和解协议的必要条件,因为西联电报公司不能够接受"电话业务的共同利益"通过美国联盟的长途网络来服务"地方电话交换所",这会让古尔德有机会发动第三次对西联电报公司的突袭。[45]在西联电报公司和国家贝尔的和解协议生效之后,福布斯提到,"超过我们专利权之外"的原因影响了贝尔与西联电报公司的争夺:"古尔德在这个领域的出现,以及反对西联电报公司的公共舆论的普遍存在,让这家公司焦虑地提出了和解。"[46]

古尔德没有再发起对西联电报公司的第三次突袭,因为他也没必要这么做了。毕竟,他的第二次突袭让他在1881年1月接管了这家电报巨头。通过挑战西联电报公司,他已经在竞争对手之间抢下了电信市场的一大块蛋糕。这一结果让美国的电信部门与英国和法国大为不同。

19世纪80年代标志着长期的国家电报立法斗争到达高潮,这一斗争可以追溯到莫尔斯在1838年争取国家资助一个示范性项目的最初尝试。在这一年代里的无数场合中,立法者们针对各种抬头写着"邮政电报"的提案进行了辩论。尽管"邮政电报"这个说法可以追溯到19世纪60年代,但是一直到80年代才成为一个流行的词语。国家电报立法的支持者们针对哈伯德的主张详细地进行了阐发,不断地追溯《国家电报法案》1866年颁布前的国会讨论。再一次地,批评者们谴责西联电报公司过度榨取用户、限制创新、偏袒纽约联合新闻社。

1881年1月接管西联电报公司之后,古尔德立即把这个电报巨头的资本规模从4000万美元翻倍扩张到8000万美元,没有什么比这一举动更能触怒西联电报公司的批评者们了。许多电报圈内人本来就觉得4000万美元的数字过高,因此,除了古尔德之外,几乎所有人都认为8000万美元不可理喻。通过让西联电报公司的资本规模翻倍,他让西联电报公司需要分红的股份也翻了倍。由于古尔德是最大的股东,而股东们又在本来持有股份的基础上获得了新的红利股,因此他实际上是把大笔红利收入了囊中。

古尔德接管西联电报公司,改变了公众对国家电报立法的讨论。用电报的美国人不多,骂古尔德的人却很多,这一点影响重大。西联电报公司的领导者们,不再能够像1881年之前那样,把批评者们看作一个谋求私利的小阴谋集团。在选举期间针对古尔德的反对声浪如此之大,以至于可以普遍看到的是,选举者们通过支持国家电报立法来取悦选民。在古尔德接手后不到一个星期内,国家电报立法就直接出现在国家政治议程上,并且在十年之内盘踞其中。亨利·德马雷斯特·劳埃德(Henry Demarest Lloyd)是第一批嘲讽古尔德接管的人之一,他作为一位改革派记者,因为著有批判洛克菲勒标准石油的书《与共和国对抗的财富》(*Wealth against Commonwealth*,1899)而获得了全国性声誉。劳埃德在《芝加哥论坛报》上对古尔德西联电报公司的抨击,为《与共和国对抗的财富》提炼出了修辞表述,使之很快成为经典。[47]

19世纪80年代,邮政电报出现在一堆公众议题之中,这些议题包括关税改革、金银二本位制和铁路规范。邮政电报从未主导国家政治议程。最接近的一次是在1887年,一家擅长关注民意趋势的杂志认为它将成为最重要的公共议题之一。[48] 由古尔德引起的公共骚动没有成功地转化为国家电报立法的重要组成部分。十年内见证了两部在政商关系史上具有里程碑意义的法律颁布——1887年的《州际商业法案》(the Interstate Commerce Act)和1890年的《谢尔曼法》——这种失败让古尔德的批评者们沮丧不已。能让如此多的记者、议员和电报用户对政府立法寄予厚望的年代,怕是一去不复返了;能让他们如此沮丧的年代,也是一去不复返了。

19世纪80年代唯一成功的国家电报立法方案,是1888年国会颁布的《安德森法案》(the Anderson Act)。如同《国家电报法案》和《巴特勒修正案》,《安德森法案》意在通过塑造竞争规制西联电报公司。尽管《安德森法案》不可谓不重要,但是与西联电报公司批评者们长期期望并不断起草、请愿、游说的国家电报立法方案相去甚远。

《安德森法案》以他的资助人长老会牧师、堪萨斯州议员约翰·A. 安德森(John A. Anderson)的名字命名。法案要求像联合太平洋公司这种从联邦政府获得土地授权的铁路公司,按照特许状的规定自主经营公共电报线路,而非如惯例那样与电报网络供应商签订合同。如果铁路公司自主经营电报业务,那么他们将可以与西联电报公司形成竞争,降低定价,提升运营标准。[49]国会最接近颁布综合性电报法案的时刻是1884年,科罗拉多州参议员纳撒尼尔·希尔粗略地在哈伯德的方案上支持了一部邮政电报法案。这部法案强调了邮政电报与古尔德竞争形势的严峻性。按照商业领袖、老牌的古尔德反对者小查尔斯·弗朗西斯·亚当斯的复述,法案颁布看似水到渠成,直到佛蒙特州参议员乔治·F. 埃德蒙德(George F. Edmunds)在最后时刻抛出另一部反西联电报公司的法案。埃德蒙德的法案如此激进,以至于议员们不再专注希尔的法案。

在亚当斯看来,埃德蒙德最后时刻的介入绝非偶然;这更应该被看作由古尔德主导的、意在使希尔失算的小诡计。这是值得关注的声明,因为埃德蒙德是参议院具有主导型地位的宪法制定者之一。埃德蒙德刚刚拒绝了最高法院的空缺,并一度成为1884年大选的共和党总统提名人选竞争者。尽管如此,亚当斯仍然确信,埃德蒙德是故意破坏希尔的法案的。亚当斯的推理,源于他在西联电报公司纽约总部大楼偶然读到的古尔德的账簿。亚当斯的证据是,古尔德预先付给了埃德蒙德一笔钱。亚当斯从这一发现中推断,尽管看似诡异,但是埃德蒙德应该是应古尔德之邀提供了他的反古尔德法案。埃德蒙德的个人材料在他去世后就被焚烧殆尽了,让理解他原本动机的尝试变得颇为复杂。仅就古尔德允许亚当斯接触自己的账簿这件事,就让人浮想联翩。如果埃德蒙德违抗古尔德的意思,那么古尔德就无法预料到是自己为一位长期的对手提供了这些事实。[50]

关于国家电报立法的操作复杂性,甚至引起了那些支持者中为数不多的议员们的警觉。俄亥俄州参议员约翰·谢尔曼就是其中一例。谢尔曼反对1884年国家电报法令的颁布,尽管——或者说因为——他主导了多年前《国家电报法案》的颁布。[51]

电报用户中,支持国家立法的人不在少数。铁路巨头约翰·穆雷·福布斯(John Murray Forbes)就力挺《纽约时报》编辑乔治·琼斯(George Jones)发表古尔德针对"西联电报公司的反常行为"。琼斯曾经出手助力对政客博斯·特维德(Boss Tweed)的打压;现在,福布斯指望琼斯将强盗式资本家古尔德扫地出门。福布斯曾经悲叹,琼斯的报道不大可能把古尔德送进监狱,然而他希望琼斯能够被后人铭记为"用公众舆论之纽带绞死古尔德"的记者。[52]

由于担心古尔德接管西联电报公司所可能带来的损失,费城背景的国家贸易署在1880年12月首度支持国家电报立法。自1868年开始,贸易署每年都会在年会上激辩国家立法的好坏;然而,在 1880 年以前,它拒绝支持国家电报立法。古尔德的突袭打破了这个平衡。[53]

纽约交通与商业局几乎同时因为相似的原因支持了邮政电报。交通与商业局在一份极可能是杂货批发商弗朗西斯·B. 瑟伯(Francis B. Thurber)起草的、充满激情的长篇报告中,论述了做出这一决定的原因。瑟伯自 1875 年以来就支持国家电报立法,然而,这是他第一次得到多数人的支持。[54] 交通与商业局的报告讽刺古尔德是一个"购买法律盾牌、以此劫掠大众的强盗"。比起允许古尔德用这样一种可怕的工具"压榨人民"的危险,国有化电报的缺陷不值一提。[55]

瑟伯在历史上默默无闻,然而在古尔德接管西联电报公司的那几年里,他是国内反垄断主义领导人之一。瑟伯的反垄断主义带有私利的色彩。作为一个杂货批发商,他需要与易腐坏的货物打交道,因此高度依赖电报获取即时性的市场趋势信息。当然,瑟伯的反垄断情结也有公民的维度。他确实把古尔德看作共和国的威胁。为了发表他的观点,瑟伯成立了《正义》(Justice),一家致力于通过倡导立法保证州政府对特许公司的控制、以此"保护全体的权益不受少数特权侵害"的报纸。[56]

瑟伯的反垄断情结,让他成为颇具魅力的纽约地方首长共和党候选人。反垄断主义不仅仅在纽约市十分流行,而且在纽约以北从阿尔巴尼岛布法罗一带伊利运河沿岸的商业城市也很普遍。1881 年在尤蒂卡成立的反垄断联盟,让反垄断主义和积极参与其中的瑟伯在纽约选民的视野里频繁出现。有一段时间,瑟伯似乎已决定参选。瑟伯退出后,受益者轮到了格罗弗·克利夫兰(Grover Cleveland),一个同样含糊的反垄断主义者,他最终把地方首长选举的胜利延续到了总统大选。[57]

古尔德的接管同样引起了全国最具声望的商业组织——纽约商会的愤怒。在 1881 年的一项由瑟伯引入的议案中,纽约商会认定,国会是时候做出决定,是否让邮政部运作一个"比现行系统规模更大、表现更好的电报网络"[58]。哈伯德自 1868 年起就游说商会为国家电报立法提供方案,然而在 1881 年以前,他屡屡吃闭门羹。在古尔德接管后,商会的态度逐渐缓和。到了 1890 年,哈伯德最终了却了二十年夙愿、把联邦电报立法方案送到了商会手上。[59]

那些认为古尔德的接管让国家立法成为必须的电报用户,不仅仅局限在大西洋沿岸主要的商业中心地带。全国上下的商业组织都在向国会请愿求援。联邦政府有义务构造一个"全民开放、毫无歧视"的廉价高效的电报网络,皮奥瑞亚贸易局在一次典型的请愿中申明。[60] 亨利·德马雷斯特·劳埃德在《芝加哥论坛报》上警告,如果国会毫无作为,就无法抓出那几个通过手中资源任意操纵西联电报公司股价、对"轻信的股民们""薅羊毛"的投机者。[61] 亚拉巴马的莫比尔《登记与日志》(Register and Journal)杂志编辑警告道,"在棉花收成的季节里",电报让纽约市的"富翁"们可以操作主要农作物价格的市场趋势,在一个小时内"将南方商人辛苦的收成一扫而空"。[62]

邮政电报运动有时被看作在农业上对进步时代和新政时期主张商业立法的新兴企业规则的激进抗争。[63]事实上,国家电报立法一直不是农业组织的首选,直到它获得全国商业局、纽约商业与交通局和纽约商会的支持。1888年以后农业组织所支持的立法提案,也很少能比商业组织们在1881年年初所传布的提案更加激进。[64]全国最大的农业组织,全美农场(the National Grange),直到1886年全国普遍支持国家电报立法之后,才加入其中。另外,直到1912年,也就是威廉·霍华德·塔夫脱(William Howard Taft)的邮政部长支持国家收购案一年后,全美农场才明确支持英国式的国有电报。[65]

农业背景的人民党在1892年和1896年都将国有制纳入了自己的党纲之中。为了支持电报国有化,人民党人不断申明一个熟悉的批评,即现有的电报公司无法保证信息的公平传递。人民党人支持国家电报立法意义深远:除去1876年的禁止与改革党(the Prohibition Reform Party)和1888年的联合劳工党(Union Labor Party),它是第一个将电报条款纳入党纲的全国性政党。尽管如此,人民党支持国家立法的理由却十分传统。1871年,尤利西斯·格兰特总统在相似的背景下签署了一项国会收购案,哈伯德早在1869年就以更为详尽的理据对国家立法进行了阐发。[66]

工人对国家电报立法的支持在1888年到达顶峰。那一年,超过50万的手工匠人与工厂工人签署了由劳工骑士团所组织的请愿,要求成立由邮政部运作的邮政电报。[67]劳工骑士团(the Knights of Labor)是一个由工人组成的、捍卫劳工权益的松散联盟。自从古尔德在1883年打击了一场骑士团背景的电报业务员的罢工运动后,劳工骑士团领导人特伦斯·V.鲍德利(Terence V. Powderly)便与古尔德相互对立;鲍德利预计,一场反对古尔德的请愿,将会有助于劳工骑士团通过响应民众呼声而改善公共形象。[68]

尽管劳工骑士团同意国会需要有所作为,但是他们对于如何行动举棋不定。鲍德利支持通过向国家电报公司颁发特许经营状塑造西联电报公司的对手,部分劳工骑士团团员则主张国会收购西联电报公司,成立国家控制的统一电报网络。[69]

批评者对劳工骑士团在政治经济问题上的精通程度提出了质疑。只有很少一部分请愿者曾经用过电报,不管定价如何,他们都对电报冷嘲热讽,并且不打算使用。[70]批评的声音没有引起德高望重的改革家、记者莱曼·阿博特(Lyman Abbott)的注意。阿博特在一份全国最有影响力的宗教性报纸上发表了一系列广为阅读的专栏文章,因此被看作北部虔诚的中产阶级的意见领袖。既然民声鼎沸,国会自然被期待有所行动:"这不再是短视的运动,在它的背后,民主的情绪高速增长,为它提供了强大的动力。"按照这个议题的流行程度,如果立法者没有对此作出回应,他们将会在投票时受到惩罚;毕竟,一位工人的选票,与一位电报专家、一位政治经济学者"乃至一位都市报纸的编辑"都是等价的。[71]

国家电报立法的提案分为三种类型：政府所有制、反垄断法和政策规制。政府所有制的提议面对着强大的反对声，即认为国会对西联电报公司的收购将会让西联电报公司最大的股东杰伊·古尔德大发横财。"任何建议我们的政府收购西联电报公司这个水肿畸形的观点，"1883年一位记者警告道，"都会引来除了垄断者自己之外所有人的强烈愤怒。"[72]

富兰克林·H. 基丁斯（Franklin H. Giddings），一位后来成为哥伦比亚大学著名社会学教授的记者，就是富有远见的政府所有制反对者之一。作为社会学家，基丁斯研究了市场竞争的社会理论意义；作为记者，他支持反垄断法对政府所有制的优先性。按照基丁斯在1881年的说法，只要西联电报公司属于私人所有，那么它就仍然可能会"暴饮暴食而死"，或者被"突然崛起的对手勒死"。倘如国会收购古尔德的公司，这些情节方才可能避免。政府所有制与"宽广自由的工业发展"不相兼容。无论如何掩饰，这条"宽敞大道"都将通向"马克思式社会主义"的"无底深渊"。[73]

支持基丁斯抨击政府所有制的反对者们，面临着两个立法选择：反垄断法和规制。反垄断法是一个历史悠久的处理商业稳定问题的方法。然而，全国性电报网络带来的好处已经被广为认可。没有人愿意让原本原子化的电报产业转变成区域单位；就此而言，在19世纪50年代，也没有人愿意为"大脑空空的一腔热血"买单了。然而，却有许多人希望成立一个政府所有的竞争性电报网络，保证定价低廉、运作质量出色。

西联电报公司的支持者们认为设定一个竞争性国家企业并不公平。西联电报公司系投资人所有，自负盈亏。与之不同，任何竞争性国家企业则可以自行支配联邦政府的司法、金融和行政资源，其中就包括设定税收的权力。如果西联电报公司的支持者们对英国的邮政电报更熟悉一些，他们或许会强调，邮政电报长期依靠英国邮政的巨额补助，这种优势对于私人企业而言是不可能的。[74]

为了表达异议，反垄断主义者们做了一个精心的类比。邮政部最近将不超过四磅的包裹运输纳入了授权范围。包裹运输公司将之嘲讽为歧视性立法，因为这迫使他们在市场上降低定价，以应对具有政府背景的对手。货运商和新闻界的部分主流媒体，则称之为公益事业。国有电报的支持者指定邮政部提出方案。《芝加哥论坛报》社论认为，就如同邮政部能够进入"快递业务"，它也同样可以成为西联电报公司的竞争对手。[75]"在商业圈内"，《芝加哥论坛报》认为，成立国有电报公司已经是"众望所归"，而新闻界对此"所见略同"。[76]

国家反垄断立法的前景，激发了一批饶有兴趣的电报巨头，其中最成功的当属约翰·W. 麦凯（John W. Mackay）。麦凯是一个极其富有的、在内华达州康斯脱克起家的银矿商人。麦凯不为古尔德的投机骗术所动，坚信一个资金充足的竞争对手能够以更低的定价获得可观收入。麦凯在1883年与《纽约先驱报》编辑小詹姆斯·戈登·本内特合作，铺设了一条大西洋海底电缆。

鉴于古尔德最近铺设了海底电缆，麦凯认为自己也有能力实现。为了帮自己的电报公司打通市场，麦凯收购了邮政电报公司，后者作为一家经济困难的初创企业，最初是由一位纽约金融家从艾利沙·格雷手中买来一系列专利权整合而成的。[77]"邮政电报"的名字与哈伯德长期鼓吹的、联邦特许经营的电报公司毫无关系。它是在1848年作为《纽约电报法》特许经营的公司而由其推广者命名的。这一名字表达了对国会赋予它特权以对抗西联电报公司的期望。[78]如果国会颁布邮政电报法，麦凯在1883年与一位芝加哥记者的谈话中预测，他将会以每个词半便士的电报价格获取大笔财富。麦凯所设想的电报价格非常低，一份十个词的电报要价五便士，只比一份邮件多出了三便士。麦凯所需要的，只是国会为邮政部赋权，让他们可以将他的公司与全国各大城市的邮局关联起来。"通过将邮政电报与邮政局连接起来"，麦凯承诺在它所覆盖的地区范围内给予公众"最廉价的系统"。[79]

在19世纪80年代古尔德的所有对手里，只有邮政电报坚持了下来。从19世纪80年代起，邮政电报就是西联电报公司规模虽小却强而有力的对手，直到二战前它被并入西联电报公司。与古尔德的其他对手不同，邮政电报长期私有，因此无法发动突袭。麦凯雄厚的个人财富让他无须借力资本市场。如果麦凯赚得少了，古尔德讽刺道，他完全可以回到内华达，通过挖矿把钱赚回来。[80]

麦凯从未获得他所预期的、能够把定价降到每词半个便士的国家立法。尽管如此，他始终坚信，广受讨论的电流传播的潜力还未被挖掘出来。"我认为这一时刻很快会到来"，麦凯在1883年左右预测道，到了那时，古尔德这样的"资本家"不再需要通过"发动公众战争"牟利。电报产业的最大利益不是借助设备的限制性向电报用户索取高价，让投资者在过度膨胀的资本规模下获取红利。相反，他们将通过扩大设施、降低定价来实现："与其通过股票掺水来提取利润，不如通过扩张产业、降低定价：这才是真正的原则。"[81]

麦凯说到做到。尽管他的财富源自世界上风险最大的产业之一，但他拒绝投机买卖，谨慎地投资，从未举过一分钱债务。[82]按照一位早期传记作家的说法，这家从矿商而来的电报巨头从未向股份注水、从未发行任何价格可疑的债券、从未设置任何"金融陷阱"来"诱骗无辜的投资者们"。[83]

麦凯的金融保守主义与钢铁巨头安德鲁·卡内基（Andrew Carnegie）的商业策略遥相呼应。对于麦凯和卡内基来说，投机就是自寻死路。他们都在高度风险之中致富：麦凯依靠矿产业，卡内基依靠对铁路合同、电报线路和货物运输的股票内线交易。他们获取财富之后，将自己重新打造为专营资本家。他们的美好理想不是杰伊·古尔德这样的无良金融家，而是彼得·库珀这样具有公民意识的实业家。

反垄断法是19世纪80年代立法者们所考虑的最常规的立法解决途径。如果可能在电报产业内鼓励竞争，那么几乎不会有议员怀疑这场实验将会开展。然而，大量的、并且不断增多的议员相信,即使是最精心起草的反垄断法也很有可能收效适得其反。类似的逻辑被用于自 1848 年以来联邦层面和州政府层面电报立法的主要理据,并且导致了电报产业被杰伊·古尔德所统治。古尔德自己从反垄断法中获益的事实成为一个反对的说法,因为他对西联电报公司的接管正是反垄断立法所力图避免的事情。

政府所有制的不切实际和反垄断法的邪恶性质,让政策规制成为立法者们为了规避古尔德接管西联电报公司那样的邪恶后果唯一可行的立法方案。规制既不需要设定价格上限、也不需要明文禁止西联电报公司给予纽约联合新闻社的特权。相反,规制的作用,可能局限在通过立法手段防止自 1883 年电报业务员罢工之后,各种电报网络突然关门的情状再次出现。

罢工的可能性长期困扰着 E. L. 古德金(E. L. Godkin)。作为《国家》(Nation)杂志的编辑,古德金是国内最有影响力的记者之一。在他看来,电报对于商业如此重要,因此国会有义务保证电报业务员不会因为罢工而导致商业渠道出现障碍。电报网络哪怕出现一小段的故障,其引发的后果,也足以和美国被外国力量"入侵"相提并论。为了保证电报工作者不出现罢工情况,古德金提议国会颁布法令,将他们至于联邦法律的管辖之内。[84]正如离开岗位的士兵被谴责为逃兵,电报工作者也一样:"目前在电报和铁路行业的现代企业内工作的 1 万~4 万员工,与士兵无异,因此,他们应该被与军队相同的规则管理。"[85]

古德金这一军队的类比冒犯了卡尔·舒尔茨(Carl Schurz),一位政治家转业的记者、古德金近期涉足编辑领域所合作的合伙人。西联电报公司不是军队,舒尔茨反驳:从事电报行业也不是参军,因此,国会无权禁止电报从业者们通过集体行动改善处境。然而,舒尔茨也惧怕任何对电报网络的破坏。为了尽可能地降低这种可能性,他建议联邦法律通过强制性仲裁的方式解决劳工争议问题。[86]古德金和舒尔茨在电报从业者罢工问题上的分歧,让他们的短期合作不欢而散。舒尔茨无法原谅古德金对西联电报公司电报业务员的冷漠,古德金则对舒尔茨将他看作古尔德的邪恶共犯而愤愤不平。[87]

尽管舒尔茨和古德金之间分歧很大,他们依然有很多共同之处。他们都将电报行业罢工看作不可接受的;不期待通过市场竞争防止其重演;共同假设颁布某些联邦法律是有必要的。杰伊·古尔德和西联电报公司电报工作者之间的龃龉不仅仅是资本家和劳工之间的私下争端。电报工作者的罢工让西联电报公司所运作网络的权力成为公众的焦点。竞争可以解决团结的问题,这种想法早已不再可信。西联电报公司对于商业与公共生活而言是如此重要,以至于立法者们无法允许它停止运作。目前的唯一问题是,立法干预应该采取什么样的形式。在反垄断法被拒绝、政府所有制问题重重的背景下,只有条例手段是可行的。

对于电报与其他产业别无二异的长期假设的拒绝,重新引来了一个老问题,为什么立法者们允许电报保持对排外性客户的特殊服务?"邮政电报是新瓶装旧酒",莱曼·阿博特在1888年宣称,在这个时间点上,某种形式的国家电报立法将要来临。"现代文明所带来的巨大便利,究竟是少数人的奢侈品,还是大多数人的工具?"对于阿博特来说,答案是显而易见的。联邦政府对于让电报向全体人民开放负有道德义务。至于西联电报公司可否让电报普及,阿博特不予置评。在联邦法律缺席的情况下,阿博特自然认为试验无法进行。[88]

阿博特对于大众化的呼吁未被西联电报公司理睬。古尔德认为,通过将西联电报公司的定价保持在1881年西联电报公司易主时的水平,他可以赚取高额利润。尽管这些定价比麦凯所预想的要来得高,但是相比奥顿1867年开始掌舵时期的价格,却要低很多。尽管如此,古尔德从来没有对奥顿这样的经理人长期坚信的电报将为特定顾客提供专门服务的想法提出质疑。他对低价电报需求的质疑,得到了西联电报公司总裁诺文·格林的回应。格林在1890年声明道,私有企业的生意经不计其数,不仅大多数人感兴趣,乐于为民解忧的议员们也对此充满了介入的动力。[89]电报永远无法代替书信,一位西联电报公司的宣传人员解释道。书信将寄信人与收信人以一种亲密的纽带关系连接起来:书信本身是寄信人在场的表现,并且包含着熟悉的手写信息。相比而言,电报稿纸则是非人性化的。[90]

电报应该避免永久性立法规制这一新兴共识,让政府管制与公司管理孰优孰劣这一老辩题又一次兴起。自从英国政治经济学家约翰·斯图亚特·密尔在1848年抛出行政管理方式难分优劣的著名论断之后,局势长期风平浪静。"众所周知,政府的管理方式冗杂、粗糙、毫无效率",密尔认为,然而,"联合股份制也是如此"。如果政府部门有问题,私人企业照样也有:"因此,如果非说政府管理比联合股份制管理缺点更多的话,也不见得会多多少。"[91]

政府管理制的批评者们警告道,国有电报将会导致政治中心化的政治格局,任凭政党大搞政治特权。1883年颁布的一部颇为严厉的公民法律和邮政部被反复宣扬的业绩,都证明了这点。

邮政部的业绩有力地反驳了认为政府管理制不灵活、无新意的观点。古尔德对于赞助技术开发的冷漠,让批评者们更有机会借题发挥——因为这关乎创新的关键引擎。在《电气与电气工程师》(*Electrician and Electrical Engineer*)的社论看来,西联电报公司在科技研究赞助上的失败,与邮政部的"持续进步"形成了鲜明的对比。邮政部的"综合管理能力备受人民认可",这是古尔德对西联电报公司的管理所难以企及的。[92]政府管理制对公司管理制的优越性在《普林斯顿评论》(*Princeton Review*)看来同样明显。该杂志认为,在美国,没有一个大工业能够比邮政部推行更加经济的管理方式。[93]政治科学家、后来的美国总统伍德罗·威尔逊在1887年评论道,"行政问题对新企业影响甚广,例如,效用、价格、国家邮政服务的成功先例,都对电报系统确立起早期政府管控贡献很大"[94]。

马萨诸塞州布鲁克林的商业律师、其同名孙子后来成为杰出的商业史学家的阿尔弗雷德·D. 钱德勒(Alfred D. Chandler),是当时为数不多质疑公众对西联电报公司蔑视态度的商业分析师之一,在1889年的一本反对政府所有制的小册子上,钱德勒指出,与英国、德国的国有电报部门相比,西联电报公司在美国电报业务开展上的效率并不落后。[95]

钱德勒的结论激怒了亨利·威拉德·奥斯丁(Henry Willard Austin),一位力挺著名空想社会主义家爱德华·贝拉米(Edward Bellamy)的政治活动的记者。奥斯丁反驳道:"在钱德勒先生为我们当前腐朽的工业系统的辩护中,最为莽撞的是,他竟然认为西联电报公司浮夸的电报业务能比德国和英国运作良好的全国性系统来得优越。"[96]

奥斯丁的愤怒,很大程度上来源于贝拉米以一种乐观主义的态度预言技术发明的成果将会广泛导致贫穷减少、物质丰裕。根据贝拉米的预测,在未来,私有制企业将会成为一个失败的经济格局的遗产,这一格局将会因为难以与劳力健全的"工业军队"所组建的国家的效率要求相匹配而被淘汰。电报的国有化是未来时代的先声:政府将会早早以合适的价格从私人手中收购电报网络。换言之,私有制企业的主要缺点并不是老板累计的巨额财富,而是公司管理相对于政府管理的本质缺陷。[97]

钱德勒和贝拉米主要聚焦在西联电报公司的组织能力上。古尔德接管西联电报公司更为长远的政治文化影响,体现在明尼苏达州参议员威廉·温顿(William Windom)那封流传甚广的公开信中。作为一位备受尊重的反垄断主义者,他曾经力挺通过国家力量介入竞争来解决铁路公司的协调问题。在这封公开信中,温顿以类似的观点谈到了古尔德的接手问题。温顿不仅对古尔德让西联电报公司资本化规模翻倍的做法表示谴责,而且鄙视古尔德坚持通过铺设大西洋海底电缆扩张电报帝国海外规模。温顿警告道,"显而易见,那个手中铁路里程数世界最多、并且几乎天天将之扩张的人,现在同样掌控着美国和加拿大的电报系统,并且通过海底电缆把手伸向了欧洲"。最为可怕的威胁是古尔德对新闻界的觊觎。根据流言,古尔德获得了控制纽约联合新闻社的七家报纸中三家的控制权:《纽约论坛报》《纽约世界报》和《特快邮报》(*Mail and Express*)。如果古尔德再获得一家报纸的控制权,他将对资讯流通拥有"绝对的控制权",因为纽约联合新闻社的范围不仅在纽约市,而是全国各地:"当这一切发生的时候,我们将会怎么样?那时候,人们将如何抵抗公司力量的侵蚀?甚至,他们将如何就某话题彼此沟通?"[98]

温顿公开信的意义,被成文时的局势加倍放大。温顿写信的时候,候任总统詹姆斯·A. 加菲尔德已经任命他为财政部长。温顿的靠山、是一群由弗朗西斯·B. 瑟伯组织、具有纽约背景和反垄断思维的政客团体。温顿的信在纽约库珀联盟的公共会议上被传读,这一组织以资助者彼得·库珀的名字命名,后者是一位道德品行高尚的商业领袖——这一特质恰好是古尔德所缺乏的。

古尔德的接手证明了,即使是康涅狄格州的参议员奥维尔·H. 普拉特(Orville H. Platt),也不大可能与之为敌。作为一个可以信赖的商业战士,他常常反对主张限制公司过度扩张的法律,其中就包括他认为不仅不适当,而且可能违宪的《谢尔曼法》。[99]然而,普拉特对于限制古尔德而制定的国家电报法律并无异议。电报已经成为"富人之邮",普拉特在1883年向他的一位合伙人议员抱怨道:"现在老百姓们接到电报,都担心意味着死亡或灾难的消息。"如果电报变成全美普罗大众的通用传播工具,对这个国家会不会好一点?[100]

"富人之邮"的说法并非普拉特的原创,事实上早在四十年前,一位华盛顿记者就用了相同的说法讽刺时任邮政总长阿莫斯·肯德尔的飞马速递服务。这位华盛顿记者所说的"富人"就是肯德尔的客户们;而对于普拉特来说,"富人"不仅仅指的是电报的用户,也包括接手电报网络的金融家们。[101]

纽约市影响力巨大的讽喻性周刊《普克》(Puck)杂志和《法官》(Judge)杂志对于古尔德的劫掠行为作出了最为生动的剖析。《普克》的发行量常常高达80,000份,《法官》也没逊色多少,考虑到人们的阅读热情,这在那个时代绝不是小数字。按照当时一位政治观察者的说法,在诸如1884年大选前期这样政治热情高涨的年代,这些杂志所造成的政治影响力,可能比"所有的日报加起来的总和"还大。[102]

政治讽喻言论长期以来较为温和,《普克》和《法官》则将之提升为一种政治力量。早期政治漫画家大多只在黑人种族问题上做文章,托马斯·纳斯特是个例外,他是为数不多会将政治问题转为生动的视觉形式的漫画家。《普克》和《法官》则将彩色石印术的最新技术发明应用于时事政治漫画之中。古尔德的金融操纵行为是杂志读者饶有兴趣的话题,他频繁出现在封面之上,对杂志销量大有助益。在19世纪80年代以前,"强盗式资本家"只是一个被熟悉中世纪德国史的东部读书人反复使用的神秘文学隐喻,现在,它有了视觉的形象。

政党政治无法影响漫画家对古尔德的态度。《普克》编辑H. C. 班纳(H. C. Bunner)比《法官》编辑詹姆斯·A. 威尔斯(James A. Wales)更坚定地支持1884年的民主党总统候选人格罗弗·克利夫兰,但是两份杂志对于古尔德的讽刺却拥有着超脱党派的热情。漫画家们乐此不疲地创作,讽刺古尔德作为贪婪的垄断家祸害劳工、妨碍商业、操纵股市、颠覆报业、败坏政治。班纳在解释《普克》一份反古尔德的漫画时警告道,古尔德已经变得比沙皇更有权势。当国家的"传播渠道"成为私人财产的时候,"这样的国家无法被称之为自由国度"。[103]

古尔德时而独自行动,时而与他的强盗资本家伙伴威廉·H. 范德比尔特和赛勒斯·菲尔德相互勾结。在讽刺这些商界要人的漫画中,绞刑是一个反复出现的主题。在《普克》出版的一幅由约瑟夫·开普勒创作(Joseph Keppler)的反古尔德漫画中,古尔德被描绘成一个坐在由电报线路做成的秋千上的邪恶小孩,他全然不知,这条线勒杀了象征着"商业"与"报业"的两座雕像。在另一幅漫画中,古尔德和范德比尔特用一根类似耶稣受难十字架的电报杆刺穿了山姆大叔。[104]

古尔德在漫画中的对家往往是邮政部——它作为化解古尔德所造成危机的解围者出现。"有些事物生来就是被垄断的命运",有些则往往被平均分配,威尔斯提及。后者例如蚊虫灾害、春秋流感、流言蜚语;前者则包括车辆座位、古着市场和电报产业。如果说电报是垄断业,那么就应该由邮政部来运作才能实现"雨露均沾"[105]。在《法官》出版的一幅反古尔德漫画末尾说明中,邮政部被称为"垄断的最佳形式":"让人民来掌管自己的通信业务。"[106] 有趣的是,在反对古尔德的漫画家中,没有人认为邮政是腐败现象的排水口。这是一个令人惊讶的遗漏:19 世纪 80 年代,政府官员们从承包商处收受回扣,用以支持 1880 年共和党总统选战,几乎人尽皆知。这些回扣,大多来自投标少数地区所谓星号邮路的承包商们。然而,这些事实并不妨碍两份杂志对邮政管理者们恭敬以待。例如,1881 年 10 月,《普克》以毫无讽刺性的奉承手法将邮政部长托马斯·L. 詹姆斯(Thomas L. James)描绘成了"惩办星号邮路欺诈案的人"[107]。

古尔德在 1881 年 1 月接手了西联电报公司,令整个金融界震怒。在一幅卡通漫画中,古尔德被描绘成用金融戏法威胁商业与新闻业的邪恶流氓。古尔德对新闻业的挑战,不仅表现在他收购了全国最重要的电报网络,也表现在他对两家纽约市最主要的报纸——《先驱报》与《世界报》的收购。**Joseph Keppler, "Consolidated," *Puck* 8(January 26, 1881): 352-353.**

如果古尔德想成为西联的总裁,他几乎轻而易举就能办到。毕竟,他是公司最大的个人股东,而且他对公司的执行委员会有着相当大的影响力。然而,就像许多金融家一样,古尔德更愿意把日常事务委托给一位值得信赖的副手。古尔德的副手是诺文·格林,他是一位经验丰富的电报经理人,自19世纪50年代以来一直活跃在电报行业。1878年,奥顿意外去世后,格林成为西联电报公司的总裁。

188　古尔德接手西联电报公司,让支持联邦自主经营"邮政电报"、推动联邦立法以限制古尔德权力的声浪大大提升。为了推动这场民声沸腾的改革,这幅1882年的卡通漫画将邮政部描绘成了"垄断的最佳形式"。如果国会允许其运作电报网络,"人民的资讯"将不再受到古尔德这种"垄断恶魔"的钳制。James A. Wales, "The Best Kind of Monopoly," *Judge* 2（October 7, 1882）: 封面.

格林是一个兼具赛马者般热情和斯多葛哲人般沉稳的肯塔基老好人。根据一位了解格林的记者回忆,他从不乱发脾气,始终以"一丝不苟的幽默绅士"要求自己。[108]
189　作为西联电报公司总裁,格林留下的商业通信数以百计,其中许多涉及西联电报公司规模巨大的排外性优先权合约，这一领域颇为神秘，但格林对此的擅长却是出了名的；[109] 其他信件也涉及格林数目巨大的私人投资文件。然而，这些信件不涉及科研开发或者经营自主权问题，而这些话题，恰好是威廉·奥顿所热衷的。格林的创造性成果，包括在新闻界公开发布反对国家电报立法的署名文章。虽然观点并无新意，但格林开创了公司领导在流行刊物上直接回应公众的先河。为反对联邦干预，格林反复提及一个长久的论点，即国会收购西联电报公司是违宪的，即使最详尽的宪法解释也无法实现接纳。为了贬损邮政部，格林重翻内战之前的旧账，效仿戴夫·格林（Duff Green）等杰克逊党人的长篇大论，直击政治腐败问题。这种效仿并非偶然，格林往往自我标榜是杰克逊派民主党人，并且热衷于历数戴夫·格林的远亲关系。[110]

19 世纪 80 年代的西联电报公司保持着希拉姆·西布里在内战之前铸造的松散的横向组合结构。尽管西联电报公司有时被称誉为一个"系统"，但是它并没有铁路邮件服务部门（Railway Mail Service，RMS）这种政府机构的团结精神。铁路邮件服务部门惯常举办会议，让部门经理们就组织协议和业务常规展开讨论，这是西联电报公司所没有的。对于这种脱节，记者们通常将之描述为一个集体——也就是"这个西联电报公司"（the Western Union），而非简单称之为"西联电报公司"。按照一位持有同情态度的观察者在 1887 年的报告，西联电报公司的核心，是与铁路公司、新闻中介、电话公司、商业交易所和其他大量有关部门的"合约集合"[111]。

表面上看，格林是西联电报公司总裁，然而，古尔德才是实质掌权者。事实上，在古尔德作为西联电报公司最大个体股东的十一年间（1881—1892），他对西联电报公司产生的影响并不逊于奥顿的任期（1867—1878）。古尔德在新闻界与企业金融领域的勤奋、细心与勇猛，可以与奥顿在电报网络权力问题上的执着相提并论。与奥顿相同，古尔德把西联电报公司庞大的规模看作优势而非负担；同样地，在对待竞争对手的策略上，他们都更喜欢收购对手而非与之直接竞争。[112] 古尔德的战利品包括：由纽约银行家乔治·F. 贝克（George F. Baker）创建的电报初创企业互助联盟（Mutual Union），由巴尔的摩与俄亥俄铁路公司运作的大型电报网络巴尔的摩与俄亥俄公司（Baltimore & Ohio）。如果麦凯的海底电缆网络愿意出售的话，或许古尔德也会将之收入囊中。批评者们往往指责古尔德定价过高，然而，古尔德很少让定价高于 1881 年的水准。在竞争激烈的大西洋海底电报市场，定价事实上还降低了。[113]

古尔德与奥顿不仅有诸多共同之处，两人的差异也同样显著。奥顿以经理人著称，古尔德以投资人闻名。奥顿从投资者手中买下西联电报公司股份，控制需要分摊给股东的股权红利；古尔德将西联电报公司的资本规模翻倍，大量增加能够获得分红的股份数目。为了限制市场信息内部交易，奥顿只允许纽约联合新闻社租借一条跨城线路；由于没有奥顿的顾虑，古尔德可以把私有线路租给任何支付得起费用的人。在古尔德接管的头两年里，西联电报公司租借出去的私有线路共计 1.2 万英里。尽管对于西联电报公司运作的42.5万英里线路,这一数字不过占据3%,但是已经远远超过了古尔德1881年接管之前的里程数字。[114]

古尔德和奥顿最大的差异,在于他们对技术创新的态度。奥顿大量赞助爱迪生,并重金投资芝加哥背景的电气设备制造商西部电气公司;古尔德停止对发明家的资助,低价抛售西部电气。爱迪生在后来回忆道,古尔德完全不以"建设企业"为荣,"而是永远只有对钱的追逐"。爱迪生的评价,受到失去资助时个人的恼火情绪所影响,然而他对古尔德充满蔑视,却是一个不争的事实。古尔德的接手,标志着19世纪70年代短暂出现的电报领域相关发明良好的企业孵化环境不复存在:"当古尔德得到西联电报公司时,我知道,电报领域的更前沿进步已经不再可能,于是我转向了其他领域。"[115]

奥顿与古尔德最为基础的差异,在于他们对企业与投资者标准关系的概念根本不同。奥顿将投资人看作他追求经营自主权的潜在对手,而经营自主权在他看来是维持运营质量的前提条件;对于古尔德来说,将投资人的资本回报最大化,是公司最主要的目标。奥顿不断大胆地尝试,将管理权从所有权中区分出来;古尔德则将所有者们推回管理岗位上。古尔德类似于主张业主自营的资本家;奥顿则推崇投资者回报听命于经营自主权的职业经理人制度。

古尔德作为西联电报公司的大股东作出的最具争议的决定,是将西联电报公司资本规模翻倍,这一策略与希拉姆·西布里在1866年的做法极为相似。然而,为了寻找合理性,古尔德援引了一个连西布里都无法接受的评估公司资产的观点。在古尔德看来,西联电报公司的资本规模,不应该建立在它过去所获得的实体资产上,而应该建立在它未来可被预期的"净收益能力"上。[116]

古尔德关于资产评估的理论在今天已见寻常。一个公司股份的价值是由投资者对股份未来利润的预期所决定的,而不是被投资者的过去投入或者移除公司物理资产的成本所决定的。然而,在19世纪80年代,这一精算常规还很新奇,并且在随后的几十年里颇具争议性。[117]只有极少数记者为古尔德将西联电报公司资本规模翻倍的做法辩护,穆拉特·霍尔斯特德(Murat Halstead)就是其中之一。通过将西联电报公司的资本化运作与"国家的繁荣发展"相联系,古尔德应该被赞美而非责备:尽管他是一个投机商人,但他至少是"为了美国而下赌注"。[118]更为典型的是指责古尔德对西联电报公司的股份注水,导致定价虚高、设备有限、业务员工资低下。根据《纽约先驱报》社论的说法,通过"净收益能力"的概念,古尔德想要的只是"能够以提供必需品的垄断者身份操纵公众"的最大数字。[119]

古尔德乐意公开讨论他关于企业估值的争议性理论,是他与新闻界紧张关系的体现之一。奥顿与纽约联合新闻社关系密切,以过滤可能影响他经营自主权的立法呼声。古尔德与芝加哥背景的西部联合新闻社这样的纽约联合新闻社对手协商,限制纽约联合新闻社的特权,这也可以解释为什么与纽约联合新闻社相关的报纸对他不遗余力地发动抨击。[120]奥顿惧怕新闻界,古尔德操纵新闻界塑造能够盈利的市场预期。在19世纪,没有一位金融家比他更擅长制造后一代记者常说的媒介事件。

古尔德散布了多少谣言、编造了多少故事,无从知晓。然而,古尔德持有《纽约世界报》的主要股份长达数年之久,并且与《纽约论坛报》关系密切,却是记录在案的事实。古尔德与其他报纸的关系更加难以追溯。[121]威廉·温顿绝不是唯一一个警告古尔德对纽约联合新闻社有所图谋的人,然而,温顿错了。古尔德不像奥顿那么依赖纽约联合新闻社,他更愿意与西部联合新闻社这样的新闻中介竞争对手协商。因此,这种警告错抓了重点。古尔德不仅炫耀他的私人权势,更喜欢展示西联电报公司电报网络的权力,以厚颜无耻之姿态激怒全美的商业领袖、议员和记者。

古尔德对待新闻界的无耻策略,更体现为古尔德的支持者们在他接管后为了谋取西联电报公司潜在投资人的利益而出版的一本著名小册子。为了说服西联电报公司的投资人们西联电报公司可以为巨大的资本规模提供稳定红利,宣传人员强调了西联电报公司所实现的"系统的完美运作"。除了邮政部之外,西联电报公司已经成为全国最主要的传播渠道。像一支"占领军"一样,它统治着所获得的疆土。没有任何一家"竞争对手"能够动摇他,即使对方获得了西联电报公司没有的技术发明:"一个试验性的新发明,例如自动化系统和邮政电报设备、电话分机设备,或许会威胁到西联电报公司在全国即时通信领域权力的完整性,但是除非出现能动摇利润的更有力证据,否则,我们无须担心西联电报公司可以通过自家系统的完美运营,继续保持比国内几乎所有企业更强大的盈利能力。"[122]由于对西联电报公司电报网实力的炫耀登峰造极,这本小册子几乎无法平息西联电报公司批评者的担忧,即这家公司是一个危险的垄断者,立法者们不能让它独立于联邦控制之外。

古尔德在1883年关于美国"劳工与资本"问题国会委员会召开前的一份证词,是他最为臭名昭著的公共宣讲之一。在这份证词中,古尔德为他在近期电报业务员罢工运动中的表现进行了辩护。如果国会反对他运作电报网络的方法,就有可能对公司进行收购。古尔德给出了价格:如果国会能够付给西联电报公司投资者们8000万美元,他将保证交易成功。议员们接受这一数目的可能性微乎其微。[123]尽管如此,古尔德的坦率还是令人为之一振,并且体现着早期政府所有权运动的非意识形态特征。立法者对国会收购案的保留,与其说是对社会主义的抽象恐慌,不如说是他们现实地意识到,如果国会收购西联电报公司,古尔德将成为最大的赞助人。

古尔德秘密掌控新闻业这一广为流传的说法,在1884年总统大选之前沸沸扬扬。按照一篇信源并不充分、但流传甚广的新闻报道的说法,古尔德运用电报网络的权力,蓄意拖延纽约北部选举结果信息在全国范围内的发布。据称,通过这样的做法,他力图挫败格罗弗·克利夫兰支持者的士气,让选举的天平倒向詹姆斯·G. 布莱恩

(James G. Blaine)。根据预测,克利夫兰在纽约北部可以赢得比民主党人更多的民主党选票,因为克利夫兰与该地区的关系十分密切,并在近期担任了该地区最大的城市布法罗的市长。[124]

古尔德所设想的棋局激怒了纽约市的民主党人。投票结束后不久,一队号称有5000人的愤怒群众齐聚在西联电报公司总部大楼门前。据闻,古尔德在此度宿。格林在给同事的信中写道,倘若稍有不慎,"愤怒的暴民们"就有可能将大楼付之一炬。[125]关于这件事,新闻报道众说纷纭,然而鲜少有人否认,古尔德确实通过某种方式设计复杂的策略操纵了选举。

古尔德通过控制新闻报道操纵选举的推测,让格林深感荒谬。"一位投资人的意愿能够影响整个公司的政治,这个想法太荒诞了,"格林在选举之后给一位民主党合伙人的信中写道,"你可以看到,执行楼层里,有3/4的雇员支持并投票给克利夫兰;同时,以前总是给共和党投票的财务主管,这次也把票投给了克利夫兰。"[126]对此,《纽约时报》自然无法信服,还不忘加上道德批判。在选举结束后的第二天,《时代》的社论写道:"古尔德先生在过去48小时的表现,让国有化的邮政电报制度在这个国家看起来势在必行。"[127]

古尔德蓄意操纵1884年总统选举结果和对前一年电报业务员罢工的处理所引发的愤怒,对新兴一代高等教育背景的社会科学家产生了深远影响。联邦政府不再能够指望通过反垄断立法来规制西联电报公司。萨缪尔·F. B. 莫尔斯的预言成为现实:公司所有制让电报落入了这片土地上最为臭名昭著的投机者手中。

这一新的共识,被政治经济学家亨利·C. 亚当斯在美国经济学会1887年开幕典礼的著名演讲中表达。亚当斯指出,"工业行动"可以分为三种类型。第一种类型是商务平均成本伴随业务范围的增加而提高;第二种类型是平均成本不变;第三种类型是平均成本减少。亚当斯将第三种商务称为"自然垄断"。对于自然垄断来说,即使没有获得任何国家特权,它依然能够在所提供的产品或服务上占据市场主导地位。亚当斯在他的演讲中并未特别提及电报。然而,电报从几个方面看都类似"自然垄断":它接受"中心化的控制";不受到竞争的有效规范;"不能安全托付给私人资本运作"。[128]

将一种商业指定为自然垄断,预设了它必须接受国家的控制,因为不可想象议员们会允许这样一个权力实体无人制约。两种控制的提案应运而生:政府所有制和政府政策规制。

亚当斯的同事理查德·T. 伊利是政府所有制最热情的宣传者之一。伊利不像亚当斯那样谨小慎微,而是在1888年就直截了当地宣称电报是"排斥持续稳定的竞争压力的自然垄断"。对于一个磨坊主来说,要做生意,就需要考虑竞争者的价格;如果他不照做,顾客就会将他抛弃,因为磨坊生意始终对外开放。然而,如果一个电报公司提高价格,用户们不会流失,因为他们没有其他选择。即使只有3%的人口使用电报,也改变不了这一事实。核心的问题,不是电报设备用户的涵盖范围,而是对电报提供商的产业开放程度。尽管只有少数人使用电报,但是其影响力却波及甚广。电报用户传递着西联电报公司所制定的高价,让这一成本"被所有人感觉到"[129]。

伊利坦诚,对于联邦政府应该拥有和运作电报,还是仅仅规制西联电报公司这样的私人企业所给出的定价,经济理论莫衷一是。邮政部的例子让他更倾向于政府拥有与运作。邮政为公共垄断,是国家福利;电报为私人垄断,堪称"国家灾难"[130]。伊利不断强调他不是联邦政府支出的全面支持者,例如,他哀叹国会大量拨款,把资源浪费在"毫无区别"地补助内战时期的老兵上。然而,国会对电报进行收购,确是伊利支持的联邦支出之一。与其把钱浪费在内战老兵身上,国会更应该收购西联电报公司,建立在邮政部管辖之下的电报网络。[131]

国会要收购西联电报公司,就需要与古尔德谈判。伊利对此十分了解,他对立法者应该把西联电报公司的资产限制在线路、电报杆和设备上的金融主流看法提出了质疑。西联电报公司的"真正价值",应该包含扩张网络的管理支出。这一总额远远高于再造西联电报公司实体资产所需要的成本,因为这其中还包括了收购竞争对手的大笔金额,而当初正是"反垄断的错误社会政策"把他们鼓励入行的。[132]

伊利支持政府所有制的理由颇具争议性。一位持分歧态度的记者在1895年嘲笑道,"自然垄断"是民粹主义者与社会主义者为了将产业置于政府的"直接控制"之下而青睐的表达方式。[133]

对于喜欢给管制计划贴上社会主义标签的批评者,伊利显得十分不耐烦。尽管伊利自称基督教社会主义者,他在那些竞争仍是现实选择的领域里,依旧是竞争的虔诚信徒。他只是不认为电报是其中之一罢了。在伊利看来,他对电报政府所有制的坚持并不会影响英美传统中长期对个人主动性的偏爱。私人企业与公共企业的差别为"盎格鲁-撒克逊"法律所尊奉,并不会被国会对西联电报公司的收购所颠覆。事实上,国会的收购将比取消赎回权创造更多的商业机会,并因此"成为个人主义原则的延伸,而与社会主义无关"。如果电报定价降低、电报网络扩张,许多此前不曾受益其中的人将会获得机会。伊利"从不认为"在揭发社会主义错误的问题上"浪费笔墨有什么意义":"在美国,最危险的社会主义就是私人贪欲所造成的垄断。"[134]

伊利对政府所有制的支持,让亚当斯深感棘手。亚当斯认可伊利的结论部分扎根于亚当斯关于"工业行为"的文章上,然而,他自己对电报的分析则建立在不同的道德根基上。[135]电报的联邦规制是亚当斯所支持的方式,政府所有制却不是。如果国会预算有盈余,那么议员们最好将钱用在税收的减免上,而不是拿去收购西联电报公司。[136]尽管如此,亚当斯相信国会收购的可能性很高,并且认为自己作为一个公共金融领域的专家,有义务指出联邦政府将如何偿还费用。[137]

政府政策管制不像政府所有制那样富有争议性。一个典型的支持者是亚瑟·T.

哈德利（Arthur T. Hadley），一位在耶鲁大学任教多年的铁路管制领域的专家。哈德利不像伊利那么富有争议性，在非学术领域又比亚当斯来得出名，因此，他是那个时代最受尊敬的社会科学家之一。哈德利对铁路产业的研究让他相信，某种形式的竞争会对生产不利，因此他长期提倡对固定价格计划进行合法化，典型的做法是通过联营将价格保持在可接受的水平。哈德利对电报产业采取了类似的看法。他承认，西联电报公司确实犯了很多本该避免的错误，尽管如此，他并不认为政府所有制是一种解决方案。为了证明这种缺陷，哈德利将美国公司管理的电报网络与德国政府管理的电报网络进行了比较。无可反驳的是，政府管理制即使再好，也只能与"最差状态的公司管理制度"不相上下。[138]

如果哈德利就此打住，那么他的结论就会多少与阿尔弗雷德·D.钱德勒的相似，后者作为企业律师曾在同一时期招致贝拉米特们的愤怒。然而哈德利较此更进了一步。像大多数受过良好教育的美国人一样，他轻视古尔德，不屑对其发表评价。根据哈德利在古尔德去世后不久的观察，古尔德职业生涯的"邪恶之源"，在于他狂妄地认为商业本质上是一场游戏而非公共服务。哈德利认为，这种信念不仅错误，而且不道德，还壮大了社会主义者的胆量，因为它掩盖了财富是一种公共信任的永恒道理。[139]美国的社会主义信徒们，往往先是民主党人，然后才是社会主义者。"现代社会主义"与其说是扩张国家领域的错误尝试，不如说是对古尔德等金融家"不受控制的权力"的合情抗议。为了弱化古尔德及其家族的影响，哈德利主张通过立法，鼓励企业领导者们用生产者与消费者之间的"合作"取代对手之间的竞争。在他看来，如果企图破坏现存制度规则的不择手段受到限制，那么资本主义的运作是最为良好的。[140]

哈德利对投资人的反感，加速了道德化的政治经济学家向道德中立的经济学家的转型。分析单元不再是经营者相互竞争的政治经济领域；自此以后，变成了连接供给与需求的企业经济领域。[141]哈德利在许多问题上与亚当斯和伊利有过分歧。然而，就后者所认为的公司可以在没有政府补助的情况下获得一些特权，以及某些领域过于重要以至于立法者不能允许它停摆的相关推论，哈德利同样表示赞同。由此，他将针对西联电报公司这样的巨型企业的公众辩论焦点，从赞颂平权和攻击特权，转向了理想化公共效益和贬抑无谓浪费。

亚当斯、伊利和哈德利的自然垄断理论的流行，是第一代受过学术训练的社会科学家们弱化古尔德这类投资人—经理人的精心运动的一部分，借此，他们希望将西联电报公司这样的巨型企业转化为被技术与经济动力驱动的功能性系统。为了实现这个目标，他们制定了各种计划，保护电报产业不受反垄断立法所激发的竞争性力量所干扰。反垄断立法鼓舞了古尔德这样的金融家，让企业苦于巨额的红利支出负担限制其运作标准、雇员薪资和发展基金。为了削弱古尔德，社会科学家们将政府机关的影响和公民商业理想最小化，强调技术规则与经济动力。

在杰伊·古尔德 1892 年去世后不久,《普克》的编辑 H. L. 班纳也停止了探讨古尔德接管西联电报公司所带来的焦虑。古尔德运用电报控制权操纵市场趋势的行为与班纳很像,他在 1884 年大选期间以政治目的挪用了西联电报公司线路。事实上,曾经有一段时间,联邦政府需要掌管电报产业的说法"几乎成为普遍共识"。然而,这种恐惧感逐渐被电力传播设备的迅猛增长所"驱散",这种增长逐渐发展出任何人都可以"轻易破坏其正常运作状态的庞然大物"。尽管如此,也不能说古尔德为增添民众信心出过力气,或是在公众舆论面前为自己正了名。[142]

班纳对古尔德于西联电报公司任期的盖棺定论,标志着一个传统因果预设的显著转变。因果性归因的习惯变化缓慢,但影响深远。[143]一个主要的转变发生在 19 世纪 80 年代,社会科学家开始将企业手段看作一种变革动力。由此,他们将原本运用在国家与市场的能动性应用到了企业。当反对古尔德的呼声不再歇斯底里,一个基本的事实由此凸显了。通过妖魔化古尔德,批评家们对个体的合法性提出了质疑,也探问了机构的合法性。1892 年古尔德去世后,他的遗产长久影响着电报电话产业的商业领袖们。直到第一次世界大战期间,美国电话电报公司才通过拥护技术进步与金融正统,驱散了他的幽魂。通过这种方式,后一代商业领袖们逐渐淡忘了全国性传播网络最好由政府部门而非私人企业运作这种说法,这反而是古尔德本人所做不到的。

注释:

[1]Murat Halstead and J. Frank Beale Jr., *Life of Jay Gould: How He Made His Millions* (Philadelphia: Edgewood Publishers, 1892), p.299.

[2]Trumball White, *The Wizard of Wall Street and His Wealth: Life and Deeds of Jay Gould* (n.p., 1892), p.152; Victor Morris Tyler, *A Short History of Connecticut Telephony, 1878 to 1907* (New Haven, Conn.: Victor Morris Tyler, 1957), p.9.

[3]Matthew Josephson, *The Robber Barons: The Great American Capitalists, 1861-1901* (1934; New York: Harcourt, Brace & World, 1962), p. vi.

[4]Daniel T. Rodgers, "In Search of Progressivism," *Reviews in American History* 10 (December 1982): 123-124.

[5]John Stuart Mill, "Differences Arising from Natural Monopolies," and "Cases of Delegated Management," in *Principles of Political Economy* (Boston: Charles C. Little & James Brown, 1848), vol. 1, pp.465-468, and vol. 2, p.539.

[6]Gould to William E. Chandler, January 10, 15, 16, 1875, Chandler Papers, Library of Congress, Washington, D. C. (hereafter LC); Margaret Susan Thompson, *The "Spider Web": Congress and Lobbyists in the Age of Grant* (Ithaca, N. Y.: Cornell University Press, 1985), pp.264-265.

[7]Robert Charles Post, *Physics, Patents, and Politics: A Biography of Charles Grafton Page* (New York: Science History Publications, 1976), pp.173-181.

[8] Orton to Joseph Medill, June 9, 1876, president's letterbook, Western Union Collection, Archives Center, National Museum of American History, Smithsonian Institution, Washington, D. C. (hereafter PL, WU-SI).

[9] Gould to William E. Chandler, January 18, 1875, Chandler Papers, LC.

[10] Paul Israel, *Edison: A Life of Invention* (New York: John Wiley & Sons, 1998), pp.97-104; "The Dispute over the Quadruplex," in *The Papers of Thomas A. Edison*, vol. 2, ed. Reeve V. Jenkins et al. (Baltimore, Md.: Johns Hopkins University Press, 1991), pp.794-815.

[11] 转引自 E. C. Baker, *Sir William Preece, F.R.S., Victorian Engineer Extraordinary* (London: Hutchinson, 1976), p.157; Orton to J. B. Stearns, December 2, 1874; Orton to Thomas A. Edison and George B. Prescott, January 19, 1875; both in PL, WU-SI.

[12] Paul Israel, "Telegraphy and Edison's Invention Factory," in William S. Pretzer, ed., *Working at Inventing: Thomas A. Edison and the Menlo Park Experience* (Baltimore, Md.: Johns Hopkins University Press, 2002), pp.66-83.

[13] Jesse W. Markham, "The Joint Effects of Antitrust and Patent Laws upon Innovation," *American Economic Review* 56 (March 1966): 291-300.

[14] David A. Hounshell, "Elisha Gray and the Telephone: On the Disadvantages of Being an Expert," *Technology and Culture* 16 (April 1975): 133-161; Robert V. Bruce, *Bell: Alexander Graham Bell and the Conquest of Solitude* (1973; Ithaca, N.Y.: Cornell University Press, 1990), p.210.

[15] Bruce, *Bell*, pp.141-142, 229-230; Catherine Mackenzie, *Alexander Graham Bell: The Man Who Conquered Space* (Boston: Houghton Mifflin, 1928), pp.157-158.

[16] Bruce, *Bell*, chaps. 16, 19.

[17] Joel A. Tarr, with Thomas Finholt and David Goodman, "The City and the Telegraph: Urban Telecommunications in the Pre-Telephone Era," *Journal of Urban History* 14 (November 1987): 38-80.

[18] Hubbard to Alexander Graham Bell, February 1, 5, 8, 22, 1878, family correspondence, Bell Family Papers, LC.

[19] Gould to William E. Chandler, January 27, 1875, Chandler Papers, LC.

[20] Bruce, *Bell*, p.141.

[21] Butler to James H. Goodsell, June 6, 20, 1877, Butler Papers, box 217, LC.

[22] Edward C. Mack, *Peter Cooper: Citizen of New York* (New York: Duell, Sloan, and Pearce, 1949), pp.308-309; Thurman Wilkins, *Clarence King: A Biography* (Albuquerque: University of New Mexico Press, 1988), p.259.

[23] Mack, *Peter Cooper*, pp.308-309.

[24] Orton to Samuel S. White, March 1, 1878, PL, WU-SI.

[25] Green to William H. Forbes, July 2, 1879, PL, WU-SI.

[26] "An Act Making Appropriations for the Support of the Army," in *Statutes at Large of the*

United States of America, *1789-1873*, vol. 21, chap.35 (Boston: Little, Brown, 1879), p.31.

[27]*Minutes of a Hearing before the Committee on Railroads* . . . *January 28*, *1879*, p.12.

[28]报纸采访稿, February 27, 1879, box 221, Butler Papers, LC.

[29]*Congressional Record*, February 22, 1879, 45th Cong., 3rd sess., 1763.

[30]*Minutes of a Hearing before the Committee on Railroads* . . . *January 28*, *1879*, p.84.

[31]"Telegraph Lines," 43rd Cong., 2nd sess., H. Rpt. 125, 1875 (serial 1657), p.1; *Telegrapher* 11 (January 30, 1875): 26.

[32]*Minutes of a Hearing before the Committee on Railroads* . . . *January 28*, *1879*, p.35.

[33]*Pensacola v. Western Union*, 96 U.S. 1 (1877) 9.

[34]James H. Goodsell, "Two Powerful Monopolies," *Daily Graphic* (New York), February 19, 1879.

[35]*American Union Telegraph Co.* (n.p., 1880), American Union Records, Western Union Collection, Archives Center, National Museum of American History, Smithsonian Institution, Washington, D.C. (hereafter WU-SI).

[36]*Western Union v. American Union*, 29 Fed. Cas. 790 (1879); "Another Blow for Telegraph Monopoly," *Daily Graphic*, October 17, 1879.

[37]Green to Edwin D. Morgan, February 27, 1880; Green to George S. Hale, August 28, 1880; both in PL, WU-SI.

[38]Green to Hugh Allan, August 19, 1879, PL, WU-SI.

[39]"Getting Ready to Cut the Melon," *Daily Graphic*, October 30, 1878.

[40]"About the Telegraph," *Daily Graphic*, October 28, 1878; "Sliced Up at Last," *Daily Graphic*, June 12, 1879; Maury Klein, *The Life and Legend of Jay Gould* (Baltimore, Md.: Johns Hopkins University Press, 1986), p.196.

[41]Agreement between Western Union and National Bell, November 10, 1879, in Federal Communications Commission, *Accounting Department: Telephone Investigation*, vol. 3 [Washington, D.C.: Federal Communications Commission], 1936-1937, app.7.

[42]"Royalties Paid the Western Union," *Electrical Review* 29 (September 30, 1896): 1; David Hochfelder, "Constructing an Industrial Divide: Western Union, AT&T, and the Federal Government, 1871-1971," *Business History Review* 76 (Winter 2002): 705-732.

[43]"The Telephone on Top," *Electrical World* 54 (November 29, 1909): 1.

[44]J. Leigh Walsh, *Connecticut Pioneers in Telephony: The Origin and Growth of the Telephone Industry in Connecticut* (New Haven, Conn.: Telephone Pioneers of America, 1950), pp. 76-90.

[45]Green to George Gifford, July 8, 1879, PL, WU-SI.

[46]Forbes to James Jackson Storrow, January 1880, in Arthur S. Pier, *Forbes: Telephone Pioneer* (New York: Dodd, Mead & Co., 1953), p.133.

[47]Charles McArthur Destler, *Henry Demarest Lloyd and the Empire of Reform* (Philadel-

phia: University of Pennsylvania Press, 1963), pp.133-134.

[48]"The Week," *Public Opinion* 4 (November 12, 1887): 97.

[49]Lucius S. Merriam, "The Telegraphs of the Bond-Aided Pacific Railroads," *Political Science Quarterly* 9 (June 1894): 183-223.

[50]Charles Francis Adams Jr., diary, February 1, 1889, Adams Papers, Massachusetts Historical Society.

[51]Sherman to John Hay, February 10, 1884, Hay Papers, John Carter Brown Library, Brown University, Providence, R.I.

[52]John Murray Forbes to George Jones, December 16, 1882, Chicago, Burlington, & Quincy Railroad Records, Newberry Library, Chicago, Ill.

[53]National Board of Trade, *Proceedings* (1880), p.167.

[54]National Board of Trade, *Proceedings* (1875), pp.70-71.

[55]"Report" [1881], Board of Trade and Transportation Records, New York Historical Society, New York (hereafter NYHS).

[56]"Our Principles," *Justice*, September 15, 1883.

[57]New York Board of Trade and Transportation, board minutes, September 25, 1907, New York Board of Trade and Transportation Records, NYHS.

[58]New York Chamber of Commerce, *Annual Report* (1881), pt. 1, p.104.

[59]Hubbard to Robert McCurdy, July 1, 1868, December 26, 1868, December 23, 1869, box 3, Hubbard Papers, LC; Hubbard, *Postal Telegraph: An Address Delivered by the Hon. Gardiner G. Hubbard, before the Chamber of Commerce of the State of New-York, April 3, 1890* (New York: Chamber of Commerce, 1890).

[60]Resolution of the Peoria Board of Trade, 1888, HR 50A-H22.1, House Committee on the Post Office and Post Roads, RG 233, National Archives (hereafter HP-NA).

[61]Henry Demarest Lloyd, "The Telegraph Consolidations," *Chicago Tribune*, January 14, 1881; Destler, *Henry Demarest Lloyd*, p.546.

[62]Cited in John Wanamaker, *An Argument in Support of the Limited Post and Telegraph* (Washington, D.C.: U.S. Government Printing Office, 1890), p.191.

[63]Dan Schiller, *Theorizing Communication* (New York: Oxford University Press, 1996), pp.9-15.

[64]这一概括基于对 1865—1892 年期间关于商业、农业和劳动的出版物的阅读,以及对 1877—1900 年期间国家党派纲领网站的关键词检索。

[65]National Grange, *Proceedings* (1886), p.134; National Grange, *Proceedings* (1912), p.48; Post Office Department, *Annual Report* (1911), p.15.

[66]"People's Party Platform," 1892; "People's Party Platform," 1896; both in Kirk H. Porter and Donald Bruce Johnson, eds., *National Party Platforms, 1840-1968* (Urbana: University of Illinois Press, 1970), pp.52, 83, 91, 105.

[67]Terence V. Powderly, *Thirty Years of Labor, 1859-1889* (1890; New York: Augustus M. Kelley, 1967), p.200; Knights of Labor, *Proceedings* 11 (1888): 5-9.

[68]Edward Topping James, "American Labor and Political Action, 1865-1896: The Knights of Labor and Its Predecessors" (Ph.D. diss., Harvard University,1954), pp.398-403.

[69]Powderly, *Thirty Years of Labor, 1859-1889*, p.200; petition from Knights of Labor in Benoitville, Wisconsin, January 9, 1888, HR50A-H22.1, House Committee on the Post Office and Post Roads, RG 233, HP-NA.

[70]"A Great and Worthless Petition," *New York Times*, January 17, 1888; "The Postal-Telegraph Scheme," *New York Tribune*, January 28, 1888.

[71]Lyman Abbott, "The Outlook," *Christian Union* 37 (January 26, 1888): 1.

[72]转引自 *Statement of Mr. Gardiner G. Hubbard on Postal Telegraph . . .February 8, 1884*, p.41.

[73] Franklin H. Giddings, *Railroads and Telegraphs: Who Shall Control Them?* (Springfield, Mass.: Manufacturer and Industrial Gazette, 1881), pp.7, 9; Giddings, "The Persistence of Competition," *Political Science Quarterly* 2 (March 1887): 62-78.

[74]C. R. Perry, *The Victorian Post Office: The Growth of a Bureaucracy* (London: Royal Historical Society, 1992), chaps. 4-5; David Hochfelder, "A Comparison of the Postal Telegraph Movement in Great Britain and the United States, 1866-1900," *Enterprise and Society* 1 (December 2000): 743.

[75]"The New Telegraph Monopoly," *Chicago Tribune*, January 6, 1881.

[76]"The Movement for a Government Telegraph," *Chicago Tribune*, July 28, 1883.

[77]"A New Telegraph Line," *New York Times*, July 29, 1881.

[78]*Fortieth Anniversary of the Mackay System* (New York: Mackay Companies, 1924), pp. 14-15.

[79]"Postal Telegraphy," *Electrical Review* 3 (November 22, 1883): 7.

[80]William W. Cook, "John W. Mackay," in Sam P. Davis, ed., *History of Nevada*, vol. 2 (Reno: Elms Publishing Co., 1913), p.1065.

[81]*Appeal* (Carson, Nev.), [c. 1883], Scrapbook, 1883-1884, WU-SI.

[82]William W. Cook, "John W. Mackay," *Postal Telegraph* (January 1914): 5-6.

[83]"John William Mackay," in Henry Hall, ed., *America's Successful Men of Affairs: An Encyclopedia of Contemporaneous Biography*, vol. 1 (New York: New York Tribune, 1895), p.423.

[84]E. L. Godkin, "The Threatened Strike of the Telegraphers," *Nation* 37 (July 19, 1883): 47; Godkin to Schurz, July 24, 1883, in William M. Armstrong, ed., *The Gilded Age Letters of E. L. Godkin* (Albany: State University of New York Press, 1974), pp.299-300.

[85]"The Telegraph Strike," New York *Evening Post*, August 8, 1883; William M. Armstrong, *E. L. Godkin: A Biography* (Albany: State University of New York Press, 1978), p.150.

[86]Carl Schurz, "Corporations, Their Employés, and the Public," *North American Review* 138 (February 1884): 101-119.

[87]William M. Armstrong, "The Godkin-Schurz Feud, 1881-1883, over Policy-Control of the *Evening Post*," *New-York Historical Society Quarterly* 48 (January 1964): 19-20.

[88]Lyman Abbott, "The Outlook," *Christian Union* 37 (February 2, 1888): 130.

[89]Green to Henry H. Bingham, December 11, 1890, PL, WU-SI.

[90]"Popularizing the Telegraph," *Journal of the Telegraph* 17 (June 20, 1884): 84; Frederick Leland Rhodes, *Beginnings of Telephony* (New York: Harper & Brothers, 1929), app. B ("Early Uses of the Word 'Telephone' ").

[91]Mill, *Principles of Political Economy*, vol. 2, pp.537-538.

[92]"The Government and the Telegraph," *Electrician and Electrical Engineer* 3 (January 1884): 1.

[93]David Bennett King, "The Telegraph Question," *Princeton Review* 7 (September 1884): 166-167.

[94]Woodrow Wilson, "The Study of Administration," *Political Science Quarterly* 2 (June 1887): 201.

[95]Alfred D. Chandler, *Municipal Control of Commercial Lighting: "Nationalism" Analyzed* (Boston: n.p., 1889), pp.22-26.

[96]Henry Willard Austin, "Reviews," *Nationalist* 1 (June 1889): 62.

[97] Edward Bellamy, *Equality*, 2nd ed. (New York: D. Appleton and Co., 1897), pp. 376-377.

[98]William Windom, "Senator Windom's Letter," February 19, 1881, Windom Papers, Minnesota Historical Society.

[99]Louis A. Coolidge, *An Old-Fashioned Senator: Orville H. Platt of Connecticut* (New York: G. P. Putnam's Sons, 1910), p.442.

[100]*Congressional Record*, January 19, 1883, 48th Cong., 1st sess., 1334-1335.

[101]Francis P. Blair to Van Buren, July 14, 1836, Van Buren Papers, LC.

[102]Joseph Bucklin Bishop, *Our Political Drama: Conventions, Campaigns, Candidates* (New York: Scott-Thaw, 1904), p.156; Samuel J. Thomas, "The Tattooed Man Caricatures and the Presidential Campaign of 1884," *Journal of American Culture* 10 (Winter 1987): 1-20.

[103]H. C. Bunner, "Cartoons and Comments," *Puck* 8 (January 26, 1881): 346.

[104]Joseph Keppler, "Consolidated," *Puck* 8 (January 26, 1881):封面.

[105]James A. Wales, "The Best Monopolist," *Judge* 2 (October 7, 1882): 2.

[106]James A. Wales, "The Best Kind of Monopoly," *Judge* 2 (October 7, 1882):封面.

[107]"Thomas L. James, "The Man Who Stamped Out the Star Route Swindle," *Puck* 10 supplement (October 19, 1881): 96.

［108］Henry Watterson, "*Marse Henry*": *An Autobiography*, vol. 1 (New York: G. H. Doran, 1919), p.201.

［109］"Doctor Norvin Green," in *Encyclopedia of Contemporary Biography of New York*, vol. 5 (New York: Atlantic Publishing and Engraving Co., 1887), p.332.

［110］Green to Mrs. Benjamin Burton, November 23, 1887, Green letterbooks, Green Papers, Filson Historical Society, Louisville, Ky. (hereafter FHS).

［111］"Doctor Norvin Green," in *Encyclopedia of Contemporary Biography*, vol. 5, p.332.

［112］"Is the Telegraph War to End?" *Electrical World* 8 (October 9, 1886): 174.

［113］"John William Mackay," in Hall, *America's Successful Men of Affairs*, vol. 1, p.423.

［114］"Private Telegraph Wires," *Review of the Telegraph and Telephone* 2 (August 2, 1883): 7.

［115］Thomas A. Edison, "Mr. Edison's Notes," in *The Papers of Thomas A. Edison*, vol. 2, ed. Reeve V. Jenkins et al. (Baltimore, Md.: Johns Hopkins University Press, 1991), p.789.

［116］*Report of the Committee of the Senate upon the Relations between Labor and Capital*, vol. 1 (Washington, D.C.: U.S. Government Printing Office, 1885), pp.1074-1075.

［117］Thomas R. Navin and Marian V. Sears, "The Rise of a Market for Industrial Securities, 1887-1902," *Business History Review* 29 (June 1955): 124-125; Sears, "The American Businessman at the Turn of the Century," *Business History Review* 30 (December 1956): 411-413, 442-443.

［118］Murat Halstead, "Increase of the Standing Army," *North American Review* 146 (March 1888): 311.

［119］*New York Herald*, September 6, 1883.

［120］Gould to William Henry Smith, June 2, 1882, box 3, Smith Papers, Indiana Historical Society, Indianapolis, Ind.

［121］Klein, *Jay Gould*, pp.135-136, 394; Don C. Seitz, *Joseph Pulitzer: His Life and Letters* (New York: Simon & Schuster, 1924), pp.126-131.

［122］*A Talk on Telegraphic Topics: A Bid for Business* (New York: Francis Hart & Co., [1882]), pp.32, 40.

［123］*Labor and Capital*, vol. 1, p.1071.

［124］"A Dangerous Gamble," *New York World*, November 8, 1884; "A Postal Telegraph," *New York World*, November 9, 1884; "Jay Gould's Bluffing," *New York Times*, November 6, 1884; *New York Times*, November 7, 1884.

［125］Green to Stephen B. French, November 6, 1884, PL, WU-SI.

［126］Green to Abram Hewitt, December 8, 1888, Green Papers, FHS.

［127］*New York Times*, November 7, 1884.

［128］Henry C. Adams, "Relation of the State to Industrial Action," *Publications of the American Economic Association* 1 (January 1887): 52, 64.

［129］Ely, *Problems of To-Day: A Discussion of Protective Tariffs, Taxation, and Monopo-

lies, 3rd ed. (New York: Thomas Y. Crowell & Co., 1890), pp.117-118.

[130]同上, p.108.

[131]Ely, "Social Studies: The Future of Corporations," *Harper's New Monthly Magazine* 75 (July 1887): 264n.

[132]Richard T. Ely, "Natural Monopolies and the Workingman: A Programme of Social Reform," *North American Review* 158 (March 1894): 302.

[133]*Western Electrician* 17 (October 19, 1895): 190.

[134]Ely, *Problems of To-Day*, pp.110, 272, 283.

[135]A. W. Coats, "Henry Carter Adams: A Case Study in the Emergence of the Social Sciences in the United States, 1850-1900," *Journal of American Studies* 2 (October 1968): 191.

[136]Henry C. Adams, "Surplus Financiering," in Albert Shaw, ed., *The National Revenues: A Collection of Papers by American Economists* (Chicago: A. C. McClurg & Co., 1888), pp.49-50.

[137] Henry C. Adams, *Public Debts: An Essay in the Science of Finance* (London: Longman, Green, and Co., 1888), p.281.

[138]Arthur T. Hadley, "Telegraph Charges in Germany and America," *Nation* 49 (August 1, 1889): 85.

[139]Arthur T. Hadley, "Jay Gould and Socialism," *Forum* 14 (January 1893): 689.

[140]Arthur T. Hadley, "Some Difficulties of Public Business Management," *Political Science Quarterly* 3 (December 1888): 572.

[141]同上, p.576.

[142]Joseph Keppler, *J. Keppler: A Selection of Cartoons from Puck*, ed. H. C. Bunner (New York: Keppler & Schwarzmann, 1893), p.10.

[143]Thomas L. Haskell, *Objectivity Is Not Neutrality: Explanatory Schemes in History* (Baltimore, Md.: Johns Hopkins University Press, 1998), chap.10.

第六章　声讯电报

> 就像自来水或燃气一样,电报线通进每家每户的那天即将到来——到那时,朋友之间足不出户,也可以进行交流。
>
> ——亚历山大·格雷汉姆·贝尔,1876

1915年,英国电话工程师J. E. 金斯伯里(J. E. Kingsbury)曾感慨:还没有哪个"文学奇才"写过能让电话千古流芳的作品;也没有热衷于统计的人量化过"人类交流的电子化扩展"[1]所带来的经济成效。少数几个作家如马克·吐温(Mark Twain)等发觉电话足够有趣,也探索了它作为文学题材的可能性。[2]但马克·吐温只是个例外。人们就电话发表的评论没有电报那么多,电话机带来的社会后果也常被忽略。除了行业期刊和著名发明的编年史外,电话最多只在新闻报道中被一笔带过。这一点在1876年费城美国独立百年博览会(Philadelphia Centennial Exposition)上特别明显,当时新闻界对贝尔发明的电话的展出无动于衷。在《大西洋月刊》(*Atlantic Monthly*)刊载的一篇关于此次博览会的文章中,作者威廉·迪安·豪威尔斯(William Dean Howells)甚至都没将贝尔发明的电话列入他心目中的博览会的亮点目录名单里。[3]很少有人认为电话是世界和平的先声,或是美国"天命论"(manifest destiny)的必要条件;在19世纪70年代,也没有人会因为电话如果被私营企业商业化运营之后可能会为非作歹,而去敦促国会买断电话的所有权。电话就算在新闻报道中被提到,也是出于一些更琐碎的原因:电话用户或是反对运营公司收取的资费,或是不满运营公司提供的性能标准,或是担心纷乱的高空电缆会造成危险。

电话不像电报那样引发思考,但它受到的管制却比电报更多。正如电报曾面临的那样,专利法的约束近在眼前,市政特许经营法也接踵而至,这部法律只作用于市区内相对较小部分的电报业务。在商业策略层面,专利法和市政特许经营法有不同的含义。专利法促进了长途电话网络的建设,而市政特许经营法则激励了全美几个大城市里电话交换机的不断升级。

几十年来,电话是面向专属用户的特别服务。虽然第一座电话交换所在1878年就开设了,但直到 1900 年前后电话才在芝加哥、旧金山和纽约市转变为大众业务,其他一些城市和城镇也随之做出改变。早期的电话史在很多方面都不可思议,因为这段历史充满了挑战,这些挑战不仅在日后不再重现,而且也被人遗忘了。一些挑战出现在美国贝尔电话公司的董事会议上,这家控股公司拥有最大以及最有价值的电话专利组合;一些挑战发生在大城市电话公司的交换所里;还有一些出现在市议会和州立法机构里,并成为政治论争的话题之一。从贝尔在 1876 年取得第一部电话发明专利的那一刻起,电话不仅成了技术和经济的产物,也是政治和文化的结晶。

1879 年 11 月,作为西联电报公司和国家贝尔达成的市场分割协议的一部分,威廉·H. 福布斯收购了电话专利组合,美国电话业务由此得以发展。国家贝尔在 1880 年重组为美国贝尔电话公司。美国贝尔电话公司一直都是控股公司,直到 1899 年,它将资产转让给了美国电话电报公司。美国贝尔电话公司并不提供电话服务。实际上,作为一家控股公司,它负责管理专利组合、收取电话运营公司上缴的许可费,并从它旗下所有的电话运营公司和电话设备制造商中分红。对于那几个能分得这笔红利的幸运儿来说,这可是一笔赚钱的投资。19 世纪 80 年代,美国贝尔电话公司的平均年收益率高达 46% 左右,表现不凡。[4] 这些利润一部分被重新投资到电话业务当中;余下部分以丰厚的股息形式被分配给股东。美国贝尔电话公司的大多数投资人都将自己的持股看作长期投资,很少有巨额股份流入市场。美国贝尔电话公司从来没有出现像西联电报公司那样市值波动大的丑股,部分也是出于这个原因。

美国贝尔电话公司早年的总裁是威廉·H. 福布斯。福布斯与一群波士顿的投资人对电话的商业潜力渐生兴趣,决意投资这个由贝尔的专利权发展出来的新兴生意。1879 年 3 月,投资者们推选福布斯出任当时国家贝尔的总裁。

1879 年福布斯 39 岁,有着年轻人一般的干劲,完全无法预料 1897 年他 57 岁时会因肺结核逝世。南北战争时期福布斯担任了联邦军军官,他在成为战俘后感染了肺结核。作为铁路巨头约翰·穆雷·福布斯的儿子,福布斯从父亲那里继承了一小笔私人财产,并得到了一个投资人圈子的信任,这个圈子俗称"福布斯集团"(Forbes group),他们之间关系密切,且都很富有。福布斯上了哈佛大学,虽然和其他学生表现无异,但他和当地的精英们走得很近。与同等身份的男性一样,福布斯的婚姻美满。他的妻子伊迪丝(Edith)是哲学家拉尔夫·沃尔多·爱默生(Ralph Waldo Emerson)的女儿,爱默生对福布斯的父亲敬佩有加。[5]

美国贝尔电话公司的初始投资人和西联电报公司的初始投资人一样,都是基于家族或熟人关系的商业精英成员。西联电报公司起家于纽约州罗切斯特;美国贝尔电话公司起家于马萨诸塞州的波士顿。为了夯实电话业务的金融基础,福布斯从波士顿最富有、最有声势的贵人那里筹到了资金。1879 年 4 月,在 18 位主要投资人约定不出售其股份后,福布斯的羽翼得以巩固。这种令人印象深刻的团结表现增强了福布斯在与西联电报公司谈判中的影响力,并阻止了一场可能导致他下台的投机性突袭。[6]

出生优渥,教养良好,结交名流,福布斯像能干的管家一样将委托给他的资金打理妥当。他在金融上的正派可以用他父亲面对同事的一个不靠谱的投资计划时随口说出的一句评价来总结。福布斯的父亲拒绝了那次投资,理由是"波士顿会怎么想"[7]。福布斯也为美国贝尔电话公司带去了相似的胸怀:无论发生什么事,没有人会把他与杰伊·古尔德混为一谈。

福布斯在金融上的廉洁美誉是他最初受到鼓舞去投资电话生意的原因之一。福布斯最开始从国家贝尔首任总经理西奥多·N. 维尔那里了解到了电话。维尔在美国铁路邮件服务部门工作时就已对福布斯有所耳闻。维尔曾在芝加哥、伯灵顿和昆西铁路(CB&Q)做过一段时间的铁路邮差。这段备受好评的铁路为福布斯的父亲所有。维尔对芝加哥、伯灵顿和昆西铁路印象深刻,因为它是全美运行最好的铁路之一,享有这样的美名当之无愧。维尔想着福布斯和他的父亲老福布斯一样,不仅坐拥金融资源,而且品德恒正,足以监督一个庞大而复杂的组织。[8]事实证明维尔的想法是对的。

1879 年 11 月,西联电报公司—国家贝尔协议签署后,国家贝尔可以独享两份宝贵的资产:一份包括贝尔、托马斯·爱迪生、弗朗西斯·布莱克(Francis Blake)的专利在内的专利组合,以及星罗棋布的电话交换所。专利组合包括西联电报公司与国家贝尔短兵相接时短期运营过的 85 个电话交换所。这次收购交易很有价值,因为比起竞争对手国家贝尔,西联电报公司在几个城市获得了决定性的胜利,包括纽约市和芝加哥。

1879 年以前,西联电报公司与国家贝尔之间短暂的竞争很大程度上加速了电话业务的发展。在几十个城市和城镇,彼此无业务往来的对手电话交换所几乎在一夜之间就冒了出来,从而形成了一场英法两国都无法比拟的电话热潮。几年后,一位美国贝尔电话公司的员工认为,通过使公众"适应"新媒介,这段短暂的竞争插曲成就了"其他任何机构都无法"媲美的功劳。[9]

美国贝尔电话公司的电话专利组合很强大,但并非坚不可摧。为使它立于不败之地,福布斯聘请了一个精明的法律团队。在 1879—1894 年的十五年间,美国贝尔电话公司的律师们发起了约 600 起专利侵权诉讼;只要事关贝尔的专利,他们每次都会胜诉。[10]

虽然专利诉讼很复杂,但它取决于一个看似很简单的问题:谁是展示发明可行的第一人?合法的发明者并不是第一个申请专利者,而是第一个展示新发明运转模型的人,无论这个人是否持有专利,这和英国不同。除贝尔外,电话的发明申请人还包括芝加哥电工艾利沙·格雷,威斯康星州医生西尔韦纳斯·D. 库什曼(Sylvanus D. Cushman)以及宾夕法尼亚州机械师丹尼尔·拉德博(Daniel Drawbaugh)。美国以外的电话机发明者也请了辩护律师,比如德国科学家约翰·菲利普·雷斯(Johann Philipp

Reis)和意大利舞台管理员安东尼奥·梅乌奇(Antonio Meucci)。[11]

为了解决这个问题,美国贝尔电话公司与它的竞争对手们走上了法庭。电话专利诉讼案在 1888 年达到了高潮,当时美国最高法院以 4 票赞成 3 票反对的表决确认了贝尔的知识产权,裁决他是被美国贝尔电话公司的律师们称为"波动电流"(undulatory current)的一种特殊传声法的发明者。庭审笔录中,首席大法官莫里森·韦特将电话发明权授予了贝尔,他形容这是一种在闭路电中以"极其类似"人声的"振动运动"的方法"像电报一样传输语音"的发明。[12] 一位电话交换所经理认为,"电话兄弟会"应记住韦特的名字,正是这位已故的首席大法官在列着电话机发明者贝尔名字的"名人堂"上拓上了"司法权威印章"。[13]

在判决前,韦特和同事们考证了大量证据。就工作量而言,这些证据比美国最高法院历史上任何法律诉讼产生的证据数目都庞大。美国最高法院用了整整一卷报告来发表最终裁决结果,这在美国司法判例史上绝无仅有。这是韦特生平最后一次给出裁决意见。在为贝尔做出判决仅四天后他就去世了;有传言说韦特倒在了这次诉讼案的重压之下。[14]

投反对票的有最高法院专利法首席专家约瑟夫·布拉德利(Joseph Bradley)。早在贝尔做研究前,丹尼尔·拉德博已声称自己演示了一部能够传递人声的可用电话。几十个人都见证过拉德博的演示,他们的证词可被作为证据。[15] "证言疑云"的存在促使布拉德利得出结论:贝尔不是展示可用电话的第一人,他的专利无效。[16]

在其他情况下,美国贝尔电话公司本可以凭借胜诉后获得的更多威望买断西联电报公司。美国贝尔电话公司资金充裕,波士顿金融精英的强大金融资源可任其调遣。西联电报公司仍是潜在的竞争对手,相比美国贝尔电话公司刚起步的长途电话网络,西联电报公司的电报网络成本低,可以取而代之。然而,美国贝尔电话公司出于谨慎而保持了低调。福布斯提醒美国贝尔电话公司的股东们,在美国,"流行观点"认为电话"由一家主控"是有违"公共利益"的。[17] 福布斯承认,如果可以通过电报和电话联姻的方式防止公众对"垄断"产生"过激的愤怒",那么在政治上这种方法也许是可行的。但是美国贝尔电话公司要收购西联电报公司却万万不可;它几乎是在加速选民们的"骚动和攻击",国会很可能会"欢呼着"来实施立法收购这两个公司。如果国会在美国贝尔电话公司收购西联电报公司后再收购美国贝尔电话公司,那么西联电报公司绝对是个负担,因为国会绝不会以美国贝尔电话公司为它支付的高价来"结案"。相反,国会会出一个较低的价格,更接近西联电报公司的股价票面所声称依据的有形资产的重置成本。[18]

19 世纪 80 年代美国贝尔电话公司为其股东带来的巨大利润使电话业务成为投资者眼中的香饽饽。通过对西联电报公司的两次金融掠夺,杰伊·古尔德赚得金钵满盆。杰伊·古尔德可能进军电话业务说起来完全合情合理;如果他没投资,其他人肯定也会投资。

电话巨头的候选人还有 J. 韦布·罗杰斯(J. Webb Rogers)，罗杰斯生于田纳西州，后在华盛顿特区罗切斯顿定居。在 19 世纪 70 年代投资者大游行之前，罗杰斯曾目睹加德纳·G. 哈伯德拿贝尔的专利牟利，罗杰斯没理由不走哈伯德的路。

罗杰斯的计划得靠他才华横溢的儿子詹姆斯·亨利（又称"哈利"）·罗杰斯[James Henry ("Harry") Rogers]。哈利是天才的电气发明家，在他被任命为华盛顿国会大厦的电工前，曾和约瑟夫·亨利一起在普林斯顿大学求学。哈伯德曾通过为贝尔发明定制的产品而发了财；罗杰斯认为他的儿子哈利也可以做到。为了讨好父亲，哈利为罗杰斯发明了改良版的电话和高速电报。而美国贝尔电话公司最有可能买下哈利改良版电话的专利权；据说西奥多·N. 维尔想买下它们，而且报了价，但罗杰斯认为报价太低。刚取得许可证的美国邮政电报公司(Postal Telegraph Company)是哈利高速电报专利权的潜在买家；公司投资者号称出价 100 万美元购买哈利的专利权。这一次，罗杰斯又谢绝了。[19]

为了打响如意算盘，罗杰斯搞来许可证开了一家公司——泛电公司(the Pan-Electric Company)——这家公司阔气的名字与罗杰斯的野心相匹配。泛电公司做的实在是投机买卖，它的开设主要是为了从好骗的投资者那里敛财。它的推动者包括几个在政治上有声势的南方人，他们曾在南北战争期间的邦联中担任重要职务。泛电公司的总裁是前邦联将军约瑟夫·E. 约翰斯顿(Joseph E. Johnston)。其他幕僚还有前田纳西州邦联州长、现任田纳西州参议员伊萨姆·G. 哈里斯(Isham G. Harris)，以及前邦联中校、现任田纳西州代表凯西·杨(H. Casey Young)。

为了争取联邦立法的眷顾，罗杰斯指望凯西·杨可以争取到他在国会的同事的支持。哈伯德曾试着为他的美国邮政电报公司拿到联邦许可证，同样凯西·杨也理应可以为泛电公司争取到联邦许可证。罗杰斯夸海口说，在"政治影响力"作用下，联邦许可证是泛电公司的囊中物；只要把许可证拿到手，泛电公司将掌控"全球最大的垄断业务"。[20]

罗杰斯的计划中还推断国会将会收购西联电报公司。罗杰斯预测，一旦国会出手，杰伊·古尔德——西联电报公司最大的投资者——将把这笔收购得到的意外财产投在电话生意中，这个情景看似奇怪，但在当时看来合情合理。因为杰伊·古尔德如果要和美国贝尔电话公司正面交锋，就需要已获得专利的发明，罗杰斯确定他的儿子哈利可以派上用场。凯西·杨解释说，"如果哈利发明一套电话系统，而且不侵犯现有的专利，那么我们就可以从小规模着手，给古尔德定规矩"[21]。

国会拒绝收购西联电报公司的消息并没让罗杰斯乱了阵脚。他脑筋一转，开始了一个更复杂的计划。为了提升泛电公司的股值，罗杰斯联手奥尔良有轨电车大亨，动员联邦司法部废除贝尔的电话专利，理由是贝尔的电话专利权是通过欺诈得到的。长期以来一直有传言认为,有个专利局的审查员曾在 1876 年通过不正当手段帮助贝尔获得了第一项专利,考虑到贝尔的竞争对手艾利沙·格雷发明的电话机的一些特征,贝尔甚至很可能是由泄密才得知的。贝尔是否做过那种不当的举动仍是一个悬而未决的问题。如果贝尔确实借鉴了艾利沙·格雷的创意,那么他很快就改主意了。巧在当时,电话因要走上商业化之路,没有按照那些据称被贝尔偷窃的创意发展。[22]

然而对于罗杰斯来说,贝尔与艾利沙·格雷之间真实的历史纠葛无关紧要。无论打赢打输,这次诉讼都可能会产生巨大的宣传效应,促进泛电公司的股票销售。同时,它会让美国贝尔电话公司没法指控泛电公司专利侵权。由联邦政府管辖的诉讼会优先受理私营公司提起的诉讼。只要欺诈调查尚未敲定结果,泛电公司就不用担心在专利侵权败诉后受负面舆论的影响。

有一段时间,欺诈案的调查看上去能够胜诉。美国贝尔电话公司在新闻界几乎没有盟友,而且又被有影响力的《纽约时报》视为眼中钉。《纽约时报》的编辑乔治·琼斯认定贝尔的专利是欺诈性的,并且反复在他的社论中声明。乔治·琼斯乐意看到泛电公司的诉讼案,还更进一步指责《纽约世界报》的约瑟夫·普利策(Joseph Pulitzer)受了美国贝尔电话公司的贿赂,从而在他的报纸中批评泛电公司,企图阻挠它对美国贝尔电话公司的诉讼。[23]

泛电公司的诉讼显然是一个骗局。即便如此,福布斯也把它作为足以让人烦心的骗局来对待,他安排了一次和格罗弗·克利夫兰总统一对一的谈话,并向总统汇报了眼下的情况。克利夫兰的反应让福布斯放了心。总统不能容忍"假事情"——但他也承认,在贝尔的专利权到期前,会不断有竞争对手向美国贝尔电话公司"开火",来吸引容易上当的"笨蛋"给他们投资。[24]

在普利策的《纽约世界报》披露了格罗弗·克利夫兰的司法部长奥古斯都·H. 加兰(Augustus H. Garland)拥有上千股泛电公司的股份后,泛电公司的诉讼在浩大的社会丑闻中垮台了。如果司法部打赢美国贝尔电话公司,这笔股票的价值就会飙升。虽然欺诈调查还要持续几年,但这一新闻报道打击了调查的兴头。这个案子从没开过庭,欺诈指控被大家忘在了脑后,美国贝尔电话公司也再次在控诉这个潜在的竞争对手专利侵权的审理中还原了清白。

泛电公司诉讼案持续了如此之久,不仅证明了公众对于美国贝尔电话公司的憎恨达到了一定程度,而且证明了公众也不怎么喜欢杰伊·古尔德。作为西联电报公司最大的股东,杰伊·古尔德也享有美国贝尔电话公司每次授权许可营业时收取的版税。一位芝加哥记者认为,这让杰伊·古尔德成为西联电报公司和美国贝尔电话公司幕后的"独裁者"。如果泛电公司占得上风,它的胜利将"摧毁"由"华尔街的巫师"——杰伊·古尔德设计的有史以来"最贪婪的企业联盟"。[25]幽默作家 H. L. 邦纳(H. L. Bunner)调侃说,对大多数人而言,泛电公司的丑闻是个"疯狂的乱象和谜题"。虽说如此,邦纳也希望美国贝尔电话公司能够退到"后面更远的位置上"。到那时,国家会如释重负:"美国贝尔电话公司是西联电报公司的盟友,它是个不受欢迎的垄断企业,对公众也没什么用。"[26]

看到美国贝尔电话公司专利权的摇摆,福布斯确定可以采用多诉诸技术、少依赖政治的商业战略。技术战有两根支柱:升级电话交换所中的交换机设施;让各个电话交换所在内部连接,构成单一网络。

电话网络运行慢、费用高,在运行中才逐渐回本。里程碑事件包括1887年纽约市和费城之间开通了长途电话服务;1893年,纽约市和芝加哥之间开通了长途电话服务;1915年,纽约市和和旧金山之间开通了长途电话服务。长途电话网络的建设并不能确保美国贝尔电话公司在电话业务上的先行者优势,因为大部分业务都是在本地之内开展的。当务之急是升级大城市电话运营公司的交换机设施。

虽然工程师们对美国贝尔电话公司的长途电话网络赞不绝口,但它一直都是美国贝尔电话公司大城市业务中的非核心业务。事实上,长途电话网络从一开始就是财务旋涡,它吸走了本可以用在提高性能标准或降低费率上的收益。然而,除了电话供应商竞争对手和它们在行业媒体的同盟外,几乎没有人怀疑长途电话网络划时代的意义。它的建设表明了福布斯要建立一个超过贝尔的专利到期之日的持久电话机构的决心。阿莫斯·肯德尔靠着专利法保住了对电报的控制权;虽然他胜在法庭,但却输在了市场。福布斯要将自己的专利垄断作为技术进步的跳板,在此基础上创建企业,并要在美国电话行业的未来百年中都立于不败之地。

福布斯最初以为美国贝尔电话公司会直接掌控和运行长途电话网络。当马萨诸塞州立法机构拒绝增加美国贝尔电话公司的资产时,他改变了主意。1885年,福布斯在纽约开设了美国电话电报公司以作为迂回。纽约州对公司资本化的态度比马萨诸塞州宽松,1848年《纽约电报法》已经取消了取得特别许可证的条件,这对未来发展潜力不明确的企业来说是一个好消息。西联电报公司、美利坚电报公司和美国邮政电报公司都借势了《纽约电报法》的便利。美国电话电报公司也是如此。公司名称中含有的"电报"一词预示了它将面对的反对意见:公司无法在《纽约电报法》下设立,因为它的确不是一家电报公司。

电话网络带来的技术挑战还包括电话设备的标准化。电话设备是批量生产的。为了保证设备价格合理、供应稳定,福布斯获得了一大笔西部电气公司的金融股权。很快,西部电气公司成为贝尔旗下电话运营公司的主要设备供应商,加速了它成为全美最大的电气设备制造商之一的步伐。[27]

哈伯德在电话业务起步期做的一个决定促进了电话设备的标准化。为了保持对运营公司的控制,哈伯德坚持运营公司可以租用电话设备,但不能直接购买。即使电话机已装在了用户住所里,他们也不算是拥有自己的电话机。设备租赁既加快了贝尔旗下电话运营公司的互联互通,也为美国贝尔电话公司提供了又一个收入来源。它是电话政策的长久支柱,直到 1984 年贝尔系统解体时才被废止。[28]

除了美国贝尔电话公司的员工或投资者,其余的美国人很难理解为什么区区一家公司可以享有对美国全国的电话业务的垄断。长途电话网络把电话的专利垄断变为全国性的网络,有力地表明了它促进了公共利益。如果福布斯没有投资长途电话网络,那么他很可能会被迫解释为什么立法者还允许美国贝尔电话公司保留它的垄断地位。1885 年,福布斯对美国贝尔电话公司的投资者说,垄断控制是出于设备标准化的需要,设备标准化是电话联网的前提。[29] 康涅狄格州电话运营公司的经理莫里斯·泰勒(Morris F. Tyler)在 1895 年说,能把一个地方的电话呼叫人都连接起来的话,就不该让人骑一个多小时的马才找到一家付费电话站。[30]

1899 年之前,美国电话电报公司一直是美国贝尔电话公司的全资子公司。1899 年,美国贝尔电话公司用了一点合法的"戏法"将资产转移到了美国电话电报公司,原先的子公司摇身一变,变为母公司。从此以后,美国电话电报公司成为一家长途电话网络提供商和电话运营公司联合体的控股公司,此前这些电话运营公司由美国贝尔电话公司批准营业。到了 20 世纪,美国电话电报公司将以其简称"AT&T"而闻名。它一直保持着控股公司和网络提供商的双重身份,直到 1984 年在联邦法官的施压下,才被迫出售其运营公司的业务,结束了在许多地方已有一个多世纪的金融关系。

长途电话服务早期的推动者包括西奥多·N. 维尔、爱德华·J. 霍尔(Edward J. Hall)和安格斯·希巴德。维尔于 1878 年进入电话行业,他受雇于哈伯德管理贝尔的专利组合。哈伯德很欣赏维尔在美国铁路邮件服务部门做主管时的业绩;维尔对私人企业的经营自主权很着迷,对赚钱也很感兴趣,他认为自己可以成为高科技初创企业的早期投资者。维尔有一个弱点:屈从投机买卖,他认为电话可以内幕交易,因此很珍惜这个商机。19 世纪 80 年代,维尔坐过电话业务的位子有:纽约市贝尔电话运营公司的总裁和美国电话电报公司总裁。

1889 年,维尔不留遗憾地离开了电话行业。和首届电话业管理层的其他人一样,他认为了这项业务已到了技术上的高原期,现在是时候朝前看,到更有前途的行业去。为了弥补在蒸汽加热工厂中赔掉的钱,维尔于 19 世纪 90 年代搬到了阿根廷,在那里他建造了电力发电站和电动街道铁路。时隔十八年后,维尔在 1907 年又回到了美国电话电报公司担任总裁。[31] 在这期间,电话业务彻底变了模样。维尔回归后,为未来的扩张设想了各种可能性,这在 1889 年没人可以实实在在地预见到。

爱德华·J. 霍尔是毕业于耶鲁大学的工程师,从担任在纽约布法罗地区的贝尔电话运营公司的经理起步,开始了他的电话业生涯。维尔对霍尔的勤劳印象深刻,并任命他为美国电话电报公司的首任总经理。霍尔比多数同事更擅于分析,在任职期间,他设计了第一个电话交换所组织图来规范电话运营公司的程序。组织图可能看起来是个不怎么起眼的管理工具。事实上，它在 1900 年左右开始的电话服务普及中起到了重要作用。组织图增加了各个电话运营公司经理的自主权，鼓励他们去尝试本来可能会被上司叫停的实验。

安格斯·希巴德因给威斯康星州的贝尔电话运营公司架线而出了名。虽然他不像霍尔那样是科班出身，但他同样逻辑清晰，纪律严明。1886 年，在维尔的劝说下，他出任了美国电话电报公司的首任总监。为了促进电话联网，1889 年，希巴德和两位同事发布了电话工程师技术宣言。这个宣言表明，在贝尔的两个基本专利到期后的"新时代"，贝尔的电话运营公司将通过高技术标准和受过严格培训的工程师来主导各自的服务区。[32] 为了宣传长途电话服务的提供，希巴德为美国电话电报公司设计了一个独特的标志——一个蓝色的钟（bell），以纪念贝尔（Bell）——接下来很长的一段时间里，这个标志都将会是美国最受认可的企业标志之一。[33]

美国电话电报公司依靠长途电话网络在 20 世纪中叶所赚得的巨额盈余，成为其企业战略的基石，以至于我们几乎无法想象有段时间长途电话网络并不盈利。但起初没人敢确定它是否会回本。维尔后来回忆说，长途电话网络在开始着手建设时是需要勇气的。[34] 莫里斯·泰勒在 1886 年向新英格兰南部电话公司（Southern New England Telephone Company）的股东提交的年度报告中指出，美国贝尔电话公司某些高管将长途电话网络"深情地当作"巨大的利润来源。然而在现实中，长途电话网络始终是公司的"实际损失"来源。在 3 个月的时间里，泰勒投资的电话线路只被使用了 19 次——收入太少了，没办法说明在这条电话线路上投入费用的合理性。[35]

电话业会计师们在内部交易资金上动了手脚，让人很难认识到长途电话网络究竟投入了多少成本——这也是投资者经常问的问题——同样还有如何分摊长途电话提供商与电话运营公司之间的费用这种棘手的事。如果电话会计师做出了方便被经济学家操作的成本数据，就会更容易确定长途电话网络到哪个年头才不再让电话运营公司赔钱，因为这个结果在运营的最初几年就能确定。但电话会计师们没有做到这一点。一位经济学家深有同感，他在 1925 年抱怨道，美国电话电报公司没能公布成本数据，不仅无法得知电话运营公司和长途电话提供商之间的交易资金幅度，连它们之间的资金流向也无法确定。[36]

美国贝尔电话公司在早期长途电话网络上栽的跟头让本来就不看好长途电话网络的西联电报公司总裁诺文·格林更加怀疑电话业的潜力。格林的疑虑出于私人利益：1879 年格林已和福布斯协商过，要把西联电报公司的电话业务出售给福布斯。但事实上格林的疑虑早有缘由。为了弥补电话交易量的不足，美国贝尔电话公司已把电话线路出租了给了电报用户，这种做法被格林毫不客气地取笑，格林认为它违反了自己和福布斯在 1879 年达成的市场分割协议。1889 年，格林和投资者说起，"真相是，他们的长途电话网络是个失败的商业计划，他们不得不想法子出租他们的电话线"[37]。美国贝尔电话公司的内部人士也这样想。1899年,美国贝尔电话公司代理人弗兰克·R. 科尔文(Frank R. Colvin)援引了一位美国贝尔电话公司高层的原话,科尔文在报告中表示,美国贝尔电话公司通过向电报用户出租长途电话线路赚了90万美元。科尔文回忆,那位高层说,"没有这个'电话线路租赁'业务,我们就玩不转了"[38]。

美国贝尔电话公司长途电话网络的盈利困境是哈伯德很关切的问题。1879年后,哈伯德不再在电话业务中担任要职,但他仍关注着电话业的发展,作为美国贝尔电话公司最大的股东之一,他在其中有发言权。通过为西联电报公司建言献策,他对电报和邮件的使用模式有着牢固的把控,哈伯德以为,这些知识可以帮他预测电话的使用模式。1889年,哈伯德告诉美国贝尔电话公司总裁约翰·哈德森(John E. Hudson):以电报和邮件的数据作为参考在区域范围内是可行的,但在全国层面上无法推广。因为现在看来,未来大多数电话的通话半径都不会超过100英里。[39]

哈伯德对长途电话服务潜在需求的保守估计,强化了他一直以来的担忧,即运营公司的管理人员对电话用户的需求不够重视。哈伯德抱怨说,电话费率太高,而性能标准太差。电话业是"准公共公司",对公众和股东都肩负责任。1885年哈伯德提醒福布斯,"多年来",他一直都"广泛关注"马拉轨道车线路、燃气工厂和自来水工厂,比起在美国贝尔电话公司执行委员会"沉沦命运",这些事物让他与公众有"更直接的联系"。[40]

在疑虑中,哈伯德开始支持美国邮政部长约翰·瓦纳梅克(John Wanamaker)在1889年鼓吹的电话—电报融合计划。在瓦纳梅克的计划中,大城市的邮局和小镇的电话交换所将成为长途电报网络的支线。哈伯德向约翰·哈德森保证,如果美国贝尔电话公司签约这个计划,将会"确保我们在未来前途无量"[41]。三十年来,哈伯德一直试着说服立法者,将长途电报网络与地方邮政局运营的揽收和邮寄设施联系起来。哈伯德为瓦纳梅克的计划担任技术顾问,瓦纳梅克的计划便是下一步的方案。它不仅比建设长途电话网络更便宜,而且也更能满足大多数电话用户的需求,因为除非是给专属客户的特别服务,对于大多数用户来说,长途电话服务仍然太贵了。令哈伯德懊恼的是,瓦纳梅克的计划被搁置了。直到1909年,这个计划才被维尔以"新瓶装旧酒"的形式简短地提起。

电话业管理层在建设电话网络时所用的组织形式参考了电报的设置。和电报相同,电话是一种电子传播形式,电话业和电报业的管理层面临着相似的挑战,如获得通行权、获准架线和获准为用户联通网络。"接线员""交换机"和"交换"这些术语都在电报中有相应词汇,电报发明家艾利沙·格雷不是唯一一个在当时把电话称为"声讯电报"的人。[42]1910年,纽约电话公司的经理霍华德·F. 瑟伯(Howard F. Thurber)回忆,电话交换所本是在19世纪70年代用来取代西联电报公司和其他竞争对手所运营的"区域电报"的。区域电报从办公地或住宅将电讯信号传输到中央电话交换所,就像雇用信使跑腿一样,方便已安排的个别数量的任务达成。鉴于区域电报已经设计了高度专业化的任务,没人想到它还会允许用户彼此之间联系,更不用说它可能会扩展到城市和城镇之外了。[43]

维尔是首批设想建立长途电话网络的电话公司高管之一。说来奇怪,赋予维尔灵感的组织形式不是美国电报业,而是美国邮政部门。

19世纪70年代,美国邮政部门是一个杂乱无章的庞然大物,它与国家铁路建立了一个不稳定的联盟,以加快邮件的流通。为了协调邮件—铁路的物流,邮政管理者建立了美国铁路邮件服务部门。美国铁路邮件服务部门的声誉让人羡慕,它是全美技术最先进、管理最复杂的系统。除了军队,很少有其他组织有着如此的全系统整合力。美国铁路邮件服务部门的主管定期召集会议,区域主管在会上殚精竭虑地完善着传输协议,那种慎重和周全远远超过西联电报公司赞助的任何论坛。[44]这些努力的成果之一是"快递"(Fast Mail),它是纽约市和芝加哥之间的高速邮件—铁路传输链,能在26小时内把信息从一个城市传递到另一个城市。新闻界刊登了大量正面报道,讲述美国邮政局这一了不起的壮举。[45]

维尔在美国铁路邮件服务部门做过事,这让他此生都对构架庞大,辐射广阔的通信网络的内在力量心怀赞美。美国铁路邮件服务部门网络的价值不能单纯以经济角度去衡量。1907年,继维尔重返美国电话电报公司担任总裁后,他将会从美国铁路邮件服务部门的角度看待电话业务。

自从1825年美国邮政部长约翰·麦克莱恩首次阐述了他的速度理念以来,美国邮政部门一直希望能超速传递信息。但在南北战争之前,不是每个邮政规划都和"快递"计划一样雄心勃勃。美国铁路所有者要求,他们在满足美国邮政部门严格的要求方面要得到额外的补偿;美国铁路邮件服务部门负责人则争辩说,"快递"是公共财产,铁路公司应尽公民的义务去承担责任。在担任美国铁路邮件服务部门主管时,维尔和纽约中央铁路总裁威廉·K.范德比尔特(William K. Vanderbilt)就范德比尔特提出的"快递"运行费问题发生过激烈的争执。谈判失败后,范德比尔特竟把邮件从列车上扔了出去。这一挑衅行为让维尔陷入了对商业公司永久的不信任,这些企业只关注针尖大的利益。[46]几年后有记者问范德比尔特为何他违背公众意愿而关停了纽约市和芝加哥之间的快速邮件列车,范德比尔特不无讽刺地回答:"让公众见鬼去吧!我是在为我的股东工作。"[47]范德比尔特一心向着投资者的表现让维尔感到遗憾,维尔决心投资电话业务,而且不光是为了赚钱。

维尔是美国贝尔电话公司从美国铁路邮件服务部门招来的老将之一。在担任了几年美国铁路邮件服务部门的区域主管后,C. J. 弗仑希(C. J. French)加入了美国贝尔电话公司;阿隆佐·伯特(Alonzo Burt)也是如此。弗仑希出任了美国贝尔电话公司的总经理,伯特出任了密苏里州和威斯康星州贝尔电话运营公司的总裁。在美国铁路邮件服务部门工作过的内森·C. 金斯伯里(Nathan C. Kingsbury)也加入了电话业务;在密歇根州贝尔电话运营公司担任副总裁后,金斯伯里成为美国电话电报公司的副总裁。

美国铁路邮件服务部门并不是影响美国贝尔电话公司的唯一政府机构。如果福布斯没有买下弗朗西斯·布莱克的变送器的专利权,他就没法在 1879 年战胜诺文·格林。布莱克是刚从美国联邦海岸勘测局退休的政府科学家,从联邦政府那里学到的机械知识对他的发明起到了不可或缺的作用。而且他所在部门主管的协助也正好让布莱克注意到了贝尔的发明。布莱克的主管在费城举办的世界博览会上做评委时,对电话机有了些了解。[48]

其他有联邦政府背景的早期著名电话业管理者包括马歇尔·杰维尔(Marshall Jewell)、戴维·B. 帕克(David B. Parker)和尤尼恩·N. 贝瑟尔(Union N. Bethell)。杰维尔曾担任美国邮政部长,后来在维尔的建议下投资了一些早期的电话公司。电话业务起步后,杰维尔成为电话运营公司经理行业协会——全美电话交换所协会(National Telephone Exchange Association, NTEA)的首任总裁。如果杰维尔没有在 1883 年意外身亡,他很可能已成为长途电话网络实现商业化的主力人物。戴维·B. 帕克在签约美国贝尔电话公司前是美国邮政部门的稽查处主管。在担任邮政检查员期间,帕克从中汲取了许多他在漫长而杰出的电话工作生涯中可以借鉴的见解。尤尼恩·N. 贝瑟尔在 19 世纪 80 年代担任美国联邦养老金办公室的特别代理官时练就了处理公共关系的本事。在纽约电话公司等几家贝尔电话运营公司当总裁时,贝瑟尔的这些技能派上了用场。

在组建期,电话业务的核心在电话运营公司联合体那里,它们从美国贝尔电话公司处获得营业许可。其中规模最大、利润最丰厚的电话运营公司建在全美大城市的中心商业区,那时它们大都围绕在这一片地区。就是在这里,在大城市电话交换所的喧嚣忙碌中——而不是在美国贝尔电话公司冰山一般冷静的福布斯董事会中——电话业管理者战胜了技术困难,让电话业走上了商业成功之道。

持有美国贝尔电话公司营业许可证的电话运营公司通常被称为"贝尔"公司,尽管"贝尔"这个词很少出现在它们的公司名称中。比如,1896 年以前,纽约市的美国贝尔电话公司的牌照持有者被称为大都会电话公司(Metropolitan Telephone Company),1896 年后被改称为纽约电话公司(New York Telephone Company)。直到 1920 年,美国贝尔电话公司在芝加哥的持牌公司还叫作芝加哥电话公司(Chicago Telephone Company)。换作是其他场合,"贝尔"恐怕早就被人悄无声息地忘记了。毕竟 1899 年之后,母公司的名称中甚至都没有了"贝尔"字样。哈伯德到处说要保留"贝尔"这个词,作为对他的名人女婿的敬意。[49] 1908 年,维尔在年度报告中提倡"贝尔系统"(Bell System)时跟随了哈伯德的脚步,"贝尔系统"将贝尔旗下的电话运营公司连接在了同一网络中。

电话运营公司在层次交织的政治经济环境中接连产生,这也使得它们要不断地和政府机构打交道,其中包括专利局、法院、州立法机构以及市议会。[50]市政特许经营权需要一对一地协商,与电报章程相比,他们通常问得格外详细。一些部门对费率上限和性能标准有强制要求;许多部门还要求电话运营公司要免费为市政府提供某些设施;有些执照还有使用期限。例如,芝加哥电话公司在1889年获得了特许经营权,1909年就到期了。

市政特许权是市议会赋予个人或公司的特权。专家解释说,这种特权不属于"一国公民"的"共同权利"。[51]虽然标准的法律论述中详细阐述了公司使用城市街道的特许经营权——或者说"权利"——"源于通过立法机构行事的州",但是"在宪法或法规要求下,特许经营权在行使权利完备前,必须获得市政当局的同意"。[52]特许经营权的资本化是有争议的,因为它就像是权钱交易式的腐败。然而,如果特许经营权货币化了,那么它的价值毋庸置疑是无可估量的。一位电话业投资顾问在1905年解释说,"公共服务公司"的"价值"在"很大程度上"来自"特许经营权准许的时期内"。[53]

市政特许权在几方面影响了电话运营公司的经营战略。现有运营公司依靠它来阻止竞争,而后起之秀则利用它打入市场。一旦电话运营公司在一个地方架起电话线,就很难不去留意当地的政治环境。如果制造商遇到市政法令的麻烦,它们也许可以扬言关闭工厂,搬迁到一个更友好的地方。但芝加哥电话公司就没法搬到密尔沃基(Milwaukee)去。

全美最大的两家电话运营公司总部设在纽约市和芝加哥,纽约市是全美最大的城市,芝加哥发展速度最快,1890年后成为全美第二大的城市。多年来纽约市和芝加哥的电话运营公司不仅是美国最大的,而且在全世界都是数一数二的(见表2)。[54]

表2 世界上五个最大的电话交换所,1882、1895、1910和1920年

1882		1895		1910		1920	
纽约	3,125	柏林	25,000	纽约	361,302	纽约	845,890
芝加哥	2,610	巴黎	12,500	芝加哥	239,083	芝加哥	575,840
费城	1,804	斯德哥尔摩	11,536	柏林	174,572	柏林	310,660
巴黎	1,400	芝加哥	11,680	伦敦	172,000	伦敦	310,000
伦敦	1,338	纽约	9,627	波士顿	120,769	波士顿	272,244

来源:芝加哥以外的城市:*Telecom History* 1 (1994):84;*Telecom History* 2 (1996):96;*Telecom History* 3 (2002):30;芝加哥:Homer Hoyt, *One Hundred Years of Land Values in Chicago* (Chicago:University of Chicago Press,1933),p.490.

在哈伯德和维尔眼中,纽约市和芝加哥在早期电话业务的核心地位是无可争议

的。维尔在1878年10月预测,在芝加哥建电话交换所可以让贝尔专利权的持有者们"掌握"整个西北地区。[55]过了一周,哈伯德向维尔透露,芝加哥比纽约市更重要。只要公司在纽约市设置了办公室,就可以盯梢纽约市所有的持有牌照的电话交换所,但芝加哥的公司可能会做出一些"有损我们的利益"的事,在"坏事做成后"投资者仍会被蒙在鼓里。[56]

电话的首批用户是商人和专业人士。商家用电话做交易,医生打电话开处方。一位编年史家在1893年写道,芝加哥商人喜欢走节省劳力的"捷径":"在所有的新发明里,电话特别受到这个城市的商人的青睐。"对于那些能够付得起"贪心的垄断公司"要求的"像敲诈一样的费用"的人,不用离开办公室就能和同事交谈是一个天大的福利,每个人都"积极使用"。电话让商业中最活跃的那1/10的人群省下了曾经"浪费"在城市间奔波的时光,从而增加了一倍的工作时间。[57]为了加速芝加哥的木材运输,批发商雇了监察员来协调到达芝加哥港口后驳船的转运,以及在起始点停在配线的铁路货车,这些配线与大型木材厂相接壤,沿着芝加哥河的河畔蔓延12英里。[58]1894年有记者报道,纽约市的普通用户每天打16次电话,有的成瘾用户每天用电话多达200次;在一般工作日,接线员要操作80,000~90,000个连接。[59]1901年,一位芝加哥商人告诉记者,每天早上7点他就坐在办公桌前,到吃午餐时可以完成50个电话交易。[60]

对于电话用户来说,一个最重要的性能标准是呼叫连接时的延迟。如果接线员要花10分钟接线,即使这种情况在19世纪80年代早期很常见,但批发商可能会疑心为什么不另雇个当差的跑这个腿呢。1886年,记者观察到,如果需要60秒才能接通电话,华尔街交易员很可能会不耐烦起来,即使相同的任务雇人需要花90分钟才能完成。[61]

电话的发明并不是为了维护社交,慢慢地才有人设想电话会增进社会关系的维持。例如,1895年,芝加哥只有一小部分住宅电话用来接来电。住户在家中安装电话主要是为了方便仆人安排日常打杂跑腿。让陌生人响响铃声就打进家里是侵犯隐私的行为,电话管理人员认为没有理由推广一项很少有人想要的服务。[62]

对于商业用户来说,电话最大的局限是无法留下书面记录。有记者在1887年写道,当股票经纪人相信电报会准确地传送指令时,他们就不太可能打电话传递了,因为电话会"模糊不清"[63]。

电话通话的易逝性启发了爱迪生,19世纪70年代后期,爱迪生发明了此生被视为最不同寻常的发明:"留声机"。留声机是用来录音的机器。爱迪生解释说,如果电线发送的信息是瞬间易逝的,那么电话就只能用于"叽喳闲聊"。如果有机器可以记录谈话,它会迅速变成"尽职尽责、不会犯错的记录员"。对于许多用户来说,没有通话记录倒是好事,因为它促进了开放的讨论。然而对于爱迪生而言——他和在他之前的塞缪尔·莫尔斯所持看法相同——如果媒介信息不能被永久记录,那么电子媒介就没有多大价值。爱迪生预测,若有商人要展开面对面的谈话,他们将会坐进单独的房间,房间里配备了加载留声机的电话,他们就能得到谈话内容的逐字记录,即"录音制品":"事实上,使用录音制品可以让所有的通信大大简化和缩短。电话用户可以在他的电话上装一个录音制品,当他被呼叫时,可以告诉接线员他离开办公室了,并将在某个时刻返回。"[64]

从理论上来说,纽约市和旧金山之间在1915年就可以通过电话交流了。贝尔的公关人员在无数的公关广告中吹嘘了这一事件,而且费尽心思地强调了它的重要意义,并把它与早期的长途通信的荣光相提并论,比如法国的光通信和驿马快信。然而,对于大多数电话用户来说,长途电话费用太过昂贵,使用起来不太实际,直到二战后情况才有所转变。[65]

就算那时长途电话服务价格低廉,持怀疑态度的人也仍然不确定它是否能流行起来。1898年,乌托邦社会主义者劳伦斯·格罗伦德(Laurence Gronlund)预言,一种"新经济"形态即将到来,这种经济形态深受近来的科学和技术新进展的影响。即便如此,格罗伦德并不相信有一天一个住在西雅图的人有必要通过电话和住在波士顿的人交谈,即使打电话的费用不高,他也可以选择"便宜地"发一通电报过去。[66]

电话业务在创始时代要比日后在贝尔的公关人员以及持相同观点的许多学者们记忆中的形态更加缭乱、纷繁复杂、甚至是无头无序。美国贝尔电话公司和各个电话运营公司之间很少和谐相处:如果霍尔的分散电话运营公司的计划没被批准实施,那么可想而知电话运营公司联合体早就分崩离析了。美国贝尔电话公司对待电话运营公司的态度或多或少就像富有的房东看待他的落魄租客一样。而电话运营公司这边对美国贝尔电话公司收取的许可费表示不满,而且对美国贝尔电话公司要求他们购买电话设备表示愤怒。电话运营公司对美国贝尔电话公司的不满加速了1880年全美电话交换协会(NTEA)的成立。像很多贸易团体一样,全美电话交换协会的成立是为了应对政治挑战:电话运营公司长久隶属于控股公司,而控股公司的权力来自联邦政府授权的垄断准许。[67]

美国贝尔电话公司有自己的技术部,但它很少参与全美电话交换协会的审议。这在很大程度上是因为全美电话交换协会的成员认为,美国贝尔电话公司的技术员是美国贝尔电话公司旗下的电话设备制造商——西部电气公司的代理人,他们信不过这些人。因此,全美电话交换协会而非美国贝尔电话公司才是技术信息流通的主要论坛。在英国电话工程师金斯伯里看来,缺乏中枢指导是一个主要优势:一个更"教条主义的权威"会减缓创新。[68]

拥有了市政特许权的电话公司也没有权利任意架设电话线。街道是公共财产;即使电话运营公司有了全市特许经营权,它仍然需要获得特定的路权许可证。否则,市议会有权指责电话运营公司的电线杆和电线属于非法妨害,并下令拆除它们。

架设电话线需要引线:路权许可证的授予成为腐败的立法者们贪污的好时机。一位芝加哥社论家在1883年讽刺地指出,电话业给无良的市议员们制造了"无数的商业交易"的机会。市议员们可以从授权电话交换所架设高空电缆中索要回扣,甚至还延迟了电话运营公司遵循城市法令把电话线埋在地下的时间。[69] 大约在1894年,一家芝加哥报社估计,芝加哥68名市议员中诚实正直的不超过18位。在一般年份,一个老奸巨猾的市议员可以捞到的回扣高达20,000美元,比起这笔巨资,多数行业高管的薪水不值一提。[70] 贪婪的市议员们坑害的不是电话运营公司这一家。但电话运营公司的油水多,青山不倒,相当容易遭到勒索。[71]

为了反对不利的政治干涉,电话运营公司缩小了他们承担的义务范围。1882年一位电话业经理提到,电话运营公司形同一个男子俱乐部,而非公共运营商。即使它需要市政机构批准去安装电线杆、架电话线,它也只为和它签订了"差不多是永久合同"的"那几个"电话用户服务,而且有权持续"控制"它的"成员资格"。[72] 一位商业记者解释道,电话业的"一个对手"是每周以3美元的价格被雇佣的信差"小童"。如果员工每周在电话服务上连1美元都花不起,那么他们最好还是不要装电话了。[73]

最早的时候,电话线是安装在街边的天线电杆上的。天线的安装比埋设地线花费少,而且技术难度小。不久之后,电话线不仅和电报线搅在了一起,还和电灯线、有轨电车线互相缠绕。纽约市百老汇下区和芝加哥南拉萨尔街等主干道很快就覆盖了密集的电线、电缆和电线杆。1881年在纽约游览的一位英国游客说,"这里的天空"已被"无数的电线挡住了"。[74] 四年后一位电气专家指出,32个不同类型的公司已被授予安装天线的许可。[75] 一根电线杆安装着100根电线,离地96英尺。[76]

天线不仅不美观,而且有危险。电报和电话公司都用低压电流,但电灯线和有轨电车公司不用低压电流。如果电话线搭在了电灯或有轨电车线上,用这条电话线通话或是接起和这条电话线连接的电话机的人,都有受重伤甚至死亡的风险。相关诉讼不少,电话运营公司非常担心,因为赔偿不可预料,很可能得赔一大笔钱。1888年,一根低压电话线意外地搭在了高压电线上,一名男子因触电导致身亡,布法罗的电话运营公司因此而被追究了部分责任。陪审团给出了意见,他们认为电话天线是"生命的陷阱,悄然无息又致命"。[77]

天线的数量越来越多,公众要求特许经营公司把天线埋设在地下的呼声也越来越高。美国首个制定地线条例的大城市是芝加哥。1881年5月,芝加哥市议会颁布了法令,要求每个在城市中央商务区架设了天线的特许经营公司在两年内把它们埋进地下。[78] 此后不久,一个陪审团宣称:根据习惯法(common law),纽约市的某些电线杆等同于非法妨害,这让电话运营公司面临着吃官司的局面。[79] 为了澄清法定情形,1884年纽约州立法机构颁布了一项综合地下电线法,规定数千英里的电话线都要被埋起来。[80] 三年后,纽约州立法机构成立了电气控制委员会来协调电线埋地工作。[81]

1889年一场可怕的事故发生后,埋线工作加速了进展:西联电报公司的一位线务员意外接触交叉电线而身亡,他的尸体在电线杆上悬挂了好几个小时,在纽约市政厅都能看到。[82]不久以后,纽约市市长休·J.格兰特(Hugh J. Grant)命令配备斧头和钳子的城市工作人员砍断立在联合广场上的电线杆。[83]一时间,格兰特的工作小队推倒了800根电线杆,剪断了100万英尺的电话线。[84]

电话运营公司经常无法按照立法者规定的最后期限完成任务。然而,立法者仍然坚持,而这些公司也勉强地答应了。19世纪八九十年代,在全国数百个城市和城镇,数千英里的架空电线被从电线杆上拆除,并被重新安装在地下管道中。

电话运营公司对地下电线立法很敏感。康涅狄格州电话运营公司总裁莫里斯·F.泰勒警告说,芝加哥制定的地线条例将是电话交换所面临的"最严厉的打击"。泰勒认为这条法律没法执行,因为他怀疑它的条款无法被满足。如果电话运营公司可以用掩埋电线来证明电话业将"随之埋葬",那么这条法律会失效:但凡是提出"客观上无法实现"的要求的法律都是无效的,这是法理学的"基本原则"。[85]同泰勒一样,芝加哥电话公司的总经理查尔斯·N.费伊(Charles N. Fay)也对地线条例的可行性持怀疑态度。为了防止公司因违规而被罚款,费伊获得了一项强制令,规定只要他的公司每年在埋线工程上出1万美元,就推定公司是按照法律操作了。[86]1884年,维尔向新英格兰地区电话运营公司的股东汇报说,"天线非法妨害"的问题应该交给电话公司,而不是州立法机构,因为它涉及各种技术和经济难题,尤其关于长途电话服务,工程师们都一筹莫展。[87]

电话运营公司经理们的怀疑态度在美国贝尔电话公司的高层里产生了共鸣。1883年,美国贝尔电话公司的电工托马斯·D.洛克伍德(Thomas D. Lockwood)谈到,掩埋天线运动怎么都说不上是"真正"流行。恰恰相反,它的主要支持者是出于"特殊利益",尤其是那些靠销售电缆、管道和排线机发财,让城市大道处于"火山爆发"状态的"职业发明家们"。[88]

1883年,芝加哥电话公司的律师诺曼·威廉姆斯(Norman Williams)的一项新发现更让美国贝尔电话公司的高管感到怀疑,认为设备制造商促使立法者采取行动是出于他们自己的利益。威廉姆斯在那年注意到,西部电气公司的总裁伊诺斯·巴顿和工程师米洛·凯洛格(Milo Kellogg)在游说芝加哥市议会,敦促芝加哥电话公司加快它在中央商务区大量电线的埋设工作。威廉姆斯承认,以"商业的方式",巴顿和凯洛格的做法"完全合适",然而他们"焦急地"向电话公司出售排线机而采取的行动方针会使芝加哥电话公司出一大笔钱。美国贝尔电话公司在西部电气公司持有巨额股份,维尔时任美国贝尔电话公司的高管。维尔是否在巴顿和凯洛格耳边"吹了吹风",嘱咐他们在未来要更小心地布道这些电缆的"实用性",特别是它们对长途电话的适用性呢?"这些电缆使用方式上最细微的好处都会被市民听到,被报纸捕捉记录下来,所以他们务必要在公开陈述中小心措辞。"[89]

《制造商和建筑商》(*Manufacturer and Builder*)是支持地下电线立法的首批出版物之一。这是一本针对承包商群体的行业期刊。1881年,《制造商和建筑商》的编辑气恼地指出,人们容忍天线的"非法妨害",甚至有人为它辩护,只是"众多可以说道的""不可理解的自相情愿"的"又一个案例":"普通美国公民"让自己被"无情的公司踢踏、敲打、偷窃、变了法儿地欺负"。[90]《制造商和建筑商》在这个问题上牵头呐喊并不奇怪:如果立法者强制电线埋地,将会给它的读者拉来生意。

电气类的行业出版物更会站在电话运营公司这边,和维尔等电话业高管一道持怀疑态度。天线埋地是一项艰巨的技术挑战,电话工程师花了几年的工夫来做实验,设计出电话用户常用的同等性能标准的电缆。1884年《电气评论》(*Electrical Review*)上一篇文章标题写着《电话线不能被下埋》("The Telephone Wires Cannot be Sunk")。没有充分证据表示地下电线法在技术上合理,在经济上行得通,甚至对于拥有"地下通道"路权的"垄断者的策划小组"来说,就算他们有政治影响力让电话运营公司把电线埋在"地下通道"里,他们也不能迫使电话运营公司去这样执行。[91]多数人相信电话运营公司不会自己行动起来。来自新闻界埋设电线的呼声迅速增长,特别是来自《哈珀周刊》等面向公众发行的杂志。甚至连电话发明家贝尔也支持立法干预。1884年,贝尔在一次报纸采访中坦言,只有立法者才能强制电话运营公司埋掉电线,"恐怕在法律要求之前,电话公司永远不会自己行动"。[92]

电话和电报运营公司的顽固态度让漫画家有一大堆机会来借题发挥,说明城市和市政特许经营公司是如何真正地陷入一种纠缠状态的。一幅标题为《电报公司接下来要做什么》("What the Telegraph Companies Will Do Next")的漫画里画着一个中产阶级的客厅,电报局的电报线从钢琴上垂下来。另一幅标题为《哇,在那!我们碰到什么了?》("Whoa, There! What Are We Coming To?")的漫画中,圣诞老人的雪橇被天线绊倒了。第三幅标题为《窥视未来》("A Peep into the Future")的漫画中,电报和电话公司把天线架在了自由女神像伸出的手臂上。[93]

电话运营公司对立法者的怂恿和媒体的嘲笑做出了回应。直到1885年,维尔才质疑起地下电线立法的效力,但作为大都会电话公司的总裁,他已埋设了纽约市数千英里的电话线。[94]维尔在埋葬天线方面的带头模范作用经常出现在后来的报道中,作为他电话生涯的一笔。对于纽约市多数电话用户来说,这比维尔在1885—1887年短暂担任美国电话电报公司的首任总裁来得更加实在。[95]曼哈顿的最后一根天线在1896年被埋了。纽约市市长在那一年的报告中指出,九年来,特许经营公司已经拆除了20,337根电线杆以及29,802英里的电话线,没花纳税人的一分钱。这个说法并不是完全正确的,数家受影响的电话公司包括大都会电话公司等都通过提高费率的形式,把费用转嫁到了用户头上。[96]

电话线被埋进地下后解除了刮风和冰雪造成的环境危害。一位早期的电话业经理说,电话业的"大敌"是气象。尤其是1888年那场灾害性的暴风雪:风暴毁坏了美国整个东北地区数千英里的电话天线,纽约市受到重创,那里的降雪厚度达到了4英尺左右。[97]

人类无法控制气象带来的灾害;但可以控制其他危害。电话机所使用的低压直流电很容易受到电站发出的更强的交流电的干扰,从而产生一个问题,即感应效应(induction)。感应效应发生后,即使通话只隔两个街区,也会听不清对话。1890年左右,通话失真问题非常严重,电话经理警告说如果这个问题不能迅速解决,电话业就完了。[98]当电话公司起诉有轨电车公司的干扰时,法官通常会做出对电话公司不利的裁决,他们认为道路的主要功能是交通(transportation),而不是交流(communication)。这导致问题变得更加复杂。[99]

为了消除感应效应,电话运营公司把单股"埋地线"换成了双股"金属线"。埋地线容易发生感应效应;金属线不会有这个问题。这次技术改造很有效,但价格昂贵,特别是在问题最严重的大城市电话交换所。金属线所用的电线长度是埋地线的两倍,而且和现有交换机的电路不兼容。为了支付改造成本,纽约市、芝加哥和其他几个城市的电话运营公司都上涨了用户的费率。为了给上调费率正名,电话运营公司强调了金属线在长途电话网络中的必要性,捎带提到了它对本地通话的好处。如果电话运营公司只谈本地服务的话,会很容易遭到反对,因为这在技术上不是服务升级,只是保持以往性能水平的应急措施,电话运营公司无权上调费率。它们没有单方面提高费率的自主权。如果没有令人信服的理由,电话运营公司不仅会受到立法者的质疑,而且还有来自电话用户的问询。对于电话运营公司来说不幸的是,立法者和用户都信不过以这样的理由上调费率。也没有几个用户有打长途电话的需求,而且他们很不满,认为长途电话只不过是上涨费率的诡计。[100]

电话运营公司遇到的很多操作性问题中,最具争议性的是电话服务的定价。最常见的收费方案是在限定的空间分隔区域内,用户可以无限次使用电话,并只需按月支付固定的费用。这个收费方案被称为"固定费率"(flat rate),并和"按次计费"(measured service)区别开,"按次计费"是根据用户拨打的电话次数来计算服务成本的。无限次电话服务的区域边界随着时间而改变,公司和公司的规定也不一样。早期,这个区域是按照用户安装电话的电话交换所的边界来算的。有时这种边界面积小到仅有几平方英里。例如在芝加哥,1889年的边界面积为16.3平方英里。[101]当电话交换空间变广时,无限次电话服务的区域也拓展了——有时是出自电话运营公司的自愿决定,有时是立法的结果。

虽然收费方案因电话公司而异,但方案之间也有些共性。首先也是最明显的,这些方案预设了电话的拨打位置是固定的。记者们有时会设想,有朝一日人们会把无绳电话装在裤兜里,随身携带,但这仍是一个遥远的幻想。[102]其次,位于无限次电话服务的区域之外但是想要使用电话联系电话交换所的用户必须支付额外的费用,这笔费用被称为长途电话费(toll)。最后,在无限次电话服务区内允许用户无限次拨打电话的收费方案不收取任何额外费用。这个特色旨在吸引经常光顾药店和其他公共地点的用户,那里的店主会安装电话,为非电话用户提供方便。为了让店主知道某个人是电话用户,芝加哥电话公司特别印制了卡片,当想打电话时用户可以出示它。对于"免费使用指定的公用电话"——"仅供市内连接"的用户——一张在1888年12月到期的用户卡上写着:"如果被卡主以外的任何人出示,它将被没收、作废并返还给电话公司。"[103]

通过让用户尽可能去使用而不用顾虑每一通电话花了多少钱,即当时有人所称的"具体费用",固定费率为电话的潜能做了宣传。[104]用户对此表示赞同。1884年部分芝加哥电话用户反映说,固定费率让房主熟悉了对讲机——或者叫"传音筒",当时对讲机被这样称呼,固定费率也为电话创造了市场。[105]

固定费率吸引了用户,但给电话运营公司增加了负担。最显而易见的是,电话交换的扩大增加了运营成本。用户没有理由去节制拨打电话的次数,而且随着无限次电话服务区中的用户增多,他们有更多的人可以通话。每次通话都需要由电话接线员手动连接;随着流量的增加,成本也上升了。即使电话运营公司增加了人手来满足需求,有个问题仍然没能解决:如果有一条线路在使用,它就不可能接通。像现在一样常见的"呼叫等待"信号还没有被设计出来。在芝加哥等主要城市,批发商和佣金商会通话几十次,有些时候每天会打几百通电话,这并不是不常见。如果他们想拨打的电话占线了,他们的通话就无法接通,而这种情况经常发生。

为了减少线路拥堵,电话运营公司试着掣掇用户少打电话。有些电话运营公司威胁说,如果有用户把电话给非用户(non-subscribers)使用,就要取消合同。印第安纳州特雷霍特的贝尔电话运营公司警告,"公司有权在非用户使用电话时取消并拆除座机"[106]。其他电话运营公司则使用道德规劝。大都会电话公司说道,"让非常规用户使用用户的电话"是"有违合同,损害业务"的。[107]

无论是威胁还是道德规劝都没有太大的实效。用户认为,他们有权以任何他们觉得合适的方式使用电话,非用户觉得用邻居或朋友租用的电话没什么问题。一位记者在1893年报道说,芝加哥电话公司想阻止非用户使用电话的再三努力"效果不值一提"[108]。

霍尔用了非常不同的方法解决线路拥堵问题。霍尔并没有抑制需求,而是提出了按次计费的方式,将费用与成本联系起来。1881年,霍尔已在纽约布法罗的电话交换所中建立了按次计费方式。用户不用每月支付固定的费用,霍尔向他们收取了一小笔租金费;每通电话的费用另收10美分,每年至少拨打500个电话。霍尔采用按次计费的理由直截了当：最适用的计费单位不是电话机设备，而是通话。[109]霍尔认识到，对于习惯固定费率的电话用户来说，他们很难接受按次计费。但霍尔仍认同"真正的体系"是从"每次服务"中"获得报酬"，而且报酬"应与服务的比例相当"。[110]

有了按次计费，电话运营公司便有了促进电话使用的动力，用户也有了节约开支的途径。在固定费率方式下，情况是相反的。[111]霍尔认为，电话运营公司不仅要对用户尽职，而且要对公众尽责。为了履行这一义务，管理层应想方设法地让电话服务"开放、自由"——只要付款就行。[112]为了鼓励非用户使用电话，霍尔发售了预付票，允许持票人打一定数量的电话。1885年一位记者打趣道，这些预售票解决了"电话搭便车之罪"，同时向人们普及了打电话"极其方便"的观念。[113]此外，也是需要注意的一点，按次计费的优势更是政治方面的。只要电话交换所向每个用户每月收取相同的费用，用户就会有一个鲜明的呼声：降低费率。按次计费使得动员用户变得更难了：霍尔讽刺地说，电话用户曾游说立法者去降低费率，但按次计费"打破了这种一致性"[114]。

按次计费解决了电话业务中最令人困惑的问题：经营成本和电话网络扩张间不同寻常的关系。在大多数行业中，成本会随着所提供单位商品或服务数量的增加而减少。在电话业务中，成本和数量之间的关系反了过来。随着网络的扩展，电话运营公司完成通话的成本更高，而不是更低。如果电话交换规模增加一倍，潜在的连接数量将增加四倍。满足这些额外连接的成本很高，需要升级电话交换机，重新培训电话接线员。霍尔从"惨痛的经历"中认识到，普通用户无法理解运营成本与网络扩张之间的关系。按次计费将价格与成本挂钩，促进了网络扩张。如果电话运营公司还坚守着固定费率，他们将发现有必要把费率提高到一个"过高的"水平，这样一来用户会自动放弃打电话。[115]

按次计费的另一个优势是将非电话用户从负债变为资产。霍尔估计，在固定费率标准中，非电话用户打电话的比例在25%到35%上下波动。固定费率使得非电话用户可以随意借用用户的电话，这种做法增加了成本。无论店主们拨打了多少电话，只要他们付了固定的费用，他们就没有意愿去监管非电话用户，非电话用户"除了说谢谢之外也不会付钱"[116]。为了缩减"搭便车业务"，霍尔建议每个电话运营公司都要求用户为每通电话支付少量费用。如果电话交换所这样做，店主就不太可能让非电话用户打他们的电话，因为店主得买单。[117]

霍尔的按次计费标准的尝试也为此前互为竞争对手的西联电报公司、美国国家贝尔电话公司所独立运营的众多电话交换所的合并提供了解决方案，回应了许多城市里这种混乱的景象。在"奇特而不幸的境况"下最早建立的电话服务条件让大多数电话运营公司颗粒无收，几乎没空去"审议或研究"费率的问题。芝加哥电话公司的经理费伊提高了费率；而霍尔采取了按次计费方式。[118]

固定费率方式的优点是简便。它需要的记账很少，测量设备比日历复杂不了多少。按次计费方式需要一个更精细的行政管理系统。为确定用户费用,电话公司必须记录每一通电话。圣路易斯电话运营公司的经理乔治 F. 杜兰特(George F. Durant)警告说,从固定费率转换到按次计费将会是一场"噩梦"。在圣路易斯,杜兰特已经完全淘汰了通话记录:"我们从来没有,而且从现在看来我们也将永远不会在办公室里用到纸张。这是我们努力避免的……我们不记录任何事。"[119] 如果霍尔希望尽量减少用户在通话失败时的沮丧,为什么不提高费率呢?费用的提高是防止线路拥堵的最佳方法,因为它会保持电话在小规模中交换,为余下的用户提供高质量的服务。[120]

231　　霍尔没有跟着杜兰特的思路走。与其限制电话的交换规模,霍尔更倾向于提高电话接线员的能力,来应对网络扩张后增加的流量。地区电报公司长期以来一直存有类似"邮政系统"的邮箱,每当发报员执行完一次用户的任务后,就在邮箱里放一张存根。电话运营公司可以建一个相仿的"系统"来记录呼出的电话。"如果你去过邮局看到过邮递员分发信件,你就能想象到,等接线员操作习惯之后发放存根的速度有多快。"[121]

　　霍尔为他在布法罗取得的成功感到骄傲。唯一反对按次计费的用户是 20 个木材批发商,一气之下,他们要求暂时把电话拆了。[122] 在其他电话交换所,反对的声音更加激烈。按次计费改造后,用户的抵制蔓延到了许多城市,包括纽约州的罗切斯特,这里的电话交换所是霍尔的地盘。直到 19 世纪 90 年代,按次计费的反对声音才渐小。局势的改变并不是因为用户改变了主意,而是电话运营公司开发了之前没有探索过的小用户市场,这些用户既没有打电话的诉求——在多数情况下也没法支付高额的月租费。

　　电话交换所最重要的设备不是电话设备,而是接线员完成连接用的交换机。交换机是一种体积庞大、费用昂贵、精密复杂的机器,它们往往比电话交换所所在的房价还贵。除了最小的电话交换所之外,交换机都是定制的。很少有商品有这么强的技术性,还要经常换代升级。

　　虽然交换机看似只是个技术物件,事实上,它对用户—运营商的关系具有深远的影响,它是一项有着社会意义的创新。在一家大城市电话运营公司安装庞大复杂的交换机赋予了它先发优势,通常后来者无人能及。

232　　每个电话运营公司至少有一台交换机;更大的电话运营公司有好几台。为了加快电话交换所内的通话连接速度,大城市电话运营公司把城市内各个地方交换中心的交换机"集群化"了。例如,1899 年,芝加哥电话交换所旗下有 12 个不同的交换中心在运行。[123] 容易混淆的是,下属交换中心有时也被称为电话交换所,即使电话工程师将它们当作单个交互系统的部件。这是个很重要的区别,因为用户很在意电话交换所内接线员的连接速度,交换中心之间的呼叫转移会延缓连接速度。

　　许多电话运营公司拥有不止一处电话交换所。芝加哥电话公司不仅在芝加哥有电话交换所,在芝加哥大都市区的许多城镇也有分所。例如,1897年,芝加哥电话公司在伊利诺伊州的八个县和印第安纳州的两个县的109个城市和城镇都布置了电话交换所。[124]从一个电话交换所拨打到另一个电话交换所需要付长途话费。电话交换所之间的连接完成得总是比电话交换所内部的连接慢,有时会慢很多;这种延迟并没有给多少用户带来困扰,因为电话交换所之间的通话相对比较少。

电话交换机是在靠近大城市电话运营公司的工业区内定制的。多数为纽约市和芝加哥两地制造的。这两个工业区之外的个体制造商基本上没必要了解提高交换机技术水平的制造秘诀。这并不奇怪,主要的电话制造商几乎都驻扎在这两个城市之内或城市附近。芝加哥工业区是创新的温床。美国贝尔电话公司在1894年所有的900个专利发明中即便不是大多数,但也有相当一部分发明都诞生在这里。那一年也是贝尔的第二项基本电话专利到期的时间。[125]

芝加哥电话公司的档案中保存了公司与律师事务所的通信,通信记载了电话运营公司和设备供应商间的密切来往。包括总经理希巴德在内,芝加哥电话公司的员工与美国贝尔电话公司达成了长期协议,美国贝尔电话公司会购买他们设计的任何与电话相关的发明。这些协议为可申请专利的发明营造了繁荣的市场。美国贝尔电话公司每购买一项发明,芝加哥电话公司的员工就会得到一点酬金,一般是50美元。[126]到了1903年,一位芝加哥电话公司的员工向总部提交了不下65个各种获得专利的发明。[127]

交换机分为两大类:接线员辅助式和机电式。接线员辅助式的交换机需要至少一个接线员来协调完成连接;由此,它们通常被叫作"手动式"交换机。机电式交换机不需要接线员操作,喜欢这种机型的人把它们叫作"自动式"交换机。大约在1900年,机电式电话交换机开始在市场上推行;很快,几十个非贝尔系统的电话交换所或大大小小的个体电话交换所都安装了机电式交换机。用机电式交换机接线时,呼叫者必须知道他们所联系的人的电话号码;用手动式交换机接线时,呼叫者只需口头把请求告诉接线员即可。有时贝尔电话运营公司在合并了非贝尔电话运营公司后,会使用随之获得的机电式交换机。然而在纽约市和芝加哥这样的大城市直到1920年之后才安装了机电式交换机。

1920年之前,在纽约市和芝加哥的贝尔电话交换所,每打一通电话都需要至少三个人实时合作:呼叫者、接线员以及接线员接好线路后电话那头的人。19世纪80年代早期,接线至少需要五个人合作。电话接线员通过口语或传递被称为"存根"的纸条来沟通,这种方式和大城市的邮局设计的分拣方法相似。这个过程太笨拙、又费时间,引得记者嘲笑说:电话业是个老古董。电话永远不会取代电报,因为电话业是劳动密集型的,而时代不需要人工,更需要机械化操作。[128]

第一代电话接线员是青年男性。他们的表现不够好,很快被换成了未婚女性。比起青年男性,女接线员不大可能磨洋工、辱骂或欺负用户,而用户大多是男性。西奥多·德莱塞(Theodore Dreiser)的小说《嘉莉妹妹》(*Sister Carrie*)中的女主人公嘉莉(Carrie Meeber)做着演员梦。然而对于许多像嘉莉一样来到大城市追求更好的生活的女性来说,电话接线员是她们可以在现实中追求的最佳岗位之一。[129]

234 为了减少呼叫连接的延迟,电话工程师发明了一种绝妙的机器,叫作"复式"交换机。第一台复式交换机是位于芝加哥的西部电气公司为纽约市的大都会电话公司制造的,[130]并在1884年被安装,当时大都会电话公司有4600名用户。[131]复式交换机是手动式的交换机。据一位电话经理解释,它的"基本理念"是最小化完成电话连接所需的劳动付出。接线员不用反复通过存根或口口相传来重复指示。[132]此后,他们不用离开座位就可以完成连接。在实践中,一台复式交换机的最大容量约为10,000条线路,这是在座位上的接线员伸开手臂可以触及的最多线路数量。[133]如果交换机运行的线路数超过了10,000条,接线员需要从一台复式交换机"延伸"到另一台交换机。这个程序需要另外一名接线员协助,从而完成连接。

为了让复式交换机有效运转,接线员需要一个快速、简便的方法,确保呼叫者想要拨打的电话没有处在通话中。为尽量减少一些呼叫延迟,电话工程师又设计了一种叫作"不连续干扰测试"(click test)、"占线测试"(busy test)或"占线信号"(busy signal)的反馈机制。大部分早期的电话几乎一直使用着这些信号,让占线信号成为一个尤为重要的改进。1899年,电话工程师肯普斯特·米勒(Kempster Miller)说,复式交换机的"操作性""在很大程度上"取决于"占线信号的效率"。[134]

每个安装了复式交换机的电话运营公司都减少了呼叫连接的延迟。在安装复式交换机之前,延迟情况相当严重。1882年,芝加哥本地的呼叫延迟需要五分钟;直到1887年,当地的本地呼叫仍需要延迟45秒。[135]一些电话交换所安装了复式交换机后延迟仍然很严重,例如,纽约市到了1896年延迟时间约为40秒。[136]到了1900年,芝加哥的延迟时间减少了,仅为6.2秒。电话工程师称,如果把拨号时间算进去,连机电式交换机都无法匹敌这个时间。[137]

235 像很多电话设备的技术进步一样,复式交换机是西部电气公司和大城市贝尔电话运营公司有效合作的产物。在这次合作中,芝加哥电话公司发挥了关键作用。芝加哥电话公司和西部电气公司的工程师共同引进了多项技术改进,包括复式交换机、电子信号灯和占线信号。[138]1909年维尔反思,电话交换所和设备制造商的联手对贝尔电话公司持有的"宝贵的辅助设备"的"1001个小专利"至关重要,它让电话业取得了商业成功。[139]

让人感到意外的是第一台复式交换机没有被安装在芝加哥。西部电气公司为大都会电话公司安装的复式交换机是与芝加哥电话公司工程师商议、并在芝加哥设计的。西部电气公司试着把复式交换机卖给芝加哥电话公司,但遭到了总经理费伊的拒绝。费伊更喜欢自己设计的单式交换机,直到1887年费伊退休后,芝加哥电话公司才安装了第一台复式交换机。对费伊不安装复式交换机的原因有多重猜测。也许他认为复式交换机太过复杂,也太昂贵:复式交换机的设计为了更广大更多样的电话市场而服务,但费伊认为芝加哥电话公司没必要扩大电话的数量。

美国贝尔电话公司经常收购公司之外的专利发明。芝加哥电话公司源源不断的发明突显了公司内部工程学传统的存在。而在1907年维尔出任美国电话电报公司的总裁后,后来的电话经理们误将这份功劳归于了维尔。[140]

1892年,电话业专家赫伯特·劳·韦伯(Herbert Laws Webb)认为,专利权已是电话业务的"核心",但它们不是"电话巅峰时代"的"关键"。其实,它的关键是复式交换机,这个精密的仪器不断升级,以满足更高的性能标准要求。对于贝尔电话运营公司来说,贝尔的电话专利在1894年到期后,交换机的升级就替代了专利的保护功能。"没有其他公共服务"能像交换机升级这样引发"变革";这种"不断的修补"也并不是有意为之。[141]

复式交换机保护了市场上现有电话运营公司拥有的最大资产:用户名单。1893年,美国贝尔电话公司评论家格罗夫纳·劳莱解释说,随着电话呼叫的规模扩大,电话服务的价值也在增加。如果燃气工厂或自来水工厂多了一个新用户,对燃气工厂或自来水工厂的现有用户来说,服务并没有增值。但如果一个新用户与电话交换所签订了电话服务合同,则该服务对现有用户的价值也增加了。因此,现有的运营公司很难被赶下台:首先,他们通常有着最令人垂涎的用户。相比较起来,"电话服务"在这方面和其他任何市政特许经营公司有着"本质上的不同";劳莱说道,"我家街边也许挤满了40家燃气、自来水或电灯公司,无论选取哪家公司,我都可以获得燃气、自来水或电灯同等优质的服务。但我家电话的价值取决于电话公司的用户名单。比起一个只有500名用户的电话公司,拥有1000名用户的公司使电话对我的价值增加了一倍。如果通过电话不能和想呼叫的人取得联系,那么电话就变得不那么有价值了"。[142]

1894年贝尔的第二项专利到期后,贝尔电话运营公司享有了无可撼动的地位,主要有两个原因。首先是长途电话网络的建立将贝尔的各个电话交换所互联互通;其次是贝尔电话运营公司在美国最大的几个城市扎营。政治也起了作用:专利法促进了长途电话网络的建设,市政特许经营法促进了电话交换所之间的合并。美国贝尔电话公司与电话运营公司和设备制造商之间培养了长期关系,使它与阿莫斯·肯德尔以及莫尔斯的电报局那样松散的联合机构极为不同。这也可以解释为什么是贝尔而不是莫尔斯成了首个发起人。

在1894年贝尔的第二项专利到期之时,整合工作进展得很顺利。1900年左右整合加速,那时,为了应对市场新进入者的威胁以及市政所有权的阴影,大城市电话运营公司做了转型,从面向专属客户的特别服务转变为面向全员的大众服务。合并主义政治经济环境的反竞争逻辑还没有受到严重挑战,直到 1996 年《电信法》出台后,美国国会废除了电话业的特许经营垄断,这才结束了自 1878 年第一家电话交换所开业以来城市与电话公司之间的关系。

注释:

[1]J. E. Kingsbury, *The Telephone and Telephone Exchanges: Their Invention and Development* (London: Longmans, Green, & Co., 1915), pp.497-498.

[2]"Telephonic Novel," *Manufacturer and Builder* 10 (June 1878): 134.

[3]William Dean Howells, "A Sennight of the Centennial," *Atlantic Monthly* 38 (July 1876): 92-107.

[4]Gerald W. Brock, *The Telecommunications Industry: The Dynamics of Market Structure* (Cambridge, Mass.: Harvard University Press, 1981), pp.107-108.

[5]Ralph Waldo Emerson, *Works of Ralph Waldo Emerson*, vol. 8 (Cambridge, Mass.: Riverside Press, 1883), p.101; Arthur S. Pier, *Forbes: Telephone Pioneer* (New York: Dodd, Mead & Co., 1953), p.7.

[6]N. R. Danielian, *AT&T: The Story of Industrial Conquest* (New York: Vanguard, 1939), p.42.

[7]Arthur M. Johnson and Barry E. Supple, *Boston Capitalists and Western Railroads: A Study in the Nineteenth-Century Railroad Investment Process* (Cambridge, Mass.: Harvard University Press, 1967), p.337.

[8]Pier, *Forbes*, p.123.

[9]Thomas D. Lockwood, "Ten Years of Progress in Practical Telephony,"National Telephone Exchange Association (hereafter NTEA), *Proceedings* (September 1887): 66.

[10]Danielian, *AT&T*, p.94.

[11]Christopher Beauchamp, "The Telephone Patents: Intellectual Property, Business and the Law in the United States and Britain, 1876-1900" (Ph.D. diss., University of Cambridge, 2006), chap.4.

[12]The Telephone Cases, 126 U.S. 1 (1888) 536.

[13]NTEA, *Proceedings* (September 1888): 16.

[14]Charles Fairman, *History of the Supreme Court of the United States*, vol. 7, pt. 2: *Reconstruction and Reunion*, 1864-88 (New York: Macmillan,1987), p.127.

[15]Warren J. Harder, *Daniel Drawbaugh: The Edison of the Cumberland Valley* (Philadelphia: University of Pennsylvania Press, 1960), chap.2.

[16]The Telephone Cases, 126 U.S. 1 (1888) 574.

[17]American Bell, *Annual Report* (1884), p.5.

[18]Forbes to Howard Stockton, April 5, 1888, president's file, AT&T Archives and History Center, Warren, N.J. (hereafter AT&T-NJ).

[19] Frank B. Williams, "The Pan-Electric Telephone Controversy," *Tennessee Historical Quarterly* 2 (June 1943): 144-162; Homer Cummings and Carl McFarland, *Federal Justice: Chapters in the History of Justice and the Federal Executive* (New York: Macmillan, 1937), pp. 296-305.

[20]转引自 *Testimony Taken by the Committee Appointed by the House of Representatives to Investigate Charges Against Certain Public Officers Relating to the Pan-Electric Telephone Company, and to Suits by the United States to Annul the Bell Telephone Patents*, 49th Cong., 1st sess., 1886, H. Misc., Doc. 355 (serial 2424), p.781.

[21]H. Casey Young to J. Webb Rogers, August 21, 1883, in *Pan-Electric Telephone Company*, p.208.

[22] Bernard S. Finn, "Bell and Gray: Just a Coincidence," *Technology and Culture* 50 (January 2009): 193-201.

[23]"The Government in the Telephone Suit," *New York Times*, September 26, 1885; "A Bluff Game," *New York Times*, March 4, 1886; "Mr. Hubbard's Company," *New York Times*, April 30, 1886; "The Telephone Reports," *New York Times*, June 30, 1886; "Copyright and Telephones," *New York Times*, January 29, 1890; Williams, "Pan-Electric Controversy," p.158.

[24]转引自 Pier, *Forbes*, p.172.

[25]"The Western Union and the Bell Company," *Chicago Tribune*, February 27, 1886.

[26]*Puck* 18 (February 17, 1886): 386.

[27]George David Smith, *The Anatomy of a Business Strategy: Bell, Western Electric, and the Origins of the American Telephone Industry* (Baltimore, Md.: Johns Hopkins University Press, 1985), chap.4.

[28]Robert W. Garnet, *The Telephone Enterprise: The Evolution of Bell's Horizontal Structure, 1876-1909* (Baltimore, Md.: Johns Hopkins University Press, 1985), chap.2.

[29]American Bell, *Annual Report* (1885), pp.24-26.

[30]Victor Morris Tyler, *A Short Review of Connecticut Telephony, 1878 to 1907* (New Haven, Conn.: Victor Morris Tyler, 1957), p.65.

[31]James E. Caldwell, *Recollections of a Life Time* (Nashville, Tenn.: Baird-Ward Press, 1923), pp.194-195; Albert Bigelow Paine, *In One Man's Life: Being Chapters from the Personal and Business Career of Theodore N. Vail* (New York: Harper & Brothers, 1921), chap.31.

[32]Angus Hibbard, James J. Carty, and Frank A. Pickernell, "The New Era in Telephony," NTEA, *Proceedings* (September 1889): 34-43; Angus Hibbard, *Hello Goodbye: My Story of Telephone Pioneering* (Chicago: A. C. McClurg & Co., 1941), pp.134-136.

[33]Hibbard, *Hello Goodbye*, chap.8.

[34]American Telephone and Telegraph, *Annual Report* (1908), p.22.

[35]J. Leigh Walsh, *Connecticut Pioneers in Telephony: The Origin and Growth of the Telephone Industry in Connecticut* (New Haven, Conn.: Telephone Pioneers of America, 1950), p.143.

[36]J. Warren Stehman, *The Financial History of the American Telephone and Telegraph Company* (Boston: Houghton Mifflin Co., 1925), p.217.

[37]Norvin Green to Peters, Schneck & Co., July 27, 1889, personal letterbook, Green Papers, Filson Historical Society, Louisville, Ky.

[38] Frank Colvin to Winfield S. Hutchinson, November 29, 1899, Colvin letterbook, AT&T-NJ.

[39]Hubbard to Hudson, June 23, 1889, box 1264, AT&T-3NJ.

[40]Hubbard to Forbes, October 29, 1885, box 1115, AT&T-NJ.

[41]Hubbard to Hudson, January 20, 1890, box 1264, AT&T-NJ.

[42]David A. Hounshell, "Elisha Gray and the Telephone: On the Disadvantages of Being an Expert," *Technology and Culture* 16 (April 1975): 152; Hibbard, *Hello Goodbye*, p.23.

[43]*Investigation of the Telephone and Telegraph Companies in New York State*, 1910, S. Rpt. 37, p.932; Gregory J. Downey, *Telegraph Messenger Boys: Labor, Technology, Geography* (New York: Routledge, 2002), chap.3.

[44]Richard R. John, "Theodore N. Vail and the Civic Origins of Universal Service," *Business and Economic History* 28 (Winter 1999): 77-79.

[45]"The Fast Mail," *Harper's Weekly* 19 (October 9, 1875): 814-818.

[46]John, "Civic Origins," p.78.

[47]"Vanderbilt in the West," *New York Times*, October 9, 1882; Henry Clews, *Twenty-Eight Years in Wall Street* (New York: Irving Publishing Co., 1887), p.370.

[48]Elton W. Hall, *Francis Blake: An Inventor's Life, 1850-1913* (Boston: Northeastern University Press, 2003), pp.71-74.

[49]Robert V. Bruce, *Bell: Alexander Graham Bell and the Conquest of Solitude* (1973; Ithaca, N.Y.: Cornell University Press, 1990), p.284.

[50]George L. Priest, "The Origins of Utility Regulation and the 'Theories of Regulation' Debate," *Journal of Law and Economics* 36 (April 1993): 289-323.

[51]A. H. McMillan, *Telephone Law* (New York: McGraw Publishing Co., 1908), pp.45-46.

[52]John F. Dillon, *Commentaries on the Law of Municipal Corporations*, vol. 3 (Boston: Little, Brown, and Co., 1911), p.1942.

[53]Frederick S. Dickson, *Telephone Investments and Others* (Cleveland: Cuyahoga Telephone Co., 1905), p.28.

[54]*Telecom History* 1 (1994): 84; *Telecom History* 2 (1996): 96; *Telecom History* 3 (2002): 30.

[55]Vail to Executive Committee, October 2, 1878, Chicago Telephone Company Records (hereafter CTCR), AT&T Archives and History Center, San Antonio, TX (hereafter AT&T-TX).

[56]Hubbard to Vail, October 9, 1878, CTCR, AT&T-TX.

[57]*Moran's Dictionary of Chicago* (Chicago: n.p.,1893), p.247.

[58] "The Metropolis of the Prairies," *Harpers' New Monthly Magazine* 61 (October 1880): 729-730.

[59] "New Telephone Central Office," *New York Times*, January 4, 1894.

[60] Frederic Harrison, "Impressions of America," *Current Literature* 31 (August 1901): 135.

[61] "The Telephone," *New York Times*, January 1, 1886.

[62] "Only $5 per Month," *Chicago Tribune*, April 13, 1895.

[63] *Electrical Review* 10 (August 6, 1887): 6.

[64] Thomas A. Edison, "The Phonograph and Its Future," *North American Review* 126 (May 1878): 536; Edison, "The Perfected Phonograph," *North American Review* 146 (June 1888): 649.

[65] David F. Weiman, "Building 'Universal Service' in the Early Bell System: The Co-Evolution of Regional Urban Systems and Long-Distance Telephone Networks," in Timothy W. Guinnane et al., eds., *History Matters: Essays on Economic Growth, Technology, and Demographic Change* (Stanford, Calif.: Stanford University Press, 2004), p.331.

[66] Laurence Gronlund, *The New Economy: A Peaceable Solution of the Social Problem* (Chicago: Herbert S. Stone & Co., 1898), p.241.

[67] George C. Maynard, "The History of the Telephone," *Electrical Review* 32 (January 5, 1898): 14-15.

[68] Kingsbury, *Telephone and Telephone Exchanges*, pp.306-307; Maynard, "History of the Telephone," pp.14-15.

[69] "Prices of Political Trustees," *Chicago Tribune*, October 28, 1883.

[70] William T. Stead, *If Christ Came to Chicago*, ed. Harvey Wish (1894; New York: Living Books, 1964), p.181.

[71] Werner Troesken, *Why Regulate Utilities? The New Institutional Economics and the Chicago Gas Industry, 1849-1924* (Ann Arbor: University of Michigan Press. 1994), chap.2.

[72] Morris F. Tyler, "Report of the Committee on Legislation," NTEA, *Proceedings* (September 1882): 29.

[73] "The Telephone's One Competitor," *Electrical Review* 4 (July 19, 1884): 4.

[74] W. G. Marshall, *Through America: Or. Nine Months in the United States* (London: Sampson Low, Marston, Searle & Rivington, 1881), p.8.

[75] David Brooks, *Argument of Mr. David Brooks, before the Judiciary General Committee of the Senate of the State of Pennsylvania* (Philadelphia: Burk & M'Fetridge, 1885), p.8.

[76] W. H. Preece, "American Telegraph System," *Journal of the Society of Telegraph Engineers* 7 (February 13, 1878): 36.

[77] *Democrat Chronicle* (Rochester, N.Y.), February 16, 1888, March 20, 1888.

[78] NTEA, *Proceedings* (September 1881): 18.

[79] NTEA, *Proceedings* (October 1883): 31.

[80] "An Act in Relation to Telegraph and Electric Light Companies in Cities of This State," in

Laws of the State of New York, chap.534 (Albany: Banks & Brothers, 1884), p.647.

[81] I. N. Phelps Stokes, *The Iconography of Manhattan Island, 1498-1909*, vol. 5 (New York: Robert T. Dodd, 1926), pp.1985, 2023.

[82] "The Board of Electrical Control of New York City," *Electrical Review* 27 (July 31, 1895): 58.

[83] "Putting the Wires Underground," *Harper's Weekly* 33 (April 27, 1889): 331.

[84] William L. Strong, "Report," January 12, 1897, in Stokes, *Iconography*, vol. 5, p.2023.

[85] Morris F. Tyler, "Report of the Committee on Legislation," in NTEA, *Proceedings* (September 1882): 22.

[86] William O. Kurtz, *The Telephone in Chicago: A Story of Communication Progress* (n.p., 1944), p.74.

[87] New England Telephone and Telegraph, *Report* (1884), pp.13-14.

[88] *Electrical Review* 3 (December 27, 1883): 6; "London Telephone Wires May Be Strung Overhead," *Electrical Review* 6 (May 23, 1885): 4.

[89] Williams to Vail, March 6, 1883, CTCR, AT&T-TX.

[90] "Underground Telegraphy," *Manufacturer and Builder* 13 (March 1881): 51.

[91] "The Telephone Wires Cannot Be Sunk," *Electrical Review* 4 (March 6, 1884): 6.

[92] "Future of the Telephone: A Talk with Professor Bell," *New York Tribune*, December 21, 1884.

[93] "What the Telegraph Companies Will Do Next," *Harper's Weekly* 30 (January 9, 1886): 32; "Whoa, There! What Are We Coming To?" *Harper's Young People* 11 (December 24, 1889): 144; "A Peep in the Future," *Judge* 11 (October 30, 1886): 16.

[94] Paine, *In One Man's Life*, chap.30.

[95] "Theodore N. Vail: The Commander of a $500,000,000 Service Organization," *Public Service* 4 (June 1908): 165; Edward Mott Wooley, "A $100,000 Imagination," *McClure's* 43 (May 1914): 128-129; Paine, *In One Man's Life*, chap.30.

[96] William L. Strong, "Report," January 12, 1897, in Stokes, *Iconography*, vol. 5, p.2023.

[97] Tyler, *Short Review*, p.4; Southern New England Telephone, *Report* (1884), p.2; Southern New England Telephone, *Report* (1908), p.8.

[98] Walsh, *Connecticut Pioneers*, p.157; Caldwell, *Recollections*, p.129.

[99] *City of Richmond v. Southern Bell Telephone & Telegraph Co.*, 174 U.S. 761 (1899); Morton Keller, *Regulating a New Economy: Public Policy and Economic Change in America, 1900-1933* (Cambridge, Mass.: Harvard University Press, 1990), p.78.

[100] Frederick Leland Rhodes, *Beginnings of Telephony* (New York: Harper & Brothers, 1929), pp.130, 151-153.

[101] "Chicago Telephone Annual," *Economist* (Chicago) 35 (January 20, 1905): 203.

[102] "A Mighty Revolution," *Wall Street Journal*, January 23, 1907.

[103]"Subscriber's Ticket," c. 1888, CTCR, AT&T-TX.

[104]Kingsbury, *Telephone and Telephone Exchanges*, pp.470, 473; "The Telephones," *Chicago Tribune*, July 19, 1881; "Telephone Tolls," *New York Times*, November 9, 1885.

[105]"Editorial Notes from Chicago," *Electrical Review* 5 (November 22, 1884): 4.

[106]转引自 Stephen R. Shearer, *Hoosier Connections: The History of the Indiana Telephone Industry and the Indiana Telephone Association* (Indianapolis: Indiana Telephone Association, 1992), pp.29-30.

[107]Metropolitan Telephone Company, "Subscriber's List," 1884, Warshaw Collection, Archives Center, Smithsonian Institution, Washington, D.C.

[108]"New-Fangled Telephone Aimed to Defeat Deadheadism," *Chicago Tribune*, December 30, 1893.

[109]"The 'Buffalo System,'" *Electrical Review* 5 (October 18, 1884): 4-5.

[110]NTEA, *Proceedings* (September 1880): 175.

[111]同上，p.176.

[112]同上，pp.180, 184.

[113]"The Telephone Dead Head Evil," *Electrical Review* 5 (February 28, 1885): 5.

[114]NTEA, *Proceedings* (April 1881): 128.

[115]NTEA, *Proceedings* (September 1880): 175, 177; Milton L. Mueller, "The Switchboard Problem: Scale, Signaling, and Organization in Manual Telephone Switching, 1877-1897," *Technology and Culture* 30 (July 1989): 534-560.

[116]"The Telephone Dead Head Evil," *Electrical Review* 5 (February 28, 1885): 5.

[117]Hall to William M. Mallett, October 10, 1886, *Union and Advertiser* (Rochester, N.Y.), October 22, 1886.

[118]NTEA, *Proceedings* (April 1881): 119; *Chicago Tribune*, July 19, 1881.

[119]NTEA, *Proceedings* (September 1880): 182.

[120]同上，p.183.

[121]NTEA, *Proceedings* (April 1881): 120.

[122]同上，p.128.

[123]"Chicago Telephone Year," *Economist* (Chicago) 21 (January 21, 1899): 71.

[124]"The Chicago Telephone Company," *Economist* (Chicago) 18 (December 31, 1897): 769.

[125]Brock, *Telecommunications Industry*, p.109.

[126]A. A. Thomas to C. Jay French, November 25, 1892; Thomas to John E. Hudson, March 6, 1894; Thomas to Angus Hibbard, July 29, 1895; Holt, Wheeler & Sidley to Frederick Fish, September 12, 1901; all in Chicago Telephone files, Sidley Austin Archives, Chicago (hereafter SA-C).

[127]Thomas D. Lockwood to Holt, Wheeler & Sidley, August 13, 1903, SA-C.

[128]R. B. Borden, "The Telephone in Illinois," chap.3, p.19, AT&T-TX; Charles Barnard, "The Telegraph of To-Day," *Harper's New Monthly Magazine* 63 (October 1881): 713.

[129]Stephen H. Norwood, *Labor's Flaming Youth: Telephone Operators and Worker Militancy, 1878-1923* (Urbana: University of Illinois Press, 1990), chap.1; Kenneth J. Lipartito, "When Women Were Switches: Technology, Work, and Gender in the Telephone Industry, 1890-1920," *American Historical Review* 99 (October 1994): 1075-1111.

[130]Hibbard, *Hello Goodbye*, p.137.

[131]"New Telephone Exchange," *Electrical Review*, p.1.

[132]"The New Telephone Exchange," *Electrical Review* 3 (February 7, 1884): 2.

[133]S. J. Larned, "The Telephone Exchange," *World To-Day* 8 (July 1907): 690; Walsh, *Connecticut Pioneers*, p.240.

[134]Kempster B. Miller, *American Telephone Practice* (New York: American Electrician Co., 1899), p.201.

[135] Ralph L. Mahon, "The Telephone in Chicago, 1877-1940," typescript, pp. 6-7, AT&T-TX.

[136]Martha Joanna Lamb, *History of the City of New York: Its Origin, Rise, and Progress*, vol. 2 (New York: A. S. Barnes & Co., 1896), p.827.

[137]*Western Electrician* 28 (March 23, 1901): 198; "Arguments for and against Automatic Telephony," *Electrical World* 35 (March 10, 1900): 366.

[138] Stanley Swihart, "Early Automatic Telephone Systems," *Telecom History* 2 (Spring 1995): 7; M. D. Fagen, ed., *A History of Engineering and Science in the Bell System: The Early Years (1875-1925)* (New York: Bell Telephone Laboratories, 1975), p.495; Hibbard, *Hello Goodbye*, pp.185, 202, 242.

[139]Theodore N. Vail testimony, in *Western Union Telegraph Company et al. v. American Bell Telephone Company*, vol. 1 (Boston: The Clerk, 1909), pp.1542, 1544; Lilian Hoddeson, "The Emergence of Basic Research in the Bell Telephone System, 1875-1915," *Technology and Culture* 22 (July 1981): 512-544.

[140]A. A. Thomas to John E. Hudson, January 25, 1893, Chicago Telephone letterbook, SA-C.

[141]Herbert Laws Webb, "The Future of the Telephone Industry," *Engineering Magazine* 2 (March 1892): 754-755.

[142]"Telephone Patents Expiring—But It Will Apparently Bring Little Benefit to the People," *New York Times*, January 22, 1893.

第七章 电话狂躁症

> 电话行业垄断中的贪婪性和敲诈性臭名昭著。电话公司掌控着国家现在开展商业和社会生活不可或缺的通信手段,它利用了大众需求,并年复一年地从中榨取高额费用。
>
> ——《纽约时报》,1886

19世纪80年代,电话用户对电话运营公司普遍持敌视态度。好几个城市的电话用户抵制电话服务,许多州的立法者提出法案来设立电话费率的上限,记者们也在调侃电话公司说,全美上下成立的这些电话运营公司就像是无法无天的寡头。芝加哥电话公司总经理费伊在1886年抱怨道,公众对美国贝尔电话公司及其电话运营公司的敌意的"浪潮"已经变成了一股"电话狂躁症"。[1]在他看来,部分责任归咎于立法者和记者们,但归根到底这还是电话用户的问题。使用电话的"小商人"本身就是"电话狂躁症患者"——这是用来形容那些态度恶劣地向电话公司抱怨电话费和性能标准问题,而不怀一点感激之情的家伙们"唯一合适的词汇"。[2]

美国贝尔电话公司声誉的最低潮在1888年。那一年,美国最高法院首席大法官莫里森·韦特确认了贝尔持有电话发明专利权的合法性。这份裁决保证了美国贝尔电话公司对电话业务的合法垄断权可持续到贝尔第二项电话发明专利到期之时,即1894年1月。

记者们对韦特法官的裁决嗤之以鼻。这股蔓延在纽约市和芝加哥的情绪被漫画家格兰特·E.汉密尔顿(Grant E. Hamilton)巧妙地浓缩在一幅辛辣的漫画标题中——《在贪婪的垄断者的利爪下》("In the Clutch of a Grasping Monopoly"),这幅漫画被刊载在纽约讽刺杂志《法官》上。漫画家汉密尔顿将"垄断者贝尔电话公司"刻画为一只狡猾的蜘蛛,它把城市中的电话用户困在触手之下,蜘蛛的触手分别写着"诡计""伤风败俗""勒索""贿赂"和"腐败的管理层"。尽管电话服务由当地提供,但贝尔电话公司的政治影响遍布全国:随着韦特法官的裁决,这只蜘蛛的阴影一直延伸到了华盛顿特区的国会大厦。垄断的受害者不是大多数人,而是极少数人。事实上,汉密尔顿描绘的每一个电话用户都是指商人:银行家、经纪人、制造商、杂货商、干货商人、药剂师、医生、农产品商人、出租马车的人、进口商和酒店服务生。[3]

19世纪80年代美国贝尔电话公司向大城市电话用户收取的高额费率引起了美国各大城市的愤怒。在这幅阴森的漫画中,贝尔电话公司被描绘成一只贪婪的蜘蛛,操纵政治来陷害电话用户。Grant E. Hamilton,"In the Clutch of a Grasping Monopoly," *Judge* 14(April 7,1888):16.

电话用户们并不像汉密尔顿的漫画里那样无能为力。除了组织用户进行抵制活动以外，他们还支持竞争对手的电话网络服务，并游说立法来规定费率上限，而且公开赞成设置监管委员常委会。这些举措聚沙成塔影响巨大。事实证明了电话运营公司面对立法干预时的脆弱性，电话管理层被迫换届，新任管理层为之前被忽视的成千上万的潜在电话用户提供服务，从而带来了电话的大众化。

电话的大众化既不是出于电话运营公司的意图，也不是出于电话用户的想法。电话运营公司担心电话大众化所带来的经济成本和技术难点。而电话用户告诫说，大众化会降低他们现在习惯了的性能标准。小部分用户已经认识到电话网络扩展会带来好处，但很少有人愿意为这项特权买单。

19世纪80年代最具争议性的话题是电话运营公司收取的电话费率，这个问题离间了电话运营公司和电话用户们。电话用户们意识到贝尔电话公司入账颇丰，并憎恨他们要按电话运营公司的要求付出高昂费用。通常情况下，用户的不满源自电话运营公司将他们的费率标准从固定费率改成了按次计费。固定费率方式向用户一次性收取一笔"固定"的年费，用户可在固定区域内无限次呼叫，按次计费方式按照每次通话向用户收费。导火索并不是从固定费率到按次计费的转变。如果按次计费是用户不满的焦点，就很难解释为什么接下来的几十年里大城市成千上万的电话用户不声不响地从固定费率换成了按次计费标准。实际上，争议的焦点在于按次计费的方式可能会增加用户的电话费。用户对电话运营公司固定费率收取的金额很不满，但他们更担心按次计费潜藏着更大的猫腻。

19世纪80年代，一些大城市电话运营公司施行了按次计费标准。其中包括波士顿、西雅图、布法罗、匹兹堡、印第安纳波利斯、华盛顿特区和纽约州罗切斯特的贝尔授权商。按次计费在布法罗和西雅图试用成功，但在其他大城市都失败了。直到19世纪90年代按次计费标准才被广泛接受。对于电话运营公司来说，按次计费标准可以不受立法机构强制性的费率上限的约束；对于市民来说，原先不愿或无法支付高昂的固定费率的一大批人也开始使用电话，按次计费标准扩大了电话服务的市场。

电话用户反对费率上调，所以进行了抵制，这通常被称为"罢工"。"罢工"一词从那时起便与停工产生了关联；19世纪80年代，"罢工"的意义还更广泛一些。公司不仅可能会因为员工罢工而遭受打击，还会因为消费者甚至是立法者的"罢工"而遭殃。消费者的罢工方式是抵制服务；而立法者的罢工方式是敲诈勒索。

首次广为人知的用户抵制活动始于华盛顿特区。1881年4月，华盛顿特区700名电话用户中有300名组织了"电话用户保护协会"（Telephone Subscribers' Protective Association）来反对近期电话运营公司转换至按次计费标准的做法。像多数电话用户的组织一样，保护协会是一个临时的活动群体，而不是长期的组织。因为每个电话用户支付的话费相同，抵制活动比较容易获得支持。抵制持续了12天；最终电话运营公司放弃了施行按次计费标准，重新启用固定费率标准。[4]类似的抵制活动很快在匹兹堡和印第安纳波利斯上演。每次都以电话运营公司放弃按次计费标准而收场。[5]

持续时间最长、最激烈的抵制活动发生在纽约州的罗切斯特。抵制活动一共持续了 19 个月：从 1886 年 11 月开始，直到 1888 年 5 月才结束。罗切斯特 950 名电话用户中有 700 多名都签署了"切断"电话的承诺。在 1887 年 10 月抵制高峰时期，署名的用户达到了 800 名。19 世纪 50 年代，希拉姆·西布里得到了罗切斯特地区商人的承诺，他们会帮助西联电报公司立足。19 世纪 80 年代的电话抵制活动仍靠罗切斯特地区的人多势众得逞——这次抵制活动的结果是下调费率。几乎没有人违背使电话服务在一年多时间里"几乎毫无用处"的承诺。[6]

罗切斯特抵制活动的组织者们称自己为"人民电话协会"（People's Telephone Association）。尽管名称响亮，但协会对电话服务的大众化不感兴趣。它的目标是降低费率，提高现有用户的性能标准，用户主要指市内的商业精英们。对此，协会代表罗切斯特电话用户与布法罗地区的贝尔电话公司进行了协商，后者的管辖范围包括罗彻斯特的电话交换所。

抵制者们对电话运营公司失望透顶。"我们不要那没用的玩意，"一位抵制者在致电话公司高层的一封信中怒吼，他要求将电话从他的办公室里搬走，"与贝尔电话公司沾边的事都惹人厌，还碍眼。""不必回复了，"信中接着说，"你们早点从这儿滚蛋，让我们喘口气。"[7]为了测试抵制者们的决心，一位报纸编辑尝试着给他们打了电话看对方是否已拆机。当抵制者们了解到这个测试的用意后，便警告这位编辑说，如果他再这样下去，抵制者们就会说服当地的商人停止在他的报纸上投放广告。[8]

这场由富商们主导的抵制活动洋相尽出，一位罗切斯特的劳工同样不失幽默。那位劳工讽刺地说道，如果抵制活动是由电话接线员主导的话，这些"堵住"电话不再使用的人，也会毫不犹豫地招呼民兵队来收拾罢工。[9]

抵制活动因电话运营公司经理霍尔要将罗切斯特地区的电话费用从固定费率调到按次计费而爆发。霍尔已在布法罗地区成功引进了按次计费标准，他想将成功经验复制到罗切斯特。按次计费得到了许多美国贝尔电话公司内部人士的支持，包括电话发明家贝尔本人。当被问到罗切斯特的情况时，贝尔告诉记者，"除了给每条信息收这么多费用外，我再没见过有其他更公平的收费项目"[10]。许多在固定费率下拨打的电话都是"毫无用处，毫无必要"的："服务员和他们的朋友闲聊；人们给邻居打好多电话，如果他们这样做时每次都收一定的费用，他们就再也不会这样做了。"[11]

按次计费标准带来的淘汰让罗切斯特的电话用户不解的部分原因是，他们在很大程度上将电话当作了社交媒体。对于抵制者来说，按次计费是电话公司对家庭没来由的侵犯。只要实行固定费率，抵制者就不会觉得让自己的孩子用电话打给小朋友们有什么不对。然而,如果每次小孩都要花 10 美分打电话,他马上就不会让孩子打了。抵制者解释道,电话公司认为这样可以拒绝他允许邻居随时随地用他的电话的权利,这种做法闻所未闻。"我乐意帮助我的邻居,用电话或者其他什么事,这和电话公司没什么关系。"[12]

抵制活动冲着按次计费标准而来,但用户不是仅对按次计费不满。他们也反对其他有威胁性的收费方案:比如固定费率的基准上调。还有包括对他们城市的林荫大道上架设天线的不满,他们觉得既难看又危险,而且还缺乏地方管理。罗切斯特电话运营公司的总部不在罗切斯特,而在布法罗。罗切斯特人想,在一个不仅享有"科学中心"的盛誉,还诞生了西联电报公司的城市,这种情况怎么可以发生?罗切斯特的商人不应再次团结起来组建一个"国家级"的通信公司吗?[13]

罗切斯特市政委员会否认了电话网络扩展所需的路权许可证后,电话运营公司的地位进一步恶化,委员会暗示,他们甚至可以根据习惯法,将电线作为非法妨害根除掉。霍尔告诉美国贝尔电话公司的副总裁约翰·哈德森,"有个很流行的看法"是罗切斯特的贝尔电话公司没有合法的权利。[14]使问题更复杂的是,竞争对手的电话公司发起人正在竭力游说城市官员,准许他们的特许经营权。[15]这些发起人已经收购了一项电话机发明专利权,据称那是 1851 年西尔韦纳斯·D. 库什曼在威斯康星州发明的。霍尔告诉哈德森,"很明显",罗切斯特的电话用户们被那些想发展"一些反对计划"的电话公司发起人们"利用"了。[16]

为了结束僵局,美国贝尔电话公司的总裁福布斯委托戴维·B. 帕克与抵制者们谈判。帕克取得了霍尔没有取得的成功。虽然帕克并不能向抵制者保证价格上限是永久性的,但他承诺迅速埋掉天线,五年内不再使用按次计费标准,罗切斯特电话运营公司董事会中至少会任命一名当地人。[17]

所有见到帕克的人都被他迷住了,罗切斯特的记者称赞他为"电话公司里最精明、最敏锐的人"[18]。帕克的识时务归功于他的个人背景。正如他在附近的纽约詹姆斯敦所做的,他很清楚罗切斯特商业精英的道德主义情怀。另外他也从之前的工作经历中有所获益。在帕克签约美国贝尔电话公司之前,他曾作为美国邮政局部门高级管理人员工作多年,这一经历给了他很多机会,磨炼了他解决棘手、看似难以驾驭的纠纷的技能。

大都会电话公司的总裁维尔看到罗切斯特的抵制已被解决,松了口气。在抵制活动的影响下,纽约州立法机构已决定举办有关电话业务的听证会,维尔担心,听证会可能会让全州实施费率上限。印第安纳州的最高法院近期宣布,立法规定的费率上限是具有宪法效应的;纽约州的法院可能也会执行。纽约市电话用户每年交纳 150 美元的固定费率。如果纽约州立法机构效法印第安纳州,那么对电话业务来说是个打击。

波士顿的贝尔电话公司管理层在起诉库什曼公司(Cushman)专利侵权时被拙劣

地干预了,维尔知道后大动肝火。在争议看起来即将要解决的当口,贝尔电话公司管理层"表现出的兴奋劲"引发了舆论,让原本还在"待决"状态的"休战"可能性荡然无存。[19]

纽约市和芝加哥没有发生用户抵制活动,那里有全美最大的两个电话交换所。然而两地的民众都对贝尔电话公司有明显的怨言。1881年,西联电报公司和美国贝尔电话公司的电话交换所合并一年后,芝加哥电话公司总经理费伊将固定费率的年费上调到125美元,自此以来,芝加哥电话用户一直对高昂的费率和糟糕的服务非常生气。只有纽约市的电话用户才付得多。两个城市的用户都认为电话费率是敲诈勒索,不仅要责怪当地的运营公司,还要指责始作俑者——美国贝尔电话公司。

芝加哥电话公司就像一个独资企业。费伊认为自己有着绝对的自治管理权:例如,他认为他可以随心所欲地收费。如果用户不赞成,他们可以取消他们的电话服务。事实上,芝加哥电话公司无可争议的市场并不受影响。市议会有权授予对手许可证;如果市议会没有授权,那也不是芝加哥电话公司的错。在1887年12月接受记者的采访时,费伊尖酸地说,"我们只是做自己的生意,而不是别人的"。费伊对用户不满的情绪漠不关心,同时他也拒绝接受用户的电话服务价值随着电话网络规模的扩大而增加这个新想法。费伊对此表示反对:如果他可以将费率上调近四倍,从125美元变到500美元,用户数量将从5000缩小到1000,那么他在为剩余用户提供"绝对令人满意"的服务的同时仍然可以赚钱。没有人告诉百货商店大亨马歇尔·菲尔德(Marshall Field)该向客户收多少钱;又有谁有权给电话业务规定费率上限呢?[20]

费伊坚持认为自己的公司有设置费率的权利,记者对此感到震惊,认为他在采访中极其无礼。为了强调这一点,记者把费伊比作铁路大亨范德比尔特。有一位芝加哥记者在最近问起范德比尔特,他是否对公众有义务,让高速快轨服务于美国国家邮政部门,范德比尔特简短地回复"让公众见鬼去吧"。费伊也是这样看待芝加哥电话公司的。记者说,费伊认为,"'公众——!'我们会缴该缴的税,你们继续生气去吧",这样就"解决了问题"。[21]

费伊的言论让《芝加哥论坛报》开始调查起芝加哥地区的电话使用情况。《论坛报》对500家企业进行了调查;得到了350多家的回复,对于一起用户调查来说,这个响应率很高。98%的受访者认为电话费率过高;90%以上的受访者对芝加哥电话公司的性能标准不满;70%的受访者认为最高费率每年不应超过60美元。为了让调查有可信度,《论坛报》逐字转载了大量用户投诉的详情。《论坛报》认为,费伊没有权利认为芝加哥电话公司可以任意收费。马歇尔·菲尔德有竞争对手;但芝加哥电话公司没有对手。[22]

在用户不满情绪的影响下,市议会颁布了法令,禁止芝加哥电话公司设置更多的电话线,无论是天线还是埋地线。[23]市议会的禁令不仅让芝加哥电话公司难以招揽新业务，而且也无法为更改地址的现有用户继续提供服务。芝加哥市民听到韦特法官维护了贝尔电话发明专利的有效性后，更加不满了。此后不久——基本可以断定是对法院裁决的直接回应——市议会授予了库什曼公司特许经营权，这是自1879年西联电报公司和美国贝尔电话公司达成协约后市议会批准的第一家在芝加哥的强有力的竞争对手。[24]库什曼公司是电话设备制造商，总部设在芝加哥。和众多芝加哥企业一样，库什曼公司与城市官员关系密切：市财务主管也是库什曼公司的投资人。[25]有了特许经营权后，库什曼公司也有了线路通行权，规定可为用户提供无限次的本地通话服务，每年费用75美元，这比芝加哥电话公司收取的125美元便宜了50美元。

库什曼公司得到了特许经营权，这更让芝加哥电话公司的用户下定决心要求降低费率。圣路易斯市议会近来强制要求圣路易斯电话公司减少50%的费率，从100美元下调到50美元。[26]虽然这个强制要求很快就受到了州立法机构的反对，当时还没人能料到之后的事。受到圣路易斯的消息的影响，以及有一个强劲的竞争对手愿意出年费不多于75美元的电话服务，芝加哥的电话用户们壮了胆，3000名电话用户——几乎是芝加哥电话用户的半数——请求市议会为芝加哥电话公司设定相同的费率上限。[27]

市议会见风使舵，提出要给芝加哥电话公司一个新的特许经营权，以取代之前授予美国贝尔电话公司的特许经营权。以库什曼公司的特许经营权为模本，新特许经营权拟议的一项规定是费率上限为75美元。[28]如果芝加哥电话公司接受了这个特许经营权提议，就意味着它将对芝加哥市政、芝加哥电话公司和用户之间的权力调整点了头。然而芝加哥电话公司没有接受这个提议。在咨询了市内的律师后，芝加哥电话公司总裁乔治·L.菲利普斯（George L. Phillips）总结说，市政不具有设定费率上限的权力。在拒绝采用市议会拟议的特许经营权之后，菲利普斯自己起草了一项特许经营权协议——可想而知——菲利普斯的这项协议对公司更有利。[29]

菲利普斯拒绝了市议会的提议，这让芝加哥的电话用户怒不可遏。对此，他们组织了又一轮请愿活动。5500多名芝加哥人都签了名。这个数量超乎寻常，要知道当时芝加哥电话公司的用户总共只有5000个。[30]整个20世纪，没有电话业主管面临过这样的危机——无论是第一次世界大战期间接管电话网络的联邦执行官；还是1919年电话接线员的罢工；甚至是1984年法庭下令解散贝尔电话公司系统——它们都不像1888年芝加哥电话公司面临的危机这样，发生在坚决抵抗的政治经济环境中。

在芝加哥电话公司面对着愤怒的用户的同时，市议会也面临着相同的处境。差不多在那个时候，有5500名芝加哥人抗议菲利普斯冥顽不化，有400名电话用户上访，要求废除架线禁令。有的用户最近搬了家，这项禁令让他们没法使用电话。[31]

电话用户的抗议由威廉·博德曼（William Bodemann）带头，博德曼是药店的药剂师，他在自家的店里租了部电话机。药剂师是芝加哥使用电话最多的用户群体之一。在芝加哥的5000部电话中,药剂师们租用了500部。如果市政觉得没法协商出一个比菲利普斯的"不公正到令人发指"的那个提议更有利于电话用户的特许经营权,博德曼将敦促他的同行药剂师们抵制电话公司,并"下令拆除"他们的电话。[32]将要进行的抵制不仅限于药剂师圈子,甚至不仅限于电话用户。实际上,博德曼建议把抵制活动扩大到每个被电话公司"污糟又危险"的天线冒犯、被电话公司雇用的承包商在把天线埋在地下时"搞的破坏"干扰、被电话公司的总裁"贪婪而不择手段"地通过"软磨硬泡、施加影响和恐吓"的方式来吓唬市议会等问题烦心的每一个业主那里去。[33]

这场特许经营权的斗争到1889年1月就收尾了,芝加哥电话公司签署了一份妥协性的特许经营权文件。芝加哥电话公司没办法一直坚持下去。它在实体工厂上已经付出了巨额投资,市议会宣布把原来授予美国贝尔电话公司的特许经营权转给芝加哥电话公司是违法的。市议会也担心对峙会继续下去。芝加哥人比罗切斯特人更乐于使用电话。博德曼计划的抵制将会造成极大的破坏。即使是为期一周的抵制,也会对木材批发商和其他老用户造成严重的破坏,打电话已经成为他们的习惯了。事实证明,市议会对架设电话线的禁令是存在争议的,抵制活动同样莫衷一是。

新的特许经营权包含了每个竞争方的特许权。为了摆平市议会,新的特许经营权要求公司拿出总收入的3%交纳市政。为了安抚电话用户,新的特许经营权的期限缩短到了二十年。为了获得电话公司的支持,新的特许经营权没有规定费率上限。实际上,它规定了公司不能给"现在或未来的用户"上涨"现有的电话服务费率"。这句话经过了精心设计,故意语焉不详。电话公司的律师把修饰词"现有的"解释为它是"电话服务"而不是"费率"的修饰词,以及因此,它可以抵消议会规定费率上限,因为公司如果进行服务升级,可以自主收取更高的费用。相反,电话用户争辩说修饰词"现有的"修饰的是"费用",因此,无论公司要如何升级,都无权收取比现有的固定费率125美元更高的费用。这种模棱两可的态度一直没有得到解决,直到1902年,伊利诺伊州的一位法官否决了贝尔的诉求,站在了用户一边。[34]

19世纪80年代,来自各州对费率上限的规定像幽灵一样困扰着贝尔电话运营公司的管理层。可能受到立法调控的州包括马萨诸塞州、纽约州、俄亥俄州、印第安纳州、伊利诺伊州、艾奥瓦州和密苏里州。唯一已实行了费率上限的州是印第安纳州,尽管没有人知道未来会怎么样。

马萨诸塞州立法机构的行为预示了全国的形势。如果有哪个州会对贝尔电话公司特别关注,那一定是马萨诸塞州。美国贝尔电话公司持有马萨诸塞州的宪章,在那里贝尔电话公司的多数股东都受到欢迎。但是马萨诸塞州有着悠久的监管激进主义传统,最终,这种传统占了上风。马萨诸塞州在1869年成立了首个州铁路委员会,1885年成立了首个州委员会,监管市政燃气工程。一旦州政府开始监管燃气工程,监管电话交换所的日子似乎也快了。燃气工程和电话交换所都是市政特许经营的公司,都没有什么竞争对手。短命的用户组织——电话用户协会（Telephone Subscriber's Union）——早在1885年就具备委员会监管权；像记者说的那样，他们以"礼貌的方式"提议"表示要'削减'"[35]。1886年，美国贝尔电话公司的总裁福布斯忧心忡忡地说，马萨诸塞州立法机构对贝尔公司事务的"不断干预"，以及法院威胁要对贝尔的专利提出质疑，促使他出售了自己在马萨诸塞州电话运营公司的股份。[36]

美国贝尔电话公司的高管对马萨诸塞州立法机构的措施很不放心，他们聘请了沃尔特·S.艾伦（Walter S. Allen）来督导政府与企业的事务关系。艾伦是小查尔斯·弗朗西斯·亚当斯手下的人，小查尔斯是大名鼎鼎的商业领袖，也是马萨诸塞州铁路委员会的创始人。艾伦在麻省理工学院读了工程专业，从19世纪80年代起担任马萨诸塞州燃气委员会的秘书。艾伦让电话业深入了解到了市政特许经营法，以及从美国建国之初以来在监管方面的激进主义历史。1914年，艾伦坦率地说，"大众"相信，市政特许经营公司只有在"想方设法从顾客身上尽多榨钱"时才会"拼命"，这些公司"很少关心用户对公司提供的服务的想法"。这种看法很无奈，因为其他类型的业务没有这样直接与人们的生活息息相关。另外，大众的想法也让"个性自由"学说里固有的冲突更加复杂，个性自由为19世纪中叶以来的竞争性政治经济环境提供了合法性，也使更古老的信条——立法者应该按照主权意志来管理每一项业务这个说法更为棘手。[37]

1888年，爱德华·贝拉米发表了广受欢迎的乌托邦小说《回溯过去》（Looking Backward），小说的出版促进了大众对立法干预的支持。贝拉米不仅支持电报国有化，也支持电话国有化，许多"民族主义俱乐部"也跳出来支持他的想法。[38]民族主义思潮甚至在电话业内部都很有市场：其中的激进分子有托马斯·A.沃森（Thomas A. Watson），他是贝尔早期在电话实验中的合作伙伴。[39]

1894年1月贝尔的第二项电话发明专利到期使得马萨诸塞州对贝尔电话公司持批判态度的立法者们更加肆意，马萨诸塞州众议院和参议院联合决议认为，在没有政府所有权的情况下，让电话业保持垄断将会比电报业更麻烦。[40]要忍受专利的垄断已经够糟糕了，专利权到期后使垄断永久化更是不为容忍的。虽然马萨诸塞州立法机构允许美国贝尔电话公司将资本总额增加到5000万美元，但也要求美国贝尔电话公司以与现有股价同等价格出售新股，而不能低于这个价格。如果股份还有剩余，美国贝尔电话公司必须拍卖它们。这样一来，立法者就防范了贝尔电话公司的内部人士可能效仿杰伊·古尔德，借机敛财。[41]对美国贝尔电话公司造成又一打击的是，之前马萨诸塞州的一个法院废除了贝尔电话公司从爱米尔·贝利纳（Emile Berliner）那里收购的一项珍贵的麦克风专利。很快贝利纳一案的决议在上诉时被推翻了。即便如此，这一决议向想做电话设备制造生意的人传达了明确的信号：法院不允许美国贝尔电话公司依赖专利法来压制竞争对手。[42]1906年，马萨诸塞州立法机构在主张扩大州公路委员会对所有从事"通过电力传递情报"的公司的管辖权时,也最终决议开始调控电话费率。[43]随后在1913年,铁路委员会作为"公共服务委员会"重组。[44]

在20世纪之前,第一个也是唯一一个全州费率上限是由印第安纳州立法机构在1885年4月制定的。此后,立法机构颁布了法令,非印第安纳州本地的电话运营公司月租费不能超过3美元,州内通话拨通五分钟内固定费率不能超过15美分。[45]州费率上限是塞缪尔·沃德尔·威廉姆斯(Samuel Wardell Williams)的心血之作,这位立法者以"电话界的山姆大叔"(Telephone Sam)的称号广为人知。[46]威廉姆斯是否打算让这部法案通过还不确定。费伊的意思是,就像这类法案一样,威廉姆斯本有意不让它实施,但当电话业说客们拒绝给他塞钱平息这件事时,他改变主意了。[47]不论威廉姆斯出于什么动机,他的法案成了法律。印第安纳州的贝尔电话运营公司——中央联合电话公司(Central Union)质疑了这部法律的合宪性,案件到了印第安纳州最高法院,并受到了法院的支持。

判例案件讲的是一个住在距离中央联合电话公司下属的印第安纳州波利斯电话交换所4.5英里的电话用户。在费率设限之前,这位用户每季度给电话交换所交纳33.50美元用于电话连接,这笔话费要比住在市中心附近的用户付得高。电话公司认为费用的额外部分是维护电话线路所需的成本。费率上限制定后,用户起先答应了支付额外费用。3个月后,用户改主意了,并起诉了电话公司,指控它们的收费超过了立法规定的每季度12美元的最高限额。[48]法院站在了用户这边,并命令该电话公司降低费率。根据法院裁定,电话只是"新闻的普通载体",法院的监管是合法的。[49]

印第安纳州的费率上限规定遭到了福布斯的厉声抨击。联邦政府为美国贝尔电话公司授予了专利权,印第安纳州的立法机构没有权力对此提出异议。美国贝尔电话公司的"特殊价值""完全在于"它拥有的那些专利权,法院不应该允许州政府破坏专利制度创造的财产。[50]费率上限规定不仅违法,而且也不是长久之计,因为它延缓了全美电话交换所的"全面工作系统"的建设速度。[51]贝尔电话公司享受着对电话业务的垄断这个事实倒不是重点。一位站在贝尔电话公司这边的商业记者说,垄断是专利法的"本质"和"命脉";认为专利持有者就是一个垄断者"等于说法律规定他应该这样"。[52]

为了阻止其他州效仿印第安纳州的做法,美国贝尔电话公司与中央联合电话公司联手惩罚了印第安纳州挑战它们的权威的冒失行为。当中央联合电话公司的执行委员会得知费率上限不会改变后,他们投票一致同意,除了那些可以通过按次计费即所谓的"收费计划"获利的电话交换所外,将关闭全州其他的电话交换所。[53]在接下来的几个月内,中央联合电话公司关闭了印第安纳州2/3的电话交换所,几乎包括俄亥俄河沿岸城市和城镇的每个电话交换所。总的来说,印第安纳州的通话数量减少了一半。[54]当印第安纳波利斯的500名用户联合起来,拒付新规定的话费时,中央联合电话公司威胁他们说,要把"罢工"用户的电话机拆掉。[55]

当中央联合电话公司撤离后,库什曼公司的电话交换所进驻了印第安纳州。第一批库什曼公司的电话交换所建在了小城镇和中等规模的城市里。这是个谨慎的决定,因为在大一点的城市,费率上限政策会让电话交换所颗粒无收。

为了简化征收赔偿金的任务,并阻挠印第安纳州签约,美国贝尔电话公司与中央联合电话公司联手起诉了库什曼公司的电话用户个体侵犯了专利权。例如,在印第安纳州埃尔克哈特,美国贝尔电话公司起诉了 51 个库什曼公司的电话用户在没有向美国贝尔电话公司支付许可费的情况下,非法使用由美国贝尔电话公司拥有专利权的电话设备,美国贝尔电话公司在拉波特镇开展了类似的诉讼,库什曼公司不仅在拉波特镇建了电话交换所,而且还挤走了一家曾由中央联合电话公司运营的电话公司。[56]

尽管面临着官司的骚扰,库什曼公司仍坚持不懈。库什曼公司的律师辩解说美国贝尔电话公司已经腾出了领土,因此即使电话设备侵犯了美国贝尔电话公司的专利权,库什曼公司也有权提供电话服务,要不是法官裁定即使美国贝尔电话公司已从当地退出,库什曼公司侵犯美国贝尔电话公司的专利权仍不能豁免,因为侵权行为已发生,不然库什曼公司很可能成为中央联合电话公司强有力的竞争对手。[57]总而言之,据称库什曼公司经受了 200 次诉讼,最终垮了台。[58]为了强调库什曼公司的违法行为千真万确,据说一位法官已下令在印第安纳州拉波特镇广场烧毁库什曼公司的电话交换机。[59]

美国贝尔电话公司或许在法庭上赢了,但在公众舆论这个法庭上输了:全印第安纳州的电话用户都谴责美国贝尔电话公司的行为。在印第安纳波利斯,电话用户抵制中央联合电话公司。对美国贝尔电话公司的反感声音极大,美国贝尔电话公司的律师警告说,他们将通过上诉来反对印第安纳州最高法院把费率上限合法化的裁决。两名知情的芝加哥律师认为,印第安纳波利斯的抵制活动"进行得正酣,由能干的人领导",建议美国贝尔电话公司最好按兵不动。如果美国贝尔电话公司挑战了印第安纳波利斯的费率上限规定,市议会可能会取消它授予美国贝尔电话公司在印第安纳波利斯的特许经营权,并导致这个州最大的电话交换所"解体"[60]。

即使撤离印第安纳州是有争议的,但它达到了预期的效果。其他州的立法机构没有再设立费率上限,包括纽约州在内各州的立法机构都把印第安纳州的费率上限的失败案例作为警戒,如果它们也采取费率上限,各州也会上演相同的事件。[61]一位电话运营公司的经理幸灾乐祸地认为,费率设限是场灾难,也是对其他州的警告,它们可以引以为戒。[62]在 1886 年的年度报告中,福布斯冷冷地说,费率设限是场"恶作剧",它影响了印第安纳州电话服务的"稳步提升",并引起了公众对电话服务强烈的反对。[63]甚至是不站在美国贝尔电话公司这边的记者也认为印第安纳州费率设限是失败的。据一位芝加哥记者报道,美国贝尔电话公司的"抵制"挫败了印第安纳州的费率设限,尽管它称不上是"令人满意的事态",因为当"垄断公司"要求允许收那笔"最高昂的费用",否则会暂停"公共服务"时,州立法机构几乎没做出任何行动来阻止它。[64]

印第安纳州立法机构在1889年废除了费率上限的规定。这一规定施行后,中央联合电话公司同意将重新按固定费率收费,并"废除"在几个电话交换所设立的"人人都反感的收费系统"。[65]一位向着美国贝尔电话公司的记者认为,印第安纳州费率设限的失败也结束了许多州正在考虑实施的"不明智""往往带有恶意"的费率法案。[66]这位记者说错了。事实上,在纽约州推动费率设限的主要动力正在形成。库什曼公司趁着美国贝尔电话公司从拉波特撤出,安装了一台机电式交换机,这是世界上第一台机电式交换机。直到1920年后,美国贝尔电话公司才会在纽约市和芝加哥安装机电式交换机。然而拉波特电话交换所已指明了未来的方向。[67]

19世纪80年代,很少有美国贝尔电话公司的工作人员公开评论待定未决的立法。福布斯在他给美国贝尔电话公司的年度报告中总结了政治情形,维尔偶尔接受记者采访。然而,他们俩都没有在一般的大众杂志上发表过署名文章,像西联电报公司总裁诺文·格林在《北美评论》上发表过署名文章那样。无论是大都会电话公司还是芝加哥电话公司,都没有发表过年度报告,少数电话运营公司发表过,但他们的声明都很谨慎。

一个值得注意的例外是费伊。费伊认为,保护电话运营公司免受立法干预的最佳方式不是去忽视它,而是要尽可能广泛地宣传它。早在热衷于揭露黑幕的记者林肯·斯蒂芬斯(Lincoln Steffens)报道《城市之耻》(*The Shame of the Cities*)之前,费伊就已把目光投向了市议会和州立法机构的敲诈勒索行为。电话运营公司不应该"偷偷摸摸地躲在幕后"。他们所面对的最严峻的挑战不是来自那些自封的激进分子,而是来自贪婪而又彻底非理性的立法者,他们设置惩罚性的"罢工"法案,期望能得公司游说者的回报,以确保法案不要执行。[68]1871年伊利诺伊州立法机构颁布了一部法律,限制了谷物仓库可以收取的费率上限;几年后,最高法院在被称为"玛恩诉伊利诺伊州"(*Munn v. Illinois*)一案中维持了这一费率上限,这一案件具有里程碑意义。伊利诺伊州立法机构完全可能会为电话运营公司设定类似的费率上限。长久以来,挫败不受欢迎的立法的方法是贿赂立法者。只有这样,当立法失败后,媒体才会曝光他们的腐败行为。

立法者的腐败给电话运营公司带来了特别的问题。虽然每家公司都有可能成为立法干预的目标,但电话公司最容易受到攻击。费伊警告说,在每个大城市中逐渐出现的缠绕成一团的天线让电话运营公司在所有"垄断"企业中"最明显,最容易看见"。电话运营公司"在各地无处不在":无论它们做了什么,它们都无法逃脱这个基本事实。[69]

商业受到政治腐败的笼罩是美国治国方略中的老生常谈,为了尽量减少特殊优先权的恶劣影响,立法者制定了一般的公司注册法。电报业务曾被组织起来以挫败那些潜在的垄断者,尽管如此,人们普遍认为,电报业务最好和邮政一样被统一管制。就电话业而言,反垄断是无关紧要的。电话运营公司是市政特许经营公司,自然具有特权。因此,看似无害的业务都会被腐败的幽灵所笼罩。费伊对维尔说,防止市政官员对他的公司征税过多是件"微妙"的事情,因为确保对公司公平的估值的同时很难不被指控为"贿赂评税员"。[70]

电话运营公司的盈利能力只会增加它们受勒索的可能性。虽然电话行业没有能和电报巨头杰伊·古尔德以及范德比尔特相媲美的百万富翁,电话证券的某些"操纵者"已经学会了如何从业务中获取大量利润。这些少数的幸运儿,与他们铁路、采矿和制造业的同行一样引起了怨恨,而"不幸的电话人"——费伊指像他一样的电话运营公司经理——成了"集体的替罪羊"。[71]

费伊的信念从未动摇过,他认为费率设限是不公正的。就像百货商店可以随意收款,电话运营公司也应该这样。他认为费率设限加快了电话服务的大众化的想法是荒谬的。1887年,电话运营公司在全美为专属用户安装了160,000部电话,它们只占不到0.25%的人口。"人民群众"并不在乎费率是高是低,因为"从根本上来说"他们与电话"没有任何关系"。电话用户"几乎都是"那些"国家的富豪":商人、银行家、专业人士和公司高管。[72]费伊惊呼,"在我们最不保守的估计中",使用电话的人永远不会超过总人口的0.5%,而电话使用将永远"在形式和方式的各个方面""重点"限于"富裕的资产阶级"。[73]无论电话公司收取多少费用,这个阶层的钱都足以支付它:

> 电话用户是指业务范围广泛、时间宝贵的男性们,他们需要进行迅速和大量的本地通话联系。带晚饭餐盒去上班的劳动者不需要打电话到家里,说晚饭不用等他。小户主们的住所旁边就是杂货店,他们尽可以在杂货店里打电话也不会支付1美分;村民们从容的步伐从不慌忙,为了省钱每次都步行去看他们的邻居。电话就像电报、邮局和铁路一样,穷人只是在极少数场合下才会使用或需要它们。资本家、商人和制造业阶层每天都需要打电话,日日都靠电话,可以大方地付话费。[74]

费伊将电话用户的伪民粹主义和工人煽动者混为一谈,将其当作对国家的威胁。为了表达他的观点,1887年10月,费伊在全美电话交换所协会中发表了煽动性的讲话,费伊以一段惊人的独白做了开场。他说,在每个建立了电话运营公司的地方,十个中有九个用户对电话运营公司持有敌意,用户的不满是电话业务中"最明显的弱点",对电话运营公司的"存在"有"严重威胁"。用户的愤慨酿成了政治气候,导致不利的立法出台,并出现了"模糊的想法",即给予电话运营公司特许经营权的权力应该移交给"巨大的第三方",即州政府,费伊嘲笑这种情绪是"非美国的、不自然的,社会主义式的纯粹和简单一点都没少"。[75]

为了强调对电话用户的厌恶，费伊将他们称为"工党骑士团"。工党骑士团是一个工人联合会，为了限制公司的行动自主权而开展集体行动。想限制电话运营公司的特权的电话用户们有着相同的目标。用户抵制活动尤其阴险。任何一个"伟大而智慧的人"不该攻击已成为国家立国基础的机构，即使是像芝加哥电话公司这样设施只为一小部分人使用的机构。电话运营公司和所有公司一样，"永远有神奇力量"；把它们当作"天敌"而嘲笑的富人是很荒谬的。如果富人不承认电话运营公司的伟大，他们可能会成为混乱的立法的受害者，让他们"悲伤的顾客"给他们写挽联："这里安息着电话业，它是所有垄断者中最伟大的、最仁慈的。"[76]

费伊的发言很有煽动性，咄咄逼人又刺耳。但它很贴合19世纪80年代电话运营公司经理们不妥协的管理和反政府的思想特点。费伊说出了电话运营公司经理们的集体心声。他自己除了是一家大城市电话运营公司的经理外，也是电话运营公司经理行业协会——全美电话交换所协会的会长。费伊比他的同事更坦诚，他表达了他们所持有的但未记录在案的情绪：19世纪80年代，每位电话业的经理都和费伊一样，对州立法机构持怀疑态度。直到1900年后，贝尔电话运营公司的经理们才会开始把州立法机构作为潜在盟友，只是因为立法者将话费设定委托给了监管委员会，后者会对电话运营公司有上诉权力的个别案件做裁定。甚至在19世纪80年代霍尔都没有想到，有一天电话可能会为全员大规模地服务。如果福布斯或者霍尔曾同样坦诚地对电话经理们致辞，就没有理由认为他们对于政治情况的评估或对背后原因的解释还会和现在一样。

费伊重视宣传，他的同事并不重视。1887年，全美电话交换所协会发表了两篇会议记录，这在协会历史上是史无前例的。只有一篇包括了费伊那篇"工党骑士团"的演讲。没有这篇演讲的另一篇文章的传播范围似乎更广泛。例如，在新泽西州沃伦的美国电话电报公司档案中保存着的是"工党骑士团"演讲唯一的版本。[77]行业记者同样不愿发表费伊的演讲。三大主要贸易期刊——《西部电工》(Western Electrician)、《电气评论》和《电气世界》(Electrical World)都报道了费伊发表了演讲，但都没有透露它的内容。《电气世界》还把费伊的演讲误称为"电话用户对抗工党骑士团"，这个错误把费伊将电话用户和激进劳工之间的挑衅性比喻弄得无关紧要了。[78]

尽管费伊的大部分职业生涯都是在芝加哥度过的，但他从来不认为自己是芝加哥人。他在佛蒙特州伯灵顿的一个虔诚的家庭中长大，一生都当着一个诚恳的道德主义者，一个新英格兰地区牧师的儿子。从哈佛大学毕业后不久，费伊在芝加哥电话公司谋得了职位，他受到了一个堂兄影响，而这个堂兄是美国贝尔电话公司的原始创立者之一。费伊的父亲反对政府里的自私自利；费伊将芝加哥的富豪们指作阶级叛徒。

费伊是一位有能力的电话运营公司经理。1887年年底他离开芝加哥电话公司后,还担任了几个重要职位。他在芝加哥燃气信托公司(Chicago Gas Trust)短暂地出任过总裁,之后很长一段时间,他是打字机制造商雷明顿—肖尔斯公司(Remington-Sholes)的总裁。费伊终身未婚,退休后搬到了马萨诸塞州剑桥市,在哈佛大学的职工俱乐部生活了多年,在那里他高调地和教职员工谈起在芝加哥的疯狂日子。在参加了第64届哈佛校友会后不久,费伊于1944年去世了;享年96岁。[79]

对于电话网络的建设,费伊从未像希拉姆·西布里一般有着传教般的狂热,也不像威廉·奥顿一般带着道德的热情,或是像霍尔一般带着知识分子的严谨。相反,费伊的恒久丰碑是一座文化机构。费伊热爱古典音乐,并帮助建立了芝加哥交响乐团,他是其中一个主要赞助者。

回顾他的芝加哥时代,费伊一再强调政治腐败现象普遍存在。没有黑幕揭发者比他谴责立法者的贪婪更无情的了。在一篇辛辣的文章《民主制失败了吗》("Is Democracy a Failure")中,费伊回忆了他曾经与一位伊利诺伊州立法委员的谈话,那位委员刚给自己建了座庄园。当费伊问他怎么有钱建这么一项宏伟的工程时,他干脆地回答说"法院里是非多,门路多"[80]。费伊总是否认他曾试着从芝加哥市议会或伊利诺伊州立法机构那里为芝加哥电话公司谋得特别立法,立法记录也证明了他的清白。如果他真做过这种事,那价格将是极其昂贵的,因为没法不"给政客们塞钱"就能让市议会或立法机构通过任何法案。[81]

获得特殊立法是一回事,但要收买立法者收回立法是另一回事。费伊贿赂立法者撤回法案,他有充分的理由认为这些法案已在心安理得地哄骗勒索芝加哥电话公司了。腐败是做生意的一部分代价:立法者经常制定有意失败的法案。为了揭露这个过程是如何运作的,退休后,费伊发表了一系列鞭挞文章,后来都被收集到了一本书中。

为了向不知情的人解释立法者如何敲诈市政当局特许的经营公司,费伊拟造了一个不存在的州立法委员,他称之为奥布莱恩(O'Brien)。费伊选的这个名字很有意思。奥布莱恩是一个爱尔兰人的名字,爱尔兰人是少数族裔,经常与阴暗的政治交易联系在一起。为了整治芝加哥电话公司,奥布莱恩起草了一部法案,来限制伊利诺伊州人口超过500,000的城市的电话费率。因为芝加哥是该州唯一一个在这个标准之列的城市,该法案旨在引起费伊的注意。接下来,奥布莱恩派了一位朋友去芝加哥电话公司,提出可以撤销这部法案,以换取回报。被公司拒绝后,奥布莱恩向媒体透露,电话公司有意贿赂立法者。在他为持有通行特许经营权的芝加哥的公司工作的这些年里,费伊首先担任了芝加哥电话公司的总经理,然后担任了芝加哥燃气信托公司的总裁,费伊称,除这种法案外,他没有再因为立法的事而买通过其他立法者。[82]

来自立法规定的费率上限的威胁困扰着全美的电话业经理。全美最为关注它的州莫过于纽约州。纽约市的大都会电话公司是世界上最大的电话公司,布鲁克林的纽约和新泽西电话公司(New York and New Jersey Telephone Company)紧随其后。

1888—1895年间,纽约州立法机构在很多场合对费率上限法案进行了辩论。在抗议的高峰期,有不少于42个不同的商业团体游说州立法机构,赞成立法。[83]

这些团体都没有兴趣将电话业改造为全民服务的大众项目。相反,他们只是为了自己的团体成员而要求降低费率,并改善性能标准。他们主要不满的是大都会电话公司为了升级纽约市的电话交换所而将费率上调。1888年,固定费率标准是向用户收取150美元;1894年10月,它跃升至240美元。[84]大都会电话公司证明费率上涨是经过慎重考虑的,是为了响应市议会条例要求它把天线埋在地下。天线被埋在地下后运行不好;金属电路运行效果好,但更昂贵。大都会电话公司能否证明金属线路的升级是正确的,这个问题引起了激烈的争论。大都会电话公司认为换线是升级,因为如果使用金属电路,普通电话上也可拨打长途电话。用户们表示反对,他们认为安装金属电路不是为了促进长途电话服务,而是为了防止市内的有轨电车和市内电力线路的干扰。

大都会电话公司及其用户之间的吵吵闹闹促使纽约州立法机构开始对电话业务进行调查。这项调查由丹福思·E.奥斯沃思(Danforth E. Ainsworth)领导。奥斯沃思是来自距纽约市数百英里的小镇奥斯威戈的立法者。奥斯沃思对纽约市的电话业知之甚少。即便如此,在他于1888年发表的报告中,他尽力做到了公平。为了安抚电话用户,奥斯沃思的报告赞同纽约州设置费率上限的规定;为了安顿大都会电话公司,报告主张公司逐步转向采用按次计费标准。如果电话运营公司要收一笔"最低限度"的租金费用,以及对个人通话以合理的价格收费,那么"收费系统"——也就是按次计费——"显然"对用户和公司都是"最公平的"收费标准。即便如此,在罗切斯特用户严重的抵制事件的影响下,报告承认到目前为止,按次计费标准似乎不能"满足"纽约州的人民。[85]

报告否定的立法选择之一是鼓励市场新进入者。立法者长期以来一直把反垄断视为解决市场引发的问题的办法。电话业务是一个例外。电话交换所就像燃气工厂一样,垄断是"它的本质"——即使"普遍被接受的观点"认为电话业务实际上并不像其他业务那样,电话业提供单位电话服务的成本随着业务的扩展而增加,最大型的电话交换所可能除外。[86]这个"理论"尚未被每个人接受。例如,《纽约时报》直到1901年还对此表示质疑。[87]即便如此,它也反映了电话经理们的想法,他们把电话网络扩展和单位成本之间的几何关系当作理所当然。

西蒙·斯特恩(Simon Sterne)领导了反对大都会电话公司的立法运动。今天,他已几乎被人遗忘,但在19世纪后期,他是众所周知的市政改革原则的支持者。斯特恩的影响力在一定程度上源自他对知识的广泛兴趣。他出版了三卷备受好评的宪法史,他与约翰·斯图亚特·密尔有过通信,并短暂担任了全美第一个社会科学期刊的编辑。1888—1895年,斯特恩在担任纽约贸易和运输部门(New York Board of Trade and Transportation)理事会的法律顾问时,经常向纽约州立法机构就大都会电话公司的问题进行游说。斯特恩从来不认可电话的大众化,但他坚信电话运营公司本质上是垄断的。他相信立法者有义务对电话公司进行监管,以保护现有电话用户的权利。

斯特恩对争议并不陌生。19世纪70年代,他曾经定过威廉·马西·特威德(William Marcy Tweed)的罪,特威德是臭名昭著的腐败的政府老大,他掌控着市政府。此后不久,斯特恩为纽约立法机构准备了铁路费用设置的综合报告,因而在全国出了名。斯特恩在他的铁路费用设置专业知识的基础上,起草了州际商业法(Interstate Commerce Act),这是第一部建立永久性联邦监管委员会的联邦法。[88]斯特恩已经与政府以及铁路较过劲,市政特许经营公司也被列在了斯特恩的名单中。

斯特恩从三个方面批评了大都会电话公司:费率过高、利润过大、性能标准过于苛刻。斯特恩并不反对大都会电话公司在1894年制定的"按次计费"的测量服务呼叫计划,只要它不是强制的并且收费低。[89]他的主要攻击目标是商业固定费率,他希望费率下调。斯特恩认为美国贝尔电话公司的做法可鄙,因为美国贝尔电话公司认为电话运营公司可免于州立法管控,根据是电话运营公司享有联邦专利法下的某些权利:"我们的立法者是否完全受到大公司的支配?"[90]斯特恩计算,1880—1887年的每一年,大都会电话公司在每部电话上平均一年赚72美元,总收益为473%。[91]

斯特恩发现一些新闻报道极其令人不悦,报道指出,电话发明人贝尔依靠他的电话发明专利赚了1000万美元。斯特恩认为,如果国会可以合法地把专利人从专利中获得的金额限制在1000万美元之内,既不会抑制发明,也不会对任何人造成不公。[92]

为了给他对大都会电话公司高额费率的反对态度造势,斯特恩上演了一个狂热的宣传噱头。他不愿支付大都会电话公司所说的更换金属电线要求的更高费率,并获得了一项法庭禁令,可以阻止电话公司拆走他的电话。斯特恩认为,大都会电话公司把费率上涨解释为是用于合理服务升级的招数很愚蠢。他也没有使用美国贝尔电话公司长途电话网络的需求和本意,不明白为什么就应该帮忙付费。埋地线对他来说就足够好了。[93]

斯特恩打算让他的禁令迫使法院澄清电话运营公司应尽的社会义务。在斯特恩看来,电话运营公司不应该是可以随心所欲地收费的"私人利益"。相反,它是"公共服务",应受法律管制。"我建议解决这个问题,如果需要十年时间,"斯特恩在1895年宣称,"我不会被强行支付任何霸王费用,只是因为恰好有一个垄断公司控制电话服务。如果该公司是私人公司,那是另一回事。人们可以付费,也可以不付。但我们关心的是它还有公共服务要承担,它不能随意选择一个价格就收费。"[94]斯特恩的案件从来没有被审判。如果他没有在1901年意外身亡,他可能会将案件告上法庭。[95]

斯特恩将电话运营公司描述为一个"公共服务"的说法建立在他的经验观察之上,纽约市不可能让市场新进入者代替现有的电话运营公司。与潜在的竞争对手相比,现有的电话运营公司的订阅用户名单给了它如此"巨大的优势",以至于即使竞争对手提供更低的费率,它们也不可能"提供类似的设施"。[96] 如果没有新进入者挑战市场,那么立法者可以选择监管企业或由政府所有。在《政治经济学原理》(第一版)中,约翰·密尔得出了相同的结论。斯特恩的创新之处在于他将电话用户列表看作电话运营公司所享有的"实际垄断"资源。

虽然斯特恩对大都会电话公司的用户名单赞赏有加,但他反对扩大网络,如果这样会导致他的电话费增加的话。没有什么比大都会电话公司的高管们反复的争论更能激怒斯特恩,大都会电话公司的高管们认为,近期纽约市电话交换所扩大规模证明了费率上涨的合理性。斯特恩相信用户的电话服务的价值并不一定与电话交换的规模有关系。只是因为理论上他可以与该市 150 万的居民通话,并不意味着他——或任何"理性人"——愿意打这么多的电话。为了表明他的观点,斯特恩将电话交换与交通繁忙的城市街道进行了比较。每天当他漫步在纽约市百老汇时,他都会和成千上万的人擦肩而过,但他没有丝毫感觉要亲自问候他们中的任何一个人。从理论上讲,斯特恩可以和电话连接到网络的任何人交谈;在实践中,他的"来往"仅限于与他有"商业或社会关系"的个别人,通常这些通话是简明扼要直至核心的。生活节奏较慢的小城镇有时发生的冗长的电话交谈在大城市中"几乎闻所未闻"。城市居民太忙了,不能在电话上浪费时间。[97]

为了反驳斯特恩,大都会电话公司招募了受人尊敬的本杰明·特雷西(Benjamin Tracy)律师,他是纽约本地人,在本杰明·哈里森(Benjamin Harrison)执政期间曾担任过美国海军部长。特雷西嘲笑斯特恩提出的费率上限是不现实的,并且证明了费率上涨到 240 美元用以安装金属电路的合理性。这次升级不仅让大都会电话公司能够符合州立法强制禁止设立天线的要求,也可以让电话用户使用他们自己的设备拨打长途电话。没有人希望再在曼哈顿看到大都会电话公司已经铲倒的难看的电线杆,或者那些他们已经埋掉的数百英里的电话线。[98]

斯特恩经常被斥作保守的势利小人,这源自他的观念里对政府官员在过去经常收取市政改造费这种可疑做法的原则性批判。[99] 他更适合被看作美国首批消费维权者之一。19 世纪 90 年代,"消费者"一词并不普遍被用于形容购买商品和服务的个人。实际上,它通常特别被用于描述持特许经营公司许可的集体,如燃气厂、自来水厂和电话交换所。一位杰出的社会学家在 1902 年认为,市政府是一个"消费者组织"[100]。斯特恩倡导的就是这样一种消费者利益,使他成为 20 世纪公共利益律师拉尔夫·纳德(Ralph Nader)在 19 世纪的化身。

无论是斯特恩还是 19 世纪 80 年代的其他人都没想到,收费标准转换到了按次计费的同时,电话安装也在巨大扩张。1900 年一位行业新闻编辑认为,如果纽约州立法机构颁布了斯特恩的最高费率法的话,它就"扼杀"了大都会电话公司关于按次计费的尝试，强迫它保留那个不适合"大众"的费率方案。[101]然而，斯特恩的想法有先见之明，他认为电话运营公司有责任让价格与成本相匹配。斯特恩于1901年去世。九年后，纽约州立法机构将电话置于了监管委员会的管辖之下。斯特恩留下的遗产中最为不朽的是关于电话费率监管的理论基础。在宣传册、报道采访和政府听证会中，斯特恩阐述了政府监管电话业的理由，它很快就变成了经典，以至于很容易让人忘记监管并不是电话业务一开始就有的。

斯特恩赞成通过监管来控制电话运营公司；而其他人赞同市政所有制。如果市政府拥有电话交换所，它可以将其作为政府机构运作或出租给私人企业，无论哪种方式，电话交换所都不会再带来斯特恩所谴责的那种巨大利益。

市政所有制是艾伯特·肖（Albert Shaw）最喜欢的方式。艾伯特·肖是美国历史上首批获得历史和政治科学博士学位的人之一，他于1884年从约翰霍普金斯大学获得了博士学位。艾伯特·肖在约翰霍普金斯大学的导师是理查德·T. 伊利。艾伯特·肖的论文分析了在艾奥瓦州进行的社会主义实验，联系到公众对爱德华·贝拉米的《回溯过去》的青睐，这是个颇具时代意义的话题。在短暂担任了报社编辑之后，艾伯特·肖前往欧洲研究大城市的管理；1895年，他出版了两本备受好评的书籍，书中翔实地记载了欧洲近期以来对燃气工厂、自来水工厂、发电站、有轨电车和电话系统进行的市政所有制实验。[102]艾伯特·肖并不认为他是市政所有制的"倡导者"，但他相信市政当局可以对机构形态从一种转换为另一种做出选择是"永远有利"的。[103]即便如此，19世纪90年代读过他的书或社论的人，都不会怀疑艾伯特·肖和他的导师理查德·T. 伊利一样，将市政所有制视为解决市政特许经营公司那些看上去棘手的问题的方案。

从19世纪90年代到第一次世界大战，许多城市都把电话运营公司被收归市政府所有提上了日程——包括旧金山和芝加哥。1900年，旧金山城市宪章批准了市政府运行电话服务，1908年旧金山监事会获得了当地电话费率的制定权。[104]支持芝加哥施行这一计划的是这个城市的常任市长小卡特·哈里森（Carter Harrison Jr.），哈里森在1903年宣称："我支持市政府自己掌管电话业，市政运营电话系统会非常简单。"[105]

市政所有制在燃气和电力方面获得了一点成绩。1900年，全美981家燃气工厂中有20家是公有的，全美1471个电力系统中的193个为公有。[106]然而电话业务为公共所有并不常见。最大的市政电话交换所位于南达科他州布鲁金斯小区。市政府在1903年以18,000美元的价格购买了一家失败的电话运营公司，十年内收回了购买成本。市政系统提供与这家被它取代的私人企业相同的费率：商用每年30美元，家用每年18美元，团体使用每年12美元。[107]

市政所有制运动有时被看作一个进入更彻底的经济集体化的契机。因此，它有时被称为"市政社会主义"甚至是"公民民粹主义"。[108]这一运动被称为"市政资本主义"更恰当;对于约翰·密尔、理查德·T. 伊利等政治经济学家来说,它是对资本主义的补充,而不是替代。[109]降低重要服务的成本会促进个体获得机会。如果政府拥有少数企业,其他经济部门仍可以以市场经济为基础。

在给市政所有制运动制定标准时,伊利采用了密尔的分类。对于新科发起人来说,进入该行业是否开放?对于既有的在位者来说,是否享有巨大的优势,没有竞争对手可以与之抗衡?如果答案是后者,那么市政所有制就是补救措施。伊利在1889年解释说,任何在建立新企业时有必要"放弃自由原则"的"业务类型",应该根据其运营规模"被完全地交给"市政府、州政府或国家。[110]

伊利认为,长期以来特许经营权政治需要的不断的谈判一直是政治腐败的那个"最主要的原因"[111]。如果一个市政府收购了其市政特许经营公司,腐败将会停止。对于一个自治市,拥有"自然垄断"——例如拥有大城市的电话交换所——将对城市和消费者都有利:"由市政拥有和控制的自然垄断总是运作得良好,你可以在世界各地搜搜有没有例外。"[112]

伊利同时有着对市政所有制的信仰和对市政的日常管理表示怀疑的双重态度,他在1903年承认:"现在我们市议会的议员不是那种我们很乐意将大量商业利益转交给他们的人","这个想法让我们感到厌恶"。即便如此,伊利仍对未来寄予了厚望。市政府收购市政特许经营的公司会鼓励更高阶层的市民参加政府竞选。一旦掌权,他们将消除使市政特许经营政治如此名声不堪的地方性腐败。[113]

市政所有制招来了本无关联的支持者。其中一位热切的支持者是法律学者克里斯托弗·G. 泰尔德蒙(Christopher G. Tiedeman)。众所周知,他是政府干预的原始批评者,是被历史学家称为自由放任立宪主义的信徒。泰尔德蒙的反干涉主义预示着市场的新进入者有机会挑战既有的在位者。如果它们发起了挑战,那么就保证了平等的权利;如果它们没有发起挑战,那么补救措施不是监管,而是政府所有。每个有特权的企业都该被管理,不是作为"私人垄断",而是根据业务规模作为州或市政垄断。[114]电话运营公司属于这一类别。如果没有特权,沿着城市街道架设电话线是不可能的。因此,电话公司本质上违反了"宪法所保证"的"平等的特权和豁免权",应该由它们所在的市政当局所有和经营。[115]

泰尔德蒙认为,政府所有权对于反特权和协调信息流来说都是必不可少的。通信渠道可能会中断——例如,1883年电报运营商罢工期间的电报——这使得立法者必须将该渠道置于联邦政府控制之下:"没有私人企业或资本家财团有权拥有和控制任何一种人们用来互相交往或沟通的手段。"[116]

特权与市政所有制的联系对美国最高法院法官亨利·B. 布朗(Henry B. Brown)同样不言自明。1893年布朗问一个著名的律师小组:"如果我们的城市可以供给我们自来水,他们能不能为我们提供燃气、电力、电话和街车吗?""它们都基于同样的原则,即公共拥有街道和高速公路,以及授予给第三人的特许经营权,如果可以选择,市政当局可以持有这种权利。"[117]

政府拥有特权的逻辑促使当时的人们开始警惕政府扩张,他们推测除了特权之外,是否还有一些标准区分了哪些公共工程可以归市政所有和运营,哪些是不该归它们所有和运营的。1899 年《纽约时报》的编辑说,一个标准是包容性的公民理想。"公正的自然法"假定市政可以拥有并经营所有符合"全体人民需求"的系统、工程和工厂,这样的标准包括了自来水和燃气,但排除了那些像电话一样"公用事业"的工程,它们不是"普遍必需品",因为它们不是由全员来使用的,它们只服务于专属用户。市政府向从未使用过电话的 300 万纽约人征税,以支付使用电话的那 50 万人的运营成本的做法不仅是"滥用征税权力",而且是"渎职行为"。[118]

为了强调正在出现的将市政所有权与包容性混为一谈的现象,市政所有制的支持者们提出了一个全新的集体名词:"公用事业"(public utility)[119]。1898 年,"公用事业"一词经常作为独立名词出现在《芝加哥论坛报》中。它绝不是一个中性的形容词:市政所有制的支持者们特意使用这个术语来给市政买断提出理由。特许经营公司可能是"公用事业"的想法有着悠久的渊源;然而,与它相关而又截然不同的想法,即特许经营公司可能是"一个公用事业"并不那么让人信服。公用事业的概念很快将被广泛用于描述投资者拥有的特许经营公司。然而,最初,这是企业管理的批评者们给出的口号。

1899 年,一位冷静的社论撰写人说,最近有一股市政所有制"热潮",以及"公共事业"运动。为了强调他的蔑视态度,他给集体名词"公用事业"加了引号。[120] 在这种情况下,市政所有制的批评者不愿意将特许经营公司描述为公用事业也许是毫不奇怪的。在这方面,他们更喜欢用笨拙的代替词,如"准公共工程",甚至是"准公用事业"。[121]

对于福布斯来说,电话运营公司有着为全员提供设施的社会义务的想法很奇怪;对于费伊来说,这就像是个诅咒;对于斯特恩来说,他并不关心这一点。直到 1900 年后,这个想法才将被新一代的政治经济学家们全心全意地接受,他们赞同当时新颖的原则,即电话应该是所有人都可以获得的,这不是一项特权,而是一项权利。

这种对于电话运营公司全新的、更广泛的社会义务的理解得到了一本有影响力的市政公用事业论文集作者们的认可,该论文集由宾夕法尼亚大学政治科学教授克莱德·林顿·金(Clyde Lyndon King)主编,并在 1912 年出版。这些文章总结了对于被叫作改革论者的监管委员会新兴的学术共识。克莱德·林顿·金认为,19 世纪的主要"调控因素"是市场竞争。但就市政特许经营公司而言,竞争无法维护公共利益。公司的特许经营权是"被许可的不公平",对其进行监管势在必行。因此,立法者有义务确保电话公司不仅要实现自我利益,同时也要提升"社会福祉"。这样一来,他们催生了未来"社会民主主义"(social democracy)的出现,其中每个个体"潜在的权力和可能性"都有机会表达:"今日的准公共公司为公民和城市提供了最重要的必需品,没有对它们足够和有能力的监管,这种机会平等是难以想象的。"[122]

克莱德·林顿·金对市政特许经营公司拥有的民主希望的信念可能会让福布斯、费伊和斯特恩感到惊讶。到了1912年,它不仅成为进步主义的改革派的传统智慧,也成为电话经理贝瑟尔和希巴德的锦囊。从1900年左右开始,贝瑟尔、希巴德和一代志同道合的电话管理者们改变了电话运营公司,将它们从专属服务转变成了为全体人民提供的大规模服务。这样一来,关于电话业的公开辩论议题也从电话网络提供商的权利转变成了电话网络的用户效用,从对特权的诋毁转变成了对浪费的贬低。

注释:

[1] Fay, "Address of the President," National Telephone Exchange Association (hereafter NTEA), *Proceedings* (September 1886): 7.

[2] Fay, "Telephone Subscribers as Knights of Labor," NTEA, *Proceedings* (September 1887): 33.

[3] Grant E. Hamilton, "In the Clutch of a Grasping Monopoly," *Judge* 14 (April 7, 1888): 16.

[4] Richard T. Loomis, "The Telephone Comes to Washington: George C. Maynard, 1839-1919," *Washington History* 12 (Fall/Winter 2000-2001): 38.

[5] "Strike of Business Men," *National Labor Tribune* (Pittsburgh), January 29, 1887; Fay, "Telephone Subscribers as Knights of Labor," pp.27, 30; Norman Williams and John Leverett Thompson to Theodore N. Vail, July 18, 1885, Chicago Telephone Company files, Sidley Austin Archives, Chicago (hereafter SA-C).

[6] *Post-Express* (Rochester, N.Y.), November 20, 1886; *Union and Advertiser* (Rochester, N.Y.), November 20, 1886; *Democrat Chronicle* (Rochester, N.Y.), May 15, 1888; *Electrical Review* 10 (March 5, 1887): 5; "Rochester Telephone Business," *Electrical Review* 11 (October 29, 1887): 1; Blake McKelvey, *Rochester: The Flower City, 1855-1890* (Cambridge, Mass.: Harvard University Press, 1949), pp.253-254.

[7] F. J. Amsden to William M. Mallett, December 22, 1886, Rochester file, AT&T Archives and History Center, Warren, N.J. (hereafter AT&T-NJ).

[8] Robert S. Boyd to American Bell, December 10, 1886, Rochester file, AT&T-NJ.

[9] *Post-Express*, December 2, 1886.

[10] "Interview with Alexander Graham Bell," *Electrical Review* 10 (April 2, 1887): 6.

[11] "Professor Alexander Graham Bell," *Electrical Review* 21 (September 10, 1892): 28.

[12] *Union and Advertiser*, November 2, 1886.

[13]*Democrat Chronicle*，November 25，1886.

[14]Hall to John E. Hudson，December 15，1886 Rochester file，AT&T-NJ.

[15]*Democrat Chronicle*，December 2，1886.

[16]Hall to Hudson，December 15，1886，AT&T-NJ.

[17]Harry B. Macmeal，*The Story of Independent Telephony*（Chicago：Independent Pioneer Telephone Association，1934），pp.110-111.

[18]*Democrat Chronicle*，November 15，1887，February 25.1888.

[19]Vail to _____，December 1，1887，Rochester file，AT&T-NJ.

[20]"Bad Telephone Service,"*Chicago Tribune*，December 30，1887.

[21]同上。

[22]"Telephones a Nuisance,"*Chicago Tribune*，January 1，1888.

[23]"The Telephone,"*Western Electrician* 2（February 25，1888）：107；"Chicago Telephone Controversy,"*Western Electrician* 3（August 25，1888）：97.

[24]"The Chicago Cushman Telephone Company,"*Western Electrician* 2（April 14，1888）：181.

[25]"The Telephone,"*Western Electrician* 2（January 21，1888）：35.

[26]"St. Louis Telephone Troubles,"*Western Electrician* 2（June 23，1888）：310，313.

[27]"Chicago Telephone Matters,"*Western Electrician* 3（September 22，1888）：160.

[28]Chicago City Council，*Proceedings*，October 15，1888，p.443.

[29]*Western Electrician* 3（November 17，1888）：258；*Western Electrician* 3（November 24，1888）：270.

[30]"'L' Roads and 'Phones,"*Chicago Tribune*，December 22，1888.

[31]"Chicago Telephone Question,"*Western Electrician* 3（December 22，1888）：313.

[32]"A Boodle Ordinance,"*Chicago Tribune*，October 10，1888.

[33]William Bodemann et al.，*Let Us Have a Fair Telephone Ordinance*［December 1888］，Chicago City Council records，January 4，1889，Northeastern Illinois University，Chicago，Ill.（hereafter CCC-NEIU）.

[34]*Special Ordinances of Chicago*，vol.11，January 4，1889（Chicago：W. B. Conkey Co.，1898），p.1870；George L. Phillips to mayor and city council，November 10，1888，January 4，1889，CCC-NEIU；*Chicago Telephone Company v. Illinois Manufacturers' Association*，106 IL app.54（1903）；"Walker Wants Cheaper 'Phones,"*Chicago Tribune*，July 21，1901.

[35]"Concerning Telephone Charges,"*Electrical Review* 6（March 7，1885）：4.

[36]Forbes to Higginson，March 18，1886，in Arthur S. Pier，*Forbes：Telephone Pioneer*（New York：Dodd，Mead & Co.，1953），pp.156-157.

[37]Walter S. Allen，"Public Service Corporations and the Government,"1914，p.1，box 1067，AT&T-NJ.

[38]Edward Bellamy，"First Steps toward Nationalism,"*Forum* 10（October 1890）：174-180；

Edward Bellamy, " 'Looking Backward' Again," *North American Review* 150 (March 1890): 362-363.

[39]H. M. Boettinger, *The Telephone Book: Bell, Watson, Vail, and American Life, 1876-1976* (Croton-on-Hudson, N.Y.: Riverwood, 1977), p.120.

[40]Massachusetts Senate, *Resolution Relative to the Establishment of a Government Telegraph and Telephone Service*, March 31, 1893.

[41]"An Act to Authorize the American Bell Telephone Company to Increase Its Capital Stock," in *Acts and Resolves Passed by the General Court of Massachusetts*, chap.544 (Boston: Wright & Potter, 1894), pp.753-754.

[42]"The Telephone Question: The Effect of the Berliner Decision on the Industry," *Electrical Review* 25 (December 26, 1894): 320.

[43]"An Act Relative to the Supervision by the Massachusetts Highway Commission of All Companies Engaged in the Transmission of Intelligence by Electricity," in *Acts and Resolves Passed by the General Court of Massachusetts*, chap.433 (Boston: Wright & Potter, 1906), pp.448-451.

[44]"An Act to Change the Name, Enlarge the Membership and Increase the Powers of the Board of Railroad Commissioners," in *Acts and Resolves Passed by the General Court of Massachusetts*, chap.784 (Boston: Wright & Potter, 1913), pp.815-833.

[45]"An Act to Regulate the Rental Allowed for the Use of Telephones, and Fixing a Penalty for its Violation," in *Laws of the State of Indiana*, chap.92 (Indianapolis: William Burford, 1885), pp.227-228.

[46] Stephen R. Shearer, *Hoosier Connections: The History of the Indiana Telephone Industry and the Indiana Telephone Association* (Indianapolis: Indiana Telephone Association, 1992), pp.34-35.

[47]Fay, "Telephone Subscribers as Knights of Labor," p.26.

[48]W. W. Thornton "Supreme Court of Indiana, Hockett v. State," *American Law Register* 34 (May 1886): 318-319.

[49]同上, p.322.

[50]American Bell, *Annual Report* (1885), p.20.

[51]同上, pp.24, 26.

[52]"The Telephone 'Monopoly,' " *Electrical Review* 6 (April 5, 1885): 4.

[53] Executive Committee Minutes, 1887, Central Union Telephone Company, AT&T Archives and History Center, San Antonio, Tex. (hereafter AT&T-TX).

[54]"Telephone Litigation in Indiana," *Electrical Review* 14 (March 9, 1889): 1.

[55]NTEA, *Proceedings* (September 1885): 95.

[56]"Thirty-Seven Telephone Suits," *New York Times*, October 17, 1887.

[57]*Electrical Review* 11 (October 22, 1887): 6; "The Bell Company's Victory over Cushman," *Electrical Review* 13 (November 10, 1888): 1, 13.

［58］Walton Hamilton, "Patents and Free Enterprise," in *Investigation of Concentration of Economic Power* (Washington, D.C.: U.S. Government Printing Office, 1941), p.89.

［59］Stanley Swihart, "Early Automatic Telephone Systems," *Telecom History* 2 (Spring 1995): 8.

［60］Norman Williams and John Leverett Thompson to Vail, July 18, 1885, SA-C.

［61］*Report of the Committee to Investigate Telephone Charges*, New York State Assembly Rpt. 60, 1888, pp.67-70.

［62］H. L. Storke, "Report on Legislation," NTEA, *Proceedings* (September 1886): 77.

［63］American Bell Telephone Company, *Annual Report* (1886), p.7.

［64］"Telephone Rates in Iowa," *Chicago Tribune*, March 18, 1886.

［65］"Telephone Litigation in Indiana," *Electrical Review* 14 (March 9, 1889): 1.

［66］"The Indiana Telephone Laws Repealed," *Electrical Review* 14 (March 9, 1889): 4.

［67］Robert J. Chapuis, *One-Hundred Years of Telephone Switching (1878-1978)* (Amsterdam: North-Holland Publishing Co., 1982), pp.61-62.

［68］NTEA, *Proceedings* (September 1884): 40.

［69］Fay, "Address of the President," p.7.

［70］Fay to Vail, June 5, 1885, Chicago Telephone Company Records, AT&T-TX.

［71］Fay, "Address of the President," p.7.

［72］Fay, "Telephone Subscribers as Knights of Labor," p.24.

［73］Fay, "Address of the President," pp.7-8.

［74］同上, p.8.

［75］Fay, "Telephone Subscribers as Knights of Labor," pp.22-23.

［76］同上, pp.33, 34.

［77］Fay's address can be found in the edition of the NTEA proceedings at the Crerar Library at the University of Chicago. All quotations are from the Crerar Library edition.

［78］"Ninth Annual Meeting of the National Telephone Exchange Association," *Electrical World* 10 (October 1, 1887): 178; *Western Electrician* 1 (October 1, 1887): 161; *Electrical Review* 11 (October 1, 1887): 9.

［79］William O. Kurtz, *The Telephone in Chicago: A Story of Communication Progress* (n.p., 1944), p.72.

［80］Charles N. Fay, "Is Democracy a Failure: Another Plain Tale from Chicago," *Outlook* 97 (April 8, 1911): 775.

［81］Charles N. Fay, *Big Business and Government* (New York: Moffat, Yard, and Co., 1912), p.191.

［82］同上。

［83］"Power of Removal Bill," *New York Times*, February 6, 1895.

［84］"Simon Sterne's Telephone Safe," *New York Times*, December 29, 1895.

[85]*Report of the Committee to Investigate Telephone Charges*, pp.10-12, 58, 61, 75.

[86]同上, pp.58, 61.

[87]"Topics of the Times," *New York Times*, November 4, 1901.

[88]"The Telephone Business," *New York Times*, December 14, 1901; "Growth of the Telephone Service," *New York Times*, December 3, 1901.

[89]"Cost of the Telephone," *New York Times*, March 6, 1895.

[90]New York Board of Trade and Transportation, *Oppressive Telephone Charges* (New York: n.p., 1889), p.5, Baker Library, Harvard Business School, Boston.

[91]"Metropolitan Telephone and Telegraph Company," appendix to New York Board of Trade and Transportation, *Oppressive Telephone Charges*.

[92]Simon Sterne, *Speech of Simon Sterne, Esq., before the Assembly Committee on General Laws, January 30, 1889, in Favor of Bill Limiting Telephone Charges* (New York: George F. Nesbitt & Co., 1889), pp.5, 19.

[93]"Does a Telephone Company Control Its Own Instruments?" *Electrical Review* 26 (February 6, 1895): 66; "The Telephone Controversy in New York State," *Electrical Review* 26 (March 27, 1895): 166.

[94]"Telephones Too Costly," *New York Times*, February 3, 1895.

[95]John Foord, *The Life and Public Services of Simon Sterne* (London: Macmillan and Co., 1903), p.332.

[96]"Cost of the Telephone," *New York Times*, March 6, 1895.

[97]Sterne, *Speech*, pp.18-19.

[98]Benjamin Tracy, *Argument of Gen. Benjamin F. Tracy, Counsel for the Metropolitan Telephone and Telegraph Company, of New York, Against the Gerst-Persons Telephone Bill* (n.p., 1895).

[99]Sven Beckert, "Democracy in the Age of Capital: Contesting Suffrage Rights in Gilded Age New York," in Meg Jacobs, William J. Novak, and Julian E. Zelizer, eds., *The Democratic Experiment: New Directions in American Political History* (Princeton, N.J.: Princeton University Press, 2003), pp.146-174.

[100]Charles Zueblin, *American Municipal Progress* (1902; New York: Macmillan Co., 1919), p.359.

[101]"Telephone Service No Longer in Demand," *Electrical Review* 36 (April 4, 1900): 332.

[102]Albert Shaw, *Municipal Government in Continental Europe* (New York: Century Co., 1895); Shaw, *Municipal Government in Great Britain* (New York: Century Co., 1895).

[103]Shaw, "Municipal Ownership-Discussion," *Publications of the American Economic Association* 7 (February 1906): 154.

[104]Meighan Jeanne Maguire, "The Local Dynamics of Telephone System Development: The San Francisco Exchange, 1893-1919" (Ph.D. diss., University of California at San Diego, 1990),

chap.1.

[105]"To Get a 'Phone Ruling," *Chicago Tribune*, June 30, 1901; "Telephone Grab Avoids Council," *Chicago Tribune*, June 30, 1903; "Platforms and Candidates," *Chicago Tribune*, March 4, 1907.

[106]Morton Keller, *Regulating a New Economy: Public Policy and Economic Change in America, 1900-1933* (Cambridge, Mass.: Harvard University Press, 1990), p.56.

[107]Zueblin, *American Municipal Progress*, p.371; Floyd R. Simpson, "Public Ownership of Telephones in the U.S.: A Survey of the Brookings, S.D. Telephone System," *Journal of Land and Public Utility Economics* 19 (February 1943): 99-103.

[108]Douglass Steeples, *Advocate for American Enterprise: William Buck Dana and the Commercial and Financial Chronicle, 1865-1910* (Westport, Conn.: Greenwood Press, 2002), p.158 ("市政社会主义"); Christopher Armstrong and H. V. Nelles, *Monopoly's Moment: The Organization and Regulation of Canadian Utilities, 1830-1930* (1986; Toronto: University of Toronto Press, 1988), pp.141-169 ("市民民粹主义").

[109]Bob Millward, "Emergence of Gas and Water Monopolies in Nineteenth-Century Britain: Contested Markets and Public Control," in James Foreman-Peck, ed., *New Perspectives on the Late Victorian Economy: Essays in Quantitative Economic History, 1860-1914* (Cambridge: Cambridge University Press, 1991), p.96 ("市政资本主义").

[110]Richard T. Ely, *An Introduction to Political Economy* (New York: Chautauqua Press, 1889), p.82.

[111]Richard T. Ely, "Public Control of Private Corporations," *Cosmopolitan* 30 (February 1901): 432.

[112]Richard T. Ely, *Problems of To-Day: A Discussion of Protective Tariffs, Taxation, and Monopolies*, 3rd ed. (New York: Thomas Y. Crowell & Co., 1890), p.260.

[113]Richard T. Ely, *Studies in the Evolution of Industrial Society* (New York: Macmillan Co., 1903), pp.227-228.

[114]Christopher G. Tiedeman, *A Treatise on State and Federal Control of Persons and Property in the United States*, vol. 1 (St. Louis: F. H. Thomas Law Book Co., 1900), p.592.

[115]Christopher G. Tiedeman, "Government Ownership of Public Utilities: From the Standpoint of Constitutional Limitations," *Harvard Law Review* 16 (May 1903): 479, 488.

[116]Tiedeman, *Treatise*, pp.596-597.

[117]Henry Brown, "The Distribution of Property," *Report of the Sixteenth Annual Meeting of the American Bar Association* 16 (1893): 236-237; Brown, "The Twentieth Century," *Forum* 19 (August 1895): 649.

[118]"Municipal Ownership," *New York Times*, March 27, 1899.

[119]这一概括是基于《纽约时报》和《芝加哥论坛报》的关键词检索得出的。19世纪90年代以前,"works of public utility"这个短语相对较为常见;然而,"public utility"单独作为一个名词词组,

实际上却鲜为人知。

[120]"Public Money and Public Works," *New York Times*, December 9, 1899.

[121]Allen R. Foote, *Municipal Ownership of Quasi-Public Utilities* (Washington, D.C.: Ramsey & Bisbee, 1891), pp.12-13.

[122]Clyde Lyndon King, "The Need for Regulation," "Franchise Essentials," and "In Conclusion," in King, ed., *The Regulation of Municipal Utilities* (New York: D. Appleton and Co., 1912), pp.10, 75, 383.

第八章 第二生命

> 在我看来,美国的智慧和想象力在人类、机器和两者结合的庞大组织的概念和秩序中至高无上地闪耀着。
>
> ——阿诺德·本涅特,1912

来自英国的游客阿诺德·本涅特(Arnold Bennett)在1912年说,"对于落后的欧洲人来说,在美国最让他们感到震惊和恐惧的"一件事是电话机"惊人的普遍性"。大量的电话机已经被安装在像芝加哥这样的大城市中,不仅在企业和住宅中,甚至也被安装在了酒店里。大城市的电话公司百万条"通话细丝"穿过了街道地下、屋顶、房屋之间、天花板和建筑物的墙体,让这个城市的居民的"隐私"变成了"一个巨大无比的公共报道"。在欧洲没有哪个酒店会像本涅特在芝加哥经历的那样,让每一个客房的客人面对着电话机这种"可怕的诅咒"。为了不让陌生人打扰他休息,本涅特切断了他的电话。他这样做了后,一个酒店工作人员礼貌而又非常坚决地要求他挂好对讲机。本涅特发现芝加哥不是唯一接受了电话的城市。然而他确信没有哪个欧洲国家像美国一样狂热地使用它:"与无比严肃的美国电话相比,欧洲电话像是个玩具,还有点笨拙。"[1]

让本涅特印象深刻的电话机的"惊人的普遍性"是最新的发展。大约在1900年电话开始大众化。它的核心是将电话业重塑为面向全体人民的大众服务,而不是专人特享的服务。电话的大众化并不等同于在全国大多数住宅中安装电话。后者在几十年后才开始出现。实际上,电话大众化包括电话运营公司接受了新的想法,即它们有义务为全体人民提供访问电话网络的服务。

在不同的地方,电话服务的大众化开始于不同时期,大城市的形式不同于小城镇。鉴于美国全国的多样性,也可想而知这个项目的规模以及它所涉及的公司的数量。在小城镇和中等城市,电话大众化需要建造不超过10,000条线路的小型交换机,它在许多方面类似于美国贝尔电话公司在19世纪80年代安装在全国大城市的交换机。艾奥瓦州等主要农村地区很快就安装了电话。1907年,数百家小型电话运营公司已经被建立了,这使艾奥瓦州成为全美居民拥有电话比例最高的州之一。[2]

电话服务的大众化程度最广的是美国的大城市,尤其是在纽约市和芝加哥。在一个大城市,居民拥有电话的比例往往高于小城镇。因此,历史学家们有时推断城市在适应电话方面较为落后。这种推断是错误的。在一个典型的大城市,电话使用次数更多,而且使用人数也更多。政治学家德洛斯·F. 威尔科克斯(Delos F. Wilcox)在1914年说,在大城市,电话已经变得像有轨电车和电灯一样,在这种"人工自然环境"中它已获得"第二生命"(second nature)。[3]如果一只大手从天而降,并抓住一个美国大城市伸入中央电话交换所的所有电话线,那么每个商店、每个工厂、每个公共建筑、每个办公楼、大部分住宅建筑,以及许多不起眼的人都会"悬在空中"。简而言之,整个城市已经"陷入"了一个"声音导体网络",人类的声音"声声不息"地对着人耳讲话。[4]

电话的大众化既不是美国人享有的高生活水平的结果,也不是电话运营公司之间竞争的产物。虽然19世纪美国人的生活水平在世界上数一数二,但是从来没有一家电报公司实现了电报的大众化,在全美的大城市中,非互联的运营公司间的竞争也非电话大众化的主要因素。实际上,电话大众化的决定性因素在于推动电话网络扩张的政治经济因素:联邦、州和市政府限制电话运营公司的合同自由,并赋权州和市政府对其进行监管。政府干预,甚至仅仅是政府干预的威胁,都是创新的引擎。20世纪初芝加哥电话的大众化很好地说明了政治经济力量对商业的影响。这一时期,芝加哥不仅是美国人口第二多的城市,而且拥有世界第二大电话交换所。

推动电话服务大众化的电话运营公司分为两个主要的集团。资质最老的集团是相对较小的电话运营公司联合体,它们由美国电话电报公司全部或部分拥有,美国电话电报公司是美国贝尔电话公司的控股公司,它于1899年收购了美国贝尔电话公司的资产。1905年,这个联合体有32家电话运营公司,其中包括美国电话电报公司控股的23家电话运营公司。[5]

1905年美国贝尔电话公司的总裁是弗雷德里克·P. 菲什(Frederick P. Fish),他是由长期主导美国贝尔电话公司的波士顿投资者所选举出来的。菲什是著名的专利权律师。菲什的接班人是维尔,维尔是一位公用事业发起人,他在电话业务的早期阶段在美国贝尔电话公司和电话运营公司担任过多个职位。1907—1919年,维尔是美国贝尔电话公司的总裁。事实上,在1885年美国电话电报公司作为长途电话网络提供商组建时,维尔短暂担任过公司的第一任总裁。像许多早期电话管理者一样,维尔对电话网络扩张带来的巨大挑战感到气馁,所以他于1889年离开了公司。

1900年左右,在美国邮政电报公司总裁约翰·W. 麦凯的授意下,维尔重新回归到电话业务;麦凯招募维尔作为美国贝尔电话公司与美国邮政电报公司合并计划的一部分,但计划最终流产了。1907年维尔再次出任美国贝尔电话公司总裁,是多种因素共同作用的结果,包括以美国贝尔电话公司董事为主的一群人的支持基础,这些人都记得维尔在19世纪80年代的勤劳表现。

美国电话电报公司与其电话运营公司之间的财务关系经常让那个时代的人感到困惑。例如,1907年维尔担任美国电话电报公司总裁后不久,他惊讶地发现科罗拉多州丹佛的一位著名银行家竟然不知道美国电话电报公司在科罗拉多州电话公司(Colorado Telephone)有大量金融股权。[6]公司的命名缺乏一个共同的术语使混乱更加严重。1905年32个贝尔电话运营公司中只有5个在公司名称中用了"贝尔"这个词。为了突出美国电话电报公司和它的电话运营公司之间的关系,维尔普及了一个观念:每个贝尔电话运营公司都是"贝尔系统"的一个组成部分。这句流行语早在1904年就出现在了美国电话电报公司的股东报告中,从1908年开始在公司的公关公告中标明。[7]虽然在金融界,美国电话电报公司有时会缩写为"AT&T",但它通常被称为"贝尔",贝尔电话运营公司被称为"贝尔的公司"。为了让电话运营公司方便互通互连,贝尔旗下的电话公司开设了被称为"长途线路"的长途网络。

贝尔电话运营公司将许多电话服务大众化的技术和组织创新商业化。一个主要的例外是机电交换机。机电交换机——包括转盘和拨号电话——都是由非贝尔运营的电话公司实现商业化的。直到1920年后,它们才在纽约市和芝加哥的贝尔电话运营公司为人所知。

另外一个推进电话大众化的电话运营公司集团与贝尔电话公司没有财务关系。它们的数量比贝尔旗下的电话运营公司要多得多,也更多样化。非贝尔运营的电话公司有几千所,有大城市的电话运营公司,也有小农户的合作社电话公司,有些介于两者规模之间。虽然比起贝尔电话运营公司,非贝尔运营的电话公司之间的共同点远没有那么多,但它们被统称为"独立电话公司阵营"(independents),这是一个夸大了它们的凝聚力的总括术语。独立电话公司阵营有自己的设备制造商、行业协会和行业出版社。贝尔的电话发明专利在1894年到期后,它们大胆地进入了电话业务,从1900年左右开始广布。

独立电话公司阵营加速了大规模的电话扩张,1902年,一位商业记者称这场扩张运动为"电话入侵"[8]。独立电话公司阵营崛起的一个指标是已安装的电话数量。到了1907年,由独立电话公司阵营运营的电话数量几乎和贝尔同样多:独立电话公司阵营有240万部电话机,贝尔电话公司有310万部。[9]另一项指标是它们经营的地点的数量。1902年人口超过4000的1002个城市中都有电话运营公司设立,其中41%是贝尔电话公司的电话交换所;14%是独立电话公司的电话交换所;45%是贝尔电话公司及独立电话公司的竞争对手。[10] 1914年在设立了电话运营公司的大大小小的19,093个地点中,只有23%的电话运营公司由贝尔电话公司全部或部分拥有。在贝尔电话交换所建立的1864个地点中,也有独立电话公司电话交换所的存在。[11]

到了1907年,独立电话公司在全美几个大城市中被建立,包括费城、圣路易斯、巴尔的摩和布法罗。[12]然而它们的主要据点在中等城市和小城镇。独立电话公司在州立法机构中拥有巨大的影响力,部分出于这个原因,它们在各州首府蓬勃发展。[13]20世纪,各州首府中对独立电话公司给予支持的有林肯、麦迪逊、印第安纳波利斯和哥伦布。独立电话公司也在农村地区蓬勃发展,在那里它们有时不是作为公司而组织,而是作为合作社的形式存在,也叫互助会。[14]

1907年,贝尔电话公司和独立电话公司表面上的旗鼓相当深具误导性。贝尔旗下的运营公司在全美最大的城市中占据了主导地位,这些城市是电话业务中大部分的利润来源;独立电话公司虽然数量膨胀,但由于这些公司过度扩张,所以很快就会崩溃。即便如此,从1900年左右开始,独立电话公司阵营的迅速扩张成了一个即便连最自满的贝尔电话公司的拥护者也无法否认的事实。

大多数独立电话运营公司都依赖类似于贝尔电话公司在1900年以前安装的交换机设备,一些更雄心勃勃的独立电话公司将接线员辅助交换机更换为了机电式交换机。到了1904年,独立电话运营公司在26个城市安装了机电式交换机,到了1910年,它们在131个城市安装了机电式交换机。[15]几个安装了机电式交换机的大城市包括芝加哥、布法罗、旧金山、洛杉矶和俄亥俄州的哥伦布。

在全美的城市和城镇,贝尔电话公司和独立电话运营公司积极地展开了竞争。在许多地方,贝尔电话公司和独立运营公司没有互联互通,这一事实加剧了双方之间的竞争。电话网络没有互联互通让商人们感到沮丧,他们总是发现有必要在办公室里安装两部电话:一部是贝尔电话公司的,一部是独立电话公司的。1907年,独立电话公司发起人同时也是未来的美国总统沃伦·G.哈丁(Warren G. Harding)一度认为,"公众通常不太敢说这个问题","但电话本来就是而且应该是一种自然垄断,由主管当局监管"。虽然俄亥俄州的马里恩有着"双重服务",在那里哈丁投资的独立电话公司承诺的费率更低,但为城市里商人们投入的服务成本超过了收益:"简而言之,在电话推广中看起来美丽的梦想在现实中是场噩梦。"[16]尽管哈丁如此警告,但双重服务确实加速了电话的大众化;电话发起人发现新市场的第一个进入者比起竞争对手来说享有极大优势,经济学家称之为"准入竞争"。[17]贝尔电话公司的工作人员在公开声明中将独立电话公司取得的成就轻描淡写,但在他们的私人通信中更直接地谈到了这一点。贝尔电话公司的工作人员沃尔特·艾伦在1906年与弗雷德里克·菲什的机密备忘录中谈到,无可否认的是独立电话公司促进了电话的改善,电话安装的迅速增加是"竞争刺激"的直接结果。[18]

贝尔电话运营公司为其用户提供了更广的电话网络连接,从1900年左右开始,它们还提供了更多样的收费项目。独立电话公司通常提供较低价格的本地服务和较少数量的收费线路连接。在某些地方,贝尔电话公司允许独立电话公司与它们的收费线路互联互通,但在许多其他城市的贝尔电话公司是拒绝这样做的。在贝尔电话公司和独立电话公司正面竞争的地方互联互通的可能性最小,贝尔电话公司认为互联互通是一种竞争武器。

贝尔电话公司建立了一个覆盖全美的长途电话网络,但独立电话公司并没有建立这样的长途电话网络。[19]贝尔电话公司的长途电话网络的技术复杂性得到了大量有利的新闻报道,其中大部分是贝尔电话公司强大的宣传部门撰写的。这些新闻报道反过来对历史学家和社会学家的后续解读产生了影响,其中许多人错误地认为贝尔电话公司的长途电话网络在贝尔电话运营公司相比独立电话公司提升竞争力方面扮演着关键角色。[20]事实上,贝尔电话公司的长途电话网络在贝尔电话公司与独立电话公司的竞争中的意义有限。很少有电话用户愿意支付很高的费率来打长途电话,那些愿意付款的人总可以使用公用电话,这些公用电话已连接到了贝尔电话公司的长途电话网络。贝尔旗下的运营公司经营的收费线路产生了更多的收入,但即使是这些收费线路,也很难决定性地使收支平衡向贝尔倾斜。独立电话公司经营着自己的收费线路网络,贝尔电话公司从1900年前后开始鼓励与非竞争性的独立电话公司互联互通,这一步伐在1907年之后加速了。[21]在极少数情况下,如果有人希望拨打收费电话,每个城市和许多城镇附近都有与贝尔电话公司的长途网络相连的公用电话。

电话大众化既不是出于技术要求,也不是经济激励的结果。电话网络扩张增加了接线成本,长期以来电话运营公司通过服务专属客户获得了大量利润。事实上,催化剂是政治。在电话业务中,肆无忌惮的竞争从未存在过;出台一些规定在所难免,竞争始终是人为的。

1894年1月贝尔的第二个电话专利到期象征着原来贝尔电话公司专利垄断的终结。然而,这一事件的长期影响仍然不确定,没有人可以猜到法院对贝尔电话公司持有的900项专利有多广的解释范围。更重要的是在接下来的12月,贝尔电话公司在1891年获得的一项由爱米尔·贝利纳发明的麦克风专利被宣布作废。[22]通过宣布贝利纳的专利无效,法院发出了信号,贝尔专利组合将不再阻止竞争对手的设备制造商进入该领域。虽然美国最高法院将于1897年推翻对贝利纳专利的裁决,但最高法院限制了专利的范围,这使独立电话公司大大松了口气。[23]从此以后,不管贝尔电话公司还是其竞争对手,大家都发现建立起大型专利组合非常有利。

贝尔电话公司期待着贝利纳的专利可以使其自1879年以来一直享受的专利垄断永久化;1894年专利的废止粗暴地唤醒了贝尔电话公司。在公开场合,贝尔电话公司的内部人士保持着"沉默是金",他们习惯这样迎接坏消息,这误导了历史学家忽略了这一事件的重要性。[24]在私下里,贝尔电话公司的内部人士认识到他们不得不改变方向。1891年一位贝尔电话公司的律师认为,由法院批准贝尔电话公司的垄断比任何围绕专利保护而形成的其他垄断获利更多,更具有"控制能力","更加普遍地招人讨厌":"众所周知,在普通诉讼中,专利权如果涉及可能导致人性上不利观点的问题,就会在巨大的压力下让步。"[25]这位律师有先见之明:事实证明"压力"太大,专利权被取消了。

贝利纳专利的裁决对贝尔电话公司的投资者产生了直接影响:公告显示,美国贝尔电话公司的股价下跌了整整10个百分点。在一个由投资者推定公司股票的市值与公司资产价值密切相关的年代,这是个不祥的征兆。[26]

贝尔电话公司在全美的大城市享有的法律优势弥补了它此次在法庭上的失败。所有大城市的贝尔电话运营公司都享有市政特许经营权。市政特许经营很难获得。例如,对于在电话业务中想获得市政特许经营权的潜在的新进入者来说,这比电报业务的潜在新进入者获得州宪章更加困难。电报公司在鼓励公开进入的一般公司注册法下成立,而大城市的电话公司需要市政特许经营才能开展业务,这需要一个一个地谈判。

贝尔电话公司在大城市的法律优势受到了在各州的独立电话公司政治势力的阻碍。独立电话公司认识到,他们的集体繁荣取决于有利的政治经济环境,它们尽力把这种环境变成了自己的优势。1890年,27个州和地区已制定法律去组织或破坏信托和垄断,在与贝尔电话公司的政治较量中,独立电话公司发现这些法律是个有力的工具。[27]反垄断仍然是一个服众的公民理想,立法者起诉贝尔电话公司限制自由贸易相对不难。1894—1907年,当独立电话公司与贝尔电话公司的竞争最激烈时,州议员、州检察长、州法官在法庭上宣布了一系列有利于独立电话公司的法律裁决以及行政决定。城市官员和联邦法官也经常帮助独立电话公司,特别是在贝尔电话公司通过收购独立电话公司、尝试扩大其在收费线路或电话设备制造方面的地位的情况下。立法者禁止所有的收购案,即使它们都已得到了买卖双方的同意。然而,对于州和市政府来说,合同自由与鼓励竞争及预防垄断比起来,后者更有公民理想的价值。

在1900年以前的时期,州立法机构强制要求贝尔电话公司与独立电话公司之间互联互通,独立电话公司通常表示支持,贝尔电话公司则表示反对。然而,在1900—1907年,许多独立电话公司也反对起互联互通,认为它打消了建设独立电话公司独有的收费线路网络需要的动机。

最具野心的独立电话公司收费线路网络是在克利夫兰地区的美国独立电话公司(United States Telephone)的收费线路网络,它由两个克利夫兰有轨电车巨头所有,旨在将许多最近在俄亥俄州涌现的独立电话运营公司连接在一起。美国独立电话公司最宝贵的资产是它与300家俄亥俄州独立电话公司签订的有效期九十九年的独家互联合同组合。美国电话公司的财务状况总是不稳定,1909年5月,在一次不利的法院裁决之后,该公司被卖给了一家银行,这家银行是纽约投资银行J. P.摩根大通集团的代理机构。此后不久,J. P.摩根大通就收购了美国独立电话公司的资产。

美国独立电话公司之所以短暂存在,与其说是因为它在商业上的成功,不如说是因为它根据州法律获得了一系列特权。俄亥俄州对州外的公司不太友好,俄亥俄州法院不愿意允许那些与美国独立电话公司签约的电话运营公司把收费线路转到竞争对手贝尔在印第安纳州的电话运营公司——中央联合电话公司那里。当中央联合电话公司拒绝互联互通时,美国独立电话公司已经与独立电话运营公司们签订了有效期九十九年的互联合同。法院认为这些合同是神圣不可侵犯的,即使这些合同的执行对与之谈判的运营公司来说代价高昂。1908 年,俄亥俄州的一位法官表示,有效期九十九年的独家合同并不是对贸易的限制,因为独立电话公司并不打算垄断电话业务。法官的裁决在 1909 年 5 月份的一次决定中分量变轻了,这加速了美国电话公司的消亡,并且在 1913 年 2 月由一位明显同情独立电话公司的法官推翻了。尽管他有对独立电话公司的偏好,但他发现不可能否决许多人的怀疑——也就是有效期九十九年的独家互联合同是对贸易的限制。[28]

1899 年,最高法院在"里士满诉南方贝尔电话公司"(*Richmond v. Southern Bell*)一案中裁定,弗吉尼亚州里士满的贝尔运营公司即使签署了《国家电报法案》,也不能免于受到市政法规的约束,这使得运营公司在与市政府的较量中遭受了重大挫折。最高法院裁定,国会并没有打算让《国家电报法案》涵盖所有可以想象到的电子通信形式。例如,《国家电报法案》就包含了一项条款,规定以低成本为偏远地区提供"政府通信"。这项条款与电话业不相关,电话业仅限于"口头传播",而政府与偏远地区的沟通差不多总是以书面形式发送的。[29]

如果贝尔电话公司在里士满一案中获胜,市议会将会发觉规范电话费率和性能标准更加困难。里士满一案没有解决市议会是否有权力买断电话公司并将其作为政府机构运作的问题。然而,它确实阻止了贝尔电话公司依靠联邦法律来防止市议会规定电话费率和性能标准。如果大城市的议会希望给新进入者授予特许经营权,贝尔电话公司也无法阻挡它。

难以想象如果贝尔电话公司在里士满一案中获得胜利,将会如何重塑电话业。如果是在芝加哥,可想而知这种情况会放慢电话大众化的脚步。电话网络扩张需要大量资金投资新的电话设备,没有人确切地知道投资是否能够回本。如果设备升级被定性为对新进入者和不受欢迎的法规的先发制人的打击的话,那么这个理由对投资者来说更为正当。

如果对比一下芝加哥和多伦多的电话业务,更会凸显政治经济环境对电话网络扩张的影响。虽然芝加哥比多伦多要大得多,但两个城市有很多共同点。两者都是繁华的商业中心;都在迅速扩大;都有贝尔电话运营公司。决定性的差异在于政治方面。1904 年,多伦多市议会失去了对其电话运营公司的监管权。此后,费率设定、性能标准以及新进入者的许可都由加拿大联邦政府管理。[30] 相比之下,在芝加哥,里士满一案确保了市议会至高无上的地位。美国和加拿大之间的这种政治环境差异导致了经济上的后果。多伦多电话运营公司不必担心市政当局会因过度昂贵而反对电话网络扩张。然而,无论成本多少,芝加哥电话运营公司都担心市政会阻挠它的特权,不让电话网络扩张。在电话网络扩张的过程中,芝加哥电话交换所优先于竞争对手,并受到了以前忽视它的大部分市民的好评。[31] 20世纪早期的商界领袖经常抱怨政府与企业之间的对抗性关系减缓了创新,后来的历史学家也如此认为。在芝加哥,情况正好相反。政治经济环境的动荡——特别是市议会的不可预测、反复无常和贪婪——才是创新的引擎。

芝加哥的电话大众化可以追溯到1900年,那一年芝加哥电话公司的总经理安格斯·希巴德成立了一个新的收费计划,并注定会加速市内电话网络巨大的扩张。1893年,当希巴德抵达芝加哥担任芝加哥电话公司的总经理时,公司的芝加哥电话交换所只有11,400名用户。当希巴德于1911年离任时,它拥有超过250,000名电话用户,这是一个惊人的增长。在同一时期,公司的资本投资从300万美元增加到了3000万美元。[32] 全美再没有哪家电话运营公司每天接通的客户数量比芝加哥多。[33] 即使芝加哥的人口规模相对伦敦较小,芝加哥的电话机也比伦敦的电话机要多,而且接线员的连接速度要快得多。[34] 事实上,1909年芝加哥的电话机几乎和法国全国的一样多。[35]

芝加哥的电话业务为调查美国电话的大众化情况提供了一个有利的据点。但芝加哥的情况并不具有代表性。事实上,正因如此,才使它的历史如此具有深意。1900年,芝加哥是排在纽约市之后的全美第二大城市,也是全美第二大电话运营公司所在地。芝加哥有全美最大的电话设备供应商,也是纽约市之后最重要的电话行业媒体中心。长期以来,历史学家们将19世纪末的芝加哥看作农业主粮的出产地。[36] 但芝加哥还有一个蓬勃发展的制造业部门,其中包括世界上最大的电话设备制造工业区。

芝加哥蓬勃发展的行业媒体确保了该市的创新被广泛报道。这些城市助推器以鼓吹芝加哥的成就而臭名昭著,然而1918年芝加哥编年史家们的吹嘘中却有很多真知灼见,他们称芝加哥为"世界电话之都"和"电话业的麦加圣地,一切领土上的电话专家都从这里寻求灵感和指导"。[37] 伊利诺伊州的绝大多数工厂都位于芝加哥大都市地区,1926年芝加哥电话行业媒体的一位编辑称赞芝加哥制造了全美80%的电话。[38]

芝加哥电话公司是一家大型公司,利润颇丰,为其股东付的年度股息为10%~12%,相比之下这个回报率比西联电报公司在内的大多数公司都要高。[39] 芝加哥电话公司超过一半的股息归其母公司美国电话电报公司所有;反过来,这笔红利占了美国电话电报公司年收入的很大比例。1905年,美国电话电报公司从32家电话运营公司中获得了年度股息。它收入的35%来自两个公司:纽约电话公司和芝加哥电话公司。[40] 1902年一家电话运营公司经理宣称,"我们的经验证明,电话业务几乎所有的钱都将来自大城市,与人口和商业活动成比例"[41]。

芝加哥最大的电话设备制造商是美国西部电气公司,其工厂综合体设在芝加哥西侧的工业区。美国西部电气公司向很多公司销售除电话之外的电气设备;然而,在1908年4月以前,贝尔电话公司禁止它将电话设备销售给贝尔的独立电话公司竞争对手们。[42]1914年,美国西部电气公司的年销售额约为7700万美元,这使它成为全美最大的制造商之一。[43]1904年,它在霍桑工厂破土动工,这是位于芝加哥郊外的一个巨大的新工厂。在20世纪的大部分时间里,霍桑工厂依然是全美最大的电话设备制造综合体。[44]

美国西部电气公司发明了许多让电话大众化得以可能的设备。源自这个芝加哥工厂的最具开创性的电话发明是复式交换机,这是当时最复杂的生产资料之一。

在美国西部电气公司率先推出的交换机优化系统中有三种反馈机制:电子信号灯、"嗥鸣器"(howler)和占线信号。电子信号灯位于电话交换所的交换机上,通知接线员有呼叫者希望拨打电话,或通话已经结束。嗥鸣器是一个用来引起注意的嗡嗡声,提醒用户电话没有被正确挂好,还"没在钩上"[45]。占线信号是一个持续的嘟嘟声,以向呼叫者发出信号表示线路不可用,因为它正在被占用。

嗥鸣器和占线信号为用户提供了信息,此前这个信息是由电话接线员口头传达的。电子信号灯取代了电磁的"信号器",它一亮就会告诉接线员有呼叫者希望建立通话。此前,电话接线员必须手动重置信号器,这是个耗时的任务;电子信号灯可以自动关闭,简化了接线员的工作。

美国西部电气公司的工程师们受益于他们与芝加哥电话公司空间上临近。例如,在完善复式交换机时,美国西部电气公司的工程师查尔斯·E. 斯克里布纳(Charles E. Scribner)与芝加哥电话公司的工程师们密切合作,在交换机的改进之中他帮助设计了占线信号。[46]电子信号灯、嗥鸣器和占线信号都是由美国西部电气公司发明的,并首先在芝加哥电话交换所投入商用。每个发明都是美国西部电气公司与芝加哥电话公司之间创造性合作的结果。芝加哥电话公司总经理希巴德很清楚这一点,尽管许多年后,他忍不住开玩笑说他自己发明了占线信号。[47]

一位20世纪的电话史学家解释说,复式交换机解决了第一个有意要"压垮"电话业的"技术危机"。此外,它还带给了美国西部电气公司不可撼动的竞争优势。美国西部电气公司的专利布局如此之大,如此多样化,几乎涵盖了接线员辅助交换机的方方面面。为了避免诉讼,德国电气设备制造商西门子获得了美国西部电气公司的复式交换机的专利权;为了经营柏林电话设备厂,西门子聘请了一位在芝加哥美国西部电气公司受过培训的工程师。[48]

美国西部电气公司的工程师中没有谁比斯克里布纳那样在他生前更知名,身后被后人迅速遗忘得更快的了。托马斯·爱迪生称赞他是所认识的人中"最勤奋的发明家"。斯克里布纳拥有441项发明专利,相信同时代的人只有爱迪生本人才能赢得过他。[49]

研究工业的史学家们往往低估了斯克里布纳和他的同事们的创造性成就,并称在1907年维尔担任美国电话电报公司总裁之前,贝尔电话公司很少做内部研发。这些说法认为维尔招募了一支受过高校培训的科学家团队,他们推动了知识的前沿,而不仅仅像斯克里布纳这样的美国西部电气公司的工程师一样,只是升级交换机、电缆和电话设备。这支研究团队最引人瞩目的成就是三元件高真空管。高真空管是用来放大电子信号的第一项发明,而不只是为了减缓信号的衰减,这使得它的发明与电子学的诞生同时出现。

高真空管为整个美国大陆的声音通话提供了增强传输的必要条件,使纽约—旧金山的通话成为可能。它也将证明自身在1920年开始的无线电广播商业化中是不可或缺的。贝尔电话公司的公关人员认为,为了继承1907年后的公司遗产,维尔的继任者在1925年建立了传说中的贝尔电话实验室(Bell Telephone Laboratories)。

长期以来,以贝尔电话公司为研究中心的科技史学家们一直认为高真空管这项发明标志着工业研究史上一个全新的出发点。贝尔电话公司的科学家弗兰克·B.朱厄特(Frank B. Jewett)的看法有所不同。尽管朱厄特在贝尔电话公司转向基础研发的过程中发挥了重要作用,他仍对斯克里布纳及他的同事们表示赞赏,认为他们为贝尔电话公司后来的工业成就奠定了基础。1919年,朱厄特说,"工程结构是我们今日的荣耀,是一个伟大的工业的核心,它归功于查尔斯·斯克里布纳和他周围的同事"。没有这个基础,"我们现在的组织就不会存在"[50]。斯克里布纳和他的同事获得的源源不断的发明专利,一直都是贝尔电话公司电话实验室这棵"坚固的橡树"结出的"橡子"。[51]

美国西部电气公司的芝加哥工厂所在的工业区产生了几个全美最重要的独立电话设备制造商。最终,这些独立制造商会跟随美国西部电气公司一起迁出城市,在芝加哥大都市区探索更宽敞的处女地。然而,直到1902年,芝加哥的工厂才制造了美国的独立电话运营公司安装的90%以上的设备。[52]

独立电话设备制造商中规模最大、最雄心勃勃的当属凯洛格公司(Kellogg)、斯特隆伯格—卡尔森公司(Stromberg-Carlson)以及美国自动电气公司(Automatic Electric),它们在美国西部电气公司旁边建造了工厂。在建立自己的工厂之前,米洛·凯洛格和詹姆斯·E. 凯林(James E. Keelyn)在美国西部电气公司设计电话设备。在成为独立的电话设备制造商之前,阿尔弗雷德·斯特隆伯格(Alfred Stromberg)和安德罗夫·卡尔森(Androv Carlson)在芝加哥电话公司担任交换机技术员,他们的公司是以自己的名字命名的。[53]

技术上最具创新性的芝加哥独立制造商是美国自动电气公司。独立制造商中的大部分人员都是前美国西部电气公司的工程师,并以美国西部电气公司为模型制造设备。美国自动电气公司打破了这个模式。它从整个中西部地区的机电交换机和拨号电话的制造商中招募了工程师。[54]美国自动电气公司编组的技术专家和它所拥有的专利组合使其成为几十年以来的全球领导者。[55]

20世纪的电话仍然是限于地方的媒介。个别的电话用户——主要是批发商、制造商、经纪人和银行家——用电话保持市内与更广的世界的联系。其余的用户用它来跑腿、召唤医生,或和家人朋友通话。大多数电话都是打给本地用户的。1900年芝加哥的平均通话距离是3.4英里。这个距离在今天看起来可能很短,但当时芝加哥电话公司总裁称赞,这是该市电话用户的拨打范围已经开始超出他们生活的狭窄街区边界的证据。[56]市内电子通信中这一进步的重要性很容易被忽视。然而芝加哥电话公司的公关人员并没有忘记它。1906年,芝加哥电话公司的公关人员认为,芝加哥的电话用户可以把自己"投射"在"线上",由此成千上万的芝加哥人可以通过电话联系到他或她,这真是个"很棒的想法"。[57]

非本地通话仍然很少见;新发明的高真空管造就的长途电话网络几乎不为人知。1904年贝尔电话公司内部的一项调查报告称,仅2.4%的芝加哥电话用户认为长途电话有极大的好处。[58]1914年,一位公共事业专家估计,每100名芝加哥电话用户中一年仅会有1人拨打超过100英里距离的电话。因此,对于电话运营公司来说,升级便于互联互通的100英里以内的设备更为重要。这个结论对于把大笔金钱投入长途电话网络上的贝尔电话公司来说是一句犀利的批评。[59]

要想在固定费率区域外打电话的电话用户有两种选择。如果他们拨打的用户位于芝加哥电话公司运营的电话交换所之内,他们就算作打了一通付费电话(a toll call);如果他们拨打的用户位于另一家电话运营公司的领地内,他们算作拨打了一通长途电话(a long-distance call)。付费电话和长途电话是分别支付的;两者都很贵。几乎没有任何类型的电话超越了芝加哥大都市区。在1900年芝加哥电话交换所处理的付费电话中只有10%是打到城市方圆100英里以外的地方的。1906年,芝加哥电话公司获得的付费电话收入的整整50%是来自城内的付费电话。[60]

在芝加哥的腹地,情况大致相同。收费线路(Toll-line)连接只针对少数人使用,是奢侈品,而本地联系则面向多数人,是必需品。到了1906年,芝加哥方圆100英里范围内的每个城市和城镇都与芝加哥电话交换所有连接。但是很少有证据表明这些地方的居民高度重视由芝加哥电话交换所提供的高速直线连接;如果他们需要呼叫市话,他们总是可以在公用电话那里打电话。伊利诺伊州内珀维尔在当时是一个位于芝加哥以西40英里的小集镇,1906年内珀维尔的商人协会投票表决,他们不会从独立电话公司转向贝尔电话公司,即使两家公司提供相同的业务费率,并且只有贝尔电话公司提供通向芝加哥的直线连接。独立电话公司为住宅用户提供了更低的费率。对于内珀维尔的商人来说,这个功能似乎已经决定了胜负。[61]对于独立电话公司来说,通向芝加哥直线连接的需求同样有限。1915年,圣路易斯独立收费线路公司的一位总经理认为,最近修建完成的圣路易斯—芝加哥收费线路是个赔钱货。如果他事先知道这条线路业务不多,就永远不会授权其建造。[62]

希巴德担任芝加哥电话公司总经理时的首个任务是把芝加哥的每一部电话和长途电话网络连接起来,贝尔电话公司已于1892年把长途电话网络从纽约市延伸到了芝加哥。纽约市与芝加哥的联系是美国贝尔电话公司总裁约翰·哈德森的心血结晶。通过将纽约市和芝加哥的电话连接起来,哈德森希望确保贝尔电话公司能够保持高利润,以及在后专利垄断时代享有它在1894年之前那样的自治权。

纽约市与芝加哥之间的电话线路的官方开放时机恰逢哥伦布纪念博览会(Columbian Exposition),这是一个奢华的世界博览会,吸引了大量游客前往芝加哥。哈德森希望电话连接将会为这片土地上备受指责的贝尔电话公司带来一些有利的宣传。对于哈德森来说不幸的是,纽约市与芝加哥之间的连线没能俘获报道博览会的芝加哥记者的想象力。

更为人所知的是艾利沙·格雷发明的传真机(teleautograph)。1893年,格雷在杂志文章中描述他的发明时解释道,电话机的商业化创造了对"更优良、更不同的服务类型"的需要。在即将到来的"传播方式革命"中,没有任何发明比这更重要。通过传输一个"精确模拟"或"远程签名"的书面文字,它会"在商务方面发挥信件的作用,并且可以和发电报一样快"。[63]对于《芝加哥论坛报》的记者来说,格雷的传真机的首次亮相让人印象深刻。记者喋喋不休地讲,传真机在很多方面都优于电话和电报,因为消息既不会被听到也不会被打断,而它们的准确性也得到了保证。[64]

事实证明,纽约市与芝加哥之间的连线在技术上比哈德森所想的更为复杂。[65]芝加哥的大多数电话还没有配备长途电话服务所需的金属电路,它们的升级既耗时又昂贵。其实,长途电话服务在商业上的实用性直到1900年配备了负载线圈后才会显现,负载线圈是为了限制长途电子脉冲的衰减。[66]

即使希巴德克服了这些技术挑战,有个问题仍然存在。对于大多数芝加哥人来说,长途电话并不比提高芝加哥内部的电话性能标准更重要。用户的抗议活动曾困扰过希巴德的前任——费伊,这一事件仍然让人记忆犹新,希巴德决定要防止抗议活动再次发生。

芝加哥电话用户面临的最要紧的运营问题是呼叫拥堵。呼叫连接延迟的时间长得不可思议,并且很大一部分电话都是无效的,因为线路已在使用中。如果通话在进行中,则无法被中断,因此,接线员除了报告线路"忙碌"外无计可施。[67]希巴德后来回忆说,一个木材批发商在一条固定费率线路上指示接线员让前后20个经销商相继与他联系的场景并不罕见。如果有大量类似的电话同时打进来,他们可能会"让电话交换所瘫痪"。[68]

希巴德主导的所有升级活动中,对于广大电话用户来说影响最为深远的是中央电池组(common battery)的使用。中央电池组是一种取代本地电池的中枢电源,它产生的电流能够把声音转换成电流。它的采用创造了稳定的电流,这是三种反馈机制所必需的:电子信号灯、"嗡鸣器"和占线信号。此外,中央电池组淘汰了被俗称为"咖啡研磨机"的手动曲柄,当电话用户想要联系接线员时就得用手动曲柄。此后,如果来电者希望联系接线员,他们只需取下电话听筒即可。

中央电池组极大地简化了用户电话的维护。本地电池不太可靠,需要经常调整以保持正常的工作状态。一些本地电池需要每周维修一次。本地电池不美观,凌乱且笨重。随着它们的拆除,电话的命名发生了微妙的转变。现在越来越普遍的说法是,用户的电话不再是一个站点,而变成了一种设备和工具。

希巴德将芝加哥电话交换所长期的呼叫拥堵归为两个主要因素:呼叫连接延迟和高比例的无效呼叫。为了尽量减少呼叫连接延迟,希巴德通过绘制每日电话使用情况来分析呼叫模式。在一个典型的工作日,上午9点后电话数量上升,午餐时间下降,下午再次上升。希巴德认为第二次上升是芝加哥独有的,是当地商人的勤劳所致。[69] 呼叫模式每天的变化很小,这使得管理者可以合理精确地预测所需的接线员数量,减少了呼叫者发信号通知他想要打电话与电话被连接之间所花费的时间。为了预测人员配置需求,希巴德编制了每日电话使用情况图表。希巴德的图表让他可以在一天中每个小时雇用最佳数量的接线员:不用太多,太多会增加不必要的劳动成本;也不能太少,不然会增加呼叫连接延迟。

为了让使用模式概念化,希巴德用铁路和发电厂进行类比。铁路给希巴德带来了具有启发性的"流量"(traffic)隐喻,以及相关的"空头"(deadhead)概念。对于铁路经理来说,"空头"是一辆没有收入的空车;对于希巴德来说,"空头"是没有付款给公司的通话。发电厂为希巴德提供了"负载"(load)隐喻。在发电厂中,"负载"量化了给定时间点中的电量需求;在电话交换中,它为使用创建了模式。芝加哥电力大亨塞缪尔·英萨尔(Samuel Insull)曾经展示了定价方案如何最大限度地减少对电力需求的突然峰值,发电厂从而可以提高电力的效率。希巴德希望按次计费可以"提升负载"[70]。

希巴德制作的电话使用情况图表披露了一个令人惊讶的事实。电话交换所的效率在很大程度上取决于电话用户的合作。希巴德在1894年解释说,"每天,用户线路上的电话流量记录都会清楚地表明这一点:完成电话不完全取决于电话公司或其代理人,而在很大程度上,或者说几乎全部都取决于用户使用电话的能力"。为了尽量减少呼叫拥堵,用户必须成为"'系统'的一部分"。实际上,用户是系统"最重要的一部分"。如果可以做比较,在这方面,电话交换所与其他所有市政特许经营公司有本质的区别。与燃气厂或自来水厂不同,电话交换所本质上是需要协作的:它的效率取决于公司和它的用户的持续合作。如果用户未能正确地对着电话机讲话、没挂好电话或无意义地

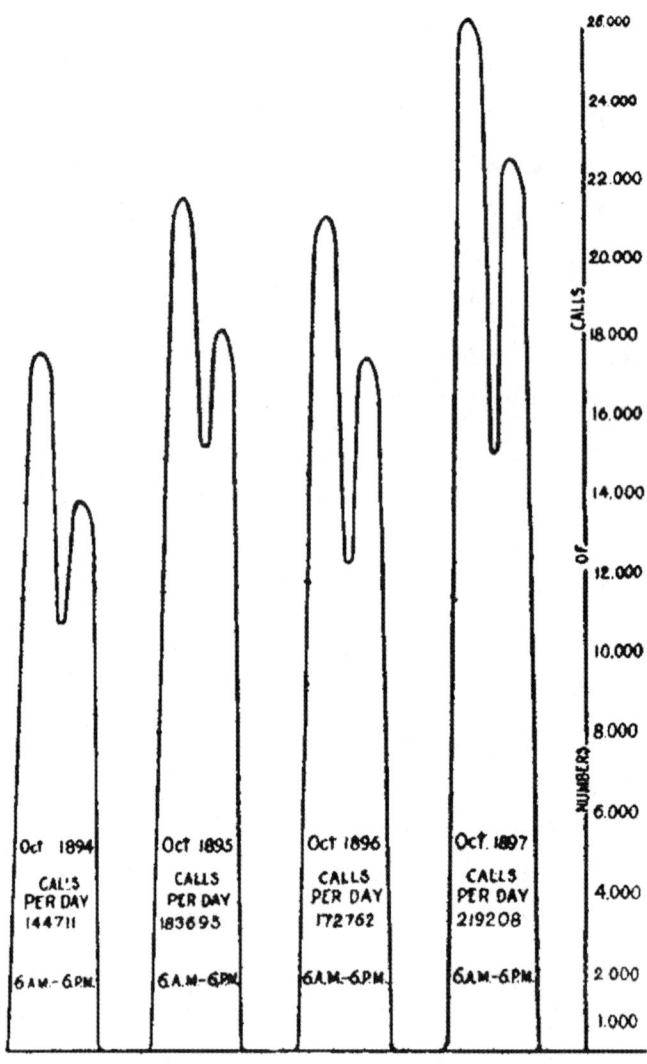

曲线显示了1894—1897年的10月份芝加哥电话交换所早6点到晚6点产生的通话量。

19世纪90年代，芝加哥电话公司总经理希巴德率先对电话使用情况进行了逐小时的分析。这个1897年绘制的图表描绘了希巴德的数据生成，并提供了在电话业务的早期美国大城市的使用模式，这是很稀有的一瞥。"Telephone Traffic in Chicago,"*Electrical Review* 31（November 17, 1897）:236.

喋喋不休占住线，那么每个人的服务都会受阻，[71]店主如果阻挡了进出口，就会失去顾客；电话用户如果堵塞了他们的"电话门"，就得自己花费冤枉钱。[72]

希巴德对不必要的浪费穷追不舍，很明显的一点是，当呼叫者要求通话时，他禁止接线员使用"喂"这个词。他说，打招呼是多余的。取而代之的是，希巴德要求接线员实用地说"请说号码"。希巴德甚至试图劝阻电话用户拿起话筒时说"喂"；但没法说明他是否成功了。希巴德建议,与其说"喂",不如让呼叫者清楚明确地陈述他们的姓氏。[73]毕竟,只有有限数量的接线员、交换机和几条线路。

希巴德偶尔会开一下女性在电话里说闲话的玩笑。但他仍然相信,由电话社交导致的不必要的浪费主要是男性造成的。这个呼叫拥堵的"特别的绊脚石"是因为"讨厌的办公室勤杂工"占住了固定费率线路来赌博、查看最新的棒球比分或和他们的死党通话。[74] 1906年芝加哥电话公司的电话簿表明,"调查显示,在没有业主的情况下,甚至在业主在场的情况下,固定费率的电话一整天长时间地被邻居、办公室勤杂工、文员和其他员工没有节制地使用,它们被用于无聊和无效的谈话"[75]。

即使女性开始大量使用电话,希巴德也不关心女性的社交。原因很简单,商务电话产生了大量的呼叫拥堵,而女性很少使用商务电话。住宅电话很少有运营方面的挑战,因为它们的使用不那么集中。就像取代了地区电报一样,这些电话旨在促进相对有限数量的家务活。住宅用户使用电话来订购食品杂货或执行差事,不希望被打到家里。在许多雇了佣人的富裕家庭中,唯一的电话设在厨房,主要由当差的人使用。[76]

希巴德的性别推定反映了电话专家们的共同观点。虽然1900年以后女性使用电话的频率越来越高,20世纪初的电话专家通常把电话呼叫拥堵的问题归咎于男性。1903年,一位作者在芝加哥市议会就电话费率的讨论做了特别报道说,如果"必须为通话付费",那么"一般性的、琐碎的和毫无意义的消息在'通话中将会终止'"。同时,职员、速记员、办公室勤杂工们讨论他们私人性的、社交性的和"通常是无足轻重的事情"所造成的不必要的浪费将"大大减少"。有了按次计费标准,电话将被限制在"主要为其设计的"那些重要的对话中。[77]一个电话分析师反映,许多办公室勤杂工永远不会想着从他的雇主的办公桌上偷张邮票去给朋友寄封私人信件。然而这个办公室勤杂工会觉得拿他雇主的电话说"大量"与工作不相关、没有任何用处的话,一谈好几个小时都没什么关系。分析师气愤地认为,认为电话服务的成本和打电话的数量有关,而不是和通话时长有关只是一个"大众的幻觉"。只要费率和成本无关,这样的误会就会持续下去,用户会"和空气一样免费"地使用他们的电话。[78]

商业用户造成的呼叫拥堵迫使希巴德前去游说,呼吁取消固定费率业务。希巴德的努力失败了。商业用户很容易被动员起来,他们认识到了在固定费率区域内不限次数地打电话的好处。后来电话专家得出了结论,固定费率业务是倒退的:商业用户每次的通话费率远远低于住宅用户每次的通话费率。[79]希巴德一直坚信这是造成芝加哥电话交换所呼叫拥堵的主要原因。1907年,希巴德抱怨道,芝加哥的9300台使用固定费率的电话导致了比"所有其他因素加起来"更加"糟糕的服务"——即使这些线路仅占这个城市所有电话的8%。[80]

希巴德为消除不必要的浪费而进行的讨伐促使他重新设计了公司安装的供公众

使用的特别指定的电话。这些电话已经被安装在商店、火车站和其他公共场所,因此被称为"公用电话"。直到1900年,公用电话依然是大多数芝加哥人唯一可以使用的电话。成千上万的芝加哥人第一次打电话不是在办公室或住所,而是在商店里。像无线电广播和电视一样,大多数市民都是在公共场合第一次接触的电话,后来电话才变得家庭生活化。事实证明,公用电话在药房老板那里特别普及。药店环境怡人、光线充足,尚未在其办公室或住所租用电话的芝加哥人在药店打电话也很容易理解。[81]

在获得1889年特许经营权之前,芝加哥电话公司偶尔允许安装公用电话。直到1889年后,公用电话才开始大众化。公用电话让店主每年花费150美元:包括普通的固定费率125美元,以及服务非电话用户特收的25美元,它允许向每次拨打本地电话的用户收10美分的费用,这笔费用由店主收取。它的目的不仅仅是用来支付25美元的附加费,而且也是为了阻止希巴德所担心的由于无聊的使用而引起的呼叫拥堵。[82]希巴德希望,店主出于自身利益会限制使用量。很少有店主有另外的电话供他们自己使用:如果顾客不断保持在线,店主将无法拨打或接听其他顾客、家人和朋友的电话。

让希巴德气愤的是,店主拒绝履行他们的义务。为了增加客流量,他们通常会不收那笔10美分的费用。有一位药房老板说,公用电话是他"最好的广告"。为了打免费电话,进了药店的客户可能会在走的时候捎带买点东西。他估计,一个工作日,公用电话会创造1美元的销售额,这超过了它的成本。[83]

希巴德觉得公用电话的受欢迎程度令人振奋,但他仍然感到不安,因为公司无法获得25美元以外的附加费。希巴德不反对给非电话用户提供电话服务,但他不明白为什么非电话用户可以免费获得电话服务。就像店主从公用电话产生的"瞬态业务"受益一样,电话公司也应该如此。[84]"免费搭便车主义"提高了劳动力成本,挫伤了私人线路的安装业务,并鼓励了成千上万的"轻浮,完全没用的对话"而增加的呼叫拥堵。而对于希巴德来说,这不仅造成了浪费,而且也是不公平的:"每个对个人舒适、社会和商业优势的考虑因素表明,要让公众获得这种服务,那必须和其他类型的服务一样——要为所得的东西付出代价。"[85]

为了让公众对电话服务的需求与它的成本一致,希巴德游说店主,允许公司在他们的电话机上放一个上锁的硬币盒,用户必须在接线员完成通话之前在硬币盒里插入硬币。为了鼓励店主做这个改变,希巴德放弃了收取租赁费,并允许店主每月拨打一定数量的免费电话;反过来,公司将收取硬币盒的收益。[86]芝加哥的第一个电话硬币盒安装于1894年;到1900年共安装了1950个电话硬币盒,其中775个被安装在药店。[87]如果要打一个5分钟的电话,呼叫者要投10美分。[88]报社记者预测,药房老板的电话再也不会因嘻嘻哈哈的女孩和她们的朋友闲聊而占线20分钟了。[89]不久之后,"旧的免费电话系统"被忘却了,芝加哥人也忘了曾经可以通过公用电话拨打电话,还不用投币。[90]

　　这个投币式电话得到了数千名既没有办法也没有意愿支付公司收取的高额固定费率的芝加哥人的青睐。一名记者认为，小商人们发现，即使是价格相对较低的固定费率标准也显得太贵了。即使一年到头，他们花费在投币式服务上的费率比支付电话租金更多，他们也很乐意支付10美分打电话，因为他们无法"强迫自己一次性地完成支付费率的义务"[91]。

　　直到1900年，投币式电话的法律地位才被确定下来。那一年，芝加哥市的委员会支持了希巴德的立场，在其1889年的特许经营权下，公司已被允许安装公用电话，而投币式电话是公用电话可允许的变种。委员会裁定，公用电话是电话公司为了"全体公众的使用和方便"而"设立、运营和掌控"的。只要呼叫者遵守了公司的规定，任何人都可以使用电话，不需要"其他任何人的允许、干涉或控制"[92]。

　　用投币式电话替换非投币式公用电话的举动使芝加哥电话公司增加了收入，这笔收入来自非电话用户，但它没有扩大电话的安装基数。为了进一步推动电话使用的大众化，希巴德引入了一系列收费服务，将电话服务的价格与通话完成的成本相挂钩。长期以来，按次计费标准一直是电话用户的诅咒。然而，如果希巴德希望能够将电话服务大众化，那么他就别无选择。在大城市中电话服务的单位成本比在小城镇中更高，业务分析师们熟悉背后的技术原因，但对其他人来说这还很神秘。如果希巴德没有尝试过按次计费标准，他就会一直相信在商业精英以外扩大电话服务是不可能的。

　　按次计费标准将电话服务的成本与用户的通话次数而不是他们租用电话的时长联系起来。如果基本单元是电话连接，那么电话服务的费用应该是按次计费，而不是固定费率。收费线路和长途电话一直都是计费制的。希巴德的创新——这是在布法罗的霍尔、旧金山的约翰·I.萨宾（John I. Sabin）和纽约的贝瑟尔都已开始施行的——是将现用现付（pay-as-you-go）原则扩展到当地的电话服务中去。

　　希巴德的收费计划与霍尔在19世纪80年代那些反响有限的计划在几个方面有所不同。霍尔的尝试发生在电话交换机的技术演进相对较早的阶段；希巴德的计划是在中央电池组推出后进行的。霍尔设想的按次计费服务主要是作为节省成本的考量，其次才作为营销工具；希巴德主要将其看作一种营销手段，即使最初实施起来价格昂贵，但长期下来也能够回本。[93]也许最重要的是，希巴德没有强迫用户进行改换。直到1906年希巴德才会尝试彻底废除固定费率业务，而当他这样做时，他失败了。到了1914年，芝加哥电话停止向新的电话用户提供固定费率业务。但是，现有的固定费率业务用户在1919年以前都不受影响，在那之后，固定费率业务被邮政部长用行政命令淘汰了。[94]

　　按次计费标准显著降低了那些偶尔使用电话服务的用户的成本。1893年，公司为芝加哥人提供的唯一收费计划是在固定费率区域内无限次地使用电话服务，在那一年,这一收费计划涵盖了 16.3 平方英里的区域。[95]虽然商业用户青睐无限次的电话服务,但它的年费很高:接地线路要花 125 美元,用于长途电话连接的金属线路要花 175 美元。按次计费服务要便宜得多,特别是对于小用户而言。按次计费被推出后,每年芝加哥电话服务的平均成本降至 35 美元,比起 1893 年用户支付的 125 美元大幅节省了。[96]一名行业记者宣称,"在芝加哥,没有其他所谓的'公用事业'像在电话服务业那样,用 1 美元换取回报的服务数量在最近增长得如此迅速"。[97]

希巴德为三种不同类型的潜在电话用户推出了三种不同的收费计划。对于寻求很低的成本获得很高的性能标准的住宅用户,他介绍了同线电话(multiple party lines);对于认为低成本更重要、不追求质量的住宅用户,他建立了邻里社区交换所(neighborhood exchanges);对于认为低成本最重要的住宅或商业用户,他推出了一种低成本的现用现付选项,就是投币电话(nickel-in-the-slot)。

同线电话增加了用户数量,同时最小化了运营成本的增加。1896 年,芝加哥已经安装了 400 部同线电话的电话机。[98]为了节省交换机的空间,每条同线电话连接时只使用一个交换机插头。

同线电话为许多中产阶级家庭接入了电话服务。面对面的社交访问一直是富裕女性的传统。现在,芝加哥社会的妇女们首次开始通过电话社交。在第一条同线电话被安装后不久,一位记者报道了这一消息,"早起打电话"在城市的所有"居民区"中变得"煞有其事"。[99]

如果用户可以提前确定打电话到哪一方,使用同线电话的效果最佳。为了区分同线电话,希巴德获得了一项发明专利,叫作"选择性振铃"(selective ringing)。这种创新并非没有问题。例如,在芝加哥,由于街道上电气化铁路的引入,它受到了感应效应的不利影响。与此同时,这是一项重大的技术进步,并最终将被推广到全美范围内采用。[100]

按次计费在电话业的会计业务方面加速了一场小小的革命。要按呼叫次数为呼叫者收费,接线员必须记录通过按次计费线路打电话的每个电话号码和通话时长。通话时长三到五分钟不等,具体取决于收费计划。虽然接线员不习惯中断呼叫者通知他们已通话了多长时间,但接线员是计时员;每次通话后,她都会手动记录通话时长。[101]

按次计费的用户经常抱怨接线员多收了费用,因为接线员对他们的通话时间进行了有意的猜测。[102]为了取消接线员的自由裁量权,他们游说电话公司安装了自动测量电话使用的量表。[103]

自动电话计时器的发明可能看起来相对简单,但在实践中经过了很多年的改良,才使它可以同时记录在特定电话上成功拨打的电话号码和持续时长。直到第一次世界大战后,第一台计时器才在芝加哥被安装。[104]没有成功接通的电话是一个特殊的绊脚石,因为很难设计出一种计时器,可以区分打通和未打通的电话。[105]

同线电话的安装为住宅用户提供了商业用户同样期望达到的高性能标准。对于那些喜欢以低成本得到高品质的用户,希巴德建立了邻里社区交换所,它非常适合位于城市郊内的居民区。在芝加哥,这些地区包括普尔曼、罗杰公园和奥斯汀。从业务的角度来看,邻里社区交换所本来就是设在市郊的线路。邻里社区交换所的用户可以在无限连接的区域内,按年固定费率无限次地拨打电话,这样的区域通常延伸不超过几个街区。如果用户希望在他们的"邻里"之外拨打电话,他们可以依照通话费付费。[106]

为了降低运营成本,邻里社区交换所每次连接的接线员数量少于芝加哥电话交换所的惯例数量。这种降低成本的措施确实增加了呼叫连接延迟,特别是对于位于无限连接区域外的地方呼叫来说。如果用户希望获得如商业用户要求的那种更高的性能标准,他们可以支付高价将他们的电话连接到芝加哥电话交换所。然而很少有人这样做。[107]一位电话专家解释说,许多美国城市"手头紧张"的住宅用户"没有兴趣使用或关注在许多美国城市电话服务特有的显著速度和准确性"。[108]

同线电话和邻里社区交换所扩展了电话网络,但没有为公众提供公用电话那种现用现付的便捷性。为了开拓这个市场,1900年,希巴德为住宅用户推出了一种新的投币式电话产品,它被称为"投币电话"。这种电话与公用电话有一些共同点。就像公用电话一样,它是为了多个用户使用,需要投币才能完成连接。与公用电话不同的是,它是为同线电话连接的,并且不是针对商店的顾客,而是针对寄宿公寓、公寓楼和平房内的居民。[109]

投币电话第一次让芝加哥中产阶级的广泛互联变得容易。他们不必再前往街角的药店打电话。1906年,芝加哥已经安装了近40,000部十线路的投币电话——整整占了全市所有电话数量的1/3(见表3)。[110]

表3 芝加哥的电话大众化,1899—1906年

	电话				
年份	总计	固定费率业务	按次计费(除去十线路投币电话)	投币电话(十线路)	其他*
1899	18,013	—	—	—	—
1900	23,187	—	—	—	—
1901	32,728	6,769	10,564	3,848	11,547
1902	50,118	7,440	12,556	13,989	16,133
1903	68,508	7,291	18,220	20,167	22,830
1904	82,217	7,596	22,950	23,568	28,103
1905	96,260	8,183	27,216	27,959	32,902
1906	115,427	9,163	30,657	38,461	37,146

来源:Dugald C. Jackson, William H. Crumb, and George W. Wilder, *Report on the Telephone Situation in the City of Chicago* (Chicago: Gunthrop-Warren, 1907), pp.92, 96.

注意:总计是8月份。

*私人分支机构交换所、固定费率的住宅和延伸。

此后不久,一名记者观察到,投币电话已经成为"寄宿公寓"以及"私人公寓""必须配备的一部分"。[111]

"投币式"这个术语早于电话设备出现;它已经被使用了有一段时间,通常指那些用硬币或代币以换取商品或服务的机器。投币式留声机几年来一直在火车站和其他公共场所流行。重新设计的投币式公用电话通常位于药店,有时被称为"投币电话",即使它最初的费用是10美分。

投币电话便宜且方便。用户不用付安装费用,无月租费,无预付款。唯一的费用是拨打电话的费用:5美分,即1镍币,用于无限制访问区域内通话,在1907年11月之后,整个城市都可以无限制访问了,面积覆盖191平方英里。唯一的义务是保证每个月拨打电话的最少数量;最初每天至少拨打两次,不久之后每天至少要拨打一次。如果每天花1镍币的话,每月的费率则为1.50美元,每年的费率为18.25美元,这远低于公司长期以来向用户收取的专门金属线路固定费率175美元。虽然投币电话已经接通了长途电话服务,但很少有芝加哥人使用它们来拨打5美分区域之外的电话。收费线路的费率昂贵,拨打到乔利埃特需要花很多镍币,更不用说圣路易斯了。

最低级别的投币电话在一条线路上连接多达十部电话。这个实验是有争议的,而且很快被放弃了。然而它有一个貌似合理的理由。交换机的空间非常昂贵,而十线路只需要接线员交换机的一个插头。十线路投币电话具有进一步的优势,它把呼叫拥堵这个长期以来的挑战从接线员转移到了用户那里。投币电话允许用户每次只能拨打一个电话;为了保持线路空闲,用户限制了彼此呼叫的时长,从而简化了接线员的工作。一位记者观察到,十线路投币电话是"电话教育工作者"。事实证明,即使它们的性能标准不尽人意,但它们让芝加哥人熟悉了电话使用的可能性,并鼓励他们使用更高级别的电话服务,而那个等级的电话服务的成本"迄今为止一直是个障碍"[112]。

拨打电话所需的镍币费用并不是一笔小钱。1900年的1镍币可以购买一包卷烟,或乘坐一次有轨电车,或购买一罐可口可乐。[113]即便如此,几乎没有证据表明许多芝加哥人反对这笔费用。虽然偶尔有捣蛋的人呼吁推出"便士"电话,但是没有出现抗议活动来鼓动降低费率。[114]希巴德猜测,每天5美分的费率已低到足够吸引大部分城市居民了,他是对的。没有人反对按通话付款,特别是因为"没有电话费率这样的事"[115]。1900年10月,希巴德在说明新收费计划的基本原理时说,在推出投币电话之前,芝加哥的北区居民认为"私人电话"太贵了。[116]投币电话出现后就再没有这种反对意见了。

在使用投币电话时,呼叫者需要拿起话筒来确定该线路是否正在使用中。如果线路已开放,呼叫者则请求接线员完成连接,接线员就完成了。如果呼叫者希望被呼叫的线路也是开放的,呼叫者就把镍币放入硬币盒后等待连接。通话时间仅限5分钟:由接线员确定通话的时长,并通知呼叫者他们通话的时间到了。[117]为了限制呼叫拥堵,大多数连接在一起的投币电话不超过四部,这是 1907 年后在芝加哥最大的合法数量。

希巴德推出的投币电话证明了芝加哥电话公司的财力以及美国西部电气公司的组织能力。据说,它最初的推出花费了 150 万美元,这对于 1900 年总资本为 500 万美元的一家公司来说是笔巨额资金。[118] 没有任何一家独立运营公司拥有与芝加哥电话公司相当的金融资源或组织能力。不足为奇的是,没有一家大城市的独立电话运营公司以可与芝加哥电话公司相媲美的方式向大众伸出橄榄枝。

虽然投币电话的推出很昂贵,但它们的服务很简便。每个月,电话公司都会派出收集者,给他们一把硬币盒的钥匙。如果盒子里有 30 个镍币,那么电话服务就回本了;如果达不到 30 个镍币,电话用户就要补足差额。[119]

为了推广投币电话,希巴德聘请了一小批推销员。至少有一次,希巴德亲自到城市人口稠密的北部住宅区挨家挨户地推销过。希巴德解释说,"我们的销售谈话很简短,会问,'你需要我们的电话服务吗?为什么?它对你来说值 5 美分吗?'"在接下来的几年中,成千上万的投币电话在寄宿公寓、公寓和私人住宅被安装——这是一个令人信服的答复。希巴德回忆说,通过这种方式,千百名芝加哥人养成了"电话习惯",一旦他们这样做,他们就"再也没法舍弃它了"。[120]

如果没有先进的交换机设计技术,芝加哥电话的大众化是不可能实现的。然而如果没有人支持这一事业,它就永远不会实现了。技术进步创造了新的可能性,组织创新将这些可能性转化为现实。塞缪尔·英萨尔通过促进能源密集型的生活方式,增加了他的发电厂的盈利能力;希巴德通过将会话商品化而改善了公司的利润。英萨尔和希巴德都没有单单因短期的利润和失利的考虑而动摇。希巴德对满足芝加哥的电话服务各种需求方面几乎有着非理性的热切。电话的大众化是新一代商业领袖为扩大那些控制通信渠道的企业的服务范围而发起的文化议程的一个组成部分。从此以后,芝加哥电话公司不再像是纺织厂或商店部门的"私营企业"。相反,它现在是一个具有社会责任感的"公共事业",有为全体人民提供电话服务设施的社会义务。

希巴德在芝加哥推广电话服务的那些年里,一个全新而坚定的社会学调查民族志传统从这个城市起源了。这个传统后来被称为社会学芝加哥学派(Chicago School of Sociology),它分析了近来电力和电动有轨电车,还有电子通信对社会关系带来的转变。电话帮助创造了社会学家所探索的社会环境,道德哲学家紧随其后也将会对其表示赞赏。[121]

电话的大众化也赶上了与电话业务刚兴起时一样的合并主义(consolidationist)政治经济环境。随后纽约市开始了电话网络的扩张,部分原因是对州规定的费率上限作出回应,而芝加哥的电话网络扩张加速是由于市议会最近给一家独立电话运营公司颁布了特许经营权,使其与贝尔电话公司展开了正面竞争。芝加哥电话公司依靠市议会,不仅仅是因为它掌握着特许经营权的批准,也因为它有权批准使用街道来架线或埋地线的通行许可证。通过让电话在大部分芝加哥居民的日常生活中发挥功效,希巴德改善了公司与市议会较量中的讨价还价的地位。如果希巴德没有那么专注于提高电话操作的效率,他就不会想到电话网络扩展的长期潜力。如果他与市议会的关系没那么糟糕,他可能永远不会将愿景变为现实。

芝加哥电话公司很快就会在芝加哥市场上遇到竞争对手,这一可能性促使希巴德的上司——芝加哥电话公司的总裁约翰·M. 克拉克(John M. Clark)在 1898 年阐述了芝加哥电话服务的理由。克拉克的报告是芝加哥电话公司高管首次持续尝试向股东们公开证明希巴德开创的扩张性商业战略的合理性。克拉克提醒他的股东们,芝加哥电话公司从芝加哥市议会获得了市政特许经营权,因此它负有的社会义务比为投资者赚来回报率更重要。为了履行这一社会义务,克拉克赞同电话网络扩张。[122]克拉克的报告是芝加哥电话公司首次公开宣传的报道之一,公司高管认为公司对芝加哥市民负有社会责任;这也是公司以小册子的形式印刷的第一份报告,以便于其流通。[123]

克拉克的报告建立在他对芝加哥的商业和政治形势的第一手知识上。克拉克长期以来一直活跃在各种城市公共工程项目中,包括有轨电车和人行道改进。他还担任过市议员,竞选过市长,并担任过芝加哥的收税员长官,在芝加哥的政治方面有着丰富的经验。商业用户认为电话网络扩张可能会增加呼叫拥堵,为了打消他们对电话网络扩张的顾虑,克拉克向他们保证公司将保持他们所享有的高性能标准。[124]为了安抚市议会,克拉克强调了电话交换所对城市的依赖性。市议会有权撤销芝加哥电话公司的特权,如果要保留这些特权,公司有义务满足人民的需求。

克拉克尽力在电话公司及其用户和市议会之间进行斡旋。克拉克的继任者约翰·I. 萨宾较少参与政治。萨宾缺乏克拉克对芝加哥商业精英的熟悉,而且也许由于这个原因,他对他们关于呼叫拥堵的恐惧不太敏感。为了证明电话网络扩张,萨宾大胆地提出了一个电话和邮件之间的类比。他说,邮件的"唯一目的"是让人们相互沟通。电话也是如此:网络越大,其价值就越大。企业通常每天通过邮件发送成千上万封信给客户,而这些客户可能一周都不会寄出一封信。但没人会认为由于小用户付了很少的邮资,邮政部门就应该将他们排除在邮政网络之外。事实上,如果邮政部门排除了小客户,他们的业务可能会更方便,但商人们不能再以如此便宜方便的方式联系客户。邮件和电话的类比也是支持按次计费的一个论据。没有一个国家曾经按固定月度收取过邮费。通过类比,电话费率应基于"公平的平均收费",这一原则如果得到一贯执行,就会取消芝加哥商业用户长期以来的固定费率选项。[125]

萨宾的理论在今天看来是老生常谈。经济学家经常说到,通信网络的价值随着它的扩张而增加,它会覆盖更广、连接更多,而网络接入的定价应与其成本挂钩。然而,当萨宾发表他的报告时,面对几个看似合理的异议它很站不住脚。萨宾的上级担心电话网络扩张的成本会超过其盈利。电话网络扩张很昂贵,没有人可以肯定将电话服务扩展到数千名从来没有打过电话的芝加哥人身上后会回本。商业用户仍然担心电话网络扩张会降低他们目前享有的性能标准,并会加快淘汰固定费率业务的速度。

希巴德、克拉克和萨宾倡导的电话服务扩张的理由赢得了市议会的批准。如果公司希望订立按次计费合同,让"被遗弃的小用户"用上电话,市议会不会反对。[126]要求小用户按照固定费率支付费用,是让他们多付了需求之外的电话服务费。[127]市议会的批准是很重要的,因为它有权力以该公司违反其1889年宪章为由,禁止该公司施行新的收费计划。1907年,一位芝加哥的律师报告称,绝大多数与他交谈过的商业用户认为保留固定费率很有必要,即使他们坦率地承认按次计费是一种"更公平的收费方式"[128]。

希巴德推出的新的收费计划并不一帆风顺。在他的反对者中有三个群体,他忽略了他们带来的风险:药房老板、商业用户和贝尔电话公司的高层。

药房老板们反对投币电话,因为它减少了店里的客流量。以前花10美分来药店打电话的客户现在更愿意通过相同的方式从寄宿公寓、平房或公寓中打电话,从而节省5美分。药房老板专线的高性能标准没能抵挡住投币电话带来的低价和便利。[129]

商业用户抱怨说,投币电话增加了呼叫拥堵,从而降低了性能标准。[130]芝加哥电话公司的总经理不为所动。总经理说,商业用户自封为"电话贵族":他们与报纸出版商一样受着读者增多或者零售店每日访客"成倍增加"后的痛苦。[131]

商业用户的投诉被希巴德的一位上级所接受。贝尔电话公司的首席工程师约翰·J. 卡蒂(John J. Carty)生气地认为,投币电话"极大地偏离了正常的标准",并为支付了"高质量的服务"的商业用户提出了一个棘手的问题。除了增加了呼叫连接延迟外,它们还使得通话失败的比例增多:卡蒂得到了确切消息,芝加哥投币电话的通话失败率可能高达70%。[132]

美国西部电气公司的总裁哈里·B. 塞耶(Harry B. Thayer)感到气愤,因为希巴德如此"主宰"了芝加哥电话公司,对于芝加哥电话交换所的所有变化他应该被追究直接责任,无论变化"好与坏"——"不好的变化居多"。[133]投币电话是个"异类":它们的费率太低,运营成本肯定会高于为公司所带来的收入。[134]美国贝尔电话公司的总裁维尔表示赞同。固定费率一直以来都是用户的电话服务价值的一个良好的衡量标准,不能被撤销。[135]维尔向萨宾的继任者伯纳德·E. 桑尼(Bernard E. Sunny)抱怨,"现用现付的原则已经很糟糕了",他反对对投币电话进行改良,"但是先保持原状,或者至少在它被彻底淘汰前,不要采取任何其他措施"。[136]

维尔蔑视投币电话,这突显了他自1889年辞去大都会电话公司总裁职位以来的这些年里,对电话服务大众化的重要性的把握有限。像许多早期大城市电话业管理者一样,维尔仍然依赖商业用户,尽管他们占安装基数中的比例越来越小。维尔理论上没有反对电话大众化,但在实践中他缺乏希巴德将它转换为现实的能力。

如果贝尔电话公司是僵硬和专制的,那么希巴德的上级可能会下令解雇他。但它的组织结构阻止了这么严厉的举措。霍尔在19世纪80年代制定的贝尔电话运营公司的权力下放计划给予了希巴德需要的独立完成的运作自主权。希巴德在芝加哥采用的商业策略不同于哈德森派他去芝加哥实施的商业战略,并且在某些方面还与之相对立。希巴德有权以自己的方式行动,这归功于霍尔设计的公司组织形式,哈德森和他的继任者选择了不反对这一安排。

公司组织图表有时被用来压制倡议。对于希巴德来说,它们有相反的效果。通过澄清主权线条,公司组织图表鼓励他去进行革新,即使对于高层领导来说创新似乎是昏了头的。

霍尔打算用他的公司组织图表来克服公司作为一种组织形式的严重劣势。不像一个独资企业,一个公司缺乏"自然人"要"完善"所必需的"灵魂"。没有公司组织图表,员工很难确定他们该向谁报告情况,谁向他们汇报工作,以及他们有哪些具体的责任要履行。为了解决这个问题,霍尔为他们认识自己在组织中的位置提供了一张心象图,鼓励他们挑战过去所依赖的非正式的"经验法则"[137]。所有成功的组织的关键都可以在圣经戒律中被找到:"一仆难事二主。"[138] 希巴德后来回忆起他带去芝加哥的那一堆公司组织图表时说,它们是美国有史以来第一份为电话运营公司设计的图表。[139] 希巴德本人曾经参与了它们的制作,霍尔委派他在纽约市与费城重组和贝尔相关的电话运营公司。[140]

如果卡蒂、塞耶和霍尔更加关注全美大城市电话交换所瞬息万变的形势,他们就会认识到希巴德并不是孤军奋战。在1900年左右全美的大城市里,电话运营公司开始在固定费率之外引入了像希巴德在芝加哥引进的按次计费那样的收费计划。按次计费通过满足许多城市居民的需求,使电话流行了起来,对他们来说低成本比高质量更重要,而且现用现付原则是一种便利,而不是负担。

大城市电话交换所中迅速采用了按次计费服务计划是无可争议的。芝加哥市政电工爱德华·B. 埃利科特(Edward B. Ellicott)于1902年认为,按次计费服务计划已经在美国20个大城市当中的18个被推行了。除芝加哥外,这些城市包括纽约市、费城、巴尔的摩、波士顿、圣路易斯、克利夫兰、辛辛那提和丹佛。按次计费在"小用户"中很流行,对每天打电话少于9次或10次的呼叫者来说很划算。[141] 纽约市向按次计费的转换始于1894年。到了1897年,该市的18,000名电话用户中有10,700名已经放弃了固定费率。[142] 到了1901年,纽约市的60,000名电话用户中只有1200名保持使用固定费率,一位商业记者赞同道,3/4的用户表示要按"交易的确切数量"支付。[143] 到了1906年,曼哈顿99%的电话和布鲁克林90%的电话都使用了按次计费服务计划。[144]

投币电话在芝加哥以外的几个城市被推出,包括旧金山、圣路易斯、克利夫兰、密尔沃基和巴尔的摩都开展了实验。十线路的投币电话仅在旧金山和巴尔的摩被安装了。虽然它们曾是"电话教育工作者",它们也造成了如此多的呼叫拥堵,因此被悄然抛弃了,1907年后在芝加哥最通用的变种是四线路投币电话。[145]

纽约市的电话服务大众化由贝瑟尔主持,旧金山的由萨宾主持;田纳西州纳什维尔的由詹姆斯·E. 考德威尔(James E. Caldwell)主持。像希巴德一样,贝瑟尔、萨宾和考德威尔属于同一代的电话运营公司管理层,他们的商业经验延伸到了贝尔的专利垄断期结束之后。正是第二代电话业管理层——而不是维尔、霍尔和费伊他们——发掘了电话的社交性。1900年一位电话运营公司经理说,我们成功的"最重要的因素"很大程度上仍然是那些未被开发的妇女和穷人市场。如果电话运营公司可以找到一些"手段"为他们提供廉价和便利的电话服务,那么成功指日可待。[146]

贝瑟尔是来自印第安纳州南部的一名律师,他的讲话风格具有说服力,对报纸广告的力量充满了信心。他是第一个广泛宣传电话的大城市电话运营公司经理,1894年贝尔的专利垄断到期后他首先引入了按次计费的服务,并首次打破了非正式禁令,在立法机构和民间团体面前公开演讲。贝瑟尔的同事和兄弟回想起在1914年的公开听证会上的情景,纽约市按次计费服务的优势使得公司迅速成立了第一个有广告、有训练有素的推销员,以及"所有类似部件"组成的"真正像样的销售部门"。[147]

萨宾以他在旧金山的投币电话推广而闻名。1900年,萨宾向他的同事们解释说,投币电话让电话在旧金山流行了起来,它让"小家伙"也可以打电话。事实证明,预付款对中产阶级女性有特别的好处,因为她们不再需要就支付固定费率与她们的丈夫辩论。[148]希巴德在19世纪90年代后期参观萨宾在旧金山的投币电话时,自己也认识了这种电话。后来希巴德回忆,萨宾已经在雪茄店、酒吧、中式洗衣店、报摊、酒店、餐馆、寄宿公寓、私人住宅和许多其他"以前从未见过电话"的地方安装了电话。[149]

萨宾对电话网络扩张的信心具有一定的政治动因。旧金山在19世纪90年代是市政所有制运动的温床,新的城市宪章于1900年生效,明确授权市议会可以买断任何在城市运营的电话运营公司。1908年,旧金山市政府获得了设定电话费率的权力;1908—1915年,他们每年都在降低费率。如果萨宾没有推广电话服务,他的继任者可能没有足够的政治资本来阻止市政府买断他的电话交换所。[150]

考德威尔比萨宾缺一点活力,但他同样成功地推广了电话,他是纳什维尔银行家兼坎伯兰电话公司(Cumberland Telephone)的长任总裁。坎伯兰电话公司在南方具有领先地位。考德威尔的领土面积很大:它集中在肯塔基州和田纳西州,向北延伸到印第安纳州埃文斯维尔,向南延伸到新奥尔良。考德威尔是第一个公开捍卫电话大众化是社会义务的电话运营公司总裁。1901年,考德威尔告诉他的股东,"各种各样的电话线路和按次计费的费率标准已经让电话在大众那里触手可及"。为了支持电话大众化,考德威尔向长期反对电话网络扩张、担心扩张会造成呼叫拥堵的商业用户致辞,他承诺,公司所做的一切都不会损害商业用户享有的"一流服务"。[151]

考德威尔为自己的运营自主权感到自豪,而且开了好几次贝尔电话公司大领导的玩笑。虽然贝尔电话公司长期以来一直吹捧其为电话运营公司提供的法律支持,但考德威尔不为所动。考德威尔在回忆录中自豪地宣称,他没有依靠"专利保护"来制定诉讼以抵御竞争对手。相反,考德威尔在尚未开发的电话服务市场中培养了巨大的市场力量。考德威尔特别看不惯维尔,他嘲笑维尔是一个自吹自擂爱出风头的人,故意重写电话史来夸大自己在推动电话服务的大众化方面的作用。大众媒体对维尔滔滔不绝的崇拜在考德威尔看来非常可笑,在像考德威尔这样的电话运营公司经理面对"真正的压力"而不知疲倦地为"人民群众"首次带来电话服务的关键的几年里,维尔甚至都没有住在美国。[152]

如果电话运营公司未能推出持续的广告宣传活动来推广电话服务,那么从1900年左右开始,美国大城市的电话使用量激增的情形将是不可想象的。电力大亨塞缪尔·英萨尔精心策划了广告活动,宣传了能源密集型的生活方式,电话运营公司的经理们向城市居民展示了电子通信的奇迹。电话运营公司的经理们自豪地回顾了这场运动。例如,妥善保存在密尔沃基的贝尔电话公司的历史记录中有一本剪贴簿,它一页接一页地展示着传单、寄来的明信片和宣传册,它们是贝尔电话公司的宣传部门在1900年前后制作的,用于密尔沃基内电话推广的宣传服务。[153]

第一个大城市广告宣传活动始于1894年的纽约市。它是由贝瑟尔策划的,以配合按次计费服务的推出。该活动以简单而难忘的标语为特色:"不用出差——电话。"("Don't Travel— Telephone.")这句口号是赫伯特·L.韦伯的智慧结晶,韦伯是一位英国电报工程师转型的商业记者,在行业期刊和大众媒体的文章中大肆吹嘘过众多大城市电话运营公司的成就。在韦伯对电话广告的其他贡献中,还包括第一次为长途电话服务宣传而广泛使用的广告曲:"邮件很快,电报更快,但长途电话瞬间可至,不必为应答而等待。"[154]

似乎没有大城市电话运营公司把"普遍服务"(universal service)这个短语作为广告口号使用,虽然这个概念隐含在希巴德给芝加哥的每个阶层人群所灌输的"电话习惯"运动中。即便如此,和20世纪初的其他许多创新一样,普遍服务在这个城市诞生了。实际上,电话宣传部门可能从大城市的百货公司广告中借用了"普遍服务"一词,1900年前后这些广告已经开始一年到头地夸耀他们出售的商品提供"普遍服务"。[155]

诸如"不用出差——电话"之类的通用标语很长时间以来都是电话运营公司广告的主要内容。然而电话运营公司的公关人员很快就设计出了更专业的广告词。电话服务的报纸广告开始有规律地出现在1900年的《芝加哥论坛报》上。一个典型的广告宣传是,"这是芝加哥电话公司管理层的期望,用最合理的价格拨打电话,让每个坐得起街车的人都能轻松快捷地触及"。——当时,这一群体占芝加哥成年人口的很大比例。[156]还有几个广告特别针对女性,她们是希巴德费尽心思钻研去培养的群体。一条广告暗示说,电话提供了"摆脱社交困境的方法"。女性不再需要自己劳心去组织朋友们来打牌:"为打桥牌找来第四只手只是电话千百个社交用途之一,电话服务能促进社交和友谊,因为它使邻居更加紧密。你的朋友都近如话筒。"[157]

20世纪早期电话广告中反复出现的是电话在促进社交方面的效用。在一则1911年的杂志广告中纽约电话公司宣布,"给你的幸福打个电话"[158]。宾夕法尼亚州贝尔电话公司的一则广告中,一位农夫的妻子说,"我打电话请你今晚来我家"[159]。

从1900年前后起,电话的社交性就是大城市电话运营公司的广告中经常出现的主题。在这则1911年的纽约电话公司广告中,电话被称为消除孤独、让女性与朋友谈论"微小、私密、个人的事情"。销售宣传很隐晦,但也很直接:"你家有自家用的电话吗?""The Telephone Brings Companionship,"*Telephone Review* 2(February 1911):封底.

纽约电话公司的公司杂志封面是一系列迷人的彩色版画,画中探讨了电话作为社交媒体的可能性。这个系列接二连三地展示了年轻漂亮的女性用电话来感谢男友的花束、在康复期间接受鼓励的话语、在第一次世界大战中当她的爱人在海外服役时与朋友保持联系。[160]

比起1908年维尔开展的著名的公关活动,贝尔电话运营公司的广告活动开展得更早,目标公众更多样化。维尔的公关活动本来不是为了增加电话服务的市场,而是将"贝尔系统"与宝贵的公民理想联系起来。像许多公关活动一样,它有着明显的中上阶层的语气。维尔聘请的公关公司理所当然地认为富人在塑造公众舆论中发挥了巨大的影响,应该相应地为他们服务。[161]电话运营公司广告活动不那么自命不凡。为了销售电话服务,电话运营公司的宣传部门意识到除了少数富人之外,他们不得不触及大多数人群。

在19世纪90年代的一系列旨在促进竞争的法院裁决出台之后,众多非贝尔的独立电话公司开始活跃起来,它们加速了电话在美国的大众化。电话竞争带来的结果意义重大,影响持久。但竞争不能充分说明电话服务在全美最大城市的大众化。在芝加哥,以及纽约市和其他几个大城市,现有的电话公司通过为庞大的、多样化的、以前尚未开发的市场提供了电话设施,从而抢在了竞争对手的前面。

第一代大城市电话运营公司的管理者——纽约市的维尔和芝加哥的费伊——将电话构想成为专属客户的特别服务。从19世纪90年代开始,第二代电话经理——纽约市的贝瑟尔、旧金山的萨宾、纳什维尔的考德威尔和芝加哥的希巴德将电话作为大众服务推广给全体人民,这次推广活动在1900年前后达到高潮。贝瑟尔、萨宾、考德威尔和希巴德都直观地把握了城市生活的相互联系,让它成为他们的经营策略的基石。通过将交换机设计技术的进步与收费计划的创新结合起来,他们使多数人像少数人一样都享受到了发明的成果。当然,很多人仍被排除在外。没有网络是无缝连接的,每个网络都有漏洞。然而到了1907年,电话经理再像费伊在1887年那样争辩说超过0.5%的人口有机会打电话的那一天永远不会到来,那就显得不可思议了。

并不是整个世界都同芝加哥一样。然而,这些起源于芝加哥——以及纽约市、旧金山和田纳西州的纳什维尔的创新——会对全美整个电话服务都有着持久的影响。与许多其他领域一样,在电话业务中,城市是创新的苗床。只有电话运营公司在它们的城市据点变得根深蒂固之后,它们才会伸手去拿下腹地。对于大多数芝加哥的电话用户来说,安装机电式交换机的失败与投币电话的成功比起来微不足道,长途连接的升级也没有占线信号的发明那么重要。电话不仅是第一个作为大众服务被推向市场的电子通信媒介;它也是第一个被大众化的电子通信媒介。从此以后,电话不仅适用于商业,也在日常生活中获得了第二生命。

注释:

[1] Arnold Bennett, "Your United States," *Harper's Monthly Magazine* 125 (July 1912): 191-192, 198.

[2] Ronald B. Kline, *Consumers in the Countrywide: Technology and Social Change in Rural America* (Baltimore, Md.: Johns Hopkins University Press, 2000), chap.1; Roy Alden Atwood, "Telephony and Its Cultural Meaning in Southeastern Iowa" (Ph. D. diss., University of Iowa, 1984).

[3] Delos F. Wilcox, "Effects of State Regulation upon the Municipal Ownership Movement," *Annals of the American Academy of Political and Social Science* 53 (May 1914): 71-72.

[4] Delos F. Wilcox, *Municipal Franchises: A Description of the Terms and Conditions upon Which Private Corporations Enjoy Special Privileges in the Streets of American Cities*, vol. 1: *Pipe and Wire Franchises* (Rochester, N.Y.: Gervaise Press, 1910), p.26.

[5] American Telegraph and Telephone, *Annual Report* (1905), pp.31-32.

[6] James Drummond Ellsworth, "The Twisting Trail," p.57, box 1066, AT&T Archives and History Center, Warren, N.J. (hereafter AT&T-NJ).

[7] American Telephone and Telegraph, *Annual Report* (1904), p.11.

[8] "The Telephone Invasion," *Electrical Review* 40 (June 14, 1902): 777-778.

[9] J. Warren Stehman, *The Financial History of the American Telephone and Telegraph Company* (Boston: Houghton Mifflin Co., 1925), p.78.

[10] Richard Gabel, "The Early Competitive Era in Telephone Communication, 1893-1920," *Law and Contemporary Problems* 34 (Spring 1969): 345.

[11] Nathan C. Kingsbury, "An Address," *Telephone Review* 5 (April 1914): 92.

[12] "Independent Telephones in Large Cities," *Public Service* 2 (March 1907): 68.

[13] "Nothing Succeeds Like Success," *American Telephone Journal* 8 (November 21, 1903): 328.

[14] Steven J. Keillor, *Cooperative Commonwealth: Co-Ops in Rural Minnesota, 1859-1939* (St. Paul: Minnesota Historical Society Press, 2000), chap.11.

[15] *Journal* (Chicago), April 20, 1904; New York Board of Estimate and Apportionment, *Result of Investigation of the Operation of a Dual System of Telephones in Various Cities* (n.p., 1906); Robert J. Chapuis, *One-Hundred Years of Telephone Switching (1878-1978)* (Amsterdam: North-Holland Publishing Co., 1982), p.67.

[16] *Public Service* 2 (May 1907): 160.

[17] Milton L. Mueller Jr., *Universal Service: Competition, Interconnection, and the Making of the American Telephone System* (Cambridge. Mass.: MIT Press, 1997).

[18] Walter S. Allen to Frederick P. Fish, May 16, 1906, 46-07-02-05, AT&T-NJ.

[19] 独立电话公司设立了几条双重收费线路网络,令人很疑惑的是它们称其为长途电话网络。而实际上,独立电话公司的长途电话网络不是用来与贝尔电话公司的长途电话网络相对标的,它们

对标的是贝尔电话公司的个别电话交换所运营的收费线路网络。更大的区别在于贝尔电话公司的电话交换所覆盖的区域要远多于独立电话公司电话交换所；独立电话公司所说的长途电话网络，在贝尔电话公司看来仅仅是一条收费线路。

[20]Kenneth J. Lipartito, "Component Innovation: The Case of Automatic Telephone Switching, 1891-1920," *Industrial and Corporate Change* 3, no. 2 (1994): 341-342; Bruno Latour, *Science in Action: How to Follow Scientists and Engineers through Society* (Cambridge, Mass.: Harvard University Press, 1987), pp.125, 127. 布罗诺·拉图尔写道："你们敢想象吗？一条跨越大陆的线路试图将美国连接起来，贝尔电话公司是这一亿人不可或缺的中间人，除掉了所有小型公司……如果没有组建它们付不起的昂贵的实验室，以吸引物理和电子回到它们各自的阵营，被贝尔电话公司消灭的小公司是无法阻挡的。"

[21]Robert W. Garnet, *The Telephone Enterprise: The Evolution of the Bell System's Horizontal Structure, 1876-1909* (Baltimore, Md.: Johns Hopkins University Press, 1985), chaps. 8-9.

[22]*United States v. American Bell Telephone and Emile Berliner*, 65 F. 86 (1894).

[23]*United States v. American Bell*, 167 U.S. 224 (1897).

[24]"The Telephone Question: The Effect of the Berliner Decision on the Industry," *Electrical Review* 25 (December 26, 1894): 320.

[25]James J. Storrow to John E. Hudson, November 17, 1891, in N. R. Danielan, *AT&T: The Story of Industrial Conquest* (New York: Vanguard Press, 1939), p.97.

[26]"Telephone Question," *Electrical Review*, pp.311, 320.

[27]Melvin I. Urofsky, "Proposed Federal Incorporation in the Progressive Era," *American Journal of Legal History* 26 (April 1982): 163; Naomi R. Lamoreaux, *The Great Merger Movement in American Business, 1896-1904* (Cambridge: Cambridge University Press, 1985), chap.6.

[28]*United States Telephone Company v. Delphos Home Telephone Company*, 19 Ohio Dec. 193 (1908); *Times-Democrat* (Lima, Ohio), July 28, 1908; Harry B. MacMeal, *The Story of Independent Telephony* (Chicago: Independent Pioneer Telephone Association, 1934), pp. 174-177, 197.

[29]*Richmond v. Southern Bell Telephone and Telegraph Company*, 174 U.S. 761 (1899).

[30]Christopher Armstrong and H. V. Nelles, *Monopoly's Moment: The Organization and Regulation of Canadian Utilities, 1830-1930* (Philadelphia: Temple University Press, 1986), pp. 164-168.

[31]Robert MacDougall, "The People's Telephone: The Politics of Telephony in the United States and Canada, 1876-1926" (Ph.D. dissertation, Harvard University, 2004), pp.17-18, 48-51, 188-195.

[32]Homer Hoyt, *One Hundred Years of Land Values in Chicago: The Relationship of the Growth of Chicago to the Rise in Its Land Values, 1830-1933* (Chicago: University of Chicago Press, 1933), p.490; Angus Hibbard, *Hello Goodbye: My Story of Telephone Pioneering* (Chicago: A. C. McClurg & Co., 1941), p.179.

[33]Edward W. Bemis, *Report on the Investigation of the Chicago Telephone Company* (Chicago: n.p., 1912), p.8.

[34]Herbert N. Casson, *The History of the Telephone* (Chicago: A. C. Mc-Clurg & Co., 1910), pp.186, 268; *Wall Street Journal*, November 27, 1906.

[35]"Failure of Government Telephones," *Wall Street Journal*, October 26, 1909.

[36]William Cronon, *Nature's Metropolis: Chicago and the Great West* (New York: W. W. Norton & Co., 1991).

[37] J. Seymour Currey, *Manufacturing and Wholesale Industries of Chicago*, vol. 2 (Chicago: Thomas B. Poole, 1918), p.311.

[38]MacMeal, *Independent Telephony*, p.252.

[39]*Western Electrician* 21 (July 24, 1897): 21; *Western Electrician* 26 (March 24, 1900): 191; "Chicago Pays Tribute," *Chicago Tribune*, September 8, 1907; "Western Union," *Wall Street Journal*, January 28, 1896; *Wall Street Journal*, January 10, 1901.

[40]David Gabel, "Federalism: An Historical Perspective," in Paul Teske, ed., *American Regulatory Federalism and Telecommunications Infrastructure* (Hillsdale, N. J.: Lawrence Erlbaum Associates, 1995), p.23.

[41]C. F. Cutler to Frederick P. Fish, December 22, 1902, in "The Central Union Telephone Company," AT&T-NJ.

[42]Stehman, *Financial History*, p.132.

[43] Morton L. Johnson to Thomas W. Gregory, November 21, 1914, box 38, U. S. Department of Justice, RG 60, National Archives, Washington, D.C.

[44]Stephen B. Adams and Orville R. Butler, *Manufacturing the Future: A History of Western Electric* (Cambridge: Cambridge University Press, 1999), chaps. 2-3.

[45]Hibbard, *Hello Goodbye*, p.203.

[46]同上, pp.185, 202, 242; M. D. Fagen, ed., *A History of Engineering and Science in the Bell System: The Early Years (1875-1925)* (New York: Bell Telephone Laboratories, 1975), p.495.

[47]Hibbard, *Hello Goodbye*, pp.185, 197, 242.

[48]George Siemens, *History of the House of Siemens*, vol. 1: *The Era of Free Enterprise* (Freiburg: Karl Kaber, 1957), pp.131-135.

[49] Edison to Sterling Patterson, July 12, 1926, box 1284, AT&T-NJ; Hibbard, *Hello Goodbye*, p.150; Fagen, *Engineering and Science*, p.44.

[50]Charles E. Scribner, "History of the Engineering Department," *Western Electric News* 8 (November 1919): 10.

[51]Hibbard, *Hello Goodbye*, p.150; Lillian Hoddeson, "The Emergence of Basic Research in the Bell Telephone System, 1875-1915," *Technology and Culture* 22 (July 1981): 512-544.

[52]*Western Electrician* 30 (January 25, 1902): 67.

［53］Alfred Stromberg affidavit, January 28, 1895, *Western Telephone Construction Co. v. Alfred Stromberg*, U.S. Circuit Court, no. 23568, RG 21, National Archives, Great Lakes Branch, Chicago.

［54］Emory Lindquist, "The Invention and Development of the Dial Telephone: The Contribution of Three Lindsborg Inventors," *Kansas Historical Quarterly* 23 (Spring 1957): 1-8.

［55］Chapuis, *Telephone Switching*, p.68; Thomas E. McCarthy, *The History of GTE: The Evolution of One of America's Great Corporations* (Stamford, Conn.: GTE, 1990), p.39.

［56］"Chicago Telephone Company," *Economist* (Chicago) 18 (December 18, 1897): 694; "Chicago Telephone Year," *Economist* (Chicago) 25 (January 19, 1901): 68.

［57］*Chicago Telephone Directory* (1906), p. vi.

［58］"Tests of the Strowger Automatic System in Chicago, Illinois," 1904, 11-07-01-02, AT&T-NJ.

［59］Edward W. Bemis testimony, in *Regulation of Telephone Rates: Public Service Commission of the Commonwealth of Pennsylvania* (Harrisburg: n.p., 1914), p.1667a.

［60］Dugald C. Jackson, William H. Crumb, and George W. Wilder, *Report on the Telephone Situation in the City of Chicago* (n.p., 1907), pp.50, 75, 90.

［61］"Developments in Telephone-Franchise Negotiations in Chicago," *Western Electrician* 39 (November 24, 1906): 426.

［62］H. Linton Reber testimony, docket 4235 (November-December 1915), Public Utilities Commission, Illinois State Archives, Springfield, Ill.

［63］Elisha Gray, "A Revolution in the Means of Communication," *Cosmopolitan* 15 (May 1893): 124.

［64］"Electricity Exhibit—Many Wonderful Inventions to Be Seen There," *Chicago Tribune*, August 6, 1893.

［65］Hibbard, *Hello Goodbye*, chap.11.

［66］Fagen, *Engineering and Science*, p.656.

［67］Hibbard, *Hello Goodbye*, chap.12.

［68］同上, p.181.

［69］"Conference Held at Boston, January 23 and 24, 1900: Telephone Service and Charges," p.146, box 185-02-03, AT&T-NJ; S. J. Larned, "Telephone Service," *Western Electrician* 32 (March 28, 1903): 247-248.

［70］Hibbard, *Hello, Goodbye*, pp.205, 210.

［71］Hibbard, "The Telephone Door," *Electrical Engineering* 4 (December 1894): 262; Hibbard, *Hello Goodbye*, p. xii.

［72］Hibbard, *Hello Goodbye*, p.90.

［73］同上, p.190; *Western Electrician* 5 (December 7, 1889): 296.

［74］Hibbard, "Telephone Door," p.263; Howard S. Knowlton, "Aspects of Recent Telephone

Development," *Electrical World* 49 (March 30, 1907): 639.

[75]*Chicago Telephone Directory* (1906), p.534.

[76]Angus Hibbard, "The Telephone in Chicago: The Exchanges, the System, the Users," *Western Electrician* 40 (January 19, 1907): 65; "Electricity Exhibit," *Chicago Tribune*, April 13, 1895.

[77]Linn H. Young, Francis D. Connery, and Edward B. Ellicott, "Special Committee on Telephone Rates," March 2, 1903, in Chicago City Council, *Proceedings* (1903), p.2365.

[78]Knowlton, "Recent Telephone Development," pp.638-639.

[79]"Chicago Telephone Rates," *Public Service* 9 (July 1910): 6.

[80]Hibbard, "Telephone in Chicago," p.66.

[81]"Druggists' Public Telephones," *Western Electrician* 41 (December 7, 1907): 453.

[82]"Slot Telephones in Chicago," *Western Electrician* 23 (October 15, 1898): 218.

[83]"Telephones in Drug Stores," *Western Electrician* 17 (September 14, 1895): 125-126.

[84]"Slot Telephones in Chicago," *Electrical Review* 24 (January 10, 1894): 14.

[85]"New-Fangled Telephone Aimed to Defeat Deadheadism," *Chicago Tribune*, December 30, 1893; "Telephones in Drug Stores," *Western Electrician*, pp.125-126; "Split on the Slot Phones," *Chicago Tribune*, May 23, 1896; Hibbard to Noble B. Judah, October 27, 1896, Chicago City Council Records, Northeastern Illinois University (hereafter CCC-NEIU).

[86]"Telephones in Drug Stores," *Western Electrician*, pp.125-126; "Split on the Slot Phones," *Chicago Tribune*; Hibbard to Noble B. Judah, October 27, 1896, CCC-NEIU.

[87]Chicago Telephone Company, *Report* (1899), p.9.

[88]"Split on the Slot Phones," *Chicago Tribune*; *Chicago Telephone Directory* (1898), p.5.

[89]"Shuts off the Girls from Indulging in Gossip," *Chicago Tribune*, April 11, 1896.

[90] William Bodemann, "The Chicago Telephone Trouble," *Druggists' Circular* 40 (December 1896): 308; Bodemann, "The Origin of the Slot Pay Telephone System," *Druggists' Circular* 51 (January 1907): 99; "Druggists' Public Telephones," *Western Electrician* 41 (December 7, 1907): 453.

[91]"Shuts off the Girls from Indulging in Gossip," *Chicago Tribune*.

[92]"A Public Telephone Defined," *Western Electrician* 26 (June 30, 1900): 424.

[93] Hibbard, "A Phase of Telephone Engineering," *Electrical Engineering* 4 (March 1894): 83.

[94]"The Two Chicago Systems," *Telephony* 67 (November 14, 1914): 17.

[95]"Chicago Telephone Annual," *Economist* (Chicago) 35 (January 20, 1905): 203.

[96]*Western Electrician* 29 (July 6, 1901): 8.

[97]"Chicago Telephone Company," *Economist* (Chicago) 26 (December 31, 1901): 824.

[98]"Chicago Telephone," *Economist* (Chicago) 15 (January 18, 1896): 72.

[99]"Telephone Traffic in Chicago," *Electrical Review* 31 (November 17, 1897): 236.

[100]"Chicago Telephone Company," *Economist* (Chicago) 43（January 8，1910）：124；Hibbard，*Hello Goodbye*，p.208.

[101]"What 'Measured Service' Means," *Chicago Tribune*，June 28，1903；"Phone Meters," *Chicago Record-Herald*，April 20，1909.

[102]"Phone Company to Be Pilloried," *Chicago Tribune*，March 14，1906.

[103]"Reopens Battle on Phone Meter," *Chicago Tribune*，June 21，1907；Hamilton Club of Chicago，"Report of the Special Telephone Franchise Committee,"June 24，1907，box 310，CCC-NEIU.

[104]*Telephone Meter：How Telephone Service Is Measured*（Chicago：Chicago Telephone Co.，1919），Chicago Telephone Company Records，AT&T Archives and History Center，San Antonio，Tex.（hereafter CTC，AT&T-TX）.

[105]Wilcox，*Municipal Franchises*，vol. 1，pp.227，248-250；D. W. Bliss,"Telephone Meters versus the 'Measured Rate,'" *Electrical World* 46（August 25，1900），p.286；Linn H. Young，"Report of the Committee on Gas，Oil，and Electric Light，to the City Council of Chicago," September 3，1907，Chicago City Council，*Proceedings*（1907），p.1166；"Phone Meters," *Chicago Record-Herald*，April 20，1909；"Basis for Metering Service," *Telephony* 77（November 15，1919）：11.

[106]"Telephone Rates," *Economist*（Chicago) 43（June 18，1910）：1142.

[107]同上。

[108]Dugald C. Jackson，"Is a Rational Basis Possible for Telephone Rates?"in Clyde Lyndon King，ed.，*The Regulation of Municipal Utilities*（New York：D. Appleton and Co.，1912），p.115.

[109]商业用户必须保证每天要打两个电话，住宅用户每天要打一个电话。"Only $5 per Month," *Chicago Tribune*，April 13，1895；"Five-Cent Telephone Service in Chicago," *Electrical World* 36（November 3，1900）：670.

[110]Hibbard to John M. Clark，April 10，1900，box 1134，AT&T-NJ；"Five-Cent Slot Telephones in Chicago," *Western Electrician* 27（October 27，1900）：273；Hibbard，"Telephone in Chicago," p.65.

[111]"Phone Meters," *Chicago Record-Herald*，April 20，1909.

[112]"Cut in Telephone Rates," *Chicago Tribune*，October 24，1900.

[113]Thomas J. Schlereth，*Victorian America：Transformations in Everyday Life*，1876-1915（New York：Harper & Row，1991），pp.84-85.

[114]"Wants City to Own Phones," *Chicago Tribune*，July 26，1911；Dan Schiller，"Social Movements in Telecommunications：Rethinking the Public Service History of U.S. Telecommunications，1894-1919," *Telecommunications Policy* 22（1998）：397-408.

[115]Hibbard to John M. Clark，April 10，1900，box 1134，AT&T-NJ；"Five-Cent Slot Telephones in Chicago," *Western Electrician*，p.273；Hibbard，"Telephone in Chicago," p.65.

[116]" 'Phone Calls Cut to 5 Cents," *Chicago Tribune*，October 23，1900.

[117]Chicago Telephone Company, *Nickel Prepayment Service* (Chicago: Chicago Telephone Co., 1907), CTC, AT&T-TX.

[118]" 'Phone Calls Cut to 5 Cents," *Chicago Tribune*; "Chicago Telephone Statement," *Economist*(Chicago) 23 (January 20, 1900): 73-74.

[119]Chicago City Council, *Proceedings* (1907), p.1166; *Chicago Telephone Directory* (June 1908), p.8.

[120]Hibbard, *Hello Goodbye*, pp.209-210.

[121]Jean B. Quandt, *From the Small Town to the Great Community: The Social Thought of Progressive Intellectuals* (New Brunswick, N.J.: Rutgers University Press, 1970), part 1 ("The Uses of Communication").

[122]Chicago Telephone Company, *Report* (1898), pp.3-4.

[123]"Chicago Telephone Year," *Economist* (Chicago) 25 (January 19,1901): 68.

[124]"Chicago Telephone Company, *Report* (1898), pp.3-4.

[125]Chicago Telephone Company, *Report* (1901), pp.7-8.

[126]Chicago City Council, *Proceedings* (1899), p.1529.

[127]Young, Connery, and Ellicott, "Telephone Rates," pp.2364-2365.

[128]Hamilton Club of Chicago, "Report."

[129]Chicago Telephony," *Electrical World* 39 (February 8, 1902): 265; "Druggists Join Telephone War," *Chicago Tribune*, January 29, 1902.

[130]"Chicago Phones Worst on Record," *Chicago Tribune*, November 1, 1901; "War on 10-Party Phones," *Chicago Tribune*, February 15, 1902.

[131]Larned, "Telephone Service," p.247.

[132]John J. Carty to Harry B. Thayer, March 1, 1909, box 1357, AT&T-NJ.

[133]Thayer to Vail, March 2, 1909, box 1357, AT&T-NJ.

[134]Thayer to Bernard E. Sunny, March 17, 1914, box 1134, AT&T-NJ.

[135]Vail to Arthur D. Wheeler, July 18, 1907, president's letterbook, AT&T-NJ.

[136]Vail to Sunny, June 3, 1909, president's letterbook, AT&T-NJ.

[137]Edward J. Hall, "Corporate Organization," National Telephone Exchange Association, *Proceedings* (1890), pp.43, 49.

[138]同上, p.43.

[139]Hibbard, *Hello Goodbye*, pp.61-68, 175.

[140]同上, pp.62-67.

[141]Edward B. Ellicott, Department of Electricity, "Report," January 7, 1902, Chicago City Council, *Proceedings* (1902), p.1752; Young, Connery, and Ellicott, "Telephone Rates," p.2366.

[142]"Telephone Rates in New York," *Electrical Review* 30 (April 14, 1897): 179.

[143]"Telephonic Intelligence," *Electrical World* 38 (October 26, 1901): 671.

[144]Department of Commerce and Labor, *Special Reports: Telephones and Telegraphs*

(Washington, D.C.: Government Printing Office, 1906), p.57.

[145]"May Need 60,000 'Phones," *Chicago Tribune*, October 24, 1900; "War on 10-Party Phones," *Chicago Tribune*, February 15, 1902.

[146]"Conference Held at Boston," AT&T-NJ, p.218.

[147]Frank H. Bethell testimony, in *Regulation of Telephone Rates*, p.1334a.

[148]"Conference Held at Boston," AT&T-NJ, p.220.

[149]Hibbard, *Hello Goodbye*, pp.205-206.

[150]Meighan Jeanne Maguire, "The Local Dynamics of Telephone System Development: The San Francisco Exchange, 1893-1919" (Ph.D. diss., University of California at San Diego, 1990), chap.1.

[151]Cumberland Telephone Company, *Report* (1901).

[152]James E. Caldwell, *Recollections of a Life Time* (Nashville, Tenn.: Baird-Ward Press, 1923), pp.141, 197.

[153]Wisconsin Telephone Company, scrapbook, c. 1900, Wisconsin Telephone Company Records, AT&T-TX.

[154]J. A. Stewart, "A Short Review of the Progress Made by the New York Telephone Company since 1892," *Telephone Review* 3 (December 1912): 278.

[155]Wanamaker Store, "Half the Comfort of Summertime Depends on Having the Right Things," *New York Times*, July 26, 1900.

[156]"Expansion," *Chicago Tribune*, June 4, 1901.

[157]"The Way Out of a Social Dilemma," *Chicago Tribune*, October 28, 1909.

[158]*Telephone Review* 2 (December 1911): 封底.

[159]转引自 Diane Zimmerman Umble, "Sinful Networks or Divine Service: Competing Meanings of the Telephone in Amish Country," in Lisa Gitelman and Geoffrey B. Pingree, eds., *New Media, 1740-1915* (Cambridge, Mass.: MIT Press, 2003), p.145.

[160]*Telephone Review* 3 (April 1912): front cover; *Telephone Review* 3 (September 1912): front cover; *Telephone Review* 8 (October 1917): 封面.

[161]Roland Marchand, *Creating the Corporate Soul: The Rise of Public Relations and Corporate Imagery in American Big Business* (Berkeley: University of California Press, 1998), chap.2.

第九章　灰狼

> 我们的调查显示,"电话市场的自由贸易"显然不受贝尔公司或独立电话公司相关负责人的欢迎。
>
> ——杜加尔德·C. 杰克逊,1907

1906年,公共关系专家艾维·L. 李(Ivy L. Lee)曾一针见血地指出,贝尔公司的独立竞争对手们所面对的"最大障碍"之一是它们无法抢滩登陆纽约市或芝加哥:"只要贝尔公司安全地守在这两座堡垒里,新英格兰地区就仍在贝尔大军的控制之下,那么很多人会觉得独立电话公司的证券,尤其是长途电话业务,对他们而言就不是最有吸引力的投资。"[1]

李的评估使人们注意到了独立电话公司在试图取代贝尔时所面临的最困难的挑战。到了1906年,独立运营的电话公司已在美国几座最大的城市,包括费城、圣路易斯、巴尔的摩和布法罗,建立了电话交换所。然而,在这些城市中,独立运营的小公司们都面临着来自更成熟的老牌对手贝尔的激烈竞争。贝尔公司在各大城市的交换机设备、电线和电话机方面进行了大笔投资。此外,同样重要的是,贝尔公司与市议会也建立了非正式的或者说是合谋的关系,阻止新入局者参与电话市场的竞争。独立电话公司阵营曾多次尝试在纽约市建立一家足以与贝尔相匹敌的运营公司,但均未获成功。唯一一家参与芝加哥电话市场竞争的独立公司——伊利诺伊电话电报公司(Illinois Telephone and Telegraph Company)——也表现糟糕。由于芝加哥是独立电话公司运动的中心,而这家公司的失败又被媒体广泛报道,这样的局面让独立公司阵营感到非常尴尬。

1907年,取代贝尔的运动遭遇到两次重创。首当其冲的就是美国独立电话公司(the United States Independent Telephone Company)在2月份倒闭了;接下来是11月份芝加哥电话公司重获特许经营授权。在1907年11月之后的几十年里,独立电话公司在电话业务中仍然占据着重要位置;然而,它们再也没有不切实际地想要取代贝尔。

贝尔公司和独立运营公司对市政特许法案所促成的合并主义的政治经济主张表现出了不同的组织上的反应,而独立电话公司阵营的挫败就是不同反应下的逻辑结果。这种合并主义的政治经济主张与1848年《纽约电报法》颁布后西联电报公司打败其对手时所处的鼓励竞争的政治经济环境迥然不同。

贝尔和摩根大通旗下的纽约投资银行(New York investment bank of J. P. Morgan & Co.)之间的串通也被认为是独立电话公司阵营受挫的原因之一。自20世纪30年代以来,摩根大通就被指控对20世纪早期的电话业务产生了影响,这一指控之言已经悄无声息地左右了有关这个话题的历史书写。而摩根自己也被指责在1907年通过控制贝尔公司并任命维尔为总裁,来阻止独立公司阵营获得风险投资,他的公众形象就如同无声电影里蓄着大胡子的恶棍一般。

所有这些指控都经不起仔细推敲。1907年美国独立电话公司倒闭之前,独立电话公司阵营在获得资本投资方面几乎没有什么困难;实际上,摩根大通对贝尔公司的商业战略顶多只能产生微弱的影响;维尔的任命不仅得到了摩根大通的支持,还得到了贝尔公司当时最大的个人股东克拉伦斯·麦凯(Clarence Mackay),以及一批至今仍具影响力的贝尔长期董事的支持,他们感念维尔于19世纪80年代在刚刚起步的电话业务中所发挥的领导作用。[2] 1907年的贝尔公司可不像1881年的西联电报公司。20世纪初的电话业务已经变得过于庞大和多样化,无法像杰伊·古尔德主导西联电报公司时那样,由单一投资者主导。因此,在最能证明贝尔与摩根大通之间关系的案例中,双方的关系是充满着对抗性的,这并不令人感到奇怪。1909年,摩根大通收购了一大批破产的俄亥俄州独立电话公司,希望能尽快将其售给贝尔,而当政治环境致使这一交易夭折时,贝尔公司毫发未损,却徒留摩根大通承担了全部损失。[3]

如果说存在一家投资银行在贝尔式政策的形构中居功甚伟,那一定是基德—皮博迪公司(Kidder, Peabody & Co.)。没有任何一家金融机构像基德—皮博迪一样与贝尔保持如此长久的关系,也没有哪家金融机构在贝尔公司的大城市运营计划所需的重要融资中发挥了如此重要的作用。基德—皮博迪公司在1901年出资收购了贝尔的一个潜在竞争对手,并在1909—1912年为(收购)纽约电话公司出售了近7000万美元的债券。[4] 如果不是基德—皮博迪公司的实力在大萧条十年间被大大削弱,而同一时间摩根大通却声名鹊起,那么之后上演的将会是另一个完全相反的神话版本,即帮助贝尔打败独立电话公司阵营的天外救星就会变成基德—皮博迪公司而非摩根大通。

1901年,独立电话公司阵营的新闻发言人詹姆斯·M. 托马斯(James M. Thomas)预言道,独立电话公司阵营永远不会与贝尔相互连接。即便如此,托马斯还是全然期望这些独立电话公司很快就能组合成一个某种程度上有点类似于贝尔公司的联合体;到那时电话业将会有"两家伟大的公司"——一家是贝尔公司,另一家就是独立电话公司联合体——就像当初的电报业一样。[5] 如果不受限制的竞争占据上风,独立电话公司阵营可能会发现它们内部彼此之间进行竞争的益处。然而实际情况并非如此:独立电话公司经常与贝尔竞争,但它们阵营内部彼此之间却几乎从未相互竞争过。1907年,一家独立电话公司的发起人警告说,独立电话公司阵营内部相互竞争无异于"自杀"。事实上,这将是一场"死亡运动",因为这会使任何一家独立电话公司都不可能获得对外扩张所需的必备资本:"无须借金融预言家之口人们就能预见,独立电话公司阵营内部避免相互竞争的政策对独立电话公司发展的制约,将超过贝尔公司对其施加的所有外交手腕、阴谋诡计、造谣诽谤和虚张声势。"[6]一位独立电话公司的投资人公开宣称,一旦某家独立电话公司建成了一条长途电话线路,那么其他独立公司就应当承认这家公司对该长途线路的"既定权利"[7]。

尽管独立电话公司阵营希望取代贝尔的位置,但他们却拒绝采纳贝尔公司已率先尝试的那种建设网络的创新方式。这些创新方式中最引人注目的就是同线电话、按次收费和投币电话。1900年左右,克利夫兰的一家独立电话公司在其出版的一份广告手册中提醒道:"同线电话既不方便,又不安全,还容易滋生流言蜚语。""你的电话可能不是同线的,但别人的呢?你想过吗?太危险了,不是吗?"[8]与竞争对手贝尔不同的是,克利夫兰独立电话公司承诺"面向每一位用户提供无条件的、独特的金牌服务"。克利夫兰独立电话公司在广告中宣传的性能标准,是为其目标客户——商业用户设计的,想必也得到了这些商业用户的认可。然而,这家克利夫兰独立电话公司拒绝像其竞争对手贝尔那样提供品类广泛的低成本呼叫计划套餐,这就限制了它对该市商业用户之外人群的吸引力。贝尔公司的员工弗兰克·R. 科尔文(Frank R. Colvin)向本公司的一名高管反映,如果克利夫兰独立电话公司想要扩张,其管理层除了效仿贝尔引入同线电话和按次收费外,将别无他选;因为它较低的固定费率已经助其赢得了现实意义上其所希望获得的所有商业用户。[9]

一位商业记者观察到,独立电话公司阵营拒绝扩充它们的呼叫计划套餐品类,这限制了它们与贝尔正面交手时的竞争力。尽管贝尔公司基于"经验"已经"积极开发"按次收费服务好几年了,但直到1902年,才有一家独立电话公司意识到固定费率原则的局限性,并开始转向按次收费。[10]另有一家圣路易斯的独立电话公司在试图以与其对手贝尔一样的低价为住宅用户提供电话服务时,陷入了进退两难的境地,独立电话公司的困窘由此可见一斑。这家独立电话公司的经理解释,竞争对手贝尔最近在该市居民区安装的现用现付的投币电话是一种"滋扰",对此他无计可施。许多人更喜欢贝尔公司以更低的现用现付价格提供的"次等"服务,而不是他们公司以固定费率所提供的更高质量、也更昂贵的服务。[11]问题的关键在于,他们公司要求订户签订一份为期一年的合同,并提前3个月付清所有费用,而其竞争对手贝尔却没有这样做。此外,相较于为独立电话公司的"无限次服务"付费,用户更愿意选择为贝尔的投币式电话"一次一付"地支付费用。按次而非按年付费的灵活便利性抵消了独立电话公司提供的无限次的本地呼叫服务的优势,即便两种情况下最终的成本毫无差异。[12] 相较于独立电话公司,贝尔的主要优势不是它的长途通话网络——这一功能与大多数电话用户无关——而是它为市内用户提供的一系列低成本的呼叫计划套餐。1905 年,一名独立记者承认,在城市中运营同线电话比在农村要复杂得多。然而,这并不是独立电话公司放弃投资安装同线电话的原因。[13] 不幸的是,几乎没有独立电话公司留意到这名记者的建议。

独立电话公司阵营不愿扩充其低成本呼叫计划套餐的品类,部分原因在于它们的目标客户是商业用户。商业用户更偏好固定费率,不喜欢同线电话,独立电话公司阵营就纷纷以此为导向。尽管独立电话公司阵营的新闻发言人詹姆斯·M. 托马斯一再敦促其同事们在设计呼叫计划套餐时要更有创意,但没有人将他的话当回事。1900年,托马斯公开宣布,按次收费是给"各阶层人民的最大实惠",在"需要极致服务"的大城市里,这是电话服务收费的"唯一公平的方式"。[14] 不过,就连在按次收费上态度开明的托马斯,也不太赞同同线电话与投币电话。托马斯预测,贝尔最近在大城市推出的这些创新将有利于独立电话公司阵营,因为它会暴露出贝尔公司低劣的服务质量。[15] 但托马斯的分析忽略了一个事实,对于很多电话用户来说,低成本比高质量更具吸引力。

托马斯未言明的甚至还有一个更根本的问题:贝尔公司率先提出的这个呼叫计划如果要在大城市中实施,则需划拨必要的巨额财政支出,几乎没有一家独立电话公司有资源能完成此项投资。矛盾的是,在大城市内部满足用户对廉价便捷的电话服务的不同需求,比在大城市内部满足用户对收费线路服务的分散需求成本更高。独立电话公司在交换设备上投入不多,在收费线路上则下了血本。这样一来,他们就错过了攻进其竞争对手贝尔已经在着手开发的大都市电话市场的机会。

早期独立电话公司阵营中最野心勃勃的是芝加哥电话设备制造商詹姆斯·E. 凯林。19 世纪 90 年代,凯林作为一个独立贸易组织的组织者在全国享有盛誉,这个组织后来被称为全国独立电话协会(NITA)。自 1892 年起,凯林一直活跃在电话行业。他获得了几个市政电话特许经营权,以应对亚历山大·格雷厄姆·贝尔的专利到期问题。令凯林惊讶的是,他找不到一家愿意为他提供必要设备的制造商。为了满足这个需求,凯林自己进入了电话设备制造行业。[16]

全国独立电话协会源自一支服务于独立设备制造商的法律辩护基金。多年来,贝尔成功地以专利侵权为由起诉了潜在的竞争对手,于是,独立电话设备制造商决心予以反击。全国独立电话协会的第一批会员包括 40 家设备制造商,其总部大都驻扎在芝加哥。[17] 全国独立电话协会最初被称为电话保护协会(Telephone Protective Association);凯林创建这个协会是为了阻止潜在的垄断者行使联邦政府授予的专利权。简而言之,该协会成立的催化剂不是联邦政府的软弱——这是针对美国志愿者团体激增的一种历史悠久的托克维尔式解释——而恰恰是联邦政府的权力。正如19世纪40年代纽约联合通讯社（New York Associated Press）的成立是为了保护纽约的报纸不受电报公司（telegraph corporation）过度利用联邦政府授予萨缪尔·F. B. 莫尔斯的电报专利权的影响，成立于19世纪90年代的全国独立电话协会，旨在保护芝加哥的电话设备制造商免受一家按照联邦政府的垄断授权合并起来的公司的侵害。尽管亚历山大·格雷厄姆·贝尔的专利权已于1894年到期，但贝尔决心通过炫耀自己对爱米尔·贝利纳麦克风所拥有的专利权来继续维系其垄断地位，贝尔是在1891年获得这项麦克风发明专利权的。

凯林意识到，如果潜在的经营公司的创始人们理性地预感到他们购买的设备可能会让他们因为专利侵权而被送上法庭，他们可能就会对进入电话行业犹豫不决。为了跟上专利法的最新发展，凯林聘请了肯普斯特·米勒，他是一位受过大学教育的工程师，曾在专利局担任过审查员，并一直在局里负责判断新电话发明的优点。[18] 为了给胆小的创始人们打气，凯林答应为任何一家因为使用了他公司生产的电话设备而被贝尔起诉的运营公司支付法律费用。[19] 在这波攻势中，凯林甚至在1895年短暂调查过根据《谢尔曼法》起诉贝尔限制贸易的可能性。[20]

1897年，凯林赢得了他最大的法律胜利。当时他在法庭上说服贝尔撤销了一项专利，该专利涉及一种"开关挂钩"装置。开关挂钩的作用是在打电话的人拿起听筒时负责接通电流回路。法院驳回了贝尔为证明其拥有开关挂钩的合法性而提出的所有八项理由，凯林获得了巨大的胜利。独立电话公司曾说服法官撤销了爱米尔·贝利纳麦克风专利，但这项裁决很快就被推翻了。所以，开关挂钩专利是第一个被宣布永久废除的专利，这极大地鼓舞了信心。[21]

在凯林的愿望清单上，最重要的是建立一个独立的长途电话网络。贝尔的长途电话网络商业价值有限；事实上，长途网络的建设需要巨大的资金投入。然而，凯林意识到了它的象征意义。他认为，独立电话公司如果想要在与贝尔的竞争中胜出，也必须要向其用户提供同等重要的服务。

对于独立电话公司来说，要复制贝尔的长途电话网络，最简单的方法是去说服州立法者强制贝尔与独立运营公司进行互连。19世纪90年代，独立电话公司阵营曾发起了几项互连法案，但全都遭到了贝尔的否决且均未获成功。贝尔的律师辩称，双方互连属于技术上的苛求与道德上的错误，因为这样一来，竞争对手就能自由使用其并未曾为之付费的基础设施了。

接下来，一小群坚定的独立电话公司决定建立自己的长途网络。为了激励独立运营公司签署协议，这些独立电话公司改变了其阵营在强制互连方面的传统立场。例如，在俄亥俄州，直到1908年，独立电话公司阵营的倡导者还在反对强制性互连法。如果州立法机构批准独立运营公司与贝尔签署互连协议，那么建造独立长途电话网络的最有说服力的理由将不复存在。[22]

建立一个与贝尔竞争的长途网络所要面临的巨大挑战促使凯林建议国会颁布法令,授权联邦政府建造一个面向所有人开放的长途电话网络。如果联邦政府建立起一个对独立电话公司阵营开放的长途网络,或者它买下贝尔的长途电话网,那么问题就会迎刃而解。凯林相信,对于联邦政府来说,拥有并运营一个长途电话网比投递邮件更意义深远。有且仅有联邦政府才有组织能力来满足"美国城市间相互交流"的"公共需求"。[23]

凯林只不过是几家支持电话所有权归属联邦政府的独立电话公司之一。1903年,一位独立商业记者直言道,"正如我们令人钦佩的、经济的与高效的邮政系统所证明的那样,由联邦政府主导是一种切实可行的方案"。"在这个幅员辽阔的国家,由山姆大叔来拥有并运营每一个电话亭(私人电话线除外)显然是一件理想的事情。"联邦政府会将价格与成本相匹配,加速"大幅削减"贝尔为"不可或缺的电话奢侈品"收取的费用。为了强调合并(consolidation)优于竞争,这位记者大胆地用邮政和电话做了一个类比:"如果山姆大叔不再经营邮递业务,而且运送信件的有限公司和发送声音的有限公司一样多的话,你认为从纽约市寄一封信到旧金山要多少钱?当然不止两美分。如果电话能合并到联邦政府手中,我们索性就把它合并了吧。"[24]

数百家独立运营的电话公司已经获得了审慎的融资并运营良好。其中的许多家坚持运营了几十年。事实上,直到1989年还有1300多家留存。在那一年,独立电话公司还在为20%的美国人民和2/3的美国领土提供电话服务。[25]然而,如果忽视了1894—1907年许多独立设备制造商对潜在的电话服务市场做出的过于乐观的预测,或者忽视了许多独立电话公司以高风险的方式获得融资,那将是目光短浅的。设备制造商向潜在的独立电话公司的发起人保证,贝尔旗下的运营公司们在经济上附属于贝尔,因此极易受到冲击。按照制造商们的看法,贝尔旗下的运营公司保持高利率和低性能标准,是因为贝尔要求每家运营公司不仅要为贝尔持有的该运营公司股票支付股息,而且还要支付其年收入4.5%的许可费。[26]独立运营的电话公司则无须承担以上两种负担;因此,它们在以较低的成本提供优质设施服务方面应该不会有什么困难。

为了吸引潜在投资者,独立设备制造商在行业刊物上大肆宣传。1903年,贝尔公司的一名公关人员说,这些刊物的编辑"把情况描绘得尽可能美好",这并不奇怪。[27]即使独立电话设备制造商服务的运营公司没有获利,他们自己仍然可以从中捞得好处。1908年,一位敢于直言的商业分析师指出:"建造相互竞争的电话公司创造了财富,而经营这些公司却损失了财富。"[28]1914年,得克萨斯州首家独立电话公司发行的招股说明书中,追忆起一位得州电话的发起人,读起来"就像某运输公司的梦想部门创作的文学作品"[29]。

独立阵营的过度乐观导致了多起金融灾害。在许多城市和小镇,独立电话公司与当地官员的特许经营权协商,要求他们以极低费率提供电话服务。接下来,他们购买设备,寻求用户,便开始了他们的事业。当债券到期时,他们违约了。1903—1906年,有85家独立经营的公司进入了破产管理程序。按百分比计算,这个总数相当小;毕竟,独立电话公司有数以千计。尽管如此,这一信息还是暴露了独立电话公司金融的不稳定性,吓跑了不少潜在的投资者。[30]

最引人注目的独立金融灾害要数电话、电报和电缆公司(Telephone, Telegraph, and Cable)在1901年的崩溃。几乎没有一家独立电话公司拥有比它更好的商业前景。这家公司的经理是W. J. 拉塔(W. J. Latta),他曾是宾夕法尼亚铁路部门的主管,而它背后的金主则是由纽约市的一个富有的投资人小团体领导的,其中包括乔治·古尔德(George Gould)、威廉·C. 惠特尼(William C. Whitney)、P. A. B. 怀德纳(P. A. B. Widener)和约翰·雅各布·阿斯特(John Jacob Astor)。[31]

创建一个巨大的独立电话公司联合体的想法至少在1899年就形成了。这一年,太平洋邮政电报电缆公司(Pacific Postal Telegraph Cable Company)总裁约翰·W. 麦凯在芝加哥会见了独立电话公司阵营的代表人士,希望他们能团结在一起加入反贝尔联盟。如果麦凯没有在1902年去世,他很可能已经成为电话行业的一股重要力量,就像1881年杰伊·古尔德收购西联电报公司之后,就变成了电报行业的主要参与者一样。[32]

电话、电报和电缆公司所拥有的最有价值的财产是伊利(Erie)公司,这是一家掌控着得克萨斯州、明尼苏达州、南北达科塔州、密歇根州、威斯康星州、克利夫兰及俄亥俄州的电话运营公司的控股公司。伊利在1900年最鼎盛时控制了贝尔公司15%的电话线路。[33]伊利公司由查尔斯·格里登(Charles Glidden)掌控,他是贝尔第一代运营公司经理,备受尊敬。在贝尔内部人士看来,格里登最广为人知的贡献是在波士顿和洛厄尔之间修建了一条收费线路,这是美国最早的收费线路之一。

另一家与电话、电报和电缆公司结盟的是贝尔的潜在竞争对手——人民电话公司(People's Telephone)。1900年,这家公司由前国会议员达尔文·R. 詹姆斯(Darwin R. James)领导,他长期活跃于纽约贸易和运输委员会(New York Board of Trade and Transportation)。尽管人民电话公司顶着一个冠冕堂皇的名称,但它并未打算要把电话的服务范围扩展至尚未被惠及的人群,相反,它加入了一场由西蒙·斯特恩发起的、旨在为纽约市商业精英降低电话费率的政治运动。

换一种情况,电话、电报和电缆公司可能已经建立了一个足以与贝尔抗衡的运营公司联合体。不幸的是,它的发起人犯了两大严重错误,最终致其灭亡。第一项失算是它以高得离谱的价格收购了伊利公司。贝尔的员工弗兰克·R. 科尔文坦言,如果查尔斯·格里登不是如此的"猪脑子",电话、电报和电缆公司很可能会成为贝尔的永久竞争对手。然而,格里登向一群容易轻信他人的投资人兜售了一块毫无价值的"金砖",机会就这样失去了。[34] 为了挽救部分投资,伊利公司被电话、电报和电缆公司悄悄地卖给了基德—皮博迪公司;贝尔执照的持有者再也不会离开贝尔的怀抱了。[35]

第二个不幸的决定是独立公司阵营低估了进入利润丰厚的纽约市市场的可能性。虽然人民电话公司拥有在纽约市创建一家电话运营公司的特许经营权,但它发现,要获取建设一个网络所必需的地下管道的接近权是不太可能的。因为这些管道为帝国地铁公司所有,而帝国地铁公司是由纽约电话公司控制的;不足为奇的是,纽约电话公司总会找到办法,将其潜在的竞争对手人民电话公司拒之门外。[36]

1907年,美国独立电话公司的失势是独立电话公司最声名狼藉的一次溃败。就像电话、电报和电缆公司一样,美国独立电话公司是众多独立电话运营公司的控股公司。1905年,纽约罗彻斯特市的一群富有的投资人创建了这一组织,其资本高达5000万美元。它的幕后金主包括摄影大亨乔治·伊士曼(George Eastman)和如今的传奇电报大亨希拉姆·西布里之子小希拉姆·西布里(Hiram Sibley, Jr.)。[37] 伊士曼和西布里怀念罗切斯特的上一代投资人从电报中获得的巨额利润,希望在电话上复制他们过往的辉煌。小西布里的父亲成功地挑战了基于塞缪尔·F. B. 莫尔斯的专利权而发展壮大的电报业垄断,他同样设想通过美国独立电话公司取代基于亚历山大·格雷厄姆·贝尔手上的专利权所孵化出的电话垄断。

美国独立电话公司的经营以贝尔为蓝本。与贝尔一样,它将一家独立设备制造商、一家独立长途电话供应商和一系列独立运营的电话公司合并在了一起。为了增加其公信力,该公司说服了一家领先的电话设备制造商——斯特隆伯格—卡尔森公司——从芝加哥迁往罗切斯特。如果这些独立公司阵营想要与贝尔一争高下,他们需要一个独立于西部电气公司(Western Electric)的制造基地。就像电话、电报和电缆公司一样,美国独立电话公司也获得了在纽约市建立电话运营公司的特许经营权,并希望获得必要的地下通行权以便启航。

对于伊士曼和西布里来说,不幸的是美国独立电话公司毕竟不是西联。它旗下的运营公司没有一家能产生足够的收入来支付债务利息,它的投资人发现,单单通过出售股票来增加收入是不切实际的。1907年2月,一场不可避免的崩溃发生了。为了挽救部分投资,公司债券持有人同意按1美元折价成35美分进行转让,对于一家曾梦想在电话业务领域开创先河并与西联电报公司相匹敌的企业来说,这是一个耻辱的结局。[38]

美国独立电话公司的倒闭在报纸上引发了一波有关独立电话公司证券不稳定的舆论。《华尔街日报》发表社论称,一家"反对派"电话运营公司要筹集资金去挑战已经"拥有该领域"的现有公司,自此以后"几乎不可能了"。[39] 这种负面舆论的累积效果影响深远。独立电话公司再也不会认真思考如何超越贝尔,成为美国占主导地位的网络服务提供商了。直到1910年,独立电话公司阵营才再次发现他们有可能筹集到网络扩张所需的资金,这是美国司法部(U.S. Department of Justice)的一项值得称赞的法律裁决所带来的意外收获。独立电话公司阵营为了保护他们自身的集体利益,越来越多地求助于联邦政府:在市场上失败后,他们转而求助于国家。从此以后,独立公司阵营的政治议程焦点不再是鼓励竞争,而是保护竞争者,特别是那些与贝尔正面交锋的竞争者。[40]

美国独立电话公司的崩溃对独立投资人产生了毁灭性的影响。这些投资人通常是小镇上的银行家、商人和富农,他们相信独立公关人士编造的有关贝尔"章鱼"金融脆弱性的耸人听闻的故事,因此投资于独立电话公司,希望它们很快就能像贝尔一样赚钱。最详尽的反贝尔论战不是刊登在以揭露商业腐败而闻名的大众杂志《麦克卢尔》(McClure's)上,而是在《成功》(Success),一本定期向读者刊登如何能快速致富的故事的自助杂志上。此后不久,该杂志的作者专门为潜在的独立电话公司投资人创建了一份名为《电话证券周刊》(Telephone Securities Weekly)的内情报告。[41]

1907年,一位前独立电话公司股票推销员回忆道,"我们在筹集资金方面最大的成功来自农民。他们得知贝尔公司获得了巨额利润后,准备利用自己的影响力和资金来打倒贝尔,至于原因是什么他们也说不明白"。股票推销员承诺给农民8%的红利,而且为了增加利诱,还免费给他们发放电话服务的入场券,这几乎等于农民的投资。同时,推销员自己每卖出100美元的股票,就能得到20美元的丰厚佣金,每天能净赚几百美元。没过多久,独立运营的电话公司就安装了由"劣质材料"制成的交换机,这些"劣质材料"是从投机取巧的独立设备制造商那里以高价购来的。只要股票销售持续下去,8%的股息就保持不变,新股票的销售所得就能用来偿还之前投资人的股息。当没有人再上当受骗时,独立运营公司就试图把公司卖给贝尔,但屡屡失败。因为失败的电话交换所通常位于贝尔公司已经占领的地区,这就使得收购一事变得多此一举。在贝尔愿意买断独立电话公司股份的几个案子中,法院以限制贸易为由阻止了交易。在这些情况下,电话公司的独立运动发生内爆只是时间问题,股票推销员承认,"我已经受够了"[42]。

贝尔并没有忽视独立运营公司财务状况不稳定的情况。1903年,贝尔总裁弗雷德里克·P. 菲什对一名记者说,如果独立电话公司希望长期经营下去,他们除了效仿资金最稳健的贝尔运营公司,将每年收入的10%拿出来作为重置基金之外,将别无选择。然而,如果他们真的这么做了,那将摧毁这个国家的每一家独立电话运营公司。[43] 1908年,贝尔总裁西奥多·N. 维尔愤怒地表示,"所有那些关于'贝尔垄断'和'贝尔敲诈'的叫嚣,都是为了把公众的良币送进独立电话公司发起人和特许经营商的手中"。维尔发现,尤其令人不安的是,独立电话公司是根据出售证券所获得的收入来支付股息的:"这种以债券或股票为担保来支付债券利息和资本股息的主张,是金融史上最古老、最错误的方法之一。这种操作手法只有在你能卖出证券的情况下才是可行的,而现如今已然行不通了。"[44]

对于贝尔的拥护者来说,这个道理很简单。独立公司阵营通过玩弄金融规则迅速大赚一笔;贝尔则着眼于未来。长期视野是贝尔新兴管理思想的一个决定性特征。1899年,贝尔的员工弗兰克·R.科尔文回忆说,贝尔员工的团队精神源于他们致力于建立一个在他们去世后仍能长期存在的网络的"事业"。科尔文本人曾是一家独立电话设备制造商,和许多皈依者一样,他对自己的新信仰充满了热情。一家独立电话公司给贝尔的两名高级工程师开出了前所未闻的2万美元年薪,但他们原则性地拒绝了跳槽到这家独立电话公司,这让科尔文感到特别自豪。[45]独立电话公司会在电话业务上试水,然而,一旦情况不妙,他们可能就会转向金矿冒险,或者"天知道什么事情"上。而贝尔的忠实信徒们想得更清楚:"我们年轻人在(电话)这个伟大的事业中都还有很长的路要走;我相信,除了我们的能力和效率之外,我们所能拥有的最佳资本,是一种用金钱买不到的忠诚的声誉———一种我们的总裁和董事绝对可以信赖的忠诚。"[46]

没有什么比在芝加哥创建一家独立运营公司更能提高这些独立电话公司的知名度了。对于凯林来说,在芝加哥创建一家独立电话公司是一件令人痴迷的事。1898年,当市议会授予伊利诺伊电话电报公司特许经营权时,凯林终于如愿以偿。当时没人知道,然而伊利诺伊电话电报公司将是唯一一家在芝加哥市中心商业区建立竞争性电话网的独立运营公司。

伊利诺伊电话电报公司是在疑点重重的情况下获得的特许经营权,几乎可以肯定这是一起欺诈事件。芝加哥市政官经常从需要特权的市政特许经营公司那里获得回扣,伊利诺伊电话电报公司也不例外。据传,伊利诺伊电话电报公司为了获得特许经营权,一共向21名市议员支付了10万美元。[47]于是,伊利诺伊电话电报公司很容易就得到了资助。在芝加哥市内,它得到了独立电话设备制造商米洛·凯洛格、詹姆斯·E.凯林、阿尔弗雷德·斯特隆伯格和安德罗夫·卡尔森的支持。[48]此外,它最大的非芝加哥投资者之一是富有的圣路易斯酿酒商阿道夫·布希(Adolphus Busch)。以敢于批评公司不法行为而闻名的前伊利诺伊州州长约翰·彼得·阿特格尔德(John Peter Altgeld)作为立法委员之一,曾强烈抗议这项授予特许权的行为违规。阿特格尔德指控说,伊利诺伊电话电报公司的背后金主是贪赃舞弊的投机商,他们支持这个公司是为了能把它卖给出价最高的人。后来阿特格尔德的怀疑被坐实了,因为幕后金主将该公司的特许经营权卖给了一个由阿尔伯特·G.惠勒(Albert G. Wheeler)牵头的投资人财团。惠勒曾帮助杰伊·古尔德对抗西联电报公司,现在轮到他来对付贝尔了。[49]

伊利诺伊电话电报公司从未对芝加哥电话公司构成真正的威胁。其电话交换所仍局限于芝加哥的中央商务区,而芝加哥电话公司已经在这一地区提供了很好的服务。在伊利诺伊电话电报公司短暂的历史中,其用户从未达到过2万,这在1907年其竞争对手贝尔运营的几十万部电话中只占很小的一部分。[50]特别需要指出的是伊利诺伊电话电报公司的销售部门一直未能获得芝加哥市中心药房老板（druggists）的许可，在他们的药房里安装公用电话。按照药房老板们的计算，与新进入的电话公司签订合同的未来潜在优势，没法超过他们当前从芝加哥电话公司获得的好处。[51]

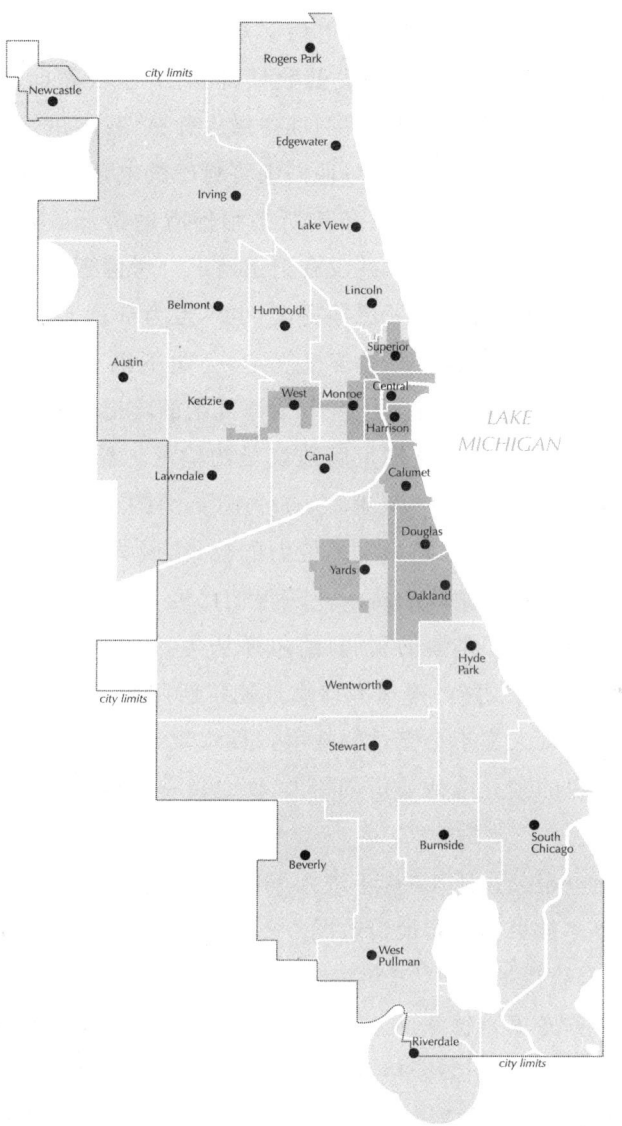

1915年，贝尔公司与独立电话公司在芝加哥市各自拥有的交换所的相对规模。1915年，芝加哥电话公司在芝加哥经营着一个空间分布广阔的电话交换所，它大致相当于这座城市的范围，它的区域对应地图上的浅灰色区域，每个交换中心都以黑点标注。它的竞争对手伊利诺伊电话电报公司的业务范围要小得多——地图上的深灰色区域——主要局限于中央商务区、牲畜饲养场，以及西部和南部的一些富裕住宅区。Kempster B. Miller, *Report on the Automatic Telephone Situation in the City of Chicago*（Chicago：n.p.，1915），p.32.

伊利诺伊电话电报公司的糟糕表现不禁引发了人们的猜测,认为其所有者可能已经与贝尔达成了一项限制其扩张的协议。伊利诺伊电话电报公司是否与贝尔公司签订了竞业禁止协议还有待考证;如果情况属实,那也是当时被保守得最好的商业秘密之一。按照我们今天了解的情况是,伊利诺伊电话电报公司的一名律师在该公司投入运营几年之后才找到贝尔的总裁弗雷德里克·P. 菲什,提出签订一项竞业禁止协议。伊利诺伊电话电报公司提出将其芝加哥电话交换所的电话数量控制在2万部,这也是该公司避免丧失其特许经营权所需的最低数量,同时贝尔公司向其支付现金作为回报。菲什向贝尔的股东们汇报,"如果我们准备做点什么,我想最好是给伊利诺伊电话电报公司一笔现款,或者每年支付一次;他们则将自己的电话数限制在2万部以内,这个数字是他们遵守特许经营权的相关条例所必须保有的最低数目"[52]。菲什是否接受了伊利诺伊电话电报公司的提议,并没有记录留下。考虑到芝加哥电话公司在芝加哥市场的强势地位,如果菲什拒绝了那项提议,也不足为奇。

伊利诺伊电话电报公司的特许经营权规定,公司不得干扰该市的人行道。惠勒毫不气馁,他在芝加哥街道下面建造了一个错综复杂的隧道迷宫。这些隧道起源于一条小巷,该小巷位于声名狼藉的芝加哥腐败议员约翰尼·鲍尔斯(Johnny Powers)的酒吧后面。鲍尔斯是一群被称作"灰狼"(gray wolves)的市政议员的头目,灰狼这个名字不仅暗指议员的头发颜色,还影射了他们的狡猾,因为他们长期以来通过勒索市政特许经营公司来补贴自己微薄的薪水。灰狼们已经从授予伊利诺伊电话电报公司特许经营权的谈判中获得了丰厚的利润,鲍尔斯认为,他没有理由不能从电话网络的建设中再次获利。[53]电话线路的隧道入口靠近鲍尔斯酒吧这一事实,揭露了任何一个具有改革思想的芝加哥人都不会错过的故事:(贝尔旗下的)芝加哥电话公司的竞争对手不是具有远见卓识的独立电话公司创始人,而是由一位声名狼藉的腐败市政官僚所支持的贪婪投机者。

伊利诺伊电话电报公司于1909年进入了破产管理程序。重组之后,其依然步履蹒跚,直到1913年才被贝尔公司悄悄收购。这笔交易要经过芝加哥市议会的批准才能敲定,但起先并未获得批准。[54]三年后,经过一场漫长而充满敌意的辩论,市议会改变了主意。公共事务专家爱德华·W. 贝米斯(Edward W. Bemis)认为,这笔交易最终达成的收购价过高,从而引发了伊利诺伊电话电报公司的所有者已将补偿斩获囊中的传言。[55]芝加哥市议员查尔斯·E. 梅里亚姆(Charles E. Merriam)与贝米斯有同样的担忧。在对市议会投票进行反思时,梅里亚姆宣称,他"强烈地感觉到",市议会的"许多成员"都被收买了。[56]作为芝加哥市唯一一家与贝尔旗下的芝加哥电话公司产生过正面交锋的运营公司,伊利诺伊电话电报公司就这样结束了它短暂的生涯。

按照电话分析师们的观点,伊利诺伊电话电报公司失败的教训至少有两点:首先这是一起毫无意义的商业竞争,同时,在像芝加哥这样的大城市的电话交换所中,使用机电交换模式（electromechanical switching）是不合时宜的。伊利诺伊电话电报公司最初安装的是一台人工交换机（manual switchboard）；到1909年进入破产管理程序时，它已经用自动电气公司制造的机电交换设备（electromechanical switchboard）取代了之前的人工交换机。机电交换在芝加哥遭遇滑铁卢已是众人皆知。芝加哥的城市统计学家雨果·S. 格罗斯（Hugo S. Grosser）宣称，"据我所知，没有人会认为拥有自动电话的伊利诺伊电话电报公司的存在，对我们的商业世界有任何独特的贡献"[57]。对于自动电气公司来说，其芝加哥交换设备的糟糕表现是一场公关惨案。虽然自动电气公司在技术水准方面享有令人羡慕的声誉，但在美国，人们普遍认为电磁交换制式（electromagnetic switching）其实更适合中小城市，而无法满足自动电气公司总部所在的芝加哥这样的大都市对电话服务异常旺盛的需求。一位消息灵通的内部人士承认，"自动交换制式几年前就被安装在这里了，但一直未获成功。这一事实一直成为反对在芝加哥以外的地方发展自动交换制式的坚实理由"[58]。独立电话工程师肯普斯特·米勒总结称，自动电话的安装是一次"彻底的失败"[59]。

伊利诺伊电话电报公司作为一家电话运营公司失败了，但作为一家货运公司却大获成功。阿尔伯特·G. 惠勒在开始挖掘隧道后不久，与宾夕法尼亚州斯克兰顿（Scranton）的一个由煤炭巨头组成的财团达成了协议，将这些隧道扩大为电力铁路的通道，让铁路可以在拥挤的城市街道下运输煤炭和其他大宗商品。正如一位内部人士透露给贝尔总裁弗雷德里克·P. 菲什的那样，电话很快就在铁路面前黯然失色，成了"风筝的尾巴"[60]。隧道的地下货运服务持续到1959年终止。直到1992年，一名建筑工人在修理芝加哥河上的一座桥墩时，不小心刺穿了隧道的一面墙，致使芝加哥市中心数百座地下室被淹这场匪夷所思的事故，人们才忆起当初的这条隧道。

到了20世纪初，芝加哥电话公司面临的最大挑战并非来自竞争对手，而是源自其部分用户。其中意见最大的用户群体当属该市的上层商业精英。19世纪90年代，当芝加哥电话公司将商业服务的年固定费率从125美元提高到175美元时，这个用户团体就动员起来，委托伊利诺伊制造商协会（IMA）向芝加哥市议会提出申诉，以撤销上调费率的决定。

伊利诺伊制造商协会是一个资金雄厚的商业游说团体，其成员包括工厂主、批发商和零售商。尽管这个团体最广为人知的可能是它对劳工组织的敌意，但它在一系列广泛的商业问题上表现得相当活跃，其中最重要的成绩就是帮助商业电话用户削减了175美元的年费。

为了同芝加哥电话公司就费率上调一事相抗争，伊利诺伊制造商协会聘请了著名的芝加哥律师利维·梅耶尔（Levy Mayer）。作为申诉降低费率的理由，梅耶尔指控该公司违反了1889年的特许经营协议。据梅耶尔说，这项特许经营权将公司的固定费率服务限制在125美元以下。事实上，协议中相关措辞的表述故意模棱两可：公司同意不提高"现已确立的电话服务费率"(rates for telephone service now established)。该公司辩称,"现已确立"一词修饰"电话服务";梅耶尔反驳说,它修饰的是"费率"。[61]

为了讨好市议员,梅耶尔声称芝加哥电话公司欠缴了数千美元的税款。该公司律师回应说,根据1889年的协议,公司只需要对特许经营被批准时位于芝加哥市内的那些资产纳税。但是自1889年以来,该市扩展了125平方英里的土地;照梅耶尔的看法,该公司的税单应该基于芝加哥市目前的边界,而非1889年的边界来计算。

梅耶尔最机敏的论点之一是针对芝加哥电话公司上调费率的理由而展开的。该公司代理律师辩护时称,50美元的提价是为了将用户的电话接入贝尔公司的长途网络而进行的服务升级,而贝尔公司在1889年确立125美元年费时还没有提供长途网络服务。长途网络服务需要双线金属电路(two-wire metallic circuits),然而芝加哥的许多电话仍在使用单线接地线路(single-wire grounded lines)。[62]梅耶尔则回应说,公司安装金属电路并不是为了方便长途服务,因为极少有人看重这项升级服务,而是为了维持芝加哥既有的电话服务的性能标准。金属电路旨在消除电磁感应带来的危害,这种危害在电车线路和电站建成之后已成为一个严重的问题。芝加哥电话公司的律师们不无遗憾地承认,梅耶尔的论点大体来说是正确的:"事实上我想这是我们的一个弱点,从接地线路转向金属电路服务的一个非常强大的动机,是克服由强电流引起的干扰。"[63]然而,如果该公司安装金属电路仅仅是为了维持既有的电话服务的性能标准,而非为了提供升级服务,就等于是强化了梅耶尔的论点,即1889年的特许经营权并没有赋予该公司提高费率的权利。[64]颇具讽刺意味的是,特许经营权中唯一许可的升级业务是一项很少有用户愿意付费的服务。

梅耶尔之所以愿意挑战贝尔旗下的芝加哥电话公司,一定程度上与他的个人背景有关。和波士顿律师路易斯·布兰代斯(Louis Brandeis)一样,梅耶尔也是德裔犹太人,而当时反犹情绪十分普遍。通过支持下调商业用户电话费率,梅耶尔似乎就可以理直气壮地宣称自己在与一家强大的公司作战,尽管从这项呼叫计划中获得实际意义的唯一用户群体本身就是商业精英。伊利诺伊制造商协会的许多成员都是业主,而非经理人,这使他们的抗争事业显得更有价值。布兰代斯也曾支持业主与公司作斗争。然而,与布兰代斯不同,梅耶尔缺乏绝对清白的声誉,他之前服务的客户中就有臭名昭著的芝加哥有轨电车巨头查尔斯·耶基斯(Charles Yerkes)。梅耶尔拒绝效仿布兰代斯的创新法律策略,即通过聘请弗雷德里克·W. 泰勒(Frederick W. Taylor)等效率专家,来控诉公司由于采用不必要的奢侈浪费的营业手段而对公众收取过高费用。不过即使梅耶尔这么做了,他也会发现很难找到一位声誉良好的电气工程师,愿意站出来为芝加哥商业用户电话费率辩护。

1902年,梅耶尔取得了重大胜利,他说服了法庭相信,根据1889年的条例,芝加哥电话公司无权向用户收取每年超过 125 美元的费用。[65]此后不久,芝加哥电话公司再次遇挫,梅耶尔说服了法院要求该公司向该市补缴数千美元税款。该公司对这两项裁决都提出了上诉,但在 1906 年 2 月,伊利诺伊最高法院驳回了上诉。[66]由于缺乏法律追诉权,该公司恢复了 125 美元的固定费率,并同意向纽约市审计官补缴 26 万美元税款,以及向固定费率用户返还多收的 8.5 万美元。[67]

在满怀成功喜悦的同时,梅耶尔还希望市议会能为费率设定一个上限。因为芝加哥电话公司 1889 年的特许经营权于 1909 年就会到期。届时,重新授权势必会在城市、公司以及城市电话用户之间引发一场旷日持久的论争,梅耶尔希望在这场竞争中,他的委托人能占据优势。

芝加哥电话公司的特许经营权即将到期后,市议会将有四种选择方案:延续该公司的特许经营权;将特许经营权授予另一家经营公司;将特许经营权同时授予芝加哥电话公司和其竞争对手;买断芝加哥电话公司的资产,将其作为政府机构来运营。在芝加哥市议会召集的 100 多次讨论电话形势的会议上,以上方案除却一项之外,都被纳入了认真考虑的范畴。[68]

市议会立即拒绝的那项选择方案,是将特许经营权同时授予一家新入局的电话公司,使之与芝加哥电话公司直接竞争。由于伊利诺伊电话电报公司的崩溃,这一选择实际上已经被排除在外了。1906 年,该市一位统计学家宣称,除了那些对有利可图的特许经营权感兴趣的投机者之外,没有人会为某个地方的"双重或三重电话网络系统"唱赞歌。[69]竞争不仅受到了电话专家的严厉谴责,也受到了电话用户的强烈反对。芝加哥电话用户保护联盟(Telephone Users' Protective League)的秘书宣称,如果市议会鼓励在芝加哥建立两个相互竞争的电话系统,芝加哥的电话用户将遭受"最大可能的麻烦以及不必要的支出"。电话用户保护联盟是由芝加哥贸易委员会领导的二十八家商业协会匆忙组建的联盟。它有两个主要目标:将芝加哥市内的电话费率保持在较低的标准上,同时阻止市议会将特许经营权授予一家竞争对手公司。[70]

市议会讨论的一个选择方案是政府买断。芝加哥市长爱德华·F. 邓恩(Edward F. Dunne)和包括女子城市俱乐部(Woman's City Club)在内的少数民间团体都是该方案的拥护者。[71]邓恩的意见代表了许多人的观点。他认为,市政所有权(municipal ownership)将促成一家将高性能标准与低费率相结合的电话运营公司的出现:"这就是我们的自来水厂和邮局的历史。"[72]

也有人认为市政所有权是一个陷阱。正如公司管理面临各种各样的反对意见一样,政府行政也是如此。民众担心市政府可能会将电话收归市政,这一市民心理是芝加哥电话公司在与市政府竞争时所掌握的"主要武器"之一。1907 年发表在《芝加哥论坛报》上的社论这样写道:"电话服务政治化"的出现将会在民众中激起强烈反感,以至于他们几乎愿意接受任何替代方案。[73]

无论电话的市政所有权在选民中有多受欢迎,真正符合市议员既得利益的却是投反对票。1906年,一位独立评论员认为,独立电话公司在芝加哥遭遇的"真正敌人"既非电话用户也非贝尔,而是那些腐败的市议员,他们通过反对新进入者,来换取贝尔公司源源不断的金钱回报。[74]一旦该市将电话业务市属化,议员们就会失去敲诈勒索的机会。

电话的市政所有权受到质疑后,就只剩下两种备选方案了:要么延长芝加哥电话公司的特许经营权期限,要么将芝加哥电话公司的特许经营权转让给一家新的运营公司。伊利诺伊制造商协会更倾向于后一方案。为了增加可信度,梅耶尔构想出了一个他称之为"制造商电话公司"(Manufacturers' Telephone)的机构来作为芝加哥电话公司的潜在继任者。为了证明制造商电话公司切合实际,梅耶尔认为它相比芝加哥电话公司有两大优势:在技术层面,为了减少呼叫连接的延迟等待,它将安装一种新型的"半自动"交换机;在经济层面,为了安抚用户——尤其是控制伊利诺伊制造商协会的那些精英商人——它将为商业用户提供较低的固定费率。

至于新的半自动交换机将如何工作,梅耶尔没有提供多少细节。他只承诺新交换机将加快电话接通的速度,而且不会完全是机电式的。考虑到芝加哥的电话采用机电交换制式的糟糕历史表现,梅耶尔的让步足够精明。梅耶尔不支持建立一个人工接线员辅助的机电交换设备,表明他不愿挑战一种当时连芝加哥电话公司最无情的批评者都具有的共识:适合芝加哥这样大城市电话网络的机电交换设备尚未被发明出来。

芝加哥电话公司总经理安格斯·希巴德逐点对梅耶尔的提案提出了质疑。在市议会的多次露面中,希巴德都公开质疑了梅耶尔的信誉,并为他的公司辩护,"一寸一寸"地争取维持其在芝加哥的特许经营权。[75]梅耶尔曾在一次议会辩论中公开承认,"我对电话业务一窍不通",希巴德很好地利用了这一弱点。[76]尤其令希巴德反感的是梅耶尔对商业用户固定费率的支持。希巴德重申了他十多年来的观点,即电话网络的拥堵是由商业用户的固定费率制度导致的,并且希巴德通常将拥堵归咎于男性。然而,在他对梅耶尔的批评中,希巴德特别提到了妇女和儿童,想必是为了安抚梅耶尔所代表的男性商界精英:"作为高效电话系统基础的通信流量将被占用以致阻塞,电话交换所也将被保姆、仆人和孩子们免费的、无限制的交谈所淹没。"[77]

1907年11月,在市议会的一场马拉松式的通宵会议上,特许经营权之争终于达到了高潮。会议结束后,芝加哥电话公司又重新获得了二十年的特许经营权。对于许多精通从市政特许经营公司敲诈回扣艺术的市议员来说,这想必是一次有利可图的会议。特别值得怀疑的是,会议的最后一刻又废除了一项条款,这项条款原本已将公司的股息上限设置为7%,而不是目前的10%。这项条款为何被废是一个谜;如果是公司高管出钱请几位市议员暗中操作,没人会感到意外。[78]

芝加哥电话公司新获的特许经营权是公司、城市和电话服务的消费者三方相互妥协的产物。其中,芝加哥电话公司继续获得了特许经营权,尽管条件没有希巴德所希望的那么有利。市政一方则保留了自己设定电话费率和以双方同意的价格收购该公司的权利。消费者获得了市内通话费率的下调。从此以后,市内电话费用不再超过5美分,这对于在呼叫计划上精打细算的小用户来说,无疑是一场重大的胜利:1907年,这座城市已扩张至192平方英里。所以,该公司做出的一项重大让步就是扩大免费通话区:因为直到1905年,免费区还只有82平方英里。[79]1907年以前,该公司一半以上的收入都来自市内电话。[80]最终,商业用户继续享受125美元的固定费率,梅耶尔和伊利诺伊制造商协会获得了胜利,希巴德则遭遇了羞辱性的失败。

商业用户得以继续实行固定费率的这个结果,证明了一个组织良好的游说团体拥有足够强大的力量来保留一项大多数电话用户并不关心的特权。而1910年完成的一项关于电话费用的工程研究再次突显了固定费率用户的特权地位。这项研究显示,芝加哥电话交换所30％的电话呼叫是由固定费率用户发起的,却只产生了15％的收入。[81]在市议会举行投票之前的几个月,芝加哥电话公司已经在一场主张废除固定费率的奢华的公关活动中花费了50万美元。这场公关活动强调,固定费率降低了性能标准,而按次收费的电话服务将为芝加哥95％的电话用户节省话费。[82]市议会并不相信这些,不是因为它关心大多数人,而是因为它顺从少数人。

希巴德对商业用户固定费率制的批评得到了杜加尔德·C. 杰克逊(Dugald C. Jackson)的有力支持。杰克逊是一名受过大学教育的电气工程师,近来在麻省理工学院获得了一项颇有声望的职位任命。市议会聘请杰克逊来比较并评估芝加哥电话公司提供的设施与制造商电话公司承诺提供的设施之间的优劣。为了完成这项任务,他准备了一份关于大城市电话交换机的详尽分析报告。在此之前,政府监管委员会从未针对美国大型城市的电话业务开展过透彻的分析,直到1910年纽约州立法机构才开创了这一先例,他们委托开展了一项针对纽约电话服务的详尽分析。

杰克逊承认,在美国的许多城镇,固定费率仍是常态。但是,他认为由制造商电话公司保持商业用户固定费率的提议已经不合时宜,且对小用户不公平,同时对芝加哥这样的大城市的交换所来说也不切实际。芝加哥市内电话服务大众化的一个最大影响因素是现用现付制。如果市议会不允许该公司试验按次收费,那么这一创新就不可能实现。固定费率制导致了通话线路的拥堵,并减缓了电话服务从专为独家客户提供的特殊服务向为全体人民提供的大众服务的转型与重构的进程。这种呼叫计划在纽约市几乎完全被舍弃了,在伦敦最见多识广的电话专家那里也不受欢迎。将芝加哥与仍在实行固定费率制的小城镇交换所进行比较是可笑的。美国唯一可与芝加哥交换所相提并论的电话交换所在纽约市,而欧洲唯一同等级别的交易所则在伦敦。一些评论家称赞斯德哥尔摩的电话交换所,但杰克逊对此嗤之以鼻,大概是由于他认为斯德哥尔摩的太小,无法作为一个有用的比较对象。[83]

334 杰克逊的观点与希巴德的观点相呼应,反驳了梅耶尔的观点。然而,如果认为杰克逊这样做是在为芝加哥电话公司站台,那就大错特错了。例如,杰克逊对商业用户固定费率的批评,重申了美国每个大城市的电话专家都提过的观点。资深公共事业监管人士弗兰克·帕森斯(Frank Parsons)在芝加哥特许经营权之争中表示,"我相信大型城市应该实行按次收费制",不过他也承认,对小型交换所而言,实行商业用户高于住宅用户的"双重标准的固定费率制"可能"更简单、更好"。电话呼叫计划的多样化扩增对城市居民非常有益。恢复曾经盛行的简单、固定费率的呼叫计划不会有任何好处:"不存在标准的电话费率。"[84]

335 1907 年,芝加哥电话公司重获特许经营权的过程涉及大量的政治谈判,腐败猖獗。为了引起人们对市议会腐败的注意,这幅漫画把芝加哥的市议员们描绘成企业的马屁精。为了说明这一点,漫画上市议员们穿着印有无处不见的贝尔公司广告标识的钟形西装,焦虑不安地看了一眼墙上挂的旧金山市一名官员的面部照片。这名官员因从贝尔在旧金山的特许经营权授予过程中收受贿赂而被捕。"I Hope Our Bell Boy Hurries with That Ordinance—I'm Getting Nervous,"*Chicago Tribune*,September 12,1907.

回想起来,芝加哥电话公司说服市议会延长其特许经营权也许并不令人惊讶。要扳倒一家富有、蒸蒸日上、根基稳固、为了捍卫其特权而出手大方的公司绝非易事。密切关注政治时局的观察家们理所当然会认为,芝加哥电话公司为了获得新的特许经营权已经买通了灰狼们。1907年芝加哥政坛的腐败程度并不亚于1889年,该市议员们意识到,芝加哥电话公司的特许经营权即将到期,这是敲诈一家财力雄厚的公司的难得机会。贿赂市政府官员是芝加哥的一项政治传统,这一行为被委婉地称为"回扣"(kickback)或"拍马屁"。[85]据芝加哥大学政治科学家出身的市议员查尔斯·E.梅里亚姆估计,市议会1/3的票席可供收买,1/3的席位坚持己见;剩下的1/3则随公众舆论而变。[86]

普遍的政治腐败激发《芝加哥论坛报》刊登了一幅揭黑政治漫画。这幅漫画把芝加哥的市议员描绘成一群紧张的钟形马屁精在议会大厅门外排成一行(bell同时有贝尔和钟的意思)。漫画的标题写着:"我希望我们的钟形家伙快点通过那条法令——我有点紧张了。"熟悉特许经营政治的读者立刻就会明白这个笑话的意思:市议员们害怕因接受贝尔的非法贿赂而入狱。为了向不了解相关背景的人传达他们的焦虑,议会会议厅门口的墙上挂着一幅被监禁的旧金山政客的画像。几年前,这名政客因收受贝尔某位高管的贿赂,并以在市议会投支持票作为回报而被定罪了。[87]

对芝加哥电话公司来说,公之于众成为抑制腐败的解毒剂。议员们再也不能想当然地觉得贪污不会被曝光,或者敲诈勒索的议案不会被报道。市政特许经营公司的公关力量源自其在《公共服务》(Public Service)杂志上的频频发声。这本杂志是由H. J. 冈登(H. J. Gondon)于1906年在芝加哥创办的,其主要目的是帮助市政特许经营公司提升其公众形象,并提高其在州立法机构和市议会的谈判地位。在1908年贝尔公司总裁西奥多·N. 维尔发起那场著名的公关活动之前的几年里,冈登本人一直在指导公司经理们掌握公关说服的艺术。

自19世纪80年代以来,查尔斯·N. 费伊等电话经理人一直在抱怨市政官员的不正当交易。现在,这些抱怨史无前例地引发了全国范围的关注。1904年,林肯·斯蒂芬斯出版了《城市之耻》一书,该书生动地记录了像芝加哥电话公司这样的市政特许经营公司所获得的政治收益。也正是斯蒂芬斯将约翰尼·鲍尔斯和他的盟友们称为"灰狼",并使这一形象广为人知。矛盾的是,斯蒂芬斯的著作反倒使芝加哥电话公司等现有市政特许经营公司在与市政府的持续博弈中获得了有利地位。因为敏锐的读者以往主要了解到的是商业如何腐蚀政治,现在,他们还发现了市政特许经营政治中的政经关系是如何使腐败无处不在、系统化且不可避免的。在斯蒂芬斯的揭黑报道以及受此报道所激发的许多揭丑出版物中,最大的坏蛋不是特许经营公司,而是像约翰尼·鲍尔斯那样的腐败市政官员,他们纵容冒牌公司进入市场搞破坏。[88]

虽然公关的力量挽救了芝加哥电话公司,但却伤害了伊利诺伊制造商协会的利益。除了伊利诺伊制造商协会自身,很少有芝加哥人会对伊利诺伊制造商协会支持的电话运营公司表示出好感。伊利诺伊制造商协会的提议尤其遭受到该市劳工组织的冷眼;这并不奇怪,因为伊利诺伊制造商协会与反工会的自由雇佣企业的立场高度一致。1906年,一位记者报道说,劳工组织竭力反对芝加哥电话公司的并不是它的费用制。相反,他们对这家公司最大的不满是因为它保留了一家不承认工会组织的印刷公司来出版电话簿。[89]1887—1889年,芝加哥电话公司几乎遭受到了来自全市所有电话用户的敌意。1906—1907年,除了一小部分享受固定费率的商业用户拒绝放弃他们已经习惯的特权之外,该公司至少勉强赢得了全市各类电话用户的支持。商业用户不再是公众辩论中唯一的、甚至是最重要的声音。1906年,至少有25万芝加哥人参与签署了一份请愿书,敦促市议会延长芝加哥电话公司的特许经营权。这份请愿书在芝加哥电话公司的人工接线员之间广为传阅,并被芝加哥电话公司骄傲地陈列在总部的大楼里。虽然大家都知道,是芝加哥电话公司在背后赞助了这次请愿活动,但就连刻薄无情的《芝加哥先驱报》也不得不承认,这次请愿表达了芝加哥绝大多数电话用户的"诚实信念"[90]。

敲诈勒索在芝加哥的特许经营谈判中是永恒不变的主题,而市政特许经营公司的经营策略则变化多端。在1887—1907年的二十年里,市议员们几乎没有什么变化,而芝加哥电话却发生了很大的变化,它的网络覆盖面更广、设备更加先进、公共关系也更老道世故。该公司的管理人员也不再像1887年查尔斯·N. 费伊那样夸口说该公司有权随意收取任何费用,即使它过高的收费已使大多数用户放弃了这项服务。

到了1907年,电话的大众化(popularization)已是不争的事实。即使是最顽固的运营公司经理人也开始对不必要的浪费嗤之以鼻、将电话理想化为一种公用事业,并认为电话服务应该是面向全体人民的大众服务。唯一的问题就是如何最大限度地去实现这项已达成共识的目标。在支持电话大众化的同时代人中,很少有人比市政特许经营专家德洛斯·F. 威尔科克斯更有说服力。在为电话作为一种"民主的技术"进行辩护时,威尔科克斯援引的是历史悠久的特权与平权(special privilege and equal rights)间的二元对立思想,而非新出现的介于公共事业与不必要浪费之间的二元对立观念。市议会授予电话公司的特许经营权,是要求它们以合理的价格为全体人民提供基础设施。[91]即便如此,威尔科克斯所倡导的平等权利并非网络提供商的权利,而是网络用户的权利:"当务之急是以合理的费率提供适当的服务,使电话不至于成为加固社会特权阶层地位的助推因素,而是成为推动社会平等、帮助所有公民平等地享有相互交流益处的一种民主的发展工具。"[92]这里引用希巴德自己的话再合适不过了。

希巴德最初是否将电话的大众化作为一种政治策略来施行,我们不得而知。他的首要目标很可能只是为了扩大电话服务市场。但可以肯定的是,大众化改变了公司与城市的关系。1906—1907年,芝加哥选民中有很大一部分人已经成为廉价便捷的电话服务的既得利益者。而这样的用户团体在1887—1889年时还不存在。即使以利维·梅耶尔为代表的享受固定费率的"电话贵族"仍不满意,但他们的不满之声已没有当初那么大的影响力了,因为他们现在只占用户总数的很小一部分。在特许经营权之争初期的一次报纸采访中,希巴德强调了电话对非安装用户(nonsubscribers)的重要性:"良好的服务不论对于相对少数的拥有私人电话的用户,还是对那些不得不使用药房老板的电话的男男女女,都一样有吸引力。"[93] 1906—1907年,公众没有再持续反对芝加哥电话公司重获特许经营权,这不仅归功于希巴德的商业策略,也得益于该公司不可或缺的政治收益。

1907年美国电话行业最重要的事件,既不是西奥多·N. 维尔重新当选贝尔公司总裁,也不是所谓的摩根大通纽约投资银行部门对贝尔公司的收购,甚至还不是威斯康星州立法机构决定扩大其州监管委员会(state regulatory commission)的管辖范围,接纳了电话。比这些都影响更为深远的是美国独立电话公司的垮台,以及芝加哥电话公司重获特许经营权。这两件事标志着独立电话公司似乎可以创建一个足以与贝尔一争高下的电话网络的短暂时代彻底结束了。美国独立电话公司的倒闭对投资人来说是一则警示寓言,芝加哥电话公司重获特许经营权则标志着电话行业中反垄断的终结顺应了公民理想(civic ideal)。直到20世纪10年代,联邦政府介入电话证券市场进行干预后,投资人才再次把独立电话公司的财产(independent properties)看成一项稳健的投资。从此,竞争不再是解决之道,而是造成不必要浪费的来源,只有政府才能消除这些不必要的浪费。电话行业中的特权已经不可避免,竞争造成的不必要浪费就是其中的祸根。在反垄断的政治经济环境中,意见领袖们称反垄断人士是支持特权的高级祸害;在进步主义的政治经济环境中,意见领袖们嘲笑反垄断人士是造成不必要浪费的寄生虫。

1907年,芝加哥人面对芝加哥电话公司特许经营权的续期表现平静,这与1887—1889年特许经营权之争引发的公众愤怒情绪形成了鲜明对比。1889年,芝加哥电话行业中的政商关系确实呈敌对状态。到了1907年,这种敌对关系已经转化成一种互谅互让的精神。这不仅是因为人们普遍认为竞争是错误的,还基于在此期间电话业务的显著扩张。在芝加哥这样的大城市,电话公司将大众化作为一种商业策略,以抢占先机对付竞争对手,使立法者保持中立,并通过与潜在的新入局者结盟来将投资人边缘化。网络扩张在1907年还是一种公民理想,但它最终变成了一个表面上貌似价值中立的经济学真理。

注释:

[1]Ivy L. Lee, "Telephone Publicity—Appealing to Public Opinion," *Sound Waves* 11 (August 1906): 304.

[2]*Wall Street Journal*, May 1, 1907; Albert Bigelow Paine, *In One Man's Life: Being Chapters from the Personal and Business Career of Theodore N. Vail* (New York: Harper & Brothers, 1921), pp.229-230.

[3]J. P. Morgan & Co. to Vail, August 9, 1915, in Federal Communications Commission, *Accounting Department: Telephone Investigation*, vol. 3 [Washington, D. C.: Federal Communications Commission], 1936-1937.

[4]Vincent P. Carosso, *More than a Century of Investment Banking: The Kidder, Peabody & Co. Story* (New York: McGraw-Hill, 1979), pp.30-31.

[5]"Judge Thomas on Independent Telephony," *Electrical World* 37 (June 8, 1901): 979.

[6]"Independent Interdependence," *Transmitter* (Fort Worth, Tex.) 5 (August 1907): 16.

[7]Hugh Dougherty to Henry A. Barnhart, February 15, 1902, Barnhart Papers, Indiana State Library and Archives, Indianapolis.

[8]Cuyahoga Telephone Company, *A Little Talk on Talk* (Cleveland: Cuyahoga Telephone Company, [c. 1900]), subject file, Ohio Bell Telephone Company Records, AT&T Archives and History Center, San Antonio, Tex.(hereafter AT&T-TX).

[9]Frank R. Colvin to Winfield S. Hutchinson, October 27, 1900, Colvin letterbook, Colvin letterbook, AT&T Archives and History Center, Warren, N.J.(hereafter AT&T-NJ).

[10]*Electrical World* 39 (May 10, 1902): 809.

[11]Charles T. Smiley to H. Linton Reber, January 29, 1908, Kinloch Telephone Company, *Annual Report* (1907).

[12]Smiley to Reber, January 14, 1907, Kinloch Telephone Company, *Annual Report* (1906), Southwestern Bell Telephone Company Records, AT&T-TX; *Druggists' Circular* 56 (January 1912): 34.

[13]"Value of Party Line Service," *Sound Waves* 10 (September 1905): 322.

[14] "Independent National Telephone Convention," *Electrical World* 35 (June 23, 1900): 936.

[15]同上。

[16]Harry B. MacMeal, *The Story of Independent Telephony* (Chicago: Independent Pioneer Telephone Association, 1934), p.130.

[17]Ralph L. Mahon, "The Telephone in Chicago, 1877-1940," typescript, p.17, AT&T-TX.

[18]*Western Telephone Manufacturing Company v. Swedish-American Telephone Company*, U.S. Circuit Court, no. 28,994, pp.2-3, RG 21, National Archives, Great Lakes Branch, Chicago.

[19]Western Telephone Construction Company, *Price List* (Chicago, n.p.[1896]).

[20]MacMeal, *Independent Telephony*, p.68.

[21]*Western Electric v. Western Telephone Construction Co.*, 81 F. 572(1897); MacMeal, *Independent Telephony*, p.85.

[22]Gansey R. Johnston, "Comments on the 1907 Report of the A. T. & T. Co.," *Telephony*

16 (October 24, 1908): 409-411; A. C. Lindemuth, "The Legal Status and Relationship of Independent Telephone Companies," *Telephony* 15(December 5, 1908): 577-581.

[23]James E. Keelyn, "A Letter on the Proposed Telephone Consolidation,"*Electrical Review* 35 (November 1899): 293.

[24]"Conflicting Telephone Service," *Telephone Magazine* 21 (May 1903): 207.

[25] Charles A. Pleasance, *The Spirit of Independent Telephony* (Johnson City, Tenn.: Independent Telephone Books, 1989), p. xiv.

[26]J. Warren Stehman, *The Financial History of the American Telephone and Telegraph Company* (Boston: Houghton Mifflin Co., 1925), pp.309-311.

[27]*Cumberland Telephone Journal* 1 (May 15, 1903): 2.

[28]New Orleans Board of Trade, *Telephone Conditions in New Orleans ,La.: Being a Report Presented by a Special Committee of the New Orleans Board of Trade, Approved, April 8th, 1908* (New Orleans: n.p., 1908), p.133.

[29]Edwin W. Gorom to Burleson, February 2, 1914, Office of the Solicitor, Department of Justice, RG 60, National Archives, Washington, D.C. (hereafter DOJ-NA).

[30]Stehman, *Financial History*, p.83.

[31]"Opposition for Bell Concern," *Chicago Tribune*, November 10, 1899.

[32]"The Telephone Convention," *New York Times*, June 29, 1899.

[33]"A Big Telephone Combine," *New York Times*, February 28, 1900; Stehman, *Financial History*, p.97.

[34]Colvin to Hutchinson, January 29, 1901, Colvin letterbook, AT&T-NJ.

[35]Stehman, *Financial History*, pp.100-104; Carosso, *Kidder, Peabody & Co.*, p.31.

[36]Stehman, *Financial History*, pp.80-81.

[37]John P. Boylan, *A History of Telephony in Rochester*, N.Y. (n.p.,1953), p.8.

[38]"Opposition Telephones," *Wall Street Journal*, February 1, 1907; *Public Service* 5 (November 1908): 151.

[39]*Wall Street Journal*, April 18, 1907.

[40]Richard Sylla, "The Progressive Era and the Political Economy of Big Government," *Critical Review* 5 (1992): 531-557.

[41]MacMeal, *Story of Independent Telephony*, p.122; James E. Caldwell,*Recollections of a Life Time* (Nashville, Tenn.: Baird-Ward Press, 1923),pp.174-177.

[42]"Opposition Telephones," *Wall Street Journal*, February 1, 1907.

[43]Clarence W. Barron, *More They Told Barron*, ed. Arthur Pound and Samuel Taylor Moore (New York: Harper & Brothers, 1931), pp.12-14.

[44] Theodore N. Vail to L. G. Richardson, September 10, 1908, president's letterbook, AT&T-NJ.

[45]Colvin to John E. Hudson, July 28, 1896; Colvin to Winfield S. Hutchinson,December 28,

1899; both in Colvin letterbook, AT&T-NJ.

[46]Colvin to Hutchinson, December 28, 1899, Colvin letterbook, AT&T-NJ.

[47]"Telephones and Politics," *The Voter* 9 (August 1912): 33-34.

[48]"Aldrich Denies a Sale," *Chicago Tribune*, March 24, 1899; "New 'Phone Company in Field," *Chicago Tribune*, May 20, 1899.

[49]*Chicago Tribune*, May 20, 1899.

[50]Kempster Miller, *Report on the Automatic Telephone Situation in the City of Chicago* (Chicago: n.p., 1915), p.11.

[51]C. O. Frisbie to Charles G. Dawes and David R. Forgan, March 19, 1912, box 58, Dawes Papers, Northwestern University, Evanston, Ill.

[52] Frederick P. Fish to W. Murray Crane, October 19, 1906, president's letterbook, AT&T-NJ.

[53]"Will Buy 'Phone Tunnels," *Chicago Tribune*, July 9, 1901; Bruce G.Moffat, *The Chicago Tunnel Story: Exploring the Railroad "Forty Feet Below"* (Chicago: Central Electric Railfans' Association, 2002), chaps. 1, 4.

[54]Charles Merriam, "Public Utilities," box 94, Charles E. Merriam Papers, University of Chicago, Chicago, Ill.

[55]Edward W. Bemis to Thomas W. Gregory, August 2, 1916, section 3, box 46, DOJ-NA.

[56]"Automatic Electric," *Economist* (Chicago) 55 (March 18, 1916): 556; Merriam, "Public Utilities."

[57]Hugo S. Grosser, "Report," Chicago City Council, *Proceedings* (1907), p.1396.

[58]C. O. Frisbie to Dawes, January 1, 1910, box 58, Dawes Papers.

[59]Miller, *Automatic Telephone Situation*, p.32.

[60]_____ to Fish, December 30, 1902, box 65, AT&T-NJ.

[61]*Chicago Telephone v. Illinois Manufacturers' Association*, 106 Ill.App.54 (1903).

[62]"The Telephone Rate Case," *Economist* (Chicago) 29 (February 21,1903): 292.

[63]George V. Leverett to Charles S. Holt, October 17, 1903, Chicago Telephone Company files, Sidley Austin Archives, Chicago.

[64]"The Telephone Rate Case," *Economist* (Chicago) 29 (February 21,1903): 232.

[65]"Important Telephone Decision in Chicago," *Electrical World* 39 (January 18, 1902): 127; *Western Electrician* 30 (February 22, 1902): 128.

[66]*Western Electrician* 38 (February 24, 1906): 165.

[67] "Victory to City in Telephone Fight," *Chicago Record-Herald*, February 16, 1906; "Phone Controversy Is at End," *Chicago Record-Herald*, April 12,1906; "Phone Refund Begins," *Chicago Record-Herald*, July 21, 1906; *Western Electrician* 38 (March 10, 1906): 204; *Western Electrician* 39 (July 28, 1906):69; Dugald C. Jackson, William H. Crumb, and George W. Wilder, *Report on the Telephone Situation in the City of Chicago* (n.p., 1907), p.49.

[68]*Wall Street Journal*, December 14, 1907.

[69]Grosser, "Report," p.1396.

[70] Allen T. Burns to Chicago City Council, November 4, 1907, Chicago City Council Records, Northeastern Illinois University.

[71]"Mayor Dunne and Public Service Affairs," *Public Service* 2 (March 1907): 69; Maureen A. Flanagan, "Gender and Urban Political Reform: The City Club and the Woman's City Club of Chicago in the Progressive Era," *American Historical Review* 95 (October 1990): 1032-1033.

[72]Edward F. Dunne, "Advantages of Public Ownership and Operation of Utilities," March 29, 1902, in *Dunne: Judge, Mayor, Governor*, ed. and comp.William L. Sullivan (Chicago: Windermere Press, 1916), p.137.

[73]"The Public Wins," *Chicago Tribune*, July 26, 1907.

[74]*Sound Waves* 11 (November 1906): 398.

[75]Angus Hibbard, *Hello Goodbye: My Story of Telephone Pioneering* (Chicago: A. C. McClurg & Co., 1941), p.222.

[76]同上。

[77] "Take up Phone Rates of Proposed Measure," *Chicago Record-Herald*, November 22, 1906.

[78]"Flat Rates Conceded in Chicago Telephone Negotiations," *Western Electrician* 41 (August 3, 1907): 92; "Chicago Pays Tribute," *Chicago Tribune*, September 8, 1907; "Clubs in League for Phone Veto," *Chicago Tribune*, November 8, 1907.

[79]"Chicago Telephone Annual," *Economist* (Chicago) 35 (January 20, 1905): 203; "Chicago Telephone Ordinance," *Economist* (Chicago) 36 (November 10, 1906): 723.

[80]"Chicago Telephone," *Economist* (Chicago) 35 (February 17, 1905): 357.

[81]"Chicago Telephone Rates," *Public Service* 9 (July 1910): 6.

[82]*Wall Street Journal*, July 17, 1907.

[83]Jackson, Crumb, and Wilder, *Telephone Situation*, pp.5-16, 22, 35.

[84]"Competition and Measured Rates," *Public Service* 2 (April 1907): 116-117.

[85]"Clubs in League for Phone Veto," *Chicago Tribune*, November 8, 1907.

[86]Charles E. Merriam, *Chicago: A More Intimate View of Urban Politics* (New York: Macmillan, 1929), p.225.

[87]"I Hope Our Bell Boy Hurries with That Ordinance—I'm Getting Nervous," *Chicago Tribune*, September 12, 1907.

[88]Richard L. McCormick, "The Discovery That Business Corrupts Politics: A Reappraisal," *American Historical Review* 86 (April 1981): 247-274.

[89]"The Chicago Telephone Situation," *Sound Waves* 11 (May 1906): 167.

[90]"250,000 Telephone Users," *Chicago Record-Herald*, November 24, 1906.

[91]David Nord, "The Experts versus the Experts: Conflicting Philosophies of Municipal

Utility Regulation in the Progressive Era," *Wisconsin Magazine of History* 58（Spring 1975）：219-236.

［92］Delos F. Wilcox, *Municipal Franchises: A Description of the Terms and Conditions upon Which Private Corporations Enjoy Special Privileges in the Streets of American Cities*, vol. 1: *Pipe and Wire Franchises*（Rochester, N. Y.: Gervaise Press, 1910）, p. 322; "Competition and Measured Rates," *Public Service* 2（April 1907）: 116-117.

［93］"Ultimatum Talk Stirs Phone Co.," *Chicago Tribune*, November 18, 1906.

第十章　普遍服务

> 美国电话电报公司的总裁维尔先生说过:"家家户户都有道路可以通达,且每家都应该装有一部电话。"我认为,这是一个切合实际的理想。两者的相似之处无须争辩,然而他却忽略了一点,公路是由怀着公共服务意图的社会,而非私人投资的垄断企业修建的。
>
> ——戴维·J. 刘易斯,1914

贝尔公司总裁西奥多·N.维尔在1910年的年度股东报告中预测,不久以后,电话和电报将被接入到一个"无处不在的电线网络"中,以实现"信息的电力传输",而且从"任何一家的门口"延伸到"另外一家的门口",其范围就像"高速公路系统"一样广泛。[1]维尔最近为贝尔公司收购了西联电报公司的大量金融股份,并且野心勃勃地计划将西联的电报网络与贝尔的电话网络合并在一起。如果共和党赢得1912年的总统大选,维尔的宏伟计划很可能已经成为现实。然而,民主党候选人伍德罗·威尔逊的获胜破坏了维尔的计划。威尔逊的司法部长詹姆斯·C.麦克里诺兹(James C. McReynolds)指控贝尔违反了《谢尔曼法》。为了避免被起诉,1913年12月,贝尔同意剥离西联,并恢复在1879年时按照西联—国家贝尔协议(Western Union - National Bell settlement)确立的电话和电报之间的业务边界。

维尔的"无处不在的电线网络"战略是对强大的立法力量所做出的精心策划的回应。1910年6月,国会将电话和电报划归到了美国州际商务委员会(Interstate Commerce Commission,简称ICC)的管辖之下。一周之后,纽约州立法机构又将电话和电报置于了该州公共服务委员会的管辖之下。委员会的监管制度(regulation)鼓励合并,维尔决心确保贝尔在合并中占据有利地位。

电话行业的竞争总是人为因素造成的。曾经,电报业的准发起人只需填一张表格就可在大多数州开展业务。相比之下,电话的发起人则必须与市政官员就市政特许经营权进行谈判。在1907年以前的电话行业中,自由竞争仍是委员会监管或政府所有制之外的一种似乎合理的替代方案。而这一年发生的两起事件则标志着自由竞争从此走向衰落：一件是美国独立电话公司在纽约罗彻斯特的倒闭，另一件是芝加哥市议会重新授予芝加哥电话公司特许经营权。直到1910年，纽约立法机构才将电话和电报置于委员会的监管之下。然而，早在1907年，就很少有人会怀疑监管只是迟早的事。委员会的监管得到了纽约州州长查尔斯·埃文斯·休斯（Charles Evans Hughes）的热情支持。一家位于纽约市并渴望为国家代言的商业游说团体全国公民联合会（National Civic Federation）也针对此事进行了积极辩论。[2]

一系列广为人知的涉及企业渎职的政治丑闻，对委员会的监管起到了重要推动作用。1905年，休斯对纽约州议会与纽约特许保险公司之间错综复杂的勾结关系进行了披露，这引发了扒粪记者伯顿·J.亨德里克（Burton J. Hendrick）的猛烈抨击。亨德里克的曝光文章最早出现在《麦克卢尔》杂志上，不久之后以图书的形式公开出版；这预示着公众对政府监管的态度发生了翻天覆地的变化。[3]

委员会的监管得到了前后两位共和党总统西奥多·罗斯福（Theodore Roosevelt，1901—1909）和威廉·霍华德·塔夫脱（1909—1913）的支持。1908年，罗斯福支持联邦立法将电话和电报作为"公共载具"（common carriers）加以管理；1910年，塔夫脱赞成将电话和电报纳入美国州际商务委员会的管辖范围之内。[4]塔夫脱的司法部长乔治·W.威克沙姆（George W. Wickersham）起草了该法案的早期版本，将电报和电话这两大网络置于商务委员会的管辖之下。威克沙姆同时还支持了一项相关提案，如果这项提案获得联邦政府通过，电话和电报公司的特权将被批准。对塔夫脱和威克沙姆来说，任何一种选择都比根据《谢尔曼法》起诉贝尔要好，而《谢尔曼法》在当时是联邦议员保护自由交易的首要依据。作为司法部长，威克沙姆曾对标准石油公司（Standard Oil）和美国烟草公司（American Tobacco）提起过违反《谢尔曼法》的公诉。基于这一经历，威克沙姆确信，联邦政府需要一种更好的方式来监管贝尔这样的大型企业巨头。

到了1912年，已有27个州将电话和电报置于委员会的监管之下。[5]最先采取这一措施的是马萨诸塞州。1906年，马萨诸塞州授权其高速公路委员会对州内所有"从事电力传输情报"的公司进行监管。第二年，威斯康星州将电话和电报纳入铁路委员会管辖范围之内。[6]1910年，纽约州紧随其后，1913年伊利诺伊州也紧步后尘。[7]伊利诺伊州之所以延后了这么久，大概是因为该州议员倾向于为芝加哥市议会马首是瞻，而芝加哥市议会三十多年来一直在积极地监管电话业务。在将电话正式纳入监管委员会管辖范围的四天前，该州已将州内各个自治市的管辖范围扩大到包括电话运营公司在内的任何"公用事业"的所有权和经营权。[8]

委员会的监管措施禁止公司间相互竞争。到了1910年，这项禁令不仅得到了贝尔的认可，而且得到了大多数电话用户，以及贝尔的许多曾经的独立竞争对手的认可。1915年，一位消息灵通的独立律师认为，对曾经相互竞争的电话运营公司进行合并，不仅获得了"几乎所有"州监管委员会的赞成,而且得到了"受影响的绝大多数公众"的支持。[9]一位独立记者表示,独立电话公司不再攻击贝尔是企图扼杀竞争对手的邪恶"章鱼"。委员会监管已成常态,"监管法令就是垄断"[10]。

委员会的规章甚至得到了对政府干预持反对立场的记者们的认同。1909年,《华尔街日报》发表社论称,如果将电话置于州监管委员会管辖之下的唯一理由是为了提高电话的性能标准,那么它早就站出来反对了。但事实并非如此。通过将新创电话公司的特许经营的管辖权从市政当局转移到州政府,将可防止"不正当的特许经营'巨头'"以虚假的电话特许经营权的名义从电话运营公司敲诈大笔资金。仅这一条款就为委员会节余了超过130万美元的费用。[11]1907年,《纽约时报》发表了一篇社论赞许道,如果州立法机关将电话业务置于监管委员会的管辖之下,那么臭名昭著且腐败的大西洋电话公司(Atlantic Telephone Company)将更难在纽约市获得电话特许经营权:现在,它的创始人不得不在州委员会面前陈述特许经营的理由。[12]

将电话和电报置于州际商务委员会管辖之下的联邦法律,是以其两位共同发起人——伊利诺伊州的詹姆斯·R.曼(James R. Mann)和西弗吉尼亚州的斯蒂芬·B.埃尔金斯(Stephen B. Elkins)的名字来命名的,通常被称为《曼—埃尔金斯法案》(Mann-Elkins Act)。1910年6月,曼和埃尔金斯主张将电报、电话和电缆归类为"公共载具",并将它们置于州际商务委员会的管辖之下。[13]"公共载具"的称谓是有争议的;电报和电话的律师们长期以来一直反对这项称谓,而且他们经常在法庭上胜诉。曼和埃尔金斯还新建立了一个司法机构——商事法庭——来裁决州际商务委员会受理的争端。如果商事法庭如威克沙姆所预期的那样发挥作用,它本可以提供一个有序的公共论坛来解决经济合并所引发的各种法律难题。不幸的是,事实证明商事法庭不切实际,并于1913年12月被废除了。

20世纪初,国会通过了几项主要的商业立法来规范正在形成的公司秩序,《曼—埃尔金斯法案》只是其中之一。交通领域有《赫本法案》(Hepburn Act,1906);银行业有《联邦储备法》(Federal Reserve Act,1913);商业方面有《联邦贸易委员会法案》(Federal Trade Commission Act,1914)。这些法律都旨在通过抑制创新所释放的激情,以使资本主义免遭最严重的过度浪费行为。[14]

威克沙姆认为,由州际商务委员会对电话业务进行监管势在必行,也切合实际。作为司法部长,贝尔的竞争对手曾多次敦促他根据《谢尔曼法》起诉贝尔。虽然他确实考虑过这样做,但最后他还是保留了异议。1913年1月,威克沙姆给独立投资人塞缪尔·希尔(Samuel Hill)做了一次演讲,他表示,针对电话业最好的管理方式不是通过行业竞争来实现,而是视其为"一个系统",并将其纳入"适当而有效的政府控制之下"。[15]如果联邦政府希望重组电话业,它首先要做的就是应该支持州际商务委员会对电话业进行全面调查。

如果不是麦克里诺兹于1913年取代了威克沙姆继任司法部长,贝尔—西联的合并很可能已经获得了司法部的批准。威克沙姆对麦克里诺兹热衷于游说美国烟草公司进行拆分的行为一直持高度批评态度,并将贝尔因涉嫌违反《谢尔曼法》而面临的一场悬而未决的诉讼搁置停办。[16] 威克沙姆对企业合并的过度关切惹恼了麦克里诺兹,这也有助于解释为什么麦克里诺兹如此急切地渴望依据《谢尔曼法》重启对贝尔的诉讼。1913年3月,在麦克里诺兹被任命为威尔逊的司法部长后,这起诉讼就被威克沙姆搁置了。

电话和电报业被纳入美国州际商务委员会的管辖权之下,获得了贝尔总裁西奥多·N. 维尔的认同。到了1910年,委员会的监管已不可避免,对维尔来说,它比由州立法机构和市议会进行监管更有利。因为州立法机构设定一个费率上限的可能性仍然令人担忧。维尔对1885年印第安纳州的费率上限法案记忆深刻,他不想再重蹈覆辙。19世纪90年代,纽约州立法机构曾多次就费率上限立法展开辩论,其他几个州的立法机构也是如此。维尔在1909年预感到,如果越来越多的市政当局像芝加哥和旧金山那样获得法律授权来设定电话费率,将会对贝尔非常不利。如果费率制定权被移交给州立法机构,贝尔将面临重重灾难。一旦州立法机构已经确立了电话运营公司的费率结构,要想"确保之后的任何修订议案"有利于电话公司是"几乎不可能"的。[17]

维尔坚决反对立法规定的费率上限。然而,到了1910年,他与各州监管委员会达成了和解。监管委员会的委员由德高望重的法学家组成,有能力解决如建立互连协议这样棘手的技术问题。尽管这些问题可能很复杂,但维尔认为联邦法官没有理由解决不了它们。联邦法官常常决定他们并不理解的发明专利的范围。那么,他们为什么不能就电力通信的技术问题做出合理的判断呢?[18]

委员会的监管迅速扩展到了电话业务上,这为维尔提供了一个平台,以制定一项能增加贝尔的经营自主权的企业发展战略。维尔在1910年的年度报告中阐述的企业发展战略,将奠定贝尔系统未来七十年的企业形象。

维尔构想的企业发展战略的核心是宣称贝尔有义务提供"普遍服务"。维尔曾在1907年重返贝尔之后所撰写的一份股东报告中提及过这一主旨。[19] 然而,直到美国国会和纽约州立法机构都将电话业务置于监管委员会的管辖下之后,他才认为,在年度报告中将这一社会义务列为公司目标是有利可图的。

维尔的普遍服务的战略构想体现为几大方面。最基本的一条就是,它驱使贝尔为美国广阔的内陆地区提供电话服务。维尔宣称,与"电话系统"的"某种连接"应该是"所有人都能触手可及的"。[20] 将电话服务扩展至人口稀少的地区可能代价高昂,维尔不愿让贝尔来担负可能没有相应财政回报的巨额支出。即便如此,他还是赞成继续推动本地电话服务的大众化,前提是议员们允许贝尔将收入来源从城市扩大到农村。

到了1910年,电话服务在全国的城市、无数的城镇和农村地区的大众化已经畅通无阻了。大众化之路大约是从 1900 年开始的,当时维尔离开电话业已经有十一年了,他是在七年之后的 1907 年才重新返回贝尔担任总裁的。正是在这个时候,贝尔运营公司的经理们首次在他们的年度报告中为电话的大众化辩护。而维尔的独特贡献在于,他将这一业已存在的企业发展战略与一句格局宏大的口号联系起来,从而为贝尔争取到了最大限度的经营自主权。

普遍服务的前提是建立单一的、相互连接的全国性网络。对维尔来说,互连互通是一个心结。1910 年的贝尔电话网络由两个互不相连的集群(cluster)组成:其中一个集群连接着密西西比河以东的主要城市,并向西延伸至科罗拉多州的丹佛市,另一个集群连接着太平洋沿岸的主要城市。

两大电话网络集群的互联是一项任务艰巨的技术挑战。由电力技术传输人类声音信号所能达到的最远距离在 2000 英里左右。1911 年,贝尔的工程师们利用现有的技术成功地接通了相距 1800 英里的纽约市和丹佛两地间的电话服务。然而,纽约市和旧金山之间的连接仍然遥不可及。

为了解决这一问题,维尔聘请了贝尔的总工程师约翰·J. 卡蒂,开始投入持续的基础研究,这一举措在贝尔公司史上尚属首创。1909 年,卡蒂公开向贝尔承诺终将实现横跨全美大陆的电话连线。这是一个大胆无畏的目标,因为当时还没有人知道如何能够实现这一连接。[21] 结果卡蒂赌赢了,1915 年,贝尔成功地把纽约市和旧金山的电话连接在了一起。这项非凡的进步还要归功于哈罗德·D. 阿诺德(Harold D. Arnold)领导的贝尔公司科学家团队,他们改良了技术设备以增强电子信号。这台被称为三元件高真空管的设备,是从 1909 年开始在维尔的监督下由卡蒂负责协调的研究项目的最终成果。尽管高真空管是贝尔公司发明的,但实际上它并不是一项技术突破,而是对低真空管的渐进式改良。低真空管先前已由独立发明家李·德·弗雷斯特(Lee de Forest)申请专利,贝尔在 1913 年得到了这项技术的专利权。

长期以来,纽约市和旧金山之间的电话费用高昂,以致其服务对象仅限于商人、政府官员和富人。尽管如此,州际电话服务也算是提供了一种"普遍"的服务,因为如今贝尔全国电话网中的每一部电话都可以互连互通了。

互连互通不仅涉及贝尔公司,还涉及独立电话公司。早期仅有几家独立电话公司与贝尔电话网络建立零星连接,到了 1910 年,网络互连又有了实质性的推进。考虑到国会已将电话业务纳入州际商务委员会的管辖之下,维尔就构想对曾经的竞争对手的电话网络进行更持久的整合。为了实现这一蓝图,维尔提议将全国所有主要的电话运营公司——包括贝尔和独立电话公司——合并为一个庞大的联合公司。1910 年 12 月,在芝加哥新落成的黑石酒店(Blackstone Hotel)举行的一次秘密会议上,他提出了自己的计划。出席会议的有维尔、摩根大通公司合伙人 H. P. 戴维森(H. P. Davison),以及一个代表七家美国最大、最成功的独立运营电话公司的委员会,这七家公司后来被称为"七大集团"[22]。维尔预计贝尔和独立电话公司合并后的资本总额价值13亿美元,这个估值将使贝尔成为当时世界上最大的公司之一。当维尔被问及他作出如此巨额的资本估值的依据时,他承认这一数字确实远远超过了合并资产的实际价值,但原因在于过去十年来,目光短浅的议员与独立公司创始人们对贝尔与独立电话公司间的竞争持鼓励态度,结果导致了巨大的"浪费"。[23]

黑石酒店的秘密会议是芝加哥银行家查尔斯·G. 道斯(Charles G. Dawes)的主意。道斯在独立电话公司身上投入了大量资金,所以决心阻止这些公司陷入财务崩溃。为了帮独立公司阵营与纽约投行摩根大通之间建立关系,道斯把摩根的合伙人戴维森介绍给了独立电话公司阵营的领袖弗兰克·H. 伍兹(Frank H. Woods)。伍兹随后又邀请了六位独立电话公司阵营的兄弟们与戴维森和维尔见面。[24]

伍兹是位于内布拉斯加州林肯市的一家蒸蒸日上的独立电话公司的总裁。尽管他自己的公司仍然财力雄厚,但他认识到,他的许多独立电话公司阵营的兄弟都处于财务崩溃的边缘。独立电话公司未能取代贝尔,使得融资任务变得更加复杂,以致许多独立电话公司都忍不住想以一个有利的价格把公司卖给贝尔。一位独立电话公司的财务顾问曾经这样说道:如果他手上拥有一批独立电话公司的证券,不管买主是谁,他都愿意以一个好价位把它们抛售出去。如果他确信买家(他指的应该是摩根大通公司或贝尔公司)有能力在"最有利的时机"通过与美国乃至全世界的金融市场玩"打水漂游戏"来提升这些证券的价值,这种急于抛售的心态更甚。[25]

维尔提出的贝尔与独立电话公司的合并计划毫无进展。伍兹解释说,独立电话公司阵营倾向于"新设合并",而非"电话信托"。[26]它们更愿意接受的是维尔承诺放缓贝尔对独立运营公司进行收购。但当两年后与密苏里州堪萨斯城的一位急于出售独立运营公司的老板进行谈判时,维尔违背了他的诺言,或者至少几家独立电话公司是这么认为的。维尔的谈判激怒了伍兹,双方的休战协议也被打破了。维尔与堪萨斯城独立电话公司的谈判集中体现了独立电话公司们的困境:为了保持团结一致,他们不得不阻止其他独立电话公司通过卖身于贝尔来获得意外之财。[27]

约翰·H. 赖特(John H. Wright)是对维尔提出的贝尔与独立电话公司的合并计划持最尖锐批评态度的人士之一,他是纽约詹姆斯敦的一家规模不大的独立运营公司的总裁,同时还是纽约州北部和宾夕法尼亚州西部的其他一些运营公司的小股东。规模庞大的独立运营公司与小规模运营公司经常发生利益分歧,赖特更愿意站在小规模独立电话公司的一方。他为自家的运营公司感到骄傲,并把它和数百家类似的运营公司视为在美国推广本地电话服务不可或缺的代理商。1911年11月,赖特曾向威克沙姆抗议过:"在独立电话公司极力推进电话的采纳之前,压根就不存在普遍服务的政策。"[28]

对赖特来说,维尔关于贝尔与独立电话公司的合并计划是多此一举、用心险恶且不合法的。1911年11月,赖特向威克沙姆抱怨道,贝尔广为宣传的口号"一种普遍服务"是一个"虚构的妄想",既不受欢迎,也不切合实际:"本地主义在90%的电话业务模式中都属于内在的主导控制因素。"[29]当贝尔买下一家提供长途电话业务的独立运营公司时,它有时会切断该公司的电话线路连接。[30]如果司法部未能阻止贝尔收购其竞争对手,规模较大的独立电话公司将"完全消灭",而规模较小的独立电话公司将被纳入"大电话信托"中成其"温柔怜悯"的对象。独立电话公司如果不是相信"政府强大的臂膀"能够确保"法律框架之下的合理竞争",并且联邦政府有履行自身义务的职责,他们当初绝不会进入电话行业。[31]赖特几乎把他所有的钱都投在了独立电话公司的产业上,而对于这一摊产业,除了他的死对头贝尔外,基本没有其他合适的买家。如果贝尔继续执行其激进的电话网络扩张计划,他的投资很可能将会一文不值。[32]对赖特来说,就像1910年时大多数独立电话公司遇到的一样,"合理竞争"并不意味着市场竞争的活力——独立电话公司阵营经常谴责这种活力的背后实际上是一场"掠夺性定价"——而是意味着保护竞争者。[33]如果竞争导致经营合并的加速,最终使得市场上的竞争者数量减少,赖特当然极力反对。

维尔可能从未听说过"电信"(telecommunications)这个词。尽管如此,自1878年首次进入电话行业以来,他就把合并电话和电报列为头等大事,而电信这个词恰恰就是为了描述二者的结合体而被创造出来的。1909年收购西联电报后,维尔又将其通信网络扩展到了海外。其中,贝尔的电话网络仅限于美国和加拿大;而西联电报公司却拥有几条大西洋海底电缆的部分控制权,以及一条直通古巴的线路。[34]维尔无意使用跨海电缆来进行语音通信,如果他想这么做,可能很快就会发现这在技术上还行不通。然而,他仍然很高兴有机会能成为国际外交和全球商业的主要参与者。为了扩展员工的精神视野,维尔在纽约市贝尔总部大楼安装了一个36英寸的地球仪,上面分布着世界上主要的电缆线路。[35]

电话和电报的合并同时兼具国际和国内意义。现在维尔既控制着电话网,又控制着电报网,他希望实现长期以来的梦想,为全体人民提供低成本、远距离电力通信的基础设施。本地电话服务的大众化之路在维尔重返贝尔的1907年之前的几年已经启动了。电报的大众化还没有开始。如今贝尔拥有了西联电报公司,维尔希望把电报重新塑造成一种大众媒介,但西联电报公司一直反对贝尔的这一目标。未来的"普遍服务"将把便宜方便的本地电话服务与便宜方便的长途电报服务结合起来。长途电话服务对大众来说仍遥不可及,但电报却很容易达到人人可用的程度。贝尔的一位公关人员解释道,"严格地说",电话是"短途通信"的"理想手段",而电报是"长途业务"的"理想方法"。[36]

维尔推动电报大众化的第一项实验是"夜信"。与常规电报不同,"夜信"不是按电文收到的顺序被发出的,而是在电报网络尚未被充分利用的夜间时段被发出的。尽管其成本和普通的 10 字电报相差不多,但它却可以容纳多达 50 字,这一功能旨在鼓励人们将其当成一种社交媒介来使用。维尔对电报网络未被充分利用的状况感到可惜,他认为这是一种资源浪费;而夜信提升了电报网络的效率。尽管夜信存活的时间不长,但却使得成千上万的美国人第一次有机会来亲身体验点对点、远距离电子通信的可能性。西联电报也曾在 19 世纪 70 年代尝试过廉价的夜间收费,但从未将廉价电报作为一项社会义务加以支持。当维尔迈出这额外的一步后,一切都变了。一位贝尔公司的公关人员自豪地说,从此以后,电报不仅被用于商业通信,而且还将被用于"社会通信"。如果某个电话用户想发一份夜间电报,他所需要做的就是联系上电话接线员并说一声"telegram",剩下的事就全部交由西联来完成了。[37]

夜信的开发有助于贝尔公司来补贴长途电话网的费用支出。长途电话网的建设和维护成本昂贵,而长途电话服务的用户需求却由于贝尔公司的定价而受到了限制。1911 年,维尔向一位记者解释说,这条即将完工的连接纽约市和旧金山的横贯大陆的电话线路,在许多年内都不会成为有"商业价值"的电话线。然而,如果它被配置成既能传输电报信息,又能连接电话呼叫的线路,很可能就会实现盈亏平衡,或者至少不会亏损那么多钱。[38]

维尔的夜信实现了美国南北战争后邮电运动的一个主要目标。早在 1868 年,加德纳·G. 哈伯德就曾游说议员们,让全体人民都有机会使用电报。维尔在 1910 年实现了哈伯德的梦想。这一梦想的直接雏形是邮政部长约翰·瓦纳梅克在 1889 年提出的"有限"邮电计划,但这一计划从未被付诸实施。瓦纳梅克的"有限"邮电计划旨在将电报、电话和邮件合并到一个互联网络中,这样不仅可以让"富有的商人",也可以让"普通人"远距离发送"电子信件"。在那些邮政部门已设立免费送件上门服务的城市,就由邮件来提供当地的通信服务;在那些邮政部门尚未建立免费送件上门服务的城市,将由电话来提供本地通信服务。通过电报、邮件和电话的结合,瓦纳梅克希望将"电子通信"带入"每个人的家门"。[39]

瓦纳梅克对"每个人的家门"一词的使用很能说明问题。弗朗西斯·韦兰德在 1837 年出版的《政治经济学要义》(第一版)中用了同样的措辞来描述邮政部门的职责。维尔在 1910 年的报告中也使用了"每个人的家门"这一表述,这同样是一种暗示。维尔曾在邮政部门工作过,欣赏邮政系统的公民使命(civic mandate),并渴望将贝尔的商业战略与邮政系统历史悠久的公民平等参与的理想结合在一起。

维尔的电话电报混合系统赢得了当时所有政界人士的一致好评。这个系统的"联合经营式经济"给查尔斯·凡·海斯(Charles Van Hise)留下了深刻的印象,海斯是一位政治经济学家,在 1912 年总统竞选期间担任西奥多·罗斯福的主要顾问。[40] 电话和电报的合并为用户提供了一种"理想的服务",商业记者、前芝加哥电话公司总经理查尔斯·N. 费伊这样解释道:"电话被当成电报的支线和分流器来使用,给公众带来了极大的方便。"[41]以此方式节省下来的费用相当可观,以至于电话呼叫的成本"几近于零"[42]。社论型社会评论家(editorialized social critic)莱曼·阿博特表示,贝尔—西联的合并是朝着正确的方向迈出的一步,他敦促国会以"令人满意的价格"买下电话与电报的全部股份,以充分实现合并后的潜力。既然贝尔公司已经接管了西联,国会应该意识到,为美国人民提供低成本的电力通信设施是"可取的",而这样的低成本电力通信设施其他国家居民早已长期享有。[43]

贝尔—西联的合并看上去如此有利,以至于许多记者都为它之后的夭折感到惋惜。一位商业记者哀叹道,随着(西联)资产的剥离,这个国家失去了一个"通信系统",而这个"通信系统"本可以"彻底给书信带来革命"。[44]在阿瑟·布里斯班(Arthur Brisbane)的眼中,这种剥离的不明智之处似乎是不言自明的。布里斯班是一位受人尊敬的记者,曾针对此事为威廉·伦道夫·赫斯特(William Randolph Hearst)旗下的报系撰写过一篇颇具影响力的专栏:"因此,一场并非是为了抑制贸易,反而是为了提供更便宜和更好的服务来扩大贸易的合并将遭到破坏。股票价格将上涨。服务价格也将上涨。人民……会付出代价的。"[45]

维尔的电话电报混合系统也不乏批评者。运营公司总裁詹姆斯·E. 考德威尔抱怨说,它"过于复杂和死板"。为了说明他的观点,考德威尔将其与由法国政府运营的臭名昭著且复杂的电话电报混合系统进行了比较。1904年,正是这种混合系统激发法国邮政局长爱德华·埃斯托涅创造了"电信"这个新词。[46]即便维尔的混合系统在技术上取得了成功,考德威尔也依然怀疑它是否能得到公众的认可。美国人民可能不会反对"全国范围内的直拨电话系统",只要这一系统能附带兼顾到"本地竞争"。然而,他们绝不会赞成电话和电报的合并。"就我们的历史来看",这样的"合并"肯定会冒犯"盎格鲁-撒克逊人",他们憎恨垄断,并"准备做出任何牺牲"来摧毁垄断的"一切表象"。[47]

如果塔夫脱在1912年的大选中胜出,贝尔将很可能会继续保留维尔在1910年的年报中构想的"普遍电线系统"。结果塔夫脱的败选引发了一系列事件,这些事件迅速导致了"普遍电线系统"这一构想在1913年破灭。塔夫脱的继任者伍德罗·威尔逊对贝尔这般庞大的公司联合体所持的怀疑态度比塔夫脱的程度更甚。他任命了一批与他政见一致的行政官员。[48]威尔逊的"新自由"(New Freedom)政治宣言谴责了大企业阻碍创新,并承诺"释放"被大企业压抑已久的创业活力。贝尔就是威尔逊所斥责的技术保守主义的大企业之一。威尔逊指责贝尔由于沉没成本和过时的设备而拒绝创新。[49]

为了解决威尔逊所认为的大型企业联合体所固有的效率低下问题,他的内阁采取了两种看似对立的策略:市场细分和政府所有制。市场细分是威尔逊的司法部长詹姆斯·C. 麦克里诺兹所青睐的补救措施;而他的邮政部长阿尔伯特·S. 伯勒森(Albert

S. Burleson)更倾向于政府所有制。

威尔逊政府的政策体系中缺少反垄断的声音。威尔逊及其内阁的任何一位成员都未曾公开表示过有兴趣支持新进入者加入电话或电报业务的竞争中,或者通过迫使贝尔剥离其在运营公司、长途电话网或设备制造商中的持股,来拆分(atomizing)电话业务。如果麦克里诺兹没有与贝尔公司达成协议来结束政府的公诉,那么他很有可能将贝尔公司的电话网络拆分为多个区域单元。毕竟,对于美国烟草公司违反《谢尔曼法》的行为,麦克里诺兹最喜欢的补救措施就是拆分。然而,在公诉进入庭审之前,麦克里诺兹就促成了一项协议,因此贝尔的电话网络依然完好无损。

《谢尔曼法》是一部旨在禁止抑制贸易的联邦法律,颁布于1890年,并以参议员约翰·谢尔曼的名字命名,正是这位俄亥俄州议员在1866年发起了《国家电报法案》。从理论上讲,《谢尔曼法》的目的是防止公司通过组成"托拉斯"来限制贸易。由于这个原因,因违反《谢尔曼法》所遭受的起诉常常被称为"反垄断"诉讼。在实践中,《谢尔曼法》授权联邦检察官对任何在议员看来属于反竞争的并购、合约或商业行为提出质疑。

预防反竞争的行为与促进独立公司发起人进入某一行业的平等权是有很大区别的。一般情况下,开放准入一直是公司注册的基本理念,也是反垄断的政治经济基础之一,电报业就是在这样的背景下发展的。然而,在电话行业,开放准入已不再是解决经济合并弊端的一种现实补救办法。随着开放准入的失效,以进步主义作为公民理想的政治经济取代了反垄断的政治经济。这一进步主义的政治经济主张特别基于这样的假设,即经济上的合并加速了技术的进步,同时技术的进步保证了经济的富足,而经济的富足是道德进步的先兆。

麦克里诺兹重启被威克沙姆搁置已久的诉讼,让维尔感到意外。贝尔旗下的运营公司长期以来一直受到国家反垄断法的起诉,贝尔的设备制造商西部电气公司也是如此。然而,维尔和他的前任弗雷德里克·P. 菲什一样坚信,贝尔的远程通信网络是一种"自然垄断",所以不受《谢尔曼法》的起诉,因为这个网络不受竞争的影响。维尔想知道,联邦政府如何能在一个无法产生竞争的行业中强迫竞争出现?[50]

维尔的怀疑纯属自私自利的行为。甚至像威克沙姆这样对公司合并普遍持同情态度的议员也警告他,贝尔的某些商业行为可能触犯了法律。威克沙姆试手的案子是贝尔期待已久的收购美国独立电话公司的交易。1909年,摩根大通公司为贝尔收购了这家陷入财务困境的俄亥俄州独立控股公司,并希望当围绕这起收购的一切法律纠纷都得到解决后,贝尔能够买下它。威克沙姆曾在1913年向贝尔副总裁内森·C.金斯伯里发出警告,如果贝尔从摩根大通公司那里购买美国独立电话公司的话,他将"非常坚决"地判定这会违反《谢尔曼法》。[51]

美国独立电话公司是陷入困境的几家雄心勃勃的独立电话公司之一。它的资产包括一个中等规模的长途电话网络,以及在克利夫兰、哥伦布、托莱多和代顿的独立运营公司。总而言之,正如一位金融记者所称,这些资产是独立电话公司业务的"精华"[52]。1909 年,在法院质疑其与数百家俄亥俄州独立电话公司谈判达成的九十九年排他性合同的合法性问题并做出裁决后,该公司进入了破产保护程序。到了 1913 年,它仍为摩根大通公司所有。[53]

金斯伯里接受了威克沙姆的暗示,决定不再从摩根大通那里购买美国独立电话公司。为了消除任何来自俄亥俄州内部的法律反对意见,摩根大通公司已经从该州严苛的反垄断法中获得了豁免权,以使贝尔之后的接管符合法律许可。而威克沙姆的警告导致贝尔的接管被进一步拖延,这让摩根大通极为恼火。这家投行在收购美国独立电话公司一案上已经亏损很多,显而易见,它收购美国独立电话公司不是为了自己,而是为了贝尔。不难理解的是,这家投行担心,如果它持有美国独立电话公司资产的时间太久,这些资产很可能会变得一文不值。[54]

麦克里诺兹的诉讼引发了独立电话公司阵营的不同回应。批评者之一是弗兰克·H. 伍兹,他是 1910 年在黑石酒店与维尔会晤的"七人委员会"的主席。既然现在州际商务委员会已经获得了对电话业务的管辖权,伍兹寄希望于州际商务委员会而非司法部来保护独立电话公司们的集体利益。在伍兹看来,与通过支持一场可能不会产生任何实际收益的诉讼来与贝尔对抗相比,独立电话公司从与贝尔的合作中获得的利益会更多。他担心,麦克里诺兹的诉讼会阻碍贝尔购买独立电话公司的资产,如果这些资产被禁止出售,资产所有者们将会遭受财务上的损失。[55]

事实证明,麦克里诺兹的诉讼更契合像约翰·H. 赖特这样的小型独立电话公司们的心态。和大多数小型独立公司一样,赖特对贝尔的法律和金融影响力感到畏惧,并对贝尔不断侵入独立电话公司财务状况堪忧的长途电话业务投以警惕的目光。自 1911 年以来,赖特一直在游说司法部起诉贝尔,当麦克里诺兹重启威克沙姆搁置的《谢尔曼法》时,他很高兴。[56]

为了针对贝尔立案,麦克里诺兹在芝加哥和俄勒冈州的波特兰安排了关于电话情况的公开听证会。芝加哥听证会的焦点是围绕贝尔最近对破产的芝加哥独立电话公司的收购,这家公司是在市议会授予伊利诺伊州电话电报公司的特许经营权下运营的。如果贝尔购买了美国独立电话公司,这笔交易大概也会被放在议事日程上。然而事实却并非如此,司法部因而发现自身陷入了尴尬的处境:到处翻箱倒柜地找别的东西来嫁祸给贝尔。波特兰听证会的重点是贝尔近期对西北电话交换公司的收购,这是一家位于西北太平洋地区的现金短缺的独立长途电话提供商。

芝加哥独立电话公司本身并不值得关注:人们都认为它已经失败了。然而重要的是它拥有一家颇具影响力的独立设备制造商——自动电气公司的控股权。[57]自 1894 年爱米尔·贝利纳麦克风专利权裁决以来,独立设备制造商一直依靠法院来划分电话设备市场。麦克里诺兹的诉讼是同一主题的又一个变体。由于芝加哥市议会已经授予芝加哥独立电话公司市政特许经营权,所以贝尔对该公司的收购取决于芝加哥市议会的批准。而麦克里诺兹的反垄断诉讼使这次收购变得更加复杂,因为它创造了一个假设,即贝尔的收购交易不仅要获得市议会的批准,还必须获得司法部长的批准。

伯特·G.哈贝尔(Bert G. Hubbell)是指证贝尔的证人之一,他是一位独立电话设备制造商,并已在纽约布法罗的一家独立电话运营公司身上投入了大笔资金。哈贝尔同样也是1910年12月在黑石酒店与维尔会面的"七人委员会"成员之一。他加入七人委员会具有相当重要的意义,因为他是唯一一位打破秩序、指证贝尔的代表。哈贝尔近期为自己位于纽约布法罗的独立电话公司配备了自动电气公司的机电交换设备。如果市议会批准收购自动电气公司,他担心这会破坏他的投资。[58]

根据哈贝尔的说法,贝尔公司觊觎自动电气公司不是为了推进机电交换技术,而是为了扼杀它。贝尔在人工接线员辅助的交换设备上已经投资了3亿美元,在机电交换的威胁下,这种人工交换设备现在已经面临淘汰的危险。哈贝尔本人在19世纪90年代曾是芝加哥一家独立电话设备制造商,他很清楚,即使是最大规模的独立设备制造商也容易被恶意收购。自动电气公司拥有一系列机电交换设备专利。如果贝尔控制了这个专利组合,它将有能力勒索国内的每一个机电交换所,或者至少可以通过拒绝在法庭上维护自动电气公司的专利权来延缓新技术的传播。[59]

哈贝尔对贝尔的指责不仅包括后者在技术上的落伍,还包括贝尔所实行的被他称为掠夺性的定价方式。哈贝尔尤其反对纽约电话公司采用全州平均费率。哈贝尔证实,纽约电话公司长期以来的"明确政策"是,将其在大城市电话交换所(例如纽约市的交换所)创造的收入,用于补贴纽约州人口较少地区的许多小型交换所:"有人认为,电话运营费用应由大型社区来承担,以维持小型社区运营造成的损失。"[60]

哈贝尔警告说,平均费率制不仅威胁到了他自己在布法罗的独立电话公司的未来,也威胁到了许多长期以来在纽约州北部业务蓬勃发展的独立运营公司的未来。哈贝尔并不热衷于政府所有制。然而,如果贝尔继续扩张下去的话,他确信,如果电话网络由一个对美国人民负责的政府机构而非一家私人公司来运营,这个国家将会得到最好的服务。因为这家私人公司虽然表面上由股东拥有,实际上却由一小撮自我延续的管理精英控制:不管是从道义上还是经济上讲,由一小群人来控制五千万人的思想传播是错误的。[61]

芝加哥的听证会对贝尔造成的影响并没有麦克里诺兹所希望的那么糟糕。贝尔对自动电气公司的收购尚未发生,而且事实也证明,这笔交易永远不会圆满完成。相较而言,波特兰的听证会则更加成功。没有人否认贝尔收购了西北电话交换公司,也没有人否认贝尔的收购可能会抑制贸易,这些事实使得贝尔很容易受到《谢尔曼法》的起诉。

领导波特兰听证会的是内布拉斯加州律师康斯坦丁·史密斯(Constantine

Smyth)。史密斯是民粹主义者,同时也是三届民主党总统候选人威廉·詹宁斯·布莱恩(William Jennings Bryan)的狂热崇拜者。和布莱恩一样,史密斯对大型企业联合体怀有敌意,并相信政府所有制是企业渎职行为的补救措施。当一名记者询问史密斯为何要起诉一家"自然垄断企业"时,他的回答很直接。贝尔很可能是一家自然垄断企业,但这并不能免除它在《谢尔曼法》下的责任,事实上,它将为政府所有制"提供一个绝佳的论据"[62]。

为了立案起诉贝尔,史密斯找到了一位现成的盟友塞缪尔·希尔。希尔是一位富有且古怪的公用事业公司发起人,正是他发起了对贝尔最初的投诉,促使麦克里诺兹重启了威克沙姆一度搁置的诉讼。希尔拥有一家叫波特兰家庭电话(Home Telephone)的独立电话公司,同时持有长途线路供应商西北电话交换公司的股份。结果两家公司都遇到了麻烦:波特兰家庭电话公司在1913年时只有17,000个用户,大约只是贝尔公司的一半,而西北电话交换公司最近已被贝尔收购。[63]

在市场上遭遇溃败后,希尔转而求助于法院。他谴责贝尔收购西北电话交换公司是为了限制贸易。此次收购危及了之前波特兰家庭电话公司与其他西雅图、塔科马和贝灵厄姆独立电话公司之间的长途电话线路连接,进而威胁到了希尔对波特兰家庭电话公司的投资。希尔向新闻界宣布,西北太平洋地区是"最后一个可以与大垄断进行斗争的地方"[64]。

希尔发起的诉讼是一个更大的且高度投机性的计划的一部分,该计划旨在创建一个长途电话网络,与贝尔展开竞争。1912年,希尔向他的股东解释说,防止电话业务垄断的最好办法就是通过美国邮政电报电缆公司(Postal Telegraph & Cable Corporation)整合独立电话公司。邮政电报电缆公司总裁克拉伦斯·麦凯最近发动了一项野心勃勃的计划,欲创建一个长途网络来与贝尔竞争。为了帮助麦凯,顺便赚点钱,希尔投资了西北电话交换公司。结果贝尔对西北电话交换公司的收购破坏了希尔的计划。[65]

希尔可疑的商业行为削弱了他在反垄断运动中的可信度。在波特兰的听证会上,一位收集了对贝尔不利证据的律师报告说,西北电话交换公司"严重过度资本化""管理不善,荒唐可笑"。而希尔根据一个貌似合理的新闻报道故意夸大了这家公司的价值,因为他预计麦凯可能会以夸大的估值购买它,他就可以借机从中发一笔横财。[66]有趣的是,这名律师并没有因为这些情况而放弃诉讼。如果贝尔限制了贸易,就有可能根据《谢尔曼法》受到起诉,即便电话业务如维尔所声称的那样是一种自然垄断,完全不受《谢尔曼法》的约束。如果电话业务免受《谢尔曼法》的约束,那这种例外本身就应该被写入法律。[67]

波特兰诉讼的基础并不稳固,这一点大家都心知肚明。到了1913年,不仅电话用户不欢迎电话业的竞争,全国大多数独立运营公司也拒绝竞争。1913年,《华尔街日报》预测,在俄勒冈州东部,很难找到一家愿意起诉贝尔的独立运营公司。[68] 如果麦克里诺兹或史密斯已经找到了更加确凿的证据,他们就不会把希望寄托在贝尔对西北电话交换公司的收购一案上。然而,他们别无选择:芝加哥听证会未能提出任何更具毁灭性的证据。

希尔挑战贝尔的意图,其实在很大程度上与电话业务的关系不大。希尔出生于北卡罗来纳州的贵格会(Quaker)教徒家庭,并在哈佛接受教育,毕业后他搬到了明尼阿波利斯去寻找致富机会。在那里,他遇到了铁路大亨詹姆斯·J. 希尔(James J. Hill)(詹姆斯和希尔没有亲戚关系),他为后者工作了几年,并娶其女儿为妻。塞缪尔·希尔很享受被视为像他声名显赫的岳父那样的帝国缔造者的感觉,由于他们姓氏相同,他有时会被误认为是他岳父的儿子。塞缪尔·希尔把妻子的嫁妆用于了公用事业。除了波特兰电话运营公司和长途电话线路供应商,他的投资还包括一座天然气厂和一家发电站。

塞缪尔·希尔发起的对贝尔的诉讼,一定程度上是他自大人格的副产品。他富有、野心勃勃、专横跋扈,与国内最大、最有权势的公司之一展开较量时也毫不犹豫。即使是富有同情心的媒体也适时地指出了他的"极度自负"。一位同情他的温和派记者说,他"在自己的话题上几乎是个疯子",他的私人谈话总是以一种"滔滔不绝地讲着迷人的故事,而他就是这些故事中的明星和英雄"的形式出现。[69] 希尔的私人朋友圈中有罗马尼亚的玛丽王后和法国雕塑家奥古斯特·罗丹(Auguste Rodin)的情妇。为了收藏他在欧洲各地旅行时收集的艺术品,他在城东 75 英里处哥伦比亚河的一个可以俯瞰胡德火山(Mount Hood)的绝壁上建造了一座他称之为"玛丽希尔"(Maryhill)的雄伟府邸。府邸中堆满了玛丽王后赠送的礼物以及罗丹的一些雕塑品。他总是渴望做出一副伟大的姿态,于是建造了一个原比例大小的巨石阵复制品,以作为一战的纪念。被塞缪尔·希尔的传记作者称为"乌有城堡"的玛丽希尔府邸如今是一处旅游胜地,并以世界上地理位置最偏僻的艺术博物馆之一而闻名。[70]

希尔的教育、婚姻和生活方式使他有别于那些控制着独立电话业务的冷漠的中西部人。尽管希尔和约翰·H. 赖特一起被列为短暂存在的反全国独立电话协会(anti-National Independent Telephone Association)的董事,该协会是哈贝尔于 1912 年组建的一个支持反垄断的独立电话协会,但并没有希尔实际的参会记录。[71] 同样无须意外的是,独立电话公司阵营的贸易报刊也很少会提到希尔,他在独立电话运动的标准历史中被忽视了。

希尔的诉讼鼓舞了邮政电报电缆公司总裁克拉伦斯·麦凯。麦凯渴望取代维尔,就像 1910 年一位记者给他起的绰号那样,麦凯想成为"电线的统治者"。但与维尔不同的是,他缺少足够的资源来实现他的雄心抱负。[72] 值得欣慰的是,麦凯梦想为独立电话公司创建一个长途电话网络,来与贝尔竞争。一位记者在 1911 年评论说,麦凯的长途电话网络可以帮助独立运营公司摆脱它们所面临的一个"主要障碍"。尤其是,它将抗衡维尔所宣称的通过完成贝尔专用长途网络来提供的贝尔式的"普遍服务"。[73]

麦凯的计划失败后,他转向求助于法院。1909年维尔收购西联电报公司后,司法部立马收到了大量抱怨"电话信托"(Telephone Trust)的投诉。[74]然而,直到维尔宣布了他的"普遍服务"计划,麦凯才加入了这场争论。令麦凯特别苦恼的是,当每位电话用户告诉接线员他想发一份电报时,都被自动连接到了西联电报公司。[75]如果不取消这项政策,邮政电报电缆公司将处于竞争劣势。麦凯警告称,如果司法部不约束贝尔,公众对维尔不计后果的帝国式扩张的反感很可能迫使国会全盘收购整个电话和电报业务,包括麦凯的邮政电报电缆公司,这是麦凯不想看到的结果。[76]麦凯警告称,加速推进电话电报业务的政府所有制的唯一"最强大力量",就是维尔已经在着手实施的咄咄逼人的扩张主义商业战略。[77]

1913年12月,麦克里诺兹的诉讼意外地结束了,当时司法部和贝尔之间达成了一项协议。这项协议使得反垄断诉讼在进入正式庭审前就达成了和解。这项和解协议通常被称为金斯伯里承诺(Kingsbury Commitment),是参考了代表贝尔公司批准该协议的贝尔副总裁内森·C.金斯伯里的名字来命名的。其实它被称为麦克里诺兹和解协议更为恰当,因为这实际上是贝尔的一次重大挫败。

麦克里诺兹和解协议包含四项条款。第一项条款是司法部承诺如果贝尔满足了某些条件,将暂停诉讼。其余三项条款是麦克里诺兹期望贝尔能满足的条件。这三项条款中的第一项是关于贝尔和西联的关系。麦克里诺兹不赞成贝尔收购西联,并命令贝尔出售其在西联的股份。贝尔遵照执行,恢复了1879—1909年间存在的电话和电报之间的业务分界线。第二项条款是未来贝尔公司与独立电话公司之间的财务关系。麦克里诺兹不赞成贝尔试图垄断电话业务,并命令贝尔停止未来对独立运营公司的任何收购行为。第三项条款涉及贝尔与独立电话公司之间的经营关系。麦克里诺兹支持贝尔和非竞争性的独立运营公司之间的互连,并命令贝尔制定必要的协议,让这些非竞争性的独立电话公司能够访问贝尔的长途网络。[78]

麦克里诺兹的和解方案分割了电子通信市场。威克沙姆反对根据《谢尔曼法》起诉贝尔,因为他认为,州际商务委员会有权以更有序的方式分割市场。麦克里诺兹创建了一个卡特尔。卡特尔原则的首次应用是在次年3月,当时波特兰的一家联邦法院命令贝尔剥离西北电话交换公司,就是对这家公司的长途线路的收购引发了麦克里诺兹对贝尔的诉讼。法院裁定,贝尔收购西北电话交换公司已经造成了对贸易的限制,从而违反了《谢尔曼法》。[79]此后不久,贝尔出售了西联的股份。在接下来的几年里,它小心翼翼地采取行动,以促进与那些仍在其网络之外的独立电话公司的互联互通。

对贝尔来说,麦克里诺兹的解决方案绝不是彻底的失败。如果麦克里诺兹继续他的诉讼,后果将很难预料。麦克里诺兹对市场分割的支持使得联邦司法部认可了维尔的观点,即电话网络实际上是一种自然垄断。它还使贝尔在电话行业中的主导地位合法化了,这一主导地位一直保持到1984年,直到司法部的一个新麦克里诺兹主义的团队拆解了贝尔系统。1921年,很大程度上是在独立电话公司急于卖身于贝尔的要求下,政府取消了对收购独立电话公司的限制。

对维尔来说,麦克里诺兹解决方案最不幸的一点是西联的资产被剥离了。他再也不能像1910年那样承诺为电话用户提供廉价而方便的长途通信设施。在公开场合,遵循着贝尔公司在听到坏消息时保持沉默的古老传统,维尔缄口默认;而私底下,他其实已经被击垮了。[80]

贝尔—西联的资产剥离也令芝加哥电话公司总经理安格斯·希巴德感到失望。希巴德曾经从芝加哥电话公司离职,去协调贝尔与西联的合并事宜。为了了解英国人是如何养成"电报习惯"的,希巴德去了英国,在那里他研究了电话和电报最新的合并状况。希巴德已在芝加哥地区推动了本地电话服务的大众化;现在他要在全国推动长途电报业务的大众化。在资产剥离破坏了他的计划之后,希巴德再也没有从事过电话业务。

西联的剥离受到了贝尔竞争对手更加积极的欢迎。麦克里诺兹案的和解协议可能会被称为"麦凯的复仇",甚至是"赖特的辩护",因为它的主要受益者是麦凯的邮政电报电缆公司,以及聚集在赖特周围的大量小型独立电话公司。邮政电报电缆公司的一名内部人士在写给该司律师威廉·W.库克(William W. Cook)的贺信中欢呼道,这场反垄断诉讼对贝尔来说是一场"彻底的失败和彻底的投降"[81]。赖特得意地对库克说,我们已经得到了我们所希望的一切,邮政电报电缆公司赢得了"最具象征意义的胜利"[82]。自动电气公司总裁约瑟夫·哈里斯(Joseph Harris)也同样感到高兴。这一和解协议证明,威尔逊政府将公平地对待大型企业,这一立场"在很大程度上保证了产业的繁荣,尤其是在电话业务领域"[83]。

独立行业媒体编辑哈里·B.麦克米尔(Harry B. MacMeal)无法解释为何贝尔会屈服。然而他发现这份和解协议"非常慷慨",而且给了"独立公司阵营所能得到的最大好处"。他猜测,贝尔之所以愿意妥协,可能与国会被"强烈鼓动"去买断贝尔的长途网络有关:"也许这是一个'你是要长途网络还是要活路'的案子,但无论如何,独立电话公司的身份承认之战已经获胜了。"如果和解失败,结局很可能就是国会出面收购贝尔的长途网络。[84]

对于许多独立公司阵营的人士来说,反垄断协议最重要的特征就是麦克米尔所说的"承认"。电话业务的卡特尔化使得独立电话公司更容易说服持怀疑态度的债权人,让债权人相信自己会偿还贷款,并保留现有的用户基础。自从1907年美国独立电话公司破产以来,独立公司筹集资金一直困难重重,贝尔咄咄逼人的并购政策使得债权人难以脱身。独立公司阵营对贝尔的不满仍然存在;然而,对许多独立公司阵营人士而言,能够存活已是足够的胜利。麦克米尔所说的"承认"不仅意味着贝尔承认了引发这场诉讼的具体冤情,同时也意味着贝尔承诺将尊重自 1913 年开始存在于贝尔和独立电话公司之间的关于电话业务的地域划分,并且这一地域划分方式,除了少数明显的例外,在接下的七十年里将保持不变。

赖特本人认为和解协议是一场个人的胜利,其意义不会因时间的流逝而减弱。四年后,赖特提醒一位司法部官员,麦克里诺兹 1913 年与贝尔谈判的"调节"对美国"独立电话公司的利益"具有"不可估量的价值",并"允许这些独立电话公司继续存在"。[85] 赖特的评估很能说明问题,因为到了 1917 年,许多独立电话公司发现互连条款并不像他们希望的那么有利。[86] 作为一种和解姿态,贝尔获得了司法部的批准,进行了一项复杂的交易,将其在纽约詹姆斯敦的电话业务转让给赖特,以及罗切斯特的电话业务转让给罗切斯特独立电话公司(Rochester independent),作为交换,贝尔获得了哈贝尔旗下的布法罗独立电话公司(Buffalo independent)。[87]

另一位从和解协议中受益的人是弗兰克·H. 伍兹的独立电话公司。1919 年,资金充裕的伍兹与密苏里州的独立阵营人士西奥多·加里(Theodore Gary)一起联手购买了自动电气公司,以确保他在内布拉斯加州林肯市的独立电话公司能获得机电开关设备的稳定供应。[88]

在反垄断协议中,最大的输家要数塞缪尔·希尔了。希尔旗下的波特兰独立电话公司(Portland independent)在 1917 年进入了破产保护程序。此前,希尔未能说服波特兰选民投票支持他的运营公司与竞争对手贝尔的电话网络进行互连,而如果投票通过,希尔交换所的用户就可以合法接入贝尔公司运营的本地收费线路和长途网络。令希尔懊恼的是,波特兰选民对互联互通投了反对票,结果公布后,希尔的债权人就将他的电话交换所收归了破产管理。[89] 两年后,希尔卖身成功。尽管其手上的运营公司估值高达 210 万美元,但它被一个与自动电气公司有关联的投资人财团以区区 50 万美元的价格收购了。[90] 如果贝尔收购了希尔的全部股份,例如贝尔就买下了哈贝尔旗下的布法罗独立电话公司的全部股份,希尔几乎肯定会卖出一个更高的价格。然而,贝尔没有这样做。因为哈贝尔在公开听证会上批评贝尔是一回事,而希尔起诉贝尔违反《谢尔曼法》则是另一回事。贝尔公司的一名员工讥讽地说,毕竟希尔曾试图起诉维尔。[91]

1907 年,随着美国独立电话公司的倒闭以及芝加哥电话公司的重获特许经营权,电话业务的卡特尔化(cartelization)转型完成了。立法者们再也不能依赖竞争来解决经济合并所导致的问题。从此以后,剩下的唯一补救办法就是政府监管和政府所有制。在这种情况下,许多人倾向于政府所有制。在像芝加哥这样的城市,政府监管被证明是一个腐败的污水坑,它至少会导致监管机构与它表面上监管的公司之间的勾结,最糟糕的情况是,经济学家很快会指出,监管机构本应监管的公司"占领"了监管机构。

　　电话的政府所有制获得了国内顶尖社会科学家的广泛支持。贝尔员工沃尔特·S. 艾伦在1909年的一份报告中称,美国大多数"理论"经济学家都赞成这一观点。[92]理查德·T. 伊利早在1888年就表示过支持政府所有制,受人尊敬的哥伦比亚大学政治经济学家埃德温·塞利格曼(Edwin Seligman)也于1899年有过类似的表态。[93]

　　政府所有制最具影响力的拥护者之一是哈佛大学政府学教授阿瑟·H. 霍尔科姆(Arthur H. Holcombe),他完成了一篇关于欧洲电话所有权和运营的论文。他认为,与企业管理相比,政府所有制能更"经济"地实现"生产的直接目的"。如果欧洲存在"自由竞争",立法者们就可以依靠市场充当"自动调控者"。然而,在欧洲,竞争是被禁止的。在政府管理制下,技术进步的速度可能不如在企业管理下那么快,但费率将会更低,因为运营公司将不再需要"回报"那些冒着资本风险购买电话股票的投资者们。[94]

　　虽然霍尔科姆赞成政府所有制,但他对政府的运作仍然持怀疑态度,他似乎更喜欢一种在委员会监管之下的管理公司(a commission regulated managerial corporation)形式,其内部组织结构类似于一战后兴起的贝尔体系。有一点他坚信不疑。无论是政府行政人员还是企业管理人员,即便在可预见的未来,都不太可能具备给"每个人的家里"安装电话的组织能力。[95]

　　霍尔科姆对电话行业的个案研究为他的美国政治理论提供了依据。通过对市政特许经营权政治的调查,他确信阶级而非地域才是最强大的利益集团。霍尔科姆所说的阶级并不是指那些利益源于其与生产资料的关系的群体;相反,他指的是那些共同利益取决于其与国家的关系的群体。

　　霍尔科姆只是20世纪早期从市政特许政治中发现了利益集团政治缩影的几位社会科学家之一,政治经济学家们开始将这种政治视为美国政治发展的引擎。查尔斯·比尔德(Charles Beard)也是这些社会科学家中的一员。如今,比尔德以历史学家的身份广为人知,但在20世纪初,他是市政改革方面的权威人物,也目睹了纽约市围绕煤气厂、电车线路、发电站和电话交换所展开的激烈的市政特许经营权斗争。比尔德所著的《美国宪法的经济解释》(*Economic Interpretation of the Constitution*,1913)一书的解释框架就立基于他的个人经验。该书不仅仅是甚至主要是揭露经济利益对联邦宪法起草的影响。更重要的是,它清晰地分析了国家的结构性存在如何塑造了各个经济阶层。[96]

　　小亚瑟·M. 史列辛格(Arthur M. Schlesinger Jr.)的父亲,老亚瑟·M. 史列辛格(Arthur M. Schlesinger Sr.),是20世纪早期美国最重要的研究现代美国城市史的历史学家,也是研究美国历史上社会阶级角色的先驱。有其父必有其子;在声名远播的《杰克逊时代》(*Age of Jackson*,1945)一书中,小史列辛格采用了一个基于阶级的解释框架来分析美国的国家政治。小史列辛格的这一解释框架不仅借鉴了他父亲的学术成果,还借鉴了他在大学期间听过的霍尔科姆关于美国政治的讲座。与霍尔科姆一样,小史列辛格将阶级而非地域视为美国国家政治的主要动力。[97]

很显然,希望对电话实行政府所有制并不是一个党派问题,尽管这一主张最主要的支持者是民主党人,但它也吸引了许多有进步思想的共和党人。西奥多·罗斯福以相对平静的态度看待电话业的收购,威廉·霍华德·塔夫脱的邮政部长早在1911年就预料到阿尔伯特·S.伯勒森会支持国会收购电报。[98]关于政府所有制的辩论围绕浪费与公用事业(Waste and Utility),而非特权与权利(Privileges and Rights)展开。1914年,罗斯福在给堪萨斯州一位编辑的一封信中写道,"某件事"应该由"个人还是政府"来经营,"只是权宜之计"。英国的政府所有制电话设施有限、同时性能标准低下,这导致罗斯福接受了在"明智的监管"下的私有制。如果英国的政府所有制能更好地发挥作用,罗斯福很可能会敦促美国效仿。[99]

百货公司大亨、前邮政部长约翰·瓦纳梅克是共和党的一位忠实信徒。1906年,瓦纳梅克在接受一家杂志采访时宣称,政府有义务拥有"人与人之间的所有书面或口头的交流方式"的所有权,包括电报和电话。[100]作为曾经的邮政部长,他不再满足于接受"有限"的邮政电报。现在,只有国会来买断整个电话和电报网络才能满足当前的需要。

国会中拥护政府所有制的主要人物是戴维·J.刘易斯(David J. Lewis)。这位来自马里兰州的民主党人代表着该州西部角落处的一个偏远山区,他小时候曾在那里当过煤矿工人。作为激进政府的坚定支持者,刘易斯在扩大邮政部门的职权范围方面发挥了重要作用,他支持邮局运送重量超过4磅的包裹,这一创新被称为包裹邮寄。在刘易斯看来,邮政部门是"我们政府最好的机构"。一个多世纪以来,它为美国人民提供了各种各样的服务——包括最近的包裹邮寄——这些服务"对我们普通人来说意义重大"[101]。刘易斯所说的电话的"邮政化"(Postalization),指的是电话的所有权归属联邦政府,运营由邮政部门负责。这件事的意义如此重大,以至于他发现"难以描述甚至夸大"[102]。

为了支持政府所有制,刘易斯诉诸政治经济的"科学"。[103]政治经济学家长期以来一直主张私营企业与政府机构在性质上是不同的,刘易斯对此表示赞同。"私营金融"的"常规规则"导致私营企业在大城市积累巨额利润的同时忽视了农村。"公共金融"将城市产生的盈余转移到农村,确保所有人享有平等机会:"邮局将从芝加哥和纽约获得的利润用于无利可图的农村和其他服务,而私有的电话和电报投资人自然将其活动限制在有望获得满意利润的特定地点。"[104]仅仅通过政府的监管就可以实现一些"普遍而廉价的通信"的"邮政目标",相比之下,企业却没有权利拿"他人的财产"去"冒险"。[105]

没有什么比维尔在1911年公开声称联邦政府不应买断电报,因为它仍是一种"奢侈品"更能激怒刘易斯的了。[106]维尔的论点相当谨慎。与前几代电报经理不同,他并没有主张电报将永远仅限于为独家客户服务。相反,他全心全意地接受电报的大众化是对电话的补充。他的意思仅仅是媒介尚未成为一种日常的必需品,因此最好将其保留在公司控制之下。为了澄清自己的立场,两年后维尔又解释说,尽管电话和电报都已成为"最重要的"便利工具,但它们都不像饮用水那样是人类生活不可或缺的。[107]刘易斯认为维尔的告诫带有侮辱性;和许多进步人士一样,刘易斯已经把物质富足视为一种公民理想,他渴望让所有人都能享用发明的成果。"这是很大胆的表述,"刘易斯在回应维尔1913年的报告时说,"我们实际上被告知,在三大通信机构中,只有邮局信件可以被所有人使用,而另外两个,电话和电报,是便利或奢侈品,而非受欢迎的必需品,因此,应该由少数人,也就是商务办公室和富人承担成本,而目前的费率也将服务范围主要限定于这一阶层。但这不是正当理由。这是一种忏悔。这些长途电话费之所以能够维持下来,是因为这项服务只有那些生活条件优越的人才知道,而他们却沉浸在交流过程所展现出的非凡魅力中而忽略了这项服务的价格。"[108]

刘易斯的法案从未被提交投票表决。如果那样做了,这一法案可能已经获得了相当数量的选票,因为政府所有制在参众两院都有坚实的支持基础。[109]虽然刘易斯的法案与麦克里诺兹的诉讼无关,但它是在麦克里诺兹与贝尔谈判达成和解协议的同一天提出的。在刘易斯看来,贝尔为了抢在国会收购之前达成和解似乎是无可争议的。正如刘易斯所解释的那样,麦克里诺兹的和解方案是一种"双轨制",旨在阻止"邮政化"。[110]

与刘易斯一起支持政府所有制的还有邮政部长阿尔伯特·S. 伯勒森。伯勒森认为自己是一个"保守的"民主党人。例如,他反对政府拥有铁路和公路的所有权。然而,他为电话和电报破了例。伯勒森发现,不管一个人可能是"多么纯粹的宪法解释者",他都不会反对邮政部门拥有"电子通信手段"。[111]在1914年的年度报告中,伯勒森极其郑重地宣称,邮政部门应该控制"所有的信息情报交流手段"。政府所有制将加快实现维尔所倡导的"普遍服务"的理想,并且也只有政府才能实现这一理想。对伯勒森来说,普遍服务的意义远不止国内所有电话的互连,甚至超出了电话和电报互连的意义。除此之外更重要的是,普遍服务还要支持"费率均等化",而邮政部门作为政府机构长期以来一直在致力于完成这项任务。对于私营企业来说,"均等化"是不可能的,因为它们依赖于追逐利润的投资者。相比之下,政府机构拥有一项公民授权的使命,即为"甚至是最贫穷的自给自足的个体"服务。[112]

为了支持政府所有制,伯勒森提醒立法者,联邦政府拥有并运营了全美第一条公共电报线路。1843年,当国会资助塞缪尔·F. B. 莫尔斯在华盛顿—巴尔的摩的示范项目时,人们"普遍承认"并"默许"电报将变成邮政体系的一部分。19世纪40年代,由于"错误的经济观念",政府所有制宣告失败。詹姆斯·K. 波尔克总统领导时期,华盛顿至巴尔的摩的线路出现了"小瑕疵",这促使谨小慎微的国会批准将该条线路出售,尽管波尔克的邮政部长雄辩地呼吁应将其保留在政府的控制之下。[113]

为了记录政府机构和私营企业的不同动机,伯勒森委托撰写了一份关于"政府拥有电力通信设施"的详尽报告。这份报告是在第一助理邮政部长(First Assistant Postmaster General)丹尼尔·C. 罗珀(Daniel C. Roper)的监督下完成的,并于1914年被发布。

罗珀的报告援引公用事业和不必要浪费(Public Utility and Unnecessary Waste)之间激进的二分对立为依据,为国会买断电话提供了理由。政府的行政管理将终结企业管理造成的"经济浪费",恢复因法院下令拆分西联和贝尔而失去的效率收益。维尔坚信电话是自然垄断的"经济学说"是正确的。然而,利己主义蒙蔽了他的双眼,使他无法看到"几乎所有经济学家"通过比较政府行政和企业管理之后得出的"必然结论"——政府管理优于企业管理。邮政部门已经达到了能联通"家家户户"的程度;当政府拥有并运营"电线系统"时,电线系统也会普及如斯。"普遍服务"的前提不仅是互联互通,而且是费率的"均等化"。[114]罗珀的报告在末尾部分建议国会买下全美所有商业电话运营公司(包括本地电话、收费电话和长途电话)的股份,并向电报公司和许多被称为"农民线路"的小型非商业电话运营公司发放可撤销的许可证。据估计,收购的成本约为9亿美元:运营公司为7亿美元,收费电话公司和长途电话公司为2亿美元。[115]尽管备受吹捧的国会买断案从未发生,但罗珀报告的作者们对政府所有制问题的严肃态度,证明了人们对政府所有制的高度期望。

在1917年出版的一本关于邮政部门的深度思考的著作中,罗珀重申了一个主旨,即联邦政府来负责协调信息流通是一项公民授权(civic mandate)。罗珀认为,对立法者来说,关键问题既非政府所有制,也非政府监管,而是受托来运营通信基础设施的机构的"动机"是怎样的。企业管理是"没有灵魂的"且"自私的";相反,政府管理的"灵魂"是"无私的",植根于神圣的"1776精神"。任何通信手段的"最高理想"都是在"消除"距离作为"交往障碍"之后进而"湮灭"距离:"全国范围的电报和电话网络现在组成了极其高效的机构,接收和支付的资金超过了整个邮政服务,为现代商业和社会的日常用途提供了重要的通信手段。这些电子邮件服务实现了邮政服务的最高理想,即消除了人类交往的距离障碍。"[116]如果政府能够适当地加以利用,它们就能实现使发明成果惠及全民的进步梦想。

在1913年12月麦克里诺兹和解协议达成后的几个月里,政府所有制将成为一个主要的公共问题。它不仅得到了国会议员的支持,而且也得到了相当一部分公众的支持,这证明了许多美国人对贝尔这样的大型企业联合体仍然感到不安。

注释:

[1] American Telephone and Telegraph, Annual Report (1910), pp.23, 43,44, 53.

[2] "Will Seek to Amend the Utilities Law," *New York Times*, September 24,1907; Richard L. McCormick, *From Realignment to Reform: Political Change in New York State, 1893-1910* (Ithaca, N.Y.: Cornell University Press, 1981), p.238; "Public Ownership," box 101, National Civic Federation Records, Columbia University, New York.

[3] Richard L. McCormick, "The Discovery that Business Corrupts Politics: A Reappraisal," *American Historical Review* 86 (April 1981): 247-274.

[4] "Roosevelt Message Stirs Up Congress," *New York Times*, October 9,1908; "Federal Control of the Telegraphs," *New York Times*, December 10,1908; "President Writes Commerce Message," *New York Times*, December 19,1909.

[5] Arthur Stedman Hills, "The Origin, Growth, and Work of Public Utility Commissions," *Public Service* 13 (February 1912): 61.

[6] "An Act Relative to the Supervision by the Massachusetts Highway Commission of All Companies Engaged in the Transmission of Intelligence by Electricity," in *Acts and Resolves Passed by the General Court of Massachusetts*, chap.433 (Boston: Wright & Potter, 1906), pp.448-451; "An Act... Giving the Wisconsin Railroad Commission Jurisdiction over Public Utilities," in *Laws of Wisconsin*, chap.499 (Madison, Wis.: Democrat Printing, 1907), p.1130.

[7] "An Act to Amend the Public Service Commissions Law, in Relation to Telegraph and Telephone Lines and Companies," in *Laws of the State of New York*, vol. 2, chap.673 (Albany, N.Y.: J. B. Lyon, 1910), pp.1929-1945.

[8] "An Act to Authorize Cities to Acquire, Construct, Own, and Lease or Operate Public Utilities," and "An Act to Provide for the Regulation of Public Utilities," both in *Laws of the State of Illinois* (Springfield: Illinois State Journal,1913), pp.455-459 and 460-502.

[9] H. D. Critchfield to Frank H. Woods, May 18, 1915, box 21, AT&T Archives and History Center, Warren, N.J. (hereafter AT&T-NJ).

[10] J. C. Kelsey, "The New Decade," *Telephony* 70 (January 1916): 36.

[11] "Regulate the Telephone Companies," *Wall Street Journal*, April 20,1909; "Morgan in Phone Quiz," *Chicago Record-Herald*, February 10, 1910.

[12] "Will Seek to Amend the Utilities Law," *New York Times*, September 24,1907.

[13] "An Act to Create a Commerce Court," *Statutes at Large of the United States of America*, chap.309, June 18, 1910, pp.539-557.

[14] Morton J. Horwitz, "The History of the Public/Private Distinction," *University of Pennsylvania Law Review* 130 (June 1982): 1427.

[15] Wickersham to Samuel Hill, January 24, 1913, box 39, U.S. Department of Justice, RG 60, National Archives, Washington, D.C. (hereafter DOJ-NA).

[16] Alexander M. Bickel, *History of the Supreme Court of the United States*, vol. 9: *The Ju-*

diciary and Responsible Government, *1910-1921* (New York: Macmillan, 1984), pt. 1, p.125; Burton J. Hendrick, "James C. McReynolds,"*World's Work* 27 (November 1913): 31.

[17]Vail to E. C. Bradley, [January 1909], president's letterbook, AT&T-NJ.

[18]"Vail Looks for National Public Utilities Commission," *Wall Street Journal*, June 11, 1911; *Central Telephone News* 1 (October 1911): 17; "Monopoly of Utilities Proved to be in Public Interest," *Wall Street Journal*, July 25, 1914.

[19]American Telephone and Telegraph, *Annual Report* (1907), p.28.

[20]American Telephone and Telegraph, *Annual Report* (1910), p.43.

[21]Leonard S. Reich, *The Making of American Industrial Research: Science and Business at GE and Bell*, *1876-1926* (Cambridge: Cambridge University Press, 1985), p.158.

[22]Frisbie to Krauthoff, December 30, 1910, box 58, Dawes Papers, Northwestern University, Evanston, Ill.; "Chicago Hearings in the Government-Bell Trust Suit," *Telephony* 65 (November 29, 1913): 23.

[23]L. D. Kellogg to William Howard Taft, December 9, 1911, box 37; John H. Wright to Woodrow Wilson, March 11, 1913, box 38; both in DOJ-NA;"Phone Merger Plan Told," *Chicago Tribune*, November 21, 1913.

[24]C. O. Frisbie to L. C. Krauthoff, December 30, 1910, box 58, Dawes Papers; "Chicago Hearings in the Government-Bell Trust Suit," *Telephony* 65 (November 29, 1913): 23.

[25]R. Morgan Olcott to H. D. Critchfield, September 30, 1910, box 1375,AT&T-NJ.

[26]同上。

[27]*Telephony* 65 (November 29, 1913): 22-23.

[28]Wright to Wickersham, November 4, 1911, box 37, DOJ-NA.

[29]同上；Manford Savage to Wickersham, November 28, 1911; both in box 37, DOJ-NA.

[30]"Independents Seek to Have Government Bring Suit against Bell Telephone Companies," *Electrical World* 59 (January 20, 1912): 129.

[31]Wright to Wickersham, March 19, 1912; Wright to Wickersham, November 4, 1911; both in box 37, DOJ-NA.

[32]Wright to J. P. Tumulty, March 11, 1913, box 38, DOJ-NA.

[33]Kenneth J. Lipartito, " 'Cutthroat' Competition, Corporate Strategy, and the Growth of Network Industries," *Research on Technological Innovation*,*Management*, *and Policy* 6 (1997): 1-53.

[34]Vail to John A. Moon, December 30, 1918, *Government Control of the Telegraph and Telephone Systems: Hearings on J. J. Res. 368* . . . , 1919, 65th Cong., 3rd sess., pt. 1, p.57.

[35]Terrestrial Globe, 1916, ART-0016-009217, AT&T-NJ.

[36] W. F. Brown, "Our Relations with the Western Union," *Transmitter* (Denver) 5 (February 1911): 3.

[37]*Chicago Telephone Directory* (June 1910), p.648; Newcomb Carlton, "Putting Western

Union on Its Feet and How Vail Did It," *Printer's Ink* 79 (November 5, 1914): 8.

[38]"Telephone Wires for Telegraphing," *Transmitter* (Denver) 5 (February 1911): 11.

[39]转引自 Marshall Cushing, *The Story of Our Post Office: The Greatest Government Department in All Its Phases* (Boston: A. M. Thayer & Co., 1893), pp.1000-1003.

[40]Charles Van Hise, *Concentration and Control: A Solution of the Trust Problem in the United States*, rev. ed. (New York: Macmillan, 1914), p.192b.

[41]Charles N. Fay, *Big Business and Government* (New York: Moffatt, Yard, and Co., 1912), p.11.

[42]Fay, *Too Much Government, Too Much Taxation* (Garden City, N.Y.: Doubleday, Page & Co., 1923), p.11.

[43]Lyman Abbott, "Telegraphs and Telephones," *Outlook* 93 (November 27, 1909): 640.

[44]Bertie Charles Forbes, *Men Who Are Making America* (New York: B. C. Forbes Publishing Co., 1922), p.381.

[45]Arthur Brisbane, "Warning to Combinations! Do Not Benefit the Public!"*Chicago Examiner*, December 22, 1913.

[46]James E. Caldwell, *Recollections of a Life Time* (Nashville, Tenn.: Baird-Ward Press, 1923), p.209.

[47]Caldwell to Vail, August 2, 1913, in Caldwell, *Recollections*, p.227.

[48]Alan L. Seltzer, "Woodrow Wilson as 'Corporate-Liberal': Toward a Reconsideration of Left Revisionist Historiography," *Western Political Quarterly* 30 (June 1977): 200.

[49]Woodrow Wilson, "The New Freedom," *World's Work* 26 (June 1913):185.

[50]Frederick P. Fish deposition, pp.8-9, 15, June 25-29, 1914, *William Read et al. v. Central Union*, box 8, AT&T-NJ; L. D. Kellogg, memorandum on meeting at Blackstone Hotel, [1910], Box 37, DOJ-NA.

[51]Wickersham to Nathan C. Kingsbury, January 3, 1913, box 38, RG 60,DOJ-NA.

[52]*Wall Street Journal*, December 17, 1909.

[53]Wickersham to Kingsbury, January 3, 1913, box 38, RG 60, DOJ-NA.

[54]J. P. Morgan & Co. to Vail, August 9, 1915, in Federal Communications Commission, Accounting Department, "Telephone Investigation," vol. 3, typescript,Baker Library, Harvard University, Boston, Mass.

[55]Harry B. MacMeal, *The Story of Independent Telephony* (Chicago: Independent Pioneer Telephone Association, 1934), pp.183-187.

[56] Wright to Wickersham, November 4, 1911, December 26, 1911; both in box 37, DOJ-NA.

[57]Frisbie to Dawes, December 28, 1910, box 58; "Early History," p.19, box 62; both in Dawes Papers; *Electrical World* 62 (August 2, 1913): 223;Kingsbury to McReynolds, September 24, 1913; Morton L. Johnson to Thomas W. Gregory, November 21, 1914; both in box 38,

DOJ-NA.

［58］"Secret Bell War on Rivals Told," *Chicago Tribune*, November 22,1913.

［59］Hubbell to McReynolds, June 29, 1913, box 38; Morton L. Johnson to Thomas W. Gregory, November 21, 1914, box 46; both in DOJ-NA.

［60］"Chicago Hearings in the Government-Bell Trust Suit," *Telephony* 65 (November 29, 1913): 44.

［61］"The Government Hearing in Chicago," *Telephony* 65 (November 29,1913): 17.

［62］"Government Asks Phone Dissolution," *Oregonian* (Portland, Ore.), July 25, 1913.

［63］转引自 John E. Tuhy, *Sam Hill: The Prince of Castle Nowhere* (Goldendale, Wash.: Maryhill Museum of Art, 1992), p.122.

［64］转引自同上，p.120.

［65］"The Postal Telegraph Company's Announcement," *Telephony* 60 (June 24, 1911): 739; Home Telephone and Telegraph Company (Portland, Ore.), *Annual Report* (1912), pp.4, 7; "Postal-Telephone Merger Projected," *New York Times*, December 6, 1913; Tuhy, *Sam Hill*, p.122.

［66］Tuhy, *Sam Hill*, pp.122-123.

［67］John McCourt to Wickersham, February 27, 1913, box 39, DOJ-NA.

［68］*Wall Street Journal*, August 22, 1913.

［69］"Home Phone Campaign," *Oregon Voter* 8 (March 3, 1917): 23.

［70］Tuhy, *Sam Hill*, p.6.

［71］MacMeal, *Independent Telephony*, p.210.

［72］C. M. Keys, "The Rulers of the Wires," *World's Work* 19 (March 1910):12726-12729.

［73］"Extends Telephone War," *New York Times*, December 21, 1911; Mac-Meal, *Independent Telephony*, p.211.

［74］"Wickersham to Act in 'Phone Inquiry'," *New York Times*, December 29,1912.

［75］同上。

［76］*Wall Street Journal*, December 11, 1911.

［77］*Postal Telegraph* (March 1912): 4, 5.

［78］Kingsbury to attorney general, December 19, 1913, in American Telephone and Telegraph, *Annual Report* (1913), pp.24-26.

［79］"Bell Telephone Litigation with Government Settled," *Electrical World* 63 (April 4, 1914): 744.

［80］American Telephone and Telegraph, *Annual Report* (1913), p.24; Angus Hibbard, *Hello Goodbye: My Story of Telephone Pioneering* (Chicago: A. C.McClurg & Co., 1941), pp.239-240.

［81］E. Kinney to William W. Cook, December 20, 1913, William W. Cook Papers, University of Michigan, Ann Arbor.

［82］Wright to Cook, December 20, 1913, Cook Papers.

[83] Joseph Harris, *Automatic Electric Company* (n.p., 1914).

[84] "A Gift from Santa Claus," *Telephony* 65 (December 27, 1913): 17; "The Bell Company Relinquishes Its Monopoly Methods," *Telephony* 65 (December 27, 1913): 20.

[85] Wright to G. Carroll Todd, October 8, 1917; Wright to Kingsbury, December 4, 1917; Kingsbury to Todd, December 5, 1917; all in box 38, DOJ-NA.

[86] Thomas W. Gregory to Woodrow Wilson, January 27, 1917, box 38, DOJ-NA.

[87] Wright to Kingsbury, December 4, 1917, AT&T-NJ.

[88] MacMeal, *Independent Telephony*, pp.75, 175.

[89] "Home Phone Campaign," *Oregon Voter* 8 (March 3, 1917): 23-27.

[90] "Home Property Is Sold," *Oregonian*, February 18, 1919.

[91] George E. McFarland to Nathan C. Kingsbury, December 8, 1918, Pacific Telephone and Telegraph Company Records, AT&T Archives and History Center, San Antonio, Texas.

[92] Walter S. Allen, "Plan for a Telephone Magazine," 1909, p.2, box 1317, AT&T-NJ.

[93] Edwin Seligman, testimony, December 6, 1899, in *Report of the Industrial Commission on Transportation, Including Review of Evidence, Topical Digest of Evidence, and Testimony So Far as Taken May 1, 1900*, vol. 4 (Washington, D.C.: U.S. Government Printing Office, 1900), p.612.

[94] A. N. Holcombe, *Public Ownership of Telephones on the Continent of Europe* (Cambridge, Mass.: Harvard University Press, 1911), pp.442, 462-463.

[95] *Government Control of the Telegraph and Telephone Systems*, pt. 3, pp.308, 319.

[96] Ellen Nore, *Charles A. Beard: An Intellectual Biography* (Carbondale: Southern Illinois University Press, 1983), chap.4.

[97] Arthur Norman Holcombe, *Memorial Minute Adopted by the Faculty of Arts and Sciences, Harvard University*, Holcombe file, Archives, Harvard University, Cambridge, Mass.

[98] Post Office Department, *Annual Report* (1911), p.14.

[99] Theodore Roosevelt to William Allen White, July 6, 1914, in *Letters of Theodore Roosevelt*, vol. 7, ed. Elting E. Morison (Cambridge, Mass.: Harvard University Press, 1954), p.773.

[100] Frederick Upham Adams, ed., "Are Great Fortunes Great Dangers?" *Cosmopolitan* 40 (February 1906): 399.

[101] David J. Lewis, speech to the Maryland Grange [c. 1914], p.10, Lewis Papers, Duke University, Durham, N.C.

[102] David J. Lewis, *The Postalization of the Telephone and the Telegraph* (Washington, D.C.: n.p., 1914), p.11.

[103] *Congressional Record*, January 16, 1914, 63rd Cong., 2nd sess., 1769.

[104] *Congressional Record*, March 4, 1915, 63rd Cong., 3rd sess., 849.

[105] *Congressional Record*, December 29, 1914, 63rd Cong., 3rd sess., 689, 694, 695.

[106] American Telephone and Telegraph, *Annual Report* (1911), p.37.

［107］American Telephone and Telegraph, *Annual Report* (1913), p.37.

［108］*The Postalization of the Telephone: Hearings before the Committee on the Post Office and Post Roads, House of Representatives, Sixty-Third Congress, Third Session, on H.R. 20471* (Washington, D.C.: U.S. Government Printing Office, 1915), p.29.

［109］A. Lincoln Lavine, "Review of the Government Ownership Situation during 1916," box 23, AT&T-NJ.

［110］Lewis, *Postalization*, p.9.

［111］Burleson testimony, *Federal Control of Systems of Communication: Hearing before the Committee on Interstate and Foreign Commerce of the House of Representatives*, 65th Cong., 2nd sess., 1918, p.35.

［112］Burleson to Thomas R. Marshall, March 14, 1918, box 38, DOJ-NA.

［113］Burleson testimony, *Federal Control of Systems of Communication*, p.34.

［114］*Government Ownership of the Electrical Means of Communication*, 63rd Cong., 2nd sess., 1914, Sen. Doc. 399 (serial 6576), pp.8, 10, 12.

［115］同上, pp.12-13.

［116］Daniel C. Roper, *The United States Post Office: Its Past Record, Present Condition, and Potential Relation to the New World Era* (New York: Funk & Wagnalls, 1917), pp.79, 287, 317-319.

第十一章　伟大的媒介？

> 也许有一天，电话就像笔记本一样被放在口袋里，成为行走时的伙伴。走在拥挤的大街上，或者在阴暗的小溪边，或者躺在海滩上，你既可以与王子交流，又能指挥千里之外的众多项工作。
>
> ——《华尔街日报》，1907

1914年3月，得克萨斯州一家电话行业杂志的编辑评论说，美国人民"在很大程度上"支持政府拥有电话的所有权，这是一个"令人尴尬的事实"。更不幸的是，贝尔公司总裁西奥多·N. 维尔和其他与他"同类型的人"的政策"助长和发展了"这种情绪。这位编辑对政府所有制深表遗憾，但他相信，反驳政府所有制的支持者的"唯一切实可行的方法"就是"提供某种方案来替代它"。这位编辑所说的"某种方案"并不是指国家监管委员会和州际商务委员会对电话运营公司的监管。国家监管委员会通过将竞争挡在"垄断者"的业务领域之外，对垄断者起到了"完美"的作用。相反，唯一的补救措施就是恢复竞争，竞争是"有史以来最好的监管者"。如果竞争失败，唯一的替代方案就是政府所有制。[1]

这位来自得克萨斯州的编辑坚信竞争可以解决企业合并所带来的问题，这种信念使他不仅在美国，而且在世界其他地方，都与大多数电话专家有所不同。1914年，在英国、法国和许多其他国家，电话都是由政府机构拥有与运营的，这种组织构型被恰当地称为"邮政—工业联合体"[2]。然而在美国，私有制仍是一种常态。后来的事实证明，这种反差持久存续。在美国以外，直到20世纪80年代，电话才开始走向私有化，从而扭转了源自19世纪末期的倾向。

在伍德罗·威尔逊（1913—1921）执政期间，公众对电话的政府所有制的支持达至顶峰。政府所有制得到了以马里兰州国会议员戴维·J. 刘易斯为首的一群立法者的支持，刘易斯在1913年12月提出了一部政府所有制法案。政府所有权运动如此强大，以至于威尔逊在1918年7月颁布了一项行政命令，将电话和电报的控制权以军事需要的名义移交给邮政部门时，几乎没有遭到反对。在随后的11月份，威尔逊扩大了邮政部门的管辖范围,将所有接入美国境内的海外电缆都纳入其中。尽管威尔逊从未公开表示支持对电话、电报或电缆实行政府所有制,但他这一届政府对这些媒介施加的控制,给公众留下了生动的印象:政府所有制成为美国的一项立法指日可待。

威尔逊内阁的政府控制实验彻底失败了。矛盾的是,政府机构对于电话和电报的一系列运营反倒推动了私营公司作为运营主体的合法化。这样一来,威尔逊主义者在不知不觉中为管理公司作为20世纪美国政治经济的中心机构的优势奠定了基础。

与他的前任西奥多·罗斯福和威廉·霍华德·塔夫脱相比,威尔逊对企业合并持更加怀疑的态度。然而,无论是威尔逊还是他的任何内阁成员都没有提议通过立法来鼓励新的市场主体加入电话或电报行业的竞争。可能性更大的是由国会来买断电话和电报,并由政府机构来运作。政府所有制得到了威尔逊的国务卿威廉·詹宁斯·布莱恩,邮政部长阿尔伯特·S.伯勒森以及他的海军部长约瑟夫斯·丹尼尔斯(Josephus Daniels)的支持。

1912年的民主党竞选纲领并没有出现政府所有制的相关条款,威尔逊也没有就此问题展开竞选活动。然而,政府对电报的所有权不再存在特别的争议。威尔逊在就职后不久写信给伯勒森说,"长期以来,我一直认为政府应该拥有全国的电报线路,并将电报和邮局结合起来。在这件事上你是怎么想的?"[3]

在电话上,政府所有制更是问题重重。威尔逊认为贝尔所谓的技术保守主义令人不安,并在竞选期间发表的一份政治宣言中顺便提及了这一点。[4]然而,威尔逊从未公开表示支持电话的政府所有制以作为企业合并的补救措施。在1914年接受波士顿一位银行家的采访时,威尔逊曾私下透露,他"强烈反对"国会收购贝尔的长途电话网络。[5]威尔逊是否支持市政府拥有独立电话运营公司的所有权,目前还不得而知。但有两件事是肯定的。首先,在伯勒森长达八年的邮政部长任期内,威尔逊并没有阻止他大力推行电话的"邮政化"。其次,1918年,威尔逊本人曾认真考虑过在他的年度讲话中加入一段伯勒森所写的振奋人心的倾向政府所有制的声明。由于某种原因,威尔逊改变了主意,那篇演说夭折了。即便如此,仍有迹象表明,威尔逊愿意考虑这个问题。[6]

电话的政府所有制吸引了两个截然不同的选民群体:新民粹主义者和城市居民。新民粹主义者包括伯勒森、布莱恩和丹尼尔斯。城市居民则包括许多城市的市议会,像旧金山、洛杉矶、波特兰、盐湖城、明尼阿波利斯、密尔沃基、克里夫兰和辛辛那提。[7]在邮政部长伯勒森接管电线业务后不久,布莱恩曾写信给他,"我很高兴地注意到,本地电话交换所将会尽可能少地受到干扰,一个城市不能为自己的市民转接电话是没有道理的"[8]。

在中西部地区,政府所有制受到了尤其普遍的支持。为了监测公众的舆论脉搏,贝尔的一名工作人员对俄亥俄州、印第安纳州、伊利诺伊州、威斯康星州和密歇根州的

160家报纸关于政府所有制问题的社论立场进行了分析。他的研究显示,44家发行量达240万份的报纸支持电话的政府所有制,65家发行量为230万份的报纸对此持反对态度,51家发行量仅90万份的报纸保持中立。[9]

支持政府所有制的报纸包括威廉·伦道夫·赫斯特集团旗下发行量巨大的报系。1913年12月,赫斯特报系的专栏作家阿瑟·布里斯班发表社论称,联邦政府既然能建造巴拿马运河和"最快速"的战舰,谁又敢说政府缺乏运营电话的组织能力呢?如果政府需要招募有能力的管理人才来运营这个网络,完全可以很容易地"培训"出另一个维尔或贝瑟尔。[10]布里斯班提醒读者,当赫斯特1905年还是国会议员的时候,他就已经提出了一项议案,要求对电报和电话实行国有化。事实上,布里斯班犯了错误。赫斯特提出的法案并未提及电话,尽管它确实呼吁了政府实行对电报的所有权。[11]然而,布里斯班夸大赫斯特在1905年时支持对电话实行政府所有权一事中的重要性是不难理解的。就像赫斯特拥护有轨电车线路和发电厂的市政所有制一样,如果他认为电话的政府所有制是一个足够吸引眼球的公共议题,他无疑也会站出来表示支持。[12]

总的来说,对政府所有制的支持绝对是传统的。尽管这一问题吸引了教条主义的社会主义者,但社会主义报纸绝不是支持这项事业的唯一报纸。一名英国记者对政府所有制问题进行了审慎的概述,他得出结论说,政府实行对市政特许经营公司的所有权的"主要原因和刺激因素"并非来自社会主义者,而是来自企业向股东支付的过于慷慨的红利,以及企业证券"饱经沧桑"的状况。[13]1918年,《华尔街日报》发表社论称,政府拥有电话和电报的所有权并不是什么社会主义的东西:它只是愚蠢而已。[14]

坦率地说,支持政府所有制的理由可能是保守主义的。1913年12月,内布拉斯加州林肯市的《每日星报》(Daily Star)发表社论说:"当政府接管电报和电话时,仅仅是为了延续其促进人民之间交流的旧功能。电报和电话只不过是比信件和报纸更好的交流方式。"更为激进的是,邮政部门最近增设了运送重量超过4磅的包裹业务。邮政包裹"入侵"了商业领域,并在逻辑上可能会最终导致政府接管铁路的所有权。相比之下,政府实行对电话和电报的所有权仅仅是联邦政府长期以来通过促进"信息"流通来促进交流这一使命的一种补充。[15]

在商业记者埃尔伯特·哈伯德(Elbert Hubbard)和E. J. 爱德华兹(E. J. Edwards)看来,国会的收购很可能会取得成功。国会在接管电话后将会设立一个委员会,埃尔伯特·哈伯德敦促威尔逊总统任命维尔为这个委员会的董事会"总理事",他认为这是势在必行的。[16]爱德华兹确信,如果价格合适的话,维尔一定会松手。爱德华兹提醒读者,如果国会愿意妥协的话,杰伊·古尔德也会在19世纪80年代把西联电报公司卖给联邦政府。为此爱德华兹援引了自己与西联总裁诺文·格林之间的一段秘密谈话作为消息来源。维尔同样如此。[17]

国会可能至少会买下电话网络的某些部分,这种可能性在贝尔的高级员工中引发了大量冷静的思考。维尔在1914年给一位同事的信中就写道,如果美国人民想要买断电话业务,他本人或其他任何人都无法阻止这件事。"只要人民群众普遍赞成政府所有制,它就一定能够成为现实。"[18]

1913年10月,维尔在接受一家报纸的采访时暗示,在某些情况下,他可能愿意将贝尔引以为豪的长途电话网络售于国会。贝尔公司的大部分利润来自短途电话业务,而在美国的一些地区,只有不到1%的电话呼叫是跨州的:"我们不会反对政府采取任何行动来降低我们长途电话业务的运营成本。"[19]第二天,《华尔街日报》发表社论称,长途电话业务的回报率可能不超过2.5%,致其成为"贝尔系统中利润相对较低的部分"。在铁路业务中,承运人依靠长途运输赚钱,而在支线运输上却亏损。在电话业务中,情况正好相反:"长途电话业务很大部分都是亏损的,而在所谓的'支线或交换所'业务上却实现了净利润。"[20]

商业记者报道的回报率是2.5%,这个数字明显低于贝尔统计学家多年后公布的11.5%这个数字。很难确定哪个数字更为准确,因为众所周知,贝尔不愿以一种直白的方式汇编有关其长途电话网络的数据。即便如此,考虑到长途服务的需求有限,这个较低的数值似乎更接近事实。[21]

维尔在访谈中表现出一种宿命论特征,这种论调在威尔逊政府时期贝尔高管的公开声明中屡见不鲜。1913年12月,信号处官员查尔斯·M. 萨尔茨曼(Charles M. Saltzman)在写给第一助理邮政部长丹尼尔·C. 罗珀的一封信中说:"人民通过他们的州议会和市议会,正在接近贝尔公司,他们的律师通常在'A'处的听证会还没结束之前,就匆忙赶到'B'处去参加另一场听证会。"萨尔茨曼补充说,他最近与贝尔的一位高管进行了交谈,后者满怀信心地预计,联邦政府很快将接管运营公司和长途网络。这位高管补充说,他相信政府将会"成功地"完成这项"伟大的事业",前提是"政治因素不会让部门在任命时感到尴尬"。[22]芝加哥电话公司总裁伯纳德·E. 桑尼在调查中西部地区的政治形势时曾说过,贝尔是在"铤而走险"。伊利诺伊州立法机构很快就会颁布一部法律,批准州内任何市政当局可以买断该市电话交换所的所有权。中西部地区的地方市政当局将逐一收购利润丰厚的大城市电话运营公司——或许从印第安纳波利斯开始——这一收购前景似乎比较乐观,以至于贝尔有利可图的领域将越来越少。[23]贝尔公司的员工沃尔特·S. 艾伦说,像电话这样的公共事业特别容易受到政府干预。没有其他业务像电话一样能"如此直接地"接触到每个个体。此外,由于"服务的性质"要求必须由大单位为大量小用户提供服务,用户的"小烦恼和小委屈"不可避免地集中到了提供服务的公司身上。[24]

政治经济的复杂性加剧了贝尔员工的悲观情绪。贝尔副总裁查尔斯·G. 杜波依斯(Charles G. DuBois)在给维尔的一封信中解释说,"人们普遍"相信了电话是一种自然垄断。但是并没有"普遍的倾向"将其监管仅仅限制在国家监管委员会和州际商务委员会之下。因此,贝尔将会同时面临来自各种政府机构,包括州议会、州检察长、市议会、联邦司法部和法院的监管挑战。[25]

在杜波依斯的噩梦中,政府规定的利率上限将使贝尔运营公司无法获得维持性能标准所需的资本,而当用户的不满情绪上升时,这种情况还会变得更加糟糕,从而加剧"公众"对私人垄断的"普遍情绪"。走出这一迷宫的唯一出路很可能就是政府所有制,除非公众舆论"明确"反对国会收购将会导致的巨额公共债务。[26]

如果国会买断了贝尔,杜波依斯设想贝尔和联邦政府之间会有一个"妥协方案"。在这个方案中,贝尔将把其电话和电报网络的运营移交给"国家电话和电报委员会",并由该委员会在"联邦政府直接永久的控制以及行政责任"之下来运营。[27]如果电话和电报由企业来管理的话,杜波依斯倾向于贝尔保留更大的经营自主权。然而,他承认他的"妥协方案"可能是贝尔能想到的最好方案。

与贝尔员工的悲观情绪相呼应的是贝尔所赖以推销其公司证券的银行家们。1913年,伦敦银行家加斯帕德·法拉尔(Gaspard Farrer)在得知麦克里诺兹的诉讼后表示:"我想知道我们电话公司的朋友们将如何为公司继续筹措资金,尤其是如果政府的攻击或潜在的攻击持续下去的话。坦率地说,我不明白电话公司如何能为每年约2万英镑的证券找到新买家。据我所知,如果目前的状况持续下去,这个价位将是公司的最低需求。政府应该坦率而迅速地宣布,他们是打算继续起诉,还是支持该公司过去的行为和未来的政策;除非政府尽快这样表态,否则除了政府所有制,我看不到任何其他结果。"[28]

在没有商定电话资产的估值标准的情况下,政府所有制是不可想象的。企业估值的复杂性可能难以理解。然而,它是以两种或多或少连贯一致的公司会计法为基础的:估值可以基于公司未来可能产生的利润,也可以基于公司过去已经发生的固定成本。19世纪80年代,杰伊·古尔德开创了以未来为导向的西联估值法。而大多数20世纪早期的公共事业公司的会计师喜欢以过去为导向的方法,也就是所谓的实物估价。[29]维尔在1907年回归贝尔公司后发布的第一份年度报告中认可了这种基于过去的实物估价法,而非古尔德的方法。《华尔街日报》发表社论称,维尔的决定具有"非凡的意义",对这家直到1902年还反对哪怕是最基本的财务披露方式的公司来说,这是向前迈出的一大步。[30]

但维尔并非全盘同意实物估值的方法。例如,1910年,在芝加哥黑石酒店与独立电话公司阵营进行秘密谈判时,据说他提出了一项资本化方案,其中包括一笔与实物资产无关的慷慨费用补贴,比如竞争导致的"浪费"。然而,在他的公开声明中,维尔表现得更为克制。他承诺,贝尔不会为其从政府获得的任何特权赋予任何金钱价值,不管这些特权是市政特许经营权还是专利权。

维尔对传统金融观念的信奉,反映出他长期坚持的一种独特的、新颖的、进步的风格。他长期以来坚信:贝尔不但与杰伊·古尔德的西联等"大企业"利益集团几乎没有什么共同之处,而且长期以来一直反对后者的做法。[31]古尔德领导下的西联电报公司在金融方面较为进步,在技术上却很传统。维尔领导下的贝尔系统是——或者至少应该是——在金融上较为传统,而在技术上更加进步。维尔观察到,对电话业务影响最大的"一件事",可能是第一代电话经理人决心让贝尔成为一家"伟大的公用事业公司",而不仅仅是一个"赚钱的生意"。[32]

传统的金融观念成为维尔在与独立电话公司阵营竞争时的强有力武器。1911年,他宣称,州监管委员会的广泛成立,是受到"大众厌恶"的刺激。"大众厌恶"源于"专业投机的公司创始人"和"证券诈骗商"操纵易受骗的投资人。[33]维尔的分析基于自利的立场。立法者当然有很多理由支持州监管委员会的成立,而这些州监管委员会的成立与某些独立电话运营公司令人生疑的金融手法也毫无关系。即便如此,维尔还是与贝尔站在了同一阵营,反对贪婪的投机商,支持被动的食利者。通过边缘化投资人,维尔增强了像他这样的职业经理人的经营自主权。

贝尔副总裁内森·C.金斯伯里在1914年深表认同地指出,州际商务委员会最近对贝尔资产的估值不是由金融家而是由工程师进行的。金斯伯里阐述道,"我们现在不是在切西瓜",而且"决不要那么做"。针对这一点他尖锐地提到了19世纪晚期臭名昭著的"股票掺水"(stock watering)计划,该计划因古尔德而声名狼藉。贝尔运营公司目前的资本总估值比它们的"实际财产"少了6100万美元。在得出这一估值时,州际商务委员会"从未考虑过"无形资产——如商誉、专利、特许经营权、研发或"持续经营价值"——尽管每项资产似乎都可被视为其实体公司再生产成本的一部分。[34]

甚至连一些最激烈的批评者也对贝尔传统的金融理念表示认可。马里兰州众议员戴维·J.刘易斯宣称:"不管怎么说,贝尔系统是我国唯一一家没有发行大量假资本的大公司。"对刘易斯来说,贝尔的会计所表现出的稳健性意义非同小可,因为它消除了一个可能会阻碍国会收购的障碍:"贝尔的股票和债券现在代表着它的股东对一个伟大的共同事业的实际贡献,而且我们在对贝尔的财产进行估值时,没遇到那种不幸的、过度资本化的情况。"[35]

贝尔传统的金融理念简化了在国会收购之前不可避免的谈判过程。然而,这丝毫没有平息批评人士的情绪。这些人士认为,即使是最堪称典范的私营企业,也缺乏为全体人民提供大众服务的经济动力。为了挑战这一预设,贝尔的公关人员越来越直率地为针对某些电话用户群体的有意补贴进行辩护,这种做法被称为平均费率(rate averaging)。"平均费率"一词可以指各种收入转移:这种转移可以把收入从城市转移到农村;从运营公司转移到长途网络供应商;或者从商业用户转移到住宅用户。

平均费率可能是一个强有力的竞争武器。1907年,维尔告知贝尔纽约运营公司的一位大股东,贝尔的盈利能力是如此"吸引眼球",以至于该公司很容易受到立法者、竞争对手或两者的共同干预。因此,通过将纽约市产生的利润分散到全州隐藏起来是一种应对干预的权宜之计。平均费率还有一个好处,那就是进一步安抚了北部地区的投资者。这些投资者担心,北部地区运营公司的费率上调可能会鼓励新进入者入局电话市场。如果利润得到合理分配,平均费率将使那些最易受到竞争冲击的运营公司的费率保持在可以接受的较低水平,而且,通过这样做,"实际上解决了整个州的独立电话公司的问题"[36]。

如果维尔为平均费率辩护的理由广为人知,这个理由很可能会遭到人们的谴责。区域间的交叉补贴引发了掠夺性定价的恐慌,这种做法遭到了法院和监管委员会的反对。[37]为了避免不受欢迎的政治审查,贝尔的工作人员淡化了贝尔系统中交叉补贴的规模。贝尔员工沃尔特·S.艾伦在1914年解释说,与邮政部门不同,贝尔很少提供低于成本的服务,这符合法院和监管委员在制定"低于成本的费率"政策方面的严格规定,而未将"对社会的潜在好处"纳入考虑的范围。[38]

艾伦引入邮政部门的类比暗示突显了平均费率的一大特点,这个特点在同时代人看来显而易见,但在今天却常常被遗忘。在公众心目中,平均费率通常是与邮政部门联系在一起的,该部门是一个一百多年来一直在平衡地区和阶层利益的组织。贝尔公司被批评者嘲笑为掠夺性定价的行为给政治经济学家留下了深刻的印象,这些经济学家将贝尔的定价誉为是对"邮政原则"的应用。平均费率的普遍性正是邮政部门成为一个众所周知的巨型系统的原因之一。这也可以解释为什么维尔选择系统隐喻来描述贝尔运营公司之间的关系。就像"邮政系统"一样,"贝尔系统"通过平衡不同地区和阶层的利益来促进公共利益,其方式类似于政治家亨利·克莱在1812年战争结束后所倡导的"美国系统"。

平均费率使成本与价格无法相匹配;然而,它保证了对网络的平等接近权,前提是邮政部门义务为全体人民提供不排斥任何人的基础设施。虽然这并非经济学不证自明的道理,但它仍是一种公民理想。1918年,政治经济学家亨利·C.亚当斯解释说,"邮政原则"保证每个公民都应该以"平等的权利"使用邮件,而且在这个国家交通密集的地区赚取的利润应被转移到交通稀疏的地区以"补贴损失"。[39]

自1900年前后开始,电话运营公司的平均费率与邮政部门的平均费率之间的相似性就成为贝尔经理人们最津津乐道的主题。第一位支持邮政原则的贝尔经理人可能是芝加哥电话公司的总裁约翰·I.萨宾。为了在芝加哥市内获取对平均费率的支持,萨宾进行了一个邮政—电话的类比。萨宾对网络扩张的无条件支持引发了争议,商业用户担心网络扩张可能会降低他们目前享有的性能标准。[40]

萨宾的继任者更为谨慎。1906年,纽约电话公司总裁尤尼恩·N.贝瑟尔提出,将电话设施扩展到人口稀少的地区是很有必要的,即使这样做并没有"明显"的回报:"就像邮政服务和大多数其他公共设施一样,对于电话服务,一些分支机构或路线的运营显然要牺牲其他分支机构或路线的利益。"[41]随着接受委员会监管这一理念变得日益根深蒂固,平均费率的理由变得越来越明确。1910年,总部位于科罗拉多州的一家运营公司的总裁解释说,"我们的业务"在"很大程度上"与邮政部门相似:"如果一家邮局只为一个社区服务,与其他社区的邮局没有关联,或不与其他社区的邮局交换信件,这家邮局将变得毫无价值;而正是邮局之间的关系,以及社区之间的信息交流,让邮政这项服务变得具有价值。"[42]

贝尔的公关人员有时会援引邮政原则来为网络扩张辩护。贝尔公司的员工切斯特·I.巴纳德(Chester I. Barnard)在1918年解释说,科罗拉多州公共事业委员会(Colorado State Public Utilities Commission)批准的费率结构,不仅是为了确保在现有的电话服务水平上获得合理的回报,也是为了鼓励将电话服务扩展到科罗拉多州人烟稀少的偏远地区:"这一原则在很大程度上类似于管理联邦邮政费率,建议所有州的委员会都要仔细阅读科罗拉多州委员会的记录和决定,因为这是在经过仔细和科学调查的基础上做出的最新决定之一,而且在歧视性方面,它可能比覆盖如此广阔国家领土的任何其他费率都要小。"[43]

平均费率极大地缩小了贝尔运营公司的经营策略与邮政部门的公民授权(civic mandate)之间的差距,贝尔的员工也一再声明,运营公司的首要责任不是对股东,而是对公众负责。在这一点上,贝尔人也驳斥了企业批评人士的反对意见,即私营企业缺乏为全体人民提供不排斥任何人的基础设施的经济动力。1913年12月,贝尔副总裁内森·C.金斯伯里表态道,电话业务不是"私人业务","公众是我们的主人"。[44]金斯伯里解释说,电话行业面临的最具挑战性的问题是"为公众提供服务的问题"。正是为了维护这种"高度的公民责任"——而且"仅此一点原因"——电话业务才得以存在。[45]同一时间,贝尔的另一名员工肯定地说,公众拥有经营电话业务的"专有权","我们只是在公众的允许下才进入这个领域的"。[46]

贝尔的经理人们对公众的尊重并非完全出于大公无私。公众是贝尔的"主人"这一声明,加固了贝尔新兴的管理主义(managerialism)的两大支柱,并且迎合了政府所有权对于政府控制的必要性这一反对意见。特别是,它驳斥了实现股东回报率的最大化是贝尔的主要义务的推定,从而将投资者边缘化。此外,它通过将贝尔的商业战略与公民理想结合起来,增强了贝尔管理人员的自主权。如果说贝尔对国家负有社会责任,那么确保这一责任得到履行就取决于而且只能取决于贝尔的经理人们。对于维尔及其志同道合的贝尔同事而言,管理者(也只有管理者)可以同时实现效率和经济效益的最大化,促进公共事业的发展,并消除不必要的浪费。无论是"效率"还是"经济"都不是价值中立的,"公共事业"(utility)也不是。与"平等权利"不同,"效率""经济"和"公共事业"中的每一种都假定是一种结果,而非一种机会,并且每一种都只能通过深思熟虑的设计才能实现。这些设计师后来被称为管理者。正如政府需要管理者一样，企业也需要管理者。

1917年4月，美国向德国宣战，这为贝尔提供了一个机会，让它向全国人民展示其对待社会责任的严肃态度。为了协助战争，贝尔在法国建立并维持着一个战场电话网络；为了给海军提供后勤支持，贝尔又对无线电报展开了研究。[47]

无线电报对贝尔来说是一项巨大的挑战。如果竞争对手找到一种切实可行的方法，在不用电线的情况下运营电话业务，那么贝尔最大的单笔投资——有线网络——将面临危险。1910年，无线电报仍然局限于编码信号，几乎所有的信号都是用莫尔斯电码传输的。然而，它的未来似乎充满着无限可能。1910年，美国最重要的无线网络由马可尼公司运营。马可尼公司是一家英国公司，其资产包括一系列无线专利。马可尼公司不遗余力地结交美国投资人，这通过其广告即可见一斑，其广告中经常出现托马斯·A. 爱迪生和安德鲁·卡内基等美国知名人士的推荐语。[48]为了吸引投资人，马可尼公司的广告将"马可尼系统"证券未来的潜在收益率与"贝尔系统"证券过去的实际收益率进行了对比。贝尔的股票最初以每股1美元的价格出售，现在每股已经涨到1000美元了。天知道马可尼的股份有一天会值多少钱？[49]

马可尼的无线网络有可能取代贝尔的有线网络，这是媒体上经常讨论的话题。[50]根据《文学文摘》(Literacy Digest)的预测，无线电话将在短短十年内取代有线电话，以至于贝尔在电线和电杆上的巨额投资将变得一文不值。[51]1913年，《纽约时报》发表社论称，如果联邦政府购买贝尔的长途网络，那可能"选错了对象"，因为长途有线网络可能很快就会被无线电话所取代。相反，联邦政府应该保持中立，以促进有线和无线之间的"自由竞争"[52]。虽然1915年得克萨斯州的一位电话公司发起人报告说，二十五年来，他一直支持电话的政府所有制，但最近却改变了主意，因为他发现新发明——特别是无线电报——很可能在几周内使现有的电话特性变得"毫无价值"。如果出现这种情况，政府将被迫承担一项"很快就会被扔进垃圾堆"的投资，从而落后于"进步的步伐"。[53]

为了跟上无线技术的最新发展，贝尔积累了一系列的无线专利。然而，它对无线电话本身的商业化兴趣不大。在花费数百万美元建造了一个有线网络之后，它不希望这笔投资白白浪费。然而，如果无线电话经实践证明有用，贝尔也不希望任何人将其商业化。因此，无线研究在一定程度上是防御性的。其目标与其说是将无线电话商业化，不如说是装配一个强大的专利组合，以阻止其他任何人进入这个领域。[54]

贝尔担心技术进步可能威胁其资本投资的另一个领域是交换机设计。1920年以前，大多数使用贝尔设备的电话——无论是本地的还是长途的——都需要一个或多个电话接线员的协助。维尔对人工接线员辅助电话服务的信心坚定不移。维尔在1912年告诉《华尔街日报》的一位记者："我们建立（金融）储备，并不是为了让我们自己可能被迫放弃人工接线系统,转而采用自动系统。"在"绝大多数情况下",接线员现在是而且将来仍将是"系统的重要组成部分"。如果线路出了问题,一定要有"情报",而接线员辅助服务实际上是"自动"的,从打电话的人通知接线员他想接哪台电话的那一刻起。[55]对于切斯特·I.巴纳德来说,在未来三十年里,接线员辅助的电话相对于机电式电话具有优越性仍将是他的信条。[56]直到1947年,贝尔才公布了其电话从接线员辅助转换升级到机电式转换的百分比,而非美国电话拥有量占全世界的百分比。[57]

贝尔公司几乎完全依赖人工接线员辅助转接,这使其有别于1900年左右开始转向机电交换的独立电话公司,这些独立公司规模虽小,但影响力却很大。截至1920年,非贝尔旗下的运营公司经营的电磁交换机数量是最多的。尽管贝尔旗下有几家运营公司使用机电交换机,但西方电气公司的工程师们未能开发出足以与自动电气公司相媲美的专利组合。安格斯·希巴德声称,他曾在19世纪90年代试图说服贝尔总裁约翰·E.哈德森投资一些机电交换设备方面的专利,但哈德森拒绝了。[58]因此,贝尔在电话设备制造业务的这个分支中处于竞争劣势。直到1920年后,西方电气公司才开始为贝尔量产机电式配电盘。[59]

贝尔的运营公司依赖人工接线员的协助,这给贝尔的公关人员带来了困扰。到了1910年,机电交换已被广泛使用,消费者调查一致表明,大多数电话用户更喜欢拨号电话,而不是接线员辅助电话。拨号电话的优势既不在于它的私密性,甚至也不在于它所谓的减少呼叫连接延迟。1904年,俄亥俄州代顿市的一群电话用户解释说,这是因为机电式拨号电话的转接是非人为的。而在接线员辅助的电话中,"电话号码的语音传输"易造成误传,打电话的人已经厌倦了"一点轻微的挑衅"所引发的打电话者和接线员之间的不愉快关系。[60]1910年,公共事业专家德洛斯·F.威尔科克斯曾报道,电话接线员"令人恼火的冷漠",以及她"鹦鹉学舌式的'忙碌'"回应,让电话用户们想砸了自己的电话,因为他们不知道问题出在哪里。相较之下,由机电式开关板产生的繁忙信号几乎没有引起人们的注意,因为用户可以感到安慰的是,这种声音的出现并不意味着他们被单独挑出来进行歧视。[61]为了解决这些问题,自动电气公司的广告敦促运营公司从接线员辅助模式升级到机电交换模式:只有"没有接线女孩、没有粗鄙、没有故障"的电话才能提供"秘密服务"。[62]

贝尔为何不愿采用机电交换模式引发了很多猜测。批评人士询问为什么贝尔公司转变得如此之慢?贝尔的工程师回答说,机电交换模式在大城市的效果并不好,并以芝加哥伊利诺伊州电话电报公司的失败为例进行了说明。另一个制约因素来自用户:如果贝尔公司升级了网络的某些部分,而没有升级其他部分,那些尚未实现机电交换的用户可能就会抱怨为什么他们的设备不是最新的。[63]贝尔的批评者认为,贝尔不愿意创新的原因可以追溯到它不愿意冒险在接线员辅助的交换设备上投入巨资。1913年7月,伯特·G.哈贝尔提醒威尔逊总统,在洛杉矶和内布拉斯加州林肯市,机电交换开关运转得很好。事实上,哈贝尔本人最近也在他的布法罗电话交换所改用了机电交换开关。然而,哈贝尔怀疑贝尔是否会完成这一转型,因为届时在接线员辅助交换设备方面的投资将面临3亿美元的"缩水"。这是一个老生常谈的垄断扼杀创新的故事——这正是威尔逊本人最近在"新自由"的一篇文章中所阐述的主题。[64]

为了反驳贝尔运营公司与落伍的技术联姻的假设,贝尔的公关人员称赞女性接线员为忠实的仆人。贝尔的公关人员宣称,电话的"卓越"服务应归功于接线员的"技巧和忠诚"。[65]电话接线员是"最经济的'仆人'",是许多电话用户唯一能负担得起的有血有肉的仆人。[66]对女性接线员的理想化利用了人们传统的性别刻板印象,即女性乐于助人。它还使电话与高社会地位之间的关联性存续了下去,就像富人依赖仆人跑腿一样,他们也可以找一个电话接线员来完成连接,尽管这种关联正日渐式微。1918年3月,流量部门主管J. L. 特纳(J. L. Turner)热情洋溢地说,接线员是"看不见的仆人"。"看不见但却始终存在",她在电话呼叫连线的"狂乱嘈杂"中竭力表现出"强烈而持久的服务精神"。[67]

对工会组织者来说,女性接线员的理想化有特殊的意义,因为工会旨在保护电话接线员免受技术更替的影响。1940年,一名劳工组织人员证言,机电交换设备在芝加哥并不像广告宣传的那样有效地运转,这与过去三十年来被广泛讨论的一个观点相呼应。它"没有生命""反应迟钝""愚蠢",而且"没有做任何机器在工业中应该做的事情"——这使其成为"浪费、昂贵、低效、笨拙、反社会设备的完美例子"。[68]

贝尔经理人对公众舆论力量一以贯之的赞歌,是从维尔于1908年发起的精心策划的公关活动中获得的灵感。维尔公关活动的新颖之处在于其透明度。贝尔的公关人员早就认识到了舆论的力量。然而,在维尔回归之前,他们几乎完全是在幕后工作,在《波士顿新闻社》(*Boston News Bureau*)和《电气评论》等出版物上偷偷发表文章。无论如何,可以肯定的是,1908年之前出现在大量发行的出版物上的许多(如果不是大多数的话)支持贝尔的报纸和杂志文章都有贝尔公关人员的参与。仅在1906年,贝尔的公关人员就在报纸和杂志上发表了不少于1700篇与电话有关的文章,并因此受到了好评。[69]

1908年之前,贝尔公共关系的主要特征是低调。尽管贝尔的公关人员竭尽全力改善贝尔的公众形象,但他们几乎从未告知受众,是贝尔在为他们的工作支付报酬。贝尔内部人士的"沉默是金"甚至延伸到了该公司工程师发表的有关技术问题的文章。[70]维尔在1907年向一家运营公司的总裁解释说,如果贝尔创办了自己的技术期刊,"我们将不得不禁止自己员工在上面公开发表文章"[71]。甚至连"贝尔系统"这个词都是禁忌,当不得不用时,贝尔的公关人员就用"贝尔公司"来代替。贝尔公关詹姆斯·D. 埃尔斯沃斯(James D. Ellsworth)后来回忆说,"用贝尔系统这一暗含托拉斯色彩的术语似乎并不明智"[72]。贝尔的另一位公关人员解释说,对"相当一部分公众"

来说,这个短语有"邪恶的含义"。[73]

从1908年开始,这一切都改变了。从此以后,贝尔不仅要为其宣传买单,而且还要将宣传的内容交由自己来掌控。事情的结果比贝尔的广告代理F. W. 艾耶(F. W. Ayer)预期的积极得多。艾耶曾警告维尔不要把贝尔公司描述成一个"系统",以免其强大的市场力量问题变成1908年总统选举中的一个竞选议题。[74]维尔没有理会这些建议,不过什么事也没发生。尽管西奥多·罗斯福在大选前一个月的一次重要演讲中,曾提请人们注意电话、电报和电缆公司之间的金融关系,但无论是他本人还是除了独立电话公司发起人之外的其他人,似乎都没有将贝尔的市场影响力视为竞选议题。[75]和"邮政系统"一样,1908年的"贝尔系统"不仅被视为一家强大的机构,而且被视为一种通信渠道。

维尔的公共关系活动有四个主题:对电话用户的教育;电话垄断相对于竞争的优势;企业管理相对于政府管理的优势;以及对企业管理与技术进步的认同。这项公关活动的核心是每月定期在大量发行的杂志上刊登精心设计的"公共服务"公告。贝尔的一位员工解释说,这些公告并不是"邀请"客户"购买电话服务"。这些公告既不是为了增加贝尔的市场份额,也不是为了增加股东的股息。相反,它们是为了出售贝尔系统。[76]

维尔在他的竞选活动中首先想到的主题是电话服务的"特殊性"。如果呼叫者在获得连接时经历了不必要的延迟,或者如果某个呼叫没有成功接通,那么问题是由电话用户引起的,而不是由负责连接的运营商导致的。[77]

在与詹姆斯·D. 埃尔斯沃斯磋商之后,维尔放弃了这个主题。埃尔斯沃斯是一名记者转型的公关代理人,多年来,他一直在协调并秘密安排有利于贝尔的新闻项目。埃尔斯沃斯对公众情绪的直觉捕捉比维尔更准,他对一场将电话用户在使用电话时遇到的问题归咎于电话用户自身的公关活动的效果提出了质疑。在埃尔斯沃斯的指导下,贝尔的公关活动从电话用户的缺点转向了贝尔系统的优点。通过这样做,它希望向公众强化一个至今仍有争议的观点,即贝尔公司是一家具有社会责任感的公司,它所提供的公共服务完全配得上它所获得的特权。

贝尔的第一个公关公告为之后的行动定下了基调。贝尔提供的基础设施不应被批为垄断;而应该被称赞为"普遍服务"。公告预言到,一旦公众意识到电话网络的"合法"范围与国家相当,他们对贝尔的敌意就会减弱,一旦公众认识到"普遍服务"的"必要性",他们对贝尔的敌意就会消失。[78]指责贝尔垄断了电话业务的观点,通常忽视了电话在很大程度上已和邮件一样成为面向全民的大众服务。攻击贝尔享有垄断地位,是因为忽视了它的基本运转逻辑:"邮政局长也是这样做的。"但邮政与电话的类比忽略了邮政部门和贝尔之间的一个主要区别:邮政部门在全国范围内以统一的成本分发信息,但贝尔不是这样。即便如此,贝尔的公关活动通过利用百年来人们对国家网络的认同,将贝尔与一种极具欺骗性的自负联系在了一起,即传播消除了距离,并创造了共同体。

贝尔的公共服务公告中频繁复现"公共事业""公共服务""普遍服务"等词语,这些词语将贝尔的商业战略与崇高的公民理想联系在了一起。这种语言上的难以捉摸使纽约市银行家艾默生·麦克米伦(Emerson McMillan)感到气愤,他嘲笑这种说法含糊其词。大体而言,麦克米伦是对的。通过阐明一项广泛而开放的商业战略,维尔强化了负责执行战略的公司经理人的经营自主权,并限制了那些可能倾向于要求他们承担责任的投资人的选择权。[79]

为了使贝尔系统个性化,维尔接受了许多采访,在几次政府听证会上自由且不含糊其词地作证,并发表了许多文章和演讲。在贝尔控制下的那些年里,西联发出的每一封电报上都有维尔的签名,这一事实令一名维尔的诋毁者感到恶心,他嘲笑说,维尔已经变得像西奥多·罗斯福那样不知羞耻地自我推销。[80]维尔还鼓励出版了许多关于他生平的报道。其中的一个报道主题涉及他在铁路邮件服务部门任职期间形成的影响力。[81]一位记者评论说,管理一个空间范围与铁路邮件服务一样广泛的网络所面临的挑战,已经将维尔提升到了一个"更高的角度"。[82]另一位记者评论说,人们"一直在猜测",维尔"一心一意"追求的不仅仅是电话的商业化,还有"电"的商业化,这是他在铁路邮件服务部门的出色工作表现,以及"由于这项服务是电"的结果。[83]

贝尔精巧的公关活动给石油大亨小约翰·D. 洛克菲勒(John D. Rockefeller Jr.)留下了深刻的印象。洛克菲勒的父亲创立了标准石油公司(Standard Oil),这是1911年美国司法部长乔治·W. 威克沙姆起诉的托拉斯之一。在洛克菲勒看来,维尔成功的秘诀在于公关宣传。通过公开演讲、在报纸和杂志上刊登富有同情心的文章,以及通过"其他方式",维尔"持续不断地"开展了一场教育运动。司法部允许贝尔这家全美最大的垄断巨头之一(即便不是最大)继续"不被干涉",尤其是它的垄断不仅获得了"广大人民"的认可,而且还获得了法院的批准,这一事实本身就"充分证明了他的成功"。[84]

甚至贝尔新总部的建设也成了其做广告的契机。1909年收购西联后,维尔决定将之前西联在纽约市的总部大楼升级为贝尔—西联电报公司新的联合总部大楼。虽然这座建筑最初被称为"西联大厦",但它如今是为了展现维尔为贝尔所构想的广阔的企业愿景。[85]

新总部没有像旧大楼那样一味地炫耀其高度。即便如此,这对公司来说仍不失为一个有效的广告。正如基督教堂占据了以前被异教徒神殿占据的地方一样,新的贝尔—西联大厦也占据了以前只属于西联的地盘。在它的塔顶上,贝尔装了一个巨大的青铜雕像:"电力神灵",而就在这同一个地方,过去几十年里,纽约人抬头凝视的一直是西联计时球每天的降下。

这座雕像是由伊夫林·B. 朗曼（Evelyn B. Longman）雕刻的，她是一位才华横溢的年轻艺术家，在西联赞助的一场比赛中脱颖而出。一位当代艺术评论家解释说，那场比赛的"要求"是创作一个"象征电报的坐像"。[86]大楼的建筑师本人曾向朗曼解释说，他设想的是一个坐着的身影，手持一个"与电话电报公司使用的电力有点相似"的雷击杖。[87]朗曼修改了建筑师的指示，创作出一个模仿古希腊神灵站立的男性裸体。裸者一只手握着雷击杖，另一只手拿着电缆。雕像是刻意模糊的，不像维尔对贝尔的开放式未来那般清晰。

贝尔公关活动的主题在1913年发生了戏剧性的转变。当时贝尔的公关公告宣称，电话业务面临的最严重威胁既非来自贝尔的用户，也不是来自其竞争对手，而是来自主张政府所有制的立法者。针对特定的听众，贝尔的公关人员准备了"五分钟演讲"，内容涉及各种各样的话题，包括"政府所有权与农场主"和"政府所有权与税收：治理的高昂成本"。[88]

在关于政府所有制的公开辩论过程中，贝尔的公关人员发现，贝尔的长途网络具有极大的公众吸引力。贝尔的公关宣传代理人詹姆斯·D. 埃尔斯沃斯回忆说，开通纽约市和丹佛之间的电话服务"对我们宣传领域来说是天赐之物"[89]。纽约市和旧金山之间的电话服务的开通引起了更加积极的公众反应。贝尔的一位工作人员表示，与无线电报相结合，长途电话在塑造公众对电话业务的看法方面产生了"深远的影响"。这两次"私人能动性"的胜利，为私有制和私营化的"延续"提供了"最佳论据"。[90]一位记者评论说，关于这项"著名的成就"，最重要的事实之一就是，它在多大程度上"被电话公司的宣传部门转化成报道"。我们"冒昧地猜测"，"跨洋电话线路的广告价值，正如其实际的功能价值一样，是相当巨大的"。[91]

贝尔的律师A. 林肯·拉文（A. Lincoln Lavine）在一本关于贝尔在战时为军事服务的历史书中解释说，这部横贯全美大陆的电话不仅是贝尔的功劳，也是美国政府的功劳。为了表明自己的观点，拉文将美国政府与德国政府进行了对比。美国政府是一个民主国家，鼓励像贝尔这样的私营企业自下而上地促进统一，而德国政府则是一个独裁政府，强迫像德国军队这样的政府机构自上而下地执行统一。对拉文来说，这种政治上的对比不仅解释了美国电话服务的优越性，也解释了同盟国为何能在一战中战胜德国。拉文自负地写道："有两件显然无关的事情却发生在同一天。1914年7月29日，奥地利入侵塞尔维亚，打响了反对民主的独裁主义大战的第一枪。1914年7月29日，维尔坐在他位于纽约市的办公室里，将他的声音传过3400英里的美国土地，然后静静地与位于旧金山办公室的太平洋电话电报公司的总裁进行交谈……德国自上而下的统一实际上已经完成，并已准备好实现其目的。美国自下而上的统一实际上也已完成，而且它也已准备好实现自己的目标。"[92]

贝尔的公关人员为了对跨越大陆的电话进行可视化而设计的图像标志，可以追溯到 19 世纪晚期的画作,如约翰·加斯特的《美国的进步》。为了象征横贯大陆的电报,加斯特曾构想了一位横跨大陆的女神;为了象征跨越大陆的电话,贝尔的公关人员将女神重塑成一名电话接线员。在某种程度上,加斯特将横贯大陆的电报视为一项政治工程;例如,女神的额头上戴着一颗帝国之星。贝尔也将电话网络与国家联系了起来。贝尔的一份公共关系公告宣告,纽约市至旧金山线路的完工预示了"天涯若比邻"成为可能。然而,电话接线员头巾上的装饰字样并没有使用任何指涉社会集体的字眼,这个装饰字既不是"国家",也不是"邻居",甚至不是"帝国",而是"科学"。[93]

1915 年,纽约市和旧金山之间横贯大陆的长途电话服务开通,这虽然几乎没有什么商业意义,但它鼓励美国电话电报公司将其商业战略与"科学的胜利"联系起来。为了表征这一事件,贝尔的公关人员将这位接线员塑造成了一位将整个国家紧紧抱在怀里的古典女神。
"The Triumph of Science," *Southwestern Telephone News* 1 (February 1915):封底.

对于得克萨斯州一家独立电话公司的发起人来说,横贯大陆的电话服务并不值得吹嘘。与贝尔形成鲜明对比的是,这位发起人指出,邮政部门并没有在媒体上宣传它的成就。与其为杂志上的"页面广告"购买版面,"讲述声音的美妙飞行",邮政部门更愿意投资其基础设施,以更好地满足人们"多样化的需求"。[94]这位得克萨斯州的独立电话公司发起人,是极少数的几位道破贝尔花在完善横贯大陆的长途电话上的钱可能更适合用在技术改良上,以更好地满足人们的"多样化需求"的美国人之一。不得不说这证明了贝尔公关活动的巧妙。毕竟,长途电话服务过去是,将来也将继续是专为特定客户提供的一种特殊服务。

如今,企业炫耀自己的技术魔法已变得如此习以为常,以至于人们很容易忘记,企业管理与技术进步之间直到晚近才建立关联。批评者们经常批评贝尔公司为了利润最大化或限制竞争而阻碍发明。早在 1888 年,头脑清醒、备受尊敬的政治经济学家亚瑟·T. 哈德利就指责过贝尔的技术保守主义。[95]1891 年,一位特别愤怒的批评家抱怨贝尔,一些"19 世纪最辉煌和最有用的发明"是"自由竞争"的结果,却被封锁起来了。[96]贝尔不愿采用机电交换模式,也不愿投资无线电报,这一点受到了批评人士的密切关注。批评者指责,在这两个方向上,贝尔都束缚了创新的步伐,以阻止商业竞争对手获得竞争优势,因为对手的竞争优势可能会危及贝尔对其实体机器设备的巨额投资。

为了反驳这些批评,贝尔的公关人员鼓吹了像贝尔这样的巨型组织作为变革推动者的优势。如此一来,他们就面临了一个尴尬的问题:贝尔公司与英雄发明家之间的关系,比如贝尔的同名创始人亚历山大·格雷厄姆·贝尔。自 19 世纪 80 年代以来,贝尔公司和发明者贝尔之间的关系一直令人困惑。1887 年,一位商业记者报道说,许多人认为"Bell"这个词不是指发明者,而是指安装在电话上的金属罩,它会发出叮当声,提醒用户有来电呼叫。[97]为了利用这一令人愉悦的巧合,安格斯·希巴德在贝尔用来宣传长途电话服务的商标上加了一个铃铛。[98]

1915 年,为了纪念纽约市和旧金山之间横贯大陆电话服务的开通,贝尔公司举行了一场精心策划的公开典礼。没有其他事件比这场典礼更能清晰地展现该企业组织与发明者之间模棱两可的关系了。两位著名的电话发明家亚历山大·格雷厄姆·贝尔和他的助手托马斯·A. 沃森作为主要嘉宾出席了这场典礼,正是他们二位将贝尔这个电话巨头与昔日的独立发明家联系在了一起。然而,这两人都与三元件高真空电子管的发明和改进毫无关系——但正是三元件高真空管这项技术突破,使得横贯大陆的长途电话服务成为可能。

如果贝尔的公关人员想要把一个人列入英雄发明家的万神殿,那么横贯大陆的电话就为他们提供了一个量身定做的机会。毕竟,贝尔公司的科学家哈罗德·D. 阿诺德发明的高真空管不仅使横跨大陆的电话服务成为可能,而且还标志着一个后来被称为电子学的新科学分支的诞生。然而,贝尔的公关人员既没有将这种高真空管归咎于单一的发明者,也没有大肆宣扬它的历史意义。他们没有像 19 世纪的习俗那样,将英雄发明家捧上天,记录轰动一时的发明,而是高度赞扬将发明转化为创新的组织。由贝尔和沃森来打第一个跨大陆的长途电话的决定纯粹是象征性的:他们两人在改进真空管方面都没有发挥任何作用。在涉及与组织的关系时,个人价值遭到的含蓄贬低使威尔逊总统感到不安,这一点在他纪念该专线开通的贺信中得到了明确的体现。在信中,他特别注意将发明付诸实践的组织和将该组织动员起来的"发明天才和科学知识"区分开来。威尔逊强调,横贯大陆的电话服务并不是由许多人一同发明的,而是由一位个体电话发明家亚历山大·格雷厄姆·贝尔发明的。[99]

为了帮助贝尔员工获取他们需要的信息,以赢得关于政府所有制的公开辩论,维尔创建了他声称是关于政府管理和企业管理的相对优点方面的资料的"现存最好的图书馆"[100]。对贝尔公关人员来说,其中格外有价值的资料是由贝尔员工切斯特·I. 巴纳德编辑的一份长达三卷本的《反对公有制的论点摘要》(*Brief of Arguments against Public Ownership*),其中还包括 25 项补充材料。[101]

巴纳德的辩护材料包括大量关于美国与欧洲电话的比较数据,目的是为贝尔公关人员提供反对政府所有制的论据。在巴纳德看来,通过演讲、信息小册子、新闻稿和国会游说等形式进行的公共教育,是反对政府收购的第一道防线。[102]

贝尔的工作人员从这个图书馆中存放的贝尔在 20 世纪 10 年代出版的数十本小册子、论文和杂志文章中挖掘出了他们所要的信息,以证明企业管理相对于政府管理的优越性。如果贝尔能够在公众舆论的法庭上获胜,维尔相信将有更好的机会说服国会不要买断贝尔的股份。这些立场鲜明的文件几乎没有一份是存在公开争议的。例如,关于社会主义的危险的笼统声明或者从政府所有制到俄罗斯布尔什维克的恐怖主义的滑坡的相关言论明显在里面找不到。相反,这些文件堆砌了一个又一个事实来证明他们的观点。其中贝尔员工沃尔特·S. 艾伦撰写的一份立场鲜明的文件的标题就体现了他们的语气:"私有电话系统比美国政府拥有和运营的系统更适合用户的 25 个理由。"[103]

贝尔工程师约翰·J. 卡蒂于 1917 年 1 月在《公共服务》杂志上发表的一篇戏剧性的社论成为打破这一规则的例外。卡蒂警告说政府所有权运动是颠覆分子发起的阴谋,目的是"将美国俄罗斯化","这些颠覆分子忘记了,俄罗斯的政府所有权比世界上任何地方都强大,正是因为俄罗斯政府对商业干涉太多,不让人民管理自己的事务,才有那么多人从俄罗斯逃到了一个自由和机会比比皆是的地方"。贝尔的员工会以这种方式描述政府所有权运动并不令人惊讶。俄国革命正在酝酿之中,美国的反共情绪日益高涨。更能说明问题的是之后一期的免责声明:"作者不是约翰·J. 卡蒂":卡蒂先生是众所周知的美国电话电报公司的首席工程师,但他并不是这篇文章的作者,也与这篇文章的酝酿和发表没有任何关系。"[104]一段时间以来，贝尔的员工可以探讨印刷品在政府所有制之下的运营后果；即便如此，对他们来说，避免讨论政府所有权的更广泛的政治影响被认为(几乎肯定是被维尔自己)是最好的选择。

　　维尔发起的公共关系运动的一个意想不到的结果是，它促进了社会科学的研究。贝尔收集的数据不仅有助于反对政府所有制，而且有助于预测未来对电话服务的需求，以及反驳关于贝尔已赚取了超额利润的说法，并对贝尔可能希望收购的资产进行估值。为了使这项研究系统化，贝尔的工作人员马尔科姆·R.罗蒂(Malcolm R. Rorty)找到了新近成立的哈佛商学院(Harvard Business School)院长埃德温·F.盖伊(Edwin F. Gay)，为一项有关国民收入的研究提供资助。盖伊回应说，罗蒂的研究计划最好由一个准公共机构来协调。受此启发，罗蒂从几个私人基金会筹集到资金，于1920年成立了国家经济研究局(NBER)。美国国家经济研究局不久将成为美国社会科学研究的主要赞助者之一。[105]

　　切斯特·I.巴纳德在政府所有制运动中收集到的关于组织动态的洞见，后来成为他的代表作《行政的职能》(Functions of the Executive, 1938)一书的灵感来源。此书是对企业组织内部动力学的开创性分析。书中反复论及的一个主题是，在协调大型组织方面，企业管理人员在多大程度上可以取代政府行政人员。而经营自主权作为企业管理人员能够履行这一"职能"的前提，是巴纳德二十年前参与的反政府所有制运动留下的遗产之一。

　　1918年7月，威尔逊总统发布了一项行政命令，将电话和电报的控制权移交给邮政部门。邮政部门接管的表面理由是出于军事上的需要。当时美德两国正处于战争状态，议员们认为信息的不间断流动对军队至关重要。就在前一年的12月，威尔逊政府刚刚以军事需要的正当理由接管了铁路，以确保物资的不间断流动；类似的逻辑也为接管电话和电报提供了正当的理由。[106]

　　尽管接管的正当理由是出于军事需要，但1918年夏天由工会支持的电报员罢工的潜在威胁才是催化剂。自从1883年电报员罢工以来，电报网络易受破坏的脆弱性问题一直困扰着立法者。为了避免可能发生的停工现象，美国邮政电报公司总裁克拉伦斯·麦凯直接与电报员工会进行了谈判，含蓄地承认了他们有参与集体谈判的权利。西联电报公司总裁纽科姆·卡尔顿(Newcomb Carlton)拒绝效仿麦凯的做法，宁愿由政府接管，也不愿承认工会。卡尔顿不妥协的态度让西联电报公司与其电报员陷入了冲突之中，威尔逊政府别无选择，只能介入干预。[107]

　　接管电话业的理由更难站得住脚。电话网络没有超负荷，也没有出现停工的迹象。在之前的一年，一位联邦政府任命的劳资关系调解员认为，电话网络中发生的任何中断的状况都会"妨碍国家在战争中的效率"。然而，似乎没有什么中断即将来临。[108]即便如此，当威尔逊政府把电话和电报归并在一起对待时，没有哪位议员表示惊讶。近十年来,贝尔长途网络的世界史意义几乎一直是贝尔每月发布的公关公告中反复出现的主题。如果威尔逊政府拒绝将电话收归国有,贝尔的公关人员将会很难解释为什么在战争时期,联邦政府认为电报而不是电话对国家不可或缺。

在战争期间,邮政部门一直控制着电话和电报,直到1919年7月才将之归还给其战前的所有者。邮政部门还短暂地接管了全球电缆网络中与美国相连的那些部分。联邦政府对这部分电缆的控制始于11月16日,也就是终结战争的停战协定签署之后的第五天。[109]

军事需要只是政府接管电话、电报和电缆的表面理由,所以只能作为解释威尔逊政府行为的部分原因。事实上,威尔逊核心集团的几名成员之所以支持一项与战争无关的联邦收购计划还有其他的理由。自1913年3月邮政部长伯勒森上任以来,政府管理优于企业管理一直是他最喜欢的理论。一战为他提供了把理论转化为实践的机会。在伯勒森控制电线网络的那一年里,他一共下达了46条指令,但其中只有10条是在战争期间下达的。[110]

政府所有制有着明显不同的公众支持基础。1918年1月,早在电报罢工之前,威尔逊的私人秘书约瑟夫·R.图穆蒂(Joseph R. Tumulty)就支持政府拥有所有与"我们生活的基本需求"相关的"工具"。华尔街银行家摩根大通合伙人托马斯·拉蒙特(Thomas Lamont)预测,政府所有制将有利于投资者。劳工组织者西尔维斯特·科南坎普(Sylvester Konenkamp)表示支持,希望这将给电报员带来好处,美国劳工联合会也是如此。科南坎普目睹了一位政府任命的劳工调解员如何通过为电报员争取到有利的解决方案而避免了一场罢工。他预计联邦政府接管电报将改善工会在谈判中的地位。[111]

电话的邮政化使得邮政部长伯勒森有能力实施一系列贝尔尽管赞同但却认为不宜实施的创新。其中包括几类服务费率的提高。为了限制收入从运营公司转向长途电话网络,伯勒森将长途电话费率提高了18%~20%。为了跟上通货膨胀的速度,伯勒森提高了本地服务的价格。为了消除芝加哥商界精英长期以来热衷的补贴,他废除了商业用户的固定费率,大笔一挥就实现了希巴德多年来一直未能实现的目标。[112]这些创新每一项都充满了争议。然而,可能除了长途费率上调这一项之外,其他创新没有一项会让贝尔感到不安。

维尔认为政府接管既是一种挑战,也是一种机遇。挑战在于限制政府对贝尔的经营自主权的干预。机遇是将电话、电报和电缆这三种主要的电子通信形态转变为"一种伟大的媒介",进而巩固贝尔作为主要网络供应商的地位,同时加速美国作为世界强国的优势地位。为了解决这个棘手的问题,维尔将贝尔的反政府所有制运动重新定义为一场让贝尔适应联邦政府控制的新现实运动。维尔解释说,如果政府不采取"直接经营"而采取"私人经营",效果最好,因为只有私人经营才能充分调动"主体"的"主动性和利益"。即便如此，政府仍然不可或缺。"独立主权的力量"是增加收入、确保统一，以及与外国竞争对手谈判的强大工具。[113] 维尔对媒体集中化（media concentration）的热情如此之高，以至于贝尔的工作人员发现有必要向议员们保证，在说服威尔逊政府发布行政命令授予贝尔对电话和电报的控制权方面，维尔实际上并没有发挥重要作用。[114]

维尔与邮政部长伯勒森之间是一桩权宜之计的联姻。维尔很高兴有机会在国家处于紧急状态时扮演高级顾问的角色，而伯勒森由于得到了一位商界高管的垂青，则受宠若惊。这位高管受到了媒体的广泛称赞（这在很大程度上要归功于贝尔自家强大的宣传机器），且被誉为全球电子传播领域最伟大的权威。

关于"独立主权的力量"的不可或缺性，没有任何领域会比在电缆网络重组方面更甚。1918年11月16日，也就是第一次世界大战结束五天后，邮政部长伯勒森获得了所有接入美国领土上的电缆线的控制权。事实证明，这个时机对威尔逊政府来说有些尴尬。虽然几个月来，移交工作一直处于计划中，但战争结束的速度比行政当局预期的要快，于是，在军事需要这个理由到期后，政府继续以军事需要作为接管的正当性依据使其陷入了尴尬的境地。对维尔而言，这次时间上的意外仅仅是一个小插曲。维尔长期以来一直渴望控制电缆网络，而现在他已将自己重塑为伯勒森最信任的顾问之一，这个目标终于触手可及。在解释为什么威尔逊政府在战争结束后继续保持控制权时，一名记者甚至声称，这件事是在维尔的授意下进行的。[115]

维尔所设想的"电线系统"并不是一个全球性的电话网络，当时这在技术上是无法实现的。电缆缺乏放大电话信号所必需的中继器；事实上，贝尔的第一条横跨大西洋的电话电缆TAT-1直到1956年才被投入使用。相反，这个"电线系统"网络利用电话、电报和电缆彼此的互补性将其连接成"一个协调的操作系统"。维尔的目标不仅是互联互通，还要有效地利用实体设备。"未来的电线系统"将使得合并后的实体设备"得到最大程度的利用"，并促进"信息以各种电力传输形态"在"任何一个地方"的某个人与"任何其他地方"的某个人之间进行流通。[116]

联邦政府建立了一个由政府所有的电缆网络，使维尔认识到了这对国家安全的重要性。一战期间，连接美国和欧洲的每一根电缆都在英国的控制之下。[117] 如果美国政府拥有自己的电缆网络，它的军队将不再需要依赖外国势力，商业也会受益。美国目前处在"世界体系"的"一边"；如果政府接管了电缆网络，美国就可以与英国竞争世界体系的中心位置。[118] 维尔解释道，"商业是随着通信设施的发展而发展起来的"。如果美国希望在"电力互联"的"世界系统"中与英国竞争中心地位，它就需要获得对电缆网络的控制权，而实现这一目标的唯一途径就是获得"政府权威"和"彻底的专门立法"的"护盾"。[119]

美国欲转变为电缆行业的主要参与者并非易事。要想挑战主宰电缆网络的英国公司,就需要政府采取强有力的行动。把电缆业务交给"私营企业"和"外国企业"将是一个巨大的错误。[120] 相反,维尔敦促联邦政府迅速采取行动,建立一个由政府所有、企业运营的"美国体系",让美国的外交官和商人与美国曾经或希望与之建立商业关系的每一个国家直接沟通。维尔尊重私有财产,但他认为国会不应该听从现有公司的意见,因为这些公司大多为英国所有。只有政府所有权与企业经营相结合的"统一服务",才能促进公共利益的实现。[121] 为了取得最佳结果,立法者应当颁布立法,将"私营企业的公认优势"与政府所有权的"威望"结合起来。[122]

直到 1922 年,维尔关于建立一个由美国政府所有、贝尔公司经营的电缆网络的提案才引起了立法者的兴趣。[123] 然而,它从未被付诸实施。像许多战时的倡议一样,维尔的这个提案也成为一战后立法者对政府激进主义的强烈反感的牺牲品。电缆业务一直由英国公司主导,这一格局直到 20 世纪中叶因美国在无线电领域的强势地位才发生改变。

在无线电领域,政治因素也显得尤为重要。美国无线电事业的崛起在很大程度上要归功于威尔逊的海军部长约瑟夫斯·丹尼尔斯将马可尼的专利权从一家英国公司转让给一家美国公司的坚定决心。丹尼尔斯认为政府所有制比不管英国还是美国公司都要好;然而,美国公司拥有无线电显然又比外国公司拥有更可取。于是,马可尼网络成为美国无线电公司(RCA)的核心,美国无线电公司是战后无线电设备领域的一家领先的制造商。[124]

尽管维尔赞成政府拥有电缆网络,但他仍然反对政府拥有电话和电报。这引发了一个尴尬的问题。维尔如何能在一个领域而非另一个领域为政府所有制的正当性辩护呢?为了回答这个问题,维尔阐述了他所认为的政府行政与企业管理之间的本质区别。在维尔看来,政府所有权可能与企业管理一样有效,但不经济。政府行政人员缺乏激励措施(主要是以加薪的形式)来鼓励企业管理人员节约开支。把效率与经济结合起来是企业管理的一项特殊使命。这种结合不仅要求高工资,还要求经营自主权,对维尔而言,这只有在私营企业中才有实现的可能性。

政府行政和企业管理的主要区别在于组织性。联邦政府还未曾仿效贝尔,制定精英式管理的人事政策,来鼓励有抱负的人从基层干起以获得职位晋升:"事实是,政府雇员的平均能力和内在主动性至少与最优秀的私营企业员工相当。"一旦联邦政府找到一种方法来确保雇员在政府内部的职业发展,那么对政府管理的"所有反对意见"就会"消失"。[125] 维尔本人曾在联邦政府任职,他很可能认为这些条件永远不会得到满足。然而,在公开场合,他一直淡化政府行政与企业管理之间的差异。

在比较政府行政与企业管理时,维尔刻意避免了批评政府管理者。在任何情况下,他都没有贬低联邦公务员制度的懒散,也没有嘲笑邮政部门的效率低下。恰恰相反,维尔对公务员制度的描述令人钦佩:政府行政人员和我们"最好的工业组织"的管理人员有着同样的"热情和精力"。他们的勤奋格外引人注目,因为他们的薪水更低,经营自主权更加有限,同事个人的晋升机会受到官僚主义惰性和政党政治的阻碍。

维尔将电话、电报和电缆合并成"一种伟大的媒介"的提议遭到了许多批评。对于贝尔经理詹姆斯·E.考德威尔来说,"一个系统的想法"更加证明了维尔是一个妄自尊大的帝国缔造者,渴望成为"世界电线之王"。[126]对于邮政电报公司总裁克拉伦斯·麦凯来说,这是一次毫不掩饰的权力攫取,目的是建立一个"环绕世界的电线垄断"[127]。对伊利诺伊州参议员劳伦斯·Y.谢尔曼(Lawrence Y. Sherman)来说,它揭示出维尔是一个颠覆性的"伪装的布尔什维克主义者",像俄罗斯革命者一样,他决心征用传播手段来巩固国家权力。[128]维尔自己也向波士顿的一位银行家承认,"一个系统的想法"长期以来"在电话圈内外都不受欢迎"。即便如此,维尔仍然坚持"中央集权"[129]。

与同时代人对维尔的谩骂相比,他们对邮政部长伯勒森的谩骂算不了什么。伯勒森下令提高电话费率,不仅引起了电话用户的愤怒,也引起了州公共事业委员会委员们的愤怒。委员们对伯勒森侵入监管领域表示不满,因为他们已经把自己视为监管领域的最终仲裁者。[130]伯勒森不愿意将邮政电报总裁克拉伦斯·麦凯视为与维尔平起平坐的人,这激怒了麦凯,他更加坚定地反对政府所有制。伯勒森拒不允许电话和电报工人进行集体谈判的做法,也引起了工会组织者的不满。工会组织者错误地认为,在政府的管理之下,他们会比在企业的管理之下过得更好。波士顿一位电话接线员甚至称伯勒森治下为"恐怖统治"。这一定性基于邮政部门拒绝给予工会像电话运营公司处于企业管理之下时所享有的同样的特权。[131]

贝尔的公关人员巧妙地避免发表公开声明,批评伯勒森在其控制电话网络期间的行为。更为谨慎、最终也更为有效的做法是让伯勒森自生自灭。而独立电话公司阵营就没那么克制了。事实证明,伯勒森对电话的行政管理是灾难性的。这场灾难于1919年2月由独立运营公司经理出身的民主党国会议员亨利·A.巴恩哈特(Henry A. Barnhart)引爆,他威胁要发表公开演讲,批评民主党的无能。据巴恩哈特预测,邮政化的最终结果是让美国人民逐渐认识到政府所有制意味着"最不令人满意的管理和条件"[132]。

关于政府行政和企业管理的相对优点这个问题,很少有事件能够如此迅速和果断地改变公众舆论。在伯勒森接管电话和电报之前,国家社会主义有许多崇拜者;到了1919年7月,其声望受到了不可挽回的打击,再也无法恢复。这一显著转变极少是由于对反战报纸的审查制度、对著名社会主义者的逮捕,或者美国评论家对俄国革命的过激言论,更大程度上是因为政府行政管理的实际经验所造成的。在战后世界,几乎没有什么比这起事件更能促进企业管理的合法化,或更能限制联邦政府的权力范围。

1919年4月,在波士顿电话接线员工会的协调下,电话接线员在新英格兰地区举行了为期五天的罢工,这是对伯勒森管理"有线系统"的最后一击。在新英格兰电话公司交换所所在的五个州：马萨诸塞州、罗得岛州、新罕布什尔州、佛蒙特州和缅因州，数百名接线员放下了耳机，致使电话服务陷入瘫痪。电话接线员工会是一个以女性为主的联盟，它成功地组织起电话接线员，她们是贝尔系统的一个重要组成部分。电话接线员的罢工在媒体上得到了铺天盖地的报道，几乎所有的报道都对"你好，女孩！"表示同情，并对政府怀有敌意。波士顿的报纸竞相对罢工者进行了正面报道。如果读者把罢工和选美比赛混为一谈，或许情有可原：罢工发生在圣周期间，报纸上刊登了一页又一页漂亮的电话接线员戴着复活节帽的照片。[133]为了结束罢工，伯勒森派了一名下属到波士顿与电报员工会进行谈判；最终达成的协议承认了所有罢工接线员的包括加薪在内的主要要求。在这一年里，成千上万的罢工扰乱了美国各地的商业秩序——其中绝大多数都以失败告终，其中许多演变成了暴力冲突——罢工者的胜利不仅罕见，而且令人瞩目。

新英格兰电话接线员的罢工对贝尔来说是一笔公关财富。由于这件事发生在电话处于邮政部门控制时期，所以公众的谴责针对的是政府而不是公司。[134]我们不可能确切地知道，新英格兰电话公司是否故意与新闻界勾结，让伯勒森难堪。该公司拒绝像在1913年的罢工事件中所表现的那样永久性更换了罢工的接线员，这是一种暗示：如果该公司一直暗中希望罢工者能够获胜，那么熟悉贝尔强大的宣传机器的内部人士几乎不会感到惊讶。[135]

新英格兰电报员的罢工使人们对政府的敌意更加明显，自1918年7月伯勒森控制电话以来，这种敌意一直在稳步上升。而在贝尔控制电话期间，就未曾发生过类似的劳工骚乱，这一事实颠覆了长期以来的假设，即如果国家的通信网络处于政府控制之下，它们就不太可能受到破坏。甚至亲威尔逊内阁的《纽约世界报》也敦促伯勒森辞职。[136]罢工结束后不久，《克利夫兰诚恳家日报》(Cleveland Plain Dealer)的一位社论撰写人预测说，"今明两年，可能不会再有人带着公有制的政纲，进入一个重要的办公室"[137]。

威尔逊的私人秘书约瑟夫·R.图穆蒂表示赞同。尽管图穆蒂一直是政府所有制的热情支持者，但过去几个月发生的事件使他改变了主意。图穆蒂写信给威尔逊说，联邦政府对电话和电报的持续控制，已经成为民众对政府产生愤怒和不满的最大根源。此外，图穆蒂还表示，共和党领导人支持立即将这些"工具"交还给私人控制，这样做给他们在投票中带来了"巨大的优势"："坦率地说，人民厌倦了各种各样的控制和战争限制。"[138]

在1918年国会选举中，共和党人同时控制了众议院和参议院，这致使威尔逊政府在电话和电报方面的行政行为将受到详细的审查。战争结束后，威尔逊政府拒绝立即交还电线，这让查尔斯·埃文斯·休斯困惑不已。休斯是威尔逊在1916年总统大选中落败的对手。在1919年的一系列冗长的国会听证会上，整个问题得到了详细的关注。[139]

目睹了政府的控制试验的劳工领袖比大部分美国人更加感到不安。电话和电报的接管得到了包括美国劳工联合会在内的许多工会的支持。既然政府的控制实验已经尝试过了,几乎每个人都改变了主意。1919 年 6 月,美国劳工联合会正式放弃了关于电话和电报国有化的呼吁。[140]南北战争后的劳工领袖们明显不愿意承认政府所有制是万灵药:一战中的政府控制实验证实了他们的担忧。

1919 年 5 月,威尔逊总统在给国会的一份特别声明中,同意将电话和电报归还给它们之前的主人。在他的声明信息中,威尔逊尽可能地强调政府控制电话电报的实验美好的一面。考虑到电子通信网络已成为"现代生活"的"不可或缺的工具",威尔逊敦促国会通过立法,以确保经营电子传播网络的公司将被组织成一个"统一和协调的系统"。这句话本可经维尔之口说出。特别是,威尔逊希望立法者确保贝尔、西联和美国其他的通信公司能够为美国人民提供本地和远程通信基础设施,这些设施将和人们多年来从邮政部门获得的设施一样全面与可靠,而且费率统一并易于理解。[141]

战前伯勒森及其僚属们在政府管理和企业管理之间所做的理论区分,被证明几乎没什么实际效果。这在很大程度上是因为贝尔运营公司的商业战略已重新做出了调整,以适应一种政治经济主张的需要,在这种政治经济之下,网络用户的效用取代网络供应商的权利成为一种公民理想。

电话从邮政部门回归贝尔的实际转移过程非常平顺。在很大程度上,这是因为政府的控制对贝尔公司的日常管理几乎没有产生什么影响。1919 年,邮政部律师威廉·H. 拉马尔(William H. Lamar)在解释政府接管后的实际运作状况时强调:"让我说清楚一点:政府接管了电线;政府控制了运营;政府控制了企业创造的收入;但政府并没有控制企业本身。"[142]在解释政府控制是如何运作的时候,贝尔员工内森·C. 金斯伯里强调了贝尔员工在政府行政和企业管理之间划分了明确界线,以及政府控制对运营公司提供的服务水平影响有限。战后不久,金斯伯里在参议院的一次听证会上解释说:"我丢掉了长途电话线路经理的工作,但这丝毫没有损害我们的服务。""我没有与政府合作。我和政府行政部门没有任何关系。我的工作都是为公司服务。"[143]

对于贝尔的高管们来说,电话的回归是一种巨大的安慰。1922 年,维尔的继任者哈里·B. 塞耶表示,军事需要可能只是政府接管的表面理由。然而,他认为这只是威尔逊政府实行新民粹主义的一个遮幌,而且,一旦联邦政府控制了电话,它就永远不会放弃控制。在解释贝尔获胜的原因时,塞耶提到了维尔的公关活动。无休止的小册子、杂志文章和公共关系广告为企业管理的正当性提供的理由,比贝尔公司的经理们所做出的任何降低费率或提高性能标准的单一决定都更有效得多。具有特殊意义的是维尔的公众形象。通过与伯勒森的全面合作,维尔为贝尔所争取到的成果,远远超过了如果他采取不那么和解的立场所能取得的。在伯勒森控制电话的整个期间,他既没有任命也没有解雇任何一名电话公司的雇员。事实上,在伯勒森控制电话的那一年里,联邦政府并没有采取任何引发抱怨的行动。[144]

在政府控制期间,伯勒森未能阻止新英格兰及其他几家电话公司接线员的罢工。这一事实推翻了一个值得尊重的传统论点,即政府管理比企业管理更能保证不间断的服务。[145] 1883 年电报员的罢工强化了自然垄断优于竞争这一经济学理论;1919 年的电话接线员罢工证明了,维尔的管理资本主义(managerial capitalism)作为一种公民理想,优于伯勒森的民主国家主义。

"邮政化"的失败致使私营公司对电话、电报和电缆的所有权和经营权合法化,这成为管理资本主义的一个标志,并成为 20 世纪美国政治经济的一个决定性特征。20 世纪,政府对电话和电报的所有权再也不会在国家政治议程上占据如此突出的位置。自从 1838 年塞缪尔·F. B. 莫尔斯首次提出政府对电子传播手段的所有权这一问题以来,该问题就一直吸引着众多企业批评人士的注意。然而,到了二战期间,没有哪位杰出的立法者会再支持对电报或电话实行国有化。政府规制已经做出限定,禁止新的市场主体进入商业领域,然而对大多数美国人来说,这比政府所有制更可取,前提是贝尔、西联和其他网络供应商不仅注意为用户提供基本水平的服务,而且还要让公众相信,他们始终铭记自己的社会责任,让全体人民都能享受到发明的果实。

注释:

[1] "A Real Investigation by the Government Expected," *Transmitter* (Fort Worth, Tex.) 14 (April 1913): 9; "Government Ownership," *Transmitter* (Fort Worth, Tex.) 16 (November 1913): 7; "Government Ownership," *Transmitter* (Fort Worth, Tex.) 16 (March 1914): 11-12.

[2] Eli Noam, *Telecommunications in Europe* (New York: Oxford University Press, 1992), p.4.

[3] Wilson to Burleson, April 4, 1913, in *Papers of Woodrow Wilson*, vol. 25, ed. Arthur Link (Princeton, N.J.: Princeton University Press, 1978), p.260.

[4] Woodrow Wilson, "The New Freedom," *World's Work* 25 (June 1913): 185.

[5] Winsor to Gaspard Farrer, March 6, 1914, box 45, Kidder, Peabody & Co. Collection, Historical Collections, Baker Library, Harvard Business School, Boston, Mass.

[6] Burleson to Wilson, with enclosure, November 29, 1918, in *Papers of Woodrow Wilson*, vol. 53, ed. Arthur Link (Princeton, N.J.: Princeton University Press, 1986), pp.247-249.

[7] Petitions, House Committee on Interstate and Foreign Commerce, HR 63A-12.10, RG 233, National Archives, Washington, D.C. (hereafter NA); *Congressional Record*, 63rd Cong., 1st sess., May 5, 1913, p.1088; Chester I. Barnard, "Report on Government Ownership," May 15, 1914, box 23, AT&T Archives, Warren, N.J. (hereafter AT&T-NJ).

[8] William Jennings Bryan to Albert S. Burleson, July 23, 1918, Burleson Papers, Library of Congress, Washington, D.C.

[9]Barnard, "Report on Government Ownership," AT&T-NJ.

[10]Arthur Brisbane, "Government Ownership of Telephones and Telegraphs Desirable and Inevitable," *Chicago Examiner*, December 20, 1913.

[11]"A Bill to Enable the United States of America to Acquire, Maintain, and Operate Electric Telegraphs, and So Forth," H.R. 464, 59th Cong., 1st sess., HR 59A-D22 RG 233, NA.

[12]Herbert H. Rosenthal, "William Randolph Hearst and Municipal Ownership," *Tamkang Journal of American Studies* 1 (1984): 6-36.

[13]Sydney Brooks, "The Politics of American Business," *North American Review* 193 (May 1911): 717; Brooks, "Aspects of Public Ownership," *North American Review* 194 (November 1911): 737-747.

[14]*Wall Street Journal*, October 8, 1918.

[15]"Government Ownership Near," *Lincoln Daily Star* (Neb.), December 20, 1913.

[16]Elbert Hubbard, *Our Telephone Service* (East Aurora, N.Y.: Roycrofters,1913), p.27.

[17]"Holland's Letter," *Wall Street Journal*, December 9, 1911; "'Holland' on Federal Ownership of Telegraph and Telephone Systems," *Wall Street Journal*, November 12, 1913.

[18]Vail to F. L. Spaulding, February 18, 1914, box 47, AT&T-NJ.

[19]"Vail's View of Wire Plan," *New York Times*, October 3, 1913; "Vail on Telephone Legislation," *Wall Street Journal*, October 3, 1913.

[20]"Federal Ownership of the Telephone a Costly Affair," *Wall Street Journal*, October 4, 1913.

[21]*Bell System Statistical Manual* (New York: American Telephone and Telegraph, 1946); J. Warren Stehman, *The Financial History of the American Telephone and Telegraph Company* (Boston: Houghton Mifflin Co.,1925), p.217.

[22]Charles M. Saltzman to Daniel C. Roper, December 9, 1913, box 38, Office of the Solicitor, Post Office Department Records, RG 28, National Archives, Washington, D.C. (hereafter POD-NA).

[23]Bernard E. Sunny to Kingsbury, December 4, 1912, box 13, AT&T-NJ.

[24]Walter S. Allen, "Public Service Corporations and the Government,"1914, p.1, box 1067, AT&T-NJ.

[25]DuBois to Vail, November 11, 1913, box 47, AT&T-NJ.

[26]同上。

[27]同上; DuBois, "Plan Suggested for a Federal Administration of the Telephone and Telegraph Business of the United States," November 10, 1913; both in box 47, AT&T-NJ.

[28]Gaspard Farrer to Robert Winsor, November 11, 1913, box 45, Kidder,Peabody & Co. Collection.

[29]Barbara H. Fried, *The Progressive Assault on Laissez-Faire: Robert Hale and the First Law and Economics Movement* (Cambridge, Mass.: Harvard University Press, 1998), chap.5.

[30]"Progress Made," *Wall Street Journal*, March 21, 1908.

[31]Frank Riblett to William C. Langdon, February 25, 1928, box 1019, AT&T-NJ.

[32]Theodore N. Vail, "Lest We Forget!" box 49, AT&T-NJ.

[33]Theodore N. Vail, "State Control of Public Utility Companies," *Public Service* 11 (July 1911): 10.

[34]Nathan C. Kingsbury, "Wrong Ideas about the Bell System," *Public Service* 17 (August 1914): 46; *Wall Street Journal*, May 26, 1913.

[35]*Wall Street Journal*, February 3, 1914.

[36]Vail to R. C. Clowry, June 1907, president's letterbook, AT&T-NJ.

[37]David F. Weiman and Richard C. Levin, "Preying for Monopoly? The Case of Southern Bell Telephone Company, 1894-1912," *Journal of Political Economy* 102 (February 1994): 103-126.

[38]Walter S. Allen, "The Post Office and the Telephone System," box 47, AT&T-NJ.

[39]Henry C. Adams, *Description of Industry: An Introduction to Economics* (New York: Henry Holt and Co., 1918), p.258.

[40]Chicago Telephone Company, *Report* (1901), pp.7-8.

[41]Chesapeake and Potomac Telephone Company, *Report* (1906), p.10.

[42]Colorado Telephone Company, *Annual Report* (1910), p.9.

[43]Chester I. Barnard to David J. Lewis, December 10, 1918, box 102, Office of the Solicitor, POD-NA.

[44]Nathan C. Kingsbury, "Telephone Problems of the Present and the Future," *Public Service* 15 (December 1913): 205.

[45]Nathan C. Kingsbury, *Address . . . before the Cleveland Chamber of Commerce, December 30th, 1913* (n.p., 1914), pp.24-25.

[46]E. K. Hall, "Address," March 3, 1913, box 2061, AT&T-NJ.

[47]A. Lincoln Lavine, *Circuits of Victory* (New York: Doubleday, Page & CO., 1921), p.22.

[48]"Marconi Wireless Telegraph Stock," *Reformed Church Messenger*, March 22, 1906.

[49]"Marconi Telegraph," *Los Angeles Times*, January 31, 1904.

[50]"Marconi Wireless Telegraph Stock," *Reformed Church Messenger*.

[51]*Literary Digest*, October 18, 1913, pp.663-664, in Katherine B. Judson, ed., *Selected Articles on Government Ownership of the Telegraph and Telephone* (New York: H. W. Wilson Co., 1914), p.4.

[52]"The Government Telegraph Prospects," *New York Times*, October 4, 1913, p.12.

[53]Reuben Dean Bowen to William A. Bowen, April 19, 1915, box 2, Reuben Dean Bowen Papers, Duke University, Durham, N.C.

[54]Leonard S. Reich, *The Making of American Industrial Research: Science and Business at GE and Bell, 1876-1926* (Cambridge: Cambridge University Press, 1985), chaps. 7-9; Reich, "In-

dustrial Research and the Pursuit of Corporate Security: The Early Years of Bell Labs," *Business History Review* 54 (Winter 1980): 504-529.

[55]*Wall Street Journal*, March 30, 1912.

[56]William G. Scott, *Chester I. Barnard and the Guardians of the Managerial State* (Lawrence: University Press of Kansas, 1992), pp.68-72.

[57]Robert J. Chapuis, *One Hundred Years of Telephone Switching (1878-1978)* (Amsterdam: North-Holland Publishing Co., 1982), p.251.

[58]Angus Hibbard, *Hello Goodbye: My Story of Telephone Pioneering* (Chicago: A. C. McClurg & Co., 1941), p.141.

[59]Kenneth Lipartito, "Component Innovation: The Case of Automatic Telephone Switching, 1891-1920," *Industrial and Corporate Change* 3, no. 2 (1994): 325-357.

[60]"Tests of the Strowger Automatic System in Chicago, Illinois," October 18, 1904, 11-07-01-02, AT&T-NJ.

[61]Delos F. Wilcox, *Municipal Franchises: A Description of the Terms and Conditions upon Which Private Corporations Enjoy Special Privileges in the Streets of American Cities*, vol. 1: *Pipe and Wire Franchises* (Rochester, N. Y.: Gervaise Press, 1910), pp.5, 87, 227; "Fraud on Telephone Subscribers," *Chicago Tribune*, January 19, 1900, "Way to Reduce 'Phone Charges," *Chicago Tribune*, July 28, 1901.

[62]*Chicago Electrical Handbook* (n.p., 1904), p.100.

[63]M. D. Fagen, ed., *A History of Engineering and Science in the Bell System: The Early Years (1875-1925)* (New York: Bell Telephone Laboratories, 1975), p.584.

[64]Bert G. Hubbell to Woodrow Wilson, July 28, 1913, box 45, DOJ-NA.

[65]"The Story of Telephone Competition," *Public Service* 5 (November 1908): 152.

[66]American Telephone and Telegraph, *Annual Report* (1915), p.51.

[67]J. L. Turner, "The Invisible Servant," *Public Service* 24 (March 1918): 77.

[68]"Effects of Technology on Telephone Operator's Employment," 1940, pp.7, 9, Women's Trade Union League Records, Schlesinger Library, Harvard University, Cambridge, Mass.

[69]_____ Fassett to James D. Ellsworth, October 2, 1906, box 1317; Vail to Walter H. Page, July 13, 1908, president's letterbook; both at AT&T-NJ.

[70]"The Telephone Question: The Effect of the Berliner Decision on the Industry," *Electrical Review* 25 (December 26, 1894): 320.

[71]Vail to Henry M. Watson, November 11, 1907, president's letterbook, AT&T-NJ.

[72]James D. Ellsworth to W. J. O'Connor, January 17, 1929, Box 1066, AT&T-NJ.

[73]R. T. Barrett, "The Start of an Advertiser: How the Bell System's Institutional Advertising Developed," *Printers Ink Monthly* 22 (June 1931): 54.

[74]Roland Marchand, *Creating the Corporate Soul: The Rise of Public Relations and Corporate Imagery in American Big Business* (Berkeley: University of California Press, 1998), p.51.

[75]"Roosevelt Message Stirs Up Congress," *New York Times*, October 9, 1908; "Federal Control of the Telegraphs," *New York Times*, December 20, 1908.

[76]Nathan C. Kingsbury, *The National Advertiser* (n.p., 1916), p.11.

[77]Vail to Henry M. Watson, March 26, 1908, president's letterbook, AT&T-NJ.

[78] American Telephone and Telegraph, "Twenty Million Voices," 1908, box 2061, AT&T-NJ.

[79]Emerson McMillan to Seth Low, January 3, 1914, July 8, 1913, July 21, 1913, National Civic Federation Records, Columbia University, New York.

[80]James E. Caldwell, *Recollections of a Life Time* (Nashville, Tenn.: Baird-Ward Press, 1923), p.197.

[81]"Theodore N. Vail: The Commander of a $500,000,000 Service Organization," *Public Service* 4 (June 1908): 164-167; Herbert N. Casson, *The History of the Telephone* (Chicago: A. G. McClurg & Co., 1910), pp.66, 171; "Theodore N. Vail: President of the American Telephone and Telegraph Company and of the Western Union Telegraph Company," *Harper's Weekly* 54 (December 17, 1910): 6.

[82]"Theodore N. Vail," *Harper's Weekly*, pp.6-7.

[83]E. J. Edwards, "Holland's Letter," *Wall Street Journal*, December 15, 1909.

[84]John D. Rockefeller Jr., to Frederick T. Gates, July 27, 1912, in John M. Jordan, ed., "'To Educate Public Opinion': John D. Rockefeller, Jr., and the Origins of Social Scientific Fact-Finding," *New England Quarterly* 64 (June 1991): 293-295.

[85]Evelyn B. Longman to Marc Eidlitz & Son, December 7, 1914, AT&T-NJ.

[86]Ada Rainey, "American Women in Sculpture," *Century* 93 (January 1917): 438.

[87]William Wells Bosworth to Evelyn B. Longman, April 20, 1914, Archives, Loomis Chaffee School, Windsor, Conn.

[88]*Government Ownership and Taxation: The High Cost of Governing* (n.p., [1914]); *Government Ownership and the Farmer* (n.p., [1914]); both in box 47, AT&T-NJ.

[89]James D. Ellsworth, "The Twisting Trail," box 1066, AT&T-NJ.

[90]"Minutes of Advertising Conference, Bell Telephone System, Philadelphia, Pa., June 28, 1916," pp.4, 10, box 1310, AT&T-NJ.

[91]"Engineering Improvements and Publicity," *Electrical Review* 67 (October 9, 1915): 650.

[92]Lavine, *Circuits of Victory*, p.21.

[93]"Making a Neighborhood of a Nation," *Telephone Review* 6 supplement (January 1915), 封面内页.

[94]Edward W. Gorom to Albert Sidney Burleson, February 2, 1914, box 39, Office of the Solicitor, POD-NA.

[95]Arthur T. Hadley, "Some Difficulties of Public Business Management," *Political Science Quarterly* 3 (December 1888): 587.

[96]*New Nation* 1 (February 7, 1891): 28.

[97]"Western Telephone News," *Electrical Review* 11 (December 17, 1887): 6.

[98]Hibbard, *Hello Goodbye*, chap.8; "Long Distance Telephoning," *Electrical Review* 14 (August 3, 1889): 6.

[99]"Phone to Pacific from the Atlantic," *New York Times*, January 26, 1915.

[100]Vail to F. L. Spaulding, box 47, AT&T-NJ.

[101]*Brief of Arguments against Public Ownership*, 3 vols. AT&T-NJ; Barnard, "Report on Government Ownership," box 23, AT&T-NJ; Barnard, *Governmental and Private: Telegraph and Telephone Utilities—An Analysis* (New York: American Telephone and Telephone Co., 1914).

[102]Barnard to Harry B. Thayer, May 15, 1914, "Status of Government Ownership Movement," box 47, AT&T-NJ; *Scott, Barnard*, p.65.

[103]Walter S. Allen, "Twenty Five Reasons Why a Privately Owned Telephone System Is Better for the Users than a System Owned and Operated by the United States Government," box 1135, AT&T-NJ.

[104]John J. Carty, "What Political Ownership of Telephones Offers," *Public Service* 22 (January 1917): 6-7; "John J. Carty Not the Author," *Public Service* 22 (February 1917): 38.

[105]David M. Grossman, "American Foundation and the Support of Economic Research," *Minerva* 20 (Spring-Summer 1982): 76-77.

[106]K. Austin Kerr, *American Railroad Politics, 1914-1920: Rates, Wages, and Efficiency* (Pittsburgh: University of Pittsburgh Press, 1968), chap.3.

[107]Christopher N. May, *In the Name of War: Judicial Review and the War Powers since 1918* (Cambridge, Mass.: Harvard University Press, 1989), pp.32-33.

[108]转引自 Stephen H. Norwood, *Labor's Flaming Youth: Telephone Operators and Worker Militancy, 1878-1923* (Urbana: University of Illinois Press, 1990), p.159.

[109]May, *In the Name of War*, pp.39, 51-52.

[110]同上, p.43.

[111]同上, pp.30-37; 引文见 p.31.

[112]同上, pp.40-47; "Basis for Metering Service," *Telephony* 17 (November 15, 1919): 11.

[113]American Telephone and Telegraph, *Annual Report* (1917), p.50.

[114]Nathan C. Kingsbury, statement before the Senate interstate commerce committee, 1919, box 37, AT&T-NJ.

[115]"Mr. Burleson," *Baltimore Sun*, April 24, 1919.

[116]Vail, "Memorandum," p.1.

[117]Daniel R. Headrick, *The Invisible Weapon: Telecommunications and International Politics, 1851-1945* (New York: Oxford University Press, 1991), chaps. 7-8.

[118]Press release, December 9, 1918, box 294, Office of the Solicitor, POD-NA.

[119]Theodore N. Vail, "Memorandum," December 8, 1918, pp.5, 8, box 38, Office of the

Solicitor, POD-NA.

[120]Vail, *Wire System: Discussion of Electrical Intelligence: Letter of Theo. N. Vail in Response to a Request of Hon. John A. Moon* . . . (n.p., 1918), p.26.

[121]Press release, December 9, 1918, box 294, Office of the Solicitor, POD-NA.

[122]Vail, "International Intercommunication," pp.2, 10, box 14, AT&T-NJ.

[123]Michael J. Hogan, *Informal Entente: The Private Structure of Cooperation in Anglo-American Economic Diplomacy, 1918-1928* (Columbia: University of Missouri Press, 1977), pp. 108, 118.

[124]Hugh G. J. Aitken, *The Continuous Wave: Technology and American Radio, 1900-1932* (Princeton, N.J.: Princeton University Press, 1985), chaps. 5-8.

[125]Vail, "Memorandum," p.13; Vail to John A. Moon, December 30, 1918, in *Government Control of the Telegraph and Telephone Systems* (Washington, D.C.: U.S. Government Printing Office, 1919), pt. 1, p.52.

[126]Caldwell, *Recollections*, p.196.

[127]"Would Put Wires under One Head, Cables Likewise," *New York Times*, December 9, 1918.

[128]"Sherman Assails Vail," *New York Times*, January 21, 1919.

[129]Vail to Henry L. Higginson, June 18, 1919, president's letterbook, AT&T-NJ.

[130]*Government Control of the Telegraph and Telephone Systems*, pt. 2, pp.75-105.

[131]Norwood, *Labor's Flaming Youth*, p.158.

[132]Henry A. Barnhart to Claude R. Stoops, February 15, 1919, box 9, Barnhart Papers, Indiana State Library and Archives, Indianapolis, Ind.

[133]Clippings file, box 160, DOJ-NA.

[134]Norwood, *Labor's Flaming Youth*, chap.5; Maureen Weiner Greenwald, *Women, War, and Work: The Impact of World War I on Women Workers in the United States.* (Westport, Conn.: Greenwood Press, 1980), chap.5.

[135]Norwood, *Labor's Flaming Youth*, pp.198, 208.

[136]*New York World*, April 19, 1919; "Wire Rate Legislation Necessary," *Telephony* 76 (May 19, 1919): 16-18.

[137]"Popular Mr. Burleson," *Cleveland Plain Dealer*, April 30, 1919.

[138]Joseph Tumulty to Wilson, April 25, 1919, in *Papers of Woodrow Wilson*, vol. 56, ed. Arthur Link (Princeton, N.J.: Princeton University Press, 1987), p.146.

[139]*Government Control of the Telegraph and Telephone Systems*, pts. 1-4.

[140]May, *In the Name of War*, pp.41, 50.

[141]Wilson, special message to Congress, May 22, 1919, in *Papers of Woodrow Wilson*, vol. 59, ed. Arthur Link (Princeton, N.J.: Princeton University Press, 1988), p.296.

[142]*Government Control of the Telegraph and Telephone Systems: Hearings on H.J. Res.*

368 *before the Committee on the Post Office and Post Roads*, 65th Cong., 3rd sess., 1919, pt. 1, p.16.

[143]Nathan C. Kingsbury, statement before the Senate interstate commerce committee, 1919, box 37, AT&T-NJ.

[144]Harry B. Thayer to Walter Berry, January 5, 1922, box 1, AT&T-NJ.

[145]Thayer, "Confidential to the Directors: Federal Control," box 1, AT&T-NJ.

结语：技术新纪元

> 如果我们展望未来，尝试勾画一下技术新纪元时的场景，可能是这样的：你可以拿起一部电话，在任何地方与任何人通话，就像今天你可以通过电话与街道对面的任何人通话一样迅捷，而且费用非常合理。
>
> ——沃尔特·S. 吉福德，1928

西奥多·N. 维尔在1910年构想的贝尔系统是一个奇特的混合体。它在技术上具有进步性，但在金融上却相当传统。这是对反垄断的进步主义政治经济的一种组织上的回应，但它对监管仍然感到不安。反垄断的政治经济承诺网络供应商平等地享有发明成果；进步主义政治经济学保证网络用户平等地接近发明成果。1881年，西联被金融家杰伊·古尔德收购后，一直饱受道德谴责，而贝尔的传统金融理念使其免受这种谴责。随着贝尔实验室在1925年的建立，贝尔在技术上取得的进步开始被制度化。

反垄断的政治经济鼓励网络建造者制定商业战略，来尽量减少他们的社会义务。电报给商业与公共生活带来的社会影响，远比电话给都市社会交往模式带来的社会影响直接得多，而且也更令人不安。然而，西联网络的建造者希拉姆·西布里和威廉·奥顿等人将西联描述为私营企业，而贝尔网络的建造者维尔和安格斯·希巴德却没有这么做。西联与贝尔的网络建造者在商业策略上截然不同，这与媒介的内在本质，甚至与媒介的经济影响关系不大，而是与媒介赖以发展的政治经济所形成的文化规范关系更大。

在1920年维尔去世后的几年里，贝尔体系作为一种被历史学家称为管理型公司（managerial corporation）的组织形式而出现。管理型公司是对政治经济的组织回应，在这种政治经济中，立法者允许——实际上是鼓励——自我延续（self-perpetuating）的管理精英经营大公司，尽量减少来自公司表面所有者——投资人的干预。政治是通过市场这样的人造物（artifacts）来体现的：市场使公司置身于其中运转，并以政治的方式被界定,市场进一步增强了公司经理人的经营自主权。投资人的边缘化和管理者的地位提升是相互关联的。如果投资人不那么边缘化,经理人就会受到更多限制。

为了保持本地电话的低费率,到20世纪70年代,贝尔系统开始将其长途网络产生的收入转移给本地运营公司。为了与国家监管机构保持良好关系,运营公司的经理们根据被电信律师们戏称为"比萨测试"的方法来制定当地的费率:在任何情况下,基本住宅电话服务的月租费都不会超过一个比萨(中等大小)加两种配料的价格。[1]

这种转移方向是新出现的。因为在1910年以前,收入转移的方向是从运营公司转移到长途网络供应商,与此恰恰相反。但通过平均费率来促进公共利益的假设保持不变。平均费率的出现要早于电话。邮政部门自18世纪90年代以来就一直在使用这种方法,电话经理们试图向股东、立法者和用户证明电话平均费率的合理性时,常常会提及这一先例。

贝尔系统创建时所依据的监管妥协(regulatory compromises)在1970年后瓦解了。像MCI(Microwave Communications,Inc.)这样投资无线网络的新进入者,挑战了贝尔在长途电话市场的地位,大客户则进行游说要求降低费率。这一联合力量促使司法部再次指控贝尔违反了《谢尔曼法》。司法部的这次诉讼以1984年法院下令解散贝尔系统而告终。和解协议允许贝尔公司——现在简称AT&T——保留其在西部电气和贝尔实验室的股份,但要求其剥离在电话运营公司联合体的股份,从而结束了贝尔在纽约市和芝加哥等地过百年的历史。

贝尔系统的解体是1970年后反垄断复兴的一个著名案例,这是为了应对大型企业联合体带来的社会、政治和经济挑战而采取的一种补救措施。贝尔系统为全体人民提供了廉价的本地电话服务。贝尔在1970年后的竞争对手希望为全体人民提供一个低成本接入的电子通信网络,这个快速发展的网络遍布全国乃至全世界。尽管贝尔系统将本地电话费率保持在较低水平——与"比萨测试"保持一致——但它从未提供过1970年后的用户们所需的那种廉价长途电话服务。维尔在1910年设想的低成本远距离通信设施是电报——也就是说,维尔见证了贝尔为全体人民提供廉价的本地电话服务和廉价的长途电报服务。1913年法院下令剥离西联的裁决破坏了维尔的计划。贝尔再也无法为用户提供把电话和电报连接为一个"伟大的媒介"(great medium)的"普遍服务"。

如果贝尔想为全体人民提供廉价的长途电话服务,它本可以做到。问题不是出在技术或经济上,同时也不在文化层面。贝尔公司总裁沃尔特·S.吉福德(Walter S. Gifford)曾在1928年预言,当贝尔公司不仅是为某个特定地区,而是为全世界每个人提供低成本的电话服务时,"技术新纪元"就会到来。[2]这个问题相当程度上是政治性的。正如贝尔系统的辩护者大声宣称的那样,贝尔绝对不是协调声音通信的技术需求与经济激励的最佳方式。相反,它是对政治经济的组织回应,将公共事业理想化,并反对浪费。这种政治经济理念只有慢慢地才能适应1970年后低成本长途电话服务的新现实,更不用说从那以后电话所承担的各种使命了。

贝尔系统的解体促使美国电话电报公司的高管重新思考电话业的历史。这样的反思必然是修正主义的:如今美国电话电报公司已经被剥夺了其旗下运营公司。可以预见,美国电话电报公司资助的关于电话史的学术研究主要聚焦于美国电话电报公司所保留的电话业务部门,即贝尔实验室和西部电气,而将忽视分离出去的部分,即运营公司。[3]

技术史学家托马斯·P. 休斯(Thomas P. Hughes)认为,美国在1870年以后被一部以技术为基础的"物质宪法"(material constitution)所改变,它对美国社会影响的深远程度绝不亚于在共和国早期曾改变美国的政治宪法。[4]然而,在电话行业,技术和政治是密不可分的。从电话业务诞生的那一刻起,政府机构与公民理想就以无数种方式塑造了它。有种假设认为电话监管始于1907年左右,当时颁布了一部法律,将电话运营公司置于州监管委员会的管辖之下,没有什么会比这种假设更能扭曲我们对美国电信诞生时期的理解了。政治的影响总是不容轻视的。如果要赞扬西奥多·N. 维尔在1907年后接受政府监管方面的先见之明,就是忽略了更重要的一点:维尔在适应一种他既没有参与创造、也无法容忍、同时又无法控制的政治经济体。相关的历史问题不是电话业务是否会继续不受监管,或者,就此而言,竞争是否会继续"肆无忌惮"。因为电话业务一向是规范的,竞争也从来没有失控过。开放式进入从来就不是规则,市政特许经营权也一直是通过谈判获得的。更确切地说,相关的历史问题是,电话业务将如何监管,由谁监管,目的何在? 在电话行业,竞争总是人为制造的。[5]

在电报行业,政治的力量同样不容忽视。然而,政治对商业战略的影响却截然不同。如果电报公司在1910年以前就受到了管理委员会的管辖,可以想象,它们会更迅速地为全体人民提供大规模服务。电报公司置身其中的那个反垄断政治经济环境促进了创新:其副产品包括电话和留声机。然而,正是西联电报公司的批评者,而非西联电报公司自身,对电报这一新媒介在政治、社会和文化方面的可能性影响描绘出了最广阔的想象。

贝尔系统在政治经济中蓬勃发展,其中立法者认为市场分割是解决垄断问题的一种方案。市场分割的著名案例包括1913年法院下令剥离西联电报公司。后来的市场分割协议限制了贝尔参与无线电业务、计算机业务,并最终限制了本地电话运营公司的业务。市场分割在1927年《无线电法案》(the Radio Act of 1927)和1934年《联邦通信法案》(the Federal Communications Act of 1934)中获得了法律确认。这两部法律一方面限制了贝尔的选择,另一方面也巩固了贝尔在声音通信业务中的地位。政治通过人造物得以体现:这样的人造物,欧洲人称之为卡特尔,美国人称之为产业(industries)。而在电信业,产业划分的界限是由政治来界定的。

1927年《无线电法案》通过几大方面分割了电子通信市场。除了维护旨在促进无线电设备制造业竞争的现行反垄断法外,该法案还禁止无线电台拥有电报、电话或有线网络,并否定了电磁波段是一种像土地一样可供买卖的财产形式的假设。[6]无线电台的运营需要联邦许可证,正如电话运营公司的运营需要市政特许经营权一样。电磁波段,就像城市街道的通行权一样,可以被租用,但不能被拥有。

1934年《联邦通信法案》将政府对电子通信的控制权从州际商务委员会转移到了联邦通信委员会。联邦通信委员会的管辖范围很广:包括电话、电报、电缆、无线电广播,最后还有电视。

起草法案来授权设立联邦通信委员会的委员会主席是丹尼尔·C. 罗珀,富兰克林·D. 罗斯福的商务部长。二十年前,罗珀作为邮政部门的一名官员,曾领导了一个委员会就电话和电报的"邮政化"撰写过一份引人注目的报告。1914年,罗珀表达过对媒介合并的支持;到了1934年,他又改变了主意,不再支持把电话和电报的国有化作为解决垄断问题的最佳方案。现在他转而支持市场分割。[7]

几乎可以肯定,罗珀是第一个在公开发表的报告中使用"电信"一词的联邦政府官员。1934年时,他警告说,电话、电缆和无线电的合并,可能会"阻碍""电信艺术"(art of telecommunications)在"任何阶段"的"发展或扩展"。[8]"电信"一词是1904年一位法国邮政官员为了促进电话和电报的合并而创造的。罗珀以另一种不同的方式使用了这个词语,而且在某种程度上是为了完全相反的意义:对罗珀来说,电信是一门"艺术",如果联邦政府纵容电话、电报、无线电和电缆的整合,那么电信的未来可能会受到威胁。

电话行业的市场分割一直持续到1996年。这一年,国会通过了一部全新的电信法案,否定了1927年《无线电法案》和1934年《联邦通信法案》中的市场分割逻辑。一个多世纪以来,市政当局都有权限制电话行业的新进入者。随着1996年《电信法》的颁布,这一切都改变了。自1907年芝加哥市议会重新授予芝加哥电话公司特许经营权以来,议员们就对本地电话行业的竞争深恶痛绝。现在,竞争重被激活,紧随其后的将是长期休眠的反垄断政治经济得以复苏。

1907—1996年,所有被编撰进法律的市场分割安排中,关于无线电和电视的网络提供者和内容提供者之间的市场分割比其他各项产生的影响都要深远。"收费广播"——或者简而言之,就是后来人们所熟知的广播——是直接从向无线电台出租电话线发展起来的。从20世纪20年代开始,贝尔持续几十年为美国主要的广播电台公司——NBC、CBS和ABC——提供了在全国范围内播放节目的传输设备。第二次世界大战之后,它又为广播电视公司提供了类似的设备。在20世纪的大部分时间里,通过贝尔的长途网络传输的电台和电视节目,为数百万美国人定义了生活在一个网络化国家的意义。

贝尔系统于1984年解体，对于贝尔的许多高管来说，这是一段痛苦的经历。他们已经将自身作为网络提供商所理应承担的社会责任与平等接入（equal access）的公民理想联系起来。[9]然而，平等接入的意义绝不是一成不变的。在19世纪的电报业务中，平等接入主要指的是促进电报网络供应商的开放进入（open entry）。在20世纪的电话业务中，平等接入主要是指为电话网络用户提供不将任何群体排斥在外的基础设施。开放进入创造了机会；不排斥任何群体的设施保证了结果。开放进入与推崇平等权利、诋毁特权的反垄断政治经济理念相一致；不排斥任何群体的设施与将公共事业理想化以及反浪费的进步主义政治经济理念相契合。机会是立法者的职责，而结果是管理者的责任。贝尔系统是在一种由政府机构和公民理想共同生成的独特构型（configuration）所培育的企业文化中存续下来的。这种企业文化不是自由浮动的；相反，它是对进步主义政治经济的结构性存在所做出的组织化反应。这种进步主义政治经济的衰落带来了技术与政治关系的不确定性。20世纪早期的立法者们将技术进步视为道德进步的先兆，网络供应商也持有类似的观点。邮政部长伯勒森支持政府管理，而贝尔总裁维尔则主张企业管理，唯一有价值的辩论是双方达成共识的最佳方式。对于二者来说，组织能力都是关键。如果同时代的人继续将辩论置于上述框架下，进步主义将会占据主导地位。如果他们不这样做，那么也许是时候要谨记：反垄断作为一种公民理想，既存在局限性，又面临现实可行性。

注释：

[1] Michael K. Kellogg, John Thorne, and Peter W. Huger, *Federal Telecommunications Law* (Boston: Little, Brown and Co., 1992), p.4.

[2] Walter S. Gifford, "Bell System Policies and Objectives," in *Proceedings of the Bell System Operating Conference*, Absecon, New Jersey, May 1928, box 185 06 03, AT&T Archives and History Center, Warren, N.J.

[3] Neil H. Wasserman, *From Invention to Innovation: Long-Distance Telephone Transmission at the Turn of the Century* (Baltimore, Md.: Johns Hopkins University Press, 1985); Robert W. Garnet, *The Telephone Enterprise: The Evolution of the Bell System's Horizontal Structure, 1876-1909* (Baltimore, Md.: Johns Hopkins University Press, 1985); George David Smith, *The Anatomy of a Business Strategy: Bell, Western Electric, and the Origins of the American Telephone Industry* (Baltimore, Md.: Johns Hopkins University Press, 1985).

[4] Thomas P. Hughes, *American Genesis: A History of the American Genius for Invention* (New York: Penguin Books, 1990), p.2.

[5] George L. Priest, "The Origins of Utility Regulation and the 'Theories of Regulation' Debate," *Journal of Law and Economics* 36 (April 1993): 289-329; Werner Troesken, *Why Regulate Utilities? The New Institutional Economics and the Chicago Gas Industry, 1849-1924* (Ann Arbor: University of Michigan Press, 1996); Robert Britt Horwitz, *The Irony of Regulatory Re-*

form: *The Deregulation of American Telecommunications* (New York: Oxford University Press, 1989).

[6]David A. Moss and Michael R. Fein, "Radio Regulation Revisited: Coase, the FCC, and the Public Interest," *Journal of Policy History* 15, no. 4 (2003):389-416.

[7]Philip T. Rosen, *The Modern Stentors: Radio Broadcasting and the Federal Government, 1920-1934* (Westport, Conn.: Greenwood Press, 1980),pp.175-178.

[8]"Secretary Roper's Report on Communications Study," *Wall Street Journal*, January 30, 1934.

[9]Alvin von Auw, *Heritage and Destiny: Reflections on the Bell System in Transition* (New York: Praeger, 1983).

美国电信编年史

1792 年　国会颁布 1792 年《邮政法案》(the Post Office Act of 1792)。这部法案致力于塑造公共事务的长途信息流通环境，即允许报纸以低价邮递，并将邮政线路制定权从邮政管理部门转移到国会。

1794 年　法国政府建立巴黎到里尔之间的光通信，仅法国政府拥有使用权。

1825 年　邮政部长约翰·麦克莱恩(John McLean)签署一项法令，将私人运营商关于市场趋势的信息流通纳入邮政部的管辖职权范围。

1836 年　战时英雄、光通信商人萨缪尔·C. 里德(Samuel C. Reid)在国会上建议，以邮政管理分支部门的方式，在纽约市与新奥尔良之间建设并运营光通信。

1836—1839 年　邮政部长阿莫斯·肯德尔(Amos Kendal)运作快马专递，以在市场趋势的信息流通上与私人运营商竞争。

1838 年　缅因州议员弗朗西斯·O. J. 史密斯(Francis O. J. Smith)在一份政府报告中，将萨缪尔·F. B. 莫尔斯的电力电报称赞为这一时代最伟大的发明之一。在这之前，史密斯与莫尔斯签订协议，获得莫尔斯发明的部分股份。

1840 年　莫尔斯获得一份电磁电报(electromagnetic recording telegraph)的专利权。

1843 年　国会拨款 30,000 美金，让莫尔斯在华盛顿与巴尔的摩之间建设一个电报示范项目。

1844 年 5 月　莫尔斯完成了它的示范项目。莫尔斯给予安妮·埃尔斯沃思以特权，让她选择华盛顿—巴尔的摩线路第一条正式电报的文本。安妮的母亲最终选定了内容："上帝到底做了什么。"(What Hath God Wrought.)

1844 年 5 月—1847 年 3 月　莫尔斯游说国会购买他的专利权，在邮政管理部门的管辖权内建设一个全国性电报网络。

1845 年 3 月　国会颁布 1845 年《邮政法案》。这一法案将莫尔斯示范项目的管辖权转移到邮政管理部门，并且将私人事务信息的低价流通纳入邮政管理部门的职权范围。

邮政管理部门以收费的方式向公众开放华盛顿—巴尔的摩线路。

莫尔斯聘请阿莫斯·肯德尔管理他的专利权；肯德尔支持莫尔斯以联邦为主导的商业策略。

1846 年　莫尔斯获得电磁继电器的专利权。

1848 年　纽约州立法机关颁布 1848 年《纽约电报法》。这部法案确立了国家主导型政治经济结构的司法基础，加速了西联电报公司的崛起。

1849 年　电报推广者亨利·奥瑞利（Henry O'Rielly）提议建设一条太平洋电报线路，连接东海岸与加利福尼亚州。

1850 年　史密斯试图起诉电报发明家罗亚尔·豪斯（Royal House）侵占莫尔斯的专利权，没有成功。最高法院大法官列维·伍德伯里（Levi Woodbury）维持了豪斯的专利权；他们为一家后来被希拉姆·西布里命名为西联电报公司的公司奠定了司法基石。

1854 年　最高法院首席法官罗杰·塔尼（Roger Taney）通过裁定莫尔斯无权将原理专利化，缩减了莫尔斯专利权的范围。为了安抚莫尔斯，他认定莫尔斯为电报的发明者。

1856 年　经过一系列合并重组，希拉姆·西布里将他的电报公司重新命名为西联电报公司。

1857 年 8 月　希拉姆·西布里建立了一个包含国内最重要的六家电报公司的企业联盟（cartel）；这一企业联盟协议被称为"六国合约"（the Treaty of Six Nations）。唯一被排斥在外的主流电报公司，则隶属莫尔斯和史密斯的直接把控。

1858 年　赛勒斯·菲尔德铺设并短暂运营了一条大西洋海底电缆；但是几乎刚一运作就损毁了。

1859 年　莫尔斯和史密斯把他们的公司卖给了美利坚电报公司。美利坚电报公司和纽约联合新闻社（NYAP）达成协议，为公共事务的信息传播提供低价服务。

1861 年　西布里完成太平洋电报线路的建设；不久之后，他开始着手一项更富有野心的工程：通过一条取道白令海峡、从阿拉斯加延伸到西部利亚的陆上线路，联通美国与欧洲。

1861—1865 年　南北战争扩张了电报市场；美利坚电报公司与林肯政府部门、纽约联合新闻社共同合作，把控战争新闻的传播。

1864 年　美国电报公司获得特许权；威廉·奥顿旋即被任命为总裁。

1866 年　西联电报公司兼并两个主要竞争对手：美利坚电报公司和美国电报公司。

1866 年 7 月　国会颁布《国家电报法案》。这部法案旨在鼓励电报产业的新入局者；它向那些同意该法案的电报公司颁布特许的优先权；给予邮务部长为政府部门所用电报服务定价的权力;为法案颁布五年内国会收购签署同意书的电报公司的权力建立了机制。

1866 年 8 月　一家英国财团铺设了大西洋海底电报线路,挫败了西布里的跨西伯利亚电报计划。

1867 年 6 月　西联电报公司同意接受《国家电报法案》。

1868 年　地方特许权的支持者加德纳·G. 哈伯德游说国会特许电报公司经营权;1868—1874 年,哈伯德几乎每个会期都在尝试对国会进行游说。

1870 年　西联电报公司的控制权从最初的罗切斯特发明家手中转移到了纽约市背景的、被新闻界称为"范德比尔特派"(Vanderbilt interest)的金融家团体。这一团体中包括铁路巨头科尼利厄斯·范德比尔特和他的女婿贺拉斯·C. 克拉克。

1871 年 12 月　尤里西斯·S. 格兰特总统在《国家电报法案》规定的五年窗口期后的第一篇年度咨文中,对国会收购西联电报公司表示支持。

1875 年　西联电报公司位于纽约市的总部大楼竣工。

1875—1877 年　杰伊·古尔德发动对西联电报公司的首次突袭;他的突袭目标锁定为西联电报公司的专利权。

1876 年 3 月　亚历山大·格雷汉姆·贝尔获得一项关于声音的电流传输的专利权。贝尔获得他未来的岳父加德纳·G. 哈伯德的法律援助;哈伯德曾赞助贝尔发明多路电报机,以售卖给杰伊·古尔德或西联电报公司。

1877 年 1 月　贝尔获得一项电话工具的专利权。

1877 年 8 月　最高法院在彭萨科拉诉西联电报公司案中,确定《国家电报法案》符合宪法。

1878—1879 年　西联电报公司与国家贝尔公司在许多城市建立起竞争性的电话交换机;这些交换机都以地方特许经营公司的形式被加以组织。

1879 年 2—3 月　为了将贝尔的专利权商业化,国家贝尔公司成立。威廉·H. 福布斯被选为公司总裁。

1879 年 5 月　古尔德发动对西联电报公司的第二次突袭;这次他瞄准的是西联电报公司的优先权。

1879 年 6 月　国会颁布《巴特勒修正案》,授权同意接受《国家电报法案》条款的铁路公司经营电报线路。

1879 年 12 月　西联电报公司与国家贝尔签署协议,将电话业务转让给国家贝尔;这项协议把电信产业划分为电报与电话。

1880 年 3 月　美国贝尔公司(American Bell)取代国家贝尔公司(National Bell)。

1881—1888 年　全美电话交换所协会为电话业务公司制定程序。

1881 年 1 月　古尔德的第二次突袭以他接手西联电报公司而结束。

1883—1884 年　国会就几部规制西联电报公司的法案展开辩论,但均不了了之。

1883 年 7 月 19 日—8 月 28 日　西联电报公司遭遇电话接线员罢工运动;许多同情工潮的报纸认为,罢工的起因是表达对杰伊·古尔德的抗议。

1884 年　印第安纳州立法机关为电话定价制定了费率上限;印第安纳州的贝尔运营公司开始退出该州。美国贝尔公司成立了美国电话电报公司(American Telephone and Telegraph),作为其运营公司联合体的长途网络供应商。

1886 年 12 月—1888 年 5 月　罗切斯特电报用户联合抵制罗切斯特电话交换公司(Rochester Telephonic Exchange),后者是位于纽约市罗切斯特的贝尔运营公司。

1888 年　政治经济学家理查德·T. 伊利普及了一个观念,即西联电报公司是自然垄断状态。爱德华·J. 霍尔为电话运营公司设计了一个组织图表,赋予运营公司经理们试验新方法、新服务的权力。

1888—1895 年　除了印第安纳州外,各州的电话运营公司都成功阻止了制定费率上限的法规颁布;运营公司与用户之间的关系日趋紧张。

1888 年 3 月　首席大法官莫里森·韦特(Morrison Waite)裁定亚历山大·贝尔作为电话发明者的优先权。

1889 年 1 月　经过在芝加哥市议会内长期的抗争,芝加哥电话公司获得一个为期二十年的特许经营权。

1889 年 3 月　印第安纳立法机关废止了对电话的费率上限。

1892 年　贝尔建立了纽约市到芝加哥之间的电话服务。

1893—1894 年　大都会电话公司(纽约市)与芝加哥电话公司提高了固定费率商业服务的电话费率。纽约市从 150 美元提高到 240 美元,芝加哥从 125 美元提高到 175 美元。涨价被认为是为电话用户提供长途服务所必需的。

1893 年 3 月　贝尔对电力传送声音的专利权期满。

1894 年 1 月　贝尔对电话设备的专利权期满。

1894 年 6 月　尤尼恩·N. 贝瑟尔将按次计费业务引入纽约市。

1894 年 12 月　安格斯·希巴德声称,流量管理将是业务公司经理的核心挑战。马萨诸塞州的一个法庭废止了一项授予爱米尔·贝利纳(Emile Berliner)并为美国贝尔公司所拥有的麦克风专利权。非贝尔系以及独立的电话设备制造商将此举视为为独立电话公司的创立开辟了道路。

1897 年　独立电气设备制造商詹姆斯·E. 凯林(James E. Keelyn)在废止美国贝尔公司的挂钩开关专利权一案中胜诉。

约 1898 年　市政所有制的拥护者们开始将电话运营公司视为"公用事业"。

1899 年　伊利诺伊电话电报公司从芝加哥议会获得建设电话交换所的执照,以对抗芝加哥电话公司。

1899年5月　最高法院在里士满诉南方贝尔一案中,将电话从《国家电报法案》中排除;这一规定让市政管辖权得以延伸到电话运营公司。

1899年12月　美国贝尔公司将其资产转移至美国电话电报公司,也即广为人知的贝尔公司。

1900年　希巴德将"投币电话"的现用现付制引入芝加哥,加速了城市电话业务的普及。

1906年5月　马萨诸塞州立法机关将所有以电力传输"情报"(intelligence)的企业置于州级公路委员会的管辖范围。

1907年　纽约地方长官查尔斯·埃文斯·休斯(Charles Evans Hughes)表态支持将电话与电报纳入州级公共服务委员会的管辖之中;电话与电报在法律的最终版本中被遗漏了。

1907年2月　美国独立电话公司倒闭;它的倒闭让私营者不再可能获得设备升级的资本。

1907年7月　威斯康星州立法机关将电话与电报纳入州级铁路委员会的管辖范围。

1907年11月　芝加哥电话公司获得一项新的特许经营权;该特许经营权保护商业固定费率,并降低了几乎所有用户的电话费率,将芝加哥市内的电话成本限制在五美分。

1908年10月　西奥多·罗斯福总统表态支持通过联邦立法将电话与电报企业界定为公共载具。

1908年12月　贝尔公司总裁西奥多·N.维尔宣称一个联通所有贝尔运营公司的"贝尔系统"的存在。

1909年　贝尔公司获得西联电报公司大笔股份。

1910年6月18日　国会颁布《曼—埃尔金斯法案》。该法案将电话与电报界定为公共载具,将其纳入美国州际商务委员会的管辖范围。

1910年6月25日　纽约州立法机关将电话与电报纳入州级公共服务委员会的管辖范围。

1910年12月　西奥多·N.维尔责成贝尔系统建立一个"普遍线路系统",将电报与电话整合在一个单一的互连网络之中。

1913年　首席检察官詹姆斯·麦克里诺兹(James McReynolds)起诉贝尔公司违反《谢尔曼法》(the Sherman Act)。

1913年12月　首席检察官麦克里诺兹与贝尔公司副总裁内森·C.金斯伯里(Nathan C. Kingsbury)达成协议,让麦克里诺兹的法律诉讼宣告结束。麦克里诺兹要求贝尔剥离其在西联电报公司的股份、停止收购独立电话公司、草拟协议促进贝尔与非竞争性独立电话运营公司之间的互联。马里兰州众议院议员戴维·J. 刘易斯（David J. Lewis）引入一部法案，呼吁电话走向政府所有制。

1914 年　贝尔放弃他在西联电报公司的股份。

1915 年　贝尔开启纽约市到旧金山的长途电话业务，距离达到 2900 英里；三元件高真空管的发明使跨越这一距离成为可能，这一发明标志着电子学的诞生。

1917 年 4 月　美国向德国宣战。

1918 年 7 月　伍德罗·威尔逊总统以军事需要为由，将电话与电报的控制权移交到邮政部。

1918 年 11 月　第一次世界大战结束。

1918 年 11 月 16 日　威尔逊总统以军事需要为由，将美国国土相关电缆线路的控制权移交给邮政部。

1919 年　维尔宣称所有的电力通信形式为"一个伟大的媒介"，并且支持电话、电报和电缆的联通建设。

1919 年 4 月 15—19 日　波士顿电报话务员联盟罢工，引起马萨诸塞州、新罕布什尔州、佛蒙特州、缅因州和罗德岛的电话业务停摆。电报接线员群体要求邮政部协商并接受增加薪酬的决议。

1919 年 5 月　国会将电报线路控制权归还原主。

1919 年 7 月　国会将电报与电话控制权归还原主。

1920 年　商业无线电广播服务出现。

1927 年　通过颁布 1927 年《无线电法案》，国会确定了电话、电报和无线电广播的市场划分。

1934 年　国会将电话与电报的管辖权从洲际商务委员会（Interstate Commerce Commission）转移至联邦通讯委员会（Federal Communications Commission，FCC）。

1976 年　美国司法部以垄断电话产业为由起诉贝尔。

1984 年　为应对司法部的反托拉斯诉讼，贝尔公司将自身与运营公司剥离，贝尔系统宣告终结。

1996 年　国会签署 1996 年《电信法》（the Telecommunications Act of 1996），法案中明确废除地方特许经营权垄断。

缩 写

ABTC,American Bell Telephone Company,美国贝尔电话公司

AT&T,American Telephone and Telegraph Company,美国电话电报公司

AT&T-NJ,AT&T Archives and History Center,Warren,New Jersey,美国电话电报公司档案与历史中心,沃伦,新泽西州

AT&T-TX,AT&T Archives and History Center,San Antonio,Texas,美国电话电报公司档案与历史中心,圣安东尼奥,得克萨斯州

CCC-NEIU,Chicago City Council Records,Northeastern Illinois University,芝加哥市议会档案,东北伊利诺伊大学

C-CU,Ezra Cornell Papers,Cornell University,埃兹拉·康奈尔文件,康奈尔大学

CTC,Chicago Telephone Company,芝加哥电话公司

CTCR,Chicago Telephone Company Records,芝加哥电话公司记录

DOJ-NA,U.S. Department of Justice,RG 60,National Archives,美国司法部,RG 60,国家档案与记录管理局

FHS,Filson Historical Society,Louisville,Kentucky,菲尔森历史学会,路易斯维尔,肯塔基州

HP-NA,House Committee on the Post Office and Post Roads,RG 233,National Archives,邮局和邮路内务委员会,RG 233,国家档案与记录管理局

HSP,Historical Society of Pennsylvania,宾夕法尼亚州历史学会

JH,*The Papers of Joseph Henry*,ed. Nathan Reingold et al. (Washington,D.C.:Smithsonian Institution Press,1972-2007),约瑟夫·亨利的文件,内森·雷因戈尔德等编(华盛顿:史密森学会出版社,1972—2007)

LC,Library of Congress,国会图书馆

MHS,Massachusetts Historical Society,马萨诸塞州历史学会

MIT,Massachusetts Institute of Technology,麻省理工学院

M-LC, Samuel F. B. Morse Papers, Library of Congress, 塞缪尔·F. B. 莫尔斯的文件, 国会图书馆

NA, National Archives, 国家档案与记录管理局

NA-GL, National Archives, Great Lakes Region, 国家档案与记录管理局, 五大湖地区

NTEA, National Telephone Exchange Association, 全美电话交换所协会

NYHS, New-York Historical Society, 纽约历史协会

NYPL, New York Public Library, 纽约公共图书馆

O-RHS, Henry O'Rielly Papers, Rochester Historical Society, 亨利·奥瑞利文件, 罗切斯特历史学会

PL, president's letterbook, 总统信笺

POD-NA, Post Office Department Records, RG 28, National Archives, 邮政部记录, RG 28, 国家档案与记录管理局

RG, record group, 记录组

SA-C, Chicago Telephone Company files, Sidley Austin Brown & Wood Archives, Chicago, 芝加哥电话公司档案, 盛德国际律师事务所档案馆, 芝加哥

SI, Smithsonian Institution, 史密森学会

S-MeHS, Francis O. J. Smith Papers, Maine Historical Society, 弗朗西斯·O. J. 史密斯文件, 缅因州历史学会

SP-NA, Senate Committee on Post Offices and Post Roads, RG 46, National Archives, 参议院邮局和邮路委员会, RG 46, 国家档案与记录管理局

S-UR, Hiram Sibley Papers, University of Rochester, 希拉姆·西布里文件, 罗彻斯特大学

WU-SI, Western Union Collection, Archives Center, National Museum of American History, Smithsonian Institution, 西联收藏, 档案中心, 美国国家历史博物馆, 史密森学会

W-WRHS, Jeptha H. Wade Family Papers, Western Reserve Historical Society, 杰普塔·H. 韦德家谱, 西储历史学会

致　谢

在研究与写作本书的过程中，我欠下了许多感谢。我非常感谢史密森学会伍德罗·威尔逊中心（Smithsonian Institution's Woodrow Wilson Center），约翰·奥林基金会（John M. Olin Foundation），纽贝里图书馆（Newberry Library），伊利诺伊大学芝加哥分校人文学院，伊利诺伊大学芝加哥分校大城市研究所，以及国家人文基金会（National Endowment for the Humanities）给予的研究基金支持。感谢包括吉恩·鲁奥夫（Gene Ruoff）、迈克尔·莱西（Michael Lacey）、詹姆斯·格罗斯曼（James Grossman）、大卫·佩里（David Perry）和弗朗西斯卡·盖巴（Francesca Gaiba）在内的管理人员为我提供的便利。还要感谢斯图尔特·罗西特信托基金（Stuart Rossiter Trust）和伊利诺伊大学芝加哥分校校研究委员会给予的研究协助。

本书的研究基础依赖许多档案管理员和图书馆员的工作，是他们收集、编目和保存了许多商业公司和政府机构的记录。我要特别感谢以下诸位的帮助，他们是：史密森学会档案中心的艾莉森·奥斯瓦尔德（Alison Olwald）；得克萨斯州圣安东尼奥市 AT＆T 档案与历史中心的威廉·考夫林（William Caughlin）；新泽西州沃伦市 AT＆T 档案与历史中心的谢尔顿·豪切斯（Sheldon Hochheiser）、奇普·拉金（Chip Larkin）和乔治·库布扎克（George Kupczak）；哈佛商学院的劳拉·李纳德（Laura Linard）；国家档案馆的罗德尼·罗斯（Rodney Ross）和弗雷德·罗曼斯基（Fred Romanski）；纽约历史学会的简·希利（Jan Hilley）；国家档案馆五大湖分部的马丁·图伊（Martin Tuohy）；纽约郡档案馆的布鲁斯·艾布拉姆斯（Bruce Abrams）；俄勒冈州历史学会的史蒂芬·哈尔伯格（Steve Hallberg）；西北大学法学院的佩珍·贝赛特（Pegeen Bassett）；盛德律师事务所档案馆（Sidley Austin Archives）的珍·巴尔（Jean Barr）；密歇根大学法学院的玛格丽特·利瑞（Margaret Leary）。汤姆·莫舍尔（Tom Morsch）帮助我进入了盛德律师事务所档案馆，伯纳德·费恩（Bernard Finn）带我参观了史密森学会档案中心非凡的电报和电话艺术品收藏。安娜·奥蒂斯（Ana Ortiz）和约翰·马修斯（John Mathews）在通过伊利诺伊大学芝加哥分校进行馆际互借获取相关材料方面提供了不可或缺的帮助。

在研究协助方面,我要感谢克拉丽莎·赛利欧(Clarissa Ceglio)、贾斯汀·科菲(Justin Coffey)、艾迪·康普顿(Addie Compton)、克里·戴维斯(Cory Davis)、迈克尔·戴维斯(Michael Davis)、汤姆·多伦斯(Tom Dorrance)、约书亚·芬内尔(Joshua Fennell)、雷蒙·络纳(Raymond Lohne)、沙拉·莫斯科维茨(Sarah Moskowitz)、约书亚·萨尔兹曼(Joshua Salzmann)、乔丹·斯托克(Jordan Stalker)、迪伦·斯坦伯格(Dylan Steinberg)、克里斯托弗·塔沙瓦(Christopher Tassava)、伊丽莎白·蒂耶里(Elizabeth Tieri)、李·范赛尔(Lee Vinsel)和马克·R. 威尔逊(Mark R. Wilson)。还要特别感谢莎拉·罗丝(Sarah Rose),她独具匠心地完成了几个专门的研究项目,并负责协调几年来我办公室里书籍的进进出出。

各种各样的人帮助我的故事变成了现实。碧翠丝·曼克斯(Beatrice Manx)带我参观了她曾祖父、美国贝尔公司总裁威廉·H. 福布斯(William H. Forbes)的家,这是一次令人难忘的旅行。金·豪威勒(Kim Hoeveler)陪我进行了一次令人难忘的长途跋涉,前往玛丽希尔(Maryhill)——古怪的电话公司发起人塞缪尔·希尔(Samuel Hill)的富丽堂皇的庄园。玛丽安·肖(Marian Shaw)慷慨地分享了她对20世纪30年代其芝加哥家庭公寓前厅里装置的投币电话的回忆。七十年后的今天,她依然清晰地记得父母在南达科他州布莱克山度暑假时带回家作为纪念品的粉红色石英盘子,她母亲把镍币存放在盘子里。当她想向外打电话时,就把那些镍币放进电话机的投币口中。

阅读过并对本书章节草稿提出过建议的同仁包括:克里斯托弗·波尚(Christopher Beauchamp)、迈克尔·莱斯·本尼迪克(Michael Les Benedict)、理查德·本塞尔(Richard Bensel)、梅纳海姆·布朗德海姆(Menahem Blondheim)、罗伯特·布鲁格曼(Robert Bruegmann)、路易斯·卡拉特(Louis Carlat)、W. 伯纳德·卡尔森(W. Bernard Carlson)、卡罗琳·库珀(Carolyn Cooper)、乔纳森·库珀史密斯(Jonathan Coopersmith)、乔纳森·戴利(Jonathan Daly)、佩里·杜伊斯(Perry Duis)、汤姆·艾森曼(Tom Eisenmann)、莱昂·芬克(Leon Fink)、贝纳德·费恩(Bernard Finn)、沃尔特·弗里德曼(Walter Friedman)、大卫·加贝尔(David Gabel)、爱德华·格雷(Edward Gray)、罗伯特·道尔顿·哈里斯(Robert Dalton Harris)、丹尼尔·海德里克(Daniel Headrick)、大卫·霍奇菲尔德(David Hochfelder)、谢尔顿·豪切斯(Sheldon Hochheiser)、德里克·霍夫(Derek Hoff)、罗伯特·霍维兹(Robert Horwitz)、托马斯·P. 休斯(Thomas P. Hughes)、简·卡门斯基(Jane Kamensky)、莫顿·凯勒(Morton Keller)、理查德·B. 基尔博维茨(Richard B. Kielbowicz)、莫里·克莱因(Maury Klein)、帕梅拉·W. 莱尔德(Pamela W. Laird)、肯尼斯·利帕蒂托(Kenneth Lipartito)、罗伯特·麦克杜格尔(Robert MacDougall)、迪尔德丽·麦克洛斯基(Deirdre McCloskey)、托马斯·K. 麦克劳(Thomas K. McCraw)、约翰·麦克维

（John McVey）、史蒂芬·米姆（Stephen Mihm）、小弥尔顿·L. 穆勒（Milton L. Mueller Jr.）、大卫·尼尔森（David Nelson）、基斯·尼尔（Keith Nier）、托马斯·洛勒马彻（Tomas Nonnenmacher）、威廉·J. 诺瓦克（William J. Novak）、沃尔特·纽金特（Walter Nugent）、安德鲁·奥德利兹科（Andrew Odlyzko）、埃德温·J. 帕金斯（Edwin J. Perkins）、迈克尔·佩尔曼（Michael Perman）、乔治·L. 普里斯特（George L. Priest）、马克·H. 罗斯（Mark H. Rose）、莎拉·罗斯（Sarah Rose）、丹·席勒（Dan Schiller）、乔纳森·西尔伯斯坦-勒布（Jonathan Silberstein-Loeb）、肯尼斯·西尔弗曼（Kenneth Silverman）、巴索尔缪·斯派洛（Bartholemew Sparrow）、迈克尔·斯坦（Michael Stamm）、约翰·施陶登迈尔（John Staudenmaier）、克里斯托弗·斯特林（Christopher Sterling）、T. J. 斯特尔斯（T. J. Stiles）、苏珊·斯特拉塞尔（Susan Strasser）、斯坦利·斯威哈特（Stanley Swihart）、乔尔·塔尔（Joel Tarr）、塔玛拉·桑顿（Tamara Thornton）、大卫·韦曼（David Weiman）、马克·R. 威尔逊（Mark R. Wilson）和约书亚·沃尔夫（Joshua Wolff）。

感谢埃里克·阿内森（Eric Arnesen）、理查德·本塞尔（Richard Bensel）、伯顿·J. 布莱德斯坦（Burton J. Bledstein）、威廉·K. 博尔特（William K. Bolt）、黛安·德布洛伊斯（Diane DeBlois）、海军中将乔治·W. 埃默里（George W. Emery）、詹姆斯·加德（James Garde）、罗伯特·道尔顿·哈里斯（Robert Dalton Harris）、保罗·伊斯雷尔（Paul Israel）、克里斯汀·麦克劳德（Christine MacLeod）、格雷戈里·马克（Gregory Mark）、杰里·梅特斯（Jerry Meites）、杰弗里·尼科尔斯（Jeffrey Nichols）、托马斯·洛勒马彻（Tomas Nonnenmacher）、高塔姆·饶（Gautham Rao）、肯尼斯·西尔弗曼（Kenneth Silverman）、马克·W. 萨默斯（Mark W. Summers）、斯坦利·斯威哈特（Stanley Swihart）和罗斯·汤普森（Ross Thomson）的特别帮助。他们将我从许多错误中拯救了出来，但所有事实与解释上的错误，仍然是我自己的责任。

我的编辑乔伊茨·塞尔茨（Joyce Seltzer）从一开始就是这个项目的忠实拥护者；她富有洞察力的编辑建议在许多方面帮我改进了原稿。哈佛大学出版社的匿名审稿人也是如此。

特别感谢丹尼斯·麦克伦登（Dennis McClendon）熟练地绘制了第325页（英文原版）的地图；感谢约翰·多诺修（John Donohue）巧妙地协调了手稿的制作；感谢科林·阿格尔（Colin Agur）和林恩·伯格（Lynn Berger）勤勉地阅读了校样；感谢珍妮特·埃斯特鲁斯（Jeannette Estruth）在本书制作过程中所表现出的令人愉快的专业精神。

本书的一些章节草稿在哈格利博物馆与图书馆、哈佛商学院、弗吉尼亚大学米勒中心、纽贝利图书馆、马里兰大学和威拉姆特大学进行了预览。第三章中的一些材料出现在《私营企业，公共利益？作为一项国家政治议题的通信领域去管制，1839—1851》一文中，这篇文章被收录在杰弗里·L. 帕斯利（Jeffrey L. Pasley）、安德鲁·W.

罗伯逊(Andrew W. Robertson)和大卫·瓦德施特赖谢尔(David Waldstreicher)编辑的《超越开国元勋：早期美利坚共和国政治史研究的新视角》(教堂山：北卡罗来纳大学出版社,2004)第328—354页。第五章、第八章和第九章的某些主题在《电信》一文中有所概述,这篇文章发表在《企业与社会》第9期(2008年9月),第507—520页。

  本书的准备在我的家庭生活中是一件大事。它受益于老理查德·R.约翰(Richard R. John Sr.)、苏珊娜·H.约翰(Suzanne H. John)和托马斯·赖默(Thomas Reimer)的深思熟虑的批评。我的两个孩子罗达(Rodda)和埃默里(Emery)一直是我获取鼓励和支持的源泉,罗达仍然相信莫尔斯电码实际上是一个密码,埃默里希望亚历山大·格拉汉姆·贝尔(Alexander Graham Bell)的第一部电话能够被及时记录下来,就像亚伯拉罕·林肯的烟囱帽一样。如果没有我的妻子南希·约翰(Nancy John)充满爱意的帮助,这本书是不可能完成的,她将每一章都阅读了无数遍,并且是本书最坚定的拥护者和最富洞察力的评论者。

索引

（索引页码均为英文原著页码，即本书边码，以斜体印出的页码指的是插图）

Abbott, Lyman 莱曼·阿博特, 176, 181, 351

abolitionism 废奴主义, 70

Adams, Charles Francis, Jr.: on postal telegraph 小查尔斯·弗朗西斯·亚当斯: 邮政电报, 172-173; protégé of 手下的人, 249; and robber baron metaphor "强盗式资本家"隐喻, 86, 157

Adams, Henry (historian) 亨利·亚当斯（历史学家）, 5-6

Adams, Henry C. (political economist): and government telegraph 亨利·C. 亚当斯（政治经济学家）: 与政府电报, 194, 196; on rate averaging 平均费率, 20, 380

Adams, John 约翰·亚当斯, 85

Adams, John Quincy 约翰·昆西·亚当斯, 5

adversarial relationship (business-government): 1880s 敌对关系（商业—政府）: 19世纪80年代, 247, 338; progressive era 进步时代, 279, 299, 338-339

advertising: telegraph 广告: 电报, 349-350; telephone 电话, 306-307, *308*, 309

Age of Jackson (Schlesinger) 《杰克逊时代》（史列辛格）, 364

Ainsworth, Danforth E. 丹福思·E. 奥斯沃思, 259

Alaska 阿拉斯加, 100-101

Albany Evening Journal (Albany, N.Y.) 《奥尔巴尼晚报》（奥尔巴尼，纽约）, 91

aldermen, Chicago: and extortion 市议员, 芝加哥: 敲诈, 324, 326, 332, 334, 335, 336; and municipal buyout 市政买断, 331。*See also* city councils: Chicago 参见市议会: 芝加哥

Allen, Walter S.: background 沃尔特·S. 艾伦: 背景, 249; on competition 竞争, 274; on government regulation 政府监管, 375; and government telephone 政

府电话,363,394; on rate averaging 平均费率,379

Altgeld, John Peter 约翰·彼得·阿特格尔德,324

American Bell: and American Telephone and Telegraph 美国贝尔:美国电话电报公司,201; investors 投资人,202; licensees 许可证,216-217; long-distance telephone network 长途电话网络,208-209,212; and National Bell 国家贝尔,201; patent rights 专利权,203-205,232-233,235; profitability 盈利能力,201,205

American Economic Association 美国经济学会,194

American Federation of Labor(AFL) 美国劳工联合会,396,403

American flag 美国国旗,33

American Press Association 美国新闻协会,147

"American Progress"(Gast) 《美国的进步》,111-113,*112*,390

American system 美国体制,18

American Telegraph Company: and Civil War censorship 美利坚电报公司:南北战争审查制度,101-102; operations 运营,89,91,119-120; and Western Union 西联电报公司,119-120

American Telegraph Confederation 美国电报联合会,88

American Telephone and Telegraph Company: and American Bell 美国电话电报公司:美国贝尔,201,271; and antitrust 反垄断,351-363; capitalization 总市值,321-322,376-378; and Chicago Telephone Company 芝加哥电话公司,301-303; dual identity 双重身份,210; and electronics 电子,393; headquarters building 总部大楼,388; incorporation 公司注册,91,209; long-distance telephone network 长途电话网络,10-11,210-213,214,274-275,345-346,374-375; public relations 公共关系,14,15,380-390,*391*,392-396,405; research and development 研发,282,346,381-385。See also American Bell; Bell telephone network 参见美国贝尔;贝尔电话网络

American Tobacco Company 美国烟草公司,342

American Union: raid on Western Union 美国联盟:对西联电报公司的突袭,158,166-170; and telephone 电话,169-170

Anderson, James 詹姆斯·安德森,139-140

Anderson, John A. 约翰·A.安德森,172

Anderson Act 《安德森法案》,172

annihilation, as metaphor 湮灭,作为隐喻,11-12,105

antimonopoly: as civic ideal 反垄断：作为公民理想, 84-86, 90-92, 97, 99, 117, 172, 178-180, 276, 407-408, 412-413; lawmakers and 立法者, 116-118, 157, 165-166, 409; rejection of 拒绝, 194-196, 260, 330, 338, 352; telegraph operators and 电报员, 131; telegraph promoters and 电报发起人, 84-86, 91, 97, 129, 133, 157, 166, 178-180, 407; telegraph users and 电报用户, 173-175。See also competition 参见竞争

Anti-Monopoly League 反垄断联盟, 174

antitrust: federal-level 反托拉斯：联邦级, 351-363; state-level 州一级, 276, 353

architecture: telegraph 建筑：电报, 152-155; telephone 电话, 9-10, 388-389

army: and military telegraph 军队：军用电报, 101; and Pacific telegraph 太平洋电报, 99; and Western Union 西联电报公司, 122-123

army signal corps 陆军信号兵, 123-124

Arnold, Harold D. 哈罗德·D. 阿诺德, 346, 393

Astor, John Jacob 约翰·雅各布·阿斯特, 319

Atlantic & Pacific: raid on Western Union 大西洋与太平洋公司：对西联电报公司的突袭, 158-159, 160, 163; and telephone 电话, 162-163

Atlantic cable: construction of 大西洋电缆：建造, 97-99; federal funding for 联邦资金, 19-20, 97-98, 429n53; praise for 赞扬, 107-109

Atlantic Monthly 《大西洋月刊》, 200

Atlantic Telephone Company 大西洋电话公司, 343

Austin, Henry Willard 亨利·威拉德·奥斯丁, 183

Automatic Electric: and electromechanical switching 美国自动电气公司：机电交换, 283, 327, 383-384; and Illinois Telephone and Telegraph 伊利诺伊电话电报公司, 354-355; patent rights 专利权, 354-355, 362, 383。See also electromechanical switching 参见机电交换

Ayer, F. W. F. W. 艾耶, 386

Bache, Alexander Dallas 亚历山大·达拉斯·巴赫, 124

Bacon, Leonard 伦纳德·培根, 22

Bain, Alexander 亚历山大·贝恩, 84, 92, 126

Baltimore & Ohio Railroad 巴尔的摩与俄亥俄铁路公司, 190

Baltimore & Ohio Telegraph 巴尔的摩与俄亥俄电报公司, 190

Barnard, Chester I.: on electromechanical switching 切斯特·I.巴纳德:关于机电交换,383; *Functions of the Executive* 《行政的职能》,395; and government telephone 政府电话,393,395; on rate averaging 平均费率,380

Barnhart, Henry A. 亨利·A.巴恩哈特,401

Barton, Enos 伊诺斯·巴顿,150,224

batteries: common 电池:普通的,286,293; local 本地的,286

Baxter, William 威廉·巴克斯特,46

Bayard, James A. 詹姆斯·A.贝亚德,429n53

Beach, Moses Y. 摩西·Y.比奇,81

Beard, Charles 查尔斯·比尔德,364

Beauchamp, Christopher 克里斯托弗·波尚,461n11

Bell, Alexander Graham: background 亚历山大·格拉汉姆·贝尔:背景,163-164; at Centennial Exposition 费城美国独立百年博览会,200; measured service 按次计费,243; patent rights 专利权,161-163,261; as public relations icon 作为公共关系的象征,211,393-394; and telephone 电话,151,160-161,204; on underground-wire legislation 关于地线的立法,225

Bellamy, Edward 爱德华·贝拉米,183,249-250,264

Bell Laboratories 贝尔实验室,282,407,408

Bell System 贝尔系统,7,9-10,272,386

Bell Telephone Company of Buffalo: and measured service 布法罗贝尔电话公司:按次计费,228-229,241; and Rochester telephone users strike 罗切斯特电话用户罢工,242-244

Bell telephone network: headquarters buildings 贝尔电话网络:总部大楼,9-10; and J. P. Morgan & Co. 摩根大通公司,277,312-313; and rate averaging 平均费率,378-381; revenue 收入,7。See also American Bell; American Telephone and Telegraph Company; long distance telephone network; National Bell; *specific companies* 参见美国贝尔;美国电话电报公司;长途电话网络;国家贝尔;特定公司

Bemis, Edward W. 爱德华·W.贝米斯,326

Bennett, Arnold 阿诺德·本涅特,269

Bennett, James Gordon: and government telegraph 詹姆斯·戈登·贝内特:政府电报,55,130; and Kendall's horse express 阿莫斯·肯德尔的快马专递,75-76; and *New York Herald* 《纽约先驱报》,69; and NYAP 纽约联合新闻社,81; on telegraph 电报,81,103,106,107

  Bennett,James Gordon,Jr. 小詹姆斯·戈登·贝内特,178

  Bergstrasser,Johann 约翰·伯格斯特拉瑟,28

  Berliner,Emile 爱米尔·贝利纳,250

  Berliner patent 贝利纳专利,250,275,316

  Bethell,Union N. 尤尼恩·N.贝瑟尔,216,293,304,306,309,380

  Blair,Montgomery 蒙哥马利·布莱尔,125

  Blake,Francis 弗朗西斯·布莱克,215

  blizzard of 1888 1888年的暴风雪,226

  Blondheim,Menahem 梅纳海姆·布朗德海姆,439n43,440n56,444n128,451n99

  Bodemann,William 威廉·博德曼,247-248

  Boston Board of Trade 波士顿交易所,129

  Boston Marine Society 波士顿海洋学会,14

  Boston News Bureau 《波士顿新闻社》,385

  Boston Telephone Operators' Union 波士顿电话接线员工会,402

  Bradley,Joseph 约瑟夫·布拉德利,204

  Brandeis,Louis 路易斯·布兰代斯,329

  Bridges,William C. 威廉·C.布里奇斯,77

  Brisbane,Arthur 阿瑟·布里斯班,351,373

  British Parliament 英国议会,118,124-125

  British telegraph network:domestic 英国电报网:国内,117,124-125,138;international 国际,138,398-399

  Brookings,South Dakota 南达科他州布鲁金斯,264

  Brooks,James:and government telegraph 詹姆斯·布鲁克斯:政府电报,55-56;and New York Telegraph Act of 1848 1848年《纽约电报法》,91-92;on telegraph in warfare 战争中的电报,104

  Brooks,J. W. 詹姆斯·布鲁克斯,96

  Brown,Alexander 亚历山大·布朗,53

  Brown,B. Gratz B. 格拉茨·布朗,121

  Brown,Henry B. 亨利·B.布朗,266

  Bryan,William Jennings 威廉·詹宁斯·布莱恩,356,371,372

  Buchanan,James 詹姆斯·布坎南,108

Bunner, H. C.　H. C. 班纳, 185, 198, 208

Burleson, Albert S.: criticism of　阿尔伯特·S. 伯勒森：批评, 401; and government telegraph　政府电报, 352, 367-368, 371, 396; as war time administrator　作为战时行政官, 397

Burt, Alonzo　阿隆佐·伯特, 215

Busch, Adolphus　阿道夫·布希, 324

business flat rate　商业固定费率。See calling plans: flat rate　参见呼叫计划：固定费率

Business Man's Association (Naperville, Ill.)　内珀维尔的商人协会, 284

busy signal: as feedback mechanism　忙音：作为反馈机制, 234; invention of　发明, 281

Butler, Benjamin F.: and Butler Amendment　本杰明·F. 巴特勒：《巴特勒修正案》, 164-165; and Hubbard　哈伯德, 163; and NYAP　纽约联合新闻社, 165; and postal telegraph　邮政电报, 132

Butler Amendment　《巴特勒修正案》, 164-166, 172

Butterfield, John H.　约翰·H. 巴特菲尔德, 79

cable network: government control of　电缆网络：政府控制, 396-399; transatlantic　跨大西洋, 138, 178; United States-Cuba　美国—古巴, 134, 138

Caldwell, James E.　詹姆斯·E. 考德威尔, 304, 305-306, 351, 400

call-connection delay: length　呼叫连接延迟：长度, 219, 234; performance standards　性能标准, 219, 295, 301-302; as technical challenge　作为技术挑战, 219, 285-287, 288, 289-291, 331。See also multiple switchboard; operator assisted switching　参见多路交换机；接线员辅助切换

calling plans: flat rate　呼叫计划：固定费率, 227-231, 241, 259-260, 290, 292, 301-302, 329, 332-333, 397; independents and　独立电话公司, 314-315; measured service　按次计费, 227-231, 241-243, 259-260, 274, 292-301, 303-304

Cameron, A. C.　A. C. 卡梅伦, 131

Carlson, Androv　安德罗夫·卡尔森, 283, 324

Carlson, W. Bernard　W. 伯纳德·卡尔森, 448n36

Carlton, Newcomb　纽科姆·卡尔顿, 395

Carnegie, Andrew　安德鲁·卡内基, 179, 382

Carty,John J. 约翰·J. 卡蒂,301,346,394

causal attribution 归因,198-199

censorship 审查制度,101-102,109

Centennial Exposition 费城美国独立百年博览会,200,216

Central Park (New York City) 中央公园(纽约市),63

Central Union 中央联合电话公司,250-252,277

Chandler,Alfred D. 阿尔弗雷德·D. 钱德勒,183

Chandler,William E. (lobbyist) 威廉·E. 钱德勒(说客),158-159

Channing,William Ellery (minister) 威廉·埃勒里·钱宁(部长),10

Chase,Samuel P. 萨缪尔·P. 蔡司,133

cheap postage: and government telegraph 廉价邮资:政府电报,57-58,132-133; reform movement 改革运动,5,57-58,144

Chicago,telegraph and 芝加哥,电报,128-129

Chicago,telephone and 芝加哥,电话,244-248,253-259,269-310,323-324,*325*,326-334,*335*,336-338,346-347,354-356

Chicago city council 芝加哥市议会。See aldermen, Chicago; city councils: Chicago 参见市议员,芝加哥;市议会:芝加哥

Chicago School of Sociology 社会学芝加哥学派,299

Chicago Symphony Orchestra 芝加哥交响乐团,258

Chicago Telephone Company: 1889 franchise 芝加哥电话公司:1889 特许权,246-248; 1907 franchise 1907 特许权,329-334,*335*,336-338; operations 运营,227-235,245,269-310; profitability 利润率,280; regulation of 监管,222-223; rivals 竞争对手,323-324,*325*,326-327; size 规模,217-218,*325*,*335*; and users 用户,244-246,327-329

Chicago Tribune 《芝加哥论坛报》,130,131,147,149,171,175,178,245-246,267,285,307,330-331,334,*335*

Cincinnati Board of Trade 辛辛那提交易所,129

city councils: Chicago 市议会:芝加哥,246-248,278-279,300-301,323-324,330-334,*335*,336-338,342,354-355; and government telephone 政府电话,372; and municipal franchises 市政特许权,217; and regulation 监管,375,376; San Francisco 旧金山,264,305,372; St. Louis 圣路易斯,246; Toronto 多伦多,278-279

Civil War：American Telegraph and　南北战争：美利坚电报公司，120；censorship　审查制度，101-102；military telegraph and　军事电报，101；Pacific telegraph and　太平洋电报，108-110；and visual iconography　视觉图像学，110；Western Union and　西联电报公司，72，100，102-103

Clark，Horace C.　贺拉斯·C.克拉克，135

Clark，John M.　约翰·M.克拉克，299，300

Clark，Walter　华特·克拉克，61

class：and municipal reform　等级：市政改革，364-365；and national politics　国家政治，364-365

Clay，Henry　亨利·克莱，18，25，58，61，62

Cleveland，Grover　格罗弗·克利夫兰，174，207

codebooks（telegraph）　编码书（电报），28，29

codes（telegraph）　代码（电报），27-29，88

Colorado Telephone　科罗拉多州电话公司，272

Colt，Samuel　塞缪尔·柯尔特，79-81

Columbia（goddess）　哥伦比亚（女神），*112*，113

Columbian Exposition　哥伦布纪念博览会，61，285

Colvin，Frank R.　弗兰克·R.科尔文，212，314，320，323

commerce court　商事法庭，343

commission regulation，federal　委员会监管，联邦，261，340，343-344，370

commission regulation，state　委员会监管，州，249，342-343，370，375，377-379，380，401

common carrier：law of　公共载具：法律，92，251，343；telegraph companies and　电报公司，140-142；telephone companies and　电话公司，221-222

communications revolutions，defined　通信革命，定义，2

competition：as automatic regulator　竞争：作为自动调节阀，90，363，370；contrived　促成，341，348，410；endorsement of　背书，196，341，370，382，411；Morse on　莫尔斯，31；and network expansion　网络扩张，274，309；rejection of　拒绝，195-196，330，343，346，348，353，357，363，377。See also antimonopoly　参见反垄断

congestion，telephone：concerns about　呼叫拥堵，电话：牵涉，300，305，331-333；remedies for　补救，228，230，285-287，*288*，289-291，297

Congress：and annexation of Alaska　国会：吞并阿拉斯加，100-101；and

Atlantic cable　大西洋电缆,97-98; and Butler Amendment　《巴特勒修正案》,164-166; and government control of telegraph, telephone, and cable (1918-1919)　电报、电话和电缆的政府控制(1918-1919),403; and National Telegraph Act (1866)　《国家电报法案》(1866),116-123; and New York telegraph extension (1844-1847)　纽约电报扩建(1844-1847),39-43; and optical telegraph　光通信,16,24,32; and Pacific telegraph　太平洋电报,97-100; and patent rights　专利权,158-159; and Post Office Department　邮政部,19-21; and proposed telegraph buyout　电报收购提案,68-74,125-126,189,195-196,206,363-368; and proposed telephone buyout　电话收购提案,363-368,373-376; subpoena power of　传票权,142-143,144; and telegraph regulation　电报监管,61,122,126-128,132,170-187,340-343; and telephone regulation　电话监管,340-343,346; and Washington-Baltimore telegraph (1837-1847)　华盛顿—巴尔的摩电报线(1837—1847),24-25,34-39,58-59。*See also* National Telegraph Act　参见《国家电报法案》

 consumer　消费者,263

 Cook, William W.　威廉·W.库克,361

 Cooke, Jay　杰伊·库克,118,121

 Cooke, William F.　威廉姆·F.库克,24

 Cooper, Carolyn C.　卡罗琳·库珀,433n48

 Cooper, James Fenimore　詹姆斯·费尼莫尔·库珀,435n95

 Cooper, Peter　彼得·库珀,43,91,163,179,184

 Cooper, Susan　苏珊·库珀,435n95

 Cornell, Ezra　埃兹拉·康奈尔,36-37,39,88,94

 Corning, Erastus　埃拉斯图斯·科宁,57,89

 corruption: critique of　腐败:对...的批评,240,254,257-258,265,*335*,363; and municipal franchises　市政特许权,217,221,332,334,*335*,336; in state legislatures　州议会,254; and telephone companies　电话公司,239,240,332,334,*335*,336。*See also* aldermen, Chicago　参见市议员,芝加哥

 Creswell, John A. J.　约翰·A. J.克雷斯维尔,126

 Crofutt, George A.　乔治·A.克罗夫特,111-113

 Cumberland Telephone　坎伯兰电话公司,305

 Curtis, George W.　乔治·W.科蒂斯,130

 Cushman, Sylvanus D.　西尔韦纳斯·D.库什曼,204,244

Cushman Telephone 库什曼公司, 244, 246, 252, 253

Daily Graphic(New York) 纽约《每日画报》, 146-147, *148*, 166, *168*
Daily Union(Washington, D.C.) 《每日联盟》(华盛顿), 107
Daniell, J. Frederick J. 弗雷德里克·丹尼尔, 46
Daniels, Josephus 约瑟夫斯·丹尼尔斯, 371, 399
Darnton, Robert 罗伯特·达恩顿, 429n50
Davison, H. P. H. P. 戴维森, 346, 347
Dawes, Charles G. 查尔斯·G. 道斯, 347
De Bow, James D. B. 詹姆斯·D. B. 德·鲍, 107
de Forest, Lee 李·德·弗雷斯特, 346
Democratic Party 民主党, 143, 193-194
Department of Agriculture 农业部, 48
district telegraphs 区域电报, 214, 231, 289
Douglas, Stephen A.: and Atlantic cable 斯蒂芬·道格拉斯: 大西洋电缆, 19-20, 429n53; and Pacific telegraph 太平洋电报, 99, 106
Drawbaugh, Daniel 丹尼尔·拉德博, 204
druggists: and Bell-independent rivalry 药剂师: 贝尔—独立电话公司的竞争, 324; as telephone critics 电话批评人士, 247-248, 301; as telephone users 电话用户, 290-292
drugstore telephone 药店电话, 290-292, 338
DuBois, Charles G. 查尔斯·G. 杜波依斯, 375-376
Dunne, Edward F. 爱德华·F. 邓恩, 330
duplex, telegraph 双工系统, 电话, 150-151, 159
Durant, George F. 乔治 F. 杜兰特, 230
Dyar, Harrison Gray 哈里森·戴尔, 21, 46

Eastman, George 乔治·伊士曼, 320
Economic Interpretation of the Constitution(Beard) 《美国宪法的经济解释》(比尔德), 364
Edinburgh Chamber of Commerce 爱丁堡商会, 129
Edison, Thomas A.: and electric power station 托马斯·A. 爱迪生: 电站, 160;

on Gould 古尔德,190;on Marconi 马可尼,382;and phonograph 留声机,160,219-220;and quadruplex 四路多工系统,158-160;on Scribner 斯克里布纳,281;on telephone 电话,151;and ticker 自动收报机,150;and Western Union 西联电报公司,151,190

Edmunds, George F. 乔治·F. 埃德蒙德,172-173

Edwards, E. J. E. J. 爱德华兹,374

elections: election of 1844 选举: 1844 年选举,38;election of 1876 1876 年选举,142-143;election of 1884 1884 年选举,193-194,198;election of 1912 1912 年选举,351-352

Electrical Review 《电气评论》,257,385

Electrical World 《电气世界》,257

Electrician and Electrical Engineer 《电气与电气工程》,183

electricity 电,45

electric telegraph 电力电报。*See* telegraph 参见电报

electromagnetic relay 电磁继电器,26,46

electromagnetism 电磁学,46

electromechanical switching: manufacture of 机电交换: 制造,383;operation of 运营,272-273,283;problems with 问题,326-327,331,384-385;and telephone users 电话用户,383-384。*See also* Automatic Electric 参见美国自动电气公司

electronics, beginnings 电子学,起点,393

Elements of Political Economy (Wayland) 《政治经济学要义》(韦兰德),19,125,350

Elford, James M. 杰姆斯·M. 埃尔福德,28

Elkins, Stephen B. 斯蒂芬·B. 埃尔金斯,343

Ellicott, Edward B. 爱德华·B. 埃利科特,303

Ellsworth, Anne 安妮·古德里奇·埃尔斯沃思,49-52,435nn88,92,95

Ellsworth, Henry L.: and Morse 亨利·L. 埃尔斯沃思: 莫尔斯,39-40,47-52;and patent office 专利办公室,39-40,47-48,64

Ellsworth, James D. 詹姆斯·D. 埃尔斯沃斯,386,389

Ellsworth, Nancy G. 南希·G. 埃尔斯沃思,49,51-52

Ellsworth, Oliver 奥利弗·埃尔斯沃思,49,52

Ely, Richard T.: on competition 理查德·T. 伊利: 竞争,196;on government telegraph 政府电报,195-196,264-265,363; on natural monopolies 自然垄断,158, 195-196

　　Emerson,Ralph Waldo 拉尔夫·沃尔多·爱默生,202

　　Empire Subway Company 帝国地铁公司,320

　　environmental hazards：and telegraph 环境危害：电报 96; and telephone 电话,226

　　equal access：for promoters 公平进入：对于发起人们,118,265-266,352,412; and rate averaging 平均费率,379-380; shifting meaning of 转变意义,412; for users 电话用户,18-22,30,76-77,412

　　Erie Telephone 伊利公司,319-320

　　Estaunié,Edouard 爱德华·埃斯托涅,12,351

　　express 快递。See horse express; package carriers 参见快马专递；包裹运输

　　extortion 勒索。See aldermen,Chicago; corruption 参见市议员,芝加哥；腐败

　　farm leaders,and telegraph legislation 农场主,电报立法,175-176

　　Farrer,Gaspard 加斯帕德·法拉尔,376

　　Fast Mail 快递,214,215

　　Faxton,Theodore S. 西奥多·S.法克斯顿,79

　　Fay,Charles N.：business strategy 查尔斯·N.费伊：商业战略,223,235,245-246,253-254; on corruption 腐败,254-259; and telephone-telegraph consolidation 电报—电话合并,350; and telephone users 电话用户,238,255-256,471n77

　　Federal Communications Act of 1934 1934 年《联邦通信法案》,411

　　Federal Communications Commission 联邦通讯委员会,13,31,411

　　Federal Reserve Act 《联邦储备法》,343

　　Federal Trade Commission Act 《联邦贸易委员会法案》,343

　　feedback mechanisms 反馈机制,234,280-281

　　Field,Cyrus 赛勒斯·菲尔德,98,108

　　Field,Stephen J. 史蒂芬·J.菲尔德,108

　　Fillmore,Millard 米勒德·菲尔莫尔,108

　　First World War 一战,381,395-399

　　Fish,Frederick P. 弗雷德里克·P.菲什,271,274,322,324,326,353

　　Fitzhugh,George 乔治·菲茨霍,107

flat rate 固定费率。See calling plans：flat rate 参见呼叫计划：固定费率

Forbes, John Murray 约翰·穆雷·福布斯, 173, 202

Forbes, William H.：and Bell's patent rights 威廉·H. 福布斯：贝尔的专利权, 201；business strategy 商业战略, 170, 202-205, 208-209；and government 政府, 205, 207, 244, 249, 251, 253

France 法国, 19, 26, 279, 381

Franklin, Benjamin 本杰明·富兰克林, 45

French C. J. C. J. 弗仑希, 215

French government 法国政府, 13-14, 29-30, 44

French optical telegraph 法国光通信。See optical telegraph：in France 参见光通信：法国

Functions of the Executive（Barnard）《行政的职能》（巴纳德）, 395

Gabel, David 大卫·加贝尔, 476n40

Gale, Leonard 伦纳德·盖尔, 34, 86

Gallatin, Albert 阿尔伯特·加拉廷, 106

Garfield, James A. 詹姆斯·加菲尔德, 20, 138, 184

Garland, Augustus H. 奥古斯都·H. 加兰, 207

Gast, John 约翰·加斯特, 111, 390

Gary, Theodore 西奥多·加里, 362

Gay, Edwin F. 埃德温·F. 盖伊, 394

gender：and Bell public relations 性别：贝尔公共关系, 384-385；and Morse 莫尔斯, 49-52；and telephone usage patterns 电话使用模式, 289-290

general incorporation 一般公司注册, 90-92, 254, 265-266。See also New York Telegraph Act of 1848 参见 1848 年《纽约电报法》

"Genius of Electricity"（Longman）"电力神灵"（朗曼）, 388

George, Henry 亨利·乔治, 146

Giddings, Franklin H. 富兰克林·H. 基丁斯, 177

Gifford, Walter S. 沃尔特·S. 吉福德, 407, 409

"gilded age", Gould and "镀金时代", 古尔德, 157

Glidden, Charles 查尔斯·格里登, 319

"global village", McLuhan and "地球村", 麦克卢汉, 10

Godkin, E. L.　E. L.古德金, 180
Gold & Stock　古德 & 斯托克公司, 150
Gondon, H. J.　H. J.冈登, 334, 336
Gonon, Ennemond　恩尼蒙德·冈农, 27, 48
Goodsell, James H.　詹姆斯·H.古德塞尔, 146-147, 166
gospel of speed, McLean and　速度的福音, 麦克莱恩, 21-22, 30
Gould, George　乔治·古尔德, 319
Gould, Jay: background　杰伊·古尔德: 背景, 156-157; first raid on Western Union　对西联电报公司的第一次突袭, 158-164; public attitudes toward　对于……的公共态度, 168, 171-175, 184-188, *187*, *188*, 193-194, 197, 198-199, 254-255; second raid on Western Union　对西联电报公司的第二次突袭, 164-167, *168*, 169-171; at Western Union　西联, 187-194
government ownership: cable and　政府所有制: 电缆, 396-400; telegraph and　电报, 25, 30-34, 53-56, 60-64, 68-74, 125-126, 130-131, 195-196; telephone and　电话, 318, 363-376, 393-406。See also municipal ownership　参见市政所有制
"Government Ownership of the Electrical Means of Communication"(Roper et al.)　"电力通信手段的政府所有制"(罗珀等), 367
Grant, Hugh J.　休·J.格兰特, 223
Grant, Ulysses S.　尤利西斯·S.格兰特, 125-126, 136
Gray, Elisha: at Gray and Barton　艾利沙·格雷: 格雷 & 巴顿公司, 150; and teleautograph　传真机, 285; and telegraph　电报, 161, 178, 214; and telephone　电话, 151, 152, 161, 204, 214
Gray and Barton　格雷 & 巴顿公司, 150
"gray wolves"　灰狼, 326, 336
Greeley, Horace　贺拉斯·格里利, 136
Green, Duff　戴夫·格林, 189
Green, Norvin　诺文·格林, 62, 102, 141, 166-167, *168*, 187-189, 212
Greenough, Horatio　霍拉肖·格里诺, 52
Gronlund, Lawrence　劳伦斯·格罗伦德, 220
Grosser, Hugo S.　雨果·S.格罗斯, 327
grounded circuits　接地线路, 226, 259。See also metallic circuits　参见金属电路

Grundy, Felix 费利克斯·格伦迪, 21

Hadley, Arthur T. 亚瑟·T. 哈德利, 196-197, 392
Hale, Edward Everett 爱德华·埃弗雷特·黑尔, 23
Hale, Nathan 内森·黑尔, 53
Hall, Edward J.: and long-distance telephone network 爱德华·J. 霍尔：长途电话网络, 210-211; and measured service 按次计费, 228-231, 242-243, 257, 293; and planned decentralization 规划的去中心化, 211, 302
Halstead, Murat 穆拉特·霍尔斯特德, 191
Hamilton, Grant E. 格兰特·E. 汉密尔顿, 239
Harding, Warren G. 沃伦·G. 哈丁, 274
Harlan, John Marshall 约翰·马歇尔·哈兰, 167
Harper's New Monthly Magazine 《哈珀新月刊》, 104
Harper's Weekly 《哈珀周刊》, 109, 130, 225
Harris, Isham G. 伊萨姆·G. 哈里斯, 206
Harris, Joseph 约瑟夫·哈里斯, 361
Harrison, Carter, Jr. 小卡特·哈里森, 264
Harvard Business School 哈佛大学商学院, 394
Hawthorne, Nathaniel 纳撒尼尔·霍桑, 10
Hawthorne Works 霍桑工厂, 280
Headrick, Daniel R. 丹尼尔·海德里克, 428n23, 498n117
Hearst, William Randolph 威廉·伦道夫·赫斯特, 351, 373
"hello", as telephone salutation "你好"作为电话问候语, 287, 289
Hendrick, Burton J. 伯顿·J. 亨德里克, 341
Henry, Joseph: on Morse 约瑟夫·亨利：莫尔斯, 46-47; and patent rights 专利权, 43; and Rogers 罗杰斯, 205; and weather reporting 天气预报, 124
Hepburn Act 《赫本法案》, 343
heroic inventor: Morse as 英雄发明家：莫尔斯, 44-45, 62-64; telephone and 电话, 393
Hibbard, Angus: at Chicago Telephone 安格斯·希巴德：芝加哥电话公司, 279, 284-287, *288*, 289-301, 304-305, 309, 331-334, *335*, 336-339, 383; and long-distance telephone network 长途电话网络, 211, 284-285, 361

high-vacuum tube 高真空管,282,346,392

"highway of thought" "思想的高速公路",56,104

Hill,James J. 詹姆斯·J.希尔,358

Hill,Nathaniel 纳撒尼尔·希尔,61,172

Hill,Samuel:and antitrust suit 塞缪尔·希尔:反托拉斯诉讼,356-358;background 背景,357-358;defeat 击败,362-363

Hise,Charles Van 查尔斯·凡·海斯,350

Hochfelder,David 大卫·霍奇菲尔德,430n3,440n64,452n122,456n42

Holcombe,Arthur H. 阿瑟·H.霍尔科姆,363-364

Home Telephone of Portland 波特兰家庭电话,356

horse express:and electric telegraph 快马专递:电力电报,72,76-77;Kendall's 肯德尔,69-70,71,75-76,81;and news reports 新闻报道,69,81;speculators and 投机者,53-54,77,81

Horwitz,Robert Britt 罗伯特·霍维兹,500n5

House,Royal E. 罗亚尔·豪斯,92-93

Hounshell,David A. 戴维·A.豪恩谢尔,453nn129,131,454n14,463n42

Howells,William Dean 威廉·迪安·豪威尔斯,200

Hubbard,Elbert 埃尔伯特·哈伯德,374

Hubbard,Gardiner G.:and Butler Amendment 加德纳·G.哈伯德:《巴特勒修正案》,165;and Orton 奥顿,128,151;and telegraph 电报,115,126-128,174,350;and telephone 电话,161-163,209,212-213,218

Hubbard,Mabel 梅贝尔·加德纳·哈伯德,164

Hubbell,Bert G. 伯特·G.哈贝尔,355-356,358,384

Hudson,Frederic 弗雷德里克·哈德森,76

Hudson,John E. 约翰·哈德森,243,284-285

Hughes,Charles Evans 查尔斯·埃文斯·休斯,341,403

Hughes,David 大卫·休斯,97

Hughes,Jeremiah 耶利米·休斯,54

Hughes,Thomas P. 托马斯·P.休斯,410

Hunt's Merchant's Magazine 《亨氏商人杂志》,41-42

Huxley,Thomas 托马斯·赫胥黎,154

Illinois legislature 伊利诺伊州议会。See state legislatures：Illinois 参见州议会：伊利诺伊

Illinois Manufacturers' Association 伊利诺伊制造商协会,328-337

Illinois Telephone and Telegraph Company 伊利诺伊电话电报公司,311,323-324,*325*,326-327

Independent（New York） 独立电话公司(纽约),130

independents：business strategy 独立电话公司：商业战略,272-275,311-324,325,326-327,346-347,475n19；political strategy 政治战略,276-278,342,347-348,354-359

Independent Telephone Association 独立电话协会,358

Indiana legislature 印第安纳州议会。See state legislatures：Indiana 参见州议会：印第安纳

Indiana State Supreme Court 印第安纳州最高法院,244

industrial districts 工业区,232

information,shifting meaning of 信息,转变意义,18

insider trading 内幕交易。See speculation 参见投机

Insull,Samuel 塞缪尔·英萨尔,287,306

intangibility doctrine 无形性原则,141

interconnection：telegraph 互联：电报,83,84,92-93,96-97；telephone 电话,208-211,277,284-285,313,317-318,345-348,389-390,*391*,392-393；telephone-telegraph 电话—电报,348-351,360-362

International Telecommunications Union 国际电信联盟,12-13

Interstate Commerce Commission 美国州际商务委员会,261,340,343-344,354,370

investors：telegraph 投资人：电报,93-94,102；telephone 电话,202-203,311,318-322

Iowa,and telephone popularization 艾奥瓦,电话大众化,270

Iowa State University 艾奥瓦州立大学,125

Israel,Paul 保罗·伊斯雷尔,453n124,454nn10,12

Jackson,Dugald C. 杜加尔德·杰克逊,333

James,Darwin 达尔文·詹姆斯,319-320

Jewett, Frank B.　弗兰克·B. 朱厄特, 282

Johnson, Andrew　安德鲁·约翰逊, 122

Johnson, Cave　凯维·约翰逊, 59-60, 61, 62

Johnston, Joseph E.　约瑟夫·E. 约翰斯顿, 206

Jones, George　乔治·琼斯, 173, 207

Josephson, Matthew　马修·约瑟夫森, 157

Journal of Commerce (New York)　《商业日报》(纽约), 146

J. P. Morgan & Co.　摩根大通公司, 277, 312-313, 353-354

Judge　《法官》, 185-186, 188, 239, 240

Justice　《正义》, 174

Keelyn, James E.　詹姆斯·E. 凯林, 283, 315-317, 323-324

Kellogg, Milo　米洛·凯洛格, 224, 283, 324

Kendall, Amos: background　阿莫斯·肯德尔: 背景, 66; as Morse's business manager　作为莫尔斯的商业经理人, 65-89; as postmaster general　邮政部长, 44, 71, 75-76

Keppler, Joseph　约瑟夫·开普勒, 186

Kidder, Peabody & Co.　基德—皮博迪公司, 313, 320

King, Clarence　克拉伦斯·金, 163

King, Clyde Lyndon　克莱德·林顿·金, 267

Kingsbury, J. E.　J. E. 金斯伯里, 200

Kingsbury, Nathan C.　内森·C. 金斯伯里, 215, 353, 359, 378, 381, 404

Kingsbury Commitment　金斯伯里承诺。See McReynolds settlement　参见麦克里诺兹和解协议

Knights of Labor　劳工骑士团, 176, 256

Konenkamp, Sylvester　西尔维斯特·科南坎普, 396

labor leaders: and telegraph legislature　劳工领袖: 电报立法, 131, 175-176; and telephone legislation　电话立法, 336, 396, 401, 403

laissez-faire　自由放任主义。See general incorporation　参见一般公司注册

Lamar, William H.　威廉·H. 拉马尔, 404

Lamont, Thomas　托马斯·拉蒙特, 396

Lamoreaux, Naomi R.　内奥米·R. 拉莫罗, 433n48, 475n27

La Porte, Indiana　拉波特, 印第安纳州, 252, 253

Latour, Bruno　布罗诺·拉图尔, 427n11, 475n2

Latta, W. J.　W. J. 拉塔, 319

Lavine, A. Lincoln　A. 林肯·拉文, 389-390

Leavitt, Joshua　约书亚·莱维特, 57-58

Lee, Ivy L.　艾维·L. 李, 311

Lewis, David J.　戴维·J. 刘易斯, 365-367, 378

Libbey, Jeremiah　杰里米·利比, 22

Lincoln, Abraham: and newspaper censorship　亚伯拉罕·林肯: 报纸审查, 101; on Pacific telegraph　太平洋电报, 106, 109; on patent rights　专利权, 44; on telegraph and Union　电报与联盟, 109

Lipartito, Kenneth J.　肯尼斯·利帕蒂托, 467n129, 475n20, 488n33, 495n59

Little, Jacob　雅各布·利特尔, 74

Livingston, Crawford　克劳福德·利文斯顿, 79

Livingston, Edward　爱德华·利文斯通, 16

Lloyd, Henry Demarest　亨利·德马雷斯特·劳埃德, 171, 175

Lockwood, Thomas D.　托马斯·D. 洛克伍德, 223

long-distance telephone network: as financial liability　长途电话网络: 作为金融债务, 208-209, 349-350, 374-375; idealization of　理想化, 10-11, 15, 389-390, *391*, 392-393, 475n2; and independents　独立电话公司, 317, 357-359; limited demand for　有限需求, 220, 261, 283-284; as natural monopoly　作为自然垄断, 353; as technical challenge　技术挑战, 208, 211, 259, 284-285, 328-329, 345-346, 389-390。 *See also* metallic circuits　参见金属电路

Longman, Evelyn B.　伊夫林·B. 朗曼, 389

Looking Backward (Bellamy)　《回溯过去》(贝拉米), 249, 264

Lowrey, Grosvenor P.　格罗夫纳·P. 劳莱, 141, 236

MacDougall, Robert　罗伯特·麦克杜格尔, 476n31

Mackay, Clarence　克拉伦斯·麦凯, 312, 357, 358-359, 361, 395, 400-401

Mackay, John W.　约翰·W. 麦凯, 178-179, 181, 190, 271, 319

MacMeal, Harry B.　哈里·B. 麦克米尔, 361-362

Madison, James 詹姆斯·麦迪逊, 107

Magnetic Telegraph Company 电磁电报公司, 75-79

mail: and Bell 邮件：贝尔, 379-380; civic mandate of 公民授权, 18-23, 71, 121, 145, 379-380; and Morse 莫尔斯, 26, 29-31; and Western Union 西联电报公司, 139, 148-149, 188。See also postal telegraph; Post Office Department; Railway Mail Service 参见邮政电报；邮政部；铁路邮件服务

Mail and Express (New York) 《特快邮报》(纽约), 184

Mann, James R. 詹姆斯·R.曼, 343

Mann-Elkins Act 《曼—埃尔金斯法案》, 343

Manufacturer and Builder 《制造商和建筑商》, 224

Manufacturers' Telephone 制造商电话公司, 331, 333

Marconi (corporation) 马可尼(公司), 382, 399

Marion, Ohio 马里恩，俄亥俄州, 274

market segmentation 市场分割, 164, 167, 169, 170, 201, 352, 355, 360, 411-412

Maryhill 玛丽希尔, 358

Massachusetts Institute of Technology (MIT) 麻省理工学院, 125, 249

Massachusetts legislature 马萨诸塞州议会。See state legislatures: Massachusetts 参见州议会：马萨诸塞

Maury, Matthew 马修·莫里, 98

Mayer, Levy 利维·梅耶尔, 328-329, 332

McClure's Magazine 《麦克卢尔》, 341

McLean, John 约翰·麦克莱恩, 21

McLuhan, Marshall 马歇尔·麦克卢汉, 10

McMillan, Emerson 艾默生·麦克米伦, 387

McReynolds, James C. 詹姆斯·C.麦克里诺兹, 340, 344, 352-356, 359-361

McReynolds settlement 麦克里诺兹和解协议, 359-363

measured service 按次计费。See calling plans: measured service 参见呼叫计划：按次计费

Medill, Joseph 约瑟夫·梅迪尔, 130-131, 137, 149

"melon-cutting" "切瓜", 167, *168*

Menlo Park, New Jersey 门洛帕克，新泽西州, 160

"Men of Progress" (Schussele) 《进步之人》(舒塞尔勒), 45

mental anguish, message errors and 痛苦心理，错误信息，141

Merriam, Charles E. 查尔斯·E. 梅里亚姆，326，334

metallic circuits: and induction 金属电路：简介，226-227，259；long-distance telephone network and 长途电话网络，259，328-329；and rate increases 费率增加，226-227

Metropolitan Telephone Company (New York City) 大都会电话公司（纽约市）；operations 运营，219，226，234，303，306；predecessor of New York Telephone 纽约电话公司的前身，216；regulation of 监管，222-223，225，299；users and 电话用户，259-263。See also New York Telephone 参见纽约电话公司

Meucci, Antonio 安东尼奥·梅乌奇，204

Mexican-American War 墨西哥—美国战争，59，107

Mill, John Stuart: on administrative coordination 约翰·斯图亚特·密尔：行政协调，182；on natural monopoly 自然垄断，157-158；on practical monopolies 实际垄断，118-119，158，262，265；and Sterne 斯特恩，260

Miller, Kempster 肯普斯特·米勒，234，316

moral progress: and self-interest 道德进步：自我利益，44；and technical advance 技术进步，35-36，105-113，352-353

Morgan, Edwin D. 埃德温·D. 摩根，143

Morgan, J. P. & Co. 摩根大通。See J. P. Morgan & Co. 参见摩根大通公司

Morrill Act 《莫勒尔法案》，125

Morse, Jedidiah 杰迪代亚·莫尔斯，27，49

Morse, Samuel F. B.: and Anne Ellsworth 塞缪尔·F. B. 莫尔斯：安妮·埃尔斯沃思，49-52，435nn88，92，95；background 背景，32；and the Patent Office 专利办公室，48-52；reputation 名声，41，44-47，61-64；as scientist 科学家，45-47；as telegraph promoter 电报倡导者，10，25-32，34-41，85

Morse code 莫尔斯代码。See codes (telegraph) 参见代码（电报）

Morse v. O'Reilly 莫尔斯诉奥瑞利专利侵权案，45，86-87

Mueller, Milton L., Jr. 小弥尔顿·L. 穆勒，466n115，475n17

multiple switchboard: and call connection delay 多路交换机：呼叫连接延迟，234；installation 安装，235；invention 发明，234-235，280-282。See also operator-assisted switching 参见接线员辅助切换

Mumford, Lewis 刘易斯·芒福德，3

municipal franchises: and business strategy 市政特许权:商业战略,201,217, 276,305,312; and corruption 腐败,265,324,326,336-337; defined 定义,217; fights over 为⋯⋯而战,246-248,327-337,364; independents and 独立电话公司, 319,320,321,322-324,326; and rights-of-way 通行权,221-226,326-327

municipal ownership: as political issue 市政所有制:作为政治议题,305,330-331; rationale for 理由,263-267

Munn v. Illinois 玛恩诉伊利诺伊州案,254

mutual telephone companies 互助电话公司,273

Mutual Union 互助联盟,190

Myer, Albert J. 阿尔伯特·J.梅耶,123,131

Napoleon Bonaparte 拿破仑·波拿巴,15

Nast, Thomas 托马斯·纳斯特,110

nation: and telegraph 国家:电报,10,106-110; and telephone 电话,10-11, 389-390,*391*,392-396

Nation 《国家》,180

National Banking Act 《国家银行法案》,116

National Bell: and American Bell 国家贝尔:美国贝尔,201; and Gould 古尔德,169。See also American Bell 参见美国贝尔

National Board of Trade 国家贸易署,129,173

National Bureau of Economic Research (NBER) 国家经济研究局,395

National Civic Federation 全国公民联合会,341

National Geographic Society 国家地理学会,126

National Grange 全美农场,175

National Independent Telephone Association (NITA) 全国独立电话协会,315-316,358

Nationalist Clubs 民族主义俱乐部,249

National Telegraph Act (1866): antimonopoly logic 《国家电报法案》(1866):反垄断逻辑,117,172; and congressional buyout 国会收购,116,122-123,132,137; constitutionality of 符合宪法,165; enactment 颁布,116-122,173; and rate setting 费率设置,116,123-124,278; and rights-of-way 通行权,116,120-122,164-165,167; and Western Union 西联电报公司,122

National Telephone Exchange Association（NTEA） 全美电话交换所协会,216,220-221,256

National Typographical Union 全国印刷联盟,131

National Weather Service 国家气象局,123-124

natural monopoly：Bell leaders on 自然垄断：贝尔的领导者,353,360,368,375-376；economists on 经济学家,157-158,194,195-196,265,368,405；Ely on 伊利,158,195-196,265；Harding on 沃伦,264；Henry C. Adams on 亨利·C. 亚当斯,194；jurists on 法学家,356,360；Mill on 密尔,157-158；origins of term 术语的起源,157-158；Vail on 维尔,353,360,368

neighborhood,as metaphor 邻居,作为隐喻,10

neighborhood exchange 邻里交流,293,295

net earning power 净收益能力,191

networks：expansion,critique of 网络：扩张,对…的批评,229-230,262,301,305；as metaphor 作为隐喻,8-10；network effects 网络效应,8-9,262,300-301,339；power of 权力,113,181,192

New England Telephone 新英格兰电话公司,402

New Haven telephone exchange 纽黑文电话交换所,169-170

newspaper press：attribution of editorials 报纸出版：社论署名,436n102；legal privileges 法律特权,56,76,92；mail and 邮件,19-22,68,145；telegraph and 电报,78,80-81,103-110；and telegraph legislation 电报立法,54-56,144-145；and telephone legislation 电话立法,372-373。See also New York Associated Press 参见纽约联合新闻社

news reports：cultural significance 新闻报道：文化意义,110；exchange privilege 交换特权,56,76,145；low cost 低成本,145；and newspapers 报纸,69-70。See also New York Associated Press 参见纽约联合新闻社

New York,Albany,and Buffalo Telegraph Company 纽约、奥尔巴尼和布法罗电报公司,79

New York and New Jersey Telephone Company 纽约和新泽西电话公司,259

New York and Offing Telegraph Association 纽约—奥弗林电报协会,79

New York Associated Press（NYAP）：and American Telegraph 纽约联合新闻社：美利坚电报公司,78,120；and censorship 审查,101-102；critics 批评人士,146-149,165,170,184,191-192；founding of 创建,81-82；Gould and 古尔德,184,192；

rationale for 理由,72,82; and Western Union 西联电报公司,120,121,140,145-149,184,190,192

New York Banking Act of 1838 1838年《纽约银行法》,91

New York Chamber of Commerce 纽约商会,129,174

New York City,telegraph and 纽约市,电报,74-76,79-82,135,150,153-155,173-174,193-194

New York City,telephone and 纽约市,电话,218-219,225-226,259-263,270,304,306-307,319-320

New York Daily Tribune 《纽约每日论坛报》,81

New York Express 《纽约快报》,55-56,91,146

New York Herald 《纽约先驱报》,55,69,81,103-104,106,130,136,144,146,153,178,191

New York legislature 纽约州议会。See state legislatures :New York 参见州议会:纽约

New York Sun 《纽约太阳报》,81,137,146

New York Telegraph Act of 1848; and American Telephone and Telegraph 1848年《纽约电报法》:美国电话电报公司,209; and business strategy 商业战略,91-92,97-98; enactment of 颁布,91-92

New York Telephone: advertising 纽约电话公司:广告,307,*308*; operations 运营,320,355-356; profitability 利润率,280。See also Metropolitan Telephone Company 参见大都会电话公司

New York Times 《纽约时报》,13,137,146,153,173,194,207,260,266,343,382

New York Tribune 《纽约论坛报》,143,146,153,184,192

New York University 纽约大学,34

New York World 《纽约世界报》,146,184,192,207,403

nickel-in-the-slots: in Chicago 投币电话:芝加哥,295-299,304,333,480n109; outside Chicago 芝加哥外部,304,313; Vail and 维尔,302

night letter 夜信,349-350

Niles's Register 《尼尔斯文摘》,54

Noam,Eli 伊莱·诺姆,492n2

North American Review 《北美评论》,62,253

North American Telegraph Association(NATA)　北美电报协会,97

Northwestern Telephone　西北电话交换公司,354,356

Nott,C. C.　C. C.诺特,20

Office of the Electro-Magnetic Telegraph　电磁电报办公室,77

operator-assisted switching：manufacture of　接线员辅助切换：制造,280-282；operation of　运营,208-209,231-236,270,273,331,355,383；problems with　问题,383-385；and telephone users　电话用户,383-385。See also call-connection delay；multiple switchboard　参见呼叫连接延迟；多路交换机

optical telegraph：in Boston　光通信：波士顿,16-17,26,27-28；in France　法国,2,13-14,26-30,48；legacy　遗产,15,18,26-30,33,60；and Morse　莫尔斯,26-30,60；New York City　纽约市,16-17,26,32；New York City-New Orleans（proposed）　纽约市—新奥尔良（提案）,16,32-33；New York City-Philadelphia　纽约市—费城,54,77；and telecommunications　电信,2,12；in United States　在美国,6,12,14-18

organization charts：as management tool　组织图：作为管理工具,211；and operational autonomy　运营自主权,211,302-303

O'Rielly,Henry：as antimonopolist　亨利·奥瑞利：反垄断者,85-86,91,97,133；and Kendall　肯德尔,83-87；as Morse licensee　莫尔斯的专利权持有人,82-83；and Pacific telegraph　太平洋电报,98-99,108；and Rochester,New York　罗切斯特,纽约,82,93-94；spelling of name　姓名拼写,440n58

Orton,William：background　威廉·奥顿：背景,133-134；business strategy　商业战略,63,100,113,114-116,117-118,122-123,128-129,133-155,159-161；and Gould　古尔德,189-190；and telephone　电话,115,151-152,160-162

O'Sullivan,John L.　约翰·L.欧沙利文,107

overhead wires：burial of　架空电线：埋葬,225-226；as hazard　危险,222-223,226；as political issue　作为政治议题,221-226,243

Pacific Railroad Act　《太平洋铁路法案》,116

Pacific telegraph：construction of　太平洋电报：建造,98-99；as cultural icon　作为文化象征,106,108-113,*112*

package carriers　包裹运输,23,26,42,95,140-141,178

Page, Charles G. 查尔斯·G. 佩奇, 59, 86, 158

Palmer, Francis F. 弗朗西斯·F. 帕尔默, 110

Pan-Electric Company 泛电公司, 206-208

parcel post 包裹邮件, 365, 374

Parker, David B. 戴维·B. 帕克, 216, 244

Parker, John R. 约翰·R. 帕克, 17, 27-28

Parliament 议会, 118, 124-125

Parsons, Frank 弗兰克·帕森斯, 334

party lines 同线电话, 293-294, 313

Patent Office 专利办公室, 25, 44-48

Patent Office Act of 1790 1790年《专利局法案》, 43

Patent Office Act of 1838 1838年《专利局法案》, 43-45

patent rights: telegraph 专利权: 电报, 25, 28, 34, 35, 41, 43-45, 49, 52, 67, 83-84, 86-87, 92-93, 97, 149-152, 158-164, 178; telephone 电话, 201-209, 235, 249, 252, 261, 275-276, 281, 283, 305, 315-317, 355, 378, 382-384; as tradable assets 可交易资产, 41, 44, 232; wireless 无线, 382-384, 399

Pensacola v. Western Union 彭萨科拉诉西联电报公司案, 165-166

People's Telephone Association (Rochester, N.Y.) 人民电话协会（罗切斯特，纽约）, 242-244

People's Telephone Company 人民电话公司, 319-220

Peoria Board of Trade 皮奥瑞亚贸易局, 175

Philadelphia Centennial Exposition 费城美国独立百年博览会, 200, 216

Philip II 菲利普 II, 19

Phillips, George L. 乔治·L. 菲利普斯, 247

Phonograph 留声机, 219-220, 296

physical valuation 实物估价, 376-378

Pickering, John 约翰·皮克林, 14-15

Pinkerton's Detective Agency 平克顿侦探社, 142

Platt, Orville H. 奥维尔·H. 普拉特, 184-185

political economy; and business strategy 政治经济; 商业战略, 271, 407-408, 410; competitive(antimonopoly) 竞争（反垄断）, 8, 407, 409, 410; consolidationist (progressive) 合并主义（进步的）, 8, 299, 312, 407-408; defined 定义, 1; federally oriented（republican） 联邦导向的（共和），8；municipally oriented 市政导向的，8；state-oriented 州导向的，8，89

 Polk, James K. 詹姆斯·K. 波尔克，38，59，367

 Pope, Alexander 亚历山大·波普，11

 Populist Party 人民党，175-176

 Post, John W. 约翰·W. 波斯特，105

 postal-industrial complex 邮政—工业联合体，370

 postalization 邮政化，365-367，372，397，401

 postal telegraph: post-Gould (1881-1919) 邮政电报：后古尔德（1881-1919），170-187，*188*，349-351，395-404；pre-Gould (1837-1881) 前古尔德（1837-1881），30-33，41-43，52-59，60-64，68-74，87-88，121-133

 Postal Telegraph Company (Hubbard's, proposed) 美国邮政电报公司（哈伯德，提案），127-128，163

 Postal Telegraph Company (Mackay's) 美国邮政电报公司（麦凯），178-179，205-206，209，271，319，357-359，361

 Postal Telegraph Company (Young's, proposed) 美国邮政电报公司（杨，提案），206

 Post Office Act of 1792 1792年《邮政法案》，18

 Post Office Act of 1845 1845年《邮政法案》，57，79

 Post Office Act of 1851 1851年《邮政法案》，57

 Post Office Department: administration 邮政部：行政管理，182-183，395-404；and cable 电缆，395-404；civic mandate 公民授权，18-23，33-34，69，*188*，300，365-368，379-381；size 规模，7，22-23；and telegraph 电报，34，40-41，59-60，61-62，64，116，122，*188*，395-404；and telephone 电话，395-404。*See also* mail; postal telegraph; Railway Mail Service 参见邮件；邮政电报；铁路邮件服务

 post office principle 邮政原则，20，121-122，379-380

 Powderly, Terence V. 特伦斯·V. 鲍德利，176

 Powers, Johnny 约翰尼·鲍尔斯，326-327，336

 Preece, William 威廉·普里斯，44

 Prescott, George B. 乔治·B. 普雷斯科特，63，137-138

 Princeton Review 《普林斯顿评论》，183

 Principles of Political Economy (Mill) 《政治经济学原理》（密尔），118，

157,262

  private express　私人快递。See horse express; package carriers　参见快马专递；包裹运输

  Progress and Poverty（George）《进步与贫穷》（乔治），146

  progressivism：and antimonopoly　进步主义：反垄断，338,352-353,407-408,413; as civic ideal　公民理想，8,267-268,299,312,338,407-408,412-413; and corporate management　公司管理，392-395

  Prohibition Reform Party　禁止与改革党，176

  public relations：telegraph　公共关系：电报，62-64,147,153-155,191-194; telephone　电话，3,15,253-254,334-338,380-390,391,392-396,409

  Public Service　《公共服务》，334,394

  public telephone　公用电话，229,275,290-292,324

  public utility, as collective noun　公用事业, 作为名词词组，267

  Puck　《普克》，185-187,187,198

  Pulitzer, Joseph　约瑟夫·普利策，207

  quadruplex telegraph　四路多工系统电报，150-151,159-160

  Quincy, Josiah, Jr.　小约西亚·昆西，53,85-86,119,157

  radio　无线电，2,13,399,411-412。See also wireless telegraph　参见无线电报

  Radio Corporation of America（RCA）　美国无线电公司，399

  railroad right-of-way contracts　铁路通行权合同，57,76,95-96,122,164-166

  railroads：mail and　铁路：邮件，56,68,71; telegraph and　电报，25,57,69-70,76,95-96,164-167。See also railroad right-of way contracts; Railway Mail Service　参见铁路通行权合同；铁路邮件服务

  railroad strike of 1877　1877年铁路罢工，131

  Railway Act of 1844（Great Britain）　1844年《铁路法案》（大不列颠），118

  Railway Mail Service：and telegraph　铁路邮件服务：电报，189; and telephone　电话，214-216; and Vail　维尔，210,214-215,388

  rate averaging：and Bell　平均费率：与贝尔，355-356,378-381,408; and Post Office Department　邮政部，20-21,365-366,378-381

  Reconstruction　重组，122

Register and Journal（Mobile, Ala.）《登记与日志》（莫比尔，亚拉巴马州），175

Reid, James D. 詹姆斯·D. 里德，83，93-94，95，98-99，103，104，153

Reid, Samuel C. 塞缪尔·C. 里德，16-17，24，32-33，60，79

Reis, Johann Philipp 约翰·菲利普·雷斯，204

Republican Party 共和党，143，193-194

Richmond v. Southern Bell 里士满诉南方贝尔电话公司案，278-279

right-of-way contracts 通行权合同。*See* railroad right-of-way contracts 参见铁路通行权合同

Ritchie, Thomas 托马斯·里奇，107

robber baron, as metaphor 强盗贵族，作为隐喻，86，157；visual iconography 视觉图像学，*187*，188

Robinson, William 威廉·罗宾逊，79

Rochester, New York: telegraph and 罗切斯特，纽约：电报 92-94，102，135；telephone and 电话，242-244，320-322

Rockefeller, John, Jr. 小约翰·D. 洛克菲勒，388

Rogers, James Henry ("Harry") 詹姆斯·亨利（又称"哈利"）·罗杰斯，205

Rogers, J. Webb J. 韦布·罗杰斯，205-208

Roosevelt, Theodore 西奥多·罗斯福，341，364-365，386

Roper, Daniel C. 丹尼尔·C. 罗珀，367-368，375，411-412

Rorty, Malcolm R. 马尔科姆·R. 罗蒂，394-395

Sabin, John I. 约翰·I. 萨宾，293，300-301，304，305，309，380

Saltzman, Charles M. 查尔斯·M. 萨尔茨曼，375

Sanford, Edward S. 爱德华·S. 桑福德，101-102

Schiller, Dan 丹·席勒，457n63，480n114

Schlesinger, Arthur D., Jr. 小亚瑟·史列辛格，364

Schurz, Carl 卡尔·舒尔茨，180-181

Schussele, Christian 克里斯蒂安·舒塞尔勒，45

Schwantes, Benjamin Sidney Michael 本杰明·西德尼·迈克尔·施万特斯，436n114

Scientific American 《科学美国人》，86

Scribner, Charles E. 查尔斯·E. 斯克里布纳，281-282

Scribner's Monthly 《斯克里布纳月刊》,50

Second Great Awakening 第二次大觉醒,94

Selden,Henry R. 亨利·R. 塞尔登,92

Selden,Samuel L. 塞缪尔·L. 塞尔登,92

Seligman,Edwin 埃德温·塞利格曼,363

semaphore,defined 旗语,定义,17

Seward,William H. 威廉·H. 西沃德,100,108

Shame of the Cities（Steffens） 《城市之耻》(斯蒂芬斯),336

Shaw,Albert 艾伯特·肖,264

Sherman,John：and National Telegraph Act 约翰·谢尔曼:《国家电报法案》,117-119,120-121；and postal telegraph 邮政电报,173；and Sherman Antitrust Act 《谢尔曼反托拉斯法案》,352

Sherman,Lawrence Y. 劳伦斯·Y. 谢尔曼,400

Sherman,William Tecumseh 威廉·特库姆塞·谢尔曼,118

Sherman Antitrust Act 《谢尔曼反托拉斯法案》,117,316,340-342,344,352-363

Sibley,Hiram：background 希拉姆·西布里:背景,92-93；business strategy 商业战略,89,93-98,102-103,122,135-136,242；and Pacific telegraph 太平洋电报,98-99；and railroad right-of-way contracts 铁路通行权合同,95-96；and trans-Siberian telegraph 跨西伯利亚电报,99-101

Sibley,Hiram,Jr. 小希拉姆·西布里,320

Siemens 西门子,282

signal corps 信号兵,123-124

Smith,Francis O. J.：and Kendall 弗朗西斯·O. J. 史密斯:肯德尔,73-74,78,89；on Morse 莫尔斯,40-41,61,63；as Morse's partner 莫尔斯的合作者,34-43,85；press and 新闻界,37-38,78

Smith,George David 乔治·大卫·斯密斯,462n27,499n3

Smithsonian Institution 史密森学会,3,47,100

Smyth,Constantine 康斯坦丁·史密斯,356

Southern New England Telephone Company 新英格兰南部电话公司,212

speaking tube 传音筒,228

speculation：critique of 投机:对……的批评,21,31,41-42,53-56,60,69-70,77,

89-90,142,168,173-175,179,321-323,324,377-378; practice of 实践,80,103,128,132,156-157,321-323,326,330,357

 Stager, Anson 安森·斯塔格,93-94,95,101,114

 Standard Oil Company 标准石油公司,117,171,342

 Stanton, Edwin M. 埃德温·M. 斯坦顿,101

 state legislatures: Illinois 州议会:伊利诺伊州,254,342; Indiana 印第安纳,244,250-253; Massachusetts 马萨诸塞,209,248-249,250,342; New York 纽约,91-92,97-98,209,259-263,341,342; Ohio 俄亥俄,277,353-354; Wisconsin 威斯康星,342

 statuary: telegraph 雕像:电报,63,153; telephone 电话,388-389

 Steffens, Lincoln 林肯·斯蒂芬斯,254,336

 Sterne, Simon 西蒙·斯特恩,260-263

 Stockholm telephone exchange 斯德哥尔摩电话交换所,333

 stock ticker 股票自动发报机,150

 stock watering 股票掺水,102-103,135-136,*168*,179,191,378

 strikes, telegraph operators: 1883 strike 罢工,电报员:1883 罢工,180-181,266,405; 1918 strike 1918 罢工,395,396

 strikes, telephone operators (1919) 罢工,电话接线员(1919),402-403,405

 Stromberg, Alfred 阿尔弗雷德·斯特隆伯格,283,324

 Stromberg-Carlson 斯特隆伯格—卡尔森公司,283,321

 Strong, George Templeton 乔治·坦普尔顿·斯特朗,104

 "submarine battery" "海底电池",80

 Sunny, Bernard E. 伯纳德·E. 桑尼,302,375

 Supreme Court 最高法院,45,49,51-52,55-56,86-87,89,92,166-167,204,238-239,275,278

 switchboards 交换机。*See* call-connection delay; electromechanical switching; multiple switchboard; operator-assisted switching 参见呼叫连接延迟;机电交换;多路交换机;接线员辅助切换

 system, as metaphor 系统,作为隐喻,9-10,386

 Taft, William Howard 威廉·霍华德·塔夫脱,341

 Taney, Roger 罗杰·塔尼,86

 Taylor, Frederick W. 弗雷德里克·W. 泰勒,329

teleautograph 传真机,285

telecommunications: defined 电信:定义,12; formative era 形成时期,2; shifting meaning 转变意义,12-13,411-412; Vail and 维尔,348,351

telegrams: impersonality of 电报:非个人的,105; last 最后的,2; and posted letter 寄出的信件,72-73,182

telegraph: developmental stages 电报:发展阶段,7,107,*112*; origins of word 词源,13-14; visual iconography 视觉图像学,110-111,*112*,113,148,152-155,*168*,*187*,*188*,390。See also optical telegraph; postal telegraph; telegraph users; *specific companies* 参见光通信;邮政电报;电话用户;特定的公司

telegraphic dispatches 电报调度,72-73。See also telegrams 参见电报

Telegraph in America, The (Reid) 《美国电报》(里德),103,104

telegraph operators' strike of 1883 1883年电报员罢工,180-181,266,405

telegraph users 电话用户,38,52-57,78-80,96,105,121,123-124,129-130,145-147,*148*,150,173-175,*187*

telephomania 电话狂躁症,238,255-257

telephone: developmental stages 电话:发展阶段,7; origins of word 词源,151; visual iconography 视觉图像学,*15*,239,240,288,308,335,390,*391*。See also telephone users; *specific companies* 参见电话用户;特定的公司

"telephone door" "电话门",287

"telephone habit" "电话习惯",306

telephone operator: strikes 电话接线员:罢工,402-403,405; training and recruitment 培训及招募,233-234; users and 电话用户,283-284; visual iconography 视觉图像学,384-385,390,*391*。See also operator-assisted switching 参见接线员辅助切换

telephone operators' strike of 1919 1919年电话接线员罢工,402-403,405

Telephone Securities' Weekly 《电话证券周刊》,322

Telephone Subscribers' Protective Association (Washington, D.C.) 电话用户保护协会(华盛顿),241

Telephone Subscriber's Union (Massachusetts) 电话用户协会(马萨诸塞),249

telephone switchboard 电话交换机。See call connection delay; electromechanical switching; multiple switchboard; operator-assisted switching 参见呼叫连接延迟;机电交换;多路交换机;接线员辅助切换

Telephone, Telegraph, and Cable 电话、电报和电缆公司,319-320

telephone traffic 电话流量。See traffic, telephone 参见流量,电话

telephone users 电话用户,218-220,227-231,238-239,*240*,241-248,251-253,255-257,259-263,286-287,288,289-290,294,295-298,301-302,307,*308*,314-315,*325*,327-332,383-384

Telephone Users' Protective League (Chicago) 电话用户保护联盟（芝加哥）,330

Thayer, Harry B. 哈里·B. 塞耶,302,405

Thomas, James M. 詹姆斯·M. 托马斯,313,315

Thoreau, Henry David 亨利·大卫·梭罗,105-106

Thornton, William 威廉·桑顿,16

Thurber, Francis B. 弗朗西斯·B. 瑟伯,173-174,184

Thurber, Howard F. 霍华德·F. 瑟伯,214

ticker 自动收报机,150

Tiedeman, Christopher G. 克里斯托弗·G. 泰尔德蒙,265-266

Tilden, Samuel J. 萨缪尔·J. 蒂尔登,143

time balls 报时球,155

Toronto 多伦多,278

Tracy, Benjamin 本杰明·特雷西,262

traffic, telephone: graphical depiction 流量,电话:图表描绘,*288*; management 管理,286-287,289; as metaphor 作为隐喻,287。See also call-connection delay; congestion, telephone 参见呼叫连接延迟;拥堵,电话

Traité Pratique de Telecommunication (Électrique) 《电力电信的实践条约》,12

trans-Siberian telegraph 跨西伯利亚电报,99-101

Treasury Department 财政部,24,33,37,114,134

Treaty of Six Nations 《六国条约》,96-97

Tumulty, Joseph R. 约瑟夫·R. 图穆蒂,396,403

Turner, J. L. J. L. 特纳,385

Twain, Mark 马克·吐温,200

Tweed, William Marcy 威廉·马西·特威德,260

Tyler, John 约翰·泰勒,37

Tyler, Morris F. 莫里斯·F. 泰勒, 210, 211-212, 223

underground-wire ordinances 地线条例, 222-226
Union: and mail 协会: 邮件, 70; and telegraph 电报, 10-11, 101-102, 106-110, *112*; and telephone 电话, 10-11, 389-390, *391*, 392-396
Union Labor Party 联合劳工党, 176
United States Independent (Rochester, N.Y.) 美国独立电话公司(罗切斯特, 纽约), 320-322, 338, 341
United States Telegraph Company 美国电报公司, 119-120
United States Telegraph Vocabulary (Parker) 《美国远程通信词汇》(帕克), 17
United States Telephone (Cleveland) 美国独立电话公司(克利夫兰), 277, 353-354
universal service: critique of 普遍服务: 对…的批评, 347-348, 355-356; as metaphor 隐喻, 306, 345; Vail and 维尔 340-341, 345-351, 360, 397-401
U.S. Coast Survey 美国海岸测量局, 94, 215
users 用户。See telegraph users; telephone users 参见电报用户;电话用户
U.S. Naval Observatory 美国海军观测所, 155
Usselman, Stephen W. 斯蒂芬·W. 乌塞尔曼, 433n61, 445n148

Vail, Alfred 阿尔弗雷德·维尔, 26, 28, 34, 50
Vail, Stephen 史蒂芬·维尔, 34
Vail, Theodore N.: business strategy (post-1907) 西奥多·N. 维尔: 商业战略(1907年以后), 271-272, 302, 305-306, 323, 336, 340-341, 344-346, 348-350, 351, 366, 374, 377-378, 385-390, *391*, 392-395, 397-401, 405; business strategy (pre-1889) 商业战略(1889年以前), 203, 205, 210-211, 214-215, 218, 244, 271, 309; and cable network 电缆网络, 398-401; and government 政府, 214-215, 223-225, 244, 344, 346, 353, 360, 370, 374-375, 397-401, 405; and long-distance telegraph network 长途电报网络, 349-352, 360; and long-distance telephone network 长途电话网络, 210, 345-346, 353, 374-375, 398; public relations 公共关系, 307, 385-390, *391*, 392-395, 405; telephone-telegraph network 电话—电报网络, 348-351, 360-362
Van Buren, Martin 马丁·范·布伦, 28, 32
Vanderbilt, Cornelius 科尼利厄斯·范德比尔特, 135, 136

Vanderbilt, William H. 威廉·H. 范德比尔特, 167, *168*, 215, 245, 254-255

visual iconography: mail 视觉图像学：邮件, 71, 188; telegraph 电报, 110-111, 112, 113, 148, 152-155, *187*, *188*, 390; telephone 电话, *15*, 239, *240*, *288*, *308*, *335*, 390, *391*; telephone operator 电话接线员, 384-385, 390, 391

visual telegraph 视觉通信。See optical telegraph 参见光通信

Wabash Railroad 沃巴什铁路, 167

Wade, Jeptha H. 杰普塔·H. 韦德, 96

Waite, Morrison 莫里森·韦特, 165-166, 204, 238-239, 246

Wales, James A. 詹姆斯·A. 威尔斯, 185-186

Wall Street Journal (New York) 《华尔街日报》(纽约), 13, 321, 341, 342, 357, 373, 374, 377, 383

Wanamaker, John 约翰·瓦纳梅克, 213, 350, 365

Ward, C. Osbourne C. 奥斯本·瓦德, 131

War of 1812 1812 年战争, 17, 33

Washburn, Cadwallader 卡德瓦拉德·沃什伯恩, 125

Washington and New Orleans Telegraph Company 华盛顿和新奥尔良电报公司, 75

Watson, Thomas A. 托马斯·A. 沃森, 250, 392-393

Watterson, Henry 亨利·沃特森, 142-143

Wayland, Francis 弗朗西斯·韦兰德, 19, 20, 125, 350

Wealth against Commonwealth (Lloyd) 《与共和国对抗的财富》(劳埃德), 171

weather reporting 天气预报, 123-124

Webb, Herbert L. 赫伯特·L. 韦伯, 306

Webster, Julia G. 茱莉亚·G. 韦斯特, 50

Weed, Thurlow 瑟洛·威德, 91

Weiman, David F. 大卫·F. 韦曼, 427n17, 464n65, 494n37

Wells, David A. 戴维·A. 威尔斯, 62, 86, 130, 137

Wells, Henry 亨利·威尔斯, 79

Western Associated Press 西部联合新闻社, 149, 191

Western Electric 西部电气公司, 150, 209, 234, 280-281, 298

Western Electrician 《西部电工》, 257

Western Union：and annexation of Alaska 西联电报公司：吞并阿拉斯加,100；and government 政府,114,117-118,122-123,141-144,205；investors 投资人,93-94,102-103,135,*168*,*187*,*188*；and Morse 莫尔斯,62-64；operations 运营,95-98,99-103,113,115-116,119-120,122,128-129,133-147,*148*,149-155,159-162,166-167,*168*,169-170,190-194；origins of name 名字的来源,95；public relations 公共关系,153-155；size 规模,7,114-115；and telephone 电话,115,151-152,160-162,169-170,201,203；and users 用户,121,123-124,129-130,145-147,*148*,150,173-175,*187*

Wheatstone,Charles 查尔斯·惠斯通,24,46,48

Wheeler,Albert G. 阿尔伯特·G.惠勒,324

White,Harriet 哈丽特·怀特,50

White,Horace 贺拉斯·怀特,147-148

Whitney,Asa 阿萨·怀特尼,99

Whitney,William C. 威廉·C.惠特尼,319

Whitworth,Joseph 约瑟夫·惠特沃思,91

Wickersham,George W. 乔治·W.威克沙姆,341-342,343,348,353-354

Wickliffe,Charles 查尔斯·威克利夫,34

Widener,P. A. B. P. A. B.怀德纳,319

Wilcox,Delos F.：and electromechanical switching 德洛斯·F.威尔科克斯：机电交换,384；telephone as "second nature" 电话的"第二生命",270,337

Williams,Samuel Wardell 塞缪尔·沃德尔·威廉姆斯,250

Wilson,Woodrow 伍德罗·威尔逊,183,340,351-352,371-372,393,395-396,403-404

Windom,William 威廉·温德姆,184

wireless telegraph（radio） 无线电报（无线电）,381-383

Woman's City Club 女子城市俱乐部,330

women,and telephone usage patterns 女人,电话使用模式,289-290。*See also* gender；telephone operator 参见性别；电话接线生

Woodbury,Levi 列维·伍德伯里,24,92-93

Woods,Frank H. 弗兰克·H.伍兹,347,354,363

Workingman's Advocate 《工人之声》,131

World's Columbian Exposition 哥伦布纪念博览会,61,285

World War I 一战。*See* First World War 参见第一次世界大战

Wright,John H.　约翰·H. 赖特,347-348,354,361,362

Yerkes,Charles　查尔斯·耶基斯,329
Young,H. Casey　凯西·H. 杨,206

译后记

早在2017年4月,复旦大学信息与传播研究中心主办的学术期刊《中国传播学评论》就有兴趣就哥伦比亚大学新闻学院理查德·R.约翰教授的通信史研究做一期专题。最先的计划之一是从约翰的《网络国家》一书中精选部分能代表作者思想的章节并将其译成中文放进专题中。黄旦教授嘱托就这项计划所涉版权一事去和约翰进行邮件沟通,约翰便去联系哈佛大学出版社的同仁,稍后,哈佛社快速高效地完成了对这篇文章中文版的授权,这篇题为《大国如邻:电信的空间政治》的文章也将在孙藜教授主编的《中国传播学评论》(第十辑)中出版。同时,在这次邮件沟通的过程中,约翰教授也问道接下来是否有兴趣将整本书译成中文。后来,经中心学术团队的讨论,这本《网络国家》被列入《传播与中国译丛——媒介与历史系列》的出版计划中。

中译本书名《网络国家:作为制度遗业的电信》不是源自对英文书名 *Network Nation: Inventing American Telecommunications* 的翻译,而是译自 *Network Nation: Telecommunications as an Institutional Legacy*,后者是理查德·约翰提供的一个专用于中译本的标题。其中,Legacy 在中文语境中可以有"遗存""遗留"或"遗留物""遗迹""遗产""遗绪""遗业""余存""余绪"等对应的表述。译者最终选用"遗业"这一表述来指称由贝尔系统以及为数众多的大小独立电话公司在"国家"的"结构性在场"之下所铺就的横贯北美大陆、规模庞大的电信网络,一方面是出于中文语境下表达习惯的考虑:以"业"指称电信,亦即"电信业",易于为中文读者所理解和接受;另一方面也是为了凸显《网络国家》所讲述的电信"业"既是一种历史遗业,也是政治经济学意义上的公用事业(public utility),后一层意义用时下流行的表述就是信息基础设施(information infrastructure)(可参见理查德·约翰的另一篇文章《塑造工业时代的信息基础设施》,收录于[美]阿尔弗雷德·D.钱德勒,詹姆斯·W.科塔达,《信息改变了美国:驱动国家转型的力量》,万岩,邱艳娟译,上海远东出版社2008年版,第60页)。

《网络国家》的译者团队成员都拥有电报、电话、邮政或相近领域的研究经验,这种对研究领域的兴趣和熟悉的程度成为译者团队成员分工的首要考量因素。其中金庚星承担电话相关章节及与作者和出版社的沟通协调;孙藜教授承担莫尔斯电报相关章节;张田承担电话运营公司相关章节;陈鑫盛承担邮政电报相关章节。具体分工如下:

金庚星(中译本序、译者序、引言、1、9、10、11、结语、缩写、致谢、索引、封面、封底、扉页、译后记);

孙藜(2、3);

张田(6、7、8);

陈鑫盛(4、5、电信年代表)。

《网络国家》的初译稿于2019年7月10日之前完成,此后译者团队进行了三轮校对,第一轮由各人细读所译部分文本标注存疑问题;第二轮由其中两人进行交叉互校;第三轮对全书进行通读和术语统一核查。具体如下:

一校:金庚星、孙藜、张田、陈鑫盛

二校:金庚星(4、5、6、7、8、电信年代表)、张田(导论、1、2、3、9、10、11、结语)

三校:金庚星(全书术语统一、英文页码标注、注释翻译、解答编辑存疑问题)

理查德·约翰教授几年来持续为中译本的翻译事务提供了事无巨细的帮助,他在工作细节上体现出的专业精神让人印象深刻。约翰在哥伦比亚大学新闻学院的博士生谢瑜及研究助理陈思言预读了中译本初稿,并提供了详细的校对勘误表,此外,谢瑜博士还帮助判断多处关键词的中文表述是否已经传达了约翰的本意。

感谢中国传媒大学出版社领导为促成中译本的面市所投入的关心和努力。感谢王雁来编辑在本书前期的沟通协调中所做的工作。感谢于水莲编辑在后期校对流程中展示出的敬业、专业和耐心。感谢哈佛大学出版社 Karen Peláez、Stephanie Vyce、Marie Laustsen 和博达公司张怡在中译本出版过程中提供的帮助。

复旦大学信息与传播研究中心学术委员会黄旦、孙玮、陆晔等诸位老师及中心学术团队成员为中译本提供的全方位支持是本书得以出版的基础。感谢中心秘书廖鹏然为本书所做的沟通协调工作。尽管本书译者团队为中译本的出版付出了尽可能多的时间和精力,但他们仍然为文中可能存在的瑕疵负主要责任。所有不当之处,敬请前辈、同道与读者批评指正。

金庚星

2021年10月1日于上海

图书在版编目(CIP)数据

网络国家:作为制度遗业的电信/(美)理查德·R. 约翰(Richard R. John)著;金庚星等译.--北京:中国传媒大学出版社,2022.6

(传播与中国译丛. 媒介与历史系列)

ISBN 978-7-5657-3021-4

Ⅰ.①网… Ⅱ.①理… ②金… Ⅲ.①电信－邮电经济－经济史－美国 Ⅳ.①F637.129

中国版本图书馆 CIP 数据核字(2022)第 098893 号

Copyright©2010 by the President and Fellows of Harvard College

本书简体中文版专有出版权由 Harvard University Press 授予中国传媒大学出版社。未经出版者书面许可,不得以任何形式抄袭、复制或节录本书中的任何部分。

著作权合同登记号 图字:01-2021-4808

网络国家:作为制度遗业的电信
WANGLUO GUOJIA:ZUOWEI ZHIDU YIYE DE DIANXIN

丛书主编	黄 旦
著 者	[美]理查德·R. 约翰(Richard R. John)
译 者	金庚星 孙 藜 张 田 陈鑫盛
责任编辑	于水莲
封面设计	拓美设计
责任印制	李志鹏

出版发行	中国传媒大学出版社		
社 址	北京市朝阳区定福庄东街 1 号	邮 编	100024
电 话	86-10-65450528 65450532	传 真	65779405
网 址	http://cucp.cuc.edu.cn		
经 销	全国新华书店		
印 刷	北京中科印刷有限公司		
开 本	787mm×1092mm 1/16		
印 张	28.5		
字 数	607 千字		
版 次	2022 年 6 月第 1 版		
印 次	2022 年 6 月第 1 次印刷		
书 号	ISBN 978-7-5657-3021-4/F·3021	定 价	128.00 元

本社法律顾问:北京嘉润律师事务所 郭建平
版权所有 翻印必究 印装错误 负责调换